4급

차이나는 중국어 HSK

저자
양영호, 이창재, 권용중, 마연

최신 기출 경향 반영
혼자 해도 한달 완성

○ **怎么?** ─────── 체계적 학습을 위한 완벽 분석 〈출제 원리와 공략법〉
정답률을 높여 주는 〈기출문제 분석〉 | 시험장까지 이어지는 문제 풀이의 감 〈실전 연습 문제〉
꼭 나오는 주제별 어휘만 쏙쏙 〈빈출 어휘 정리〉 | 쓸 수 있어야 진짜 실력 〈필수 암기 문장 쓰기 연습〉

사람in

차이나는 중국어 HSK 4급

차이나는 중국어 HSK 4급

지은이 | 양영호, 이창재, 권용중, 마연
초판 1쇄 인쇄 | 2017년 9월 13일
초판 1쇄 발행 | 2017년 9월 19일

발행인 | 박효상
총괄이사 | 이종선
편집장 | 김 현
편집 | 박혜민
디자인 | 김보연
마케팅 | 이태호, 이전희
디지털콘텐츠 | 이지호
관리 | 김태옥

교정 및 조판 | 양정희

종이 | 월드페이퍼 인쇄·제본 | 현문자현

출판등록 | 제10-1835호
발행처 | 사람in
주소 | 04034 서울시 마포구 양화로11길 14-10(서교동) 4F
전화 | 02) 338-3555(代) 팩스 | 02) 338-3545
E-mail | saramin@netsgo.com
Homepage | www.saramin.com

::책값은 뒤표지에 있습니다.
::파본은 바꾸어 드립니다.

ⓒ 양영호 2017

ISBN 978-89-6049-643-9 14720
      978-89-6049-642-2 (세트)

사람이 중심이 되는 세상, 세상과 소통하는 책 사람in

차이나는 중국어 HSK 4급

머리말

안녕하세요, 〈차이나는 중국어 HSK 4급〉의 대표 저자 양영호입니다.

○ 이 책의 집필 원칙에 관하여

본 교재는 집필을 시작할 때부터 줄곧 세 개의 원칙을 가지고 있었습니다.

첫째, 정확한 출제 원리를 알기 쉽게 소개하고 최적화된 풀이 방법을 안내한다.

둘째, 단순히 풀이법 습득에만 머물지 않고, 실질적으로 중국어 실력 향상에 필요한 단어를 외울 수 있도록 한다.

셋째, 학습 과정을 통해 합격과 고득점이 자연스럽게 따라오도록 한다.

오랜 시간의 연구와 무수한 시도, 수차례 수정을 통해서 이 책이 마무리되어 갈 무렵, 감히 위 세 가지 목표를 90% 이상 실현시킬 수 있겠다는 자신감을 갖게 되었습니다.

○ 이 책의 구성에 관하여

이 책의 구성은 크게 〈출제 원리와 공략법〉 → 〈기출문제 분석〉 → 〈전략 학습〉 → 〈실전 연습 문제〉로 이루어져 있습니다. 〈출제 원리와 공략법〉을 통해서 실제로 문제가 출제되는 원리와 특징을 이해하게 하였고, 〈기출문제 분석〉에서는 시험에 나온 기출문제를 직접 풀어 봄으로써 문제 유형을 탐색하고, 〈전략 학습〉에서는 문제 풀이에 필요한 핵심 어휘, 핵심 어법, 주의사항 등을 소개하였으며, 혼자서는 알기 어려운 알짜배기 풀이 '꿀팁'을 담았습니다. 이어서 〈실전 연습 문제〉에서는 앞에서 배운 내용을 실제로 적용시켜 보고 본인의 실력을 점검할 수 있도록 하였습니다.

○ 이 책의 남다른 특징에 관하여

이 책에는 또 다른 중요한 특징들이 있는데요. 바로 〈단어 확인 테스트〉, 〈필수 어휘 급수 표시〉와 〈핵심 내용 볼드 처리〉입니다. 〈단어 확인 테스트〉는 비록 많은 지면을 할애하더라도 포기할 수 없는 부분이었는데요. 왜냐하면 언어 시험의 본질은 결국 '단어 암기'이기 때문입니다. 많은 교재들에서는 단어 암기 장치를 일부만 살짝 다루거나 심지어 '구경'하기로만 끝내는 경우가 많은데요. 본 교재는 이 문제를 근본적으로 해결하기 위해 '듣기 영역'의 〈전략 학습〉 부분에서 '화제별 빈출 단어'를 학습한 후, 〈확인 테스트〉를 통해 핵심 단어를 전면적으로 테스트할 수 있도록 하였습니다.

〈필수 어휘 급수 표시〉는 어휘란의 필수 단어에 [4급], [5급], [6급]과 같이 HSK 해당 급수를 표시하여 우선 암기 단어를 지정해 놓았습니다. 〈핵심 내용 볼드 처리〉는 모든 설명에서 핵심이 되는 내용에 **볼드 처리**(굵고 진하게 강조하는 것)를 하여, 효율적으로 읽고 이해할 수 있도록 하였습니다.

○ 부록 단어장에 대하여

부록으로 들어간 단어장은 부록이라는 말이 무색할 정도로 분량이 많은 편이지만 그만큼 다양한 내용으로 체계적으로 구성하였습니다. '단어 – 발음 – 뜻'이라는 기본적인 구조에서 한 발 더 나아가 풍부한 예문, 빈출도 높은 호응구, 꿀팁과 어휘 비교를 추가하여 한층 더 효율적인 학습을 유도하고 있습니다.

○ 감사의 마음을 전하며

끝으로 아직 '미생'이지만 필자를 강사로 이끌어 주신 장석민 선생님, 왕필명 선생님, 이장우 선생님, 그리고 좋은 동료와 선생님들께 진심으로 감사의 마음을 전합니다. 또한 좋은 책이 나올 수 있도록 마감 날짜를 상습적으로 어기는 것도 기꺼이 이해하고 지원해 주신 〈사람in〉 출판사 박효상 사장님, 그리고 늘 합리적이고 창의적인 아이디어로 교재의 완성도를 높여 주신 양정희 편집자님께 깊은 감사의 마음을 전합니다.

대표 저자 양영호

차례

이 책의 구성과 특징 | HSK란? | HSK 4급이란? | HSK 4급 영역별 풀이법과 학습법

듣기

● 듣기 1부분 : 녹음 듣고 √/ X 선택하기

출제 원리와 공략법	18
기출문제 분석	19
전략 학습 : 유형별 풀이법	20
실전 연습 문제 1	30
실전 연습 문제 2	31

● 듣기 2부분 : 대화 듣고 질문에 답하기

출제 원리와 공략법	32

1. 쇼핑
기출문제 분석	33
전략 학습 : 화제별 빈출 어휘	36
실전 연습 문제	40

2. 음식
기출문제 분석	41
전략 학습 : 화제별 빈출 어휘	43
실전 연습 문제	49

3. 교육 • 인물
기출문제 분석	50
전략 학습 : 화제별 빈출 어휘	52
실전 연습 문제	61

4. 비즈니스
기출문제 분석	62
전략 학습 : 화제별 빈출 어휘	64
실전 연습 문제	71

5. 장소 • 교통
기출문제 분석	72
전략 학습 : 화제별 빈출 어휘	74
실전 연습 문제	81

6. 건강 • 운동
기출문제 분석	82
전략 학습 : 화제별 빈출 어휘	84
실전 연습 문제	91

7. 가정 • 일상 • 주택
기출문제 분석	92
전략 학습 : 화제별 빈출 어휘	94
실전 연습 문제	101

8. 여가 • 여행 • 날씨
기출문제 분석	102
전략 학습 : 화제별 빈출 어휘	104
실전 연습 문제	110

9. 의복 • 공연
기출문제 분석	111
전략 학습 : 화제별 빈출 어휘	113
실전 연습 문제	120

10. 컴퓨터 • 휴대폰, 심리 • 태도
기출문제 분석	121
전략 학습 : 화제별 빈출 어휘	123
실전 연습 문제	129

● 듣기 3부분 : 단문 듣고 질문에 답하기

출제 원리와 공략법	130
기출문제 분석	131
전략 학습 : 서술형 문제의 풀이법	134
실전 연습 문제 1	138
실전 연습 문제 2	139

독해

● 독해 1부분 : 빈칸 채우기

출제 원리와 공략법	142
기출문제 분석	143
전략 학습 : 품사별 풀이법	144
실전 연습 문제 1	150
실전 연습 문제 2	151
실전 연습 문제 3	152
실전 연습 문제 4	153
▶ 4급 필수 어휘 정리 ①	154

● 독해 2부분 : 문장 순서 배열하기

출제 원리와 공략법	162
기출문제 분석	163
전략 학습 : 기술적 풀이의 3원칙	164
실전 연습 문제 1	170
실전 연습 문제 2	171
실전 연습 문제 3	172
실전 연습 문제 4	173
▶ 4급 필수 어휘 정리 ②	174

● 독해 3부분 : 지문 읽고 질문에 답하기

출제 원리와 공략법	180
기출문제 분석	181
전략 학습 1 : 선별식 독해	182
전략 학습 2 : 1지문 2문제 풀이법	197
▶ 4급 필수 어휘 정리 ③	204
실전 연습 문제 1	216
실전 연습 문제 2	217
실전 연습 문제 3	218
실전 연습 문제 4	219
▶ 4급 필수 어휘 정리 ④	221

 QR 코드로 〈듣기〉 영역 MP3를 바로 재생할 수 있습니다.

쓰기

- **기초 어법 다지기 : 품사와 문장 성분** 230
  - 품사 232
  - 문장 성분 234

- **쓰기 1부분 : 어순에 맞게 배열하기**
  - 출제 원리와 공략법 238

1. 형용사 술어문·주술 술어문·有자문·是자문

1-1. 형용사 술어문
- 주요 내용, 기출문제 분석 239
- 전략 학습 : 형용사 술어문의 특징 240

1-2. 주술 술어문
- 주요 내용, 기출문제 분석 242
- 전략 학습 : 주술 술어문의 특징 243

1-3. 有자문
- 주요 내용, 기출문제 분석 245
- 전략 학습 : 有자문의 특징 246

1-4. 是자문·是~的 구문
- 주요 내용, 기출문제 분석 252
- 전략 학습 : 是자문의 특징 253
- 실전 연습 문제 260

2. 부사
- 주요 내용, 기출문제 분석 261
- 전략 학습 1 : 부사의 특징 262
- 전략 학습 2 : 주요 부사의 개별 용법 268
- 실전 연습 문제 280

3. 개사(전치사)
- 주요 내용, 기출문제 분석 281
- 전략 학습 : 개사의 3가지 용법 282
- 실전 연습 문제 294

4. 동사 술어문
- 주요 내용, 기출문제 분석 295
- 전략 학습 : 동사 술어문의 특징 296
- 실전 연습 문제 302

5. 연동문
- 주요 내용, 기출문제 분석 303
- 전략 학습 : 연동문의 특징 304
- 실전 연습 문제 311

6. 겸어문
- 주요 내용, 기출문제 분석 312
- 전략 학습 : 겸어문의 특징 313
- 실전 연습 문제 320

7. 把자문·被자문

7-1. 把자문
- 주요 내용, 기출문제 분석 321
- 전략 학습 : 把자문의 특징 322

7-2. 被자문
- 주요 내용, 기출문제 분석 329
- 전략 학습 : 被자문의 특징 330
- 실전 연습 문제 335

8. 존현문·비교문

8-1. 존현문
- 주요 내용, 기출문제 분석 336
- 전략 학습 : 존현문의 특징 337

8-2. 비교문
- 주요 내용, 기출문제 분석 339
- 전략 학습 : 비교문의 특징 340
- 실전 연습 문제 343

9. 보어

9-1. 결과보어
- 주요 내용 344
- 기출문제 분석 345
- 전략 학습 : 결과보어의 특징 345

9-2. 정태보어
주요 내용, 기출문제 분석	351
전략 학습 : 정태보어의 특징	352

9-3. 수량보어
주요 내용	357
기출문제 분석	358
전략 학습 : 수량보어의 특징	358
실전 연습 문제	365

● 쓰기 2부분 : 문장 만들기

출제 원리와 공략법	366

1. 명사 제시어
기출문제 분석	367
전략 학습 : 명사 제시어 풀이법	368
실전 연습 문제 1	374
실전 연습 문제 2	375

2. 동사 제시어
기출문제 분석	376
전략 학습 : 동사 제시어 풀이법	377
실전 연습 문제 1	384
실전 연습 문제 2	385

3. 형용사 제시어
기출문제 분석	386
전략 학습 : 형용사 제시어 풀이법	387
실전 연습 문제 1	392
실전 연습 문제 2	393

4. 기타 제시어
기출문제 분석	394
전략 학습 : 기타 제시어 풀이법	395
실전 연습 문제	398

쓰기 연습
필수 암기 문장 쓰기 연습	400

실전 모의고사
듣기	414
독해	419
쓰기	427

답안 카드 성적표 샘플
답안 카드	430
성적표 샘플	432

이 책의 구성과 특징

본책

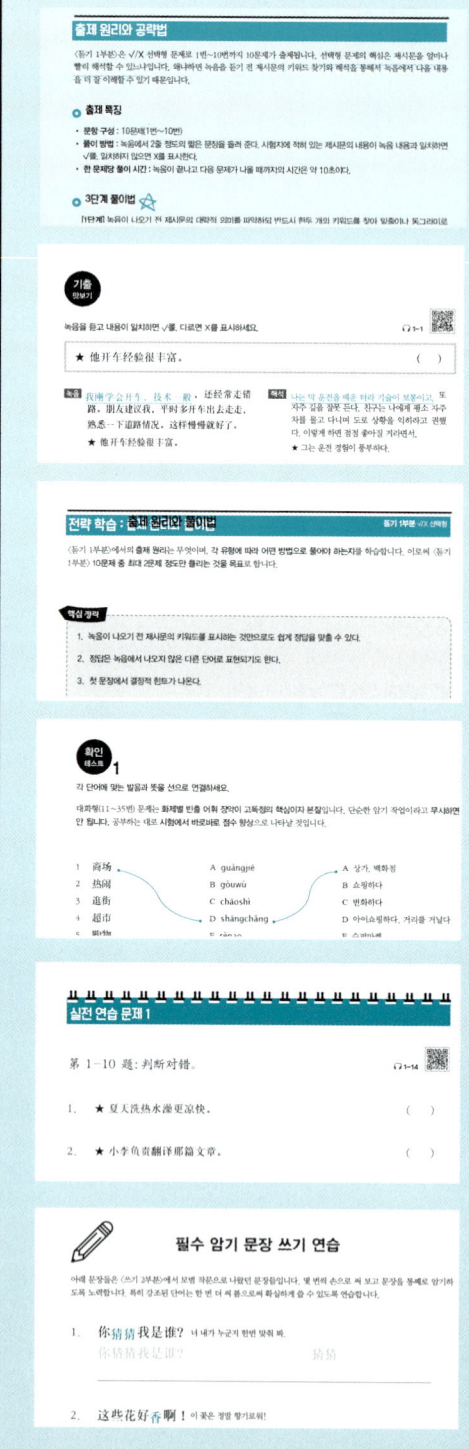

● **출제 원리와 공략법**

각 영역별 학습을 시작하기 전에 해당 영역 문제의 출제 원리를 이해하고 문제를 잘 풀기 위한 방법을 소개합니다. 학생들이 자주 하는 질문과 선생님이 알려 주는 해결책을 통해 1:1로 지도 받듯이 꼼꼼한 학습 방향을 제시합니다.

● **기출문제 분석**

기출문제를 풀어보며 문제 유형을 익히고 문제 풀이를 통해 풀이 감각을 익힙니다.

● **전략 학습**

학습해야 할 주요 내용을 제시합니다. 문제 풀이에 필요한 핵심 어휘, 핵심 어법, 주의사항 등을 소개하고, '꿀팁'을 통해 혼자서는 알기 어려운 알짜배기 풀이 스킬을 알려 줍니다.

● **단어 확인 테스트**

화제별로 정리된 빈출 단어를 발음과 뜻을 연결하며 놀이하듯 외울 수 있도록 하였습니다. 4급 어휘 장벽을 쉽고 빠르게 적응할 수 있도록 도와 줍니다.

● **실전 연습 문제**

앞에서 학습한 내용들을 토대로 직접 문제를 풀어 봄으로써 자신의 실력을 검증해 보고, 또한 이를 통해 실력을 향상시키도록 합니다.

● **쓰기 연습**

〈쓰기 2부분〉에서 모범 작문으로 나온 문장들을 직접 써 보도록 하였습니다. 직접 쓰기 연습과 문장 통암기를 통해 난이도가 높은 〈쓰기 2부분〉에 대비할 수 있습니다.

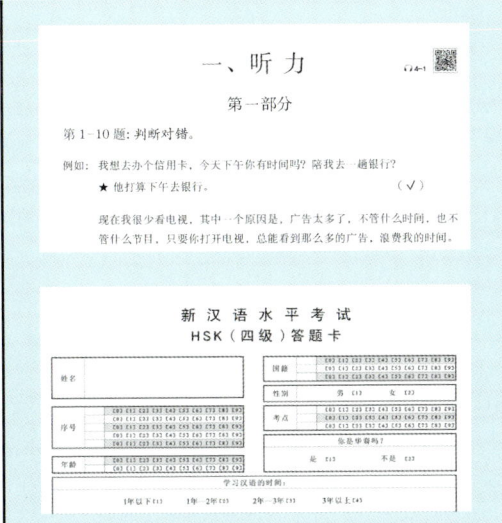

● 실전 모의고사

실제 시험과 같은 형태로 구성된 모의고사를 풀어 보면서 마지막으로 자신의 실력을 다시 한 번 점검해 볼 수 있습니다. 실제 시험처럼 철저하게 시간을 지켜서 문제를 풀어 봅니다.

● 답안 카드, 성적표 샘플

실전 모의고사를 풀 때는 실제 시험에서 사용되는 답안 카드 샘플을 사용함으로써 시험에 대한 적응력을 높이도록 합니다.

해설집

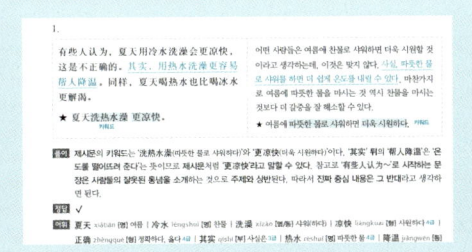

각 영역별 〈실전 연습 문제〉와 〈실전 모의고사〉에 대한 정답과 해석, 풀이를 별책으로 따로 모았습니다. 풀이를 보면서 문제 풀이 방식을 체계적으로 학습할 수 있습니다.

단어장

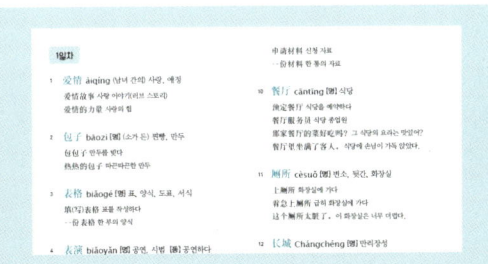

HSK 4급 필수 어휘 600개를 모았습니다. 풍부한 예문, 빈출도 높은 호응구, 꿀팁과 어휘 비교로 효율적인 학습을 유도하고 있습니다.

〈차이나는 중국어 HSK 4급〉은 **본책** + **해설집** + **단어장** 총 세 권으로 구성되어 있습니다.
듣기 영역 문제 풀이에 필요한 녹음은 〈사람in〉 출판사 홈페이지(www.saramin.com)에서 MP3를 다운 받아 사용할 수 있습니다.

본책   해설집   단어장   MP3 다운

HSK란?

HSK는 한어수평고시(汉语水平考试) 한어 병음(Hànyǔ Shuǐpíng Kǎoshì)의 약자로, 제1언어가 중국어가 아닌 사람의 중국어 능력을 평가하기 위해 만들어진 중국 정부 유일의 국제 중국어 능력 표준화 고시입니다. 생활, 학습, 업무 등 실생활에서의 중국어 운용 능력을 중점적으로 평가하며, 중국 정부 기구인 중국국가한반(中国国家汉办)이 중국 교육부령에 의거, 출제·채점 및 성적표를 발급합니다.

○ HSK 시험 종류

HSK는 'HSK 1급~6급' 시험과 'HSKK 초급·중급·고급 회화' 시험으로 나뉘어 시행되며, 각각 독립적으로 실시되므로 해당 등급에 대해 개별적으로 응시할 수 있습니다. HSK는 HSK6급, HSK5급, HSK4급, HSK3급과 중국어 입문자를 위한 HSK2급, HSK1급으로 각각 실시됩니다.

○ HSK 시험 일정

1급~6급까지의 시험은 1달에 1번 꼴로 실시되며, HSK정기 시험과 관련된 모든 공지 사항은 HSK 한국사무국 홈페이지(www.hsk.or.kr)를 통하여 공지됩니다.

○ HSK 시험 방법

HSK 지필 시험(纸笔考试) : 종이 시험지와 답안 카드를 사용하여 진행하는 시험
HSK IBT 시험(网络考试) : 컴퓨터를 사용하여 진행하는 온라인 시험

○ HSK 용도

중국 대학(원) 입학·졸업 시 평가 기준
한국 대학(원) 입학·졸업 시 평가 기준
중국 정부 장학생 선발 기준
한국 특목고 입학 시 평가 기준
교양 중국어 학력 평가 기준
각급 업체 및 기관의 채용·승진을 위한 기준

○ HSK 유효 기간

시험일로부터 2년간 유효합니다.

○ HSK 성적 조회 및 성적표 발송

인터넷 성적 조회는 시험일로부터 1개월 후이며, HSK 성적표는 '시험일로부터 45일 이후' 발송됩니다. 성적표 수령 방법은 우편, 방문 두 가지입니다.

HSK 4급이란?

HSK 4급은 《국제 중국어 능력 기준》 4급과, 《유럽 공통 언어 참조 프레임(CEF)》 B2급에 해당합니다. HSK 4급에 합격한 응시자는 여러 영역에 관련된 화제에 대해 중국어로 토론을 할 수 있습니다. 또한 비교적 유창하게 원어민과 대화하고 교류할 수 있습니다.

응시 대상

HSK 4급은 매주 2~4시간씩 4학기(190~400시간) 정도의 중국어를 학습하고, 1,200개의 상용 어휘와 관련 어법 지식을 마스터한 학습자를 대상으로 합니다.

문제 구성과 배점

HSK 4급은 총 100문제로 듣기, 독해, 쓰기 세 영역으로 나뉩니다.

4급 HSK 문제 구성					시간	점수
응시자 개인 정보 기재					5분	/
听力 듣기	제1부분	10문항	45문항	녹음 듣고 V/× 선택하기	약 30분	100점
	제2부분	15문항		대화 듣고 질문에 답하기		
	제3부분	20문항		대화/단문 듣고 질문에 답하기		
듣기 영역에 대한 답안 마킹 시간					5분	/
阅读 독해	제1부분	10문항	40문항	빈칸 채우기	40분	100점
	제2부분	10문항		문장 순서 배열하기		
	제3부분	20문항		지문 읽고 질문에 답하기		
书写 쓰기	제1부분	10문항	15문항	어순에 맞게 배열하기	25분	50점
	제2부분	5문항		문장 만들기		50점
총 100문항					약 105분	300점

※ 듣기 녹음이 끝난 후에는 별도로 5분간의 답안 카드 마킹 시간이 있습니다. 이때는 규정상 독해로 넘어갈 수 없습니다.

※ 독해와 쓰기 부분에서는 듣기와는 달리 답안 마킹 시간이 따로 없습니다. 문제를 풀면서 틈틈이 답안 카드에 마킹을 해야 합니다. 간혹 문제 풀이에만 정신이 팔려 답안 카드를 작성할 시간이 부족할 때가 있으니 주의해야 합니다.

※ HSK 4급 성적표에는 듣기, 독해, 쓰기 세 영역의 점수와 총점이 기재됩니다. 총점 300점에서 본인의 총합 점수가 180점 이상이면 합격으로 간주되며, 230점 전후의 점수를 받는다면 5급에 도전할 수 있을 정도의 실력이 됩니다.

HSK 4급 영역별 풀이법과 학습법

듣기

	문제 유형	풀이법	학습법
听力	제1부분 녹음 듣고 ∨/✕ 선택하기	• 녹음이 나오기 전 신속하게 제시문의 키워드 체크하기 • 녹음 내용이 이해가 안 됐을 경우 상식으로 제시문의 ∨/✕ 판단하기	• 화제별 빈출 어휘 숙지하기 • 받아쓰기 연습하기
	제2부분 대화 듣고 질문에 답하기 (대화형)	• 녹음이 나오기 전 선택지의 키워드 체크 후 대강의 내용 예측하기 • 종합 판단 혹은 들리는 단어 위주의 정답 선택하기	
	제3부분 대화/단문 듣고 질문에 답하기 (대화형 + 서술형)	• 녹음이 나오기 전 선택지의 키워드 체크 후 대강의 내용 예측하기 • 종합 판단 혹은 들리는 단어 위주의 정답 선택하기 • 서술형은 첫 문장을 통해 주제 파악하기	• 주제와 중심 내용 파악하기 • 종합 추리력 배양하기 • 받아쓰기 연습하기

독해

	문제 유형	풀이법	학습법
阅读	제1부분 빈칸 채우기	• 호응 관계를 따져 정답 고르기 • 문맥을 고려하여 정답 고르기	• 4급 필수 어휘 600개 뜻 암기하기 • 호응구 위주의 단어 암기하기 • 평소 지문을 정독하고 호응구 정리하기
	제2부분 문장 순서 배열하기	• 접속사 고정 격식 활용하기 • 첫 문장으로 올 수 없는 특정 단어로 첫 문장이 될 수 없는 문장 확정하기 • 헷갈릴 경우 대명사와 부사를 충분히 활용하기	• 〈빈출 접속사 고정 격식(p.168)〉 꼭 암기하기 • 첫 문장에 올 수 없는 특정 단어 기억하기 • 쉼표나 마침표로 구분되는 앞 문장과 뒷 문장을 의미상 관계를 이해하며 정독하기
	제3부분 지문 읽고 질문에 답하기 (1지문 4제 정답 찾기)	• 먼저 질문의 키워드 확정 후, 관련 내용을 지문에서 신속하게 찾기 • 특정 단어를 활용한 선별식 독해로 신속하게 풀기 • 주제를 파악하면서 중요 세부 내용 찾아내기	• 신속한 주제 파악과 속독 훈련하기 • 한 문장을 정독하는 것만으로도 주제를 유추할 수 있는 독해력 배양하기 • 특정 단어를 통해 중요 내용 신속하게 찾아내기

쓰기

문제 유형	풀이법	학습법
제1부분 어순에 맞게 배열하기	• 〈술어 → 목적어/주어 → 기타〉 순서로 정리하기 • 동사나 형용사를 술어로 만들기 • 동사 뒤에는 목적어를 취하기 • 〈(관형어) + S + (부사어) + V + (보어) + (관형어) + O〉의 어순 따르기 ▶ S : 주어 / V : 술어 / O : 목적어	• 문장 유형별 출제 원리 이해하기 • 문장 통암기로 어감 배양하기 • 동목구 위주로 단어 암기하기 • 4급 필수 어휘 600개 뜻 암기하기
제2부분 문장 만들기	• 〈S + V + O〉 위주의 간단한 문형으로 작문하기 • 제시어의 뜻과 품사에 근거하여 문장 만들기 • 제시어와 사진의 핵심 메시지를 잘 결합한 문장 만들기	• 4급 필수 어휘 600개 뜻 암기하기 • 호응구 위주의 단어 암기하기 • 〈S + V + O〉 위주의 간단한 문장 만들기 연습하기 • 시험 전 〈필수 암기 문장 쓰기 연습 (p.400)〉 통암기하기

书写

1부분   녹음 듣고 √ / X 선택하기

2부분   대화 듣고 질문에 답하기
          1. 쇼핑
          2. 음식
          3. 교육•인물
          4. 비즈니스
          5. 장소•교통
          6. 건강•운동
          7. 가정•일상•주택
          8. 여가•여행•날씨
          9. 의복•공연
          10. 컴퓨터•핸드폰, 심리•태도

3부분   단문 듣고 질문에 답하기

녹음 듣고 √/✗ 선택하기

출제 원리와 공략법

〈듣기 1부분〉은 녹음을 듣고 √/✗(일치/불일치)를 선택하는 문제로 1번~10번까지 10문제가 출제됩니다. √/✗ 선택하기 문제의 핵심은 제시문을 얼마나 빨리 해석할 수 있느냐입니다. 왜냐하면 녹음을 듣기 전 제시문의 키워드 찾기와 해석을 통해서 녹음에서 나올 내용을 더 잘 이해할 수 있기 때문입니다.

● 출제 특징

- **문항 구성**: 10문제(1번~10번)
- **풀이 방법**: 녹음에서 2줄 정도의 짧은 문장을 들려 준다. 시험지에 적혀 있는 제시문의 내용이 녹음 내용과 일치하면 √를, 일치하지 않으면 ✗를 표시한다.
- **한 문제당 풀이 시간**: 녹음이 끝나고 다음 문제가 나올 때까지의 시간은 약 10초이다.

● 3단계 풀이법

[1단계] 녹음이 나오기 전 제시문의 대략적 의미를 파악하되 반드시 한두 개의 키워드를 찾아 밑줄이나 동그라미로 체크해 놓는 것이 좋다.
[2단계] 최대한 집중해서 녹음 내용을 듣는다.
[3단계] 제시문이 녹음 내용과 일치하면 √를, 불일치하면 ✗를 표시한다.

> 제시문 미리 보기 → 집중해서 듣기 → 일치 여부 판단(√/✗)

● 학생들이 가장 많이 하는 질문

"선생님, 녹음이 이해가 안 돼요. 어떻게 하죠?"

〈듣기 1부분〉은 O/X 문제로 확률이 50%지만 의외로 어렵게 느껴집니다. 특히 기본기가 약한 상태에서는 듣고 이해해서 풀기보다는 '감'에 의존해서 푸는 경우가 많은데요. 그렇다면 일단 가장 현실적인 해결책은 녹음이 나오기 전에 제시문의 단어를 미리 체크하여 내용을 예측한 후 듣는 것입니다. 또한 본 교재에 있는 출제 원리와 풀이법에 근거해 가장 정답률이 높은 것을 찾는 것입니다. 그러나 가장 근본적인 해결책은 평소에 한 문장씩 반복해서 들으며 모두 들을 수 있도록 연습하는 것입니다.

● 학습 전략

- 신속한 제시문 이해와 키워드 체크
- 출제 원리 이해와 풀이법 숙지
- 1일 20분 받아쓰기를 통한 듣기 실력 향상

→ 신속 정확한 풀이

기출문제 분석

듣기 1부분 녹음 듣고 √/X 선택하기

10문제가 나오는 〈듣기 1부분〉은 **제시문의 내용이 녹음 내용과 일치하면 √를, 다르면 X를 표시**하는 방식입니다. **신속하게 제시문의 키워드를 찾은 후, 그 키워드를 중심으로 녹음 내용을 이해**하는 것이 가장 중요합니다.

녹음을 듣고 내용이 일치하면 √를, 다르면 X를 표시하세요.   1-1

> ★ 他开车经验很丰富。   （　　）

녹음 我刚学会开车，技术一般，还经常走错路。朋友建议我，平时多开车出去走走，熟悉一下道路情况。这样慢慢就好了。

★ 他开车经验很丰富。

해석 나는 막 운전을 배운 터라 기술이 보통이고, 또 자주 길을 잘못 든다. 친구는 나에게 평소 자주 차를 몰고 다니며 도로 상황을 익히라고 권했다. 이렇게 하면 점점 좋아질 거라면서.

★ 그는 운전 경험이 풍부하다.

풀이 화자는 운전을 막 배웠으므로(刚学会开车) 운전 경험이 풍부하다고(开车经验丰富) 할 수 없다.

정답 X

어휘 刚 gāng [부] 막, 방금 4급 | 学会 xuéhuì 배워 할 수 있다 | 技术 jìshù [명] 기술 4급 | 一般 yìbān [형] 일반적이다 [부] 보통, 일반적으로 3급 | 建议 jiànyì [명/동] 건의(하다) 4급 | 熟悉 shúxī [동] 파악하다, 이해하다 [형] 잘 알다 4급 | 道路 dàolù [명] 도로 | 情况 qíngkuàng [명] 상황 4급 | 经验 jīngyàn [명] 경험 4급 | 丰富 fēngfù [형] 풍부하다 [동] 풍부하게 하다 4급

꿀팁
[1단계] 키워드 체크 및 대강의 추측 : 녹음을 듣기 전 제시문에서 신속하게 키워드를 찾아 동그라미로 표시한 후 어떤 내용이 나올지 예상해 본다.
[2단계] 청취 후 일치 여부 판단 : 최대한 제시문의 키워드를 근거로 녹음 내용을 이해한 후 일치 여부를 판단한다.

전략 학습 : 유형별 풀이법

듣기 1부분 녹음 듣고 √/X 선택하기

각 유형에 따라 어떤 방법으로 풀어야 하는지를 학습합니다. 이로써 〈듣기 1부분〉 10문제 중 최대 2문제 정도만 틀리는 것을 목표로 합니다.

핵심 정리

1. 녹음이 나오기 전 제시문의 키워드를 표시하는 것만으로도 쉽게 정답을 맞힐 수 있다.
2. 정답은 녹음에서 나오지 않은 다른 단어로 표현되기도 한다.
3. 첫 문장에서 결정적 힌트가 나온다.
4. 제시문이 보편적 도리나 이치, 상식 등을 설명할 때는 거의 √이다.
5. 특정 단어 뒤에 결정적 힌트가 나온다.
6. 녹음 속 함정 단어를 피하고 전체적인 내용을 이해해야 한다. (난이도 최상)

1. 녹음이 나오기 전 제시문의 키워드를 표시하는 것만으로도 쉽게 정답을 맞힐 수 있다.

'키워드'라 함은 그 문장에서 **의미상 가장 중심이 되는 단어 즉, 핵심어**를 말한다. 종종 **녹음 내용 자체가 어려워서 아예 무슨 내용인지 이해하지 못하는 경우**가 있다. 이 경우에는 **제시문의 키워드 체크만으로도 정답**을 맞힐 수 있다.

기출 분석하기

★ 在入口处换礼物。　　　　　　　　　　　　　　(　　)

| 녹음 | 购物满五百元的顾客可免费获得一份小礼物，请您在付款后，拿着购物小票到一楼出口处换取。

★ 在入口处换礼物。
　　키워드

| 해석 | 구매가 500위안을 채운 고객은 무료로 작은 선물을 하나 받으실 수 있으니, 결제하신 후에 구매 영수증을 가지고 일층 출구에 가서서 교환하시기 바랍니다.

★ 입구에서 선물을 교환한다.
　　키워드

| 분석 | 제시문에서 키워드는 '入口处(입구)'이다. 하지만 녹음 내용에서는 '出口处(출구)'에서 선물을 교환하라고 했으므로 내용이 일치하지 않는다. 전반적인 내용 이해가 비교적 어려울 수 있지만 제시문의 키워드 체크(入口处)만으로도 쉽게 맞힐 수 있다. 주의할 점은 제시문의 키워드를 체크할 때 뜻 외에도 발음을 작은 소리로 읽으며 한 번 인식해 두는 것이 중요하다. 듣기는 결국 음성의 인식과 구별이기 때문이다.

| 정답 | X

| 어휘 | 购物 gòuwù [동] 쇼핑하다, 물건을 사다 4급 | 满 mǎn [동] 가득 채우다 4급 | 免费 miǎnfèi [형] 무료이다 4급 | 获得 huòdé [동] 얻다, 획득하다 4급 | 份 fèn [양] ① 선물을 셈 ② 부, 통, 권(신문·잡지·문건 등을 세는 단위) 4급 | 礼物 lǐwù [명] 선물 4급 | 付款 fùkuǎn [동] 결제하다, 돈을 지불하다 4급 | 楼 lóu 층 3급 | 出口 chūkǒu [명] 출구 [동] 수출하다 5급 | 换取 huànqǔ [동] 바꿔 얻다 | 入口 rùkǒu [명] 입구 [동] 수입하다 4급

 실전 적용하기

 1-3

★ 舞会将在这个礼拜天举行。　　　　　　　　　　　　　　（　　）

| 녹음 | 李律师，下周六晚上我们公司要举办一场舞会，我们经理想邀请您和您妻子参加，您那时候有时间吗？

★ 舞会将在这个礼拜天举行。

| 해석 | 이 변호사님, 다음 주 토요일 저녁에 우리 회사에서 무도회를 여는데, 저희 사장님께서 당신과 아내분이 참석하시도록 초대하셨습니다. 그때 시간 있으십니까?

★ 무도회는 이번 주 일요일에 거행될 것이다.

| 풀이 | 제시문에서는 이번 주 일요일(这个礼拜天)이라고 했는데, 녹음에서는 다음 주 토요일 저녁(下周六晚上)이라고 했으므로 내용이 일치하지 않는다.

| 정답 | X

| 어휘 | 舞会 wǔhuì [명] 무도회 | 将 jiāng [부] 장차, 곧, ~하게 될 것이다 [개] ~을(=把) | 礼拜天 lǐbàitiān [명] 일요일 4급 | 举行 jǔxíng [동] 거행하다 4급 | 律师 lǜshī [명] 변호사 4급 | 周 zhōu [명] 주 | 举办 jǔbàn [동] 개최하다, 열다 4급 | 场 chǎng [양] 번, 회 4급 | 邀请 yāoqǐng [동] 초청하다, 초대하다 4급

> **꿀팁** **시험에서 요일은 주로 '周~'나 '礼拜~'로 표현된다.**
>
> 4급 시험에서는 난이도 조절 차원에서 요일을 나타낼 때 '星期~'보다는 주로 '周~', '礼拜~'로 표현한다. 또한 '下(个)周~', '下(个)礼拜~'는 '다음 주~'를 가리키고, 이번 주는 '这(个)周~', '这(个)礼拜~'로 표현한다.
>
> - 월요일(星期一) → 周一 / 礼拜一
> - 수요일(星期三) → 周三 / 礼拜三
> - 토요일(星期六) → 周六 / 礼拜六
> - 1주일(一个星期) → 一周 / 一个礼拜
> - 다음 주 월요일 → 下(个)周一 / 下(个)礼拜一
> - 다음 주 수요일 → 下(个)周三 / 下(个)礼拜三
> - 다음 주 토요일 → 下(个)周六 / 下(个)礼拜六
> - 이번 주 화요일 → 这(个)周二 / 这(个)礼拜二

2. 정답은 녹음에서 나오지 않은 다른 단어로 표현되기도 한다.

내용 일치 여부를 판단할 때 **일차적**으로는 제시문의 키워드가 녹음에서 나왔는지 아닌지가 중요한 기준이 된다. 하지만 **어떤 문제는** 녹음에서 제시문의 키워드가 아닌 다른 단어로 표현될 수도 있다.

🎧 1-4

★ 那种镜子比较轻。　　　　　　　　　　　　　　　　　　(　　)

녹음 这种小镜子非常适合你们年轻女孩子用, 样子好看又不重, 放在包里十分方便。

★ 那种镜子比较轻。

해석 이 작은 거울은 당신들 같은 젊은 여성들이 사용하기에 매우 적합합니다. 모양이 예쁘고 또 무겁지 않아서 가방 안에 넣으면 매우 편리합니다.

★ 그 거울은 비교적 가볍다.

분석 녹음에서는 '不重(무겁지 않다)'으로 표현했지만 **제시문에서는** '比较轻(비교적 가볍다)'으로 표현했다. 단어는 다르지만 **결국 같은 의미**이므로 내용이 일치한다.

정답 ✓

어휘 镜子 jìngzi [명] 거울 4급 | 适合 shìhé [동] 적합하다, 알맞다 4급 | 包 bāo [명] 가방 3급

 **실전 적용하기**

🎧 1-5

> ★ 那儿的包子很便宜。( )

녹음 我们家旁边有一家小吃店很有名。那儿的 包子 和鸡蛋汤都不错，价格也 不贵，我经常去那儿吃早餐。
★ 那儿的包子很便宜。

해석 우리 집 옆에 분식집이 있는데 매우 유명하다. 그곳의 찐빵과 계란국은 모두 훌륭한데 가격도 비싸지 않아서, 나는 자주 그곳에 가서 아침을 먹는다.
★ 그곳의 찐빵은 싸다.

풀이 제시문에서는 '很便宜(매우 싸다)'라고 했고, 녹음에서는 '不贵(비싸지 않다)'로 표현했다. 하지만 결국 같은 의미이므로 내용이 일치한다.

정답 ✓

어휘 旁边 pángbiān [명] 옆 2급 | 小吃店 xiǎochīdiàn [명] 분식집 4급 | 包子 bāozi [명] (소가 든) 찐빵, 바오쯔 4급 | 汤 tāng [명] 국 | 早餐 zǎocān [명] 아침 식사 4급

3. 첫 문장에서 결정적 힌트가 나온다.

어떤 문제들은 다 들을 필요도 없이 첫 문장에서 결정적 힌트를 제공할 때가 있다. 물론 너무 성급한 풀이는 피해야 한다. 이것은 녹음이 나오기 전 제시문의 키워드와 전체 의미를 이해한 상태에서 녹음의 첫 문장을 듣고 결정적인 힌트가 잡혔을 때 가능한 풀이법이다. 이 경우에는 비교적 느슨하게 녹음 내용에 집중하면서 한편으로는 다음 문제의 제시문을 미리 체크할 수 있도록 연습해야 한다.

 **기출 분석하기**

🎧 1-6

> ★ 他决定参加聚会。 ( )

| 녹음 | 对不起，明天的聚会我去不了了。刚接到通知，我得参加一个招聘会。

★ 他决定参加聚会。 | 해석 | 미안해, 내일 모임에 나는 갈 수 없게 됐어. 막 통지를 받았는데 나는 채용박람회에 가야 해.

★ 그는 모임에 참가하기로 했다. |

분석 제시문의 키워드는 '参加聚会(모음에 참가하다)'인데, 녹음의 첫 문장에서 분명히 '모임에 갈 수 없게 됐다(聚会去不了了)'고 했으므로 내용은 불일치한다. 뒷부분에서 어떤 내용이 나오든 모임에 갈 수 없다는 사실이 뒤집어지기는 거의 불가능하므로 과감하게 첫 문장만으로 ✕를 표시하고 다음 문제의 제시문을 체크하는 것이 좋다.

정답 ✕

어휘 聚会 jùhuì [명] 모임 [동] 모이다 4급 | 去不了 qùbuliǎo 갈 수 없다 | 接 jiē [동] 받다, 마중하다 3급 | 通知 tōngzhī [명/동] 통지(하다), 알리다 4급 | 招聘会 zhāopìnhuì [명] 채용박람회 4급

★ 大家认识很久了。　　　　　　　　　　　　　　（　　）

| 녹음 | 新学期刚开始，大家都还不太熟悉，所以我想举办一场小晚会，到时让每个人都介绍一下自己，互相认识认识。

★ 大家认识很久了。 | 해석 | 신학기가 막 시작되어 모두가 잘 알지 못한다. 그래서 나는 작은 파티를 열어 그때에 모든 사람들이 자신을 소개하도록 해, 서로 잘 알게 하려고 한다.

★ 모두가 안 지 오래되었다. |

풀이 제시문의 키워드는 '认识很久了(안 지 오래되었다)'인데 녹음에서는 '신학기가 막 시작되었다(新学期刚开始)'라고 했으므로 내용이 일치하지 않음을 바로 알 수 있다.

정답 ✕

어휘 学期 xuéqī [명] 학기 4급 | 熟悉 shúxī [형] 잘 알다, 익숙하다 [동] 이해하다, 파악하다 4급 | 举办 jǔbàn [동] 열다, 개최하다 4급 | 晚会 wǎnhuì [명] 이브닝 파티, 야회 4급 | 到时 dàoshí [동] 그때가 되다 | 互相 hùxiāng [부] 서로 4급

4. 제시문이 보편적 도리나 이치, 상식 등을 설명할 때는 거의 √이다.

가장 많이 출제되는 유형 중 하나로, **제시문이 누구나 동의할 만한 상식**이나 **보편적 도리**, **처세**(일 처리 방법)를 나타낼 때는 **대부분** √이다. 따라서 **녹음 내용이 이해되지 않아도 제시문 자체가 올바른 내용**이라면 **일치(√)**한다고 볼 수 있다. 이를 위해서는 **제시문의 의미를 정확하게 이해할 수 있어야 한다.**

★ 人们可以通过音乐交流感情。　　　　　　　　　　　　　　　（　　）

녹음 音乐不仅是一门艺术，也是一种语言。人们对音乐的喜爱与国籍无关，通过音乐，不同国家的人可以交流感情，增进了解。

★ 人们可以通过音乐交流感情。

해석 음악은 하나의 예술일 뿐만 아니라 또한 일종의 언어이기도 하다. 사람들의 음악에 대한 사랑은 국적과 무관하여 음악을 통해 다른 나라의 사람과도 감정을 교류하고 이해를 증진시킬 수 있다.

★ 사람들은 음악을 통해 감정을 교류할 수 있다.

분석 제시문은 '음악으로 감정을 교류할 수 있다'는 보편적 상식이다. 따라서 이 문제는 녹음을 듣지 않고도 내용이 일치할 것임을 판단할 수 있다.

정답 √

어휘 不仅 bùjǐn [접] ~일 뿐만 아니라 4급(≒不但) | 艺术 yìshù [명] 예술, 기술 4급 | 喜爱 xǐ'ài [동] 좋아하다 | 国籍 guójí [명] 국적 4급 | 无关 wúguān [동] 무관하다 | 交流 jiāoliú [명/동] 교류(하다) 4급 | 增进 zēngjìn [동] 증진하다

★ 父母对孩子要讲信用。　　　　　　　　　　　　　　　　　（　　）

| 녹음 | 父母对孩子必须做到言而有信，对孩子说过的话一定要做到。如果实在做不到就应向孩子道歉并解释原因，否则孩子会认为你在骗他。

★ 父母对孩子要讲信用。 | 해석 | 부모는 아이에 대해서 반드시 말에 신용이 있어야 하며, 아이에게 한 말은 반드시 지켜야 한다. 만일 정말 그렇게 할 수 없다면 아이에게 사과하고 원인을 설명해야 한다. 그렇지 않으면 아이는 당신이 그를 속이고 있다고 생각할 것이다.

★ 부모는 아이에 대해서 신용을 중시해야 한다.

풀이 '부모가 아이에 대해서 신용을 지켜야 한다'는 제시문의 내용은 누구나 동의하는 보편적 도리이다. 따라서 녹음을 듣지 않아도 이미 내용이 일치할 것임을 알 수 있다.

정답 ✓

어휘 言而有信 yán ér yǒu xìn [성] 말에 신용이 있다 | 实在 shízai [부] 정말, 참으로 [형] 착실하다 4급 | 道歉 dàoqiàn [동] 사과하다 4급 | 并 bìng [부] 결코 [접] 그리고 | 解释 jiěshì [동] 해명하다, 설명하다 4급 | 原因 yuányīn [명] 원인 4급 | 否则 fǒuzé [접] 그렇지 않으면 4급 | 骗 piàn [동] 속이다 4급 | 讲 jiǎng [동] 중시하다, 설명하다 3급 | 信用 xìnyòng [명] 신용

5. 특정 단어 뒤에 결정적 힌트가 나온다.

무언가를 설명할 때 **중요한 내용**이 있으면 화자는 본인도 모르게 **특정 단어를 써서 그 내용을 강조**하게 된다. 아래의 단어 뒤에는 결정적인 힌트가 제공되므로 특히 주의해서 듣고 일치 여부의 판단에 활용할 수 있어야 한다.

전환 관계 : 但是, 可是, 其实(사실은), 却(오히려)
인과 관계 : 因为, 由于, 所以, 因此, 于是(그래서)
정도 부사 : 十分, 非常, 特别, 最
기　　타 : 关键(관건), 而且(게다가), 实际上(실제로)

+ 중요 내용 ★

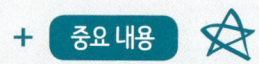 1-10

★ 妻子觉得房子很便宜。　　　　　　　　　　　（　　）

| 녹음 | 那个房子在一层，带个小花园，我挺意的。但我妻子觉得租金有点贵，我们想再商量一下。
★ 妻子觉得房子很便宜。 | 해석 | 그 집은 1층에 있고 작은 화원을 가지고 있어서 나는 매우 마음에 든다. 하지만 내 아내는 집세가 좀 비싸다고 생각해, 우리는 다시 한 번 상의를 하고 싶다.
★ 아내는 집이 싸다고 생각한다.

분석 아내는 '有点儿贵'라고 했으므로 제시문은 일치하지 않는다. 전환 관계를 나타내는 '但'이 나왔을 때는 좀 더 집중해서 듣고 판단해야 함을 알 수 있다.

정답 X

어휘 房子 fángzi [명] 집, 건물 | 层 céng [명] 층 3급 | 花园 huāyuán [명] 화원 | 挺 tǐng [부] 매우 4급 | 满意 mǎnyì [동] 만족하다 3급 | 租金 zūjīn [명] 임대료, 집세 | 商量 shāngliang [동] 상의하다

🎧 1–11

★ 叔叔现在还爱打篮球。　　　　　　　　　　　　　　（　　）

녹음 叔叔最大爱好就是打篮球，大学时他还多次参加校篮球比赛。尽管现在工作很忙，可到了周末，他仍然会约朋友去打球。
★ 叔叔现在还爱打篮球。

해석 작은아버지의 가장 큰 취미는 농구를 하는 것이다. 대학교 때 그는 여러 번 학교 농구 시합에 참가하였다. 비록 지금은 일이 바쁘지만 주말이 되면 그는 여전히 친구와 약속해 운동을 하러 간다.
★ 작은아버지는 현재 여전히 농구를 좋아한다.

풀이 주말이면 여전히(仍然) 운동하러 간다고 했으므로 지금도 농구를 좋아한다고 할 수 있다. 전환 접속사 '可(그러나)' 뒤에 결정적 힌트가 나왔음을 주목해야 한다. 참고로 '仍然'은 '여전히'라는 뜻으로 '还是'와 비슷한 의미임을 나타낸다.

정답 ✓

어휘 叔叔 shūshu [명] 숙부, 작은아버지, 아저씨 3급 | 爱好 àihào [명] 취미 [동] 좋아하다 3급 | 篮球 lánqiú [명] 농구 | 参加 cānjiā [동] 참가하다 3급 | 比赛 bǐsài [명] 경기, 시합 [동] 경기하다 3급 | 尽管 jǐnguǎn [접] 비록 ~이지만 4급 | 周末 zhōumò [명] 주말 3급 | 仍然 réngrán [부] 여전히 4급 | 约 yuē [동] 약속하다 | 打球 dǎqiú [동] 구기 운동을 하다

6. 녹음 속 함정 단어를 피하고 전체적인 내용을 이해해야 한다.

 **기출 분석하기**

 1-12

★ 大门钥匙只有一个。　　　　　　　　　　　　　　　　　( )

녹음 给，这是家里大门的钥匙，你和你姐一人一把。这把小的是你房间的，拿好了，别弄丢了。
　　★ 大门钥匙只有一个。

해석 자, 이건 집 대문 열쇠야. 너와 네 누나 한 사람이 하나씩 가져. 이 작은 것은 네 방 열쇠니까 잘 챙겨, 잃어버리지 말고.
　　★ 대문 열쇠는 오직 하나뿐이다.

분석 제시문의 키워드를 '只有一个(하나만 있다)'라고 생각할 수 있는데 사실은 '大门钥匙(대문 열쇠)'도 키워드이다. 왜냐하면 녹음에서는 '大门钥匙'와 '房间钥匙' 두 종류의 열쇠가 등장하기 때문이다. 다행히 '一人一把'가 '한 사람당 하나씩'의 뜻이므로 대문의 열쇠는 두 개임을 알 수 있다. 만약 녹음에서 계속 흘러나오는 '一'만을 듣고 판단한다면 제시문이 일치한다고 생각해 버릴 수 있다. 제시문의 키워드가 녹음에서 나온다고 해서 무조건 일치하는 것은 아니며, 전체적인 이해를 통해서 정답을 선택하는 실력을 키우도록 노력해야 한다.

정답 X

어휘 钥匙 yàoshi [명] 열쇠 4급 | 把 bǎ [양] 개(손잡이가 있는 물건을 셈) [개] ~을 3급 | 拿好 náhǎo (물건을) 잘 챙기다 | 弄丢 nòngdiū [동] 잃어버리다 4급

 **실전 적용하기**

 1-13

★ 小元在上海上班。　　　　　　　　　　　　　　　　　( )

녹음 今天去游泳的时候，遇见小元和他妻子了。我本来以为他俩都去上海工作了，没想到他们还一直留在这儿。
　　★ 小元在上海上班。

해석 오늘 수영할 때 샤오위안과 그의 아내를 만났다. 나는 원래 그 둘은 모두 상하이로 일하러 간 줄 알았는데, 그들이 아직 계속 여기에 머물러 있을 줄은 생각지 못했다.
　　★ 샤오위안은 상하이에서 일한다.

| 풀이 | 상하이로 일하러 간 줄 알고 있었지만(本来以为~) 사실은 가지 않고 **여기에(这儿) 계속 머물고 있었다.** '这儿'이 구체적으로 어느 지역을 가리키는지는 녹음에 나오지 않았기 때문에 알 수 없다. 확실한 점은 '这儿'이 상하이는 아니라는 점이다. 따라서 제시문은 녹음의 내용과 불일치한다.

| 정답 | X

| 어휘 | 遇见 yùjiàn [동] 만나다, 부딪히다 4급 | 本来 běnlái [부] 본래 [형] 원래의 4급 | 以为 yǐwéi [동] ~라고 (잘못) 생각하다 4급 |
一直 yìzhí [부] 줄곧 4급 | 留在 liúzài ~에 남다 4급 | 上班 shàngbān [동] 출근하다, 근무하다 2급

| 꿀팁 |

'**本来**(본래/원래)'와 '**以为**(~라고 (잘못) 여기다)'

'**本来**'나 '**以为**'가 나오면 **상황이 바뀔 것임을 암시**한다. 따라서 '本来'나 '以为'를 들으면 〈**本来/以为 + 가짜 정보 + 진짜 정보/변화된 내용**〉으로 전개될 것임을 알고 있어야 한다.

- 这件衣服本来很合身，洗过以后就变小了。 이 옷은 원래 몸에 잘 맞았었는데, 빨고 나니 작아졌다.
- 我以为你回家了，没想到你还在加班。 나는 네가 집에 돌아간 줄 알았는데, 아직도 잔업하고 있을 줄 몰랐어.

실전 연습 문제 1

第 1-10 题：判断对错。　　　　　　　　　　　　　🎧 1-14

1. ★ 夏天洗热水澡更凉快。　　　　　　　　　　（　　）

2. ★ 小李负责翻译那篇文章。　　　　　　　　　（　　）

3. ★ 作家的小说很受欢迎。　　　　　　　　　　（　　）

4. ★ 孙亮的态度让他很满意。　　　　　　　　　（　　）

5. ★ 入口处有卖果汁的。　　　　　　　　　　　（　　）

6. ★ 生气时不要急着做决定。　　　　　　　　　（　　）

7. ★ 他们明天八点出发。　　　　　　　　　　　（　　）

8. ★ 他们决定不去爬长城了。　　　　　　　　　（　　）

9. ★ 他对买的书不满意。　　　　　　　　　　　（　　）

10. ★ 小王性格活泼。　　　　　　　　　　　　　（　　）

실전 연습 문제 2

第 1–10 题：判断对错。　　　　　　　　　　　　　　　🎧 1–15

1. ★ 他希望大家能提些意见。　　　　　　　　　　　（　）

2. ★ 睡太久对身体不好。　　　　　　　　　　　　　（　）

3. ★ 找对方向很重要。　　　　　　　　　　　　　　（　）

4. ★ 一会儿有客人来。　　　　　　　　　　　　　　（　）

5. ★ 钢琴家认为坚持才能成功。　　　　　　　　　　（　）

6. ★ 优秀的管理者要做好每件事。　　　　　　　　　（　）

7. ★ 互相帮助才能共同前进。　　　　　　　　　　　（　）

8. ★ 早上刮大风了。　　　　　　　　　　　　　　　（　）

9. ★ 学校旁边有一家面包店。　　　　　　　　　　　（　）

10. ★ 他适应北方的冬天了。　　　　　　　　　　　　（　）

듣기 2부분 — 대화 듣고 질문에 답하기

출제 원리와 공략법

대화형 문제는 〈듣기 2부분(11번~25번)〉, 〈듣기 3부분(26번~35번)〉으로 나뉩니다. 대화형 문제의 핵심은 '화제별 빈출 어휘'를 숙지하는 것입니다. 왜냐하면 출제 위원들은 '화제별 빈출 어휘'를 중심으로 직접 대화문을 만들고 어려운 단어를 이용해 난이도를 조절하기 때문입니다. '전략 학습'의 '화제별 빈출 어휘'는 〈듣기〉뿐만 아니라 〈독해〉, 〈쓰기〉 부분에도 똑같이 적용되기 때문에, 전 영역을 한꺼번에 대비한다고 생각하고 적극적으로 학습해야 합니다.

◎ 출제 특징

- **문항 구성** : 25문제(11번~35번). 남녀가 대화를 한 번씩 주고받는 2부분에서 15문제, 대화를 두 번씩 주고받는 3부분에서 10문제가 출제된다.
- **대화의 종류** : '쇼핑, 교통, 음식, 회사, 의복, 건강, 교육, 날씨' 등과 관련해서 나오며 '교통', '음식' 관련 문제가 가장 많이 출제된다.
- **선택지(A, B, C, D)** : 4급 필수 어휘가 주를 이루며 4급 이하의 단어도 자주 활용된다.

◎ 3단계 풀이법

[1단계] 녹음이 나오기 전 각 선택지의 키워드나 생소한 단어를 체크하고 대략적인 내용을 예상해 본다.
[2단계] 최대한 집중해서 녹음 내용을 듣는다.
[3단계] 대화 내용 이해를 통해 정답을 선택하고, 이해하지 못한 것은 대화에서 언급된 단어가 있는 선택지를 정답으로 고른다.

| 선택지 미리 보기 | ➡ | 집중해서 듣기 | ➡ | 종합 판단 혹은 들리는 단어를 정답으로 선택 |

◎ 학생들이 가장 많이 하는 질문

> "선생님, 녹음이 이해가 안 돼요. 어떻게 하죠?"
>
> 기본기가 약한 상태에서는 선택지의 단어를 미리 체크하여 최대한 대화 내용을 예측해야 합니다. 그래도 내용 이해가 안 된다면 녹음에서 나온 단어가 있는 선택지가 정답이 될 확률이 높습니다. 왜냐하면 4급 듣기에서는 4급 필수 어휘 위주로 대화 내용과 선택지가 구성되기 때문입니다. 따라서 화제별 빈출 어휘만 잘 숙지한다면 전체 내용이 이해되지 않아도 쉽게 답을 맞힐 수가 있습니다. 물론 대화 내용이 다 이해되면 가장 좋겠죠.

◎ 학습 전략

- 화제별 빈출 어휘 숙지
- 신속하게 선택지의 키워드 파악하기 연습
- 1일 20분 받아쓰기를 통한 듣기 실력 향상

 신속 정확한 풀이

❶ 쇼핑

기출문제 분석
듣기 2부분 대화 듣고 질문에 답하기

'쇼핑' 관련 문제는 **매회 1문제** 정도가 출제되는데요. '**할인 내용**', '**결제 방식**', '**상품 배달**' 등의 상황이 자주 제시됩니다.

■ 자주 나오는 질문 유형

(1) [질문 형태] **关于~，可以知道什么?** ~에 관해서 무엇을 알 수 있는가? `대상 일치 찾기`
    [풀이 비법] '~' 안에는 **사람**이나 **사물** 등이 온다. 대화 내용의 **전반적인 이해**를 통해서 **자연스럽게 정답을 도출**할 수 있다.

(2) [질문 형태] **男的/女的接下来可能做什么?** 남자/여자는 이어서 무엇을 할 것인가? `행동 유추`
    [풀이 비법] 대화를 듣고 남자나 여자가 다음으로 어떤 행동을 할 것인지 묻는 유형으로, **어떤 상황인지를 파악**하는 것이 중요하다.

(3) [질문 형태] **根据对话，下列哪个正确?** 대화에 근거하여 아래에서 옳은 것은? `종합 판단`
    [풀이 비법] 대화의 전반적인 이해가 필요하며 때때로 **남자와 여자의 상황을 구분하여** 이해해야 할 때도 있다. '男的~', '女的~' 식의 제시어가 있다면, 질문이 '**根据对话，下列哪个正确?**'가 될 것임을 알 수 있다.

(4) [질문 형태] **他们最可能在哪儿?** 그들은 어디에 있을 가능성이 큰가? `장소 일치 찾기`
    [풀이 비법] 대화 속에 나오는 **관련 단어**를 통해서 대화가 일어나는 **장소를 유추**하거나 대화에서 **직접적으로 언급된 장소 단어**를 그대로 정답으로 고를 수 있다.

대화를 듣고 질문에 알맞은 답안을 고르세요.

🎧 2–1

1. A 很旧　　　B 很流行　　　C 质量差　　　D 正在打折

2. A 速度快　　B 更安全　　　C 能得到礼物　D 可无条件换货

1.

녹음
女: 请问这个沙发多少钱?
男: 这个红色的? <u>打完折后</u>是一千一百九。
问: 关于沙发,可以知道什么?
A 很旧　　　　B 很流行
C 质量差　　　D 正在打折

해석
여: 죄송한데 이 소파는 얼마예요?
남: 이 빨간색이요? <u>할인하면</u> 1190위안입니다.
질문: 소파에 관해서 무엇을 알 수 있는가?
A 오래되었다　　　B 유행한다
C 품질이 떨어진다　D 지금 할인 중이다

풀이 '打完折后'는 '할인 적용을 끝내면'이라는 뜻으로 **할인 중임**을 말하고 있으므로 D가 정답이 된다. 참고로 '打折'는 **이합동사**이기 때문에 결과보어 '完'은 **동사**인 '打' 뒤에 오게 된다. 비슷한 예로 **밥을 다 먹고 나서**라고 할 때 '**吃完饭后**'라고 한다.

정답 D

어휘 沙发 shāfā [명] 소파 4급 | 打折 dǎzhé [동] 할인하다, 가격을 깎다 4급 | 旧 jiù [형] 오래되다 3급 | 流行 liúxíng [동] 유행하다 [형] 유행하다 4급 | 质量 zhìliàng [명] 품질, 질량 4급 | 差 chà [형] 나쁘다, 좋지 않다 4급

꿀팁
[1단계] 키워드 체크 및 대강의 추측 : 각 선택지에서 **신속**하게 키워드를 찾아 밑줄이나 동그라미로 **표시**한 후 **어떤 내용**이 나올지 **예상**해 본다.
⇨ A 很⑪　B 很流行　C 质量差　D 正在打折

[2단계] 청취 후 판단 : 선택지의 키워드를 근거로 해서 최대한 **녹음 내용**을 듣고 이해한 후 **정답**을 **찾아낸다**. 만일 이해가 안 됐다면 들리는 단어가 있는 선택지를 정답으로 고른다.
⇨ 打完折后 → D 正在打折

2.

녹음
女: 你平时都是用现金付款吗?
男: 很少,我一般刷信用卡。
女: 听说用信用卡付款能打折,是吗?
男: <u>有些地方能打折,有些地方会送小礼物。</u>
问: 使用信用卡付款有什么好处?
A 速度快　　　B 更安全
C 能得到礼物　D 可无条件换货

해석
여: 넌 평소에 모두 현금으로 계산해?
남: 매우 드물어. 나는 보통 신용 카드로 계산해.
여: 신용 카드로 계산하면 할인 받을 수 있다던데, 그래?
남: <u>어떤 곳은 할인이 되고 어떤 곳은 간단한 선물을 줘.</u>
질문: 신용 카드를 사용하면 어떤 좋은 점이 있는가?
A 속도가 빠르다　　　B 더욱 안전하다
C 선물을 받을 수 있다　D 무조건 교환이 가능하다

풀이 신용 카드로 결제하면(刷信用卡) 할인을 해 주는(打折) 곳도 있고 **선물을 주는**(送小礼物) **곳도 있다**고 했으므로 C가 정답이 된다.

정답 C

어휘 平时 píngshí [명] 평소 4급 | 现金 xiànjīn [명] 현금 4급 | 付款 fùkuǎn [동] 돈을 지불하다, 계산하다 4급 | 刷卡 shuākǎ [동] 카드로 결제하다 4급 | 信用卡 xìnyòngkǎ [명] 신용 카드 3급 | 打折 dǎzhé [동] 할인하다, 가격을 깎다 4급 | 送 sòng [동] 선물하다, 증정하다, 배달하다, 배웅하다 2급 | 礼物 lǐwù [명] 선물 3급 | 速度 sùdù [명] 속도 4급 | 安全 ānquán [형] 안전하다 4급 | 无条件 wú tiáojiàn 무조건이다 | 换货 huànhuò [동] 물품을 교환하다

꿀팁 **들리는 단어가 곧 정답이 된다!**
위 문제에서 **각 선택지의 키워드**는 '**速度**', '**安全**', '**礼物**', '**换货**'이다. 그리고 이들 중 **대화 속에서 언급된 것은 '礼物'가 유일**하다. 그리고 '**礼物'가 들어간 D가 정답**이 되었다. 녹음 내용을 이해하면서 푸는 것이 가장 좋겠지만 **이해가 안 된다면 들리는 단어가 있는 선택지를 고르면 정답일 가능성이 매우 높다**는 것을 명심하자.

전략 학습 : 화제별 빈출 어휘

듣기 2부분 대화 듣고 질문에 답하기

'쇼핑' 관련 문제에서 주로 등장하는 **관련 빈출 어휘**를 학습합니다. 단어만 알면 정답을 맞힐 수 있도록 비교적 단순하게 출제되기 때문에 관련 빈출 어휘를 확실하게 장악하는 것이 필요합니다. 특히 '**打折**(할인)', '**沙发**(소파)', '**付款**(결제)', '**刷卡**(카드 결제)' 등이 **주요 단어**로 등장합니다.

먼저 정리된 단어를 전체적으로 훑어보면서 **모르**거나 다소 **생소**한 단어는 **체크(☑)** 를 해 둡니다. 다 훑어보고 나면 **다시 처음으로 돌아와 체크된 생소한 단어들을 다시 확인**합니다. 그리고 확인 테스트 1, 2 풀이를 통해서 확실하게 자신의 것으로 만듭니다.

> ◯ **화제별 빈출 단어를 대하는 자세** : 이 부분은 〈듣기〉만을 위한 것이 아니라 〈독해〉, 〈쓰기〉를 포함한 **4급의 전반적인 중요 어휘를 정리**한 것입니다. 열심히 학습하는 만큼 〈독해〉와 〈쓰기〉가 함께 쉬워지니 적극적으로 학습하시기 바랍니다.

■ 쇼핑

1	☐ 毛	máo	마오, 1위안(元)의 1/10 = 角 jiǎo
2	☐ 逛街	guàngjiē	아이쇼핑하다, 거리를 거닐다
3	☐ 购物	gòuwù	쇼핑하다
4	☐ 购物袋	gòuwùdài	장바구니, 쇼핑백
5	☐ 塑料袋	sùliàodài	비닐봉지
6	☐ 超市	chāoshì	슈퍼마켓
7	☐ 祝您购物愉快	zhù nín gòuwù yúkuài	즐거운 쇼핑 되세요
8	☐ 商场	shāngchǎng	상가, 백화점
9	☐ 热闹	rènao	번화하다
10	☐ 付款	fùkuǎn	결제하다
11	☐ 分期付款	fēnqī fùkuǎn	분할 납부하다, 할부로 사다
12	☐ 刷卡	shuākǎ	카드로 결제하다, 카드를 긁다
13	☐ 刷卡机	shuākǎjī	카드 단말기

> **꿀팁** '刷'는 '긁다'는 뜻이 아니라 '솔질하다'는 뜻이다. 그래서 '刷牙(양치질하다)'와 '牙刷(칫솔)'라는 표현이 있다.

14	☐ 现金	xiànjīn	현금
15	☐ 银行	yínháng	은행

16	☐ 银行卡	yínhángkǎ	은행 카드
17	☐ 信用卡	xìnyòngkǎ	신용 카드
18	☐ 取款机	qǔkuǎnjī	현금 지급기
19	☐ 打折	dǎzhé	할인하다
20	☐ 打完折	dǎ wánzhé	할인을 다 하면

| 21 | ☐ 打八折 | dǎ bāzhé | 20% 할인하다 |
| 22 | ☐ 打八五折 | dǎ bāwǔzhé | 15% 할인하다 |

꿀팁 원래는 '打八点五折(8.5)'인데 '点'을 생략하고 '打八五折'라고 한 것이다.

23	☐ 半价	bànjià	반값
24	☐ 礼物	lǐwù	선물
25	☐ 一千一百九	yīqiān yībǎijiǔ	1190위안(1109위안이 아님)

26	☐ 顾客	gùkè	고객, 손님(≒客人)
27	☐ 客人	kèrén	손님, 고객(≒顾客)
28	☐ 沙发	shāfā	소파
29	☐ 售货员	shòuhuòyuán	판매원
30	☐ 送货	sònghuò	배달하다

꿀팁 '送'은 '선물하다', '배웅하다'의 뜻도 있다.

31	☐ 送货上门	sònghuò shàngmén	집까지 배달하다
32	☐ 换货	huànhuò	물품을 교환하다
33	☐ 免费	miǎnfèi	무료의
34	☐ 一共	yígòng	총, 모두 합쳐서
35	☐ 花了	huāle	~를 썼다

36	☐ 钱包	qiánbāo	지갑
37	☐ 质量	zhìliàng	품질, 질
38	☐ 差	chà	나쁘다, 좋지 않다, 부족하다

꿀팁 '差'는 '质量很差', '成绩很差', '心情很差' 등 다양하게 표현할 수 있으며, 칭찬을 받았을 때 검손하게 말할 수 있는 '还差得远呢(아직 멀었다)'도 중요한 표현이다.

각 단어에 맞는 발음과 뜻을 선으로 연결하세요.

대화형(11~35번) 문제는 **화제별 빈출 어휘 장악이 고득점의 핵심이자 본질**입니다. 단순한 암기 작업이라고 **무시하면 안 됩니다.** 공부하는 대로 **시험에서 바로바로 점수 향상**으로 나타날 것입니다.

1	商场	A	guàngjiē	A	상가, 백화점
2	热闹	B	gòuwù	B	쇼핑하다
3	逛街	C	chāoshì	C	번화하다
4	超市	D	shāngchǎng	D	아이쇼핑하다, 거리를 거닐다
5	购物	E	rènao	E	슈퍼마켓

6	银行	A	fùkuǎn	A	현금
7	信用卡	B	shuākǎ	B	은행
8	刷卡	C	xiànjīn	C	결제하다
9	付款	D	yínháng	D	신용 카드
10	现金	E	xìnyòngkǎ	E	카드로 결제하다, 카드를 긁다

11	顾客	A	qǔkuǎnjī	A	반값
12	打折	B	dǎzhé	B	고객
13	半价	C	dǎ bāzhé	C	20% 할인하다
14	打八折	D	bànjià	D	현금 지급기
15	取款机	E	gùkè	E	할인하다

16	换货	A	shāfā	A	배달하다
17	送货	B	shòuhuòyuán	B	물품을 교환하다
18	售货员	C	sònghuò	C	무료의
19	免费	D	huànhuò	D	판매원
20	沙发	E	miǎnfèi	E	소파

정답 01. DA 02. EC 03. AD 04. CE 05. BB 06. DB 07. ED 08. BE 09. AC 10. CA
11. EB 12. BE 13. DA 14. CC 15. AD 16. DB 17. CA 18. BD 19. EC 20. AE

21 质量	A yígòng	A 나쁘다, 좋지 않다, 부족하다
22 差	B huāle	B 품질
23 一共	C qiánbāo	C 지갑
24 钱包	D zhìliàng	D ~를 썼다
25 花了	E chà	E 총, 모두 합쳐서

정답 21. DB　22. EA　23. AE　24. CC　25. BD

녹음을 듣고 빈칸에 들어갈 알맞은 단어를 고르세요. 녹음은 두 번씩 들려 줍니다.

 2-2

购物 ｜ 家具 ｜ 超市 ｜ 沙发 ｜ 一共

1. 这个月家里_____花了五千多块。

2. 光买_____和冰箱就花了四千多。

3. 真抱歉，明天我得加班，不能陪你去_____了。

4. 这是我们_____送您的环保购物袋，祝您购物愉快。

5. 小姐，您好，您想买什么_____？需要我为您介绍一下吗？

정답
1. 一共 : 이번 달에 집에서는 총 5천여 위안을 썼다.
2. 沙发 : 단지 소파와 냉장고만 사는 데 4천여 위안을 썼다.
3. 购物 : 정말 미안해, 내일 내가 특근을 해야 해서 너를 데리고 쇼핑할 수 없게 되었어.
4. 超市 : 이것은 저희 슈퍼마켓에서 당신께 드리는 친환경 쇼핑백입니다. 즐거운 쇼핑 되세요.
5. 家具 : 아가씨, 안녕하세요. 어떤 가구를 원하세요? 제가 한번 소개해 드릴까요?

실전 연습 문제

第 1-5 题: 请选出正确答案。　　🎧 2-3

第二部分

1.　A 约会　　　　B 取钱　　　　C 改密码　　　　D 买信封

2.　A 事情解决了　B 客人很吃惊　C 任务没完成　　D 男的想请假

3.　A 体育馆　　　B 家具店　　　C 图书馆　　　　D 洗手间

4.　A 医院　　　　B 超市　　　　C 邮局　　　　　D 图书馆

第三部分

5.　A 毛巾　　　　B 帽子　　　　C 眼镜盒　　　　D 塑料袋

❷ 음식

기출문제 분석
듣기 2부분 대화 듣고 질문에 답하기

'음식' 관련 문제는 매회 1문제 정도가 출제되고 비교적 평이하게 출제됩니다. 맛을 나타내는 '酸', '甜', '苦', '辣'와 음식의 종류 '小吃', '面包', '饼干', '汤', '盐' 등의 단어를 확실하게 익혀 두면 녹음 내용을 이해하는 데 도움이 되고 문제를 쉽게 풀 수 있습니다.

■ 자주 나오는 질문 유형

(1) [질문 형태] **男的/女的想要什么?** 남자/여자는 무엇을 원하는가? `논의 대상 찾기`
女的让男的买什么? 여자는 남자에게 무엇을 사라고 하는가?

[풀이 비법] 선택지는 **음식(혹은 사물)**으로 제시되며 화자가 무엇을 찾거나 사거나 원하거나 하는지를 묻는다. 대화 속에 노출되는 **힌트는 한 번만 나오기** 때문에 선택지를 미리 체크하고 발음을 알고 있어야 한다. 정답이 아닌 나머지 선택지는 일반적으로 대화 속에서 아예 언급되지 않는 경우가 많다. 때로는 대화 속에 나오는 두 가지 중에서 정답을 고르도록 요구하기도 한다.

(2) [질문 형태] **女的让男的做什么?** 여자는 남자에게 무엇을 하라고 하는가? `행위 일치 찾기`

[풀이 비법] 선택지는 **여러 가지 행위**를 나타내는 **동사가 등장**한다. 각 선택지에 있는 동사의 **목적어(명사)를 키워드로 간주**하고 푸는 것도 **매우 효과적**이다.

(3) [질문 형태] **男的/女的觉得~怎么样?** 남자/여자는 ~을 어떻게 생각하는가? `견해 일치 찾기`

[풀이 비법] 어떤 대상에 대한 화자의 견해를 묻는 유형으로 질문에는 항상 '觉得~'가 들어간다. 대화 내용의 전반적인 이해를 통해서 자연스럽게 정답을 찾을 수 있으며, 이해가 안 되도 **들리는 단어 위주로 고르면** 정답인 경우가 대부분이다.

기출
맛보기

대화를 듣고 질문에 알맞은 답안을 고르세요. 🎧 2-4

1. A 很干净	B 刚开不久	C 饮料很便宜	D 有很多小吃
2. A 啤酒	B 果汁	C 毛巾	D 矿泉水

1.

녹음

男: 附近有什么比较好的餐厅吗?
女: 公司对面那家就不错，有很多小吃。
问: 关于那家餐厅，可以知道什么?
A 很干净　　　B 刚开不久
C 饮料很便宜　D 有很多小吃

해석

남: 근처에 비교적 괜찮은 식당 있어요?
여: 회사 맞은편 집이 괜찮아요. 먹거리도 많고요.
질문: 그 식당에 관해서 무엇을 알 수 있는가?
A 깨끗하다　　　B 막 개업해서 오래되지 않았다
C 음료가 싸다　　D 많은 먹거리가 있다

풀이 많은 먹거리가 있다(有很多小吃)고 했으므로 그대로 D가 정답이 된다.

정답 D

어휘 附近 fùjìn [명] 부근, 근처 4급 | 餐厅 cāntīng [명] 식당 4급 | 对面 duìmiàn [명] 맞은편 4급 | 小吃 xiǎochī [명] 먹거리, 간식 4급 | 饮料 yǐnliào [명] 음식 4급 | 刚 gāng [부] 막, 방금, 얼마 전 4급

꿀팁
[1단계] 선택지를 보고 **음식 문제임을 인식**한 후, 각 선택지에서 모르거나 **생소한 단어를 체크**해 둔다.
[2단계] 녹음을 잘 듣고 **이해한 후 질문에 맞는 답**을 고르거나, 녹음 내용이 이해가 안 되면 **들리는 단어가 있는 선택지를 정답**으로 고른다.

2.

녹음

女: 塑料袋里有饼干和苹果，你饿了自己拿。
男: 我不饿，但有点渴，有矿泉水吗?
问: 男的想要什么?
A 啤酒　　B 果汁　　C 毛巾　　D 矿泉水

해석

여: 비닐봉지 안에 과자와 사과가 있는데 너 배고프면 알아서 가져가.
남: 난 배고프지 않아. 하지만 약간 목마른데 생수 있어?
질문: 남자는 무엇을 원하는가?
A 맥주　　B 주스　　C 수건　　D 생수

풀이 여자의 말에서 몇 가지 음식(饼干, 苹果)이 나왔지만 질문은 남자가 원하는 것이기 때문에 '矿泉水'가 정답이 된다.

정답 D

어휘 塑料袋 sùliàodài 비닐봉지 4급 | 饼干 bǐnggān 과자, 비스킷 4급 | 渴 kě 목마르다 3급 | 啤酒 píjiǔ 맥주 3급 | 果汁 guǒzhī 주스 4급 | 毛巾 máojīn 수건 4급 | 矿泉水 kuàngquánshuǐ 4급

꿀팁 **들리는 단어가 곧 정답이다!**
주목할 만한 점은 여자의 말 속에 '饼干', '苹果' 등이 나왔음에도 불구하고 선택지에는 오답으로 나오지도 않았고, 오직 정답인 '矿泉水'만 나왔다는 것이다. 이는 **대화 내용 전체를 이해하지 못했어도 단어만 알면 정답을 맞힐 수 있다**는 것을 의미한다. 따라서 <전략 학습>에서 **화제별 빈출 어휘를 숙지**하는 것이 **무엇보다 중요**하다.

전략 학습 : 화제별 빈출 어휘

듣기 2부분 대화 듣고 질문에 답하기

'음식' 관련 문제에서 주로 등장하는 **관련 빈출 어휘**를 학습합니다. 단어만 알면 쉽게 맞힐 수 있도록 단순하게 출제되기 때문에 **관련 빈출 어휘**를 확실하게 장악하는 것이 필요합니다. **맛의 종류**(酸, 甜, 苦, 辣), **음식의 종류**(饺子, 蛋糕, 饼干, 矿泉水, 面条), **식당**(餐厅, 饭店) 등의 단어가 비중 있게 출제됩니다.

먼저 정리된 단어를 전체적으로 훑어보면서 **모르**거나 다소 **생소**한 단어는 **체크(☑)**를 해 둡니다. 다 훑어보고 나면 **다시 처음**으로 돌아와 체크된 생소한 단어들을 다시 확인합니다. 그리고 **확인 테스트 1, 2** 풀이를 통해서 **확실**하게 자신의 것으로 만듭니다.

■ 음식·요리

1	□ 菜	cài	요리, 음식
2	□ 尝	cháng	맛보다
3	□ 饿	è	배고프다
4	□ 饱	bǎo	배부르다
5	□ 袋	dài	봉지

꿀팁 塑料袋 sùliàodài 비닐봉지 | 口袋 kǒudai 호주머니 | 袋鼠 dàishǔ 캥거루

6	□ 箱	xiāng	상자
7	□ 瓶	píng	병
8	□ 碗	wǎn	그릇

꿀팁 '洗碗'은 '설거지하다'는 뜻이고, '放好碗筷'는 '밥그릇과 젓가락을 잘 놓다'는 표현이다.

9	□ 味道	wèidao	맛, 냄새
10	□ 盐	yán	소금

꿀팁 咸 xián 짜다

11	□ 糖	táng	설탕
12	□ 香	xiāng	향기롭다, 맛이 좋다
13	□ 稍微	shāowēi	약간, 조금

꿀팁 '稍微等一下'나 '稍微厚一点' 등의 표현처럼 동사나 형용사 뒤에 '一下', '一点' 등의 표현이 따라온다.

14	□ 酸	suān	(맛이) 시다
15	□ 甜	tián	달다

16	□ 苦	kǔ	쓰다
17	□ 辣	là	맵다

18	☐	水果	shuǐguǒ	과일
19	☐	牛奶	niúnǎi	우유
20	☐	饼干	bǐnggān	비스킷, 과자
21	☐	酸奶	suānnǎi	요구르트
22	☐	甜食	tiánshí	단맛의 식품
23	☐	蛋糕	dàngāo	케이크
24	☐	香蕉	xiāngjiāo	바나나
25	☐	香蕉皮	xiāngjiāopí	바나나 껍질
26	☐	葡萄	pútáo	포도
27	☐	小吃	xiǎochī	간식, 간단한 먹을거리
28	☐	小吃街	xiǎochījiē	먹자골목
29	☐	饺子	jiǎozi	만두, 교자
30	☐	包子	bāozi	(소가 든) 찐빵, 바오쯔
31	☐	面包	miànbāo	빵
32	☐	面条	miàntiáo	국수
33	☐	饮料	yǐnliào	음료
34	☐	果汁	guǒzhī	주스, 과즙
35	☐	矿泉水	kuàngquánshuǐ	광천수, 생수
36	☐	啤酒	píjiǔ	맥주
37	☐	巧克力	qiǎokèlì	초콜릿
38	☐	饭店	fàndiàn	(규모가 비교적 큰) 식당, 호텔
39	☐	饭馆	fànguǎn	식당
40	☐	餐厅	cāntīng	(작은) 식당
41	☐	生意	shēngyi	장사, 사업
42	☐	服务	fúwù	서비스(하다)
43	☐	态度	tàidù	태도
44	☐	座位	zuòwèi	좌석, 자리

꿀팁 '빈 좌석'은 '空座位'라고 한다.

45	☐	排队	páiduì	줄을 서다

꿀팁 '排队'는 이합동사이기 때문에 '한 시간 동안 줄을 섰다'는 '排队了一个小时'가 아니라 '排了一个小时(队)'라고 표현한다.

46	☐	厨房	chúfáng	부엌, 주방
47	☐	筷子	kuàizi	젓가락
48	☐	冰箱	bīngxiāng	냉장고
49	☐	绿茶	lǜchá	녹차
50	☐	鸡蛋	jīdàn	계란

51	☐	汤	tāng	국
52	☐	勺子	sháozi	국자
53	☐	西红柿	xīhóngshì	토마토
54	☐	西红柿鸡蛋汤	xīhóngshì jīdàntāng	토마토 계란국
55	☐	做法	zuòfǎ	(요리를 만드는) 방법

56	☐	早餐	zǎocān	아침 식사
57	☐	午餐	wǔcān	점심 식사
58	☐	免费	miǎnfèi	무료의, 공짜의
59	☐	收拾	shōushi	정리하다, 치우다, 청소하다
60	☐	打扫	dǎsǎo	쓸다, 청소하다

61	☐	擦	cā	닦다, 마찰하다
62	☐	吃光	chīguāng	다 먹다

꿀팁 이때 '光'은 결과보어로 '아무것도 없는'의 뜻이다. '花光(돈을 다 쓰다)', '用光(다 사용하다)', '忘光(깨끗이 잊어버리다)' 등의 표현도 있다.

63	☐	按时吃饭	ànshí chīfàn	제때에 밥을 먹다
64	☐	洗碗	xǐwǎn	설거지하다
65	☐	擦盘子	cā pánzi	접시를 닦다

66	☐	干杯	gānbēi	건배하다
67	☐	肚子	dùzi	배

꿀팁 拉肚子 lādùzi 배탈이 나다, 설사하다

68	☐	难受	nánshòu	괴롭다, 힘들다

각 단어에 맞는 발음과 뜻을 선으로 연결하세요.

대화형(11~35번) 문제는 **화제별 빈출 어휘 장악**이 고득점의 핵심이자 본질입니다. 단순한 암기 작업이라고 **무시하면 안 됩니다**. 공부하는 대로 **시험에서 바로바로 점수 향상**으로 나타날 것입니다.

1	碗	A cháng	A 상자
2	味道	B è	B 맛, 냄새
3	箱	C xiāng	C 맛보다
4	尝	D wǎn	D 배고프다
5	饿	E wèidao	E 그릇

6	稍微	A yán	A (맛이) 시다
7	甜	B xiāng	B 약간, 조금
8	盐	C shāowēi	C 향기롭다, 맛이 좋다
9	酸	D suān	D 달다
10	香	E tián	E 소금

11	蛋糕	A kǔ	A 요구르트
12	酸奶	B là	B 케이크
13	辣	C bǐnggān	C 맵다
14	饼干	D suānnǎi	D 쓰다
15	苦	E dàngāo	E 비스킷, 과자

16	葡萄	A xiāngjiāo	A 만두, 교자
17	包子	B pútáo	B 포도
18	饺子	C xiǎochī	C 간식, 간단한 먹을거리
19	小吃	D jiǎozi	D 바나나
20	香蕉	E bāozi	E (소가 든) 찐빵, 바오쯔

정답 01. DE 02. EB 03. CA 04. AC 05. BD 06. CB 07. ED 08. AE 09. DA 10. BC
11. EB 12. DA 13. BC 14. CE 15. AD 16. BB 17. EE 18. DA 19. CC 20. AD

21	面条	A miàntiáo	A 주스
22	果汁	B yǐnliào	B 광천수, 생수
23	饮料	C guǒzhī	C 초콜릿
24	巧克力	D kuàngquánshuǐ	D 음료
25	矿泉水	E qiǎokèlì	E 국수

26	饭馆	A fàndiàn	A (비교적 규모가 큰) 식당, 호텔
27	饭店	B fànguǎn	B 식당
28	厨房	C kuàizi	C 부엌, 주방
29	筷子	D chúfáng	D 젓가락
30	鸡蛋	E jīdàn	E 계란

31	早餐	A tāng	A 무료의
32	免费	B xīhóngshì	B 아침 식사
33	汤	C zǎocān	C 토마토
34	排队	D miǎnfèi	D 국
35	西红柿	E páiduì	E 줄을 서다

정답 21. AE 22. CA 23. BD 24. EC 25. DB 26. BA 27. AB 28. DC 29. CD 30. EE
31. CB 32. DA 33. AD 34. EE 35. BC

녹음을 듣고 빈칸에 들어갈 알맞은 단어를 고르세요. 녹음은 두 번씩 들려 줍니다.

| 西红柿 | 厨房 | 餐厅 | 洗碗 | 干杯 | 生意 |
| 肚子 | 难受 | 做法 | 收拾 | 菜 | 午餐 |

1. 为我们的友谊＿＿＿＿吧。

2. 我＿＿＿＿有点儿＿＿＿＿，可能是＿＿＿＿吃得太多了吧。

3. 这家＿＿＿＿的＿＿＿＿怎么这么好呀？人都排队了。

4. 我的爸爸经常帮妈妈＿＿＿＿，我也有时帮妈妈一起＿＿＿＿。

5. ＿＿＿＿鸡蛋汤是鸡蛋汤的一种，是家常＿＿＿＿之一，＿＿＿＿不太难。

정답

1. **干杯** : 우리의 우정을 위해서 건배합시다.
2. **肚子, 难受, 午餐** : 나는 배가 좀 불편한데, 아마도 점심 식사 때 너무 많이 먹었나 봐.
3. **餐厅, 生意** : 이 식당의 장사는 어쩜 이렇게 잘 돼? 사람들이 줄까지 섰어.
4. **洗碗, 收拾厨房** : 우리 아빠는 자주 엄마를 도와 설거지를 해 주시고, 나 역시 가끔 엄마를 도와 함께 부엌을 정리한다.
5. **西红柿, 菜, 做法** : 토마토계란국은 계란국의 일종으로, 집에서 흔히 먹는 음식 중 하나로 만드는 방법은 그다지 어렵지 않다.

실전 연습 문제

第 1-5 题：请选出正确答案。　　🎧 2-6

第二部分

1. A 很香　　B 太咸了　　C 特别辣　　D 不够甜

2. A 饺子　　B 羊肉　　C 面包　　D 饼干

3. A 厨房　　B 教室　　C 办公室　　D 卫生间

第三部分

4. A 菜好吃　　B 生意不好　　C 啤酒便宜　　D 服务员很少

5. A 擦桌子　　B 买果汁　　C 打扫厨房　　D 陪她跑步

③ 교육·인물

기출문제 분석

듣기 2부분 대화 듣고 질문에 답하기

'교육·인물' 관련 문제는 매회 적게는 1문제, 많게는 3문제까지 출제되는데요. 주로 **시험 접수(报名)**, **예습(预习)**, **복습(复习)**, **대학원생(研究生)**, **석사(硕士)**, **박사(博士)** 등과 관련해서 출제됩니다.

■ 자주 나오는 질문 유형

(1) [질문 형태] **男的/女的为什么~?** 남자/여자는 왜 ~을 했는가? `원인 찾기`

[풀이 비법] 화자가 어떤 일을 왜 했는지 혹은 어떤 현상이 왜 일어났는지를 묻는다. 대화 내용의 **전반적인 이해를 통해서** 자연스럽게 정답을 고를 수 있다.

(2) [질문 형태] **男的/女的在做什么?** 남자/여자는 무엇을 하고 있는가? `행위 일치 찾기`

[풀이 비법] 대화를 듣고 남자나 여자(혹은 제3의 인물)이 지금 **무엇을 하고 있는지**를 묻는다. 각각의 선택지에 **어떤 동사가 쓰였는지 체크**하고 녹음에서 나온 단어를 정답으로 고르면 된다.

(3) [질문 형태] **男的向女的借什么?** 남자가 여자에게 무엇을 빌렸는가? `논의 대상 찾기`

[풀이 비법] 남녀가 **어떤 물건에 대해서** 이야기하고 있는지를 묻는 문제이다. 선택지가 모두 **어떤 사물을 나타내는 명사**이면 '**논의 대상 찾기 문제**'임을 알 수 있다. 따라서 **녹음이 나오기 전 각 선택지의 발음을 정확하게 구분할 수 있는 것**이 중요하며 **들리는 단어가 곧 정답**이다.

(4) [질문 형태] **男的/女的是什么意思?** 남자/여자의 말은 무슨 뜻인가? `화자 의도 유추`
　　　　　　　　男的/女的是什么看法? 남자/여자는 무슨 견해인가?

[풀이 비법] 대화를 주고받은 **어느 한쪽의 말의 의도를 묻는다.** 일반적으로 듣기 문제의 정답은 대화 속 표현을 그대로 따와 표현하는 경우가 많다. 하지만 '화자 의도 유추 문제'는 **정답이 대화 속 표현과는 다른 형태로 표현**되는 경우가 많기 때문에 반드시 대화를 **전반적으로 이해**해야 풀 수 있다.

(5) [질문 형태] **他们俩可能是什么关系?** 그들 둘은 무슨 관계일 가능성이 큰가? `인물 관계 유추`

[풀이 비법] 대화를 하는 남녀 **두 사람의 관계**를 묻는다. 관계를 직접적으로 언급하기보다는 **대화의 내용과 상황을 통해서** 어떤 관계인지를 **암시**한다. 시험에 자주 나오는 **인물과 관계를 나타내는 단어들을 숙지**해야 한다.

기출 맛보기

대화를 듣고 질문에 알맞은 답안을 고르세요. 🎧 2-7

| 1. A 感冒了 | B 觉得难 | C 没复习好 | D 没报上名 |
| 2. A 预习 | B 填表格 | C 收拾房间 | D 整理材料 |

1.

녹음
女: 你的普通话水平考试考得怎么样?
男: 我这次没考, 因为我错过了报名时间, 只能等下次了。
问: 男的为什么没参加考试?
A 感冒了　　　　B 觉得难
C 没复习好　　　D 没报上名

해석
여: 너의 보통화 수평고시 시험 친 건 어땠어?
남: 나는 이번에 시험을 안 쳤어. 접수 시간을 놓쳤기 때문에 다음을 기다릴 수밖에 없어.
질문: 남자는 왜 시험에 참가하지 않았는가?
A 감기에 걸렸다　　　B 어렵다고 느낀다
C 복습하지 않았다　　D 접수를 하지 못했다

풀이 접수 시간을 놓쳤다(错过了报名时间)는 것은 접수를 하지 못했다는 뜻이므로 D가 정답이 된다.

정답 D

어휘 普通话 pǔtōnghuà [명] 현대 중국 표준어 4급 | 水平 shuǐpíng [명] 수준, 실력, 수평 4급 | 错过~时间 cuòguò ~ shíjiān ~ 시간을 놓치다 4급 | 报名 bàomíng [동] 접수하다, 등록하다 4급 | 只能 zhǐnéng ~할 수밖에 없다 | 感冒 gǎnmào [명/동] 감기(에 걸리다) 3급 | 复习 fùxí [동] 복습하다 4급

> **꿀팁**
> **구조 분석 : 没报上名**
> '报名'은 '이름을 보고하다'는 뜻으로 '**동사 + 목적어(명사)**'로 이루어진 **이합동사**이다. '没报上名'은 '报名' 앞에 부정부사 '没'를 넣고 '**동작의 목적 달성**'을 나타내는 **결과보어 '上'**이 순수한 동사인 '报' 뒤에 온 것으로, '没报上名'이 만들어지는 것이다. 비슷한 예로는 '**考大学**(대학에 시험 보다)'가 있다. 이것을 '대학에 합격하지 못했다'로 만든다면 '**没考上大学**'가 된다.

2.

녹음
女: 哥哥在学习呢, 不要去打扰他。
男: 那他什么时候能和我玩儿?
女: 等他预习完了, 奶奶先陪你做游戏, 好不好?
男: 好吧。
问: 哥哥在做什么?
A 预习　　　　B 填表格
C 收拾房间　　D 整理材料

해석
여: 형은 공부 중이야. 방해하지 마.
남: 그럼 형은 언제 저랑 놀 수 있어요?
여: 형이 예습을 다 하면, 할머니가 먼저 너랑 놀이를 해 줄게. 어때?
남: 좋아요.
질문: 형은 무엇을 하고 있는가?
A 예습한다　　　　B 표를 작성한다
C 방을 정리한다　　D 자료를 정리한다

풀이 할머니(女的)가 형이 예습을 다 하면(等他预习完了) 놀 수 있다고 했으므로 A가 정답이 된다.

정답 A

어휘 打扰 dǎrǎo [동] 방해하다 4급 | 预习 yùxí [동] 예습하다 4급 | 陪 péi [동] 함께하다, 모시다 4급 | 游戏 yóuxì [명] 게임, 놀이 4급 | 表格 biǎogé [명] 표, 양식, 도표 4급 | 收拾 shōushi [동] 정리하다, 청소하다 4급 | 整理 zhěnglǐ [동] 정리하다 4급 | 材料 cáiliào [명] 재료, 자료 4급

> **꿀팁**
> **힌트는 한 번만 나오며 오답 선택지의 단어는 언급조차 안 된다!**
> 위 문제처럼 힌트(预习)는 대화에서 딱 한 번만 들려 주는 방식으로 제공된다. 그래서인지 나머지 오답 선택지에 나오는 단어는 녹음에서는 아예 등장하지 않는 특징이 있다. 따라서 허무하지만 들리는 단어를 고르면 그게 정답일 가능성이 90% 이상이다. 물론 이해해서 푸는 것이 가장 좋다. 따라서 녹음이 나오기 전 선택지를 미리 체크하고 집중해서 듣는 것이 무엇보다 중요하다!

전략 학습 : 화제별 빈출 어휘

듣기 2부분 대화 듣고 질문에 답하기

'교육·인물' 관련 문제에서 주로 등장하는 **관련 빈출 어휘**를 학습합니다. 단어만 알면 정답을 맞힐 수 있게 비교적 단순하게 출제되기 때문에 **관련 빈출 어휘를 확실하게 장악**하는 것이 필요합니다.

먼저 정리된 단어를 전체적으로 훑어보면서 **모르**거나 다소 **생소**한 단어는 **체크(☑)**를 해 둡니다. 다 훑어보고 나면 **다시 처음으로 돌아와 체크된 생소한 단어들을 다시 확인**합니다. 그리고 **확인 테스트 1, 2** 풀이를 통해서 확실하게 자신의 것으로 만듭니다.

교육

■ 시험

1	☐ 报名	bàomíng	접수하다
2	☐ 错过时间	cuòguò shíjiān	시간을 놓치다
3	☐ 参加考试	cānjiā kǎoshì	시험에 참가하다
4	☐ 通过考试	tōngguò kǎoshì	시험에 통과하다
5	☐ 成绩单	chéngjìdān	성적표
6	☐ 提高	tígāo	향상하다
7	☐ 结束	jiéshù	마치다
8	☐ 普通话	pǔtōnghuà	현대 중국 표준어
9	☐ 语言	yǔyán	언어

■ 학교

10	☐ 教室	jiàoshì	교실
11	☐ 图书馆	túshūguǎn	도서관
12	☐ 数学	shùxué	수학
13	☐ 课	kè	과목
14	☐ 暑假	shǔjià	여름 방학
15	☐ 寒假	hánjià	겨울 방학

꿀팁 '방학을 하다'는 동사 '放'을 넣어서 '放假', '放暑假', '放寒假'로 표현한다.

16	□	放假	fàngjià	방학을 하다
17	□	聚会	jùhuì	모임, 모이다
18	□	毕业	bìyè	졸업하다
19	□	专业	zhuānyè	전공
20	□	法律	fǎlǜ	법률

21	□	出国留学	chūguó liúxué	외국으로 유학 가다
22	□	申请	shēnqǐng	신청하다

꿀팁 '填写申请表格'는 '신청서를 작성하다'는 뜻으로 중요한 표현이다.

23	□	材料	cáiliào	자료, 재료
24	□	申请材料	shēnqǐng cáiliào	신청 자료, 지원 서류
25	□	大学毕业	dàxué bìyè	대학을 졸업하다

꿀팁 '毕业'는 이합동사(毕: 마치다 + 业: 학업을)이기 때문에 '毕业大学'라고 쓸 수 없다.

■ 학습

26	□	笔记	bǐjì	필기

꿀팁 '笔记本电脑 bǐjìběn diànnǎo'는 '노트북 컴퓨터'를 뜻한다.

27	□	复习	fùxí	복습하다
28	□	预习	yùxí	예습하다
29	□	积累	jīlěi	축적하다, 쌓다

꿀팁 '积累经验(경험을 쌓다)', '积累知识(지식을 쌓다)'는 중요한 표현이다.

30	□	知识	zhīshi	지식

31	□	经验	jīngyàn	경험
32	□	压力	yālì	압력, 스트레스
33	□	复印	fùyìn	복사하다
34	□	复印机	fùyìnjī	복사기
35	□	篇	piān	편(하나의 완결된 글을 셈)

36	□	文章	wénzhāng	독립된 한 편의 글

꿀팁 '문장'을 나타내는 표현은 '句子'이다.

37	□	重点	zhòngdiǎn	중점

38	☐ 内容	nèiróng	내용
39	☐ 详细	xiángxì	상세하다
40	☐ 整理	zhěnglǐ	정리하다

41	☐ 翻译	fānyì	번역하다
42	☐ 改	gǎi	고치다
43	☐ 交	jiāo	제출하다
44	☐ 提前	tíqián	(시간을) 앞당기다

> **꿀팁** '提前'의 반의어는 '推迟 tuīchí(미루다, 연기하다)'이다.

| 45 | ☐ 检查 | jiǎnchá | 검사하다, 점검하다 |

46	☐ 差不多	chàbuduō	(작업이) 거의 다 됐다, 비슷하다
47	☐ 乱	luàn	어지럽다
48	☐ 讨论	tǎolùn	토론하다
49	☐ 页	yè	쪽, 페이지
50	☐ 方面	fāngmiàn	방면

51	☐ 杂志	zázhì	잡지
52	☐ 词典	cídiǎn	사전
53	☐ 词语	cíyǔ	단어
54	☐ 认识词语	rènshi cíyǔ	단어를 안다

> **꿀팁** '认识'는 '사람을 알다'는 뜻 외에도 '글자(字/词语)', '길(路)' 등을 안다고 할 때도 쓰는 동사이다.

| 55 | ☐ 查词典 | chá cídiǎn | 사전에서 찾다 |

| 56 | ☐ 发音 | fāyīn | 발음 |
| 57 | ☐ 标准 | biāozhǔn | 표준적이다 |

■ 관계

| 58 | ☐ 同学 | tóngxué | 동학, 학우 |
| 59 | ☐ 研究生 | yánjiūshēng | 대학원생 |

> **꿀팁** '研究生'은 '硕士(석사)'와 '博士(박사)'로 나뉘며 '硕士研究生', '博士研究生'으로 쓸 수도 있다.

| 60 | ☐ 读研究生 | dú yánjiūshēng | 대학원 과정을 밟다 |

61	☐ 硕士	shuòshì	석사
62	☐ 博士	bóshì	박사
63	☐ 教授	jiàoshòu	교수
64	☐ 校长	xiàozhǎng	교장, (대학교의) 총장
65	☐ 班长	bānzhǎng	반장
66	☐ 当老师	dāng lǎoshī	선생님이 되다
67	☐ 师生	shīshēng	선생과 학생, 사제

■ 기타

68	☐ 困	kùn	졸리다
69	☐ 准时	zhǔnshí	제때에, 정각에, 시간을 잘 지키다
70	☐ 优秀	yōuxiù	우수하다
71	☐ 热闹	rènao	흥성하다, 떠들썩하다
72	☐ 填	tián	기입하다, 채우다
73	☐ 表格	biǎogé	표, 양식
74	☐ 解释	jiěshì	설명하다, 해명하다
75	☐ 猜	cāi	추측하다
76	☐ 负责	fùzé	책임지다, 맡다

꿀팁 '负责'는 형용사로 '책임감이 강하다'는 뜻도 있는데, '认真负责(성실하고 책임감 있다)'로 자주 활용된다.

77	☐ 打扰	dǎrǎo	방해하다
78	☐ 引起兴趣	yǐnqǐ xìngqù	흥미를 끌다
79	☐ 详细说明	xiángxì shuōmíng	상세하게 설명하다
80	☐ 晚会	wǎnhuì	파티, 연회
81	☐ 节目	jiémù	프로그램

꿀팁 '节日'는 '명절'이라는 뜻이다. '节目'와 혼동하지 않도록 주의하자.

| 82 | ☐ 文化节 | wénhuàjié | 문화제 |
| 83 | ☐ 活动 | huódòng | 행사, 활동, 활동하다 |

인물

■ 가족

1	☐ 爷爷	yéye	할아버지
2	☐ 奶奶	nǎinai	할머니
3	☐ 丈夫	zhàngfu	남편
4	☐ 妻子	qīzi	아내
5	☐ 母亲	mǔqīn	어머니, 모친
6	☐ 女儿	nǚ'ér	딸
7	☐ 夫妻	fūqī	부부
8	☐ 父女	fùnǚ	부녀(아빠와 딸)
9	☐ 母子	mǔzǐ	모자(엄마와 아들)
10	☐ 哥哥	gēge	형, 오빠
11	☐ 弟弟	dìdi	동생
12	☐ 姐弟	jiědì	누나와 남동생
13	☐ 亲戚	qīnqi	친척
14	☐ 邻居	línjū	이웃
15	☐ 叔叔	shūshu	삼촌
16	☐ 阿姨	āyí	아주머니, 이모
17	☐ 孙子	sūnzi	손자
18	☐ 孙女	sūnnǚ	손녀

■ 직업

19	☐ 医生	yīshēng	의사(=大夫)
20	☐ 大夫	dàifu	의사(=医生)

21	☐ 护士	hùshi	간호사
22	☐ 老师	lǎoshī	선생님
23	☐ 律师	lǜshī	변호사
24	☐ 教授	jiàoshòu	교수
25	☐ 警察	jǐngchá	경찰

26	☐ 导游	dǎoyóu	관광 안내원, 가이드
27	☐ 校长	xiàozhǎng	학교장, (대학교) 총장
28	☐ 记者	jìzhě	기자
29	☐ 理发师	lǐfàshī	이발사
30	☐ 售货员	shòuhuòyuán	판매원

| 31 | ☐ 服务员 | fúwùyuán | 종업원 |
| 32 | ☐ 顾客 | gùkè | 고객 |

■ 기타

33	☐ 观众	guānzhòng	관중
34	☐ 演员	yǎnyuán	배우
35	☐ 导演	dǎoyǎn	감독

36	☐ 房东	fángdōng	집주인
37	☐ 司机	sījī	운전기사
38	☐ 乘客	chéngkè	승객
39	☐ 同学	tóngxué	동학, 학우
40	☐ 同事	tóngshì	동료

각 단어에 맞는 발음과 뜻을 선으로 연결하세요.

대화형(11~35번) 문제는 **화제별 빈출 어휘 장악**이 고득점의 핵심이자 본질입니다. 단순한 암기 작업이라고 **무시하면 안 됩니다**. 공부하는 대로 **시험에서 바로바로 점수 향상**으로 나타날 것입니다.

1	数学课	A	bàomíng	A	수학 수업
2	普通话	B	cuòguò shíjiān	B	현대 중국 표준어
3	报名	C	chéngjìdān	C	접수하다
4	错过时间	D	pǔtōnghuà	D	시간을 놓치다
5	成绩单	E	shùxuékè	E	성적표

6	放假	A	shǔjià	A	전공
7	法律	B	fàngjià	B	법률
8	专业	C	jùhuì	C	방학을 하다
9	聚会	D	zhuānyè	D	여름 방학
10	暑假	E	fǎlǜ	E	모임, 모이다

11	出国留学	A	chūguó liúxué	A	외국으로 유학 가다
12	申请材料	B	shēnqǐng cáiliào	B	예습하다
13	积累	C	fùxí	C	축적하다, 쌓다
14	预习	D	yùxí	D	신청 자료, 지원 서류
15	复习	E	jīlěi	E	복습하다

16	篇	A	jīngyàn	A	압력, 스트레스
17	文章	B	yālì	B	경험
18	复印	C	fùyìn	C	독립된 한 편의 글
19	经验	D	piān	D	편(하나의 완결된 글을 셈)
20	压力	E	wénzhāng	E	복사하다

정답 01. EA 02. DB 03. AC 04. BD 05. CE 06. BC 07. EB 08. DA 09. CE 10. AD
11. AA 12. BD 13. EC 14. DB 15. CE 16. DD 17. EC 18. CE 19. AB 20. BA

21	翻译	A	zhòngdiǎn	A	번역하다
22	详细	B	xiángxì	B	토론하다
23	整理	C	zhěnglǐ	C	정리하다
24	重点	D	fānyì	D	중점
25	讨论	E	tǎolùn	E	상세하다

26	杂志	A	yè	A	동학, 학우
27	页	B	zázhì	B	대학원생
28	同学	C	cídiǎn	C	사전
29	研究生	D	tóngxué	D	쪽, 페이지
30	词典	E	yánjiūshēng	E	잡지

31	教授	A	dú yánjiūshēng	A	교장, (대학교의) 총장
32	博士	B	shuòshì	B	교수
33	校长	C	bóshì	C	박사
34	读研究生	D	jiàoshòu	D	석사
35	硕士	E	xiàozhǎng	E	대학원 과정을 밟다

36	师生	A	shīshēng	A	선생과 학생, 사제
37	热闹	B	zhǔnshí	B	제때에, 정각에, 시간을 잘 지키다
38	填	C	yōuxiù	C	기입하다, 채우다
39	准时	D	rènao	D	흥성하다, 떠들썩하다
40	优秀	E	tián	E	우수하다

41	打扰	A	biǎogé	A	표, 양식
42	晚会	B	cāi	B	추측하다
43	表格	C	fùzé	C	방해하다
44	负责	D	dǎrǎo	D	파티, 연회
45	猜	E	wǎnhuì	E	책임지다, 책임감이 강하다

정답 21. DA 22. BE 23. CC 24. AD 25. EB 26. BE 27. AD 28. DA 29. EB 30. CC
31. DB 32. CC 33. EA 34. AE 35. BD 36. AA 37. DD 38. EC 39. BB 40. CE
41. DC 42. ED 43. AA 44. CE 45. BB

 확인 테스트 2

녹음을 듣고 빈칸에 들어갈 알맞은 단어를 고르세요. 녹음은 두 번씩 들려 줍니다.  2-8

| 读博士 | 报名 | 教授 | 结束 |
| 检查 | 交 | 复印机 | 文章 | 材料 |

1. 听说你准备出国_____？

2. 图书馆一楼东边有几台自助_____。

3. 这篇_____，只要在寒假前交给李_____就行。

4. 那篇_____写得差不多了，我再_____一遍，就可以_____了。

5. 我本来想_____参加这个月的普通话水平考试，但是报名工作已经_____了。

정답

1. **读博士**: 듣자 하니 너 해외로 나가서 박사 과정을 밟으려고 한다면서?
2. **复印机**: 도서관 일층 동쪽에는 몇 대의 무인 복사기가 있다.
3. **文章, 教授**: 이 글은 겨울 방학 전에 이 교수님께 제출하기만 하면 돼.
4. **材料, 检查, 交**: 그 자료는 거의 다 썼어. 내가 다시 한 번 검사하고 나면 제출할 수 있어.
5. **报名, 结束**: 나는 원래 이번 달 보통화수평고시(시험)에 접수해서 참가하려 했지만, 접수 업무가 이미 끝났다.

실전 연습 문제

第 1-5 题: 请选出正确答案。　　🎧 2-9

第二部分

1. A 铅笔　　　B 信封　　　C 笔记　　　D 词典

2. A 没预习　　B 没考好　　C 填空题难　D 复习得不错

3. A 同学　　　B 亲戚　　　C 邻居　　　D 同事

4. A 很帅　　　B 没见过雪　C 来自南方　D 讲话声音小

第三部分

5. A 学中文　　B 别有压力　C 别打扰孩子　D 让孩子决定

❹ 비즈니스

기출문제 분석 　　　　　　　　　　　　　　　　듣기 2부분 대화 듣고 질문에 답하기

'비즈니스' 관련 문제는 매회 적게는 1문제, 많게는 3문제까지 출제됩니다. 회사 내에서의 업무적인 내용(자료 복사, 팩스 보내기, 회의, 출장 등)으로 상황이 설정되고, 취업이나 면접(전공, 조건)과 관련해서도 많이 출제됩니다.

■ 자주 나오는 질문 유형

(1) [질문 형태] 男的/女的接下来可能做什么? 남자/여자는 이어서 무엇을 할 것인가? `행동 유추`
    [풀이 비법] 대화를 듣고 남자나 여자가 **다음으로 어떤 행동을 할 것인지** 묻는 유형으로, **어떤 상황인지를 파악**하여 다음 행동을 유추하는 것이 중요하다.

(2) [질문 형태] 男的/女的觉得~怎么样? 남자/여자는 ~을 어떻게 생각하는가? `견해 일치 찾기`
    [풀이 비법] 어떤 대상에 대한 **화자의 견해**를 묻는 유형으로 질문에는 항상 '觉得~'가 들어간다. 대화 내용의 전반적인 이해를 통해서 자연스럽게 정답을 찾을 수 있으며, 이해가 안 되도 들리는 단어 위주로 고르면 정답인 경우가 대부분이다.

기출 맛보기

대화를 듣고 질문에 알맞은 답안을 고르세요. 　　　　　　　🎧 2-10

1. A 奖金少　　　　B 来不及了　　　　C 专业不符　　　　D 要经常加班

2. A 生意没谈成　　B 男的很兴奋　　　C 女的生病了　　　D 警察不同意

1.

녹음

男：这家互联网公司还不错，你没发一封求职信试试？
女：没，<u>我的专业不太符合他们的要求</u>。

问：女的为什么没发求职信？
A 奖金少　　　　B 来不及了
C 专业不符　　　D 要经常加班

해석

남: 이 인터넷 회사 괜찮은데, 너 구직서 보내서 한번 시도해 보지 않았어?
여: 안 했어. <u>내 전공이 그들의 요구와 맞지 않아</u>.

질문: 여자는 왜 구직서를 보내지 않았는가?
A 보너스가 적다　　　B 이미 늦었다
C 전공이 맞지 않다　　D 자주 특근해야 한다

풀이 자신의 **전공**(专业)이 그들의 요구에 부합하지 않는다(不符合他们的要求)고 했으므로 C가 정답이 된다.

정답 C

어휘 互联网 hùliánwǎng [명] 인터넷 4급 | 封 fēng [양] 통(편지를 셈) | 求职信 qiúzhíxìn [명] 구직서 | 专业 zhuānyè [명] 전공 4급 | 符合 fúhé [동] 부합하다 4급 | 要求 yāoqiú [명/동] 요구/요구하다 3급 | 来不及 láibují [형] 늦지 않다, 시간이 되다 4급 | 加班 jiābān [동] 초과 근무하다 4급

2.

녹음

女：<u>生意谈成了吗</u>？
男：<u>没有</u>，出了点问题。
女：发生什么事了？
男：情况比较复杂，我回去再详细跟你说。

问：根据对话，下列哪个正确？
A 生意没谈成　　　B 男的很兴奋
C 女的生病了　　　D 警察不同意

해석

여: <u>거래가 성사됐어요</u>?
남: <u>아뇨</u>, 약간의 문제가 생겼어요.
여: 무슨 일이 생겼는데요?
남: 상황이 비교적 복잡해요. 제가 돌아가서 다시 상세하게 말해 줄게요.

질문: 대화에 근거하여 아래에서 옳은 것은?
A 거래가 성사되지 않았다　B 남자가 매우 흥분했다
C 여자가 병이 났다　　　　D 경찰이 동의하지 않는다

풀이 여자가 **거래가 성사되었냐**(生意谈成了吗?)고 물었을 때 남자는 **아뇨**(没有)라고 말했으므로 **거래가 성사되지 않았음**을 알 수 있다.

정답 A

어휘 生意 shēngyi [명] 장사, 사업, 거래 4급 | 谈成 tánchéng [동] 거래가 성사되다 | 发生 fāshēng [동] 발생하다 4급 | 复杂 fùzá [형] 복잡하다 4급 | 详细 xiángxì [형] 상세하다 4급 | 警察 jǐngchá [명] 경찰 4급 | 同意 tóngyì [동] 동의하다 4급

꿀팁 '兴奋(흥분하다)'과 '激动(흥분하다, 감동하다)'
선택지 B의 '兴奋'은 주로 좋은 일로 흥분한 것을 가리킨다. '거래가 성사되지 않아서 흥분했다'라고 잘못 이해하지 않도록 주의하자. 반면 '激动'은 좋은 일로 흥분할 수도 있고 나쁜 일로 흥분할 수도 있다.

전략 학습 : 화제별 빈출 어휘

듣기 2부분 대화 듣고 질문에 답하기

'비즈니스' 관련 문제에서 주로 등장하는 **관련 빈출 어휘**를 학습합니다. 단어만 알면 정답을 맞힐 수 있도록 비교적 단순하게 출제되기 때문에 관련 빈출 어휘를 확실하게 장악하는 것이 필요합니다.

먼저 정리된 단어를 전체적으로 훑어보면서 **모르**거나 다소 **생소**한 단어는 **체크(☑)**를 해 둡니다. 다 훑어보고 나면 **다시 처음으로 돌아와 체크된 생소한 단어들을 다시 확인합니다. 그리고 확인 테스트 1, 2 풀이를 통해서 확실하게 자신의 것**으로 만듭니다.

■ 면접 · 취업

1	☐	招聘	zhāopìn	모집하다, 채용하다
2	☐	应聘	yìngpìn	지원하다
3	☐	招聘会	zhāopìnhuì	채용 박람회
4	☐	面试	miànshì	면접
5	☐	满意的工作	mǎnyì de gōngzuò	만족스러운 일자리/직장

6	☐	符合	fúhé	부합하다
7	☐	符合要求	fúhé yāoqiú	요구에 부합하다
8	☐	适合	shìhé	적합하다
9	☐	适合~工作	shìhé~gōngzuò	~ 일에 맞다/적합하다

> **꿀팁** '适合'는 **동사**이기 때문에 뒤에 목적어가 올 수 있지만, '合适'는 **형용사**이기 때문에 목적어가 올 수 없다. 따라서 '我不合适这种工作。'라고 쓰면 안 되고 '我不适合这种工作。'라고 써야 한다.

10	☐	优点	yōudiǎn	장점

> **꿀팁** '단점'은 '缺点'이라고 하며, '优缺点'은 '장단점'이 된다.

11	☐	专业	zhuānyè	전공
12	☐	态度	tàidù	태도
13	☐	积极	jījí	적극적이다

> **꿀팁** '积极'는 '긍정적이다'는 뜻도 있어서 '台风也有积极的作用。'은 '태풍은 긍정적인 작용도 있다.'라고 해석하는 것이 좋다.

14	☐	责任感	zérèngǎn	책임감
15	☐	经验	jīngyàn	경험

> **꿀팁** '经验'은 일반적으로 동사(경험하다)로 쓰지 않으며, 이럴 경우 '经历(겪다, 경험하다, 경험)'를 사용한다.

16	☐ 缺少经验	quēshǎo jīngyàn	경험이 부족하다
17	☐ 积累	jīlěi	축적하다, 쌓다
18	☐ 积累经验	jīlěi jīngyàn	경험을 축적하다

■ 혜택

| 19 | ☐ 工资 | gōngzī | 임금, 월급 |
| 20 | ☐ 发工资 | fā gōngzī | 월급을 지급하다 |

21	☐ 收入	shōurù	수입
22	☐ 奖金	jiǎngjīn	상금, 보너스
23	☐ 请假	qǐngjià	휴가를 신청하다
24	☐ 放假	fàngjià	직장이 쉬다, 학교가 방학하다

■ 업무·활동

| 25 | ☐ 开会 | kāihuì | 회의를 하다 |

26	☐ 举行	jǔxíng	거행하다
27	☐ 举行会议	jǔxíng huìyì	회의를 하다(=举办会议 jǔbàn huìyì)
28	☐ 上班	shàngbān	출근하다

꿀팁 '上班族'는 '샐러리맨', '봉급 생활자', '직장인'이라는 뜻이다.

| 29 | ☐ 下班 | xiàbān | 퇴근하다 |
| 30 | ☐ 加班 | jiābān | 초과 근무를 하다, 특근하다 |

| 31 | ☐ 出差 | chūchāi | 출장 가다 |

꿀팁 '~로 출장 가다'는 〈出差 + 장소〉가 아니라 반드시 〈去/到 + 장소 + 出差〉의 어순으로 써야 한다.

32	☐ 生意	shēngyi	장사, 사업
33	☐ 谈成	tánchéng	(거래가) 성사되다
34	☐ 做生意	zuò shēngyi	장사를 하다, 사업을 하다
35	☐ 顺利	shùnlì	순조롭다

36	☐ 整理	zhěnglǐ	정리하다
37	☐ 材料	cáiliào	자료
38	☐ 整理材料	zhěnglǐ cáiliào	자료를 정리하다
39	☐ 总结	zǒngjié	총 정리하다, 총화

> **꿀팁** '总结经验'은 '경험을 총 결산하다'는 뜻으로 자주 쓰는 중요한 표현이다.

| 40 | ☐ 写工作总结 | xiě gōngzuò zǒngjié | 업무 보고서를 쓰다 |

41	☐ 交	jiāo	제출하다, (친구를) 사귀다
42	☐ 总结经验	zǒngjié jīngyàn	경험을 정리하다
43	☐ 任务	rènwù	임무
44	☐ 提前完成任务	tíqián wánchéng rènwù	앞당겨 임무를 완성하다
45	☐ 计划书	jìhuàshū	계획서

46	☐ 按照计划	ànzhào jìhuà	계획에 따라, 계획대로
47	☐ 市场调查	shìchǎng diàochá	시장 조사
48	☐ 负责	fùzé	(어떤 일을) 책임지다, 맡다
49	☐ 打印	dǎyìn	프린트하다
50	☐ 详细	xiángxì	상세하다

51	☐ 会议材料	huìyì cáiliào	회의 자료
52	☐ 通知	tōngzhī	통지(하다)
53	☐ 接到通知	jiēdào tōngzhī	통지를 받다
54	☐ 传真	chuánzhēn	팩스
55	☐ 发传真	fā chuánzhēn	팩스를 보내다

56	☐ 传真号码	chuánzhēn hàomǎ	팩스 번호
57	☐ 竞争	jìngzhēng	경쟁(하다)
58	☐ 压力	yālì	압력, 스트레스
59	☐ 机会	jīhuì	기회
60	☐ 广告	guǎnggào	광고(하다)

■ 장소・기기・인물

61	□ 会议室	huìyìshì	회의실
62	□ 办公室	bàngōngshì	사무실
63	□ 座位	zuòwèi	좌석, 자리
64	□ 电梯	diàntī	엘리베이터
65	□ 楼梯	lóutī	건물의 계단
66	□ 办公桌	bàngōngzhuō	사무용 책장
67	□ 经理	jīnglǐ	사장, 지배인

■ 행위・자세

68	□ 祝贺	zhùhè	축하하다
69	□ 安排	ānpái	안배하다
70	□ 活动	huódòng	행사, 활동하다, 움직이다
71	□ 参加活动	cānjiā huódòng	행사에 참가하다
72	□ 干杯	gānbēi	건배하다
73	□ 仔细	zǐxì	꼼꼼하다, 자세하다(↔ 马虎/粗心)
74	□ 能吃苦	néng chīkǔ	고생을 잘 견디다
75	□ 诚实	chéngshí	진실하다

꿀팁 '성실하다'로 해석하지 말 것. '성실하다'는 '认真'으로 표현한다.

76	□ 马虎	mǎhu	대강하다(≒粗心)
77	□ 粗心	cūxīn	부주의하다, 세심하지 못하다(≒马虎)

확인 테스트 1

각 단어에 맞는 발음과 뜻을 선으로 연결하세요.

대화형(11~35번) 문제는 화제별 빈출 어휘 장악이 고득점의 핵심이자 본질입니다. 단순한 암기 작업이라고 **무시하면 안 됩니다**. 공부하는 대로 **시험에서 바로바로 점수 향상**으로 나타날 것입니다.

1	符合	A zhāopìn	A 면접
2	适合	B yìngpìn	B 적합하다
3	应聘	C miànshì	C 모집하다
4	招聘	D fúhé	D 부합하다
5	面试	E shìhé	E 지원하다

6	专业	A yōudiǎn	A 부족하다
7	优点	B zhuānyè	B 적극적이다
8	缺少	C jījí	C 전공
9	责任感	D zérèngǎn	D 책임감
10	积极	E quēshǎo	E 장점

11	收入	A jīlěi	A 수입
12	加班	B gōngzī	B 출장 가다
13	积累	C shōurù	C 초과 근무를 하다
14	工资	D jiābān	D 축적하다, 쌓다
15	出差	E chūchāi	E 월급

16	竞争	A jìngzhēng	A 경쟁(하다)
17	奖金	B yālì	B 사장, 지배인
18	经理	C fàngjià	C 상금, 보너스
19	压力	D jiǎngjīn	D 직장이 쉬다, 학교가 방학하다
20	放假	E jīnglǐ	E 압력, 스트레스

정답 01. DD 02. EB 03. BE 04. AC 05. CA 06. BC 07. AE 08. EA 09. DD 10. CB
11. CA 12. DC 13. AD 14. BE 15. EB 16. AA 17. DC 18. EB 19. BE 20. CD

21	谈成	A chuánzhēn	A	순조롭다
22	广告	B guǎnggào	B	장사를 하다, 사업을 하다
23	传真	C tánchéng	C	팩스
24	顺利	D zuò shēngyi	D	광고
25	做生意	E shùnlì	E	(거래가) 성사되다

26	工作总结	A gōngzuò zǒngjié	A	제출하다, 사귀다
27	交	B jiāo	B	업무 총화
28	举行会议	C zhěnglǐ	C	자료
29	材料	D cáiliào	D	정리하다
30	整理	E jǔxíng huìyì	E	회의를 하다

31	负责	A rènwù	A	책임지다, 맡다
32	打印	B tíqián wánchéng	B	앞당겨 완성하다
33	市场调查	C shìchǎng diàochá	C	프린트하다
34	任务	D fùzé	D	임무
35	提前完成	E dǎyìn	E	시장 조사

36	办公室	A jīhuì	A	통지(하다)
37	祝贺	B xiángxì	B	사무실
38	机会	C bàngōngshì	C	축하하다
39	通知	D tōngzhī	D	기회
40	详细	E zhùhè	E	상세하다

정답 21. CE 22. BD 23. AC 24. EA 25. DB 26. AB 27. BA 28. EE 29. DC 30. CD
31. DA 32. EC 33. CE 34. AD 35. BB 36. CB 37. EC 38. AD 39. DA 40. BE

녹음을 듣고 빈칸에 들어갈 알맞은 단어를 고르세요. 녹음은 두 번씩 들려 줍니다.　　🎧 2-11

> 积累 | 复印 | 负责 | 总结 | 通知 | 传真
> 机会 | 推迟 | 生意 | 会议室 | 材料 | 考虑

1. 这件事让小刘_____怎么样？

2. 会议_____了半个小时，跟大家_____一下。

3. 刚刚经理让他写篇_____，他正在_____怎么写。

4. 我觉得要重视平时的_____，要多向周围的人学习。

5. 把这个文件_____五份，一会儿拿到_____发给大家。

6. 那份_____先放我办公桌上吧，你再帮我发一份_____。

7. 很多人想来上海做_____，因为上海这个城市大，市场也大，_____也多。

정답

1. 负责 : 이 일은 샤오류가 책임지도록 하는 게 어때?
2. 推迟, 通知 : 회의가 30분 연기됐으니까 모두에게 통지하세요.
3. 总结, 考虑 : 조금 전에 사장이 그에게 한 편의 총화 보고서를 쓰라고 해서 그는 지금 어떻게 쓸지 고려하고 있다.
4. 积累 : 나는 평소의 축적을 중시하고 주위의 사람들에게 많이 배워야 한다고 생각한다.
5. 复印, 会议室 : 이 문서를 5부 복사해서 이따가 회의실로 가져와서 모두에게 나눠 주세요.
6. 材料, 传真 : 그 자료는 먼저 내 테이블에 올려 놓고, 팩스 한 부를 발송해 줘.
7. 生意, 机会 : 많은 사람들은 상하이로 와서 사업하고 싶어한다. 상하이라는 이 도시는 크고 시장도 커서 기회도 많기 때문이다.

실전 연습 문제

第 1-5 题：请选出正确答案。　　🎧 2-12

第二部分

1.　A 变瘦了　　　B 发工资了　　C 生意谈成了　　D 签证办好了

2.　A 洗澡　　　　B 跑步　　　　C 写总结　　　　D 打印材料

3.　A 有礼貌　　　B 很活泼　　　C 态度积极　　　D 有责任感

4.　A 太紧张　　　B 不热情　　　C 很积极　　　　D 缺少经验

第三部分

5.　A 变化大　　　B 机会多　　　C 交通方便　　　D 秋天凉快

❺ 장소·교통

기출문제 분석
듣기 2부분 대화 듣고 질문에 답하기

'장소·교통' 관련 문제는 매회 적게는 2문제, 많게는 5문제까지 출제됩니다. 대화를 듣고 그들이 있는 **장소를 묻는 문제**가 가장 많이 출제되는데요. 그 외에 **길 묻기, 택시 타고 목적지 가기, 공항에서 일어날 수 있는 일** 등이 대화 내용으로 나옵니다. **특이한 것은** 다른 화제의 문제들은 대화 중에 정답 단어를 직접적으로 언급하지만, '장소·교통' 관련 문제들은 **다른 단어나 상황만으로 정답을 우회적으로 암시**한다는 점입니다. 이때는 **대화의 상황을 정확하게 이해**해야만 문제를 풀 수 있습니다.

■ 자주 나오는 질문 유형

(1) [질문 형태] 他们最可能在哪儿? 그들은 어디에 있을 가능성이 가장 큰가? `장소 유추`
他们在哪儿见面? 그들은 어디에서 만나는가?

[풀이 비법] **관련 단어를 통해서** 대화가 일어나는 **장소를 유추**하거나 **대화에 직접적으로 언급된 장소 단어를 그대로 정답**으로 고를 수 있다.

(2) [질문 형태] 男的/女的是什么意思? 남자/여자의 말은 무슨 뜻인가? `화자 의도 유추`
男的/女的是什么看法? 남자/여자는 무슨 견해인가?

[풀이 비법] 대화를 주고받는 **어느 한쪽의 말의 의도를 묻는다**. 일반적으로 듣기 문제의 정답은 대화 속 표현을 그대로 따와 표현하는 경우가 많다. 하지만 '화자 의도 유추 문제'는 **대화 속 표현과는 다른 형태로 표현**되는 경우가 많기 때문에 반드시 대화를 **전반적으로 이해**해야 풀 수 있다.

(3) [질문 형태] 男的/女的在做什么? 남자/여자는 무엇을 하고 있는가? `행위 일치 찾기`

[풀이 비법] 대화를 듣고 남자나 여자, 혹은 제3의 인물이 지금 **무엇을 하고 있는지**를 묻는다. 각각의 선택지에 **어떤 동사가 쓰였는지 체크**하고 녹음에서 나온 단어를 정답으로 고르면 된다.

대화를 듣고 질문에 알맞은 답안을 고르세요.　　　　　　　　　　　🎧 2-13　

1. A 邮局　　　　B 机场　　　　C 火车站　　　D 高速公路

2. A 换条路　　　B 迷路了　　　C 没带礼物　　D 想买新车

1.

녹음

女：他乘坐的就是这个航班呀，怎么还没看见他呢？
男：你给他打个电话，看看他手机开了没有？
问：他们最可能在哪儿？
A 邮局　　　　　　B 机场
C 火车站　　　　　D 高速公路

해석

여: 그가 탄 것은 바로 이 항공편인데 어째서 아직 그가 보이지 않지?
남: 그에게 전화 한번 해 봐. 핸드폰 켰는지 아닌지 봐 봐.
질문: 그들은 어디에 있을 가능성이 가장 큰가?
A 우체국　　　　　B 공항
C 기차역　　　　　D 고속 도로

풀이 '航班'은 '운항편', '항공편'의 뜻으로 시간대별로 편성된 비행기를 가리키므로, 이들이 있는 곳은 공항임을 알 수 있다.

정답 B

어휘 乘坐 chéngzuò [동] 타다 4급 | 航班 hángbān [명] 운항편, 항공편 4급 | 邮局 yóujú [명] 우체국 4급 | 机场 jīchǎng [명] 공항 4급 | 高速公路 gāosù gōnglù [명] 고속 도로 4급

2.

녹음

女：今天这条路上怎么这么多车？
男：前面的体育馆有足球赛，所以车比平时多。
女：会不会堵车呀，我们迟到了怎么办？
男：东边那条路可能好点儿，咱们走那边吧。
问：男的是什么意思？
A 换条路　　　　　B 迷路了
C 没带礼物　　　　D 想买新车

해석

여: 오늘 이 길에 왜 이렇게 차가 많지?
남: 앞 체육관에서 축구 경기가 있어, 그래서 차가 평소보다 더 많아.
여: 차가 막히지 않을까? 우리 지각하면 어쩌지?
남: 동쪽 그 길이 아마도 좀 더 좋을 거야. 우리 그쪽으로 가자.
질문: 남자의 말은 무슨 뜻인가?
A 길을 바꾼다　　　　B 길을 잃었다
C 선물을 챙기지 않았다　D 새차를 사고 싶다

풀이 축구 경기(足球比赛) 때문에 지금 가고 있는 **길이 막혀서(堵车) 동쪽 길(东边那条路)로 가자** 하는 것은 **길을 바꾸자(换路)는 것**이므로 A가 정답이 된다. A의 '条'는 길을 세는 양사로 '换一条路'에서 '一'가 생략된 것이다.

정답 A

어휘 前面 qiánmiàn [명] 앞쪽 1급 | 体育馆 tǐyùguǎn [명] 체육관 | 平时 píngshí [명] 평소 4급 | 堵车 dǔchē [동] 차가 막히다 4급 | 迟到 chídào [동] 지각하다 3급 | 换 huàn [동] 바꾸다 3급 | 迷路 mílù [동] 길을 잃다 4급 | 礼物 lǐwù [명] 선물 4급

전략 학습 : 화제별 빈출 어휘

듣기 2부분 대화 듣고 질문에 답하기

'장소·교통' 관련 문제에서 자주 등장하는 **관련 빈출 어휘**를 학습합니다. '장소·교통' 관련 문제는 **우회적으로 정답을 암시**하는 경우가 종종 있기 때문에, 내용을 이해하지 않고 들리는 **단어 위주로 골라 정답을 맞히기는 어렵습니다.** 그래서 **관련 빈출 어휘**를 확실하게 장악하는 것이 더욱 중요합니다.

먼저 정리된 단어를 전체적으로 훑어보면서 **모르**거나 다소 **생소**한 단어는 **체크(☑)**를 해 둡니다. 다 훑어보고 나면 **다시 처음으로 돌아와 체크된 생소한 단어들을 다시 확인합니다.** 그리고 **확인 테스트 1, 2** 풀이를 통해서 확실하게 자신의 것으로 만듭니다.

■ 교통·자동차·지하철

1	☐ 汽车	qìchē	자동차

꿀팁 '汽车'를 발음 때문에 '기차'라고 하지 않도록 주의하자.

2	☐ 火车	huǒchē	기차
3	☐ 地铁	dìtiě	지하철
4	☐ 骑车	qíchē	자전거를 타다

꿀팁 발음 때문에 '汽车(자동차)'와 혼동하지 않도록 주의하자.

5	☐ 出租车	chūzūchē	택시
6	☐ 叫出租车	jiào chūzūchē	택시를 잡다
7	☐ 打车	dǎchē	택시를 타다
8	☐ 堵车	dǔchē	차가 막히다

꿀팁 '차가 많이 막힌다'는 '车堵得很厉害'로 표현하며, 이것은 중요한 표현이다.

9	☐ 辆	liàng	대(차량을 셈)
10	☐ 司机	sījī	운전기사
11	☐ 师傅	shīfu	기사님, 선생님(기예·기능을 가진 사람에 대한 존칭)
12	☐ 公共汽车	gōnggòng qìchē	버스
13	☐ 乘坐	chéngzuò	승차하다, 타다
14	☐ 乘客	chéngkè	승객
15	☐ 前方	qiánfāng	전방, 앞쪽
16	☐ 换乘	huànchéng	환승하다, 갈아타다
17	☐ 车站	chēzhàn	정류장, 터미널
18	☐ 出发	chūfā	출발하다

| 19 | ☐ 来得及 | láidejí | 늦지 않았다, 시간이 되다 |
| 20 | ☐ 来不及 | láibují | 늦었다, 시간이 안 되다 |

21	☐ 窄	zhǎi	좁다
22	☐ 宽	kuān	넓다
23	☐ 停车	tíngchē	주차하다
24	☐ 车位	chēwèi	주차 자리
25	☐ 检查	jiǎnchá	검사하다

| 26 | ☐ 油箱 | yóuxiāng | 연료 탱크 |
| 27 | ☐ 恐怕 | kǒngpà | 아마도 |

> **꿀팁** '恐怕'는 부사, '害怕(두려워하다)'는 동사이다. 따라서 '我恐怕老鼠。'라고 쓸 수 없고 '我害怕老鼠。'라고 해야 한다.

28	☐ 新手	xīnshǒu	초보자
29	☐ 加速	jiāsù	가속하다
30	☐ 学会开车	xuéhuì kāichē	운전을 배워서 할 수 있다

■ **공항·비행기**

31	☐ 机场	Jīchǎng	공항
32	☐ 航班	hángbān	항공편, 운항편
33	☐ 晚点	wǎndiǎn	연착하다
34	☐ 推迟	tuīchí	연기하다, 늦추다
35	☐ 按时	ànshí	제때에, 정시에

36	☐ 起飞	qǐfēi	이륙하다
37	☐ 降落	jiàngluò	착륙하다
38	☐ 安检	ānjiǎn	(공항에서) 보안 검사를 하다
39	☐ 登机牌	dēngjīpái	탑승권
40	☐ 出国材料	chūguó cáiliào	출국 자료

41	☐ 首都	shǒudū	수도
42	☐ 下雪	xiàxuě	눈이 오다
43	☐ 接人	jiērén	사람을 마중하다
44	☐ 行李	xíngli	짐

■ 길 묻기

| 45 | □ 迷路 | mílù | 길을 잃다 |

46	□ 问路	wènlù	길을 물어보다
47	□ 指路	zhǐlù	길을 가르쳐 주다
48	□ 地图	dìtú	지도
49	□ 认识~路	rènshi~lù	~길을 알다
50	□ 路口	lùkǒu	갈림길, 길목

꿀팁 '十字路口'는 '교차로'라는 뜻이다.

51	□ 门口	ménkǒu	현관, 입구, 문어귀
52	□ 对面	duìmiàn	맞은편
53	□ 入口	rùkǒu	입구
54	□ 出口	chūkǒu	출구
55	□ 大概	dàgài	대략

56	□ 大概要/得 + 시간	dàgài yào/děi + 시간	대략 ~(시간이) 걸린다
57	□ 估计	gūjì	예측하다
58	□ 公里	gōnglǐ	킬로미터
59	□ 直走	zhízǒu	곧장 가다
60	□ 向左	xiàng zuǒ	왼쪽으로

61	□ 左转	zuǒzhuǎn	좌회전하다
62	□ 右转	yòuzhuǎn	우회전하다
63	□ 继续往前走	jìxù wǎng qián zǒu	계속 앞으로 가다

■ 장소

| 64 | □ 火车站 | huǒchēzhàn | 기차역 |
| 65 | □ 停车场 | tíngchēchǎng | 주차장 |

66	□ 加油站	jiāyóuzhàn	주유소
67	□ 海洋馆	hǎiyángguǎn	해양관
68	□ 游泳馆	yóuyǒngguǎn	수영장

| 69 | ☐ 大使馆 | dàshǐguǎn | 대사관 |
| 70 | ☐ 图书馆 | túshūguǎn | 도서관 |

71	☐ 咖啡馆	kāfēiguǎn	커피숍
72	☐ 植物园	zhíwùyuán	식물원
73	☐ 家具店	jiājùdiàn	가구점
74	☐ 办公室	bàngōngshì	사무실
75	☐ 长江大桥	Chángjiāng dàqiáo	장강대교

76	☐ 森林公园	sēnlín gōngyuán	산림 공원
77	☐ 亚洲	Yàzhōu	아시아
78	☐ 丽江	Lìjiāng	리장강(강 이름)
79	☐ 长城	Chángchéng	만리장성
80	☐ 海南	Hǎinán	하이난성

81	☐ 上海	Shànghǎi	상하이
82	☐ 邮局	yóujú	우체국
83	☐ 宾馆	bīnguǎn	호텔
84	☐ 银行	yínháng	은행
85	☐ 教室	jiàoshì	교실

86	☐ 森林	sēnlín	숲, 산림
87	☐ 卫生间	wèishēngjiān	화장실
88	☐ 洗手间	xǐshǒujiān	화장실
89	☐ 郊区	jiāoqū	교외, 변두리
90	☐ 电梯	diàntī	엘리베이터

| 91 | ☐ 到处 | dàochù | 도처, 여기저기 |

꿀팁 〈到处都是 + N〉은 '도처가 다 N이다'의 뜻으로 중요한 표현이다. '到处都是垃圾', '到处都是中国游客' 등의 표현이 가능하다.

92	☐ 街道	jiēdào	거리
93	☐ 院子	yuànzi	정원
94	☐ 外地	wàidì	외지

확인 테스트 1

각 단어에 맞는 발음과 뜻을 선으로 연결하세요.

대화형(11~35번) 문제는 화제별 빈출 어휘 장악이 고득점의 핵심이자 본질입니다. 단순한 암기 작업이라고 **무시하면 안 됩니다**. 공부하는 대로 **시험에서 바로바로 점수 향상**으로 나타날 것입니다.

1 堵车	A dìtiě	A 대(차량을 셈)
2 辆	B jiào chūzūchē	B 지하철
3 地铁	C dǔchē	C 운전기사
4 司机	D liàng	D 택시를 잡다
5 叫出租车	E sījī	E 차가 막히다

6 师傅	A shīfu	A 승객
7 乘客	B chéngzuò	B 택시를 타다
8 车站	C dǎchē	C 승차하다
9 乘坐	D chéngkè	D 기사님, 선생님
10 打车	E chēzhàn	E 정류장, 터미널

11 来得及	A láidejí	A 맞은편, 건너편
12 来不及	B láibují	B 주차하다
13 出发	C duìmiàn	C 출발하다
14 对面	D chūfā	D 늦지 않았다
15 停车	E tíngchē	E 늦었다

16 新手	A chēwèi	A 공항
17 机场	B kǒngpà	B 초보자
18 车位	C xīnshǒu	C 아마도
19 恐怕	D jiāsù	D 주차 자리
20 加速	E jīchǎng	E 가속하다

정답 01. CE   02. DA   03. AB   04. EC   05. BD   06. AD   07. DA   08. EE   09. BC   10. CB
11. AD   12. BE   13. DC   14. CA   15. EB   16. CB   17. EA   18. AD   19. BC   20. DE

21 推迟	A hángbān	A 항공편, 운항편
22 按时	B wǎndiǎn	B 이륙하다
23 起飞	C tuīchí	C 제때에, 정시에
24 晚点	D ànshí	D 연기하다, 늦추다
25 航班	E qǐfēi	E 연착하다

26 出国材料	A jiàngluò	A 탑승권
27 首都	B ānjiǎn	B 출국 자료
28 降落	C dēngjīpái	C 수도
29 登机牌	D chūguó cáiliào	D (공항에서) 보안 검사를 하다
30 安检	E shǒudū	E 착륙하다

31 指路	A jiērén	A 길을 잃다
32 地图	B mílù	B 사람을 마중하다
33 问路	C wènlù	C 길을 가르쳐 주다
34 接人	D zhǐlù	D 길을 물어보다
35 迷路	E dìtú	E 지도

36 大概	A rènshi~lù	A 갈림길, 길목
37 公里	B lùkǒu	B 킬로미터
38 认识~路	C dàgài	C 예측하다
39 路口	D gūjì	D 대략
40 估计	E gōnglǐ	E ~길을 알다

41 左转	A xiàng zuǒ	A 왼쪽으로
42 向左	B zuǒzhuǎn	B 좌회전하다
43 停车场	C huǒchēzhàn	C 주유소
44 加油站	D tíngchēchǎng	D 주차장
45 火车站	E jiāyóuzhàn	E 기차역

정답 21. CD   22. DC   23. EB   24. BE   25. AA   26. DB   27. EC   28. AE   29. CA   30. BD
31. DC   32. EE   33. CD   34. AB   35. BA   36. CD   37. EB   38. AE   39. BA   40. DC
41. BB   42. AA   43. DD   44. EC   45. CE

46 宾馆	A hǎiyángguǎn	A 해양관
47 卫生间	B yóujú	B 숲
48 海洋馆	C bīnguǎn	C 화장실
49 邮局	D sēnlín	D 호텔
50 森林	E wèishēngjiān	E 우체국

정답 46. CD   47. EC   48. AA   49. BE   50. DB

녹음을 듣고 빈칸에 들어갈 알맞은 단어를 고르세요. 녹음은 두 번씩 들려 줍니다.   2-14

| 堵车 | 来得及 | 出发 | 航班 | 加油站 | 行李 | 大概 | 机场 | 师傅 | 火车站 |

1. _____是十点的，还_____，你放心吧。

2. 油箱里剩的油不多了，看看哪儿有_____。

3. 你不用专门来_____接我，我_____很少，家里见。

4. 我已经_____了，有点儿_____，到学校_____要四十分钟。

5. _____，我去首都_____。大概要多长时间，半小时能到吗？

정답
1. 航班, 来得及 : 비행기는 10시 거니까, 아직 안 늦어, 안심해.
2. 加油站 : 연료 탱크 안에 남은 기름이 얼마 없어. 어디 주유소가 있는지 봐 봐.
3. 火车站, 行李 : 너는 일부러 기차역에 나를 마중 나올 필요 없어. 내 짐은 아주 적으니까 집에서 보자.
4. 出发, 堵车, 大概 : 나는 이미 출발했는데, 약간 차가 막혀서 학교에 도착하려면 대략 40분이 걸려.
5. 师傅, 机场 : 기사님, 저는 수도공항에 가는데요. 대략 얼마의 시간이 걸릴까요, 30분이면 도착할 수 있나요?

실전 연습 문제

第 1-5 题：请选出正确答案。　　🎧 2-15

第二部分

1. A 邮局　　　B 机场　　　C 火车站　　　D 图书馆

2. A 别着急　　B 想睡觉　　C 要早出门　　D 没听到通知

3. A 问路　　　B 查词典　　C 买地图　　　D 打印照片

第三部分

4. A 教室内　　B 饭店里　　C 地铁出口　　D 大使馆外面

5. A 大使馆　　B 篮球馆　　C 首都宾馆　　D 长城饭店

❻ 건강·운동

기출문제 분석
듣기 2부분 대화 듣고 질문에 답하기

'건강·운동' 관련 문제는 매회 적게는 1문제, 많게는 3문제까지 출제됩니다. '건강·운동' 문제에서는 **'상태 문제(男的/女的怎么了?)'**가 자주 출제됩니다.

■ 자주 나오는 질문 유형

(1) [질문 형태] **男的/女的怎么了?** 남자/여자는 어떻게 되었나? `상태 유추`

[풀이 비법] 대화를 주고받는 어느 한쪽에게 **무슨 일이 발생했고 어떤 상태인지**를 묻는 문제이다. 정답 단어가 직접적으로 나오기도 하지만 **다른 단어로 우회적으로 표현하기도** 하므로 **전체적으로 무슨 상황인지 이해하도록** 노력해야 한다.

(2) [질문 형태] **男的让女的帮忙做什么?** 남자는 여자에게 무엇을 해 달라고 하는가? `부탁 내용 찾기`

[풀이 비법] 대화를 하는 어느 한쪽이 **상대방에게 어떤 일을 해 달라고 부탁**하는 문제이다. 일반적으로 정답은 대화 속에서 **직접적으로 언급**되는데 각 **선택지(A, B, C, D)**를 구성하는 각각의 **명사 키워드를 구별**하면 쉽게 맞힐 수 있다.

(3) [질문 형태] **他们最可能在做什么?** 그들은 무엇을 하고 있을 가능성이 가장 큰가? `행위 일치 찾기`
男的/女的在做什么? 남자/여자는 무엇을 하고 있는가?

[풀이 비법] 대화를 하는 쌍방이나 어느 일방이 **무엇을 하고 있는지**를 묻는다. 각각의 선택지에 **어떤 동사가 쓰였는지 체크**하고 녹음에서 나온 단어를 정답으로 고르면 된다.

대화를 듣고 질문에 알맞은 답안을 고르세요.

🎧 2-16

1. A 洗碗	B 扔垃圾	C 拿毛巾	D 打扫厨房
2. A 腿疼	B 发烧了	C 咳嗽了	D 胳膊破了

1.

녹음

女：你干什么去了？怎么弄得满头大汗？
男：我刚去打网球了，<u>快给我拿条毛巾吧</u>。
问：男的让女的帮忙做什么？
A 洗碗　　　　　B 扔垃圾
C 拿毛巾　　　　D 打扫厨房

해석

여: 너 뭐하고 왔어? 어째서 얼굴이 땀투성이야?
남: 난 방금 테니스를 치러 갔었어. <u>빨리 수건 좀 줘</u>.
질문: 남자는 여자로 하여금 무엇을 해 달라고 하는가?
A 설거지한다　　　B 쓰레기를 버린다
C 수건을 가져온다　D 부엌을 청소한다

풀이 남자는 **테니스를 치고**(打网球) 와서 **수건을 달라**(拿条毛巾)고 하고 있으므로 C가 정답이 된다.

정답 C

어휘 弄得 nòngde [동] ~하게 만들다, ~하게 되다 4급 | 满头大汗 mǎntóu dàhàn 온 얼굴이 땀투성이다 | 网球 wǎngqiú [명] 테니스 4급 | 条 tiáo [양] 가늘고 긴 것을 셈 3급 | 毛巾 máojīn [명] 수건 4급 | 洗碗 xǐwǎn [동] 설거지하다 | 扔 rēng [동] 버리다, 던지다 4급 | 垃圾 lājī [명] 쓰레기 4급

2.

녹음

女：<u>你的胳膊怎么了</u>？
男：没事，打篮球的时候不小心弄的。
女：看过医生了吗？
男：看了，就是擦破了点儿皮，过几天就好了。
问：男的怎么了？
A 腿疼　　　　　B 发烧了
C 咳嗽了　　　　D 胳膊破了

해석

여: <u>너 팔은 왜 그래</u>?
남: 괜찮아. 농구하다가 실수로 그런 거야.
여: 의사에게 진찰은 받았어?
남: 응. 그냥 피부가 좀 까진 거라 며칠 지나면 괜찮대.
질문: 남자는 어떻게 되었나?
A 다리가 아프다　　B 열이 난다
C 기침한다　　　　D 팔이 까졌다

풀이 여자가 처음에 팔(胳膊)에 무슨 문제가 있냐(怎么了?)고 물었고 남자는 **피부가 좀 까졌다**(擦破了点儿皮)는 말을 했다. 따라서 남자는 팔을 다친(胳膊破了) 상태라는 것을 알 수 있다. '胳膊'라는 단어는 다소 생소한 단어일 수 있다. 그래서 **녹음이 나오기 전에 선택지를 체크할 때 '胳膊'에 대해 좀 더 신경** 쓰도록 스스로에게 주의를 줄 수 있어야 한다.

정답 D

어휘 胳膊 gēbo [명] 팔 4급 | 不小心 bù xiǎoxīn 조심하지 않다, 실수로 | 弄 nòng [동] 하다, 가지고 놀다 4급 | 破 pò [동] 파손되다, 찢어지다 | 擦 cā [동] 닦다, 바르다, 마찰하다 4급 | 擦破皮 cāpò pí 피부를 긁혔다, 피부가 까지다 | 腿 tuǐ [명] 다리 3급 | 发烧 fāshāo [동] 열이 나다 3급 | 咳嗽 késou [동] 기침하다 4급

꿀팁 구조 분석 : 擦破了点儿皮

擦(긁다) → 擦皮(피부를 긁다 : 동목구) → 擦破皮(피부를 긁히게 해서 까지게 하다 / 破 : 결과보어)
→ 擦破了(긁히게 해 까지다) + 一点儿皮(약간의 피부를) → 擦破了点儿皮(피부가 좀 까졌다)

전략 학습 : 화제별 빈출 어휘

듣기 2부분 대화 듣고 질문에 답하기

'건강·운동' 관련 문제에서 주로 등장하는 **관련 빈출 어휘**를 학습합니다. 단어만 알면 쉽게 맞힐 수 있도록 단순하게 출제되기 때문에 **관련 빈출 어휘**를 확실하게 장악하는 것이 필요합니다. 운동의 종류(游泳, 爬山, 网球, 篮球, 乒乓球)와 신체 관련 단어(胳膊, 头, 腿)를 숙지해야 합니다.

먼저 정리된 단어를 전체적으로 훑어보면서 **모르거나** 다소 **생소**한 단어는 **체크(☑)**를 해 둡니다. 다 훑어보고 나면 **다시 처음으로 돌아와 체크된 생소한 단어들을 다시 확인**합니다. 그리고 확인 테스트 1, 2 풀이를 통해서 확실하게 자신의 것으로 만듭니다.

■ 건강 • 병원

1	☐	生病	shēngbìng	병나다, 아프다
2	☐	疼	téng	아프다
3	☐	医院	yīyuàn	병원
4	☐	医生	yīshēng	의사(=大夫)
5	☐	大夫	dàifu	의사(=医生)

6	☐	护士	hùshi	간호사
7	☐	检查	jiǎnchá	검사하다
8	☐	打针	dǎzhēn	주사를 맞다, 주사를 놓다
9	☐	害怕	hàipà	두려워하다

> 꿀팁 '害怕打针'은 '주사 맞기를 두려워하다'는 뜻으로 자주 사용되는 표현이다.

10	☐	开药	kāiyào	약을 처방하다

11	☐	按时	ànshí	제때에
12	☐	吃药	chīyào	약을 먹다
13	☐	感冒药	gǎnmàoyào	감기약
14	☐	上药	shàngyào	약을 바르다
15	☐	发烧	fāshāo	열나다

16	☐	严重	yánzhòng	심각하다
17	☐	身体	shēntǐ	신체
18	☐	身高	shēngāo	키

> 꿀팁 '키가 크다'로 해석하지 말자. '키가 크다'는 '个子很高'로 표현한다.

19	☐	个子	gèzi	키

| 20 | ☐ 胳膊 | gēbo | 팔 |

21	☐ 肚子	dùzi	배
22	☐ 腿	tuǐ	다리
23	☐ 牙	yá	이
24	☐ 公斤	gōngjīn	킬로그램
25	☐ 胖	pàng	뚱뚱하다, 살찌다

26	☐ 瘦	shòu	마르다, 날씬하다
27	☐ 减肥	jiǎnféi	다이어트하다
28	☐ 缺少	quēshǎo	부족하다
29	☐ 锻炼	duànliàn	단련하다, 운동하다

> **꿀팁** '缺少锻炼'은 '운동이 부족하다'는 뜻이다.

| 30 | ☐ 活动 | huódòng | 활동하다, 행사, 이벤트 |

31	☐ 困	kùn	졸리다
32	☐ 难受	nánshòu	(몸이나 마음이) 불편하다, 괴롭다
33	☐ 不舒服	bù shūfu	(몸이나 기분이) 편치 않다, 불편하다
34	☐ 腿破了	tuǐ pòle	다리가 까졌다

> **꿀팁** 破 pò 깨지다, 파손되다

| 35 | ☐ 擦破皮 | cāpò pí | 피부가 까지다 |

> **꿀팁** 擦 cā 닦다, 마찰하다, 바르다

36	☐ 感冒	gǎnmào	감기, 감기에 걸리다
37	☐ 咳嗽	késou	기침하다
38	☐ 抽烟	chōuyān	흡연하다
39	☐ 禁止	jìnzhǐ	금지하다
40	☐ 戒烟	jièyān	금연하다

■ 운동

| 41 | ☐ 篮球 | lánqiú | 농구 |
| 42 | ☐ 网球 | wǎngqiú | 테니스 |

43	☐ 游泳	yóuyǒng	수영하다
44	☐ 乒乓球	pīngpāngqiú	탁구
45	☐ 羽毛球	yǔmáoqiú	배드민턴

46	☐ 打球	dǎqiú	구기 운동을 하다
47	☐ 运动员	yùndòngyuán	운동선수
48	☐ 游泳馆	yóuyǒngguǎn	수영장
49	☐ 米	mǐ	미터
50	☐ 功夫	gōngfu	쿵푸, 무술, 시간

꿀팁 '功夫'는 '시간'이라는 뜻도 있다.(没功夫吃饭 밥 먹을 시간이 없다)

51	☐ 精彩	jīngcǎi	(시합 등이) 훌륭하다, 재밌다, 멋지다
52	☐ 比赛	bǐsài	시합, 경기
53	☐ 举行	jǔxíng	거행하다
54	☐ 练习	liànxí	연습하다
55	☐ 坚持	jiānchí	견지하다, 계속하다

| 56 | ☐ 水平 | shuǐpíng | 수준, 실력 |
| 57 | ☐ 厉害 | lìhai | (병세가) 심하다, (실력이) 대단하다, 무섭다 |

꿀팁 주로 '疼得厉害(대단히 아프다)', '打得厉害(운동을 대단히 잘한다)'로 쓰인다.

| 58 | ☐ 汗 | hàn | 땀 |

꿀팁 주로 '出汗(땀을 흘리다)', '擦汗(땀을 닦다)'으로 쓴다.

| 59 | ☐ 毛巾 | máojīn | 수건 |
| 60 | ☐ 擦 | cā | 닦다, 바르다, 마찰하다 |

■ 경기

61	☐ 赛场	sàichǎng	경기장
62	☐ 观众	guānzhòng	관중
63	☐ 体育馆	tǐyùguǎn	체육관
64	☐ 足球赛	zúqiúsài	축구 시합
65	☐ 跑步	pǎobù	달리기하다

66	☐ 爬山	páshān	등산하다
67	☐ 满头大汗	mǎntóu dàhàn	얼굴이 땀투성이다
68	☐ 赢	yíng	이기다
69	☐ 输	shū	지다
70	☐ 可惜	kěxī	아쉽다, 안타깝다

71	☐ 获得	huòdé	획득하다, 얻다(+ 第一)
72	☐ 第一	dìyī	일등
73	☐ 亚洲第一	Yàzhōu dìyī	아시아 일등
74	☐ 世界第一	shìjiè dìyī	세계 일등, 세계 챔피언
75	☐ 发球	fāqiú	서브를 넣다

확인테스트 1

각 단어에 맞는 발음과 뜻을 선으로 연결하세요.

대화형(11~35번) 문제는 **화제별 빈출 어휘 장악**이 고득점의 핵심이자 본질입니다. 단순한 암기 작업이라고 **무시하면 안 됩니다**. 공부하는 대로 **시험에서 바로바로 점수 향상**으로 나타날 것입니다.

1	护士	A shēngbìng	A 병나다, 아프다
2	生病	B téng	B 아프다
3	检查	C yīshēng	C 의사
4	疼	D hùshi	D 간호사
5	医生	E jiǎnchá	E 검사하다

6	开药	A dǎzhēn	A 두려워하다
7	害怕	B dàifu	B 제때에
8	按时	C hàipà	C 주사를 맞다, 주사를 놓다
9	打针	D kāiyào	D 약을 처방하다
10	大夫	E ànshí	E 의사

정답 01. DD 02. AA 03. EE 04. BB 05. CC 06. DD 07. CA 08. EB 09. AC 10. BE

11	身高	A chīyào	A 약을 바르다
12	上药	B shàngyào	B 약을 먹다
13	严重	C fāshāo	C 키
14	发烧	D yánzhòng	D 심각하다
15	吃药	E shēngāo	E 열나다

16	肚子	A gèzi	A 키
17	个子	B gēbo	B 팔
18	胳膊	C dùzi	C 배
19	胖	D gōngjīn	D 뚱뚱하다, 살찌다
20	公斤	E pàng	E 킬로그램

21	活动	A shòu	A 단련하다
22	困	B jiǎnféi	B 졸리다
23	锻炼	C duànliàn	C 마르다, 날씬하다
24	瘦	D huódòng	D 활동하다, 행사, 이벤트
25	减肥	E kùn	E 다이어트하다

26	擦破皮	A nánshòu	A (몸이나 마음이) 불편하다, 괴롭다
27	不舒服	B bù shūfu	B (몸이나 기분이) 편치 않다, 불편하다
28	感冒	C tuǐ pòle	C 감기(에 걸리다)
29	难受	D cāpò pí	D 피부가 까지다
30	腿破了	E gǎnmào	E 다리가 까졌다

31	禁止	A késou	A 금지하다
32	篮球	B chōuyān	B 농구
33	咳嗽	C jìnzhǐ	C 기침하다
34	戒烟	D jièyān	D 금연하다
35	抽烟	E lánqiú	E 흡연하다

정답 11. EG 12. BA 13. DD 14. CE 15. AB 16. CC 17. AA 18. BB 19. ED 20. DE
21. DD 22. EB 23. CA 24. AC 25. BE 26. DD 27. BB 28. EC 29. AA 30. CE
31. CA 32. EB 33. AC 34. DD 35. BE

36	运动员	A	wǎngqiú	A	미터	
37	游泳	B	pīngpāngqiú	B	탁구	
38	米	C	yùndòngyuán	C	수영하다	
39	乒乓球	D	yóuyǒng	D	운동선수	
40	网球	E	mǐ	E	테니스	

41	举行	A	gōngfu	A	시합, 경기	
42	练习	B	jīngcǎi	B	연습하다	
43	功夫	C	bǐsài	C	쿵푸, 무술, 시간	
44	比赛	D	jǔxíng	D	거행하다	
45	精彩	E	liànxí	E	훌륭하다, 재밌다, 멋지다	

46	毛巾	A	shuǐpíng	A	수준, 실력	
47	赛场	B	lìhai	B	수건	
48	水平	C	máojīn	C	심하다, 대단하다, 무섭다	
49	厉害	D	cā	D	닦다, 마찰하다	
50	擦	E	sàichǎng	E	경기장	

51	爬山	A	guānzhòng	A	등산하다	
52	足球赛	B	tǐyùguǎn	B	축구 시합	
53	体育馆	C	zúqiúsài	C	체육관	
54	观众	D	páshān	D	관중	
55	弄得满头大汗	E	nòngde mǎntóu dàhàn	E	얼굴이 땀투성이가 되다	

56	获得第一	A	yíng	A	안타깝다	
57	输	B	shū	B	이기다	
58	亚洲第一	C	kěxī	C	지다	
59	赢	D	huòdé dìyī	D	일등을 하다	
60	可惜	E	Yàzhōu dìyī	E	아시아 일등	

정답 36. CD 37. DC 38. EA 39. BB 40. AE 41. DD 42. EB 43. AC 44. CA 45. BE
46. CB 47. EE 48. AA 49. BC 50. DD 51. DA 52. CB 53. BC 54. AD 55. EE
56. DD 57. BC 58. EE 59. AB 60. CA

녹음을 듣고 빈칸에 들어갈 알맞은 단어를 고르세요. 녹음은 두 번씩 들려 줍니다.

> 瘦 | 网球 | 厉害 | 难受 | 缺少
> 赢 | 信心 | 肚子 | 爬 | 打 | 牙

1. 我觉得_____有点儿_____。

2. 减了一个月都没有_____下来，我实在没有_____了。

3. 大夫，我的_____最近疼得_____，不知道是怎么回事。

4. 这座山我终于_____上来了，累死我了，我确实_____锻炼。

5. 她打_____很厉害，你敢和她_____吗？我也想看看你究竟是_____还是输。

정답

1. 肚子, 难受 : 나는 배가 좀 불편한 것 같아.
2. 瘦, 信心 : 한 달을 다이어트했는데 살이 빠지지 않았어. 나는 정말이지 자신감이 없어졌어.
3. 牙, 厉害 : 의사 선생님, 제 이가 최근에 너무 아픈데, 어떻게 된 영문이지 모르겠어요.
4. 爬, 缺少 : 이 산을 내가 드디어 올라왔어. 힘들어 죽겠어. 나는 정말이지 운동이 부족해.
5. 网球, 打, 赢 : 그녀는 테니스를 정말 잘 치는데 네가 감히 그녀와 치겠다고? 나도 네가 도대체 이길지 아니면 질지 한번 보고 싶어.

실전 연습 문제

第 1-5 题: 请选出正确答案。　　　🎧 2-18

第二部分

1. A 饿了　　　B 胳膊疼　　　C 没休息好　　　D 咳嗽得厉害

2. A 眼睛疼　　B 被骗了　　　C 昨晚没睡　　　D 遇到了困难

第三部分

3. A 哭了　　　B 没吃饱　　　C 生病了　　　　D 没睡醒

4. A 爬山　　　B 跳舞　　　　C 排队　　　　　D 洗碗

5. A 少吃辣　　B 去打针　　　C 多喝水　　　　D 别总躺着

❼ 가정·일상·주택

기출문제 분석
듣기 2부분 대화 듣고 질문에 답하기

'가정·일상·주택' 관련 문제는 매회 **적게는 1문제, 많게는 3문제**까지 출제됩니다. 가정에서 일어날 수 있는 **일상생활**, **주택 임대 시의 주의 사항** 등이 내용으로 나옵니다.

■ 자주 나오는 질문 유형

(1) [질문 형태] 女的为什么要放弃这次机会? 여자는 왜 이 기회를 포기하려 하는가? `원인 찾기`
    [풀이 비법] 질문에 '**为什么**'가 들어가며 화자의 행위나 사건 발생의 원인을 묻는다. 대화 내용의 **전반적인 이해**를 통해서 자연스럽게 풀 수 있다.

(2) [질문 형태] 敲门的人是谁? 문을 두드린 사람은 누구인가? `인물 일치 찾기`
    [풀이 비법] 어떤 행위를 한 사람이 누구인지를 묻는 문제로 선택지는 **인물로만 제시**된다. 이때 반드시 각 선택지의 발음을 **미리 체크**해야 하며, 대화에서 언급되는 인물이 그대로 정답이 된다.

기출 맛보기

대화를 듣고 질문에 알맞은 답안을 고르세요.   🎧 2-19

1. A 家具旧   B 裤子脏了   C 眼镜破了   D 镜子放低了

2. A 租金贵   B 环境很好   C 家具很新   D 地点不好

1.

녹음

男: 镜子挂在这儿, 行不行?
女: 有点儿低, 这样照不到全身, 再往上一些。
问: 根据对话, 下列哪个正确?
A 家具旧　　　B 裤子脏了
C 眼镜破了　　D 镜子放低了

해석

남: 거울을 여기 걸려고 하는데 괜찮아?
여: 약간 낮아. 이러면 전신을 못 비춰. 좀 더 위로 올려.
질문: 대화에 근거하여 아래에서 옳은 것은?
A 가구가 오래됐다　　B 바지가 더러워졌다
C 안경이 깨졌다　　　D 거울이 낮게 놓였다

풀이 대화는 거울(镜子)을 걸고(挂) 있는데 **약간 낮은**(有点儿低) 상태이므로 D가 정답이 된다.

정답 D

어휘 镜子 jìngzi [명] 거울 4급 | 挂 guà [동] 걸다 4급 | 照 zhào [동] 비추다 | 家具 jiājù [명] 가구 4급 | 旧 jiù [형] 오래되다 3급

꿀팁 선택지가 **전체적으로 정확하게 해석이 되지 않더라도** '家具', '裤子', '眼镜', '镜子'와 같은 **키워드만 구별**되어도 쉽게 문제를 풀 수 있다. 4급 듣기는 키워드만 일치해도 정답률은 거의 90% 이상이다.

2.

녹음

男: 听说你最近租房子, 找到合适的了吗?
女: 看好了一个, 大小可以, 周围环境也不错。
男: 离你上班的地方远不远?
女: 有点儿远, 不过附近有好几趟公共汽车, 都能到我公司。
问: 女的觉得那个房子怎么样?
A 租金贵　　　B 环境很好
C 家具很新　　D 地点不好

해석

남: 너 최근에 셋집 구한다고 들었는데 적당한 곳은 찾았어?
여: 하나가 마음에 들어, 크기가 괜찮고 주위 환경도 좋아.
남: 네가 출근하는 곳에서 멀지는 않아?
여: 약간 멀어. 그런데 근처에 버스가 여러 편이 있고, 다 우리 회사에 갈 수 있어.
질문: 여자는 그 집을 어떻게 생각하는가?
A 집세가 비싸다　　B 환경이 좋다
C 가구가 새것이다　D 장소가 좋지 않다

풀이 셋집은 **크기**(大小), **주위 환경**(周围环境) 등이 **좋다**(不错)고 했으므로 B가 정답이 된다. 녹음에서의 **'不错'**가 선택지에서는 **'很好'**로 표현되었다.

정답 B

어휘 租房子 zū fángzi 셋집을 얻다 4급 | 合适 héshì [형] 적절하다 4급 | 大小 dàxiǎo [명] 크기 | 周围 zhōuwéi [명] 주위 4급 | 附近 fùjìn [명] 부근, 근처 3급 | 趟 tàng [양] 번(왕래한 횟수를 셈), 편, 번(정기적인 교통수단의 운행 횟수를 셈) 4급 | 租金 zūjīn [명] 임대료 | 家具 jiājù [명] 가구 4급 | 地点 dìdiǎn [명] 지점, 장소 4급

전략 학습 : 화제별 빈출 어휘

듣기 2부분 대화 듣고 질문에 답하기

'가정·일상·주택' 관련 문제에서 주로 등장하는 **관련 빈출 어휘**를 학습합니다. 특히 **집 안의 장소를 나타내는 단어**(卫生间, 厨房, 客厅)와 **집 안에 있는 물건**(镜子, 家具, 洗衣机, 眼镜) 그리고 **주택과 관련된 단어**(租房, 周围, 环境, 交通) 등을 잘 익혀 두어야 합니다.

먼저 정리된 단어를 전체적으로 훑어보면서 **모르거나** 다소 **생소**한 단어는 **체크(☑)**를 해 둡니다. 다 훑어보고 나면 **다시 처음으로 돌아와 체크된 생소한 단어들을 다시 확인**합니다. 그리고 **확인 테스트 1, 2** 풀이를 통해서 **확실하게 자신의 것**으로 만듭니다.

■ 인물

1	☐ 亲戚	qīnqi	친척
2	☐ 邻居	línjū	이웃
3	☐ 孙子	sūnzi	손자
4	☐ 孙女	sūnnǚ	손녀
5	☐ 丈夫	zhàngfu	남편
6	☐ 妻子	qīzi	아내
7	☐ 母亲	mǔqīn	어머니
8	☐ 叔叔	shūshu	삼촌, 아저씨
9	☐ 阿姨	āyí	아주머니
10	☐ 小伙子	xiǎohuǒzi	젊은이, 청년

■ 결혼·주택

11	☐ 结婚	jiéhūn	결혼하다
12	☐ 祝贺	zhùhè	축하하다
13	☐ 出生	chūshēng	태어나다, 출생하다
14	☐ 白头到老	báitóudàolǎo	백년해로하다
15	☐ 租房子	zū fángzi	임대하다, 집을 세 내다
16	☐ 房租	fángzū	집세, 임대료
17	☐ 租金	zūjīn	임대료
18	☐ 郊区	jiāoqū	(도시의) 변두리

| 19 | ☐ 周围环境 | zhōuwéi huánjìng | 주위 환경 |
| 20 | ☐ 交通方便 | jiāotōng fāngbiàn | 교통이 편리하다 |

21	☐ 搬家	bānjiā	이사하다
22	☐ 地址	dìzhǐ	주소
23	☐ 附近	fùjìn	부근, 근처
24	☐ 安静	ānjìng	조용하다
25	☐ 照顾	zhàogù	돌보다, 보살피다

■ 공간·물건

26	☐ 房间	fángjiān	방
27	☐ 家具	jiājù	가구
28	☐ 窗户	chuānghu	창문
29	☐ 客厅	kètīng	거실
30	☐ 沙发	shāfā	소파

31	☐ 坏了	huàile	고장났다
32	☐ 修	xiū	수리하다
33	☐ 洗衣机	xǐyījī	세탁기
34	☐ 冰箱	bīngxiāng	냉장고
35	☐ 钥匙	yàoshi	열쇠

| 36 | ☐ 眼镜 | yǎnjìng | 안경 |
| 37 | ☐ 戴眼镜 | dài yǎnjìng | 안경을 쓰다 |

꿀팁 '안경 등을 착용하다'라고 할 때 '戴'를 사용해야 하며 '带'를 쓰지 않도록 주의하자. '带'는 '물건 등을 지니다'는 뜻이다.

| 38 | ☐ 镜子 | jìngzi | 거울 |

꿀팁 '거울을 보다(照镜子)'라고 할 때는 동사를 '看'이 아니라 '照'로 써야 한다.

| 39 | ☐ 空调 | kōngtiáo | 에어컨 |
| 40 | ☐ 毛巾 | máojīn | 수건 |

41	☐ 弹钢琴	tán gāngqín	피아노를 치다
42	☐ 灯	dēng	등
43	☐ 脏	zāng	더럽다
44	☐ 旧	jiù	(물건 등이) 오래되다
45	☐ 暗	àn	어둡다
46	☐ 亮	liàng	밝다

■ **생활**

47	☐ 乱	luàn	어지럽다
48	☐ 打扫	dǎsǎo	청소하다
49	☐ 收拾	shōushi	정리하다(≒整理)
50	☐ 整理	zhěnglǐ	정리하다(≒收拾)

| 51 | ☐ 敲门 | qiāomén | 노크하다 |

> 꿀팁 '敲门声'은 '노크 소리', '문 두드리는 소리'라는 뜻이다.

52	☐ 邀请	yāoqǐng	초대하다, 초청하다
53	☐ 洗澡	xǐzǎo	목욕하다
54	☐ 商量	shāngliang	상의하다
55	☐ 留步	liúbù	나오지 마십시오

56	☐ 擦	cā	닦다, 칠하다, 마찰하다
57	☐ 丢	diū	잃어버리다
58	☐ 挂	guà	걸다
59	☐ 抬	tái	들다, 들어올리다
60	☐ 顺便	shùnbiàn	하는 김에

61	☐ 到处	dàochù	도처, 여기저기
62	☐ 扔垃圾	rēng lājī	쓰레기를 버리다
63	☐ 塑料袋	sùliàodài	비닐봉지

■ 기타

| 64 | ☐ 联系 | liánxì | 연락하다 |
| 65 | ☐ 交流 | jiāoliú | 교류하다 |

66	☐ 打招呼	dǎzhāohu	인사하다, 알리다, 통지하다
67	☐ 印象	yìnxiàng	인상
68	☐ 友谊	yǒuyì	우의, 우정
69	☐ 性格	xìnggé	성격
70	☐ 吸引	xīyǐn	끌어당기다

꿀팁 '吸引'은 중요한 단어로, '吸引力(흡인력)', '吸引游客(관광객을 유치하다)', '吸引学生(학생을 유치하다)' 등은 모두 중요한 표현이다.

| 71 | ☐ 趟 | tàng | 번(왕래 횟수) |

꿀팁 '我回家'는 '아예 집으로 돌아간다'는 뜻이지만, '我回趟家'는 '집에 갔다가 온다'는 뜻이다. '下周我得出趟差。(다음 주에 나는 출장을 다녀와야 한다.)'라는 표현도 있다.

72	☐ 礼物	lǐwù	선물
73	☐ 教育	jiàoyù	교육
74	☐ 广播	guǎngbō	라디오 방송

각 단어에 맞는 발음과 뜻을 선으로 연결하세요.

대화형(11~35번) 문제는 **화제별 빈출 어휘 장악**이 고득점의 핵심이자 본질입니다. 단순한 암기 작업이라고 **무시하면 안 됩니다**. 공부하는 대로 시험에서 바로바로 점수 향상으로 나타날 것입니다.

1	母亲	A qīnqi	A 이웃
2	邻居	B línjū	B 어머니
3	叔叔	C sūnnǚ	C 삼촌, 아저씨
4	亲戚	D mǔqīn	D 친척
5	孙女	E shūshu	E 손녀

6	出生	A āyí	A 아주머니
7	祝贺	B xiǎohuǒzi	B 젊은이, 청년
8	租房子	C zhùhè	C 축하하다
9	阿姨	D chūshēng	D 태어나다, 출생하다
10	小伙子	E zū fángzi	E 임대하다, 집을 세 내다

11	周围环境	A fángzū	A 집세, 임대료
12	郊区	B jiāoqū	B (도시의) 변두리
13	房租	C zhōuwéi huánjìng	C 이사하다
14	搬家	D jiāotōng fāngbiàn	D 교통이 편리하다
15	交通方便	E bānjiā	E 주위 환경

16	整理	A dìzhǐ	A 가구
17	地址	B zhěnglǐ	B 창문
18	窗户	C jiājù	C 주소
19	客厅	D chuānghu	D 정리하다
20	家具	E kètīng	E 거실

정답 01. DB 02. BA 03. EC 04. AD 05. CE 06. DD 07. CC 08. EE 09. AA 10. BB
11. CE 12. BB 13. AA 14. EC 15. DD 16. BD 17. AC 18. DB 19. EE 20. CA

21	修	A huàile	A 세탁기
22	坏了	B xiū	B 냉장고
23	钥匙	C xǐyījī	C 열쇠
24	洗衣机	D bīngxiāng	D 수리하다
25	冰箱	E yàoshi	E 고장났다

26	空调	A yǎnjìng	A 수건
27	毛巾	B jìngzi	B 에어컨
28	镜子	C kōngtiáo	C 피아노를 치다
29	弹钢琴	D máojīn	D 안경
30	眼镜	E tán gāngqín	E 거울

31	打扫	A zāng	A 어둡다
32	乱	B jiù	B (물건 등이) 오래되다
33	脏	C àn	C 더럽다
34	旧	D luàn	D 청소하다
35	暗	E dǎsǎo	E 어지럽다

36	擦	A shōushi	A 초대하다
37	邀请	B sùliàodài	B 비닐봉지
38	丢	C yāoqǐng	C 정리하다
39	收拾	D cā	D 닦다, 칠하다
40	塑料袋	E diū	E 잃어버리다

41	扔垃圾	A guà	A 쓰레기를 버리다
42	广播	B tái	B 들어올리다
43	挂	C rēng lājī	C 걸다
44	礼物	D lǐwù	D 라디오 방송
45	抬	E guǎngbō	E 선물

정답 21. BD 22. AE 23. EC 24. CA 25. DB 26. CB 27. DA 28. BE 29. EC 30. AD
31. ED 32. DE 33. AC 34. BB 35. CA 36. DD 37. CA 38. EE 39. AC 40. BB
41. CA 42. ED 43. AC 44. DE 45. BB

46 交流	A liánxì	A 우의, 우정
47 联系	B jiāoliú	B 성격
48 性格	C dǎzhāohu	C 인사하다, 통지하다
49 打招呼	D yǒuyì	D 연락하다
50 友谊	E xìnggé	E 교류하다

정답 46. BE   47. AD   48. EB   49. CC   50. DA

녹음을 듣고 빈칸에 들어갈 알맞은 단어를 고르세요. 녹음은 두 번씩 들려 줍니다.

垃圾桶 | 结婚 | 乱扔 | 挂 | 乱 | 厨房 | 整理 | 地铁 | 顺便 | 塑料袋 | 离 | 租房子

1. 那张画儿_____对面的墙上吧。

2. 李老师，我下个月五号要_____了。

3. _____里很_____，可能是刚才妈妈做菜。

4. 你把房间_____一下，没用的东西就放_____里，别到处_____。

5. 你去打羽毛球? 那你_____把那个_____拿下去扔垃圾桶里。

6. 学校附近_____太贵，_____学校远点儿没关系，只要离_____或者公交车站近就行。

정답
1. 挂 : 그 그림은 맞은편 벽에 걸자.
2. 结婚 : 이 선생님, 저는 다음 달 5일에 결혼합니다.
3. 厨房, 乱 : 부엌이 아주 어지러워. 아마도 방금 엄마가 요리를 했나 봐.
4. 整理, 垃圾桶, 乱扔 : 너 방을 좀 정리해. 필요 없는 물건은 쓰레기통에 넣고 여기저기 함부로 놓지 마.
5. 顺便, 塑料袋 : 너 배드민턴 치러 가니? 그럼 가는 김에 그 비닐봉지 좀 가져가 쓰레기통에 버려 줘.
6. 租房子, 离, 地铁 : 학교 근처에 세를 들면 너무 비싸, 학교에서 좀 멀어도 괜찮아. 지하철이나 버스 정류장에서 가깝기만 하면 돼.

실전 연습 문제

第 1-5 题：请选出正确答案。　🎧 2-21

第二部分

1. A 牙疼　　　　B 困了　　　　C 丢了钱包　　D 找不到眼镜

2. A 发烧了　　　B 专业不符　　C 觉得辛苦　　D 要照顾母亲

3. A 房东　　　　B 叔叔　　　　C 妹妹　　　　D 邻居

4. A 人与自然　　B 动物世界　　C 经济与法　　D 体育新闻

第三部分

5. A 很爱笑　　　B 比较胖　　　C 刚出生不久　D 今天过生日

❽ 여가·여행·날씨

기출문제 분석
듣기 2부분 대화 듣고 질문에 답하기

'여가·여행·날씨' 관련 문제는 매회 1~2문제가 출제되며 '**사진 찍기**', '**날씨 상황**' 등과 관련된 내용이 자주 출제됩니다. 대부분 대화 속에서 언급된 단어가 그대로 정답이 되지만 때때로 **비슷한 뜻을 가진 다른 단어로 정답이 제시**되기도 합니다.

■ 자주 나오는 질문 유형

(1) [질문 형태] **最近/现在天气怎么样?** 최근/지금 날씨는 어떠한가? `상태 유추`
   男的/女的现在心情怎么样? 남자/여자는 지금 심정이 어떠한가?

   [풀이 비법] '**날씨**' 상황이나 '**인물**'의 심리 상태 등을 묻는 문제이다. 선택지에는 날씨나 심리를 나타내는 단어들이 등장하며 **대화 내용의 전반적인 이해를 통해서** 자연스럽게 풀 수 있다.

(2) [질문 형태] **那篇文章是关于哪方面的?** 그 글은 어떤 방면의 것인가? `논의 대상 찾기`

   [풀이 비법] 남녀 대화의 대상, 즉 화제에 대해서 묻는 문제이다. **선택지**는 주로 **명사**로 이루어지는데 대부분 들리는 단어가 **그대로 정답**이 된다. 녹음이 나오기 전 선택지를 미리 체크할 때 **모르는 단어**와 생소한 발음의 단어는 밑줄이나 **동그라미로 표시**를 해 두어 좀 더 집중해 들을 수 있도록 한다.

(3) [질문 형태] **男的/女的觉得~怎么样?** 남자/여자는 ~을 어떻게 생각하는가? `견해 일치 찾기`

   [풀이 비법] 어떤 대상에 대한 화자의 견해를 묻는 유형으로 질문에는 항상 '**觉得~**'가 들어간다. 대화 내용의 전반적인 이해를 통해서 자연스럽게 정답을 찾을 수 있으며, **이해가 안 되도 들리는 단어 위주로 고르면 정답**인 경우가 대부분이다.

(4) [질문 형태] **黄奶奶的孙女儿在做什么?** 황 할머니의 손녀는 무엇을 하고 있는가? `행위 일치 찾기`
   男的/女的在做什么? 남자/여자는 무엇을 하고 있는가?

   [풀이 비법] 대화를 하는 쌍방이나 어느 일방이 **무엇을 하고 있는지**를 묻는다. 각각의 선택지에 **어떤 동사가 쓰였는지 체크**하고 녹음에서 나온 단어를 정답으로 고르면 된다.

기출 맛보기

대화를 듣고 질문에 알맞은 답안을 고르세요.

🎧 2-22

1. A 晴天   B 刮风   C 阴天   D 下雪

2. A 很轻松   B 很担心   C 非常兴奋   D 特别紧张

1.

녹음

女: 你现在去超市，顺便帮我买两袋酸奶吧。
男: 外面阳光这么好，你和我一起去吧，正好散散步。

问: 外面天气怎么样?
A 晴天　　　　　B 刮风
C 阴天　　　　　D 下雪

해석

여: 너 지금 슈퍼 가는 거면, 가는 김에 요구르트 두 봉지 좀 사다 줘.
남: 밖에 햇빛이 이렇게 좋은데, 너도 나랑 함께 가자. 산책하기 딱 좋아.

질문: 밖의 날씨는 어떠한가?
A 맑은 날씨　　　B 바람이 분다
C 흐린 날씨　　　D 눈이 내린다

풀이 햇빛이 좋다(阳光好)는 것은 맑은 날씨(晴天)를 의미하므로 A가 정답이 된다

정답 A

어휘 超市 chāoshì [명] 슈퍼마켓 3급 | 顺便 shùnbiàn [부] 하는 김에 4급 | 袋 dài [양] 봉지 [명] 봉지 | 酸奶 suānnǎi [명] 요구르트 | 阳光 yángguāng [명] 햇빛 4급 | 正好 zhènghǎo [부] 딱, 꼭 [형] 꼭 알맞다 | 晴天 qíngtiān [명] 맑은 날씨 | 刮风 guāfēng [동] 바람이 불다 3급 | 阴天 yīntiān [명] 흐린 날씨

2.

녹음

女: 这里的景色真美，空气也好。
男: 怎么样，心情好些了吗?
女: 好多了。最近压力大，好久没这么放松了，真是谢谢你。
男: 不客气。

问: 女的现在心情怎么样?
A 很轻松　　　　B 很担心
C 非常兴奋　　　D 特别紧张

해석

여: 이곳의 경치는 참 아름다워, 공기도 좋고.
남: 어때? 기분이 좀 좋아졌어?
여: 많이 좋아졌어. 최근에 스트레스가 많았는데 오랜만에 이렇게 기분 전환을 하네. 정말 고마워.
남: 고맙긴.

질문: 여자는 지금 기분이 어떠한가?
A 홀가분하다　　　B 매우 걱정한다
C 매우 흥분했다　　D 매우 긴장했다

풀이 오랜만에 긴장을 푼다(好久没这么放松了)고 한 것은 지금의 심리 상태가 가볍다는 것이므로 A가 정답이 된다. A의 '轻松'은 '放松'과 비슷한 의미를 나타낸다.

정답 A

어휘 景色 jǐngsè [명] 경치 4급 | 空气 kōngqì [명] 공기 4급 | 压力 yālì [명] 압력, 스트레스 4급 | 放松 fàngsōng [동] 느슨하게 하다, 이완시키다, 긴장을 풀다 4급 | 客气 kèqi [형] 예의바르다 [동] 사양하다 | 轻松 qīngsōng [형] (마음이) 홀가분하다, (일이) 수월하다 4급 | 担心 dānxīn [동] 걱정하다 3급 | 兴奋 xīngfèn [형] 흥분하다 4급 | 紧张 jǐnzhāng [형] 긴장하다 4급

꿀팁

1. '放松'과 '轻松'의 비교

'放松(이완시키다, 긴장을 풀다)'은 '동사'로 긴장을 푸는 행위이고, '轻松(마음이 홀가분하다, 일 등이 수월하다)'은 '放松 후의 홀가분한 심리 상태를 나타낸다.

- 越是重要的时候，就越要放松自己。 중요한 일수록 긴장을 풀어야 한다. (목적어 '自己'를 취했기 때문에 '放松'만 가능)
- 问题很简单，我回答得很轻松。 문제가 간단해서 나는 대답이 매우 쉬웠다.

2. '兴奋'과 '激动'의 비교

'兴奋'은 주로 좋은 쪽으로 흥분하는 것을 의미하지만 '激动'은 좋은 쪽과 나쁜 쪽으로 모두 흥분하는 것이 가능하며, 또 '감동하다'는 뜻이 있다는 점이 다르다.

전략 학습 : 화제별 빈출 어휘

듣기 2부분 대화 듣고 질문에 답하기

'여가 · 여행 · 날씨' 관련 문제에서 주로 등장하는 **관련 빈출 어휘**를 학습합니다. **형태가 다른 두 단어**가 **비슷한 의미**일 경우 **정답으로 제시**될 수 있으므로 각 **단어의 의미를 이해하고 암기**해야 합니다.

먼저 정리된 단어를 전체적으로 훑어보면서 **모르**거나 다소 **생소**한 단어는 **체크(☑)**를 해 둡니다. 다 훑어보고 나면 **다시 처음으로 돌아와 체크된 생소한 단어들**을 다시 확인합니다. 그리고 **확인 테스트 1, 2 풀이**를 통해서 **확실하게 자신의 것**으로 만듭니다.

■ 여가 · 여행

1	☐	旅行	lǚxíng	여행하다
2	☐	旅游	lǚyóu	여행하다, 관광하다

> 꿀팁 '旅行'은 직접 이곳저곳을 돌아다니며 하는 여행이고, '旅游'는 비교적 편안하게 관광하는 것을 의미한다. '세계 일주'를 표현할 때는 '环球旅行'이라고 하지 '环球旅游'라고 하지 않는다.

3	☐	游客	yóukè	관광객, 여행객
4	☐	导游	dǎoyóu	관광 안내원, 가이드
5	☐	集合	jíhé	집합하다

6	☐	行李箱	xínglǐxiāng	트렁크, 여행용 가방
7	☐	轻	qīng	가볍다
8	☐	重	zhòng	무겁다
9	☐	宾馆	bīnguǎn	호텔(≒酒店)
10	☐	酒店	jiǔdiàn	호텔(≒宾馆)

11	☐	地图	dìtú	지도
12	☐	拍照	pāizhào	사진을 찍다(=照相)
13	☐	照片	zhàopiàn	사진
14	☐	签证	qiānzhèng	비자
15	☐	护照	hùzhào	여권

16	☐	照相机	zhàoxiàngjī	사진기, 카메라(=相机)
17	☐	使用	shǐyòng	사용하다
18	☐	说明书	shuōmíngshū	설명서
19	☐	景色	jǐngsè	경치
20	☐	心情	xīnqíng	마음, 심정

21	☐ 压力	yālì	압력, 스트레스
22	☐ 放松	fàngsōng	이완시키다, 긴장을 풀다
23	☐ 轻松	qīngsōng	홀가분하다, 수월하다

> **꿀팁** '放松'은 긴장을 푸는 행위이고, '轻松'은 '放松' 이후의 마음이 가벼운 상태를 의미한다.

| 24 | ☐ 愉快 | yúkuài | 즐겁다, 유쾌하다 |
| 25 | ☐ 参观 | cānguān | 참관하다 |

26	☐ 植物园	zhíwùyuán	식물원
27	☐ 爬山	páshān	등산하다
28	☐ 力气	lìqi	힘
29	☐ 聊天	liáotiān	이야기하다
30	☐ 杂志	zázhì	잡지

31	☐ 广播	guǎngbō	라디오 방송
32	☐ 游戏	yóuxì	게임, 놀이
33	☐ 季节	jìjié	계절
34	☐ 周末	zhōumò	주말
35	☐ 保证	bǎozhèng	보증하다

36	☐ 安全	ānquán	안전하다
37	☐ 弹钢琴	tán gāngqín	피아노를 치다
38	☐ 跳舞	tiàowǔ	춤추다
39	☐ 基础	jīchǔ	기초
40	☐ 长城	Chángchéng	만리장성

| 41 | ☐ 长江 | Chángjiāng | 장강, 양쯔강 |

■ **날씨**

42	☐ 下雪	xiàxuě	눈이 내리다
43	☐ 下雨	xiàyǔ	비가 내리다
44	☐ 阴天	yīntiān	흐린 날씨
45	☐ 晴天	qíngtiān	맑은 날씨

| 46 | ☐ 有大雨 | yǒu dàyǔ | 많은 비가 오다 |

> 꿀팁 '下雨'라고 하면 잘 들리지만 '有雨', '有雪'라고 하면 잘 안 들리므로 각별히 주의해서 발음과 뜻을 암기하도록 하자.

47	☐ 刮风	guāfēng	바람이 불다
48	☐ 降温	jiàngwēn	기온이 떨어지다
49	☐ 变暖	biànnuǎn	따뜻해지다
50	☐ 全球变暖	quánqiú biànnuǎn	지구 온난화

51	☐ 暖和	nuǎnhuo	따뜻하다
52	☐ 适应	shìyìng	적응하다
53	☐ 气候	qìhòu	기후
54	☐ 阳光	yángguāng	햇빛
55	☐ 凉快	liángkuai	시원하다

56	☐ 热	rè	덥다
57	☐ 冷	lěng	춥다
58	☐ 受不了	shòubuliǎo	참을 수 없다, 견딜 수 없다
59	☐ 热得受不了	rède shòubuliǎo	더워서 견딜 수 없다
60	☐ 开空调	kāi kōngtiáo	에어컨을 켜다

61	☐ 不冷也不热	bù lěng yě bú rè	춥지도 덥지도 않다
62	☐ 散步	sànbù	산보하다, 산책하다
63	☐ 北方	běifāng	북방
64	☐ 南方	nánfāng	남방

각 단어에 맞는 발음과 뜻을 선으로 연결하세요.

대화형(11~35번) 문제는 **화제별 빈출 어휘 장악**이 고득점의 핵심이자 본질입니다. 단순한 암기 작업이라고 **무시하면 안 됩니다.** 공부하는 대로 **시험에서 바로바로 점수 향상**으로 나타날 것입니다.

1 导游	A lǚxíng	A 관광 안내원
2 集合	B yóukè	B 트렁크, 여행용 가방
3 旅行	C dǎoyóu	C 여행하다
4 行李箱	D jíhé	D 집합하다
5 游客	E xínglǐxiāng	E 관광객

6 轻	A qīng	A 호텔
7 重	B zhòng	B 무겁다
8 地图	C bīnguǎn	C 지도
9 拍照	D pāizhào	D 가볍다
10 宾馆	E dìtú	E 사진 찍다

11 酒店	A jiǔdiàn	A 비자
12 护照	B zhàopiàn	B 사진기, 카메라
13 照相机	C qiānzhèng	C 호텔
14 照片	D hùzhào	D 여권
15 签证	E zhàoxiàngjī	E 사진

16 压力	A shǐyòng	A 경치
17 放松	B shuōmíngshū	B 긴장을 풀다
18 使用	C jǐngsè	C 사용하다
19 景色	D yālì	D 압력, 스트레스
20 说明书	E fàngsōng	E 설명서

정답 01. CA 02. DD 03. AC 04. EB 05. BE 06. AD 07. BB 08. EC 09. DE 10. CA
11. AC 12. DD 13. EB 14. BE 15. CA 16. DD 17. EB 18. AC 19. CA 20. BE

21	植物园	A	qīngsōng	A	등산하다
22	杂志	B	cānguān	B	식물원
23	轻松	C	zhíwùyuán	C	잡지
24	参观	D	páshān	D	홀가분하다, 수월하다
25	爬山	E	zázhì	E	참관하다

26	安全	A	yóuxì	A	게임, 놀이
27	保证	B	jìjié	B	주말
28	游戏	C	zhōumò	C	계절
29	季节	D	bǎozhèng	D	안전하다
30	周末	E	ānquán	E	보증하다

31	基础	A	tán gāngqín	A	기초
32	跳舞	B	tiàowǔ	B	만리장성
33	弹钢琴	C	jīchǔ	C	피아노를 치다
34	长江	D	Chángchéng	D	장강, 양쯔강
35	长城	E	Chángjiāng	E	춤추다

36	有大雨	A	yīntiān	A	바람이 불다
37	刮风	B	qíngtiān	B	맑은 날씨
38	降温	C	yǒu dàyǔ	C	기온이 떨어지다
39	晴天	D	guāfēng	D	흐린 날씨
40	阴天	E	jiàngwēn	E	많은 비가 오다

41	适应	A	biànnuǎn	A	따뜻해지다
42	阳光	B	nuǎnhuo	B	따뜻하다
43	变暖	C	shìyìng	C	적응하다
44	气候	D	qìhòu	D	햇빛
45	暖和	E	yángguāng	E	기후

정답 21. CB 22. EC 23. AD 24. BE 25. DA 26. ED 27. DE 28. AA 29. BC 30. CB
31. CA 32. BE 33. AC 34. ED 35. DB 36. CE 37. DA 38. EC 39. BB 40. AD
41. CC 42. ED 43. AA 44. DE 45. BB

46	热	A	liángkuai	A	춥다	
47	凉快	B	rè	B	에어컨	
48	受不了	C	lěng	C	시원하다	
49	空调	D	shòubuliǎo	D	견딜 수 없다	
50	冷	E	kōngtiáo	E	덥다	

정답 46. BE   47. AC   48. DD   49. EB   50. CA

 **확인 테스트 2**

녹음을 듣고 빈칸에 들어갈 알맞은 단어를 고르세요. 녹음은 두 번씩 들려 줍니다.   2-23

> 杂志 ｜ 气候 ｜ 沙发 ｜ 旅游 ｜ 照相机 ｜ 行李箱 ｜ 凉快 ｜ 下雪 ｜ 愉快 ｜ 感觉 ｜ 导游

1. 今天天气不错，外面很_____，我们去楼下走走？

2. 外面_____了。咱们去公园试试我的新_____，怎么样？

3. 我们明天去上海_____，我要去买一个轻一点儿的_____。

4. 上午刚借的那本体育_____，我到处找了，原来在_____上呢。

5. 来北方好几年了吧？你觉得北方和南方在_____上有什么区别？

6. 那位_____的服务态度挺好，给我们的_____很不错，我们玩得很_____。

정답
1. 凉快 : 오늘 날씨가 좋아. 밖이 시원하니까 우리 아래로 내려가서 좀 걸을까?
2. 下雪, 照相机 : 밖에 눈이 와. 우리 공원으로 가서 새 카메라를 한번 테스트해 보자. 어때?
3. 旅游, 行李箱 : 우리는 내일 상하이로 여행 가는데, 나는 좀 가벼운 짐가방을 하나 사려 한다.
4. 杂志, 沙发 : 오전에 막 빌린 그 스포츠 잡지를 내가 여기저기 찾았는데, 알고 보니 소파 위에 있었다.
5. 气候 : 북방으로 온 지 몇 년 됐지? 너는 북방과 남방은 기후에 있어서 어떤 차이가 있다고 생각해?
6. 导游, 感觉, 愉快 : 그 가이드의 서비스 태도가 아주 좋아서 우리에게 준 느낌이 아주 좋아. 우리는 즐겁게 잘 놀았어.

실전 연습 문제

第1-5题：请选出正确答案。 🎧 2-24

第二部分

1. A 非常冷　　B 热极了　　C 很凉快　　D 十分暖和

2. A 很重　　　B 颜色深　　C 很难看　　D 太脏了

3. A 讲笑话　　B 弹钢琴　　C 唱京剧　　D 听广播

第三部分

4. A 阴天　　　B 降温了　　C 变暖了　　D 常刮风

5. A 人的性格　B 民族文化　C 中国功夫　D 汉语语法

❾ 의복·공연

기출문제 분석   듣기 2부분 대화 듣고 질문에 답하기

'의복·공연' 관련 문제는 **매회 1~2문제** 출제되며, 매회 '**이발(理发)**'과 '**공연(京剧)**'에 관한 내용이 **꾸준히 출제되고 있습니다.** 따라서 특히 이 두 개의 화제에 집중해서 관련 단어를 암기해야 합니다.

■ 자주 나오는 질문 유형

(1) [질문 형태] 他们准备什么时候告诉儿子? 그들은 언제 아들에게 말할 계획인가? 시간 확인

[풀이 비법] 질문에 '**什么时候**'가 꼭 들어가며, 어떤 행동이나 일이 **언제 일어날 것인지를**(혹은 일어났었는지를) 묻는 유형으로, **선택지는 모두 시간이나 날짜를 나타낸다**. 정답 시간을 딱 한 번 언급하기 때문에 놓치지 않도록 각별히 정신을 집중해야 한다. 간혹 대화 중에 **두 개의 시간을** 제시하고 **하나를 고르게 하기도** 한다.

(2) [질문 형태] 男的/女的怎么了? 남자/여자는 어떠한가? 상태 유추

[풀이 비법] 대화를 주고받는 어느 한쪽에게 **무슨 일이 발생했고 어떤 상태인지를** 묻는 문제이다. 정답 단어가 직접적으로 나오기도 하지만 **다른 단어로 우회적으로 표현되기도** 하므로 **전체적으로 무슨 상황인지 이해**하도록 노력해야 한다.

(3) [질문 형태] 男的/女的是什么意思? 남자/여자의 말은 무슨 뜻인가? 화자 의도 찾기
男的/女的是什么看法? 남자/여자는 무슨 견해인가?

[풀이 비법] 대화를 주고받는 **어느 한쪽의 말의 의도를 묻는다**. 일반적으로 듣기 문제의 정답은 대화 속 표현을 그대로 따와 표현하는 경우가 많다. 하지만 '화자 의도 찾기 문제'는 **대화 속 표현과는 다른 형태로 표현**되는 경우가 많기 때문에 반드시 대화를 **전반적으로 이해**해야 풀 수 있다.

대화를 듣고 질문에 알맞은 답안을 고르세요.   2-25

1. A 吃了烤鸭   B 丢了袜子   C 在搬沙发   D 衣服弄脏了

2. A 年底   B 出发前   C 旅行回来   D 儿子生日时

1.

녹음

男：刚才收拾厨房的时候，不小心把衣服弄脏了。
女：没关系，你脱下来，我给你洗一洗。
问：男的怎么了？
A 吃了烤鸭　　B 丢了袜子
C 在搬沙发　　D 衣服弄脏了

해석

남: 방금 전에 부엌을 정리할 때 부주의로 옷을 더럽혔어.
여: 괜찮아. 옷 벗어. 내가 빨아 줄게.
질문: 남자는 어떠한가?
A 오리구이를 먹었다　　B 양말을 잃어버렸다
C 소파를 옮기고 있다　　D 옷이 더럽혀졌다

풀이 부엌을 정리하다가(收拾厨房) 옷을 더럽혔다(把衣服弄脏了)고 했으므로 D가 정답이 된다.

정답 D

어휘 刚才 gāngcái [명] 방금, 막 3급 | 收拾 shōushi [동] 정리하다, 정돈하다 4급 | 厨房 chúfáng [명] 부엌 4급 | 弄脏 nòngzāng [동] 더럽히다 4급 | 脱 tuō [동] 벗다 4급 | 烤鸭 kǎoyā [명] 오리구이 4급 | 搬 bān [동] 옮기다 3급 | 沙发 shāfā [명] 소파 4급

2.

녹음

女：暂时先别告诉我儿子寒假去海南旅游的事吧。
男：为什么？
女：下个礼拜是他的生日，那时候再告诉他不是更好？
男：好主意。到时他知道了肯定特别开心。
问：他们准备什么时候告诉儿子？
A 年底　　　　B 出发前
C 旅行回来　　D 儿子生日时

해석

여: 겨울 방학 때 하이난으로 여행 가는 일은 잠시 아들에게는 먼저 얘기하지 말아요.
남: 왜요?
여: 다음 주 일요일이 그애 생일이니까 그때 알려 주면 더 좋지 않을까요?
남: 좋은 생각이에요. 그때 알게 되면 틀림없이 매우 기뻐할 거예요.
질문: 그들은 언제 아들에게 알려 주려고 하는가?
A 연말에　　　　B 출발 전에
C 여행에서 돌아와서　　D 아들의 생일 때

풀이 다음 주 아들의 생일(生日) 때 알려 주자고 했으므로 D가 정답이 된다.

정답 D

어휘 暂时 zànshí [명] 잠시 4급 | 寒假 hánjià [명] 겨울 방학 4급 | 海南 Hǎinán [명] 하이난(지명) | 礼拜 lǐbài [명] 주(周), 요일 4급 | 肯定 kěndìng [부] 틀림없이 [동] 인정하다 | 开心 kāixīn [형] 즐겁다 4급

전략 학습 : 화제별 빈출 어휘

듣기 2부분 대화 듣고 질문에 답하기

'의복·공연' 관련 문제에서 주로 등장하는 **관련 빈출 어휘**를 학습합니다. **단어만 알면 정답을 맞힐 수 있도록 비교적 단순하게 출제**되기 때문에 관련 빈출 어휘를 확실하게 장악하는 것이 필요합니다. 특히 '理发', '表演', '京剧' 등의 단어는 확실하게 외워야 합니다.

먼저 정리된 단어를 전체적으로 훑어보면서 **모르**거나 다소 **생소**한 단어는 **체크(☑)**를 해 둡니다. 다 훑어보고 나면 **다시 처음으로 돌아와 체크된 생소한 단어들을 다시 확인**합니다. 그리고 확인 테스트 1, 2 풀이를 통해서 **확실하게 자신의 것**으로 만듭니다.

■ 외모

1	☐ 个子	gèzi	키
2	☐ 矮	ǎi	키가 작다
3	☐ 帅	shuài	멋있다, 잘생기다
4	☐ 长得像~	zhǎngde xiàng~	생긴 것이 ~를 닮았다
5	☐ 头发	tóufa	머리카락

6	☐ 理发	lǐfà	이발하다
7	☐ 理发店	lǐfàdiàn	이발소, 미용실

> 꿀팁 '理发店'이라고 해서 꼭 남자들만 가는 곳이 아니라, 남녀가 모두 머리를 깎는 장소(미용실)이다.

8	☐ 短发	duǎnfà	단발
9	☐ 长头发	cháng tóufa	긴 머리
10	☐ 留长头发	liú cháng tóufa	긴 머리를 하다

■ 의복·장신구

11	☐ 商店	shāngdiàn	상점
12	☐ 脱	tuō	(옷·신발 등을) 벗다
13	☐ 换	huàn	교환하다, 바꾸다
14	☐ 试穿	shìchuān	입어 보다
15	☐ 试衣间	shìyījiān	탈의실

16	☐ 售货员	shòuhuòyuán	판매원
17	☐ 打扮	dǎban	꾸미다, 단장하다
18	☐ 流行	liúxíng	유행하다
19	☐ 正式	zhèngshì	정식적이다
20	☐ 大小	dàxiǎo	크기, 사이즈(≒号码)

21	☐ 号码	hàomǎ	번호, 사이즈(≒大小)
22	☐ 价格	jiàgé	가격
23	☐ 合适	héshì	적절하다, 알맞다
24	☐ 颜色	yánsè	색깔
25	☐ 掉色	diàosè	탈색되다, 색이 바래다(≒掉颜色)

| 26 | ☐ 弄脏 | nòngzāng | 더럽히다, 더러워지다 |

> **꿀팁** '弄(하다)' 뒤에 결과보어로 오는 형용사에 따라 의미가 달라진다. [예 : 弄丢(잃어버리다), 弄坏(망가뜨리다), 弄清(분명히 알다), 弄乱(어지럽히다), 弄错(헷갈리다, 실수하다), 弄到手(손에 넣다)]

27	☐ 衬衫	chènshān	셔츠
28	☐ 鞋子	xiézi	신발
29	☐ 裤子	kùzi	바지
30	☐ 裙子	qúnzi	치마

| 31 | ☐ 袜子 | wàzi | 양말 |
| 32 | ☐ 帽子 | màozi | 모자 |

> **꿀팁** '모자를 쓰다'는 동사 '戴'를 써서 '戴帽子'로 쓴다.

33	☐ 一双	yì shuāng	한 켤레
34	☐ 手表	shǒubiǎo	시계
35	☐ 包儿	bāor	가방

36	☐ 洗衣机	xǐyījī	세탁기
37	☐ 口袋	kǒudai	호주머니
38	☐ 照镜子	zhào jìngzi	거울을 보다
39	☐ 眼镜	yǎnjìng	안경
40	☐ 忘戴眼镜	wàng dài yǎnjìng	안경 쓰는 것을 깜빡하다

> **꿀팁** '眼镜(안경)', '帽子(모자)' 등 장신구를 몸에 착용할 때는 '带(물건을 지니다, 사람을 데리다)'가 아니라 '戴'를 쓴다. 발음이 같기 때문에 혼동하기 쉽다.

■ 명절

| 41 | ☐ 春节 | Chūnjié | 춘절(음력 1월 1일) |
| 42 | ☐ 国庆节 | Guóqìngjié | 국경절(10월 1일) |

43	☐ 中秋节	Zhōngqiūjié	중추절(추석)
44	☐ 儿童节	Értóngjié	어린이날(6월 1일)
45	☐ 父亲节	Fùqīnjié	아버지의날(6월 셋째 주 일요일)

46	☐ 母亲节	Mǔqīnjié	어머니의날(5월 둘째 주 일요일)
47	☐ 礼物	lǐwù	선물
48	☐ 生日	shēngrì	생일
49	☐ 祝贺	zhùhè	축하하다
50	☐ 安排	ānpái	안배하다, 스케줄

■ 공연

51	☐ 节目	jiémù	프로그램
52	☐ 京剧	jīngjù	경극
53	☐ 排队	páiduì	줄을 서다
54	☐ 买票	mǎi piào	표를 사다
55	☐ 座位	zuòwèi	좌석, 자리

56	☐ 表演	biǎoyǎn	공연(하다)(≒演出)
57	☐ 演出	yǎnchū	공연(하다)(≒表演)
58	☐ 精彩	jīngcǎi	훌륭하다, 재미있다, 멋지다

꿀팁 '精彩'는 매우 중요한 단어로 '精彩的表演', '精彩的演出', '精彩的比赛' 등의 표현으로 자주 쓴다.

| 59 | ☐ 儿童票 | értóngpiào | 어린이표 |
| 60 | ☐ 半价 | bànjià | 반값 |

| 61 | ☐ 演员 | yǎnyuán | 배우 |
| 62 | ☐ 著名 | zhùmíng | 유명하다, 저명하다 |

꿀팁 '著名的网站(유명한 사이트)', '著名的山(유명한 산)', '著名的品牌(유명한 상표)', '著名的旅游胜地(유명한 관광지)'처럼, '著名'은 사람뿐만 아니라 사물도 수식할 수 있다.

63	☐ 邀请	yāoqǐng	초청하다, 초대하다
64	☐ 邀请信	yāoqǐngxìn	초청장
65	☐ 正式	zhèngshì	정식적이다

66	☐ 舞会	wǔhuì	무도회
67	☐ 观众	guānzhòng	관중
68	☐ 干杯	gānbēi	건배하다
69	☐ 活动	huódòng	활동(하다), 행사, 이벤트
70	☐ 推迟	tuīchí	연기하다, 미루다

| 71 | ☐ 提前 | tíqián | 앞당기다 |

■ 시간

72	☐ 月底	yuèdǐ	월말
73	☐ 年底	niándǐ	연말
74	☐ 礼拜	lǐbài	주(周), 요일
75	☐ 星期六	xīngqīliù	토요일(=周六/礼拜六)

꿀팁 시험에서는 '星期~'보다는 주로 '周~', '礼拜~' 등의 형태로 출제된다.

76	☐ 周六	zhōuliù	토요일
77	☐ 礼拜六	lǐbàiliù	토요일
78	☐ 星期天	xīngqītiān	일요일(≒礼拜天/周日)
79	☐ 礼拜天	lǐbàitiān	일요일
80	☐ 周日	zhōurì	일요일

81	☐ 下周	xiàzhōu	다음 주
82	☐ 点	diǎn	~시(=时)
83	☐ 一刻	yíkè	15분

확인 테스트 1

각 단어에 맞는 발음과 뜻을 선으로 연결하세요.

대화형(11~35번) 문제는 **화제별 빈출 어휘 장악**이 고득점의 핵심이자 본질입니다. 단순한 암기 작업이라고 **무시하면 안 됩니다**. 공부하는 대로 **시험에서 바로바로 점수 향상**으로 나타날 것입니다.

1	帅	A ǎi	A 단발
2	矮	B shuài	B 이발하다
3	短发	C zhǎngde xiàng~	C 생긴 것이 ~를 닮았다
4	长得像~	D lǐfà	D 잘생기다
5	理发	E duǎnfà	E 키가 작다

6	打扮	A tuō	A (옷·신발 등을) 벗다
7	大小	B shìchuān	B 꾸미다, 단장하다
8	脱	C dǎban	C 입어 보다
9	流行	D liúxíng	D 크기, 사이즈
10	试穿	E dàxiǎo	E 유행하다

11	掉色	A hàomǎ	A 번호, 사이즈
12	弄脏	B héshì	B 색깔
13	颜色	C yánsè	C 적절하다
14	号码	D diàosè	D 더럽히다
15	合适	E nòngzāng	E 탈색되다

16	鞋子	A chènshān	A 치마
17	衬衫	B xiézi	B 신발
18	袜子	C kùzi	C 양말
19	裙子	D qúnzi	D 셔츠
20	裤子	E wàzi	E 바지

정답 01. BD 02. AE 03. EA 04. CC 05. DB 06. CB 07. ED 08. AA 09. DE 10. BC
11. DE 12. ED 13. CB 14. AA 15. BC 16. BB 17. AD 18. EC 19. DA 20. CE

21	照镜子	A	màozi	A	거울을 보다
22	包儿	B	bāor	B	착용하다
23	帽子	C	zhào jìngzi	C	모자
24	戴	D	yǎnjìng	D	안경
25	眼镜	E	dài	E	가방

26	儿童节	A	Zhōngqiūjié	A	중추절
27	母亲节	B	Értóngjié	B	어린이날
28	礼物	C	Mǔqīnjié	C	축하하다
29	中秋节	D	lǐwù	D	선물
30	祝贺	E	zhùhè	E	어머니날

31	京剧	A	ānpái	A	안배하다, 스케줄
32	表演	B	biǎoyǎn	B	프로그램
33	排队	C	jiémù	C	공연(하다)
34	安排	D	jīngjù	D	줄을 서다
35	节目	E	páiduì	E	경극

36	演员	A	mǎipiào	A	훌륭하다, 재미있다, 멋지다
37	儿童票	B	zuòwèi	B	어린이표
38	精彩	C	yǎnyuán	C	배우
39	座位	D	értóngpiào	D	좌석, 자리
40	买票	E	jīngcǎi	E	표를 사다

41	邀请	A	yǎnchū	A	관중
42	演出	B	yāoqǐng	B	초청하다, 초대하다
43	邀请信	C	yāoqǐngxìn	C	무도회
44	观众	D	wǔhuì	D	초청장
45	舞会	E	guānzhòng	E	공연(하다)

정답 21. CA 22. BE 23. AC 24. EB 25. DD 26. BB 27. CE 28. DD 29. AA 30. EC
31. DE 32. BC 33. ED 34. AA 35. CB 36. CC 37. DB 38. EA 39. BD 40. AE
41. BB 42. AE 43. CD 44. EA 45. DC

46	月底	A	tuīchí	A	일요일, 주일
47	提前	B	tíqián	B	연기하다
48	推迟	C	yuèdǐ	C	월말
49	周六	D	zhōurì	D	앞당기다
50	周日	E	zhōuliù	E	토요일

정답 46. CC   47. BD   48. AB   49. EE   50. DA

녹음을 듣고 빈칸에 들어갈 알맞은 단어를 고르세요. 녹음은 두 번씩 들려 줍니다.   🎧 2-26

> 理发 | 脏 | 衬衫 | 洗衣机 | 换 | 打扮 | 合适 | 表演 | 父亲节 | 可惜 | 儿童票 | 礼物

1. 你这条裤子_____死了，一起扔_____里洗洗吧。

2. 我觉得这种_____参加正式的舞会可能还是不太_____。

3. 你穿的这件_____没问题，但是裤子要_____一条黑色的，另外，你该_____了。

4. 再晚了我们就来不及看_____了。

5. 我很想看这个表演，_____了，票早就卖光了。

6. 您好，您的六十，您孩子买_____，半价。

7. 今天是_____，你不会忘了吧? 快去买_____吧。

정답
1. 脏, 洗衣机 : 이 바지는 너무 더러워. 함께 세탁기에 넣어서 빨아.
2. 打扮, 合适 : 나는 이런 차림으로 정식 무도회에 참가하는 것은 아마도 그다지 적절하지 않다고 생각해.
3. 衬衫, 换, 理发 : 네가 입은 이 셔츠는 문제가 없어. 하지만 바지는 검은색으로 바꿔야 해. 그 밖에 너는 이발할 때가 됐어.
4. 表演 : 더 늦으면 우리는 공연을 볼 수 없게 돼.
5. 可惜 : 나는 이 공연을 매우 보고 싶은데, 아쉽게도 표가 벌써 다 팔렸어.
6. 儿童票 : 안녕하세요. 당신의 표는 60위안이고, 당신 아이는 어린이표이기 때문에 반값입니다.
7. 父亲节, 礼物 : 오늘은 아버지의 날인데 너 잊은 거 아니지? 빨리 선물 사러 가자.

실전 연습 문제

第 1-5 题 : 请选出正确答案。　　　　　　　　　　　🎧 2-27

第二部分

1.　A 想请假　　　B 在购物　　　C 要理发　　　D 在打扫房间

2.　A 去海洋馆　　B 表演节目　　C 去森林公园　　D 去长江大桥

3.　A 要准时　　　B 椅子不够　　C 会议推迟　　　D 不能换座位

第三部分

4.　A 价格高　　　B 不干净　　　C 换货麻烦　　　D 号码不合适

5.　A 填表格　　　B 看演出　　　C 办护照　　　　D 排队买票

6.　A 很漂亮　　　B 爱弹钢琴　　C 会唱京剧　　　D 在中国留学

❿ 컴퓨터·핸드폰, 심리·태도

기출문제 분석
듣기 2부분 대화 듣고 질문에 답하기

'컴퓨터·핸드폰' 관련 문제는 매회 적게는 1문제, 많게는 2문제가 출제될 때도 있습니다. 주로 **컴퓨터와 관련**해서 많이 출제가 되는데, '**电子邮件**', '**网址**', '**上网**', '**占线**', '**换号码**' 등의 단어가 비중 있게 다뤄집니다.

'심리·태도' 관련 단어는 여러 화제 안에서 **다양하게 활용**되기 때문에 **매우 중요**합니다. 직접적으로 '심리'나 '태도'를 묻는 문제는 **매회 1문제** 정도가 출제됩니다.

■ 자주 나오는 질문 유형

(1) [질문 형태] **男的/女的现在心情怎么样?** 남자/여자는 지금 심정이 어떠한가? `심리·태도 유추`

[풀이 비법] 화자의 심리나 태도를 묻는다. 정답 단어가 대화 속에서 직접 언급되기도 하지만 **상황이나 관련 단어로 우회적으로 나올 때도 있다. 따라서 이때는 대화 내용을 전반적으로 이해**해야 한다.

(2) [질문 형태] **男的/女的怎么了?** 남자/여자는 어떠한가? `상태 유추`

[풀이 비법] 대화를 주고받는 어느 한쪽에게 **무슨 일이 발생했고 어떤 상태인지**를 묻는 문제이다. 정답 단어가 직접적으로 나오기도 하지만 **다른 단어로 우회적으로 표현되기도** 하므로 전체적으로 무슨 상황인지 이해하도록 노력해야 한다.

(3) [질문 형태] **关于~，可以知道什么?** ~에 관해서 무엇을 알 수 있는가? `대상 일치 찾기`

[풀이 비법] '~' 안에는 **사람**이나 **사물** 등이 온다. 대화 내용의 **전반적인 이해**를 통해서 자연스럽게 정답을 도출할 수 있다.

기출 맛보기

대화를 듣고 질문에 알맞은 답안을 고르세요.

🎧 2-28

1. A 最近很忙　　B 换号码了　　C 无法上网　　D 忘记密码了

2. A 很愉快　　　B 很难过　　　C 很伤心　　　D 很紧张

1.

녹음

男: 我这儿现在不能上网，明天再把表格发给你行吗?
女: 只能这样了，明天你直接发我邮箱里吧。

问: 关于男的，可以知道什么?
A 最近很忙　　　B 换号码了
C 无法上网　　　D 忘记密码了

해석

남: 내가 있는 여기서는 인터넷을 할 수 없어. 내일 다시 표를 네게 보내 줘도 괜찮겠어?
여: 이렇게 할 수밖에 없지. 내일 네가 바로 내 이메일로 보내 줘.

질문: 남자에 관해서 무엇을 알 수 있는가?
A 최근에 바쁘다　　　B (전화) 번호를 바꿨다
C 인터넷을 할 수 없다　D 비밀번호를 잊어버렸다

풀이 남자가 **인터넷을 할 수 없다**(不能上网)고 했으므로 C가 정답이 된다. 위 문제는 '**无法**(~할 수 없다)'가 '**不能**'의 뜻임을 아는 것이 중요하다.

정답 C

어휘 上网 shàngwǎng [동] 인터넷을 하다 3급 | 表格 biǎogé [명] 표, 양식 4급 | 发 fā [동] 발송하다 | 只能 zhǐnéng ~할 수밖에 없다 | 直接 zhíjiē [형] 직접적이다 4급 | 发 fā [동] 발송하다 | 邮箱 yóuxiāng [명] 우편함 | 号码 hàomǎ [명] 번호 4급 | 无法 wúfǎ [부] ~할 수 없다 | 忘记 wàngjì [동] 잊다 3급

2.

녹음

男: 祝贺你顺利通过了考试。
女: 谢谢，以后我就可以自己开车上班了，真是太好了。

问: 女的现在心情怎么样?
A 很愉快　　　B 很难过
C 很伤心　　　D 很紧张

해석

남: 네가 순조롭게 시험에 통과한 것을 축하해.
여: 고마워. 앞으로 나는 혼자 차를 몰고 출근할 수 있게 되었어. 정말 너무 좋아.

질문: 여자는 지금 기분이 어떠한가?
A 매우 기쁘다　　　B 매우 괴롭다
C 매우 슬프다　　　D 매우 긴장했다

풀이 (운전) 시험에 통과했으므로 매우 기쁠 것이다. 대화 중에 '**愉快**'는 나오지 않았지만 '**祝贺**(축하하다)'라는 **단어**와 **시험을 통과했다**(通过了考试)는 **상황에 비추어** 여자는 매우 기쁠 것이란 추측을 할 수 있어야 한다.

정답 A

어휘 祝贺 zhùhè [동] 축하하다 4급 | 顺利 shùnlì [형] 순조롭다 4급 | 通过 tōngguò [동] 통과하다 [개] ~을 통하여 4급 | 愉快 yúkuài [형] 기쁘다, 즐겁다 4급 | 难过 nánguò [형] 슬프다, 괴롭다 4급 | 伤心 shāngxīn [동] 상심하다, 슬퍼하다 4급

전략 학습 : 화제별 빈출 어휘

듣기 2부분 대화 듣고 질문에 답하기

'컴퓨터·핸드폰', '심리·태도' 관련 문제에서 주로 등장하는 **관련 빈출 어휘**를 학습합니다. 이들 문제 역시 **단어만 알면 정답을 맞힐 수 있게 비교적 단순하게 출제**되기 때문에 **관련 빈출 어휘를 확실하게 장악**하는 것이 필요합니다.

먼저 정리된 단어를 전체적으로 훑어보면서 **모르**거나 다소 **생소**한 단어는 **체크(☑)**를 해 둡니다. 다 훑어보고 나면 **다시 처음으로 돌아와 체크된 생소한 단어들을 다시 확인**합니다. 그리고 **확인 테스트 1, 2** 풀이를 통해서 **확실하게 자신의 것으로 만듭**니다.

■ 컴퓨터

1	☐ 台	tái	대(컴퓨터를 셈)
2	☐ 上网	shàngwǎng	인터넷을 하다
3	☐ 网上	wǎngshàng	인터넷 상에서
4	☐ 网上购物	wǎngshàng gòuwù	인터넷 쇼핑
5	☐ 速度	sùdù	속도
6	☐ 网站	wǎngzhàn	인터넷 웹사이트
7	☐ 网址	wǎngzhǐ	네트워크 주소(=网络地址)
8	☐ 网络地址	wǎngluò dìzhǐ	네트워크 주소(=网址)
9	☐ 互联网	hùliánwǎng	인터넷
10	☐ 电子邮件	diànzǐ yóujiàn	이메일
11	☐ 发电子邮件	fā diànzǐ yóujiàn	이메일을 보내다
12	☐ 邮箱	yóuxiāng	우편함, 우체통

꿀팁 주로 '이메일 우편함'을 가리킨다.

13	☐ 密码	mìmǎ	비밀번호
14	☐ 发邮箱	fā yóuxiāng	이메일 우편함으로 보내다, 이메일로 보내다
15	☐ 电子邮箱地址	diànzǐ yóuxiāng dìzhǐ	이메일 우편함 주소
16	☐ 笔记本电脑	bǐjìběn diànnǎo	노트북 컴퓨터

꿀팁 줄여서 '笔记本'이라고만 하기도 한다.

■ 핸드폰

17	□ 响	xiǎng	소리가 나다, 울리다
18	□ 手机	shǒujī	핸드폰
19	□ 占线	zhànxiàn	통화 중이다
20	□ 没电	méidiàn	배터리가 없다

21	□ 换号码	huàn hàomǎ	(전화) 번호를 바꾸다
22	□ 发短信	fā duǎnxìn	문자 메시지를 보내다
23	□ 打不通	dǎbutōng	전화 연결이 안 되다
24	□ 手机游戏	shǒujī yóuxì	모바일 게임

■ 매체

| 25 | □ 精彩 | jīngcǎi | 훌륭하다 |

26	□ 节目	jiémù	프로그램
27	□ 查	chá	조사하다
28	□ 报纸	bàozhǐ	신문
29	□ 杂志	zázhì	잡지
30	□ 读者	dúzhě	독자

| 31 | □ 获得 | huòdé | 얻다, 획득하다 |
| 32 | □ 信息 | xìnxī | 정보 |

꿀팁 '消息'는 '소식'이라고 해석하고, '信息'는 '정보'라고 해석한다.

■ 심리

33	□ 紧张	jǐnzhāng	긴장하다
34	□ 抱歉	bàoqiàn	미안해하다
35	□ 难过	nánguò	슬프다, 괴롭다

| 36 | □ 可惜 | kěxī | 아쉽다, 안타깝다 |
| 37 | □ 着急 | zháojí | 조급해하다 |

| 38 | ☐ 得意 | déyì | 득의하다, 매우 만족하다 |
| 39 | ☐ 伤心 | shāngxīn | 상심하다, 슬퍼하다 |

■ 태도

| 40 | ☐ 道歉 | dàoqiàn | 사과하다 |

> **꿀팁** '抱歉'은 '미안해하다'의 뜻으로 마음의 상태를 나타내며 '对不起'와 같은 의미이다. '道歉'은 '道(말하다) + 歉(미안함)'의 구조로 이루어졌기 때문에 '사과하다'는 뜻으로 사과하는 행위를 나타낸다. 즉 '抱歉'은 미안한 마음 상태, '道歉'은 사과하는 행위이다.

41	☐ 马虎	mǎhu	대충하다(≒粗心)
42	☐ 粗心	cūxīn	세심하지 못하다, 부주의하다(≒马虎)
43	☐ 仔细	zǐxì	꼼꼼하다(↔ 马虎/粗心)

> **꿀팁** '자세하다'로 해석하지 말자. '内容很仔细'로는 사용할 수 없다. '자세하다', '상세하다'는 '详细'로 표현한다.
> → 内容很详细(내용이 상세하다)

| 44 | ☐ 打招呼 | dǎzhāohu | 인사하다, 통지하다, 알리다 |
| 45 | ☐ 故意 | gùyì | 고의로, 일부러 |

46	☐ 放松	fàngsōng	긴장을 풀다, 이완시키다
47	☐ 熟悉	shúxī	익숙하다
48	☐ 礼貌	lǐmào	예의바르다, 예의
49	☐ 诚实	chéngshí	진실하다

> **꿀팁** '성실하다'로 해석하면 '부지런하다'는 뜻으로 이해하기 때문에 '진실하다'는 뜻으로 해석한다.

| 50 | ☐ 能吃苦 | néng chīkǔ | 고생을 잘 참다 |

51	☐ 打扰	dǎrǎo	방해하다
52	☐ 支持	zhīchí	지지하다
53	☐ 积极	jījí	적극적이다
54	☐ 及时	jíshí	시기적절하다, 즉시, 곧바로(≒马上)
55	☐ 原谅	yuánliàng	용서하다

| 56 | ☐ 积累 | jīlěi | 축적하다, 쌓다 |

> **꿀팁** 주로 '积累知识(지식을 쌓다)', '积累经验(경험을 쌓다)'으로 쓴다.

| 57 | ☐ 允许 | yǔnxǔ | 허락하다 |

듣기 2부분 **125**

각 단어에 맞는 발음과 뜻을 선으로 연결하세요.

대화형(11~35번) 문제는 **화제별 빈출 어휘 장악**이 고득점의 핵심이자 본질입니다. 단순한 암기 작업이라고 **무시하면 안 됩니다**. 공부하는 대로 시험에서 바로바로 점수 향상으로 나타날 것입니다.

1	网上购物	A shàngwǎng	A 인터넷을 하다
2	上网	B wǎngshàng gòuwù	B 네트워크 주소
3	网站	C sùdù	C 인터넷 웹사이트
4	网址	D wǎngzhàn	D 속도
5	速度	E wǎngzhǐ	E 인터넷 쇼핑

6	密码	A hùliánwǎng	A 우편함
7	电子邮箱地址	B diànzǐ yóujiàn	B 이메일 우편함 주소
8	互联网	C yóuxiāng	C 이메일
9	邮箱	D mìmǎ	D 인터넷
10	电子邮件	E diànzǐ yóuxiāng dìzhǐ	E 비밀번호

11	没电	A bǐjìběn diànnǎo	A 통화 중이다
12	占线	B xiǎng	B 소리가 나다
13	换号码	C zhànxiàn	C 노트북 컴퓨터
14	笔记本电脑	D méi diàn	D 전화번호를 바꾸다
15	响	E huàn hàomǎ	E 배터리가 없다

16	信息	A fā duǎnxìn	A 문자 메시지를 보내다
17	杂志	B dǎ bù tōng	B 전화 연결이 안 되다
18	打不通	C bàozhǐ	C 정보
19	报纸	D zázhì	D 잡지
20	发短信	E xìnxī	E 신문

정답 01. BE 02. AA 03. DC 04. EB 05. CD 06. DE 07. EB 08. AD 09. CA 10. BC
11. DE 12. CA 13. ED 14. AC 15. BB 16. EC 17. DD 18. BB 19. CE 20. AA

21	可惜	A	jǐnzhāng	A	아쉽다
22	难过	B	bàoqiàn	B	조급해하다
23	着急	C	nánguò	C	슬프다, 괴롭다
24	紧张	D	kěxī	D	긴장하다
25	抱歉	E	zháojí	E	미안해하다

26	道歉	A	déyì	A	부주의하다
27	粗心	B	shāngxīn	B	상심하다
28	得意	C	dàoqiàn	C	꼼꼼하다
29	仔细	D	cūxīn	D	득의하다
30	伤心	E	zǐxì	E	사과하다

31	马虎	A	mǎhu	A	고의로, 일부러
32	放松	B	dǎzhāohu	B	인사하다, 통지하다, 알리다
33	熟悉	C	gùyì	C	대강하다
34	打招呼	D	fàngsōng	D	익숙하다
35	故意	E	shúxī	E	이완시키다

36	能吃苦	A	lǐmào	A	고생을 잘 참다
37	支持	B	chéngshí	B	방해하다
38	礼貌	C	néng chīkǔ	C	예의바르다
39	打扰	D	dǎrǎo	D	진실하다
40	诚实	E	zhīchí	E	지지하다

41	允许	A	jījí	A	용서하다
42	及时	B	jíshí	B	시기적절하다, 즉시, 곧바로
43	积累	C	yuánliàng	C	적극적이다
44	原谅	D	jīlěi	D	허락하다
45	积极	E	yǔnxǔ	E	축적하다, 쌓다

정답 21. DA 22. CC 23. EB 24. AD 25. BE 26. CE 27. DA 28. AD 29. EC 30. BB
31. AC 32. DE 33. ED 34. BB 35. CA 36. CA 37. EE 38. AC 39. DB 40. BD
41. ED 42. BB 43. DE 44. CA 45. AC

녹음을 듣고 빈칸에 들어갈 알맞은 단어를 고르세요. 녹음은 두 번씩 들려 줍니다.

电子邮件 | 接 | 密码 | 响 | 仔细
得意 | 抱歉 | 诚实 | 粗心

1. 真奇怪，我的电子邮箱一直说我的＿＿＿＿有错。

2. 你叔叔刚打电话来说给你发了个＿＿＿＿，让你查收。

3. 手机＿＿＿＿了，肯定是你爸，你帮我＿＿＿＿一下，就说妈正在做午饭呢。

4. 我觉得我最大的优点是＿＿＿＿。

5. 这是我的错误，我非常＿＿＿＿。

6. 考试时，我因为太＿＿＿＿而错了一道题。

7. 每次考完试，我都很＿＿＿＿地检查试卷。

8. 他对这次考试取得满分的成绩感到很＿＿＿＿。

정답

1. **密码** : 정말 이상해. 내 이메일이 계속 내 비밀번호가 틀렸다고 나와.
2. **电子邮件** : 네 삼촌에게서 방금 전화 왔는데 네게 이메일을 하나 보냈으니까 확인해 보래.
3. **响, 接** : 핸드폰이 울리네. 틀림없이 네 아빠일 거야. 좀 받아 봐. 엄마는 지금 점심 식사를 만들고 있다고 해.
4. **诚实** : 나는 내 최대의 장점은 진실함이라고 생각한다.
5. **抱歉** : 이것은 내 잘못이다. 정말 미안하다.
6. **粗心** : 시험 칠 때 나는 너무 소홀해서 한 문제를 틀렸다.
7. **仔细** : 매번 시험이 끝나면 나는 꼼꼼하게 시험지를 검사한다.
8. **得意** : 그는 이번 시험에서 만점의 성적을 얻은 것에 대해서 매우 득의한다.

실전 연습 문제

第 1-6 题 : 请选出正确答案。　　🎧 2-30

第二部分

1. A 输了比赛　　B 换号码了　　C 没带现金　　D 没发工资

2. A 女的再道歉　B 他们在喝酒　C 女的很粗心　D 男的很难过

3. A 很伤心　　　B 很得意　　　C 非常着急　　D 有些紧张

4. A 洗衬衫　　　B 发传真　　　C 打扫厨房　　D 发电子邮件

5. A 着急用　　　B 不能打印　　C 上网不方便　D 邮箱有问题

第三部分

6. A 网速慢　　　B 电话占线　　C 网址没错　　D 密码错误

단문 듣고 질문에 답하기

출제 원리와 공략법

〈듣기 3부분〉은 서술형 문제로 나옵니다. 대화가 아니라 한 사람이 2~3줄 길이의 단문 녹음 내용을 들려 주고 그 내용에 근거해서 질문에 답하는 방식입니다.

◎ 출제 특징

- **문항 구성** : 15문제(36번~45번)
- **녹음 내용** : 한 사람이 2~3줄 정도의 내용을 들려 준다. 교훈을 전달하는 수필형, 중국 관련 정보를 소개하는 정보 전달형, 일상을 이야기하는 일기형, 이야기를 들려 주는 이야기형, 고객에게 정보를 소개하는 광고형, 재미있는 유머형 등 어떤 내용과 형식이든 모두 가능하다.
- **대화형과의 차이점** : 대화형과는 달리 한 지문당 2문제가 나오기 때문에 내용을 전면적으로 이해하고 핵심 내용을 찾아낼 수 있어야 한다.
- **질문 형식** : 빈출 문제 유형으로는 '제목 찾기', '주제 찾기', '대상 일치 찾기' 등이 있고 나머지는 지문의 내용에 따라 다양하게 출제된다.

◎ 3단계 풀이법

[1단계] 녹음이 나오기 전에 각 선택지의 키워드를 찾아 밑줄이나 동그라미로 표시한다.
[2단계] 첫 문장과 마지막 문장을 놓치지 않도록 한다.(첫 문장은 종종 첫 번째 문제와 연결되고, 마지막 문장은 주제가 확연히 드러나는 부분이기 때문이다.)
[3단계] 최대한 이해하며 듣되, 이해가 되지 않을 경우 들리는 단어를 정답으로 고른다.

선택지 키워드 체크 ➡ 집중해서 듣기 ➡ 종합 판단 혹은 들리는 단어를 정답으로 고르기

◎ 학생들이 가장 많이 하는 질문

"선생님, 녹음 내용을 다 이해하고 기억하기가 버거워요. 어떻게 하죠?"

서술형은 대화형과는 달리 녹음 내용이 비교적 길기 때문에 모든 내용을 기억하기가 어렵다고 느낄 수 있습니다. 하지만 한 녹음당 문제는 2문제이기 때문에 2가지만 놓치지 않으려고 노력하면 됩니다. 그것은 바로 '주제는 무엇일까?', '주제와 관련 있는 유의미한 부분은 무엇이었나?'입니다. 내용을 100% 이해한다면 가장 좋겠지만 현실적으로 어렵다면? 녹음이 나오기 전 각 선택지의 키워드를 체크하여 무엇을 중심으로 들어야 하는지 스스로 '감'을 잡는 것이 중요합니다. 그러면 내용을 다 이해하지 못해도 선택지의 키워드가 녹음에서 들리면 바로 정답을 찾아낼 수 있습니다.

◎ 학습 전략

- 화제별 빈출 어휘 숙지
- 신속하게 선택지의 키워드 파악하기 연습
- 주제와 그와 관련한 유의미한 세부 내용 찾기

 신속 정확한 풀이

기출문제 분석

듣기 3부분 단문 듣고 질문에 답하기

〈듣기 3부분〉 문제를 푸는 데에도 요령이 있습니다. 첫째는 녹음이 나오기 전에 각 선택지의 키워드를 찾아 표시하기, 둘째는 첫 문장과 마지막 문장을 놓치지 않고 듣기, 셋째는 특정 단어에 더욱 귀기울여 듣기입니다. 문제 유형으로는 '제목 찾기', '주제 찾기', '대상 일치 찾기' 등이 있고 나머지는 지문의 내용에 따라 다양한 형태로 출제됩니다.

■ 자주 나오는 질문 유형

(1) [질문 형태] 这段话主要谈的是什么? 이 글이 주로 말하는 것은 무엇인가? `제목 찾기`

   [풀이 비법] 질문에는 '主要谈~'이 꼭 들어간다. **첫 문장**에서 **결정적 힌트**를 찾을 수 있다. **선택지를 미리 체크하고 녹음에서 들리는 단어 위주로 정답을 고르는 것이 가장 좋다**

(2) [질문 형태] 这段话主要想告诉我们什么? 이 글이 주로 우리에게 말하고자 하는 것은 무엇인가? `주제 찾기`

   [풀이 비법] 질문에는 '主要想告诉~'가 꼭 들어간다. 정답은 **마지막 문장**에서 **결정적 힌트**를 찾을 수 있다. 혹은 내용의 전반적인 이해를 통해서 도출해 낼 수 있다.

(3) [질문 형태] 关于~，下列哪项正确? ~에 관해서 아래에서 옳은 것은? `대상 일치 찾기`
   关于~，可以知道什么? ~에 관해서 무엇을 알 수 있는가?

   [풀이 비법] 특정 대상에 대해 옳은 설명을 찾는 유형으로 질문에는 항상 **'关于~'가 들어간다**. 각 선택지의 키워드를 미리 체크해 놓는 것이 중요하며 **이해가 안 되도 들리는 단어가 있는 선택지를 고르면 정답**인 경우가 많다.

단문의 내용을 듣고 질문에 알맞은 답안을 고르세요. 🎧 3-1

1. A 用铅笔	B 不能粗心	C 别写太满	D 先写重要的
2. A 教育	B 时间管理	C 职业选择	D 课前预习

녹음

第 1-2 题是根据下面一段话：

1 每个人都应该学会管理时间，而做计划表，严格按照计划是有效管理时间的第一步。在做计划表时要注意两点：2 一是要把重要的事情安排在前面；二是要写明完成时间。这样才能做到不浪费一分一秒。

해석

1~2번 문제는 아래 내용을 따르세요.

1 모든 사람은 다 시간을 관리하는 법을 배워야 한다. 그리고 계획표를 세울 때, 엄격하게 계획대로 하는 것은 시간을 효과적으로 관리하는 첫걸음이다. 계획표를 만들 때는 두 가지를 주의해야 한다. 2 첫 번째는 중요한 일을 앞에 안배할 것, 두 번째는 완성 시간을 분명히 적는 것이다. 이렇게 해야 비로소 일분 일초도 낭비하지 않을 수 있게 된다.

어휘 学会 xuéhuì [동] ~하는 법을 배우다, ~할 줄 알다 | 管理 guǎnlǐ [동] 관리하다 4급 | 计划表 jìhuàbiǎo [명] 계획표 4급 | 严格 yángé [형] 엄격하다 4급 | 按照 ànzhào [개] ~에 따라서 4급 | 有效 yǒuxiào [형] 효과적이다, 유효하다 | 第一步 dì yí bù 첫걸음 | 点 diǎn [명] 점, 부분 | 安排 ānpái [동] 안배하다 4급 | 浪费 làngfèi [동] 낭비하다 4급 | 一分一秒 yì fēn yì miǎo 일분 일초

1.

做计划表时首先要做什么?

A 用铅笔
B 不能粗心
C 别写太满
D 先写重要的

계획표를 세울 때 먼저 무엇을 해야 하는가?

A 연필 사용하기
B 대충하면 안 된다
C 너무 많이 쓰지 마라
D 먼저 중요한 것을 적어라

풀이 계획표를 세울 때 **첫째는(一是)** 중요한 일(重要的事情)을 앞쪽에 안배(安排在前面)한다고 했으므로 D가 정답이 된다.

정답 D

어휘 铅笔 qiānbǐ [명] 연필 | 粗心 cūxīn [형] 세심하지 못하다, 소홀하다 4급

꿀팁 특정 단어 뒤에 중요 내용이 나올 것을 알고 이를 통해 효율적으로 정답을 고를 수 있어야 한다!

녹음에서는 '**要注意两点**(두 가지를 주의해야 한다)'이라는 말을 통해서 중요한 내용이 나올 것임을 암시하고 있다. 이 부분에서 특히 정신을 집중해서 정답을 고를 수 있어야 한다. 중요한 내용이 나올 것임을 암시하는 단어로는, 전환 관계를 나타내는 단어 '但是', 인과 관계를 나타내는 단어 '因为', '所以'…, 정도부사 '最', '非常'…, 기타 '其实', '实际上', '原来', '注意' 등이 있다. 이들 단어는 뒤쪽 〈전략 학습〉에서 구체적으로 학습하도록 하자.

2.

这段话主要谈的是什么?	이 글이 주로 말하는 것은 무엇인가?
A 教育	A 교육
B 时间管理	B 시간 관리
C 职业选择	C 직업 선택
D 课前预习	D 수업 전 예습

풀이 첫 문장에서 **누구나**(每个人) **시간을 관리하는 법을 배워야 한다**(应该学会管理时间)고 했고 또 이후의 내용이 모두 시간 관리에 관한 것이므로 B가 정답이 된다.

정답 B

어휘 职业 zhíyè [명] 직업 4급 | 预习 yùxí [동] 예습하다 4급

꿀팁 제목 문제는 첫 문장에 결정적 힌트가 있다!

'这段话主要谈的是什么？'의 질문은 '제목 찾기' 유형이라고 볼 수 있다. 이 문제의 특징은 **두 번째 문제**이지만 **결정적인 힌트가 주로 첫 문장에서 나온다**는 점이다. 따라서 **두 번째 문제의 선택지를 보고 이 문제가 제목 찾기 문제임을 눈치채고 그 힌트를 첫 문장에서 찾아** 이를 풀이에 적용시킬 수 있어야 한다. **선택지**가 주로 **명사**(教育) 혹은 **명사구**(时间管理)일 때 이 문제는 '제목 찾기' 문제임을 알 수 있다.

전략 학습 : 서술형 문제의 풀이법

듣기 3부분 단문 듣고 질문에 답하기

■ 풀이 기술 1 : 주제 찾기 문제는 마지막 문장에서 결정적인 힌트를 찾을 수 있다!

> 这段话主要想告诉我们什么? 이 글이 주로 우리에게 말하고자 하는 것은 무엇인가?
> - 질문에는 '**主要想告诉~**'가 꼭 들어간다.
> - **선택지**는 '**要**', '**别**', '**不能**' 등의 단어가 들어가서 **어떤 행동을 촉구하거나 이치를 나타낸다**.
> - **마지막 문장**에서 **결정적 힌트**를 찾을 수 있다. 혹은 내용의 전반적 이해를 통해서 도출해 낼 수 있다.
> - **정답**의 키워드는 반드시 **녹음에서 한 번 이상 언급**된다.
> - **선택지를 미리 체크**하고, 녹음 내용이 이해되지 않을 경우 들리는 단어 위주로 정답을 고르는 것이 가장 좋다.

실전 적용하기

🎧 3-2

1. A 目的	B 经历	C 赢得支持	D 轻松获得成功
2. A 要努力	B 态度要积极	C 过程很关键	D 要学会感谢

녹음

第 1-2 题是根据下面一段话：

1 "世界上没有免费的午餐。" 这句话是说，任何东西都要通过努力才能得到。有时我们会觉得，2 有的人好像非常轻松就获得了成功。其实，那是因为我们没看到他们辛苦的一面。没有人随随便便就能成功。2 成功都是努力的结果。

해석

1~2번 문제는 아래 내용을 따르세요.

1 "세상에 공짜 점심은 없다." 이 말은 어떤 것도 노력을 통해서 얻을 수 있다는 뜻이다. 때로 우리는 2 어떤 사람은 마치 매우 쉽게 성공을 얻은 것처럼 느낄 수 있다. 사실, 그것은 우리가 그들이 고생한 일면을 보지 못했기 때문이다. 아무도 대충해서는 성공할 수 없다. 2 성공은 다 노력의 결과이다.

어휘 免费 miǎnfèi [형] 무료의, 공짜의 4급 | 午餐 wǔcān [명] 점심(밥) | 任何 rènhé [대] 어떠한 4급 | 好象 hǎoxiàng [부] 마치 [동] 마치 ~같다 4급 | 轻松 qīngsōng [형] (마음이) 홀가분하다, (일이) 수월하다 4급 | 获得 huòdé [동] 얻다, 획득하다 4급 | 其实 qíshí [부] 사실(은) 4급 | 辛苦 xīnkǔ [형] 고생스럽다 4급 | 一面 yímiàn [명] 일면 | 随随便便 suísuí biànbiàn 함부로, 멋대로, 아무렇게나 (随便의 중첩) 4급 | 旧 jiù [형] (물건 등이) 오래되다 3급

1.

这段话中"免费的午餐"指的是什么?   이 단락 속의 '免费的午餐'이 가리키는 것은 무엇인가?

A 目的   A 목적
B 经历   B 경험
C 赢得支持   C 지지를 얻는 것
D 轻松获得成功   D 쉽게 성공을 얻는 것

풀이 '免费的午餐'이라는 것은 '공짜 점심'을 뜻하는 것으로 **노력하지 않고 성공을 거두는 것을 의미**한다. 따라서 D가 정답이 된다.

정답 D

어휘 经历 jīnglì [동] 겪다, 경험하다 [명] 경험 4급 | 赢得 yíngdé [동] 승리하여 얻다 | 支持 zhīchí [동] 지지하다 4급

> **꿀팁** 내용이 이해되지 않았다면 언급된 단어가 있는 선택지를 고른다!
> 내용이 이해되지 않았다 하더라도 **녹음 속 단어(轻松, 获得, 成功)가 유일하게 제시된 D를 정답**으로 고르면 된다. 그러기 위해서는 **녹음이 나오기 전 신속하게 각 선택지의 키워드를 체크**하여 그 단어가 녹음에 나왔을 때 바로 알아챌 수 있어야 한다.

2.

这段话主要想告诉我们什么?   이 글이 주로 우리에게 말하고자 하는 것은 무엇인가?

A 要努力   A 노력하라
B 态度要积极   B 태도가 적극적이어야 한다
C 过程很关键   C 과정은 매우 중요하다
D 要学会感谢   D 감사할 줄 알아야 한다

풀이 '主要想告诉~'가 들어가는 **주제 찾기 문제**이다. 마지막 문장에서 **성공은 노력의 결과**(成功都是努力的结果)라고 하면서 이 글의 주제를 정리하고 있다. 따라서 이 글은 **노력을 해야 성공한다**는 점을 강조하고 있으므로 A가 정답이 된다.

정답 A

어휘 态度 tàidù [명] 태도 4급 | 积极 jījí [형] 적극적이다, 긍정적이다 4급 | 过程 guòchéng [명] 과정 4급 | 关键 guānjiàn [명] 관건 [형] 관건적이다, 매우 중요하다 4급 | 学会 xuéhuì [동] ~하는 법을 배우다, ~할 수 있다

■ **풀이 기술 2 : 대상 일치 찾기 문제**는 특정 단어에 집중해서 듣고 들리는 단어 위주로 정답을 고른다!

关于~, 下列哪项正确? ~에 관해서 아래에서 옳은 것은?
关于~, 可以知道什么? ~에 관해서 무엇을 알 수 있는가?

- 질문에는 '**关于~**'가 들어간다.
- 각 선택지의 **키워드를 미리 체크**해 놓는 것이 중요하다.
- 이해가 안 되도 **들리는 단어가 있는 선택지를 고르면 정답**인 경우가 대부분이다.
- **특정 단어**가 이끄는 문장은 **문제와 직결**되므로 **특히 집중**해서 듣는다.
  1. 인과 관계 : 因为, 由于, 所以, 因此, 于是
  2. 전환 관계 : 但是, 可是, 不过, 然而, 却
  3. 정도 부사 : 最, 非常, 特别, 十分, 更
  4. 기타 : 其实, 原来, 实际上

+ 중요 내용 ★

■ **풀이 기술 3 : 제목 찾기 문제**는 첫 문장에서 결정적인 힌트를 찾을 수 있다!

这段话主要谈的是什么? 이 글이 주로 말하는 것은 무엇인가?

- 질문에는 '**主要谈~**'이 꼭 들어간다.
- **첫 문장**에서 **결정적 힌트**를 찾을 수 있다.
- 정답은 다른 단어로 표현하기보다는 **녹음에서 말한 형태가 거의 그대로 제시**된다.
- **선택지를 미리 체크**하고, 녹음 내용이 이해되지 않을 경우 **들리는 단어 위주로 정답을 고르는 것**이 가장 좋다.

실전 적용하기

🎧 3-3

3. A 很凉快　　　B 气候多变　　　C 偶尔下雪　　　D 常刮东南风

4. A 海洋环境　　B 降水特点　　　C 空气污染　　　D 四季景色

녹음

第 3-4 题是根据下面一段话：

　　中国降水的主要特点是夏季多、冬季少、东南多、西北少，**3** 这是因为中国夏季经常刮东南风，而东南面多海洋，所以东南风会带来丰富的降水。而冬季风从西北方刮来，西北不但寒冷，而且缺水，所以冬季少雨。

해석

3~4번 문제는 아래 내용을 따르세요.

　　중국 강수의 주요 특징은 여름에는 많고 겨울에는 적으며, 동남쪽은 많고 서북쪽은 적다는 것이다. **3** 이것은 중국의 여름은 동남풍이 자주 부는데 동남쪽은 바다가 많아 동남풍이 풍부한 강수를 가져오기 때문이다. 그리고 겨울에는 바람이 서북방에서 불어오는데 서북은 한랭할 뿐만 아니라 게다가 물이 부족해, 겨울에는 비가 적다.

어휘 降水 jiàngshuǐ [명] 강수 [동] 우박이나 비가 내리다 | 缺点 tèdiǎn [명] 특징 4급 | 夏季 xiàjì [명] 하계, 여름 | 冬季 dōngjì [명] 동계, 겨울 | 刮风 guāfēng [동] 바람이 불다 3급 | 海洋 hǎiyáng [명] 바다, 해양 4급 | 丰富 fēngfù [형] 풍부하다 4급 | 寒冷 hánlěng [형] 한랭하다, 춥고 차다 | 缺水 quēshuǐ [동] 물이 부족하다

3.

关于中国夏季，可以知道什么?

A 很凉快　　B 气候多变
C 偶尔下雪　D 常刮东南风

중국의 여름에 관해서 무엇을 알 수 있는가?

A 매우 서늘하다　　B 기후가 자주 변한다
C 가끔 눈이 온다　　D 자주 동남풍이 분다

풀이 '关于~'가 들어가는 '대상 일치 찾기 문제'이다. 여름(夏季)에는 **자주 동남풍이 분다(常刮东南风)**고 했으므로 D가 정답이 된다.

정답 D

어휘 凉快 liángkuai [형] 시원하다, 서늘하다 4급 | 气候 qìhòu [명] 기후 4급 | 偶尔 ǒu'ěr [부] 가끔 4급

> **꿀팁**
> **1. 키워드 미리 체크 후 들리는 단어를 정답으로 고르기!**
> 유일하게 D의 '常刮东南风'만이 지문에 등장하였고 나머지 선택지의 단어는 언급조차 되지 않았다. 따라서 녹음이 나오기 전 선택지의 키워드를 미리 체크해 놓고 들리는 단어(常刮东南风)를 바로 정답으로 고르는 것이 가장 확실한 방법이다.
>
> **2. 특정 단어에서는 더욱 집중해서 듣기!**
> 위 문제는 인과 관계를 나타내는 특정 단어인 '因为' 뒤의 내용이 바로 정답으로 나왔음을 알 수 있다. 따라서 헷갈리고 어려운 지문일수록 첫째, 선택지의 키워드를 미리 체크하기. 둘째, 인과 관계, 전환 관계, 정도 부사, 기타 등 특정 단어에 더욱 집중해서 듣기를 한다면 쉽게 정답을 맞힐 수 있다.

4.

这段话主要谈的是什么?

A 海洋环境　B 降水特点
C 空气污染　D 四季景色

이 글이 주로 말하는 것은 무엇인가?

A 해양 환경　　B 강수 특징
C 공기 오염　　D 사계 풍경

풀이 '谈的~'가 들어가는 '제목 찾기 문제'이다. 제목 찾기 문제는 주로 **첫 문장**에서 **결정적 힌트**가 나온다. 이 녹음에서도 역시 첫 문장(中国降水的主要特点是~)에서 **중국의 강수 특징(降水特点)**을 소개할 것임을 말하고 있다. 따라서 B가 정답이 된다.

정답 B

어휘 空气 kōngqì [명] 공기 4급 | 污染 wūrǎn [명] 오염 [동] 오염시키다, 오염되다 4급 | 四季 sìjì [명] 사계 | 景色 jǐngsè [명] 경치, 풍경 4급

실전 연습 문제 1

第 1-4 题：请选出正确答案。　　　🎧 3-4

1. A 律师　　　B 警察　　　C 导游　　　D 记者

2. A 在郊区　　B 很有名　　C 有熊猫　　D 冬季游客多

3. A 迟到很普遍　B 要提前买票　C 要少带行李　D 迟到的坏处

4. A 要准时　　B 要懂得节约　C 粗心坏大事　D 少乘坐飞机

실전 연습 문제 2

第 1-4 题：请选出正确答案。   🎧 3-5

1. A 友好的　　　B 爱好多的　　　C 会说话的　　　D 爱听音乐的

2. A 支持　　　　B 后悔　　　　　C 不太同意　　　D 非常讨厌

3. A 更聪明　　　B 更自信　　　　C 养成好习惯　　D 学会尊重人

4. A 教育　　　　B 友谊　　　　　C 批评的作用　　D 孩子的缺点

1부분 빈칸 채우기

2부분 문장 순서 배열하기

3부분 지문 읽고 질문에 답하기

독해 1부분

빈칸 채우기

출제 원리와 공략법

〈독해 1부분〉은 10문제가 출제되는데요. 한 줄 정도의 문장 또는 두 줄의 대화를 읽고 빈칸에 들어갈 적당한 단어를 고르는 문제입니다. 독해에서 가장 쉬운 부분이기 때문에 다 맞히거나 1개 정도 틀리는 것을 목표로 해야 합니다.

● 출제 특징

- 문항 구성 : 10문제(46번~55번)
- 제시문 : 한 개의 문장(46번~50번)과 대화형으로 두 개의 문장(51번~55번)이 제시된다.
- 선택지(A, B, C, D, E, F) : 100% 4급 필수 어휘가 제시된다.

● 출제 포인트

- 제시어 A, B, C, D, E, F의 뜻을 알고 있는가?
- 해석을 통해 문장의 의미를 이해할 수 있는가?

● 3단계 풀이법

[1단계] 앞뒤 단어의 의미상 호응 관계를 따져서 푼다.
[2단계] 동사와 명사는 동목 호응을 고려하여 정답을 선택한다.
[3단계] 형용사, 부사, 접속사 등은 문맥을 고려하여 선택한다.

● 학생들이 가장 많이 하는 질문

"대화 내용은 대충 해석이 되는데 A, B, C, D, E, F 제시어의 뜻을 모르겠어요. 어떡하죠?"

그래서 4급 필수 어휘를 외워야 합니다. 적어도 이 단어가 무슨 뜻이다 하는 정도만 알아도 됩니다. 그래서 이 책에는 각 단원 끝에 해당 영역에서 나왔던 4급 필수 어휘를 정리해 암기 여부를 체크할 수 있도록 하였습니다. 또한 단어 암기가 끝나면 간단한 확인 테스트를 통해 다시 한 번 4급 필수 어휘를 정리할 수 있습니다. 또한 본문의 모든 단어 풀이에 해당 급수를 표시해 놓았는데요, '4급'이라고 표시된 어휘는 반드시 뜻만이라도 암기해야 합니다.

● 학습 전략

- 동사, 형용사, 명사 위주의 4급 필수 어휘 뜻 암기(부록 단어장 참고)
- 동목구, 명사구 등 호응구로 암기(부록 단어장 참고)
- 〈실전 연습 문제〉 뒤의 〈4급 필수 어휘 정리〉 활용으로 단어 복습

신속 정확한 풀이

기출문제 분석

독해 1부분 빈칸 채우기

〈독해 1부분〉은 주어진 문장의 **대략적인 해석**과 **제시어** A, B, C, D, E, F의 **뜻**만 알면 쉽게 풀 수 있습니다. 어렵게 비슷한 단어를 제시해서 헷갈리게 하는 문제가 아닙니다. 따라서 **4급 필수 어휘의 뜻 암기** 위주로 학습하면 됩니다.

빈칸에 들어갈 알맞은 단어를 고르세요.

| A 引起 | B 竟然 | C 否则 | D 坚持 | E 意见 | F 热闹 |

1. 最近10年这个省经济增长很快, (　　　) 了很多人的关注。

2. 小刘, 你回去后把今天大家在会议上提的 (　　　) 都整理出来。

3. 小李很活泼, 有她在的地方, 总是很 (　　　)。

4. 小王一直都很重视这个机会, 最后 (　　　) 放弃了, 这让我们非常吃惊。

5. 手不干净时可以拒绝握手, 但应该马上解释原因, (　　　) 可能引起误会。

정답　1. A　2. E　3. F　4. B　5. C　(※ 풀이는 뒷면 〈전략 학습〉에서 살펴봅니다.)

전략 학습 : 품사별 풀이법

독해 1부분 빈칸 채우기

〈독해 1부분〉의 제시어는 주로 **명사, 동사, 형용사, 부사**인데요. 고차원적인 풀이법보다는 **대략적인 해석만으로** 쉽게 풀리는 문제들이 많습니다. 따라서 〈독해 1부분〉 학습에서 **가장 중요한 것은 4급 필수 어휘 600개의 뜻**을 아는 것입니다. 하지만 품사별로 풀이법이 약간씩 다른데요. 이것을 **체계적으로 이해하면 중국어를 좀 더 깊이 이해하고 이후 5급, 6급의 빠른 합격**에도 큰 도움이 됩니다.

1. 호응구를 활용한 풀이법(동사, 명사)

'包'를 보면 '饺子'가 생각나서 '包饺子(만두를 빚다)'로 만들 수 있고, '弹'을 보면 '钢琴'이 생각나서 '弹钢琴(피아노를 치다)'으로 동목구를 만들 수 있을 것이다. 이렇듯 동사는 목적어와 함께 외우는 것이 좋다. 그래서 만일 **빈칸이 동사** 자리면 뒤에 있는 목적어 혹은 그 동사와 **의미상으로 어울리는 단어**를 찾는다. 반대로 빈칸이 **목적어** 자리라면 **어울리는 동사**를 찾으면 된다.

- A 引起 yǐnqǐ [동] 야기하다, 불러일으키다 4급
- B 竟然 jìngrán [부] 뜻밖에 4급
- C 否则 fǒuzé [접] 만약 그렇지 않으면 4급
- D 坚持 jiānchí [동] 견지하다 4급
- E 意见 yìjiàn [명] 의견 4급
- F 热闹 rènao [형] 떠들썩하다, 번화하다 4급

1. 最近10年这个省经济增长很快, (引起) 了很多人的 <u>关注</u>。
　　　　　　　　　　　　　　　　　　　　　　　　　　　힌트

유형 동목구 호응

해석 최근 10년간 이 성의 경제 성장은 매우 빨라 많은 사람들의 관심을 (불러일으켰다).

풀이 '了'가 있는 것으로 보아 빈칸은 동사임을 알 수 있고 목적어(关注: 관심)와의 호응 관계를 따져야 한다. '引起(불러일으키다)'는 '引起关注'의 형태로 쓸 때 '관심을 불러일으키다'의 뜻이므로 A가 정답이 된다.

정답 A

어휘 增长 zēngzhǎng [동] 증가하다, 늘어나다 | 关注 guānzhù [동] 주시하다, 관심을 가지(고 중시하)다

2. 小刘, 你回去后把今天大家在会议上<u>提</u>的 (意见) 都<u>整理</u>出来。
　　　　　　　　　　　　　　　　　　힌트　　　　　　　　힌트

유형 동목구 호응

해석 샤오리, 너는 돌아가서 오늘 모두가 회의에서 제기했던 (의견)을 다 정리해 놔.

풀이 빈칸은 앞 동사(提: 제기하다)의 수식을 받을 수 있고, 동사 '整理(정리하다)'의 목적어가 될 수 있어야 한다. 따라서 '意见'은 '提的意见(제시한 의견)', '整理意见(의견을 정리하다)' 모두 가능하므로 E가 정답이 된다.

정답 E

어휘 会议 huìyì [명] 회의 3급 | 提 tí [동] 제기하다, 제시하다 4급 | 整理 zhěnglǐ [동] 정리하다 4급

2. 문맥 이해를 통한 풀이법(형용사, 부사, 접속사)

문맥이란 앞뒤 문장의 의미상 흐름을 의미한다. 주로 형용사, 부사, 접속사가 문맥을 고려해서 풀어야 하는데, 이들 품사는 앞뒤 절의 의미 관계를 설정하기 때문이다. 대강의 해석을 통해서 그 문장의 중심 내용과 관련 있는 단어를 정답으로 고르면 된다.

3. 小李很<u>活泼</u>，有她在的地方，总是很（ 热闹 ）。
   　　　힌트

유형 문맥 이해

해석 샤오리는 매우 활달해서 그녀가 있는 곳은 늘 (북적거린다).

풀이 샤오리는 활달하기(活泼) 때문에 그녀가 있는 곳이라면 북적거리게 된다(热闹)는 것을 예상해 볼 수 있다. 따라서 F가 정답이 된다.

정답 F

어휘 活泼 huópo [형] 활발하다, 활기차다 4급

4. 小王一直都很<u>重视</u>这个机会，最后（ 竟然 ）<u>放弃</u>了，这让我们非常<u>吃惊</u>。
   　　　　　　　　힌트　　　　　　　　　　힌트　　　　　　　　　　　힌트

유형 문맥 이해

해석 샤오왕은 줄곧 이 기회를 중시해 왔는데 마지막에 (뜻밖에) 포기해 버렸다. 이것은 우리를 매우 놀라게 했다.

풀이 앞절에는 기회를 중시했다고(重视) 했는데, 뒤에서는 포기했다고(放弃) 했으므로 예상 밖의 상황이 나타난 것이다. 또한 뒷절에는 우리가 매우 놀랐다(非常吃惊)고 했기 때문에 '竟然(뜻밖에)'이 정답이 된다.

정답 B

어휘 一直 yìzhí [부] 줄곧 4급 | 重视 zhòngshì [동] 중시하다 4급 | 机会 jīhuì [명] 기회 3급 | 放弃 fàngqì [동] 포기하다 4급 | 吃惊 chījīng [동] 놀라다 4급

5. 手不干净时可以拒绝握手，但应该马上解释原因，(否则) 可能引起误会。
   힌트   힌트

유형 문맥 이해

해석 손이 깨끗하지 않을 때 악수를 거절할 수 있다. 하지만 바로 원인을 설명해야 한다. (그렇지 않으면) 오해를 불러일으킬 수 있다.

풀이 빈칸 앞에서는 악수를 하지 못하는 **원인을 설명한다**(解释原因)고 했는데 뒷절에서는 오히려 **오해가 생긴다**(引起误会)고 했다. 따라서 빈칸의 내용은 '앞절에서 말한 대로 하지 않으면'이라는 내용이 나와야 한다. '否则'는 '그렇지 않으면'의 뜻이므로 가장 적절하다.

정답 C

어휘 拒绝 jùjué [동] 거절하다 4급 | 握手 wòshǒu [동] 악수하다 4급 | 解释 jiěshì [동] 설명하다 4급 | 原因 yuányīn [명] 원인 4급 | 可能 kěnéng [부] 아마 [형] 가능한 [명] 가능성 2급 | 引起 yǐnqǐ [동] 야기하다, 불러일으키다 4급 | 误会 wùhuì [명/동] 오해(하다) 4급

| A 另外 | B 页 | C 温度 | D 确实 | E 标准 | F 随便 |

1. A：你的动作还不太（　　），右腿再抬高一点儿。
   B：是这样吗，老师？

2. A：我现在去菜市场买菜，你中午想吃点儿什么？
   B：（　　），或者我们吃饺子好不好？

3. A：终于爬上来了，累死我了，这山太高了。
   B：看来你（　　）缺少锻炼，以后每天跟我一块儿跑步吧。

4. A：明天我穿这件衬衫怎么样？
   B：衬衫没问题，但是裤子要换一条黑色的，（　　），你该理发了。

5. A：我现在去打印申请表，要不要顺便帮你打印出来？
   B：不用了，我才填到第二（　　），我一会儿自己去就行。

A 另外 lìngwài [접] 그 밖에 [부] 별도로, 따로 [대] 다른 사람이나 사물 4급
B 页 yè [명] 쪽, 페이지 4급
C 温度 wēndù [명] 온도 4급
D 确实 quèshí [부] 확실히, 정말로 [형] 확실하다 4급
E 标准 biāozhǔn [형] 표준적이다 [명] 기준, 표준 4급
F 随便 suíbiàn [동] 마음대로, 좋을 대로, 편한 대로 [형] 무책임하다, 제멋대로이다 4급

1. A: 你的<u>动作</u>还不<u>太</u>（ 标准 ），右腿再抬高一点儿。
   B: 是这样吗，老师?

해석 A: 너의 동작은 아직 그다지 (표준적이지) 않아. 오른쪽 다리를 좀 더 높이 올려 봐.
B: 이렇게요? 선생님?

풀이 동작이 어떠하다고 설명이 되는 것은 제시어 중에서 어법상, 의미상 '标准(표준적이다)'이 적절하다.

정답 E

어휘 挺 tǐng [부] 매우 4급 | 动作 dòngzuò [명] 동작 4급 | 腿 tuǐ [명] 다리 3급 | 抬 tái [동] 들다 4급

꿀팁 '太'는 정도부사로 형용사를 수식한다!
- 太好了 너무 좋다
- 太贵了 너무 비싸다
- 太精彩 너무 훌륭하다

2. A: 我现在去菜市场买菜，你中午想吃点儿什么?
   B: （ 随便 ），或者我们吃饺子好不好?

해석 A: 나 지금 시장에 장 보러 가는데, 너는 점심 때 뭐 먹고 싶어?
B: (편한 대로 해), 아니면 우리 만두 먹으면 어떨까?

풀이 A가 뭐 먹고 싶냐고 의견을 물었으므로 대답으로 '편한 대로 해'라고 대답할 수 있다. 따라서 F가 정답이 된다.

정답 F

어휘 菜市场 cài shìchǎng [명] 청과 시장 | 买菜 mǎicài [동] 장을 보다 | 饺子 jiǎozi [명] 교자, 만두 4급

| 꿀팁 | '随便'의 다양한 표현 |

'随便'은 '자유롭게 하다'의 뜻처럼 **긍정적인 의미**도 될 수 있지만 또 '**함부로 하다**'는 **부정적인 의미**도 될 수 있다.
- 随便 + V : 随便聊天 자유롭게 이야기하다
- ~随便 : 工作不能太随便。 일은 너무 편한 대로만 해서는 안 된다.
- 随~的便 : 去不去，随你的便。 가든지 말든지 너 편한 대로 해.
  (※ 이때 '随'는 '따르다'는 뜻이고 '便'은 '편함, 편리함'을 뜻한다.)

---

3. A: 终于爬上来了，累死我了，这山太高了。
   B: 看来你（ 确实 ）缺少锻炼，以后每天跟我一块儿跑步吧。

해석 A: 드디어 정상에 올랐네. 힘들어 죽겠어. 이 산은 너무 높아.
B: 보아하니 너는 (확실히) 운동이 부족해. 앞으로 매일 나랑 달리기하자.

풀이 빈칸 문장을 해석해 봤을 때 의미상, 어법상 빈칸에 들어갈 단어는 부사이다. 따라서 제시어 중 **먼저 부사를 찾아서** 넣어 보는 것이 좋다. '确实(확실히, 정말로)'는 **사실임을 강조하는 부사**이다. '她很漂亮'이라고 하면 그냥 예쁘다는 정도이지만 '她确实很漂亮'이라고 하면 정말 예쁘다는 것을 강조하게 된다. 위 문장에서도 '**缺少锻炼**'의 사실을 강조하기 위해 '确实'를 넣을 수 있다.

정답 D

어휘 终于 zhōngyú [부] 마침내 4급 | 缺少 quēshǎo [동] 부족하다 4급 | 一块儿 yíkuàir [부] 함께, 같이 [명] 한 곳

| 꿀팁 | |

'**确实**'는 시험에는 주로 **부사로서 '확실히', '정말로'**의 뜻으로 나오지만, **형용사로 '확실하다'**의 뜻도 있다.
- 事情是否确实，还需要进一步调查。 상황이 확실한지 아닌지는 아직 좀 더 조사해 봐야 한다.

---

4. A: 明天我穿这件衬衫怎么样?
   B: 衬衫没问题，但是裤子要换一条黑色的，（ 另外 ），你该理发了。

해석 A: 내일 나 이 셔츠 입을 건데 어때?
B: 셔츠는 문제가 없는데 바지는 검은색으로 바꿔야겠어. (그 외에도), 너 이발해야겠다.

풀이 '另外(그 밖에, 이 외에)'는 앞에서 언급한 것 외에 추가적으로 더 보탤 때 단독으로 쓸 수 있는 접속사이다. 앞쪽에는 옷 이야기를 했다가 빈칸 뒤에는 이발 이야기가 추가된 것이므로 '另外'가 가장 알맞다.

정답 A

어휘 衬衫 chènshān [명] 셔츠 3급 | 裤子 kùzi [명] 바지 3급 | 换 huàn [동] 바꾸다 3급 | 该~了 gāi~le ~할 때가 되다 | 理发 lǐfà [동] 이발하다 4급

5. A: 我现在去打印申请表，要不要顺便帮你打印出来?
   B: 不用了，我才<u>填</u>到第二（ 页 ），我一会儿自己去就行。
   　　　　　　　힌트

해석 A: 나 지금 신청서 프린트하러 가는데, 가는 김에 너를 위해 인쇄해 줄까?
　　　 B: 괜찮아. 나는 이제 겨우 제 2 (페이지)까지 작성했어, 내가 조금 후에 직접 가면 돼.

풀이 앞의 동사 '填(작성하다, 기입하다)'과 어울리는 단어는 '页(페이지, 쪽)'이다.

정답 B

어휘 打印 dǎyìn [동] 프린트하다 4급 | 申请表 shēnqǐngbiǎo [명] 신청서 4급 | 顺便 shùnbiàn [부] 하는 김에 4급 | 填 tián [동] 채우다, 기입하다

꿀팁 A와 B가 대화를 주고받는 내용이 나온다. 하지만 정확한 정답을 찾는다고 **A와 B를 모두 해석할 필요는 없다**. 일반적으로 **괄호가 있는 문장만 해석해도 그 안에서 충분히 정답이 찾아진다**. 혹시 그래도 모르겠다면 나머지 한 문장을 마저 해석한다. 따라서 **최대한 시간을 줄이기 위해서 바로 빈칸이 있는 문장을 보고 풀도록** 하자.

第1-5题：选词填空。

A 抱歉　B 按照　C 条件　D 坚持　E 提醒　F 专门

例如：　她每天都（ D ）走路上下班，所以身体一直很不错。

1. 我以前是钢琴老师，（　　）教儿童弹钢琴。

2. 经理，这份材料我已经（　　）您的要求改好了。

3. 真（　　），明天我得去出差，不能陪你去购物了。

4. 小李，我给你介绍个女朋友吧，说说你有什么（　　）。

5. 谢谢您的（　　），否则我差点儿忘记了今天是母亲节。

실전 연습 문제 2   제한 시간 2분 30초(문제당 30초)

第1-5题: 选词填空。

A 危险   B 密码   C 温度   D 行   E 辛苦   F 实在

例如：A: 今天真冷啊，好像白天最高（ C ）才2℃。

B: 刚才电视里说明天更冷。

1. A: 这个菜如果能再辣点儿就更好了。

   B: 再辣点儿？你真（　　）！我现在也辣得眼泪都出来了。

2. A: 我（　　）跑不动了，你让我休息一会儿吧。

   B: 你体力真不好。你才跑了5分钟，要坚持，至少再跑10分钟。

3. A: 刚才太（　　）了，那辆车怎么回事？

   B: 不知道，突然加速，估计是新手，刚学会开车。

4. A: 王教授，您明天早上几点到？我去火车站接您。

   B: （　　）你了，我明天早上八点二十到上海。

5. A: 昨天我给你发了个电子邮件，收到了吗？

   B: 我正在收呢，真奇怪，一直说我的（　　）有错，没错啊。

실전 연습 문제 3

제한 시간 2분 30초(문제당 30초)

第 1-5 题：选词填空。

A 不过   B 轻   C 交   D 坚持   E 传真   F 厉害

例如： 她每天都（ D ）走路上下班，所以身体一直很不错。

1. 这箱饮料可不（   ），还是我来搬吧。

2. 小姐，这是我的报名表，是（   ）给您吗？

3. 大夫，我的牙最近疼得（   ），不知道是怎么回事。

4. 我也对"新世纪公园"不太熟悉，（   ）网上有地图，我帮你查查。

5. 那个计划书改好了的话，你先放我办公桌上吧，你再帮我发一份（   ）。

第1-5题：选词填空。

A 结果　B 顺便　C 温度　D 本来　E 专业　F 考虑

例如：　A：今天真冷啊，好像白天最高（ C ）才2℃。
　　　　B：刚才电视里说明天更冷。

1. A：你今天怎么这么安静呀？
   B：昨天经理让我写篇总结，今天得写完，我在（　　）怎么写呢。

2. A：你们今天讨论得怎么样？有（　　）吗？
   B：大家都同意把招聘会提前到五月十二号。

3. A：妈妈，我可以去打羽毛球吗，作业也写完了。
   B：可以呀，但你（　　）把那个塑料袋拿下去扔垃圾桶里。

4. A：你说让咱孩子报个什么（　　）好呢？国际关系？
   B：我们说没有用，这主要还得看孩子自己的意见。

5. A：你为什么不多吃点儿啊？菜不好吃吗？
   B：不是，我（　　）也不饿。出门前我吃了块儿巧克力蛋糕。

4급 필수 어휘 정리 ❶

〈독해 1부분〉에서 나왔던 여러 단어들 중에서 **4급 필수 어휘**만 모았습니다. 단어들을 차례로 쭉 훑어보면서 **모르는 단어**는 체크해서(☑) 암기된 것과 그렇지 않은 것들을 **구분**해 놓습니다. 다 훑어보고 나면 **다시 처음으로 돌아와** 체크된 **비암기 단어**들의 해석을 가리고 스스로 뜻을 떠올려 봅니다.

1	☐	按照	ànzhào	[개] ~에 따라, ~대로
2	☐	报名	bàomíng	[동] 신청하다, 등록하다
3	☐	抱歉	bàoqiàn	[형] 미안해하다
4	☐	本来	běnlái	[부] 본래, 원래 [형] 본래의, 원래의
5	☐	标准	biāozhǔn	[형] 표준적이다 [명] 기준, 표준
6	☐	不过	búguò	[부] 그러나, 그런데 [동] ~에 불과하다
7	☐	材料	cáiliào	[명] 자료, 재료
8	☐	吃惊	chījīng	[동] 놀라다
9	☐	传真	chuánzhēn	[명] 팩스
10	☐	打印	dǎyìn	[동] 프린트하다
11	☐	大夫	dàifu	[명] 의사
12	☐	蛋糕	dàngāo	[명] 케이크
13	☐	动作	dòngzuò	[명] 동작
14	☐	儿童	értóng	[명] 아동
15	☐	放弃	fàngqì	[동] 포기하다
16	☐	份	fèn	[양] 부, 통(신문·잡지·문건 등을 세는 단위), 벌, 세트(배합하여 한 벌이 되는 것을 세는 단위)
17	☐	否则	fǒuzé	[접] 그렇지 않으면
18	☐	刚	gāng	[부] 방금, 막
19	☐	钢琴	gāngqín	[명] 피아노
20	☐	估计	gūjì	[동] 추측하다

21	□ 国际	guójì	[명] 국제
22	□ 行	xíng	[형] 유능하다, 대단하다, ~해도 좋다, 가능하다, 다니다
23	□ 坚持	jiānchí	[동] 견지하다
24	□ 交	jiāo	[동] 건네다, 제출하다, 교제하다
25	□ 饺子	jiǎozi	[명] 교자, 만두
26	□ 教授	jiàoshòu	[명] 교수
27	□ 竟然	jìngrán	[부] 뜻밖에
28	□ 经理	jīnglǐ	[명] 사장, 매니저, 부장
29	□ 结果	jiéguǒ	[명] 결과 [접] 결과적으로
30	□ 解释	jiěshì	[동] 설명하다
31	□ 计划书	jìhuàshū	[명] 계획서
32	□ 拒绝	jùjué	[동] 거절하다
33	□ 考虑	kǎolǜ	[동] 고려하다
34	□ 辣	là	[형] 맵다
35	□ 垃圾桶	lājītǒng	[명] 쓰레기통
36	□ 厉害	lìhai	[형] 대단하다, 무섭다
37	□ 理发	lǐfà	[동] 이발하다
38	□ 另外	lìngwài	[접] 그 밖에 [부] 별도로, 따로 [대] 다른 사람이나 사물
39	□ 密码	mìmǎ	[명] 비밀번호
40	□ 篇	piān	[양] 편(한 편의 글을 셈)
41	□ 巧克力	qiǎokèlì	[명] 초콜릿
42	□ 轻	qīng	[형] 가볍다
43	□ 确实	quèshí	[부] 확실히, 정말로 [형] 확실하다
44	□ 缺少	quēshǎo	[동] 부족하다
45	□ 扔	rēng	[동] 버리다, 던지다

46	☐	热闹	rènao	[형] 떠들썩하다, 번화하다
47	☐	申请表	shēnqǐngbiǎo	[명] 신청서
48	☐	实在	shízài	[부] 정말로, 참으로 [형] 실제하다
49	☐	世纪	shìjì	[명] 세기
50	☐	收	shōu	[동] 받다

51	☐	顺便	shùnbiàn	[부] 하는 김에
52	☐	熟悉	shúxī	[형] 잘 알다, 익숙하다 [동] 충분히 알다
53	☐	塑料袋	sùliàodài	[명] 비닐봉지
54	☐	随便	suíbiàn	[동] 마음대로 하다, 좋을 대로 하다 [형] 무책임하다, 제멋대로이다
55	☐	抬	tái	[동] 들다

56	☐	讨论	tǎolùn	[동] 토론하다
57	☐	提	tí	[동] 제기하다, 제시하다
58	☐	提前	tíqián	[동] (시간 등을) 앞당기다, 미리
59	☐	条件	tiáojiàn	[명] 조건
60	☐	提醒	tíxǐng	[동] 일깨우다

61	☐	填	tián	[동] 채우다, 기입하다
62	☐	挺	tǐng	[부] 매우
63	☐	突然	tūrán	[부] 갑자기 [형] 갑작스럽다
64	☐	温度	wēndù	[명] 온도
65	☐	危险	wēixiǎn	[형] 위험하다

66	☐	握手	wòshǒu	[동] 악수하다
67	☐	误会	wùhuì	[명/동] 오해(하다)
68	☐	辛苦	xīnkǔ	[형] 고생스럽다 [동] 수고롭게 하다(남에게 일을 부탁하거나 다른 사람의 도움에 감사할 때 쓰는 인사말)
69	☐	要求	yāoqiú	[명/동] 요구(하다)
70	☐	页	yè	[명] 쪽, 페이지

71	☐	引起	yǐnqǐ	[동] 야기하다, 불러일으키다
72	☐	意见	yìjiàn	[명] 의견
73	☐	一直	yìzhí	[부] 줄곧
74	☐	羽毛球	yǔmáoqiú	[명] 배드민턴
75	☐	原因	yuányīn	[명] 원인

76	☐	招聘会	zhāopìnhuì	[명] 채용박람회
77	☐	整理	zhěnglǐ	[동] 정리하다
78	☐	至少	zhìshǎo	[부] 적어도
79	☐	终于	zhōngyú	[부] 마침내
80	☐	重视	zhòngshì	[동] 중시하다

81	☐	专门	zhuānmén	[형] 전문적이다 [부] 전문적으로, 특별히, 일부러
82	☐	专业	zhuānyè	[명] 전공
83	☐	总结	zǒngjié	[동] 총 정리하다 [명] 최종 평가

단어와 뜻을 선으로 연결하면서 앞에서 학습한 4급 필수 어휘들을 확실하게 암기하고 넘어갑니다. 풀어 보는 것이 귀찮다면 적어도 **단어를 보고 무슨 뜻인지 생각**해 보길 바랍니다. 단어는 뜻을 떠올릴 수 없다면 공부를 안 한 것과 마찬가지이기 때문입니다.

1	按照 ànzhào		[동] 신청하다, 등록하다
2	报名 bàomíng		[부] 본래, 원래 [형] 본래의, 원래의
3	抱歉 bàoqiàn		[형] 미안해하다
4	本来 běnlái		[형] 표준적이다 [명] 기준, 표준
5	标准 biāozhǔn		[개] ~에 따라, ~대로

6	不过 búguò		[부] 그러나, 그런데 [동] ~에 불과하다
7	材料 cáiliào		[동] 프린트하다
8	吃惊 chījīng		[명] 팩스
9	传真 chuánzhēn		[동] 놀라다
10	打印 dǎyìn		[명] 자료, 재료

11	大夫 dàifu		[명] 케이크
12	蛋糕 dàngāo		[명] 의사
13	动作 dòngzuò		[명] 아동
14	儿童 értóng		[명] 동작
15	放弃 fàngqì		[동] 포기하다

16	份 fèn		[양] 부, 통, 벌, 세트
17	否则 fǒuzé		[동] 추측하다
18	刚 gāng		[명] 피아노
19	钢琴 gāngqín		[부] 방금, 막
20	估计 gūjì		[접] 그렇지 않으면

21	国际 guójì	[명]	교자, 만두
22	行 xíng	[형]	유능하다, 대단하다, ~해도 좋다, 가능하다, 다니다
23	坚持 jiānchí	[동]	건네다, 제출하다, 교제하다
24	交 jiāo	[동]	견지하다
25	饺子 jiǎozi	[명]	국제

26	教授 jiàoshòu	[명]	결과 [접] 결과적으로
27	竟然 jìngrán	[동]	설명하다
28	经理 jīnglǐ	[명]	사장, 매니저, 부장
29	结果 jiéguǒ	[명]	교수
30	解释 jiěshì	[부]	뜻밖에

31	计划书 jìhuàshū	[명]	쓰레기통
32	拒绝 jùjué	[형]	맵다
33	考虑 kǎolǜ	[동]	거절하다
34	辣 là	[동]	고려하다
35	垃圾桶 lājītǒng	[명]	계획서

36	厉害 lìhai	[형]	대단하다, 무섭다
37	理发 lǐfà	[명]	비밀번호
38	另外 lìngwài	[접]	그 밖에 [부] 별도로, 따로
39	密码 mìmǎ	[동]	이발하다
40	篇 piān	[양]	편(한 편의 글을 셈)

41	巧克力 qiǎokèlì	[명]	초콜릿
42	轻 qīng	[형]	가볍다
43	确实 quèshí	[동]	버리다, 던지다
44	缺少 quēshǎo	[동]	부족하다
45	扔 rēng	[부]	확실히, 정말로 [형] 확실하다

46	热闹 rènao	[동] 받다
47	申请表 shēnqǐngbiǎo	[명] 세기
48	实在 shízài	[부] 정말로, 참으로 [형] 실제하다
49	世纪 shìjì	[명] 신청서
50	收 shōu	[형] 떠들썩하다, 번화하다

51	顺便 shùnbiàn	[형] 잘 알다, 익숙하다 [동] 충분히 알다
52	熟悉 shúxī	[부] 하는 김에
53	塑料袋 sùliàodài	[동] 들다
54	随便 suíbiàn	[명] 비닐봉지
55	抬 tái	[동] 마음대로 하다 [형] 제멋대로이다

56	讨论 tǎolùn	[명] 조건
57	提 tí	[동] 제기하다, 제시하다
58	提前 tíqián	[동] 일깨우다
59	条件 tiáojiàn	[동] 토론하다
60	提醒 tíxǐng	[동] (시간 등을) 앞당기다, 미리

61	填 tián	[부] 매우
62	挺 tǐng	[동] 채우다, 기입하다
63	突然 tūrán	[명] 온도
64	温度 wēndù	[부] 갑자기 [형] 갑작스럽다
65	危险 wēixiǎn	[형] 위험하다

66	握手 wòshǒu	[형] 고생스럽다 [동] 수고롭게 하다
67	误会 wùhuì	[명] 쪽, 페이지
68	辛苦 xīnkǔ	[동] 악수하다
69	要求 yāoqiú	[명/동] 요구(하다)
70	页 yè	[명/동] 오해(하다)

71	引起 yǐnqǐ	[동]	야기하다, 불러일으키다
72	意见 yìjiàn	[명]	배드민턴
73	一直 yìzhí	[명]	원인
74	羽毛球 yǔmáoqiú	[명]	의견
75	原因 yuányīn	[부]	줄곧

76	招聘会 zhāopìnhuì	[명]	채용박람회
77	整理 zhěnglǐ	[동]	중시하다
78	至少 zhìshǎo	[부]	마침내
79	终于 zhōngyú	[부]	적어도
80	重视 zhòngshì	[동]	정리하다

81	专门 zhuānmén	[명]	전공
82	专业 zhuānyè	[동] 총 정리하다 [명] 최종 평가	
83	总结 zǒngjié	[형] 전문적이다 [부] 전문적으로, 특별히, 일부러	

문장 순서 배열하기

출제 원리와 공략법

〈독해 2부분〉은 세 개의 문장을 의미상으로 또 논리적으로 올바르게 나열하는 문제입니다. 〈독해 1부분, 3부분〉은 대부분 해석만으로 풀 수 있는 문제인 반면, 〈독해 2부분〉의 몇몇 문제는 비교적 정교하게 따져야 풀 수가 있습니다. 이때 접속사, 대명사, 부사 등을 활용해야 하는데요. 이 부분은 앞으로 5급, 6급 학습에도 직접적인 영향을 미치게 되니 더욱 확실하게 학습해야 합니다.

● 출제 특징

- **문항 구성** : 10문제(56번~65번)
- **제시문(A, B, C)** : 세 개의 문장이나 구가 제시되며, 이들은 하나의 온전한 논리적 흐름으로 연결되어 있다.

● 출제 포인트

- 기본적인 해석을 통하여 논리적인 문장 전개를 이해할 수 있는가?
- 접속사 고정 격식, 대명사, 부사 등의 용법을 이해하는가?

● 3단계 풀이법

[1단계] 접부대(접속사, 부사, 대명사)를 활용해서 첫 문장으로 올 수 없는 문장을 찾아낸다.
[2단계] 남은 두 문장 중에서 첫 문장으로 가장 적절한 것을 선정한다.
[3단계] 남은 두 문장을 정리한다.

● 학생들이 가장 많이 하는 질문

"문장 순서 배열하기는 쉬운 문제는 쉬운데 어떤 문제는 정말 알쏭달쏭해요, 어떡하죠?"

〈독해 2부분〉 문제는 약간의 해석만으로도 풀리는 문제가 있고 또 '해석 + 기술적 풀이'를 해야만 정답을 맞힐 수 있는 문제가 있습니다. '기술적 풀이'에서 가장 대표적인 것이 접속사 고정 격식을 활용하는 것입니다. 예를 들어 앞에 '虽然'이 나오면 뒷절에는 반드시 '但是'나 '却' 등이 나오는 방식인 거죠. 그 외에도 부사나 대명사를 활용하는 방법이 있는데 '접부대'라고 이름 지었습니다. 따라서 〈전략 학습〉에 나오는 기술적 풀이에 대한 노하우를 잘 습득한다면 감으로 풀 때의 애매한 느낌은 사라지고 마치 퍼즐을 맞추듯 딱딱 들어맞는 느낌으로 정답을 고를 수 있게 될 겁니다.

● 학습 전략

- 〈주어 + 술어 + 목적어〉 위주의 정확한 해석
- 접속사, 부사를 통한 문장끼리의 의미상 연결성 이해
- 〈실전 연습 문제〉 뒤의 〈4급 필수 어휘 정리〉 활용으로 단어 복습

 신속 정확한 풀이

기출문제 분석

독해 2부분 문장 순서 배열하기

〈독해 2부분〉은 대부분 **대략적인 해석**만으로도 풀 수 있습니다. 하지만 한두 문제는 **애매**하다고 느낄 수 있는데, 이때는 **주어, 접속사 고정 격식**과 **대명사**를 활용해 확실하게 풀 수 있습니다. 그럼 마치 **퍼즐을 맞추듯** 딱딱 떨어지는 느낌을 받을 수 있습니다. 아래 〈기출 맛보기〉는 기본적인 해석만으로 풀어 보고 〈전략 학습〉에서 더 체계적으로 풀 수 있는 방법을 소개합니다.

세 개의 문장을 순서대로 나열하세요.

A 这样我就可以及时了解国内外发生的大事了

B 我办了新闻手机报服务

C 每天都能收到经济、社会和国际等方面的新闻短信 _____

풀이 '这样(이렇게 하다)'은 '이렇게 하는 것'이 어떤 내용인지 앞에 나와야 하기 때문에 A는 첫 문장으로 올 수 없다. B는 '서비스를 만들었다'는 것이고 C는 '정보 문자 메시지를 받아 볼 수 있다'는 내용이다. 따라서 서비스를 만들었기 때문에 C가 가능한 것이므로 'B - C'가 된다. A에서 국내외 큰 사건들을 알 수 있으려면 문자를 받아야 (C) 하므로 A는 C 뒤에 온다.

정렬 B 我办了新闻手机报服务, C 每天都能收到经济、社会和国际等方面的新闻短信, A 这样我就可以及时了解国内外发生的大事了。

해석 B 나는 뉴스 핸드폰 신문 서비스를 만들었는데, C 매일 경제, 사회, 국제 등 방면의 뉴스 문자 메시지를 받아 볼 수 있다. A 이렇게 하면 나는 국내외에서 발생한 큰 일들을 제때에 이해할 수 있다.

정답 B C A

어휘 这样 zhèyàng [대] 이러하다, 이렇게 하다 | 及时 jíshí [부] 제때에, 바로 [형] 시기 적절하다 4급 | 了解 liǎojiě [동] 잘 알다, 알아보다, 이해하다 4급 | 发生 fāshēng [동] 발생하다 4급 | 新闻手机报 xīnwén shǒujībào 뉴스 핸드폰 신문 | 服务 fúwù [명] 서비스 | 收到 shōudào [동] (문자·편지·선물 등을) 받다 4급 | 经济 jīngjì [명] 경제 4급 | 社会 shèhuì [명] 사회 4급 | 国际 guójì [명] 국제 4급 | 方面 fāngmiàn [명] 방면 4급 | 短信 duǎnxìn [명] 문자 메시지 4급

전략 학습 : 기술적 풀이의 3원칙

독해 2부분 문장 순서 배열하기

독해 세 부분 중에서 **2부분이 가장 난이도가 높습니다.** 또한 이 부분은 나중에 5급, 6급 학습에도 지속적으로 영향을 미칠 정도로 **중요한 학습 내용**들을 포함하고 있습니다. 가장 **잘못된 풀이법**은 막연하게 해석으로만 문제를 푸는 것입니다. 정확한 풀이에는 **요령이 있습니다.** 그 구체적인 요령은 아래와 같은데요. 특히, **빈출 접속사 고정 격식**은 매우 중요하니 **확실하게 익혀** 두어야 합니다.

핵심 정리

1. 각 선택지 문장을 해석해 보고 논리적으로 연결해 본다.
2. 일부 단어가 있는 문장은 첫 문장으로 올 수 없다.
3. '접부대(접속사/부사/대명사)'를 활용한다.

1. 각 선택지 문장을 해석해 보고 논리적으로 연결해 본다.

〈독해 2부분〉은 접속사, 대명사, 부사 등을 이용한 쉬운 풀이법도 있지만 그 전에 해석을 통한 대강의 이해가 필요하다.

```
A  一看见医生就哭，他怎么都没想到
B  我长大后竟然会成为一名护士
C  爸爸说我小时候特别害怕打针                    _____
```

분석 C에서 주사 맞는 것을 **두려워했다**고 했으므로 뒤에 오는 A에서 **구체적으로 어떻게 두려워했는지**(의사만 보면 울기) 설명이 나왔다. '没想到' 뒤에는 무엇을 생각하지 못했는지가 **나와야** 하기 때문에 내용상 B가 오는 것이 알맞다.

정렬 C 爸爸说我小时候特别害怕打针，A 一看见医生就哭，他怎么都没想到，B 我长大后竟然会成为一名护士。

해석 C 아빠가 말하길 나는 어릴 때 주사 맞는 것을 특히 무서워해, A 의사만 보면 울어서 그는 절대로 생각지 못했다고 한다. B 내가 자라서 뜻밖에 간호사가 될 줄을.

정답 C A B

어휘 长大 zhǎngdà [동] 성장하다, 다 자라다 3급 | 竟然 jìngrán [부] 뜻밖에 4급 | 成为 chéngwéi [동] ~이 되다 4급 | 护士 hùshi [명] 간호사 4급 | 害怕 hàipà [동] 두려워하다 3급 | 打针 dǎzhēn [동] 주사를 맞다 4급

꿀팁 고정 격식 〈S₁ + 没想到 + S₂ + 竟然~〉: S₁은 S₂가 뜻밖에 ~할 줄은 생각지 못했다 (S = 주어)

2. 일부 단어가 있는 문장은 첫 문장으로 올 수 없다.

〈독해 2부분〉 풀이에서 가장 중요한 것은 **어느 문장이 첫 문장으로 오는가** 하는 것이다. 즉 첫 문장이 될 수 없는 선택지를 골라 낼 수 있다면 풀이는 훨씬 쉬워진다. 아래 어휘가 들어 있는 문장은 **첫 문장에서 제외시켜야** 한다. 일일이 다 외울 수 없으니 '**접부대(접속사, 부사, 대명사)**'라고 외우고, 이들이 왜 첫 문장으로 올 수 없는지를 이해하도록 한다.

○ 첫 문장이 될 수 없게 만드는 어휘들

	어휘	예문
접속사	• 可是 / 但(是) / 不过 / 然而 그러나 ★ • 所以 / 因此 / 于是 그래서 • 而 그러나, 그리고 • 然后 그런 후에, 그런 다음에 • 因为 / 由于 왜냐하면 ★ • 而且 게다가 • 否则 그렇지 않으면 ★ • 那么 그러면 ★	他很年轻，可是遇到问题很冷静。 그는 매우 젊다. 그러나 문제에 부딪히면 매우 차분하다. 这台电脑的特点是很小、很轻，而且上网速度也很快。 이 컴퓨터의 특징은 매우 작고 가볍다. 게다가 인터넷 속도도 빠르다.
대명사	• 该 이(=这) • 它 그(사물을 대신 가리킴) ★ • 它们 그것들 / 他(们) 그(들) • 其中 그중 • 其他 기타, 다른 • 那时 / 那时候 그때 ★ • 那儿 거기, 그곳 ★ • 这样 이렇게, 이렇게 하다 • 那样 그렇게, 그렇게 하다	这种植物长得很快，经过短短一个星期，它就长满了这面墙。 이 식물은 매우 빨리 자란다. 짧은 일주일이 지나고, 그것은 이 벽을 가득 덮었다. 让我们一起举杯祝贺这对新人，希望他们在今后的生活中永远幸福。 우리 함께 잔을 들어 이 신혼 부부를 축하합시다. 그들이 앞으로의 생활에서 영원히 행복하도록 바랍니다.

독해 2부분 165

부사	• 却 오히려 ★ • 都 모두, 다 • 还 또, 그리고, 여전히 ★ • 也 역시, 또한 ★ • 就 바로, 곧 • 甚至 심지어 • 至少 적어도 • 实际上 실제로	广告会介绍一样东西的优点，却不会说它的缺点。 광고는 한 가지 물건의 장점을 소개한다. 하지만 그것의 단점은 말하지 않을 것이다. 堵车时正好可以休息一下，还可以听听自己喜欢的音乐。 차가 막힐 때 때마침 쉴 수 있고, 또한 자신이 좋아하는 음악을 들을 수도 있다.
기타	• 后来 후에 ★ • 例如 예를 들어 ★ • 到时候 그때가 되면 • 尤其是 특히 • 相反 반대로	有些东西是钱买不到的，例如生命、爱情和幸福等。 어떤 것들은 돈으로 살 수 없는데, 예를 들면 생명, 사랑과 행복 등이다.

실전 적용하기

A 对于中国人来说
B 到那时人们会举行各种各样的迎新年活动
C 春节是一年之中最重要的节日

풀이 분명한 것은 B의 '那时'는 A의 '春节'를 가리키기 때문에 **B는 A 뒤쪽에 와야 한다**는 것이다. 'C-B'를 연결해 놓고 보면 자연스럽게 A는 이들 문장 맨 앞에 와야 함을 알 수 있다.

정렬 A 对于中国人来说，C 春节是一年之中最重要的节日，B 到那时人们会举行各种各样的迎新年活动。

해석 A 중국인에게 있어서 C 춘절은 일년 중 가장 중요한 명절이다. B 그때가 되면 사람들은 각종 새해맞이 행사를 열 것이다.

| 정답 | A C B

| 어휘 | 对于~来说 duìyú~láishuō ~ 입장에서 말하자면, ~가 | 到那时 dào nàshí 그때가 되어 | 举行 jǔxíng [동] 거행하다 4급 | 各种各样 gè zhǒng gè yàng 각양각색의 | 迎新年 yíng xīnnián 새해를 맞다 | 活动 huódòng [명] 활동, 행사 [동] 활동하다 4급 | 之中 zhīzhōng ~의 가운데에, ~ 속에 | 节日 jiérì [명] 명절 3급

3. '접부대(접속사/부사/대명사)'를 활용한다.

접속사의 고정 격식을 알면 해석 없이 **호응 관계**만으로도 앞뒤 순서를 예상할 수 있다. 무조건 **해석 없이 기계적으로** 고정 격식으로만 풀라는 것이 아니라, 모르는 단어가 있는 경우 이 **고정 격식을 이용해서 정답을 유추**할 수 있다는 것이다.

A 但世界上还有很多是钱买不到、也换不来的

B 钱虽然能买到很多东西

C 例如生命、爱情、友谊和时间

| 분석 | '例如(예를 들어)' 때문에 C는 첫 문장이 될 수 없다. 〈虽然~但~〉(비록 A이지만 B이다) 고정 격식에 따라 결국 B가 첫 문장이 되고 A가 그 뒤에 따라온다. C는 마지막 문장이 된다.

| 정렬 | B 钱虽然能买到很多东西, A 但世界上还有很多是钱买不到、也换不来的, C 例如生命、爱情、友谊和时间。

| 해석 | B 돈은 비록 많은 것을 살 수 있지만, A 세상에는 또 많은 것이 돈으로 살 수 없고 바꿀 수도 없다. C 예를 들어 생명, 사랑, 우정과 시간이 그렇다.

| 정답 | B A C

| 어휘 | 换不来 huànbulái 바꿀 수 없다 3급 | 虽然 suīrán [접] 비록 ~이지만 2급 | 例如 lìrú [동] 예를 들다 4급 | 生命 shēngmìng [명] 생명 4급 | 友谊 yǒuyì [명] 우의, 우정 4급

○ 빈출 접속사 고정 격식

기계적인 암기보다는 **예문을 통해 이해**한 후, 학습 과정 중 접속사가 나올 때마다 **그때그때 다시 한번** 아래 표를 보며 호응 단어를 확인하는 것이 좋은 방법이다. 이 내용은 이후 5급, 6급 학습에도 직접적인 영향을 주므로 **성실하게 학습**하도록 하자.

고정 격식	예문
既 A 也/又/还 B A이면서 또한 B이기도 하다	他既没有车也没有房子。 그는 차도 없고 집도 없다.
只有 A 才 B 오직 A해야만 비로소 B하다	我们公司只有星期天才休息。 우리 회사는 오직 일요일에만 비로소 쉰다.
只要 A 就/便 (단지) A하기만 하면 B이다	只要你开心，我就行了。 너만 즐거우면 나는 괜찮아.
即使 A 也 B 설령 A일지라도 B이다	即使失败了，也没关系。 설령 실패한다 해도 괜찮아.
虽然/尽管 A, 但(是)/可(是)/不过/ 然而/却/还是 B 비록 A이지만 B이다	尽管很辛苦，但是很有意思。 비록 힘들지만 매우 재미있다. 虽然是冬天，却很温暖。 비록 겨울이지만 (오히려) 따뜻하다.

▶ 뒷절에 주어가 있을 경우 '但/然而'은 접속사이기 때문에 주어 앞에 오고, '却'는 부사이기 때문에 주어 뒤에 온다. 둘 다 함께 써도 되고 어느 하나만 써도 된다.

如果 A, 那么 + (S) + 就/将/会 B 만약 A이면 S는 B할 것이다	如果明天下雨，我就不去了。 만일 내일 비가 오면 나는 안 가. 如果你不好好吃饭，那么你就不会长高。 만일 밥을 잘 먹지 않으면, 너는 키가 크지 않을 것이다.

▶ 주어(S)가 있을 경우 '那么'는 주어 앞에, '就', '将', '会' 등은 주어 뒤에 온다.

不管 A, 都 B A에 관계없이 모두 B하다	不管结果怎么样，我都会努力去做。 결과가 어떻든 나는 모두 열심히 할 것이다. 无论是谁，都会有缺点。 누구든지 모두 단점이 있을 수 있다.

▶ '不管' 대신에 '无论', '不论' 등도 올 수 있고, '都' 대신 '总', '一定'이 올 수도 있다.

既然 A, (那/那么)就 B 기왕 A라면 (그러면) 곧 B이다	既然你决定了，那我就尊重你的选择。 기왕 네가 결정했으니, (그러면) 나는 네 선택을 존중할게.

▶ 뒷절에 주어가 있을 경우 '那'는 접속사이기 때문에 주어 앞에 오고, '就'는 부사이기 때문에 주어 뒤에 온다. 둘 다 함께 쓰거나 하나만 써도 된다.

不但A，而且/也/还B A일 뿐만 아니라 게다가 B이다	他不但会说英语，而且还会说汉语。 그는 영어를 할 수 있을 뿐만 아니라, 중국어도 할 수 있다. 天气非常不好，不但下雨，还刮风。 날씨가 매우 좋지 않아, 비가 올 뿐 아니라 바람까지 분다.

▶ '不但' 뿐만 아니라 '不仅', '不光'도 올 수 있다.
▶ 뒷절에 주어가 있을 경우 '而且'는 접속사이기 때문에 주어 앞에 오고, '也'와 '还'는 부사이기 때문에 주어 뒤에 온다. 둘 다 함께 써도 되고 어느 하나만 써도 된다.

실전 적용하기

```
A  懂得互相信任和尊重才是最重要的
B  两个人既然决定共同生活
C  那么，只有浪漫和新鲜感是不够的         _____
```

풀이 〈既然 A 那(么) B〉는 '기왕 A했으니 B하다'는 고정 격식에 따라 C는 B 뒤에 온다는 것을 알 수 있다. C에서 '낭만과 신선감으로는 부족하다'고 했으므로 그럼 뒤에는 '더 중요한 것이 무엇(상호 신뢰와 존중)이다'라고 설명하는 A가 와야 한다.

정렬 B 两个人既然决定共同生活，C 那么，只有浪漫和新鲜感是不够的，A 懂得互相信任和尊重才是最重要的。

해석 B 두 사람이 기왕 함께 생활하기로 결정했으면, C 그렇다면 오직 낭만과 신선함만으로는 충분하지 않다. A 서로 신뢰하고 존중할 줄 아는 것이 가장 중요하다.

정답 B C A

어휘 互相 hùxiāng [부] 서로 4급 | 信任 xìnrèn [동] 신임하다, 믿다 4급 | 尊重 zūnzhòng [동] 존중하다 4급 | 既然 jìrán [접] 기왕 ~이라면 4급 | 共同 gòngtóng [형] 공통의, 공동의 4급 | 浪漫 làngmàn [형] 낭만적이다 4급 | 新鲜 xīnxiān [형] 신선하다 3급

꿀팁 '既然'은 '那(么)' 외에도 '就'와도 자주 호응한다!
'那(么)'는 **접속사**이기 때문에 **뒷절 맨 앞**에 오고, '就'는 **부사**이기 때문에 **주어 뒤**에 온다는 것이 다르다.
· 既然大家都同意了，那我就说了吧。 기왕 모두가 동의했으니 그럼 내가 말할게요.

실전 연습 문제 1   제한 시간 3분(문제당 1분)

第 1-3 题: 排列顺序。

1. A 在所有这些课中

    B 这个学期我一共选了 5 门课

    C 我最喜欢的是中国音乐史   _____

2. A 但科学家发现，老虎其实是游泳高手

    B 它们甚至能游数十公里那么远

    C 很多人以为老虎不会游泳   _____

3. A 北方秋天很干燥，你刚来

    B 觉得不适应很正常

    C 每天多喝水，习惯了就不会那么难受了   _____

실전 연습 문제 2

제한 시간 3분(문제당 1분)

第1-3题：排列顺序。

1. A 每个人都会死去

   B 是电影《勇敢的心》里面很精彩的一句话

   C 但不是每个人都真正活过　　　　＿＿＿＿＿＿＿＿＿

2. A 学习时，不光要知道答案是什么

   B 只有这样，才能把问题真正弄懂

   C 还要弄清楚答案究竟是怎么得来的　　　＿＿＿＿＿＿＿＿＿

3. A 后来就交给我来做了

   B 由于他突然生病住院了

   C 这次招聘会本来是由小李负责的　　　＿＿＿＿＿＿＿＿＿

실전 연습 문제 3

제한 시간 3분(문제당 1분)

第1-3题: 排列顺序。

1. A 至少我们努力过

   B 即使失败了也没关系

   C 机会来了，就该主动去试一试 _____

2. A 飞往该市的好几趟航班

   B 昨晚19时南京市突然下起了大雨

   C 都不得不推迟起飞 _____

3. A 实际上，很多问题的答案都可以从生活中找到

   B 课本上的知识并不能解决我们遇到的所有问题

   C 但这需要我们用眼睛去发现，用心去总结 _____

실전 연습 문제 4

제한 시간 3분(문제당 1분)

第 1-3 题: 排列顺序。

1. A 要是去了西安而没有去那儿尝尝小吃

   B 那条小吃街在西安很有名，很多人都说

   C 就不能说自己到过西安　　　　　　　　　　_____

2. A 然而要想别人理解你

   B 你首先要学会理解别人，并且尊重别人的看法

   C 几乎所有人都希望得到他人的理解　　　　　_____

3. A 随着互联网的发展

   B 它已经成为了人们生活中不可缺少的一部分

   C 网上购物变得越来越普遍　　　　　　　　　_____

4급 필수 어휘 정리 ❷

〈독해 2부분〉에서 나왔던 여러 단어들 중에서 **4급 필수 어휘**만 모았습니다. 단어들을 차례로 쭉 훑어보면서 **모르는 단어는 체크**해서(☑) 암기된 것과 그렇지 않은 것들을 **구분**해 놓습니다. 다 훑어보고 나면 **다시 처음으로 돌아와** 체크된 비암기 단어들의 해석을 가리고 스스로 뜻을 떠올려 봅니다.

1	☐ 并且	bìngqiě	[접] 게다가, 그리고
2	☐ 不得不	bùdébù	[부] 부득불, 어쩔 수 없이
3	☐ 部分	bùfen	[명] 부분
4	☐ 尝	cháng	[동] 맛보다
5	☐ 成为	chéngwéi	[동] ~이 되다
6	☐ 答案	dá'àn	[명] 답안, 정답
7	☐ 打针	dǎzhēn	[동] 주사를 맞다
8	☐ 短信	duǎnxìn	[명] 문자 메시지
9	☐ 方面	fāngmiàn	[명] 방면
10	☐ 发生	fāshēng	[동] 발생하다
11	☐ 发展	fāzhǎn	[동] 발전하다
12	☐ 负责	fùzé	[동] 책임지다
13	☐ 公里	gōnglǐ	[명] 킬로미터
14	☐ 共同	gòngtóng	[형] 공통의, 공동의
15	☐ 购物	gòuwù	[동] 물건을 사다
16	☐ 国际	guójì	[명] 국제
17	☐ 航班	hángbān	[명] 항공편, 운항편
18	☐ 后来	hòulái	[명] 이후, 후에
19	☐ 护士	hùshi	[명] 간호사
20	☐ 互相	hùxiāng	[부] 서로
21	☐ 活动	huódòng	[명] 활동, 행사 [동] 활동하다
22	☐ 互联网	hùliánwǎng	[명] 인터넷
23	☐ 精彩	jīngcǎi	[형] 훌륭하다, 멋지다, 재미있다

24	☐	经济	jīngjì	[명] 경제
25	☐	及时	jíshí	[부] 제때에, 바로 [형] 시기적절하다

26	☐	既然	jìrán	[접] 기왕 ~이라면
27	☐	即使	jíshǐ	[접] 설령 ~일지라도
28	☐	竟然	jìngrán	[부] 뜻밖에
29	☐	交给	jiāogěi	[동] ~에게 맡기다
30	☐	究竟	jiūjìng	[부] 도대체

31	☐	举行	jǔxíng	[동] 거행하다
32	☐	看法	kànfǎ	[명] 견해
33	☐	科学家	kēxuéjiā	[명] 과학자
34	☐	浪漫	làngmàn	[형] 낭만적이다
35	☐	理解	lǐjiě	[동] 이해하다

36	☐	例如	lìrú	[동] 예를 들다
37	☐	了解	liǎojiě	[동] 잘 알다, 알아보다, 이해하다
38	☐	难受	nánshòu	[형] 괴롭다, 힘들다
39	☐	弄	nòng	[동] 하다
40	☐	普遍	pǔbiàn	[형] 보편적이다

41	☐	其实	qíshí	[부] 사실(은)
42	☐	缺少	quēshǎo	[동] 부족하다
43	☐	然而	rán'ér	[접] 그러나
44	☐	生命	shēngmìng	[명] 생명
45	☐	社会	shèhuì	[명] 사회

46	☐	甚至	shènzhì	[부] 심지어
47	☐	失败	shībài	[동] 실패하다
48	☐	实际	shíjì	[형] 실제의 [명] 실제
49	☐	适应	shìyìng	[동] 적응하다
50	☐	收	shōu	[동] (문자·편지·선물 등을) 받다

51	☐	首先	shǒuxiān	[부] 먼저, 우선 [대] 첫째(로)
52	☐	随着	suízhe	[동] ~함에 따라
53	☐	所有	suǒyǒu	[형] 모든
54	☐	趟	tàng	[양] 번(왕복 횟수를 셈)
55	☐	突然	tūrán	[부] 갑자기 [형] 갑작스럽다
56	☐	推迟	tuīchí	[동] 연기하다, 미루다
57	☐	小吃	xiǎochī	[명] 간식거리
58	☐	信任	xìnrèn	[동] 신임하다, 믿다
59	☐	学期	xuéqī	[명] 학기
60	☐	要是	yàoshì	[접] 만일
61	☐	要想	yàoxiǎng	[접] 만약 ~를 하고 싶다면
62	☐	一共	yígòng	[부] 총, 모두
63	☐	以为	yǐwéi	[동] ~라고 (잘못) 생각하다
64	☐	勇敢	yǒnggǎn	[형] 용감하다
65	☐	由	yóu	[개] ~가(+ 행위의 주체), ~로부터(=从)
66	☐	由于	yóuyú	[접] ~ 때문에
67	☐	友谊	yǒuyì	[명] 우의, 우정
68	☐	招聘会	zhāopìnhuì	[명] 채용박람회
69	☐	正常	zhèngcháng	[형] 정상적이다, 정상의
70	☐	真正	zhēnzhèng	[형] 진정한 [부] 정말로, 진짜
71	☐	至少	zhìshǎo	[부] 적어도
72	☐	总结	zǒngjié	[동] 총 정리하다
73	☐	尊重	zūnzhòng	[동] 존중하다

단어와 뜻을 선으로 연결하면서 앞에서 학습한 4급 필수 어휘들을 확실하게 암기하고 넘어갑니다. 풀어 보는 것이 귀찮다면 적어도 **단어를 보고 무슨 뜻인지 생각해 보길** 바랍니다. 단어는 뜻을 떠올릴 수 없다면 공부를 안 한 것과 마찬가지이기 때문입니다.

1	并且 bìngqiě	[명] 부분
2	不得不 bùdébù	[동] ~이 되다
3	部分 bùfen	[접] 게다가, 그리고
4	尝 cháng	[동] 맛보다
5	成为 chéngwéi	[부] 부득불, 어쩔 수 없이

6	答案 dá'àn	[명] 문자 메시지
7	打针 dǎzhēn	[동] 발생하다
8	短信 duǎnxìn	[명] 답안, 정답
9	方面 fāngmiàn	[명] 방면
10	发生 fāshēng	[동] 주사를 맞다

11	发展 fāzhǎn	[동] 물건을 사다
12	负责 fùzé	[명] 킬로미터
13	公里 gōnglǐ	[형] 공통의, 공동의
14	共同 gòngtóng	[동] 책임지다
15	购物 gòuwù	[동] 발전하다

16	国际 guójì	[명] 이후, 후에
17	航班 hángbān	[부] 서로
18	后来 hòulái	[명] 국제
19	护士 hùshi	[명] 항공편, 운항편
20	互相 hùxiāng	[명] 간호사

21	活动 huódòng	[형] 훌륭하다, 멋지다, 재미있다
22	互联网 hùliánwǎng	[명] 경제
23	精彩 jīngcǎi	[명] 활동, 행사 [동] 활동하다
24	经济 jīngjì	[명] 인터넷
25	及时 jíshí	[부] 제때에, 바로 [형] 시기적절하다

26	既然 jìrán	[접]	기왕 ~이라면
27	即使 jíshǐ	[접]	설령 ~일지라도
28	竟然 jìngrán	[부]	뜻밖에
29	交给 jiāogěi	[동]	~에게 맡기다
30	究竟 jiūjìng	[부]	도대체

31	举行 jǔxíng	[명]	과학자
32	看法 kànfǎ	[형]	낭만적이다
33	科学家 kēxuéjiā	[동]	이해하다
34	浪漫 làngmàn	[명]	견해
35	理解 lǐjiě	[동]	거행하다

36	例如 lìrú	[형]	괴롭다, 힘들다
37	了解 liǎojiě	[형]	보편적이다
38	难受 nánshòu	[동]	예를 들다
39	弄 nòng	[동]	잘 알다, 알아보다, 이해하다
40	普遍 pǔbiàn	[동]	하다

41	其实 qíshí	[동]	부족하다
42	缺少 quēshǎo	[부]	사실(은)
43	然而 rán'ér	[명]	사회
44	生命 shēngmìng	[접]	그러나
45	社会 shèhuì	[명]	생명

46	甚至 shènzhì	[형]	실제의 [명] 실제
47	失败 shībài	[동]	받다
48	实际 shíjì	[부]	심지어
49	适应 shìyìng	[동]	적응하다
50	收 shōu	[동]	실패하다

51	首先 shǒuxiān	[양] 번(왕복 횟수를 셈)
52	随着 suízhe	[형] 모든
53	所有 suǒyǒu	[동] ~함에 따라
54	趟 tàng	[부] 먼저, 우선 [대] 첫째(로)
55	突然 tūrán	[부] 갑자기 [형] 갑작스럽다

56	推迟 tuīchí	[명] 학기
57	小吃 xiǎochī	[접] 만일
58	信任 xìnrèn	[동] 신임하다, 믿다
59	学期 xuéqī	[동] 연기하다, 미루다
60	要是 yàoshì	[명] 간식거리

61	要想 yàoxiǎng	[형] 용감하다
62	一共 yígòng	[개] ~가(+ 행위의 주체)
63	以为 yǐwéi	[동] ~라고 (잘못) 생각하다
64	勇敢 yǒnggǎn	[형] 만약 ~를 하고 싶다면
65	由 yóu	[부] 모두

66	由于 yóuyú	[형] 정상적이다, 정상의
67	友谊 yǒuyì	[명] 채용박람회
68	招聘会 zhāopìnhuì	[명] 우의, 우정
69	正常 zhèngcháng	[접] ~ 때문에
70	真正 zhēnzhèng	[형] 진정한 [부] 정말로, 진짜

71	至少 zhìshǎo	[동] 존중하다
72	总结 zǒngjié	[부] 적어도
73	尊重 zūnzhòng	[동] 총 정리하다

독해 3부분

지문 읽고 질문에 답하기

출제 원리와 공략법

〈독해 3부분〉은 2~3줄 정도의 지문에서 질문에 알맞은 정답을 찾아내는 문제입니다. 정답은 주로 지문 속 단어나 표현을 거의 그대로 제시하지만, 또한 의미는 같지만 완전히 다른 단어를 이용하기도 합니다. 즉, 지문을 이해한 후 종합적으로 판단하여 지문과 다르게 표현된 선택지를 정답으로 고를 수 있어야 합니다.

● 출제 특징
- 문항 구성 : 20문제(66번~85번)
- 제시문 : 2~3줄의 짧은 한 편에 한 문제(66번~79번) 또는 두 문제(80번~85번)가 제시된다.
- 선택지(A, B, C, D) : 주로 4급 필수 어휘로 구성된다.

● 출제 포인트
- 짧은 시간 안에 질문에 필요한 내용을 찾아낼 수 있는가?
- 주제를 이해하며 신속하게 해석할 수 있는가?

● 3단계 풀이법
[1단계] 질문을 이해하고 키워드를 찾는다.
[2단계] 지문 속에서 질문의 키워드나 관련 정보를 신속하게 찾는다.
[3단계] 주제를 이해하려 노력하고 특정 단어에 특히 주의해서 해석한다.

● 학생들이 가장 많이 하는 질문

"시간만 충분하면 다 풀 수 있는데 시간이 부족해요, 어떡하죠?"

최대한 짧은 시간 안에 문제를 모두 풀 수 있으려면 일단 풀이 방법이 매우 중요합니다. 먼저 질문에서 요구하는 정보가 무엇인지 확인(질문 키워드 체크) 후 지문 속에서 관련 정보를 빨리 찾아내야 합니다. 이 과정에서 무엇보다 주제를 파악하는 것이 가장 중요합니다. 왜냐하면 출제 위원들은 질문을 만들 때 항상 주제와 관련 있는 유의미한 부분을 이해했는지 확인하기 때문입니다. 물론 4급 필수 어휘의 뜻 암기는 기본이겠죠?

● 학습 전략
- 신속하게 질문의 키워드 체크
- 〈실전 연습 문제〉 뒤의 〈4급 필수 어휘 정리〉 활용으로 단어 복습

신속 정확한 풀이

기출문제 분석

독해 3부분 지문 읽고 질문에 답하기

〈독해 3부분〉은 질문에서 요구하는 **세부 정보**와 **주제**를 최대한 **신속하게 파악**하는 능력이 필요합니다. 아래 〈기출 맛보기〉는 기본적인 해석으로 풀어 보고, 〈전략 학습 1, 2〉에서 **특정 단어를 활용한 풀이 비법을 학습**해 문제 풀이에 적용하도록 합니다.

지문을 읽고 질문에 맞는 알맞은 답안을 고르세요.

> 应聘时，人们往往会紧张，这时一定要试着让自己冷静下来。回答问题时，语速不要太快，声音也不要太小，别让紧张的心情影响了自己。
>
> ★ 面试时要注意什么？
>
>   A 要有礼貌　　B 别太紧张　　C 介绍要详细　　D 别打扰别人

해석 채용에 지원할 때 사람들은 종종 긴장할 수 있는데 이때는 반드시 스스로 냉정해지도록 해야 한다. 질문에 대답할 때 말의 속도는 너무 빨라서는 안 되며, 목소리도 너무 작아서는 안 되며, 긴장된 마음이 자신에게 영향을 주게 해서는 안 된다.

  ★ 면접에서 중요한 것은 무엇인가?
  A 예의 있어야 한다　　　　　　B 너무 긴장하지 마라
  C 소개는 상세해야 한다　　　　D 다른 사람을 방해하지 마라

풀이 첫 문장에서 '사람들은 종종 긴장한다(人们往往会紧张)' 부분을 보고 이 글의 **주제**는 '긴장하면 안 된다'라는 것을 눈치챌 수 있어야 한다. 또 뒷절에서 냉정해야 한다(冷静下来)고 나와 있으므로 역시 정답은 B라는 것을 확신할 수 있다.

정답 B

어휘 应聘 yìngpìn [동] 지원하다 4급 | 往往 wǎngwǎng [부] 종종 4급 | 紧张 jǐnzhāng [형] 긴장하다, (물품이) 부족하다 4급 | 试着 shìzhe 한번 시도해 보다 3급 | 冷静 lěngjìng [형] 냉정하다, 침착하다 4급 | 语速 yǔsù [명] 말의 속도 | 声音 shēngyīn [명] 소리 3급 | 影响 yǐngxiǎng [명/동] 영향(을 주다) 3급 | 礼貌 lǐmào [형] 예의 있다 [명] 예의 4급 | 介绍 jièshào [동] 소개하다 4급 | 详细 xiángxì [형] 상세하다 4급 | 打扰 dǎrǎo [동] 방해하다, 귀찮게 하다 4급

전략 학습 1 : 선별식 독해

독해 3부분 지문 읽고 질문에 답하기

어느 한 부분만을 보고 정답을 고른다면 자칫 함정에 빠질 수 있습니다. 하지만 일부 **특정 단어가 이끄는 문장**은 반드시 중요한 내용을 담고 있습니다. **이들 단어를 잘 활용**하면 전체 내용을 **다 읽지 않고도 신속하게 정답**을 찾을 수 있는 '**선별식 독해**'를 할 수 있습니다. 만일 시간에 쫓기는 상황이라면 이 방법이 효율적으로 문제를 푸는 데 큰 도움이 될 것입니다.

핵심 정리

1. 첫 문장에 힌트가 있다.
2. '但' 뒤에 힌트가 있다.
3. 질문 키워드 우선 체크로 필요한 정보만 빨리 찾아낸다.
4. 정답은 다른 단어나 방식으로 표현되는 경우도 있다.
5. 종합 추론형 최상 난이도 문제들

1. 첫 문장에 힌트가 있다.

2~3줄이 되는 내용에서 첫 문장은 아무렇게나 시작하지 않는다. 그래서 **첫 문장만 보고도 전체 내용이나 주제를 짐작**해 볼 수 있는 경우가 많다. 마치 **코끼리의 코만 보고도 '이 동물은 코끼리일 것이다'라고 추론**할 수 있는 것과 같다. 아래의 〈기출 분석하기〉를 통해 어떻게 첫 문장만으로 정답을 고를 수 있는지 확인해 보고, 〈실전 적용하기〉를 통해서 경험과 노하우를 축적해 보자.

> (地球上的气候真有趣)：有的地方一年四季都可以见到雪，而有的地方却从来不下雪；同样是 3 月，有的地方树还没长出新叶子，有的地方却已到处开满鲜花。
>
> ★ 这段话通过举例来说明地球的气候：
>
> A 没有区别　　B 很有意思　　C 污染严重　　D 变化不大

해석 지구상의 기후는 정말 재미있다. 어떤 곳은 일 년 사계절 모두 눈을 볼 수 있지만 어떤 곳은 오히려 좀처럼 눈이 내리지 않는다. 똑같은 3월인데 어떤 곳은 나무에 새잎이 아직 나지 않았는데 어떤 곳은 오히려 이미 곳곳에 꽃이 만개했다.

★ 이 글은 예를 들어 지구의 기후를 설명하기를:
A 차이가 없다　　　　　　　　B 매우 재미있다
C 오염이 심각하다　　　　　　D 변화가 크지 않다

분석 이 글은 먼저 첫 문장에서 주제를 제시하고 뒤에서 자세한 설명을 통해 주제를 뒷받침하고 있다. '有趣'는 '재미있다'는 뜻으로, '有意思'도 같은 의미이다.

정답 B

어휘 地球 dìqiú [명] 지구 4급 | 气候 qìhòu [명] 기후 4급 | 有趣 yǒuqù [형] 재미있다 4급 | 四季 sìjì [명] 사계 | 从来 cónglái [부] 여지껏, 지금껏 4급 | 同样 tóngyàng [형] 다름없다, 마찬가지이다 [접] 마찬가지로 4급 | 长 zhǎng [동] 자라다, 생기다, 나다 | 叶子 yèzi [명] 나뭇잎 4급 | 到处 dàochù [명] 도처, 여기저기 4급 | 开满 kāimǎn (꽃이) 가득 피다 | 鲜花 xiānhuā [명] 꽃, 생화

꿀팁

1. ' : ' (쌍점 : 冒号)의 용법
설명이 필요한 문장이나 단어 뒤에 쓰며, ' : ' 뒤에는 앞 문장의 의미를 자세하게 설명하는 내용이 나온다. 위 문장에서처럼 '지구의 날씨는 재미있다'는 것을 이해시키기 위해서 뒤에 길게 설명하는 문장이 이어지는 것을 확인할 수 있다.
◎ [문장 : 구체적인 설명]

2. ' ; ' (쌍반점 : 分号)의 용법
중국어 명칭 '分号(나누는 부호)'에서 느낄 수 있듯이 ' ; '는 **문장의 병렬 관계**를 나타낸다. 위 문장에서처럼 기후의 지역적 특징을 ' ; ' 앞에서는 '눈'을 예로 들어 표현했고, ' ; ' 뒤에서는 '꽃'으로 예를 들었다. 그리고 이 두 문장은 비슷한 구조를 가지고 있다. 이처럼 중국어에서 쌍반점(;)은 비슷한 구조를 가진 문장의 병렬 관계를 나열할 때 쓴다.
◎ [비슷한 구조의 문장 1 ; 비슷한 구조의 문장 2]

실전
적용하기

人一定要旅行，旅行能丰富你的经历，不仅会让你对很多事情有新的认识和看法，还能让你变得更自信。

★ 这段话主要谈的是：

　　A 旅游的好处　　B 说话的艺术　　C 阅读的作用　　D 知识的重要性

해석   사람은 반드시 여행을 해야 한다. 여행은 당신의 경험을 풍부하게 할 수 있어서 당신으로 하여금 많은 일들에 대해서 새로운 인식과 견해를 갖게 할 뿐만 아니라, 당신으로 하여금 더욱 자신감 있게 변하게 할 수 있다.

★ 이 글이 주로 말하고 있는 것은:
A 여행의 좋은 점   B 말하기의 기술
C 열독의 작용(효과)   D 지식의 중요성

풀이   질문에 '主要谈的'가 들어가는 것은 **제목을 묻는 문제**이다. 일반적으로 **제목 찾기 문제는 첫 문장에 힌트가 등장**한다. '사람은 반드시 여행을 해야 한다(人一定要旅行)'라는 첫 문장을 통해서 이 글은 **여행의 필요성이나 여행의 장점을 이야기할** 것임을 **예상**해 볼 수 있다.

정답   A

어휘   旅行 lǚxíng [명/동] 여행(하다) 4급 | 丰富 fēngfù [동] 풍부하게 하다 [형] 풍부하다 4급 | 经历 jīnglì [명] 경험 [동] 겪다, 경험하다 4급 | 不仅 bùjǐn [접] ~일 뿐만 아니라(=不但) 4급 | 认识 rènshi [동] (어떤 사람을) 알다, 인식하다 1급 | 看法 kànfǎ [명] 견해 4급 | 变得 biànde ~하게 변하다 | 自信 zìxìn [형] 자신 있다 [명] 자신감 4급 | 好处 hǎochù [명] 좋은 점, 장점 4급 | 艺术 yìshù [명] 기술, 예술 4급 | 阅读 yuèdú [동] 열독하다, (책이나 신문을) 보다 4급 | 作用 zuòyòng [명] 작용, 효과, 영향 4급

2. '但' 뒤에 힌트가 있다.

"귀엽게 생겼어요. 그런데 생각이 없어 보여요." 여기서 우리는 '귀엽게 생겼다'보다는 '**생각이 없어 보인다**'에 더 집중하게 된다. 물론 '생각이 없어 보인다'는 말 자체가 충격이 좀 큰 면도 있겠지만 일반적으로 '**그러나**' 뒤의 내용이 화자의 중심 내용이기 때문이다. 제한된 시간 안에 신속하게 문제를 풀기 위해서는 **중심 문장을 빨리 찾아낼 수 있어야** 한다. 그래서 가장 많이 쓰는 방법 중 하나가 **전환의 의미를 가진 단어 뒤를 더 주의 깊게 살펴보는 것**이다. 전환성 의미를 가진 단어들은 아래와 같다.

但(是) 그러나 / 可(是) 그러나 / 然而 그러나

其实 사실은 / 实际上 실제로는 / 却 오히려, 그러나 / 竟然 뜻밖에   **+ 중요 내용** ★

关键 관건의, 결정적인 작용을 하는 / 最 가장 / 最好 가장 좋기로는

我来中国一年多了，平时交流也没什么问题，大家都说我的汉语水平提高了很多，但我觉得我的语法还不太好，需要多学习。

★ 他想要：

A 多预习　　B 多写日记　　C 多学语法　　D 多了解中国文化

해석 나는 중국에 온 지 일 년이 넘었다. 평소 교류에도 별 문제가 없고 모두가 나의 중국어 실력이 많이 향상됐다고 말한다. 하지만 나는 나의 문법이 아직 그다지 좋지 않다고 느껴져서 많이 공부를 해야 할 것 같다.

★ 그가 하려고 하는 것은:
A 많이 예습하다
B 일기를 많이 쓰다
C 어법을 많이 공부한다
D 중국 문화를 많이 이해한다

분석 '但' 뒤에 어법이 그다지 좋지 않아서(语法还不太好) 공부해야겠다고(需要多学习) 했으므로 C가 정답이 된다.

정답 C

어휘 平时 píngshí [명] 평소 4급 | 交流 jiāoliú [동] 교류하다 4급 | 水平 shuǐpíng [명] 수준, 실력 3급 | 提高 tígāo [동] 향상되다, 향상시키다, 높이다 3급 | 语法 yǔfǎ [명] 어법 4급 | 预习 yùxí [동] 예습하다 4급 | 日记 rìjì [명] 일기 4급 | 了解 liǎojiě [동] 잘 알다, 이해하다, 알아보다 4급 | 文化 wénhuà [명] 문화 3급

很多时候，人们习惯根据过去的经验做事，但有时候也不能完全相信经验，而应该根据不同的情况选择不同的方法，这样才不容易出错。

★ 根据这段话，过去的经验：

A 更准确　　B 值得重视　　C 无法被证明　　D 不一定适合现在

해석 많은 경우에 사람들은 과거의 경험에 근거해서 일하는 것에 익숙하다. 하지만 때로는 경험을 완전히 믿어서는 안 되며, 각기 다른 상황에 근거하여 다른 방법을 선택해야 한다. 이렇게 해야 비로소 쉽게 실수하지 않는다.

★ 이 글에 따르면 과거의 경험은:

A 더욱 정확하다 B 중시할 가치가 있다
C 증명될 수 없다 D 반드시 현재에 적합한 것은 아니다

풀이 '但' 뒤의 내용에 좀 더 집중해야 한다. 100% 경험만 믿지 말고(不能完全相信经验) 상황에 따라(根据不同的情况) 다른 방법을 선택하라고 했다. 이것은 곧 과거의 경험이 꼭 현재에 맞는 것은 아니다는 것을 전제하고 하는 말이므로 D가 정답이 된다.

정답 D

어휘 习惯 xíguàn [명] 습관 [동] 습관이 되다, 익숙해지다 3급 | 根据 gēnjù [개] ~에 근거하여 [명] 근거 4급 | 经验 jīngyàn [명] 경험 4급 | 完全 wánquán [형] 완전하다 [부] 완전히 4급 | 相信 xiāngxìn [동] 믿다 3급 | 经验 jīngyàn [명] 경험 4급 | 选择 xuǎnzé [동] 선택하다 3급 | 出错 chūcuò [동] 실수하다, 잘못하다 | 准确 zhǔnquè [형] 정확하다 4급 | 值得 zhídé [동] ~할 가치가 있다 4급 | 重视 zhòngshì [동] 중시하다 4급 | 无法 wúfǎ [부] ~할 방법이 없다, ~할 수 없다 | 证明 zhèngmíng [동] 증명하다 4급 | 不一定 bùyídìng [부] 꼭 ~인 것은 아니다 4급 | 适合 shìhé [동] ~에 적합하다, ~에 알맞다 4급

有些人不管别人说什么, 只相信自己眼睛看见的东西, 并坚持认为自己的看法是对的。其实, 眼睛也可能会骗人, 有时候实际情况并不像我们看见的那样。

★ 这段话主要告诉我们:

A 不能难过   B 要多阅读   C 眼睛会骗人   D 要按时检查身体

해석 어떤 사람들은 다른 사람이 뭐라고 말하든 자신의 눈으로 본 것만 믿으면서 계속해서 자신의 견해가 옳다고 생각한다. 사실, 눈도 사람을 속일 수 있어서 때로는 실제 상황도 결코 우리가 보는 것처럼 그렇지가 않다.

★ 이 글이 주로 우리에게 말하고자 하는 것은:

A 슬퍼해서는 안 된다 B 독서를 많이 해야 한다
C 눈은 사람을 속일 수 있다 D 제때에 신체를 검사해야 한다

[풀이] '主要告诉'가 들어가면 **주제를 묻는 문제**이다. '其实'는 앞 문장과 반대되는 내용이나 중요한 사실을 이끌 때 쓰는 부사로 **이 문장이 핵심임을 알아야 한다**. 눈으로 본 것이 꼭 진실인 것은 아니다라는 의미로 '눈도 사람을 속일 수 있다'는 말을 한 것이므로 C가 정답이 된다.

[정답] C

[어휘] 不管 bùguǎn [접] ~에 관계없이(=无论) 4급 | 相信 xiāngxìn [동] 믿다 4급 | 其实 qíshí [부] 사실은, 기실은 4급 | 骗 piàn [동] 속이다 4급 | 实际 shíjì [형] 실제의 [명] 실제 4급 | 难过 nánguò [형] 괴롭다, 슬프다 4급 | 阅读 yuèdú [동] 열독하다, (책이나 신문을) 보다 4급 | 按时 ànshí [부] 제때에, 시간에 맞추어 4급 | 检查 jiǎnchá [동] 검사하다 4급

当别人获得成功时，人们往往只看到别人得到的鲜花，却很少去注意别人在取得成功之前经历的失败和流下的汗水。

★ 人们很少注意到：

　A 自己的优点　　B 自己的失败　　C 别人的压力　　D 别人的努力

[해석] 다른 사람이 성공을 거두었을 때, 사람들은 종종 다른 사람이 얻은 꽃만 보고 <u>오히려 성공을 하기 전에 겪은 실패와 흘린 땀은 잘 주목하지 않는다.</u>

★ 사람들이 잘 주목하지 않는 것은:
A 자신의 장점　　　　　　　　B 자신의 실패
C 타인의 스트레스　　　　　　D 타인의 노력

[풀이] 질문의 포인트는 '很少注意'이다. 마침 '却' 뒤에 '注意'가 바로 **이 부분이 힌트임**을 암시하고 있다. 지문에서 주목을 덜 하는 것(很少注意到)은 '**다른 사람(别人)의 실패(失败)와 흘린 땀(汗水)**'이다. B는 자신의(自己的) 실패(失败)라고 했기 때문에 정답이 될 수 없다. 하지만 '汗水(땀)'는 비유적으로 '노력'을 의미하기 때문에 D가 정답이 된다.

[정답] D

[어휘] 获得 huòdé [동] 획득하다, 얻다 4급 | 往往 wǎngwǎng [부] 종종, 왕왕 4급 | 鲜花 xiānhuā [명] 생화, 꽃 | 很少 hěnshǎo 잘 ~하지 않는다 | 注意 zhùyì [동] 주의하다, 조심하다 3급 | 取得 qǔdé [동] 취득하다, 얻다 | 之前 zhī qián ~하기 전에 | 经历 jīnglì [동] 겪다, 경험하다 [명] 경험 4급 | 失败 shībài [명/동] 실패(하다) 4급 | 流 liú [동] 흐르다 | 汗水 hànshuǐ [명] 땀 4급

3. 질문 키워드 우선 체크로 필요한 정보만 빨리 찾아낸다.

'선별식 독해'에서 가장 중요한 것은 **질문에서 요구하는 내용이 무엇인지 파악**하는 일이다. 그래서 〈독해 3부분〉은 지문이 아니라 **질문을 먼저 보고 키워드를 체크**해야 한다.

教育学家建议，父母应该让3到5岁的孩子认识钱、了解钱的作用，而对于6到10岁的孩子，要教他们管理自己的钱，并认识到存钱的重要性。

★ 父母应教7岁的孩子：

　A 换零钱　　　B 不要浪费　　　C 怎样管钱　　　D 别随便借钱

해석 교육학자가 권하기를, 부모는 3~5세 사이의 아이에게 돈을 인식하게 하고 돈의 작용을 이해시켜야 하며, 6~10세 아이에 대해서는 그들에게 자신의 돈을 관리하고 저금의 중요성을 인식하도록 가르쳐야 한다.

★ 부모는 7세의 아이에게 ~을 가르쳐야 한다:

A 잔돈을 바꾼다　　　　　　　　B 낭비하지 마라
C 어떻게 돈을 관리하는가　　　　D 함부로 돈을 빌리지 마라

분석 질문에서 '7세' 아이에 대한 **교육법**을 물었기 때문에 '6到10岁' 부분에서 **힌트를 찾아야** 한다. 그 뒷부분을 보면 **돈 관리(管理自己的钱)와 저금의 중요성(存钱的重要性)**을 가르쳐야 한다고 했기 때문에 C가 정답이 된다.

정답 C

어휘 教育学家 jiàoyù xuéjiā [명] 교육학자 4급 | 认识 rènshi [동] 인식하다. (사람·길·글자 등을) 알다 1급 | 了解 liǎojiě [동] 이해하다, 잘 알다, 조사하다 3급 | 作用 zuòyòng [명] 작용 4급 | 对于 duìyú [개] ~에 대하여 4급 | 管理 guǎnlǐ [동] 관리하다 4급 | 并 bìng [접] 그리고 [부] 결코 | 存钱 cúnqián [동] 저금하다, 저축하다 4급 | 换 huàn [동] 바꾸다 3급 | 零钱 língqián [명] 잔돈 4급 | 浪费 làngfèi [동] 낭비하다 4급 | 随便 suíbiàn [부] 함부로, 마음대로 [동] 편한 대로 하다 [형] 제멋대로이다 4급 | 借 jiè [동] 빌리다 3급

> 这个游戏这么玩儿：我在纸上画一只小动物，然后请一个同学给大家表演，他只做动作，不能说话，大家来猜这是什么动物，谁猜对谁就得一分。
>
> ★ 这个游戏猜的是：
>
>   A 数字   B 书名   C 动物的名字   D 老师的年龄

해석 이 게임은 이렇게 놀이한다. 내가 종이에 한 마리의 동물을 그리면, 한 동학이 모두에게 연기를 해 보이는데 그는 단지 동작만 할 수 있고 말은 할 수 없다. 그러면 <u>모두가 이것이 무슨 동물인지 추측해 보고</u> 맞히는 사람이 1점을 얻는다.

★ 이 게임이 추측하는 것은:

A 숫자   B 책 제목   C 동물의 이름   D 선생님의 나이

풀이 질문의 **키워드**는 '**猜**(추측하다)'이고, 관련 부분은 '**大家来猜这是什么动物**'이므로 정답은 C가 된다.

정답 C

어휘 **游戏** yóuxì [명] 게임, 놀이 3급 | **然后** ránhòu [접] 그런 후에 4급 | **表演** biǎoyǎn [명/동] 공연(하다), 연기(하다) 4급 | **动作** dòngzuò [명] 동작 [동] 움직이다 4급 | **猜** cāi [동] 추측하다 4급 | **得一分** dé yì fēn 1점을 얻다 | **数字** shùzì [명] 숫자, 수 4급 | **书名** shūmíng [명] 책 제목 | **年龄** niánlíng [명] 나이 4급

> 语言是人们交流的工具，音乐也是一种语言，人们可以用它来表达自己的感情，而且和其他语言比起来，音乐表达的感情有时更容易让人听懂。
>
> ★ 根据这段话，音乐表达的感情：
>
>   A 复杂多变   B 让人难过   C 更容易理解   D 让人印象更深

해석 언어는 사람들이 교류하는 도구이며 음악 역시 일종의 언어이다. 사람들은 그것을 이용해 자신의 감정을 표현할 수 있다. 게다가 다른 언어와 비교했을 때 음악이 표현하는 감정은 때로 사람들로 하여금 더 쉽게 이해하도록 해 준다.

★ 이 글에 따르면 음악이 표현하는 감정은:
A 복잡 다변하다   B 사람을 슬프게 한다
C 이해하기 더 쉽다   D 인상을 더 깊게 한다

풀이 질문의 **키워드**는 '音乐表达的感情'이므로 이 부분을 지문에서 찾으면 된다. '更容易让人听懂'에서 '听懂'은 '들어서 이해한다'의 뜻이므로 C가 정답이 된다.

정답 C

어휘 语言 yǔyán [명] 언어 4급 | 交流 jiāoliú [동] 교류하다 4급 | 工具 gōngjù [명] 도구, 수단, 공구 4급 | 音乐 yīnyuè [명] 음악 | 表达 biǎodá [동] (생각·감정 등을) 표현하다 5급 | 感情 gǎnqíng [명] 감정 4급 | 和~比起来 hé~bǐqǐlái ~과 비교했을 때 | 懂 dǒng [동] 이해하다, 알다 2급 | 复杂 fùzá [형] 복잡하다 4급 | 多变 duōbiàn [형] 다변의, 변화가 많다 | 难过 nánguò [형] 괴롭다, 슬프다 4급 | 理解 lǐjiě [동] 이해하다 4급 | 印象 yìnxiàng [명] 인상 4급

4. 정답은 다른 단어나 방식으로 표현되는 경우도 있다.

지문의 관련 부분과 거의 **비슷하게 표현**하는 정답도 많다. 하지만 **정답은 지문과 조금 다르게 혹은 확연히 다르게 표현**될 수 있다. 아래 두 유형의 기출문제를 분석해 보고 지문 속 관련 부분이 정답으로 표현될 때 어떻게 변형되는지 살펴보도록 하자.

如果一个人必须要完成一件自己不喜欢的事情，最好的办法就是早点儿把它做完，这样才能提前结束烦恼。

★ 对不喜欢却又必须做的事，最好：
A 找人帮忙   B 交给别人   C 早点儿完成   D 留到最后做

| 해석 | 만일 한 사람이 반드시 자신이 좋아하지 않는 일을 완성해야 한다면 가장 좋은 방법은 좀 일찍 그것을 끝내는 것이다. 이렇게 하면 고민을 앞당겨서 끝낼 수 있다.

★ 싫어하지만 꼭 해야 하는 일에 대해서 ~이 가장 좋다:
A 사람을 구해서 도움을 청한다   B 다른 사람에게 맡긴다
C 좀 일찍 끝낸다   D 마지막으로 남겼다가 처리한다

| 분석 | 지문에서 가장 좋은 방법(最好的办法)은 '早点儿把它做完'이라고 했으므로 C가 정답이 된다.

| 정답 | C

| 어휘 | 必须 bìxū [부] 반드시 (~해야 한다) 3급 | 完成 wánchéng [동] 완성하다 3급 | 最好 zuìhǎo [부] 가장 좋기로는, ~하는 것이 가장 좋다 [형] 가장 좋다 4급 | 提前 tíqián [동] (시간을) 앞당기다, 미리 4급 | 结束 jiéshù [동] 끝나다, 끝내다, 마치다 4급 | 烦恼 fánnǎo [형] 번뇌하다 [명] 고민, 걱정 4급 | 帮忙 bāngmáng [동] 일을 돕다 3급 | 交给 jiāogěi [동] ~에게 건네다, ~에게 맡기다 4급 | 留到 liúdào [동] ~까지 미루다, ~까지 남겨 두다 4급

工作后我养成了这样一个习惯 —— 每天早上都把当天计划要干的事情写在纸上，提醒自己安排好时间，这样就不会手忙脚乱了。

★ 他习惯每天早上:

A 听广播   B 锻炼身体   C 做好计划   D 提醒自己别太得意

| 해석 | 일을 하게 된 후부터 나는 이런 습관이 길러졌다. 매일 아침 그날 하려고 계획하는 일을 종이에 써서 자신에게 시간을 잘 안배하라고 일깨우는 것이다. 이렇게 하면 허둥지둥하지 않게 될 것이다.

★ 그는 매일 아침 ~에 익숙해졌다:
A 라디오 방송을 듣는다   B 신체를 단련한다
C 계획을 잘 세운다   D 자신에게 너무 득의하지 말라고 일깨운다

| 풀이 | 그날 하려는 일(当天计划要干的事情)을 종이에 적는 것(写在纸上)과 시간을 안배하는 것(安排好时间)은 계획을 세우는 것(做计划)이므로 C가 정답이 된다. 단지 '提醒'만 보고 D를 정답으로 고르지 않도록 주의하자.

| 정답 | C

| 어휘 | 养成 yǎngchéng [동] (습관을) 기르다 4급 | 习惯 xíguàn [명] 습관 [동] 습관이 되다, 익숙해지다 3급 | 干 gàn [동] (일을) 하다 4급 | 提醒 tíxǐng [동] 일깨우다 4급 | 安排 ānpái [동] 안배하다 4급 | 手忙脚乱 shǒu máng jiǎo luàn [성] 허둥지둥하다 | 广播 guǎngbō [명] 라디오 방송 4급 | 计划 jìhuà [명/동] 계획(하다) 4급 | 得意 déyì [형] 득의하다 4급

> 很多网站上都说，刷牙时在牙膏上加点儿盐，坚持一段时间，就能使牙变白。我打算试试，看看这个方法究竟有没有效。
>
> ★ "这个方法"指的是：
>
>   A 吃7分饱   B 自备塑料袋   C 皮肤增白法   D 牙膏里加盐

해석 많은 웹사이트에서는 이를 닦을 때 치약에 약간의 소금을 더해 한동안 지속하면 치아를 희게 변하게 할 수 있다고 말한다. 내가 한번 시도해서 이 방법이 도대체 효과가 있는지 없는지 보려고 한다.

  ★ '이 방법'이 가리키는 것은:

  A 배를 70% 채운다   B 비닐봉지를 준비한다
  D 피부를 희게 하는 방법   D 치약에 소금을 더한다

풀이 이 방법은 **치약에 소금을 뿌려서**(在牙膏上加点儿盐) 양치하는(刷牙) 것이므로 D가 정답이 된다.

정답 D

어휘 网站 wǎngzhàn [명] 웹사이트 4급 | 刷牙 shuāyá [동] 이를 닦다 3급 | 牙膏 yágāo [명] 치약 4급 | 盐 yán [명] 소금 4급 | 坚持 jiānchí [동] 견지하다, 계속하다 4급 | 究竟 jiūjìng [부] 도대체 4급 | 自备 zìbèi [동] 직접 준비하다 | 塑料袋 sùliàodài [명] 비닐봉지 4급 | 皮肤 pífū [명] 피부 4급

> 这是本介绍最新科学发现和研究的杂志，它的语言简单易懂，而且十分幽默。像我这种对科学完全不感兴趣的人，读起来竟然也会觉得很有趣。
>
> ★ 那本杂志：
>
>   A 页数很多   B 很有意思   C 很难理解   D 是关于艺术的

| 해석 | 이것은 최신 과학 발견과 연구를 소개하는 잡지로, 언어가 간단하고 이해가 쉽고 게다가 매우 <u>유머러스하다</u>. 나처럼 과학에 대해서 완전 흥미를 못 느끼는 사람도 읽어 보면 뜻밖에 매우 <u>재미있게 느낄 것이다</u>.

★ 그 잡지는:

A 페이지가 많지 않다　　　　　　　B 매우 재미있다
C 이해하기 어렵다　　　　　　　　D 예술에 관한 것이다

| 풀이 | '十分幽默(매우 유머러스하다)'와 '很有趣(매우 재미있다)'를 통해서 이 책은 재미있다는 것을 알 수 있다. '有意思'는 '재미있다'는 뜻이기 때문에 B가 정답이 된다.

| 정답 | B

| 어휘 | 杂志 zázhì [명] 잡지 4급 | 简单易懂 jiǎndān yìdǒng 간단하고 이해하기 쉽다 | 幽默 yōumò [형] 유머러스하다 4급 | 兴趣 xìngqù [명] 흥미 4급 | 竟然 jìngrán [부] 뜻밖에 4급 | 有趣 yǒuqù [형] 재미있다 4급 | 页 yè [명] 페이지, 쪽 4급 | 关于 guānyú [개] ~에 관하여 4급 | 艺术 yìshù [명] 예술, 기술 4급

当你为自己取得的成绩而得意时，应该想到，有很多人比你更优秀，所以千万不要骄傲；同样，当你为自己的失败而伤心时，你也应该想到，别人也会失败，也会难过，所以千万不要因此失望甚至怀疑自己。

★ 根据这段话，失败时要：

A 先找原因　　B 懂得拒绝　　C 理解别人　　D 对自己有信心

| 해석 | 당신이 자신이 얻은 성적으로 득의할 때, 마땅히 많은 사람들이 당신보다 더 우수하다고 생각하여 절대로 자만해서는 안 된다. 마찬가지로 당신이 자신의 실패로 슬퍼할 때, 다른 사람도 실패하고 괴로워할 수 있다는 것을 생각해야 한다. <u>그래서 절대로 이것 때문에 실망하거나 심지어 자신을 의심해서는 안 된다</u>.

★ 이 글에 따르면 실패했을 때:

A 먼저 원인을 찾는다　　　　　　B 거절할 줄 알아야 한다
C 다른 사람을 이해한다　　　　　D 자신에 대해서 믿음을 갖는다

| 풀이 | 질문의 키워드가 '失败'이므로 '当你为~'부터 살펴봐야 한다. 마지막에서 '不要~怀疑自己'는 자신을 의심하지 말라는 것이다. 다른 말로 **자신을 믿으라**는 뜻이므로 D가 정답이 된다

| 정답 | D

어휘 取得 qǔdé [동] 취득하다, 얻다 | 成绩 chéngjì [명] 성적 3급 | 为 A 而 B wèi A ér B A 때문에 B하다 | 得意 déyì [형] 득의하다 4급 | 优秀 yōuxiù [형] 우수하다 4급 | 千万 qiānwàn [부] 절대로, 반드시 4급 | 骄傲 jiāo'ào [형] 교만하다, 자랑스러워하다 [명] 자랑 4급 | 同样 tóngyàng [부] 마찬가지로 4급 | 失败 shībài [명/동] 실패(하다) 4급 | 伤心 shāngxīn [동] 상심하다, 슬퍼하다 4급 | 难过 nánguò [형] 슬프다, 괴롭다 4급 | 甚至 shènzhì [부] 심지어 4급 | 怀疑 huáiyí [동] 의심하다 4급

5. 종합 추론형 최상 난이도 문제들

지금까지는 지문의 **특정 부분만을 근거로 정답을 도출해 낼 수 있는 유형**이었다면 **이번은 전체 문장을 다 이해해야 풀 수 있는 유형**이다. 이런 경우에는 **정답이 지문 속 단어가 아니라 다른 단어로 표현되기 때문에 난이도가 높다.** 따라서 **중심 내용**이나 **주제를 정확하게 이해**해야 한다.

> 现在，城市里越来越多的人喜欢到郊区过周末。因为忙了一周后，他们想找一个空气新鲜、安静的地方好好放松一下。而且，方便的交通也为他们的出行提供了条件。
>
> ★ 人们喜欢去郊区玩儿，是因为那儿：
>
> A 适合聚会　　　B 环境不错　　　C 很少堵车　　　D 购物方便

해석 현재, 도시에는 갈수록 많은 사람들이 교외로 가서 주말을 보내기를 좋아한다. 일주일 동안 바쁘게 지내고 나서 <u>그들은 공기가 신선하고 조용한 곳을 찾아서 편안하게 좀 쉬고 싶어 한다</u>. 게다가 편리한 교통 역시 그들의 외출에 여건을 제공했다.

★ 사람들이 교외로 놀러 가는 것은 그곳이 ~하기 때문이다:
A 모임에 적합하다　　　B 환경이 좋다
C 차가 잘 안 막힌다　　　D 쇼핑이 편리하다

분석 질문은 '교외(郊区)'가 어떠한지 특징을 묻고 있다. 지문 속에 **교외(郊区)는 공기가 신선하고(空气新鲜) 조용한(安静的) 곳(地方)**으로 표현되어 있다. 한마디로 환경이 좋은 곳이라고 할 수 있으므로 B가 정답이 된다. 한편, '方便的交通' 부분만 보고 C '很少堵车'를 오답으로 고를 수도 있다. 지문 속에서 교통이 편리하다(方便的交通)고 한 것은 교외(郊区)로 나가기에 버스, 지하철 등 교통편이 부족함 없이 잘 편성되어 있다는 뜻이지 차가 안 막힌다는(很少堵车) 뜻이 아니기 때문에 C는 정답이 될 수 없다.

정답 B

어휘 郊区 jiāoqū [명] 교외 (지역) 4급 | 周末 zhōumò [명] 주말 3급 | 周 zhōu [명] 주 | 空气 kōngqì [명] 공기 4급 | 新鲜 xīnxiān [형] 신선하다 3급 | 安静 ānjìng [형] 조용하다 4급 | 放松 fàngsōng [동] 느슨하게 하다, 이완시키다, 긴장을 풀다 4급 | 交通 jiāotōng [명] 교통 4급 | 出行 chūxíng [동] 외출하다 | 提供 tígōng [동] 제공하다 4급 | 条件 tiáojiàn [명] 조건 4급 | 适合 shìhé [동] ~에 적합하다, ~에 알맞다 4급 | 聚会 jùhuì [명] 모임 [동] 모이다 4급 | 堵车 dǔchē [동] 차가막히다 4급 | 购物 gòuwù [동] 쇼핑하다 4급

꿀팁 이처럼 선택지 두 개(B와 C) 중에서 하나를 고르게 될 경우에는 먼저 **질문의 내용을 정확하게 읽어 내고**(위 문제의 경우 교외의 특징을 묻고 있음) 그런 다음 지문의 **주제나 중심 내용과 관련한 선택지를 정답으로** 고르는 것이 좋다. 또한 혹시 본인이 **선택지(A, B, C, D)의 뜻을 잘못 이해하고 있는 것은 아닌지 점검**을 해 봄으로써 **진짜 정답에 접근**할 수가 있다.

小蓝，你把这些材料按照时间顺序整理一下，中午吃饭前交给我就行。另外，关医生回来后，让她来我办公室一趟。

★ 根据这段话，关医生：

  A 很辛苦   B 现在不在   C 不想帮忙   D 没完成任务

해석 샤오란, 너 이 자료들을 시간 순서대로 정리해서 점심 먹기 전에 나에게 주면 돼. 그 밖에 관 선생이 돌아온 후 그녀더러 내 사무실에 한번 들르라고 전해 줘.

★ 이 글에 따르면 관 선생은:
A 매우 고생스럽다   B 지금 자리에 없다
C 도와주고 싶어하지 않는다   D 임무를 완성하지 않았다

풀이 질문은 관 선생(关医生)에 관해서 옳은 것을 묻고 있다. '关医生回来后，让他来我办公室一趟' 부분을 통해서 알 수 있는 것은 **관 선생은 지금 대화 현장에 없다**는 것과 **관 선생은 여자**('她' 글자를 통해서 알 수 있음)라는 것이다. 따라서 B가 정답이 된다. 이 지문은 화자(말하는 사람)가 샤오란(小蓝)에게 무언가를 부탁하는 내용이다.

정답 B

어휘 材料 cáiliào [명] 재료, 자료 4급 | 按时 ànshí [부] 제때에, 정각에 4급 | 顺序 shùnxù [명] 순서 4급 | 整理 zhěnglǐ [동] 정리하다 4급 | 中午 zhōngwǔ [명] 정오 | 交 jiāo [동] 제출하다, (친구를) 사귀다 4급 | 帮忙 bāngmáng [동] 일을 돕다 | 完成 wánchéng [동] 완성하다 4급 | 任务 rènwù [명] 임무 4급

> 中国有句话叫"不管三七二十一",意思是说一个人不管现有条件怎么样,也不考虑最终的结果,就做起事来,这样往往会白费力气,得不到自己想要的结果。
>
> ★ 这段话中"白"的意思最可能是:
>
> A 来得及　　　B 受不了　　　C 没有效果　　　D 误会很深

해석 중국에는 '不管三七二十一'라는 말이 있는데, 뜻은 한 사람이 현재의 조건이 어떻든지 최종의 결과를 고려하지도 않고서 일을 하는 것을 나타낸다. 이렇게 하면 종종 쓸데없이 힘만 쓰고 자신이 원하는 결과를 얻지 못하게 된다.

★ 이 글 속 '白'의 뜻은 ~일 가능성이 가장 크다:

A 늦었다　　B 참을 수 없다　　C 효과가 없다　　D 오해가 깊다

풀이 위 문제는 어의 추론 문제이다. **어의 추론 문제**는 자주 나오는 것은 아니지만 **난이도가 비교적 높은** 편이다. 가장 중요한 것은 묻는 글자나 어구가 어떤 의미를 갖는지 앞뒤 문맥의 이해를 통해 합리적으로 추론해 내는 것이다. 일단 '白费力气'가 하나의 의미 덩어리이며 뒷부분의 '得不到自己想要的结果'가 힌트가 될 수 있음을 알아야 한다. 왜냐하면 '这样往往会~'(이렇게 하면 종종 ~하게 될 것이다)'는 '어떤 가정하에 어떤 결과가 나오게 될 것임'을 나타내므로, 결국 '白费力气'의 뜻은 뒷절(得不到自己想要的结果)의 의미와 서로 통할 수 있어야 하기 때문이다. 따라서 선택지 중 '没有效果(효과가 없다)'가 뒷절의 '원하는 결과를 얻지 못한다'는 내용과 가장 흡사하므로 C가 정답이 된다.

조건	결과 1	결과 2
这样往往会	白费力气,	得不到自己想要的结果。
이렇게 하면 종종 ~하게 될 것이다	白하게 힘을 쓰다	자신이 원하는 결과를 얻지 못하다
		힌트

정답 C

어휘 意思 yìsi [명] 뜻, 의미, 재미 2급 | 条件 tiáojiàn [명] 조건, 여건 4급 | 往往 wǎngwǎng [부] 왕왕, 종종 4급 | 白费 báifèi [동] 헛되이 낭비하다 | 力气 lìqi [명] 힘 4급 | 来得及 láidejí [형] 시간이 되다, 늦지 않다 4급 | 受不了 shòubuliǎo [동] 참을 수 없다 4급 | 效果 xiàoguǒ [명] 효과 4급 | 误会 wùhuì [명/동] 오해(하다) 4급

꿀팁 참고로 '白费力气'는 '쓸데없이 힘을 쓰다'는 뜻으로 이때 '白'의 뜻은 '헛되이', '쓸데없이' 등의 뜻이 된다. 유사한 예로는 '白跑一趟(헛걸음을 하다)', '真白说了(괜히 입만 아팠다)' 등이 있다. 한편 동사 앞에 오는 '白'는 '공짜로', '무료로'의 뜻도 있음을 기억하자. 예로 '天下没有白吃的午餐(세상에 공짜 점심은 없다)'는 유명한 속담이 있다.

전략 학습 2 : 1지문 2문제 풀이법

독해 3부분 지문 읽고 질문에 답하기

80번~85번까지는 세 개의 지문이 나오며, 각 지문당 두 문제씩 제시되는 유형입니다. 주어진 **지문의 내용에 따라 다양한 질문이 나올 수 있습니다. 하지만 변하지 않는 출제 원칙이 있습니다. 그것은 바로 지문의 주제를 파악했는지를 확인하는 문제를 출제**한다는 것입니다. 주로 한 문제는 세부 내용을 묻고, 또 한 문제는 주제나 주제와 관련된 내용을 묻습니다.

■ 자주 나오는 질문 유형

(1) 关于~, 可以知道: ~에 관해서 ~을 알 수 있다. **대상 일치 찾기**

(2) 这段话主要谈什么? 이 글이 주로 말하는 것은 무엇인가? **제목 찾기**

(3) 这段话主要想告诉我们: 이 글은 주로 우리에게 ~을 말하려고 한다. **주제 찾기**

(4) 根据这段话, 可以知道: 이 글에 따르면 ~을 알 수 있다. **종합 일치 찾기**

 1

1-2.
　　回忆是生活中不可缺少的一部分，但我们不能总是活在回忆里，尤其是那些不愉快的回忆。过去发生的已经不能改变，重要的是现在。所以，我们应该收起回忆，认真做好眼前的事，这样才能走好以后的路。

★ 关于回忆，下列哪个正确

　A 是苦的　　B 使人后悔　　C 让人烦恼　　D 不是生活的全部

★ 根据这段话，我们应该：

　A 重视现在　　B 多总结过去　　C 多鼓励自己　　D 从实际出发

해석 추억은 생활 중 없어서는 안 되는 일부분이지만 우리는 늘 추억 속에서 살아서는 안 된다. 특히 즐겁지 않은 추억이 그렇다. 과거에 발생했던 것은 이미 바꿀 수가 없으며 중요한 것은 현재이다. 따라서 우리는 추억을 거두어들이고 눈앞의 일을 진지하게 처리해야 비로소 앞으로의 길을 잘 갈 수 있다.

어휘 回忆 huíyì [명/동] 추억(하다), 기억(하다) 4급 | 不可缺少 bùkě quēshǎo 없어서는 안 되다 4급 | 部分 bùfen [명] 부분 4급 | 活在 huózài ~에서 살다 | 尤其 yóuqí 특히 4급 | 愉快 yúkuài [형] 유쾌하다, 즐겁다 4급 | 过去 guòqù [명] 과거 [동] 지나가다 3급 | 改变 gǎibiàn [동] 바꾸다 4급 | 收起 shōuqǐ [동] 거두어들이다, 회수하다 4급 | 认真 rènzhēn [형] 진지하다, 성실하다, 꼼꼼하다 4급

1.

해석 ★ 추억에 관하여 아래에서 옳은 것은?
A 고통스럽다 B 사람을 후회하게 한다
C 사람을 고민하게 한다 D 생활의 전부가 아니다

분석 첫 문장에서 추억은 생활 중 없어서는 안 되는 부분(生活中不可缺少的一部分)이지만 늘 추억 속에서만 살진 말라(不能总是活在回忆里)고 했다. 이는 추억이 중요하긴 하지만 그렇다고 생활의 전부가 되어서는 안 된다는 뜻이다. 따라서 D가 정답이 된다.

주의할 점은 'D 추억은 생활의 전부가 아니다'라고 해 버릴 경우 다소 부정적으로 느껴지기 때문에 정답으로 꺼려질 수 있다는 점이다. 이럴 때는 나머지 선택지의 일치 여부를 하나하나 확인한 후 최종적으로 D를 정답으로 확정하는 것이 좋다. 나머지 선택지의 '苦', '后悔', '烦恼' 등의 내용은 지문에 전혀 언급이 없기 때문에 정답이 될 수 없다.

정답 D

어휘 后悔 hòuhuǐ [동] 후회하다 4급 | 烦恼 fánnǎo [형] 번뇌하다 [명] 번뇌, 고민 4급 | 全部 quánbù [명] 전부 4급 |

꿀팁 많은 내용 중에서 주제를 잘 파악하려면 '그러나'의 의미를 가진 단어 뒤의 내용에 주목할 필요가 있다. 예를 들어 '但是', '可是', '不过', '其实', '却' 등은 대표적으로 전환 관계를 나타내는 단어로 이들 뒤에는 주로 그 글의 주제나 중심 내용이 오는 경우가 많다. 위 지문에서도 '但我们不能总是~' 문장이 이 글의 주제를 보여 주고 또한 첫 번째 문제의 힌트가 되었음을 알 수 있다. 따라서 '但' 등과 같은 전환 관계를 나타내는 단어 뒤에 오는 내용에 특히 주목하도록 하자.

2.

해석 ★ 이 글에 따르면 우리는 마땅히 ~해야 한다:
A 현재를 중시한다 B 과거를 많이 총 정리한다
C 자신을 많이 격려한다 D 실제에서 출발한다

분석 주제를 묻는 문제이다. 따라서 무엇보다 '所以' 이하의 내용에 주목해야 한다. 추억을 거두고(收起回忆) 눈앞의 일을 열심히 잘 처리해야(认真做好眼前的事) 앞으로의 길을 잘 갈 수 있다(才能走好以后的路)고 했다. 눈 앞의 일(眼前的事)이란 결국 현재(现在)를 가리키므로 A가 정답이 된다.

| 정답 | A |

| 어휘 | 重视 zhòngshì [동] 중시하다 4급 | 总结 zǒngjié [동] 총 정리하다 4급 | 鼓励 gǔlì [동] 격려하다 4급 | 实际 shíjì [명] 실제 [형] 실제적이다 4급 |

| 꿀팁 | 두 문제 중 한 문제는 세부 내용을 묻고 또 한 문제는 주제를 파악했는지를 묻는 문제로 구성된다. 주제 찾기 문제의 경우 '**因此**(이 때문에/따라서)', '**所以**(따라서)', '**原来**(알고 보니)', '**结果**(결과적으로)' 등의 단어 뒤에 나오는 내용에 특히 주의해야 한다. |

■ 출제 원리 : 하나는 세부 내용을, 하나는 주제를 묻는다.

두 문제 중 하나는 세부 내용을 묻고 하나는 주제를 묻는 경우가 많다. 물론 이 세부 내용도 주제와 관련 있는 내용이다. 따라서 주어진 지문의 주제를 이해하려고 노력하면서 문제를 푸는 것이 가장 중요하다. 특히, 자주 나오는 글의 구조에 대한 이해를 통해서 주제를 더 빨리 더 쉽게 찾을 수 있다. '但是, 可是, 不过, 尤其是, 所以, 因此, 原来' 등의 단어가 있는 문장이 주제문일 경우가 많다.

아래 기출문제 예시를 통해서, 문제 출제가 어떻게 이루어지고 정답은 어떻게 하면 최대한 빨리 찾을 수 있는지 이해하도록 하자. 특히 분석 부분을 천천히 읽으면서 이해해 보자.

3-4.

每个人都希望获得更多的东西，但有时候，放弃才是一种聪明的选择。一个人有两只手，不可能得到所有他想要的东西。只有学会放弃，把自己的能力用到最该做的事情上，才能获得成功。重要的不是你想要得到什么，而是你最后能留下什么。

★ 根据这段话，每个人都想：

　A 得到表扬　　B 获得友谊　　C 有更多优点　　D 得到更多东西

★ 根据这段话，想要成功就必须：

　A 懂得放松　　B 学会放弃　　C 提高标准　　D 积累经验

해석 모든 사람들은 더 많은 것을 얻고 싶어 한다. 하지만 때로는 포기야말로 똑똑한 선택이다. 사람은 두 개의 손만 있어서 원하는 모든 것을 얻을 수 없다. 오직 포기를 배워 자신의 능력을 가장 마땅히 해야 할 일에 써야만이 성공을 거둘 수 있다. 중요한 것은 당신이 무엇을 얻고 싶은가가 아니라 당신이 마지막에 무엇을 남길 수 있는가이다.

어휘 获得 huòdé [동] 얻다, 획득하다 4급 | 放弃 fàngqì [동] 포기하다 4급 | 选择 xuǎnzé [명/동] 선택(하다) 3급 | 只 zhī [양] 쪽, 짝(쌍으로 이루어진 것 중 하나를 세는 단위) [양] 마리(동물을 셈) | 想要 xiǎngyào [동] 원하다, ~하고 싶다 | 只有 A 才 B zhǐyǒu A cái B 오직 A해야 B하다 | 该 gāi [조동] 마땅히 ~해야 한다 | 获得 huòdé [동] 얻다, 획득하다 4급 | 成功 chénggōng [명/동] 성공(하다) 4급 | 留下 liúxià [동] 남기다

3.

해석 ★ 이 글에 따르면 모든 사람이 하고 싶어 하는 것은:

A 칭찬 받기
B 우정을 얻기
C 더 많은 장점 갖기
D 더 많은 것 얻기

분석 질문의 키워드는 '每个人'이다. 다행히 첫 문장에서 '每个人'이 나오면서 바로 힌트(希望获得更多的东西)를 제공하고 있다.

정답 D

어휘 表扬 biǎoyáng [동] 칭찬하다 4급 | 友谊 yǒuyì [명] 우의, 우정 4급 | 优点 yōudiǎn [명] 장점 4급 |

4.

해석 ★ 이 글에 따르면 성공하려면 반드시 ~을 해야 한다:

A 느슨하게 하는 법을 배운다
B 포기를 배운다
C 기준을 높인다
D 경험을 쌓는다

분석 질문의 키워드는 '想要成功'이다. 직접적인 힌트는 두 번째 줄의 '只有~获得成功' 부분에 있지만 사실 굳이 여기까지 해석하지 않고서도 첫 문장(每个人~, 但有时候, ~选择)만으로 정답을 고를 수 있다. 왜냐하면 대개 두 문제 중 한 문제는 세부 내용의 일치 문제이고, 하나는 주제 관련 문제임을 감안한다면 이 문제는 주제를 찾는 문제가 되는 것이다. 마침 B가 주제를 직접 언급했기 때문에 바로 정답으로 고를 수가 있다.

정답 B

어휘 懂得 dǒngdé [동] 이해하다, 알다 | 放松 fàngsōng [동] 이완시키다, 느슨하게 하다 4급 | 学会 xuéhuì [동] ~하는 법을 배우다, 할 수 있다 | 标准 biāozhǔn [형] 표준적이다 [명] 표준 4급 | 积累 jīlěi [동] 축적하다, 쌓다 4급 | 经验 jīngyàn [명] 경험 4급

꿀팁 모든 문제의 풀이에 있어서 **가장 중요한 것**은 그 **지문의 주제를 파악하려는 노력**이다. 이 주제는 **특정 단어를 통해서 신속하게 찾을 수 있는데**, '**但是**', '**其实**' 등의 단어가 있는 문장에서 주제나 중심 내용이 제시되는 경우가 많다. 위 지문에서는 '**但有时候~**' 문장을 통해서 **주제가 '포기할 줄 알아야 한다**'임을 알 수 있다.

1-2.

　　虽然我们常说要按规定做事，但有句话叫"规定是死的，人是活的"。它提醒我们，当"规定"和"经验"不能解决问题时，应该改变自己的态度和想法，试着走走以前从来没走过的路，也许这样就能找到解决问题的方法了。

★ "人是活的"这里"活"指的是：
　A 富有热情　　B 懂得改变　　C 有同情心　　D 感情丰富

★ 根据这段话，规定：
　A 可以被打破　B 越详细越好　C 要符合法律　D 不能太复杂

해석 비록 우리는 자주 규정에 따라 일을 해야 한다고 말하지만 '규정은 죽은 것이고 사람은 살아 있는 것이다'라는 말이 있다. 그것은 우리에게 '규정'과 '경험'이 문제를 해결할 수 없을 때, 마땅히 자신의 태도와 생각을 바꾸어 이전에 가지 않았던 길을 가 보면 어쩌면 이것이 문제를 해결하는 방법을 찾을 수 있음을 일깨워 준다.

어휘 按 àn [개] ~에 따라 [동] 누르다 4급 | 规定 guīdìng [명/동] 규정(하다) 4급 | 提醒 tíxǐng [동] 일깨우다 4급 | 改变 gǎibiàn [동] 바꾸다 4급 | 态度 tàidù [명] 태도 4급 | 想法 xiǎngfǎ [명] 생각, 견해 | 试着 shìzhe 시험 삼아 ~해 보다 | 从来没 cónglái méi 지금까지 ~해 본 적 없다 4급 | 也许 yěxǔ [부] 아마, 어쩌면 4급

1.

해석 ★ '人是活的'에서 '活'가 가리키는 것은：
　A 열정이 가득하다　　　　B 변화할 줄 안다
　C 동정심이 있다　　　　　D 감정이 풍부하다

풀이 '规定是死的, 人是活的'에서 '规定(규정)'과 '人(사람)'을 각각 '死'와 '活'로 표현하여 대비시키고 있다. 뒤의 내용에서 사람은 규정으로 해결이 되지 않을 때 변화해야 한다고 했으므로, '活'는 결국 변화할 줄 아는 사람을 의미한다는 것을 알 수 있다.

정답 B

어휘 富有 fùyǒu [동] 풍부하게 가지고 있다 | 懂得 dǒngdé [동] 이해하다, 알다 | 同情心 tóngqíngxīn [명] 동정심 4급 | 感情 gǎnqíng [명] 감정 4급 | 丰富 fēngfù [형] 풍부하다 4급

2.

해석 ★ 이 글에 따르면 규정은:

A 깨어질 수 있다
B 상세할수록 좋다
C 법률에 부합해야 한다
D 너무 복잡해서는 안 된다

풀이 규정(规定)이 문제를 해결할 수 없을 때 자신의 태도나 방법을 바꾼다는 것은 자신이 갖고 있던 과거의 규정들을 바꾼다는 것을 의미한다. 따라서 규정이란 고정 불변의 것이 아니라 문제 해결에 알맞게 바뀔 수 있음을 의미한다.

정답 A

어휘 打破 dǎpò [동] 깨다, 타파하다 | 详细 xiángxì [형] 상세하다 4급 | 符合 fúhé [동] 부합하다 4급 | 法律 fǎlǜ [명] 법률 4급 | 复杂 fùzá [형] 복잡하다 4급

3-4.

很晚了，5岁的女儿还在看电视。我对她说："再看10分钟就去洗脸睡觉。"她不高兴地说："10分钟太短了。"于是我说："那就600秒，够长了吧？"女儿听后开心地说："够了够了，妈妈真好。"

★ 她让女儿：

A 洗澡　　B 快去睡　　C 早点儿起床　　D 弹会儿钢琴

★ 女儿为什么后来又高兴了？

A 鱼做好了　B 收到礼物了　C 受到表扬了　D 以为时间增加了

해석 밤이 늦었는데 5살의 딸은 아직도 텔레비전을 보고 있다. 나는 그녀에게 말했다. "10분만 더 보고 씻고 자는 거야." 딸은 달가워하지 않으며 말했다. "10분은 너무 짧아요." 그래서 나는 말했다. "그럼 600초, 충분하지?" 딸은 듣고 나서 기쁘게 웃으며 말했다. "충분해요, 충분해요. 엄마 최고."

어휘 于是 yúshì [접] 그래서, 그리하여 4급 | 秒 miǎo [명] 초 4급 | 够 gòu [부] 충분히 ~하다 4급 | 开心 kāixīn [형] 즐겁다 4급

3.

해석 ★ 그녀는 딸더러 ~을 하라고 한다:

A 샤워하기　　　　　　　　B 빨리 잠자기
C 좀 일찍 일어나기　　　　D 피아노 좀 연주하기

풀이 10분만 더 보고 자라고 했으므로 B가 정답이 된다.

정답 B

어휘 洗澡 xǐzǎo [동] 샤워하다 3급 | 弹 tán [동] 튕기다, 연주하다 | 钢琴 gāngqín [명] 피아노

4.

해석 ★ 딸은 왜 나중에 또 기뻐했는가?

A 생선(요리)이 다 만들어졌다　　B 선물을 받았다
C 칭찬을 받았다　　　　　　　　D 시간이 늘어났다고 생각한다

풀이 시간의 단위 중 **분(分钟)**과 **초(秒)의 차이를 구분하는 것이 핵심**이다. 아직 시간 단위(분과 초)를 구분하지 못하는 어린 딸에게 10분은 '10'이라서 짧게 느껴지지만 600초는 숫자 '600' 때문에 오히려 더 길게 느껴졌을 것이다. 따라서 D가 정답이 된다.

정답 D

어휘 收到 shōudào [동] (물건을) 받다 4급 | 礼物 lǐwù [명] 선물 3급 | 表扬 biǎoyáng [동] 칭찬하다 4급

4급 필수 어휘 정리 ❸

〈실전 연습 문제〉를 풀어 보기 전에 〈독해 3부분〉에서 나왔던 여러 단어들 중에서 **4급 필수 어휘**만 모았습니다. 단어들을 차례로 쭉 훑어보면서 **모르는 단어는 체크**해서(☑) 암기된 것과 그렇지 않은 것들을 **구분**해 놓습니다. 다 훑어보고 나면 **다시 처음으로 돌아와 체크된 비암기 단어**들의 해석을 가리고 스스로 뜻을 떠올려 봅니다.

1	☐ 安静	ānjìng	[형] 조용하다
2	☐ 安排	ānpái	[동] 안배하다
3	☐ 按时	ànshí	[부] 제때에, 시간에 맞추어
4	☐ 表演	biǎoyǎn	[명/동] 공연(하다), 연기하다
5	☐ 表扬	biǎoyáng	[동] 칭찬하다
6	☐ 不管	bùguǎn	[접] ~에 관계없이
7	☐ 不仅	bùjǐn	[접] ~일 뿐만 아니라
8	☐ 不一定	bùyídìng	[부] 꼭 ~인 것은 아니다
9	☐ 猜	cāi	[동] 추측하다
10	☐ 材料	cáiliào	[명] 재료, 자료
11	☐ 成功	chénggōng	[명/동] 성공(하다)
12	☐ 从来	cónglái	[부] 여지껏, 지금껏
13	☐ 存钱	cúnqián	[동] 저금하다, 저축하다
14	☐ 出行	chūxíng	[동] 외출하다
15	☐ 打扰	dǎrǎo	[동] 방해하다, 귀찮게 하다
16	☐ 到处	dàochù	[명] 도처, 여기저기
17	☐ 动作	dòngzuò	[명] 동작 [동] 움직이다
18	☐ 得意	déyì	[형] 득의하다
19	☐ 地球	dìqiú	[명] 지구
20	☐ 堵车	dǔchē	[동] 차가 막히다

21	☐	烦恼	fánnǎo	[형] 번뇌하다 [명] 번뇌, 고민
22	☐	符合	fúhé	[동] 부합하다
23	☐	法律	fǎlǜ	[명] 법률
24	☐	复杂	fùzá	[형] 복잡하다
25	☐	丰富	fēngfù	[동] 풍부하게 하다 [형] 풍부하다

26	☐	对于	duìyú	[개] ~에 대하여
27	☐	放松	fàngsōng	[동] 느슨하게 하다, 이완시키다, 긴장을 풀다
28	☐	干	gàn	[동] (일을) 하다
29	☐	改变	gǎibiàn	[동] 바꾸다
30	☐	感情	gǎnqíng	[명] 감정

31	☐	根据	gēnjù	[개] ~에 근거하여 [명] 근거
32	☐	够	gòu	[부] 충분히 ~하다 [형] 충분하다
33	☐	购物	gòuwù	[동] 쇼핑하다
34	☐	工具	gōngjù	[명] 도구, 수단, 공구
35	☐	关于	guānyú	[개] ~에 관하여

36	☐	广播	guǎngbō	[명] 라디오 방송
37	☐	管理	guǎnlǐ	[동] 관리하다
38	☐	鼓励	gǔlì	[동] 격려하다
39	☐	规定	guīdìng	[명/동] 규정(하다)
40	☐	后悔	hòuhuǐ	[동] 후회하다

41	☐	好处	hǎochù	[명] 좋은 점, 장점
42	☐	回忆	huíyì	[명/동] 추억(하다), 기억(하다)
43	☐	获得	huòdé	[동] 얻다, 획득하다
44	☐	积累	jīlěi	[동] 축적하다, 쌓다
45	☐	交	jiāo	[동] 제출하다, (친구를) 사귀다

46	☐	交流	jiāoliú	[동] 교류하다
47	☐	检查	jiǎnchá	[동] 검사하다
48	☐	郊区	jiāoqū	[명] 교외 (지역)
49	☐	交通	jiāotōng	[명] 교통
50	☐	骄傲	jiāo'ào	[형] 교만하다, 자랑스러워하다 [명] 자랑

51	☐	经验	jīngyàn	[명] 경험
52	☐	竟然	jìngrán	[부] 뜻밖에
53	☐	结束	jiéshù	[동] 끝나다, 끝내다, 마치다
54	☐	介绍	jièshào	[동] 소개하다
55	☐	紧张	jǐnzhāng	[형] 긴장하다, (물품이) 부족하다

56	☐	究竟	jiūjìng	[부] 도대체
57	☐	聚会	jùhuì	[명] 모임 [동] 모이다
58	☐	汗水	hànshuǐ	[명] 땀
59	☐	怀疑	huáiyí	[동] 의심하다
60	☐	开心	kāixīn	[형] 즐겁다

61	☐	空气	kōngqì	[명] 공기
62	☐	来得及	láidejí	[형] 시간이 되다, 늦지 않다
63	☐	浪费	làngfèi	[동] 낭비하다
64	☐	冷静	lěngjìng	[형] 냉정하다, 침착하다
65	☐	了解	liǎojiě	[동] 잘 알다, 이해하다, 알아보다

66	☐	理解	lǐjiě	[동] 이해하다
67	☐	零钱	língqián	[명] 잔돈
68	☐	礼貌	lǐmào	[형] 예의 있다 [명] 예의
69	☐	力气	lìqi	[명] 힘
70	☐	留到	liúdào	[동] ~까지 미루다, ~까지 남겨 두다

71	☐ 旅行	lǚxíng	[명/동] 여행(하다)
72	☐ 难过	nánguò	[형] 괴롭다, 슬프다
73	☐ 秒	miǎo	[명] 초(시간)
74	☐ 皮肤	pífū	[명] 피부
75	☐ 平时	píngshí	[명] 평소

76	☐ 缺少	quēshǎo	[동] 부족하다
77	☐ 其实	qíshí	[부] 사실은, 기실은
78	☐ 千万	qiānwàn	[부] 절대로, 반드시
79	☐ 气候	qìhòu	[명] 기후
80	☐ 全部	quánbù	[명] 전부

81	☐ 然后	ránhòu	[접] 그런 후에
82	☐ 任务	rènwù	[명] 임무
83	☐ 日记	rìjì	[명] 일기
84	☐ 伤心	shāngxīn	[동] 상심하다, 슬퍼하다
85	☐ 甚至	shènzhì	[부] 심지어

86	☐ 失败	shībài	[명/동] 실패(하다)
87	☐ 实际	shíjì	[형] 실제의 [명] 실제
88	☐ 适合	shìhé	[동] ~에 적합하다, ~에 알맞다
89	☐ 受不了	shòubuliǎo	[동] 참을 수 없다
90	☐ 顺序	shùnxù	[명] 순서

91	☐ 数字	shùzì	[명] 숫자, 수
92	☐ 态度	tàidù	[명] 태도
93	☐ 提供	tígōng	[동] 제공하다
94	☐ 提前	tíqián	[동] (시간을) 앞당기다, 미리
95	☐ 条件	tiáojiàn	[명] 조건, 여건

96	☐	同样	tóngyàng	[형] 다름없다, 마찬가지이다 [접] 마찬가지로
97	☐	同情	tóngqíng	[동] 동정하다
98	☐	完成	wánchéng	[동] 완성하다
99	☐	完全	wánquán	[형] 완전하다 [부] 완전히
100	☐	往往	wǎngwǎng	[부] 종종

101	☐	网站	wǎngzhàn	[명] 웹사이트
102	☐	误会	wùhuì	[명/동] 오해(하다)
103	☐	详细	xiángxì	[형] 상세하다
104	☐	兴趣	xìngqù	[명] 흥미
105	☐	效果	xiàoguǒ	[명] 효과

106	☐	牙膏	yágāo	[명] 치약
107	☐	盐	yán	[명] 소금
108	☐	养成	yǎngchéng	[동] (습관을) 기르다
109	☐	也许	yěxǔ	[부] 아마, 어쩌면
110	☐	叶子	yèzi	[명] 나뭇잎

111	☐	艺术	yìshù	[명] 기술, 예술
112	☐	应聘	yìngpìn	[동] 지원하다
113	☐	印象	yìnxiàng	[명] 인상
114	☐	页	yè	[명] 페이지, 쪽
115	☐	优点	yōudiǎn	[명] 장점

116	☐	尤其	yóuqí	[부] 특히
117	☐	有趣	yǒuqù	[형] 재미있다
118	☐	友谊	yǒuyì	[명] 우의, 우정
119	☐	幽默	yōumò	[형] 유머러스하다
120	☐	优秀	yōuxiù	[형] 우수하다

121	愉快	yúkuài	[형] 유쾌하다, 즐겁다
122	于是	yúshì	[접] 그래서, 그리하여
123	语法	yǔfǎ	[명] 어법
124	语言	yǔyán	[명] 언어
125	预习	yùxí	[동] 예습하다
126	阅读	yuèdú	[동] 열독하다, (책이나 신문을) 보다
127	杂志	zázhì	[명] 잡지
128	整理	zhěnglǐ	[동] 정리하다
129	证明	zhèngmíng	[동] 증명하다
130	值得	zhídé	[동] ~할 가치가 있다
131	重视	zhòngshì	[동] 중시하다
132	准确	zhǔnquè	[형] 정확하다
133	自信	zìxìn	[형] 자신 있다 [명] 자신감
134	总结	zǒngjié	[동] 총 정리하다
135	作用	zuòyòng	[명] 작용, 효과, 영향

단어와 뜻을 선으로 연결하면서 앞에서 학습한 4급 필수 어휘들을 확실하게 암기하고 넘어갑니다. 풀어 보는 것이 귀찮다면 적어도 단어를 보고 무슨 뜻인지 생각해 보길 바랍니다. 단어는 뜻을 떠올릴 수 없다면 공부를 안 한 것과 마찬가지이기 때문입니다.

1	安静 ānjìng		[동] 칭찬하다
2	安排 ānpái		[동] 안배하다
3	按时 ànshí		[형] 조용하다
4	表演 biǎoyǎn		[명/동] 공연(하다), 연기하다
5	表扬 biǎoyáng		[부] 제때에, 시간에 맞추어

6	不管 bùguǎn		[동] 추측하다
7	不仅 bùjǐn		[명] 재료, 자료
8	不一定 bùyídìng		[부] 꼭 ~인 것은 아니다
9	猜 cāi		[접] ~에 관계없이
10	材料 cáiliào		[접] ~일 뿐만 아니라

11	成功 chénggōng		[동] 방해하다, 귀찮게 하다
12	从来 cónglái		[동] 외출하다
13	存钱 cúnqián		[명/동] 성공(하다)
14	出行 chūxíng		[부] 여지껏, 지금껏
15	打扰 dǎrǎo		[동] 저금하다, 저축하다

16	到处 dàochù		[명] 지구
17	动作 dòngzuò		[동] 차가 막히다
18	得意 déyì		[형] 득의하다
19	地球 dìqiú		[명] 도처, 여기저기
20	堵车 dǔchē		[명] 동작 [동] 움직이다

21	烦恼 fánnǎo	[동] 부합하다
22	符合 fúhé	[형] 번뇌하다 [명] 번뇌, 고민
23	法律 fǎlǜ	[형] 복잡하다
24	复杂 fùzá	[명] 법률
25	丰富 fēngfù	[동] 풍부하게 하다 [형] 풍부하다

26	对于 duìyú	[개] ~에 대하여
27	放松 fàngsōng	[명] 감정
28	干 gàn	[동] (일을) 하다
29	改变 gǎibiàn	[동] 느슨하게 하다, 이완시키다, 긴장을 풀다
30	感情 gǎnqíng	[동] 바꾸다

31	根据 gēnjù	[명] 도구, 수단, 공구
32	够 gòu	[개] ~에 관하여
33	购物 gòuwù	[부] 충분히~하다 [형] 충분하다
34	工具 gōngjù	[개] ~에 근거하여 [명] 근거
35	关于 guānyú	[동] 쇼핑하다

36	广播 guǎngbō	[동] 관리하다
37	管理 guǎnlǐ	[명] 라디오 방송
38	鼓励 gǔlì	[동] 후회하다
39	规定 guīdìng	[동] 격려하다
40	后悔 hòuhuǐ	[명/동] 규정(하다)

41	好处 hǎochù	[동] 축적하다, 쌓다
42	回忆 huíyì	[동] 제출하다, (친구를) 사귀다
43	获得 huòdé	[동] 얻다, 획득하다
44	积累 jīlěi	[명] 좋은 점, 장점
45	交 jiāo	[명/동] 추억(하다), 기억(하다)

46	交流 jiāoliú	[명] 교통
47	检查 jiǎnchá	[동] 검사하다
48	郊区 jiāoqū	[형] 교만하다, 자랑스러워하다 [명] 자랑
49	交通 jiāotōng	[동] 교류하다
50	骄傲 jiāo'ào	[명] 교외 (지역)

51	经验 jīngyàn	[부] 뜻밖에
52	竟然 jìngrán	[명] 경험
53	结束 jiéshù	[동] 소개하다
54	介绍 jièshào	[형] 긴장하다, (물품이) 부족하다
55	紧张 jǐnzhāng	[동] 끝나다, 끝내다, 마치다

56	究竟 jiūjìng	[명] 땀
57	聚会 jùhuì	[명] 모임 [동] 모이다
58	汗水 hànshuǐ	[부] 도대체
59	怀疑 huáiyí	[형] 즐겁다
60	开心 kāixīn	[동] 의심하다

61	空气 kōngqì	[형] 냉정하다, 침착하다
62	来得及 láidejí	[형] 시간이 되다, 늦지 않다
63	浪费 làngfèi	[동] 잘 알다, 이해하다, 알아보다
64	冷静 lěngjìng	[명] 공기
65	了解 liǎojiě	[동] 낭비하다

66	理解 lǐjiě	[동] 이해하다
67	零钱 língqián	[명] 힘
68	礼貌 lǐmào	[동] ~까지 미루다, ~까지 남겨 두다
69	力气 lìqi	[명] 잔돈
70	留到 liúdào	[형] 예의 있다 [명] 예의

71	旅行 lǚxíng	[명]	평소
72	难过 nánguò	[명]	초(시간)
73	秒 miǎo	[형]	괴롭다, 슬프다
74	皮肤 pífū	[명]	피부
75	平时 píngshí	[명/동]	여행(하다)

76	缺少 quēshǎo	[부]	사실은, 기실은
77	其实 qíshí	[동]	부족하다
78	千万 qiānwàn	[명]	전부
79	气候 qìhòu	[명]	기후
80	全部 quánbù	[부]	절대로, 반드시

81	然后 ránhòu	[명]	임무
82	任务 rènwù	[동]	상심하다, 슬퍼하다
83	日记 rìjì	[부]	심지어
84	伤心 shāngxīn	[접]	그런 후에
85	甚至 shènzhì	[명]	일기

86	失败 shībài	[동]	참을 수 없다
87	实际 shíjì	[명]	순서
88	适合 shìhé	[동]	~에 적합하다, ~에 알맞다
89	受不了 shòubuliǎo	[명/동]	실패(하다)
90	顺序 shùnxù	[형]	실제의 [명] 실제

91	数字 shùzì	[동]	제공하다
92	态度 tàidù	[명]	조건, 여건
93	提供 tígōng	[동]	(시간을) 앞당기다, 미리
94	提前 tíqián	[명]	숫자, 수
95	条件 tiáojiàn	[명]	태도

96	同样 tóngyàng	[형] 마찬가지이다 [접] 마찬가지로
97	同情 tóngqíng	[동] 동정하다
98	完成 wánchéng	[부] 종종
99	完全 wánquán	[형] 완전하다 [부] 완전히
100	往往 wǎngwǎng	[동] 완성하다

101	网站 wǎngzhàn	[명] 웹사이트
102	误会 wùhuì	[명/동] 오해(하다)
103	详细 xiángxì	[명] 흥미
104	兴趣 xìngqù	[형] 상세하다
105	效果 xiàoguǒ	[명] 효과

106	牙膏 yágāo	[부] 아마, 어쩌면
107	盐 yán	[동] (습관을) 기르다
108	养成 yǎngchéng	[명] 소금
109	也许 yěxǔ	[명] 나뭇잎
110	叶子 yèzi	[명] 치약

111	艺术 yìshù	[동] 지원하다
112	应聘 yìngpìn	[명] 페이지, 쪽
113	印象 yìnxiàng	[명] 예술, 기술
114	页 yè	[명] 인상
115	优点 yōudiǎn	[명] 장점

116	尤其 yóuqí	[부] 특히
117	有趣 yǒuqù	[형] 재미있다
118	友谊 yǒuyì	[명] 우의, 우정
119	幽默 yōumò	[형] 유머러스하다
120	优秀 yōuxiù	[형] 우수하다

121	愉快 yúkuài	[접] 그래서, 그리하여
122	于是 yúshì	[형] 유쾌하다, 즐겁다
123	语法 yǔfǎ	[명] 언어
124	语言 yǔyán	[동] 예습하다
125	预习 yùxí	[동] 어법

126	阅读 yuèdú	[명] 열독하다, (책이나 신문을) 보다
127	杂志 zázhì	[동] 잡지
128	整理 zhěnglǐ	[동] 증명하다
129	证明 zhèngmíng	[동] 정리하다
130	值得 zhídé	[동] ~할 가치가 있다

131	重视 zhòngshì	[동] 중시하다
132	准确 zhǔnquè	[동] 총 정리하다
133	自信 zìxìn	[명] 작용, 효과, 영향
134	总结 zǒngjié	[형] 정확하다
135	作用 zuòyòng	[형] 자신 있다 [명] 자신감

第1-4题: 请选出正确答案。

1. 理想能够使人走出困境。一个人在遇到困难时，如果能继续坚持自己的理想，一步步走下去，那么困难对他来说就只是暂时的。

    ★ 这段话主要告诉我们，要:

    A 勇敢　　　B 坚持理想　　　C 重视方法　　　D 打好基础

2. 小孙最近心情不太好，可能是上次比赛失败，受了影响。你最好找个时间跟他谈一下，让他不要有压力，鼓励他好好准备下次比赛。

    ★ 小孙:

    A 瘦了许多　　B 被禁止参赛　　C 不适应新学校　　D 上次比赛输了

3. 森林有改变小范围气候的作用。在高温的夏季，森林内的温度会比周围低3到5℃；而在寒冷多风的冬季，森林能起到降低风速、提高气温的作用。

    ★ 夏季，森林可以:

    A 增加雨量　　B 改变风向　　C 降低气温　　D 使皮肤湿润

4. 生活中有这样两种人：一种总是看别人怎么生活，另一种喜欢生活给别人看。其实，每个人有每个人的生活，不用羡慕他人，也用不着向别人证明什么，只要用心走好自己的路，幸福就在前方。

    ★ 根据这段话，我们应该:

    A 学会拒绝　　B 少发脾气　　C 保护自己　　D 过好自己的生活

실전 연습 문제 2

제한 시간 4분(문제당 1분)

第1-4题: 请选出正确答案。

1. 选择职业时,我们首先应该对自己有清楚的认识,不仅要知道自己想做什么,还要根据自己的性格、爱好去判断什么样的工作适合自己,这样才能找到满意的工作。

    ★ 选择职业时,应该:

    A 多调查　　　B 打好基础　　　C 及时总结　　　D 先认清自己

2. 今年寒假我去广西玩儿了一趟,那里的气候和北方很不同,尽管是冬天,但非常暖和,还能吃到许多新鲜的水果。

    ★ 他觉得广西:

    A 冬季不冷　　B 经济发展快　　C 少数民族多　　D 广西最适合冬天去玩

3. 当你觉得无聊时,就去读书吧。无论是普通杂志,还是著名小说,只要你打开就会发现,世界上有那么多有趣的事情,有那么多不一样的生活。阅读,确实是一件值得花时间去做的事。

    ★ 这段话主要谈的是:

    A 怎样写小说　　B 阅读的好处　　C 语言的艺术　　D 作家的性格

4. 旅游前最好做个计划,比如要去几个地方,怎么坐车,带哪些东西,一共要玩儿多少天等。把这些都详细计划好,旅游时才会更轻松。

    ★ 旅行前,我们应该:

    A 先赚钱　　　B 自备塑料袋　　C 提前计划好　　D 和家人讨论

第1-4题：请选出正确答案。

1. 散步能让人减轻压力，变得轻松起来。但是时间不要太长，最好在半小时到一小时之间。一般来说，感到微微出汗的时候就可以了。

    ★ 散步时，我们：

    A 可以出大汗　　B 应该注意时间　　C 首先要减轻压力　　D 至少要超过一小时

2. 按照经验，人们往往认为夏天应该多穿白色衣服。但有研究证明，其实穿红色的更好，因为红色能更好地保护皮肤。

    ★ 夏天穿衣服，人们认为：

    A 穿白色的好　　B 不能穿黑色的　　C 穿红色的更好　　D 红色能保护皮肤

3. 不要以为你还年轻，就可以想做什么就做什么，你现在做出的每一个决定都有可能影响到你的将来。所以，做决定之前最好仔细考虑一下。

    ★ 根据这段话，做决定前要：

    A 考虑清楚　　　B 做好调查　　　C 通知家人　　　D 和朋友商量

4. 做事情，不要一开始就考虑过多：会不会很难，结果会怎么样……。这些其实都不重要，关键是要勇敢地去做，只有去做，一切才有可能。

    ★ 根据这段话，做事情最重要的是：

    A 敢于开始　　　B 提前调查　　　C 找对方法　　　D 有责任心

실전 연습 문제 4

제한 시간 4분(문제당 1분)

第1-6题：请选出正确答案。

1-2.

目的地也许只有一个，但是通往目的地的道路却有很多条。所以，当一条路走不通时，我们可以换另外一条试试。只要我们不放弃努力，总会找到一条合适的路，通往成功的目的地。

★ 当一条路走不通时，我们应该：

　A 换个目的地　　B 试试别的路　　C 向当地人问路　　D 别放弃原来的路

★ 这段话主要想告诉我们：

　A 要有理想　　　B 工作要积极　　C 成功需要坚持　　D 做事要有计划

3-4.

现在全世界大约80多个国家有高速公路。高速公路一般能适应每小时120公里或者更高的速度，其发展情况往往可以看出一个国家的交通及经济发展水平。高速公路既有优点也有缺点，优点是行车速度快，安全方便，可以减少铁路等方面的交通压力；缺点是对环境影响大、收费高。

★ 通过高速公路，可以判断该国的：

　A 经济水平　　　B 教育情况　　　C 汽车数量　　　D 环境质量

★ 高速公路有什么优点？

　A 不堵车　　　　B 污染小　　　　C 行车快且方便　　D 周围收费站少

5-6.

有个年轻人觉得自己什么都没有,总是很不开心。一天,一位老人对他说:"孩子,其实你是个富人啊!""为什么?我既没车也没房子,钱也很少。"老人笑着说:"如果有人出 100 万买你的健康,再出 100 万买你的年轻,你愿意卖吗?"年轻人这才明白,原来自己一点儿都不穷,相反,自己有很多用钱也买不到的东西。

★ 一开始,年轻人觉得自己:

　A 很穷　　　B 很聪明　　　C 很幸福　　　D 很厉害

★ 这段话主要想告诉我们:

　A 要有理想　B 不要骗人　C 要懂得节约　D 钱不是最重要的

4급 필수 어휘 정리 ❹

〈독해 3부분〉의 〈실전 연습 문제〉에서 나왔던 여러 단어들 중에서 **4급 필수 어휘**만 모았습니다. 단어들을 차례로 쭉 훑어보면서 **모르는 단어는 체크**해서(☑) 암기된 것과 그렇지 않은 것들을 **구분**해 놓습니다. 다 훑어보고 나면 **다시 처음으로 돌아와** 체크된 비암기 단어들의 해석을 가리고 스스로 뜻을 떠올려 봅니다.

1	☐	打基础	dǎ jīchǔ	기초를 다지다
2	☐	比赛	bǐsài	[명/동] 시합(하다)
3	☐	比如	bǐrú	[접] 예를 들어
4	☐	大约	dàyuē	[부] 대략, 아마
5	☐	调查	diàochá	[명/동] 조사(하다)
6	☐	冬季	dōngjì	[명] 동계, 겨울철
7	☐	发脾气	fā píqì	[동] 화를 내다
8	☐	公里	gōnglǐ	[명] 킬로미터
9	☐	鼓励	gǔlì	[동] 격려하다
10	☐	关键	guānjiàn	[명] 관건 [형] 관건적이다, 매우 중요하다
11	☐	广西	Guǎngxī	[명] 광시(지명)
12	☐	寒假	hánjià	[명] 겨울 방학
13	☐	寒冷	hánlěng	[형] 춥다, 한랭하다
14	☐	积极	jījí	[형] 적극적이다, 긍정적이다
15	☐	及时	jíshí	[부] 제때에, 바로 [형] 시기적절하다
16	☐	将来	jiānglái	[명] 장래
17	☐	降低	jiàngdī	[동] 낮추다
18	☐	交通	jiāotōng	[명] 교통
19	☐	教育	jiàoyù	[명/동] 교육(하다)
20	☐	节约	jiéyuē	[동] 절약하다

21	☐	尽管	jǐnguǎn	[접] 비록 ~이지만
22	☐	禁止	jìnzhǐ	[동] 금지하다
23	☐	考虑	kǎolǜ	[동] 고려하다
24	☐	困难	kùnnan	[명] 어려움 [형] 곤란하다, 어렵다
25	☐	理想	lǐxiǎng	[명] 이상 [형] 이상적이다
26	☐	另外	lìngwài	[대] 그밖의 [접] 그 외에
27	☐	厉害	lìhai	[형] 대단하다, 무섭다, 심하다
28	☐	民族	mínzú	[명] 민족
29	☐	目的地	mùdìdì	[명] 목적지
30	☐	暖和	nuǎnhuo	[형] 따뜻하다
31	☐	判断	pànduàn	[동] 판단하다
32	☐	骗	piàn	[동] 속이다
33	☐	普通	pǔtōng	[형] 보통의
34	☐	缺点	quēdiǎn	[명] 단점
35	☐	确实	quèshí	[부] 확실히, 정말로 [형] 확실하다
36	☐	轻松	qīngsōng	[형] (마음이) 홀가분하다, (일이) 수월하다
37	☐	穷	qióng	[형] 가난하다
38	☐	散步	sànbù	[동] 산보하다
39	☐	森林	sēnlín	[명] 숲
40	☐	商量	shāngliang	[동] 상의하다
41	☐	适应	shìyìng	[동] 적응하다
42	☐	首先	shǒuxiān	[부] 가장 먼저, 우선, 첫째로
43	☐	瘦	shòu	[형] 야위다, 마르다
44	☐	输	shū	[동] 패배하다, 지다
45	☐	水平	shuǐpíng	[명] 수준

46	☐	趟	tàng	[양] 번, 회(왕래한 횟수를 셈)
47	☐	讨论	tǎolùn	[동] 토론하다
48	☐	通知	tōngzhī	[동] 통지하다, 알리다 [명] 통지
49	☐	性格	xìnggé	[명] 성격
50	☐	夏季	xiàjì	[명] 하계, 여름철
51	☐	羡慕	xiànmù	[동] 부러워하다
52	☐	相反	xiāngfǎn	[형] 상반되다 [접] 반대로
53	☐	污染	wūrǎn	[명/동] 오염(시키다)
54	☐	无聊	wúliáo	[형] 무료하다, 심심하다
55	☐	无论	wúlùn	[접] ~에 관계없이
56	☐	幸福	xìngfú	[형] 행복하다
57	☐	详细	xiángxì	[형] 상세하다
58	☐	许多	xǔduō	[형] 허다하다, 매우 많다
59	☐	也许	yěxǔ	[부] 어쩌면, 아마
60	☐	一切	yíqiè	[명] 일체, 모든 것
61	☐	以为	yǐwéi	[동] ~라고 생각하다
62	☐	优点	yōudiǎn	[명] 장점
63	☐	勇敢	yǒnggǎn	[형] 용감하다
64	☐	杂志	zázhì	[명] 잡지
65	☐	暂时	zànshí	[명] 잠시, 잠깐
66	☐	责任心	zérènxīn	[명] 책임감
67	☐	仔细	zǐxì	[형] 자세하다
68	☐	证明	zhèngmíng	[동] 증명하다
69	☐	职业	zhíyè	[명] 직업
70	☐	只要	zhǐyào	[접] ~하기만 하면

71	☐ 质量	zhìliàng	[명] 품질, 질, 질량
72	☐ 周围	zhōuwéi	[명] 주위
73	☐ 著名	zhùmíng	[형] 유명하다, 저명하다
74	☐ 赚钱	zhuànqián	[동] 돈을 벌다, 이득을 보다
75	☐ 总结	zǒngjié	[동] 총 정리하다

| 76 | ☐ 作家 | zuòjiā | [명] 작자, 작가 |

단어와 뜻을 선으로 연결하면서 앞에서 학습한 4급 필수 어휘들을 확실하게 암기하고 넘어갑니다. 풀어 보는 것이 귀찮다면 적어도 단어를 보고 무슨 뜻인지 생각해 보길 바랍니다. 단어는 뜻을 떠올릴 수 없다면 공부를 안 한 것과 마찬가지이기 때문입니다.

1	打基础 dǎ jīchǔ	[부] 대략, 아마
2	比赛 bǐsài	기초를 다지다
3	比如 bǐrú	[명/동] 시합(하다)
4	大约 dàyuē	[접] 예를 들어
5	调查 diàochá	[명/동] 조사(하다)

6	冬季 dōngjì	[동] 격려하다
7	发脾气 fā píqì	[명] 관건 [형] 관건적이다, 매우 중요하다
8	公里 gōnglǐ	[명] 킬로미터
9	鼓励 gǔlì	[명] 동계, 겨울철
10	关键 guānjiàn	[동] 화를 내다

11	广西 Guǎngxī	[형] 춥다, 한랭하다
12	寒假 hánjià	[형] 적극적이다, 긍정적이다
13	寒冷 hánlěng	[명] 광시(지명)
14	积极 jījí	[부] 제때에, 바로 [형] 시기적절하다
15	及时 jíshí	[명] 겨울 방학

16	将来 jiānglái	[동] 낮추다
17	降低 jiàngdī	[명] 장래
18	交通 jiāotōng	[동] 절약하다
19	教育 jiàoyù	[명/동] 교육(하다)
20	节约 jiéyuē	[명] 교통

21	尽管 jǐnguǎn	[접] 비록 ~이지만
22	禁止 jìnzhǐ	[동] 금지하다
23	考虑 kǎolǜ	[동] 고려하다
24	困难 kùnnan	[명] 이상 [형] 이상적이다
25	理想 lǐxiǎng	[명] 어려움 [형] 곤란하다, 어렵다

26	另外 lìngwài	[대] 그밖의 [접] 그 외에	
27	厉害 lìhai	[형] 대단하다, 무섭다, 심하다	
28	民族 mínzú	[형] 따뜻하다	
29	目的地 mùdìdì	[명] 목적지	
30	暖和 nuǎnhuo	[명] 민족	

31	判断 pànduàn	[명] 단점	
32	骗 piàn	[부] 확실히, 정말로 [형] 확실하다	
33	普通 pǔtōng	[형] 보통의	
34	缺点 quēdiǎn	[동] 판단하다	
35	确实 quèshí	[동] 속이다	

36	轻松 qīngsōng	[형] (마음이) 홀가분하다, (일이) 수월하다	
37	穷 qióng	[동] 산보하다	
38	散步 sànbù	[형] 가난하다	
39	森林 sēnlín	[동] 상의하다	
40	商量 shāngliang	[명] 숲	

41	适应 shìyìng	[부] 가장 먼저, 우선, 첫째로	
42	首先 shǒuxiān	[동] 적응하다	
43	瘦 shòu	[형] 야위다, 마르다	
44	输 shū	[동] 패배하다, 지다	
45	水平 shuǐpíng	[명] 수준	

46	趟 tàng	[명] 성격	
47	讨论 tǎolùn	[동] 토론하다	
48	通知 tōngzhī	[동] 통지하다, 알리다 [명] 통지	
49	性格 xìnggé	[양] 번, 회(왕래한 횟수를 셈)	
50	夏季 xiàjì	[명] 하계, 여름철	

51	羡慕 xiànmù	[형] 무료하다, 심심하다
52	相反 xiāngfǎn	[접] ~에 관계없이
53	污染 wūrǎn	[명/동] 오염(시키다)
54	无聊 wúliáo	[동] 부러워하다
55	无论 wúlùn	[형] 상반되다 [접] 반대로

56	幸福 xìngfú	[형] 상세하다
57	详细 xiángxì	[형] 행복하다
58	许多 xǔduō	[명] 일체, 모든 것
59	也许 yěxǔ	[부] 어쩌면, 아마
60	一切 yíqiè	[형] 허다하다, 매우 많다

61	以为 yǐwéi	[형] 용감하다
62	优点 yōudiǎn	[명] 장점
63	勇敢 yǒnggǎn	[동] ~라고 생각하다
64	杂志 zázhì	[명] 잠시, 잠깐
65	暂时 zànshí	[명] 잡지

66	责任心 zérènxīn	[접] ~하기만 하면
67	仔细 zǐxì	[형] 자세하다
68	证明 zhèngmíng	[동] 증명하다
69	职业 zhíyè	[명] 직업
70	只要 zhǐyào	[명] 책임감

71	质量 zhìliàng	[동] 돈을 벌다, 이득을 보다
72	周围 zhōuwéi	[명] 작자, 작가
73	著名 zhùmíng	[형] 유명하다, 저명하다
74	赚钱 zhuànqián	[명] 품질, 질, 질량
75	总结 zǒngjié	[동] 총 정리하다
76	作家 zuòjiā	[명] 주위

쓰기 书写

1부분 **어순에 맞게 배열하기**
1. 형용사 술어문·주술 술어문·有자문·是자문
2. 부사
3. 개사
4. 동사 술어문
5. 연동문
6. 겸어문
7. 把자문·被자문
8. 존현문·비교문
9. 보어

2부분 **문장 만들기**
1. 명사 제시어
2. 동사 제시어
3. 형용사 제시어
4. 기타 제시어

기초 어법 다지기 : 품사와 문장 성분

중국어를 잘하기 위해서는 최소한의 용어 구분이 필요합니다. 바로 '품사'와 '문장 성분'입니다. 문법이라고 하면 겁부터 먹는 분들이 있는데요. 이곳에는 꼭 필요한 것만 가장 쉽게 설명해 놓았습니다. 시험을 코앞에 두고 있다면, **'핵심 정리'와 '꿀팁'** 위주로만 보아도 실질적인 효과를 볼 수 있습니다. 자, 그럼 탄탄한 중국어 실력을 위해서 출발합니다.

아직도 '품사'와 '문장 성분'이 구별이 안 되나요?

■ 품사란?

품사(词类)란 **단어의 성별**을 의미합니다. 사람은 남자와 여자가 있듯이 중국어는 명사, 동사, 형용사, 부사, 전치사 등이 있습니다.(총 12개) **품사란 정해진 것이기 때문에 다른 품사로 변하지 않습니다.** 다만 '给([동사] 주다, [개사] ~에게)'처럼 두 개 이상의 품사를 겸할 수는 있습니다.

■ 문장 성분이란?

문장 성분이란 **단어가 문장 안에서 맡은 역할(성분)**입니다. 문장 성분에는 주어, 술어, 목적어, 부사어, 관형어, 보어 6개가 있습니다.

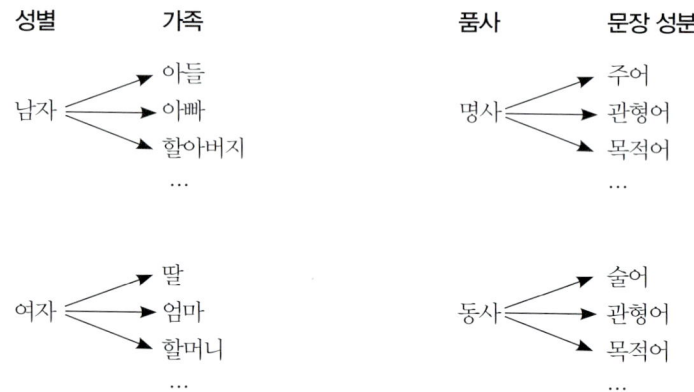

- 春节到了。 춘절이 되었다. **(주어)**
- 我在北京过春节。 나는 베이징에서 춘절을 보낸다. **(목적어)**
- 春节期间举行各种活动。 춘절 기간에는 각종 행사를 연다. **(관형어)**

▶ 위 문장들에서 명사 '春节'는 각각 주어, 목적어, 관형어 등으로 쓰였다. 이처럼 단어의 **품사는 바뀌지 않지만 문장 성분은 문장에 따라 바뀔 수 있다.**

한 단어는 어떤 문장에서 사용되느냐에 따라 주어도 될 수 있고, 술어도 될 수 있고 목적어, 관형어, 보어, 부사어 등이 될 수 있다. 명심할 것은 **품사란 개별 단어의 성별(~사)**이며, **문장 성분이란 문장 안에서 하는 역할(~어)**이라는 점이다. 일반적으로 문장 성분의 순서는 아래와 같다. 주어, 술어, 목적어는 주요 성분이고 **부사어, 관형어, 보어는 부가 성분**이다. 한 **문장의 구조를 이해할 때는 주어, 술어, 목적어를 중심으로 한 3개의 덩어리로 인식**해야 한다.

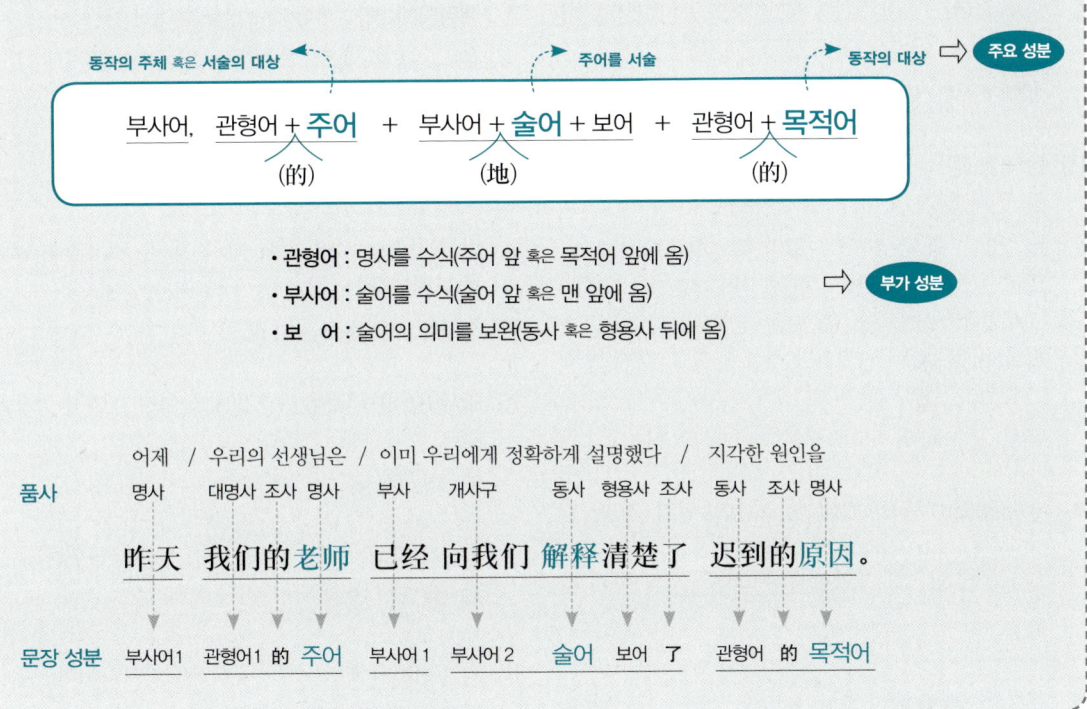

품사

■ 품사의 종류

주요 품사	기타 품사

1. **명사(名词)** : 사람, 사물, 시간, 장소 등의 명칭을 나타낸다.
   老师 선생님, 桌子 탁자, 明天 내일, 上面 위쪽

2. **동사(动词)** : 사람이나 사물의 동작, 행위, 심리 활동, 존재, 발전, 변화, 소실 등을 나타낸다
   跑 달리다, 研究 연구하다, 喜欢 좋아하다, 有 있다, 提高 향상되다, 长 자라다, 消失 사라지다

3. **형용사(形容词)** : 사람이나 사물의 성질, 상태 등을 나타낸다
   容易 쉽다, 聪明 똑똑하다, 快 빠르다, 冷 춥다

4. **부사(副词)** : 동작·상태·성질 등의 범위, 시간, 정도, 부정, 어기, 정태 등을 나타낸다.
   都 모두, 已经 이미, 非常 매우, 不 아니다,
   简直 그야말로, 亲自 직접

5. **개사/전치사(介词)** : 명사, 대명사, 명사성 단어와 결합하여 방향, 대상 등을 나타낸다.
   在 ~에서, 给 ~에게, 向 ~를 향하여, 从 ~부터,
   关于 ~에 관하여

6. **접속사(连词)** : 단어, 구, 문장 등을 연결한다.
   和 ~와, 并 그리고, 以及 및, 但是 그러나, 虽然 비록,
   因为 왜냐하면

7. **대명사(代词)** : 사람이나 사물을 대신 가리킨다.
   他 그, 这 이, 那样 그렇게, 这么 이렇게, 哪儿 어디

8. **수사(数词)** : 숫자, 순서 등을 나타낸다.
   六、六十、六百、第一、第二

9. **양사(量词)** : 사람, 사물, 동작 행위, 시간 등의 단위를 나타낸다.
   个、张、幅、厘米、遍、趟

10. **조사(助词)** : 단어나 구 뒤에 붙어서 어법적 역할을 한다.
    的、得、地、着、了、过、吗

11. **감탄사(叹词)** : 감탄, 외침, 대답 등을 나타낸다.
    啊、嗯、哼、哎呀

12. **의성어(拟声词)** : 사람이나 사물의 소리를 나타낸다.
    哈哈 하하, 呼呼 획획, 哗哗 콸콸

핵심 정리

문제를 풀기 위해 구별해야 할 품사는 6개이며, 간단하게 아래와 같이 구분하는 것이 좋다.

(1) 명사 → **명칭**
(2) 동사 → **움직임**
(3) 형용사 → **성질/상태**
(4) 부사 → **동사나 형용사를 수식**
(5) 개사 → **명사와 결합**
(6) 접속사 → **연결**

> **꿀팁** 동사와 형용사의 구별법 ★
>
> (1) 동사는 목적어를 동반할 수 있지만 형용사는 목적어가 올 수 없다.
>   打扫了房间 (O) | 干净了房间 (×)
>
> (2) 형용사는 정도부사의 수식을 받지만 행위동사는 정도부사의 수식을 받지 않는다.
>   很快 (O) | 很跑 (×)
>
>   예외 : 심리동사, 조동사, 有 등 일부 동사는 정도부사의 수식을 받을 수도 있다.
>   很喜欢, 很会做菜, 很有耐心, 很浪费时间
>
> (3) 동사는 진행형(~하고 있다)과 청유형(~하자)이 되지만 형용사는 할 수 없다.
>   달리다(跑 : 동사) → 달리고 있다 (O)
>   빠르다(快 : 형용사) → 빠르고 있다 (×) | 빠르자 (×)

■ 품사 주의사항

1. 동사와 형용사는 명사처럼 쓸 수 있다.

일부 **동사**는 문장 안에서 **명사**로 쓸 수 있다. '聪明(똑똑하다)'과 '笑(웃다)'는 각각 형용사와 동사지만 아래 문장에서는 명사의 기능을 하고 있다.

我很佩服他的聪明。 나는 그의 똑똑함에 탄복한다.

笑也是一种很好的健身运动。 웃음도 일종의 좋은 건강 운동이다.

2. 일부 형용사는 동사를 겸하기도 하며, 동사가 될 때는 '~하게 하다'의 '사역' 의미가 들어간다.

他的工作经验很丰富。 그의 업무 경험은 매우 풍부하다. **(형용사)**

旅行可以丰富我们的经历。 여행은 우리의 경험을 풍부하게 할 수 있다. **(동사)**

> **꿀팁** 형용사이면서 동사인 단어
>
> 方便 편리하다, 편리하게 하다   丰富 풍부하다, 풍부하게 하다
> 稳定 안정적이다, 안정시키다   明确 명확하다, 명확하게 하다
> 突出 뛰어나다, 부각시키다   活跃 활발하다, 활발하게 하다
> 完善 완벽하다, 완벽하게 하다   繁荣 번영하다, 번영시키다

문장 성분

'주어는 명사이고, 술어는 동사이다' 식의 **고정 관념**이 있습니다. 결론부터 말하면 **문장 성분과 품사는 필연적 관계가 없습니다**. 아래 예문들을 통해서 잘못된 **고정 관념에서 벗어나**도록 하세요.

■ 주어(主语)

서술의 대상으로서, '**누가**', '**무엇이**'에 해당하며 일반적으로 **문장 앞쪽**에 온다.

① **今天**很冷。 오늘은 매우 춥다.

② **他们**要去爬山。 그들은 등산을 가려 한다.

③ **那个问题**已经解决了。 그 문제는 이미 해결되었다.

> **꿀팁 1** 주어를 행위자(②)라고만 생각하기 쉬운데, 동작의 대상(③)도 주어가 될 수 있다.
> 정확하게 말하자면 주어란, **서술의 대상**이다. 그래서 주어는 **품사의 제한이 없으며**(④, ⑤), **각종구**(⑥), **절-짧은 문장**(⑦), **시간**(⑧)이나 **장소**(⑨)를 나타내는 말도 **주어가 될 수 있다**. 또한 해석에 있어서도 주어라고 해서 늘 '~가, ~이'로만 해석되는 것이 아니다.

④ **年轻**有很多好处。 젊음은 많은 장점이 있다.　　　　　주어 : 年轻(형용사)

⑤ 他的**死**重于泰山。 그의 죽음은 태산보다도 무겁다　　　주어 : 死(동사)

⑥ **改变一个人**很困难。 한 사람을 바꾸는 것은 매우 어렵다.　주어 : 改变一个人(동목구)

⑦ **我们明天去**比较合适。 우리는 내일 가는 것이 적절하다.　주어 : 我们明天去(절)

⑧ **春节期间**举行各种活动。 춘절 기간에 각종 행사가 열린다.　주어 : 春节期间(시간)

⑨ **我家附近**新开了一家大型超市。 집 근처에 대형 슈퍼가 새로 생겼다.　주어 : 我家附近(장소)

> **꿀팁 2** 명령형, 청유형 등의 문장은 주어가 없을 때가 있다.
> 실제 문제에서는 '**把~**', '**请~**', '**别~**', '**不要~**', '**应该~**' 등으로 시작하거나 '**~吧**'로 끝나는 주어가 없는 문장도 출제된다. 그래서 문제를 풀 때 **무조건 주어부터 정하는 것은 좋지 않다**.
> - **把**衣服拿到院子里吧。 이불을 뜰로 가져가.
> - **别**把毛巾扔在沙发上。 수건을 소파에 던져 놓지 마.
> - **请**帮我预订往返机票。 나를 위해 왕복 비행기표를 예매해 줘.
> - **应该**培养孩子独立思考的习惯。 아이가 독립적으로 사고하는 습관을 길러 주어야 한다.

■ 술어(谓语)

주어를 설명하는 성분으로 주어 뒤쪽에 오며, 주로 **동사**나 **형용사**가 **술어**가 된다. '**어떠하다**' 혹은 '**(무엇을) 하다**'에 해당하는 부분이다.

今天很冷。 오늘은 매우 춥다.

他们要去爬山。 그들은 등산을 가려 한다.

那个问题已经解决了。 그 문제는 이미 해결되었다.

> **꿀팁 1** 주로 **동사**나 **형용사**가 술어가 되지만 시험에서는 **주술구**가 술어로 출제되기도 한다.
> - 他**个子很高**。 그는 키가 크다.   他 : 주어 | 个子很高 : 술어(주술구)
> - 我**心情不好**。 나는 기분이 안 좋다.   我 : 주어 | 心情不好 : 술어(주술구)

> **꿀팁 2** 술어 앞에는 **부사어**가 오고 뒤에는 **보어**나 **목적어**가 올 수 있다.
> - 我**只**吃了一个**苹果**。 나는 단지 한 개의 사과만을 먹었다.   只 : 부사어 | 吃 : 술어 | 苹果 : 목적어
> - 那你**在家**休息**几天**吧。 그럼 너는 집에서 며칠 쉬어.   在家 : 부사어 | 休息 : 술어 | 几天 : 보어

■ 목적어(宾语)

동사의 지배를 받거나 **동사와 관련된 대상**으로 **동사 뒤쪽**에 위치한다.

他喝牛奶。 그는 우유를 마신다.

他的办法取得了很好的效果。 그의 방법은 매우 좋은 효과를 거두었다.

> **꿀팁 1** 목적어는 동사 뒤에 오는 성분이기 때문에 **형용사 뒤에는 목적어가 오지 않는다.**
> - 打扫了房间 (O) | 干净了房间 (×) → 房间很干净 (O)
>   동사   형용사

> **꿀팁 2** 명사뿐만 아니라 **동사(구), 형용사(구), 개사구, 주술구** 등도 목적어가 될 수 있다.
> - 我打算**去旅游**。 나는 여행 갈 계획이다.   (동사구)
> - 他觉得**很奇怪**。 그는 이상하게 느꼈다.   (형용사구)
> - 我这次来是**为了你**。 내가 이번에 온 것은 널 위해서다.   (개사구)
> - 我相信**你一定能成功**。 나는 네가 반드시 성공할 수 있다고 믿는다.   (주술구)

> **꿀팁 3** 목적어라고 해서 모두 '~을, ~를, ~에게'로만 해석되는 것은 아니다. **중국어의 목적어** 중에는 '**행위자 목적어**'라는 것이 있는데 **동작 행위의 주체**이기 때문에 '**~이, ~가**'로 해석된다.
> - 外面在下**雨**。 밖에 비가 온다.   해석은 '비가'이지만 문장 성분은 목적어이다.
> - 家里来了一位**客人**。 집에 한 분의 손님이 오셨다.   해석은 '손님이'이지만 문장 성분은 목적어이다.
> - 桌子上摆着一瓶**矿泉水**。 탁자 위에 한 병의 생수가 놓여 있다.   해석은 '생수가'이지만 문장 성분은 목적어이다.

■ 관형어(定语)

명사나 **명사성 성분**을 **수식**하며 주로 **주어와 목적어 앞**에 온다. 구조조사 '**的**'로 연결되는 경우가 많다.

他的办法取得了很好的效果。 그의 방법은 매우 좋은 효과를 거두었다.

> **꿀팁** 형용사뿐만 아니라 **명사, 동사(구), 개사구** 등도 관형어가 될 수 있다.
> - 明天的会议取消了。 내일의 회의가 취소되었다. （명사）
> - 我借的书都很有意思。 내가 빌린 책은 모두 아주 재미있다. （동사구）
> - 他对工作的态度很认真。 그의 일에 대한 태도는 매우 진지하다. （개사구）

■ 부사어(状语)

동사나 형용사를 수식하며 술어 앞이나 문장 맨 앞에 온다. 형용사나 동사가 부사어가 될 경우 종종 구조조사 '**地**'로 연결된다.

树上的叶子已经掉光了。 나무 위의 잎이 이미 떨어지고 없다.

下个月，我去中国旅游。 다음 달에 나는 중국으로 여행 간다.

> **꿀팁** 부사뿐만이 아니라 **명사, 형용사, 동사, 개사구** 등도 부사어가 될 수 있다.
> - 我们明天出发。 우리는 내일 출발한다. （명사）
> - 他仔细地检查了。 그녀는 꼼꼼히 검사했다. （형용사）
> - 妈妈很担心地说了。 엄마는 매우 걱정스럽게 말했다. （동사）
> - 小张向领导报告了这个结果。 샤오장은 상사에게 이 결과를 보고했다. （개사구）

■ 보어(补语)

동사나 형용사 뒤에서 그 **의미를 보완**하는 성분이다.

他们表演得很精彩。 그들의 연기는 매우 훌륭했다. (정태보어)

树上的叶子已经掉光了。 나무 위의 잎은 이미 모두 떨어지고 없다. (결과보어)

> **꿀팁** 보어는 항상 **동사**나 **형용사** 뒤에 오며 **명사** 뒤에 오지 않는다.
> - 吃饭完了 (×) → 吃完饭了 (○)
> - 睡觉得很晚 (×) → 睡得很晚 (○)
> ※ '睡觉'는 이합동사로 '睡(자다)'만 순수한 동사이며 '觉(잠)'는 명사이다.

핵심 정리

문장은 **주어, 술어, 목적어**를 중심으로 **뼈대가 구성**되고 관형어, 부사어, 보어 등이 붙으면서 **긴 문장으로 만들어진다**. 문장 구조 분석이라는 것은 **주어, 술어, 목적어를 구분해 내는 작업**이라고 할 수 있다. 문장 구조 분석을 통해서 정확한 해석과 이해가 이루어진다.

```
                    (的)              (地)                    (的)
(부사어),  관형어 + 주어  +  부사어 + 술어 + (보어) +  관형어 + 목적어

 当时,    小王的姥姥       很痛快地答应了      邻居的请求。
 당시에,  샤오왕의 외할머니는   흔쾌히 들어 주었다    이웃의 부탁을
```

■ 〈쓰기 1부분〉 문제 풀이 시 가장 먼저 할 일 : **제시어 개수를 줄여라!**

제시어의 형태와 뜻을 고려하여 아래와 같이 제시어의 개수를 줄일 수 있어야 더 쉽게 문제를 풀 수 있다.

```
 很痛快地      邻居的     姥姥      请求       答应了
 매우 흔쾌하게   이웃의    외할머니   부탁(하다)   동의했다
```

→ 姥姥很痛快地答应了邻居的请求。
  외할머니는 흔쾌히 이웃의 부탁을 들어 주었다.

(1) 〈~ + 的〉 형태의 제시어는 **N**(명사)과 결합시킨다. → 邻居的请求(이웃의 부탁)

(2) 〈~ + 地〉 형태의 제시어는 **V**(동사)와 결합시킨다. → 很痛快地答应了(흔쾌하게 동의했다)

(3) 〈~ + 了〉 형태 또는 〈V(동사)〉 제시어는 뒤에 의미상 어울리는 **O**(목적어)를 놓는다. → 答应了~请求(부탁을 들어 주었다)

어순에 맞게 배열하기

출제 원리와 공략법

〈쓰기 1부분〉은 여러 제시어를 하나의 온전한 문장이 되도록 어순에 맞게 배열하는 문제입니다. 〈쓰기 1부분〉을 잘하기 위해서는 최소한의 **어법 이론**과 **제시어의 뜻**을 알아야 합니다.

◎ 출제 특징

- **문항 구성**: 10문제(86번~95번)
- **문제 유형**: 4~6개의 제시어들을 어법상 올바른 하나의 문장이 되도록 배열한다.
- **제시어 특징**: 4~6개의 제시어 중 2~3개가 4급 필수 어휘이다.
- **풀이 시간**: 한 문제당 1분, 총 10분

◎ 3단계 풀이법

[1단계] **술어 정리**: 동사나 형용사를 찾아서 술어를 만든다.
[2단계] **목적어와 주어 정리**: 술어가 동사일 경우 뒤에 목적어를 만들고, 적당한 주어를 정한다.
[3단계] **기타 정리**: 나머지 단어들을 의미와 어법에 맞게 부사어, 관형어, 보어로 정리한다.
※ 주의: 처음부터 품사로만 따지지 말고, 먼저 대략적인 의미 윤곽을 파악한 후 어법적인 접근을 시도한다.

| 술어 | → | 목적어, 주어 | → | 기타 |

◎ 학생들이 가장 많이 하는 질문

"선생님, 단어 뜻만 알면 풀겠는데 단어 뜻을 잘 모르겠어요. 어떡하죠?"

그렇습니다. 〈쓰기 1부분〉 풀이의 핵심은 단어의 뜻과 어법의 이해입니다. 각 문제마다 4급 필수 어휘를 다수 제시함으로써 난이도가 높아졌습니다. 또 어떤 문제들은 반드시 중국어 어법에 따라 배열해야 정답이 나오도록 출제됩니다. 일단은 4급 필수 어휘 600개를 외워야 합니다. 쓸 줄 아는 것은 나중의 문제이므로 우선 단어의 뜻만이라도 외워야 합니다. 본 교재의 부록으로 제공되는 4급 필수 어휘 단어장을 가지고 하루에 30개씩 단어를 외우면 20일이면 전체를 학습할 수 있습니다.

◎ 학습 전략

- 4급 필수 어휘 600개 뜻 암기
- 유형에 따른 어법 이론 학습
- 틀린 문장 통 암기로 같은 문제 틀리지 않기

 신속 정확한 풀이

❶ 형용사 술어문·주술 술어문·有자문·是자문

1-1 형용사 술어문

주요 내용

■ 〈형용사 술어문〉이란?

형용사(A)가 술어가 되는 문장을 가리킵니다.

窗外 / 的 / 景色 / 很美。 창밖의 경치가 매우 아름답다.
　　　　　　　　술어

■ 〈형용사 술어문〉 문제의 풀이 순서

[1단계] 술어 정리 : 부사(很)와 형용사(美)를 결합하여 술어를 만든다.

窗外　的　景色　很美。
관형어　的　S　술어(부사 + A)

[2단계] 관형어와 주어 정리 : 술어(美)의 설명 대상을 주어(景色)로 만들고, 그 앞에 수식할 수 있는 관형어(窗外的)를 정리한다.

窗外　的　景色　很美。
관형어　的　S　술어(부사 + A)

기출문제 분석

쓰기 1부분 어순에 맞게 배열하기

〈형용사 술어문〉 문제는 난이도가 낮은 편입니다. 1~2회에 걸쳐 한 문제씩 출제되는데요, **가장 중요한 것은** '정도부사 + 형용사'를 술어로 문장 **끝에 놓는 것**입니다.

어순에 맞게 배열하여 문장을 완성하세요.

| 非常　他的　标准　普通话发音 |

풀이 **[1단계]** 형용사(标准 : 표준적이다) 앞에 '부사(非常)'를 놓는다. → 非常标准

[2단계] 서술(标准)의 대상인 '普通话发音(중국 표준어 발음)'을 주어로 놓고, 그 앞에 관형어(他的)를 놓는다.
→ 他的普通话发音非常标准。

정답 他的普通话发音非常标准。 그의 중국 표준어 발음은 매우 표준적이다.

어휘 **标准** biāozhǔn [형] 표준적이다 [명] 기준, 표준 4급 | **普通话** pǔtōnghuà [명] 현대 중국 표준어 4급 | **发音** fāyīn [명] 발음 [동] 발음하다

꿀팁 '他的普通话发音'처럼 〈~ + 的〉 형태의 제시어는 뒤에 명사(N)를 놓는 습관을 가져야 한다.

전략 학습 : <형용사 술어문>의 특징 쓰기 1부분 어순에 맞게 배열하기

〈형용사 술어문〉의 특징을 알아보고 그에 맞는 기출문제를 풀어 보면서 적용시켜 봅니다.

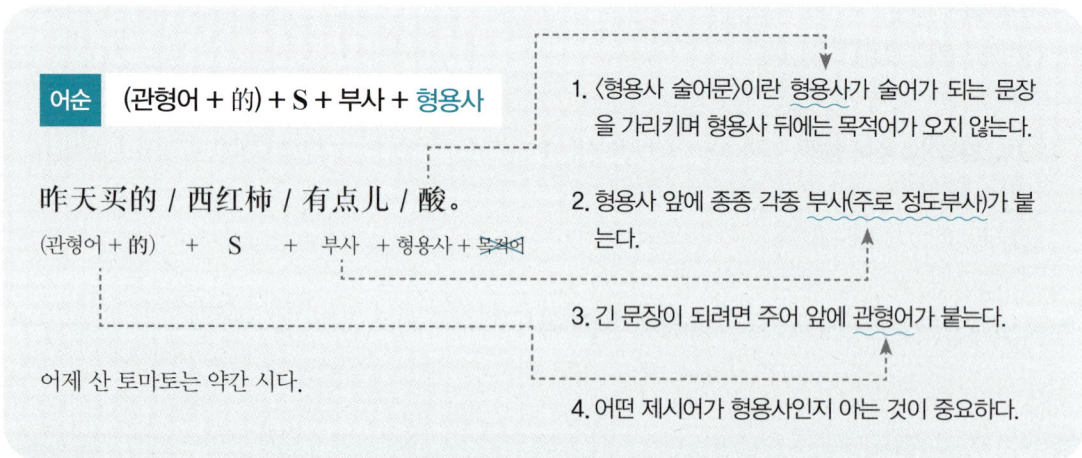

1. 很不错 这台 质量 洗衣机的
2. 答案 这道 数学题的 好像错了
3. 这道 有点儿 稍微 辣 菜

1.

풀이 **[1단계]** 형용사인 '不错(좋다, 훌륭하다)'가 술어가 되며, '质量(품질)'가 주어가 된다.
→ 质量…很不错

[2단계] '台(대)'는 기계를 세는 양사이므로 '洗衣机(세탁기)'를 수식하고, 이 전체는 주어(质量)를 수식하는 관형어가 된다.
→ 这台洗衣机的质量很不错。

정답 这台洗衣机的质量很不错。 이 세탁기의 품질은 매우 좋다.

어휘 不错 búcuò [형] 좋다, 훌륭하다, 맞다 | 台 tái [양] 대(기계를 세는 단위) [명] 무대, 단 4급 | 质量 zhìliàng [명] 품질 4급 | 洗衣机 xǐyījī [명] 세탁기

2.

풀이 **[1단계]** '错了(틀렸다)'는 술어가 되고, 그 서술의 대상인 '答案(답안)'은 주어가 된다.
→ 答案…好像错了

[2단계] '道'는 시험 문제를 세는 양사이므로 '数学题(수학 문제)'를 수식하고, 이 전체는 '答案'을 수식하는 관형어가 된다.
→ 这道数学题的答案好像错了。

정답 这道数学题的答案好像错了。 이 수학 문제의 답안은 틀린 것 같다.

어휘 答案 dá'àn [명] 답안 4급 | 道 dào [양] 문제를 셈 | 数学题 shùxuétí [명] 수학 문제 | 好像 hǎoxiàng [부] 마치 (~과 같다) [동] 닮다, 유사하다 4급

꿀팁 **'好像'의 용법**
'好像'은 부사로 '마치 (~인 것 같다)'는 뜻으로 **추측**이나 **느낌**을 나타낸다. 또한 '好像'은 동사나 형용사 앞에 올 뿐만 아니라 **주어 앞에도 올 수** 있기 때문에 처음부터 '好像错了'의 덩어리로 제시되었다. '他**好像**错了.'는 그의 어떤 말의 내용이 **(맞지 않고) 틀렸다**는 것을 강조하고, '**好像**他错了.'는 여러 명 중에서 **그가 틀린 것 같다**는 것을 강조한다. 이처럼 '好像'의 위치에 따라 강조되는 **부분이 다르다**는 것을 참고로 알아 두자.

3.

풀이 **[1단계]** '有点儿(약간, 조금)'은 부사로 형용사(辣) 앞에 온다.
→ 有点儿辣

[2단계] '道'는 요리를 세는 양사이므로 '这道'는 '菜(요리, 반찬)'를 수식하고 이 덩어리는 주어로 온다.
→ 这道菜…有点儿辣

[3단계] '稍微(약간, 조금)'는 '有点儿'과 같은 뜻이지만 이 둘의 어순은 〈稍微 + 有点儿 + 형용사〉이다. 두 단어의 의미가 중복되기 때문에 같이 쓸 수 없다고 생각할 수 있다. 하지만 이 어순은 고정 격식이므로 꼭 외워 두자.
→ 这道菜稍微有点儿辣。

정답 这道菜稍微有点儿辣。 이 요리는 약간 좀 매워.

어휘 道 dào [양] 요리를 셈 | 有点儿 yǒudiǎnr [부] 약간, 조금 | 稍微 shāowēi [부] 약간, 조금 4급 | 辣 là [형] 맵다 4급

1-2 주술 술어문

주요 내용

■ 〈주술 술어문〉이란?

주술구가 술어가 되는 문장을 가리키며, 주어는 '대주어(S₁)'와 '소주어(S₂)' 2개가 있다.

耳朵　很　长。 귀가 매우 길다. → 형용사 술어문
S　　술어(A)

兔子　耳朵很长。 토끼는 귀가 매우 길다 → 주술 술어문
S₁　술어(주술구 : S₂ + 술어)

■ 〈주술 술어문〉 문제의 풀이 순서

[1단계] 술어 정리 : 주술구(耳朵很长)를 술어로 만든다.

兔子　耳朵很长。
S₁　술어(주술구 : S₂ + 술어)

[2단계] 대주어 정리 : 소주어(耳朵)가 속한 대상(兔子)이 대주어(S₁)로 온다.

兔子　耳朵很长。
S₁　술어(주술구: S₂ + 술어)

기출문제 분석

쓰기 1부분 어순에 맞게 배열하기

〈주술 술어문〉 문제는 3~4회에 걸쳐 **드물게 출제**됩니다. 하지만 하나의 **문형**으로서 **광범위**하게 쓰이는 **중요한 문형**입니다. 〈주술 술어문〉에서 **가장 중요한 것**은 **주술구를 술어**로 놓고, 주어가 2개로 나와 '**S₁(대주어)은 S₂(소주어)가 어떠하다**'로 해석되는 것입니다.

어순에 맞게 배열하여 문장을 완성하세요.

害羞　性格　很　他的孙女

풀이 **[1단계]** 정도부사 '很'은 형용사 '害羞(수줍어하다)'를 수식하고, 그 앞에는 '性格(성격)'가 주어로 온다.
→ 性格很害羞

[2단계] '他的孙女(그의 손녀)'는 대주어로 맨 앞에 온다.
→ 他的孙女性格很害羞。

정답 他的孙女性格很害羞。 그의 손녀는 성격이 매우 수줍음이 많다.

어휘 害羞 hàixiū [형] 수줍어하다 4급 | 性格 xìnggé [명] 성격 4급 | 孙女 sūnnǚ [명] 손녀

전략 학습 : <주술 술어문>의 특징

쓰기 1부분 어순에 맞게 배열하기

<주술 술어문>의 특징을 알아보고 그에 맞는 기출문제를 풀어 보면서 적용시켜 봅니다.

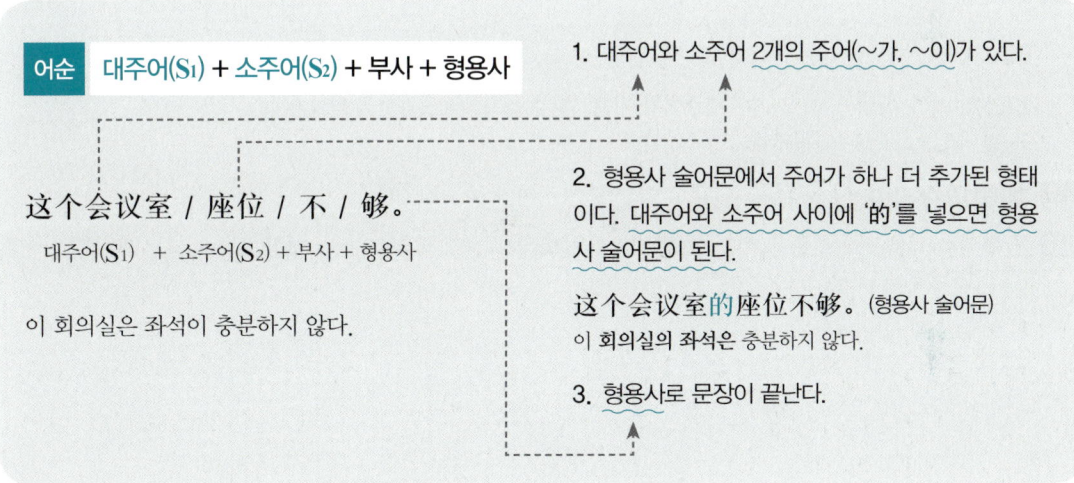

실전
적용하기

1. 很 脾气 王教授 大
2. 不错 生意 那个饭馆儿 一直很

1.

풀이 **[1단계]** '很'은 '大'를 수식하여 '很大'가 되고, 이는 '脾气(성격)' 뒤에 술어로 온다.
→ 脾气很大

[2단계] '王教授(왕 교수)'는 대주어로 가장 앞에 온다.
→ 王教授脾气很大。

정답 王教授脾气很大。 왕 교수는 성격이 매우 강하다.

어휘 脾气 píqi [명] 성격, 성깔 4급 | 教授 jiàoshòu [명] 교수 4급

꿀팁 '脾气'는 '성격'이라는 뜻으로 '性格'가 유의어이다. 또한 '脾气'는 '发脾气'로 쓰면 '화를 내다'는 뜻으로 '生气'와 유사하다.

2.

풀이 **[1단계]** '一直很'은 '一直 + 很'의 결합형으로 두 개의 부사가 합친 것이므로 형용사 '不错(좋다, 훌륭하다)'를 수식한다.
→ 一直很不错

[2단계] '那个饭馆儿(그 식당)'은 대주어가 되고, '生意(장사, 사업)'는 소주어가 된다.
→ 那个饭馆儿生意一直很不错。

정답 那个饭馆儿生意一直很不错。 그 식당은 장사가 줄곧 잘됐다.

어휘 不错 búcuò [형] 괜찮다, 좋다, 맞다 | 生意 shēngyi [명] 장사, 사업, 비즈니스 4급 | 饭馆儿 fànguǎnr [명] 식당 | 一直 yìzhí [부] 줄곧 3급

1-3 有字文(有字句)

주요 내용

■ 〈有字文〉이란?

'有'가 술어가 되는 문장이다.

每个人 / 都 / 有 / 不同的 / 减肥方法。 사람들마다 다 다른 다이어트 방법을 가지고 있다.
　S　　　　　술어　　　　　　O

■ 〈有字文〉 문제의 풀이 순서

[1단계] '有'의 목적어 찾기 : '有' 뒤에 적절한 의미의 목적어(O)를 놓는다.

每个人　都　有　不同的　减肥方法。
　S　　부사어　술어　관형어　　O

[2단계] 주어 찾기 : '有' 앞에 적절한 의미의 주어(S)를 놓는다.

每个人　都　有　不同的　减肥方法。
　S　　부사어　술어　관형어　　O

[3단계] 부사어와 관형어 정리 : '有' 앞에는 적절한 의미의 '부사어'를, '목적어(O)' 앞에는 적절한 의미의 '관형어'를 놓는다.

每个人　都　有　不同的　减肥方法。
　S　　부사어　술어　관형어　　O

기출문제 분석

쓰기 1부분 어순에 맞게 배열하기

〈有字文〉 문제는 1년 12회 중 2~3회 정도가 출제됩니다. 〈有字文〉은 〈쓰기 1부분〉에서 많이 출제되는 편은 아니지만 **중국어의 주요 문형** 중 하나입니다. 〈有字文〉은 **중국어 문장을 정확하고 빠르게 해석하기 위해서 반드시 잘 알아두어야** 합니다. 〈有字文〉의 특징을 이해하여 〈쓰기 1부분〉 문제를 정확하게 맞힐 수 있도록 합니다.

기출 맛보기

어순에 맞게 배열하여 문장을 완성하세요.

没有一点儿　对身体　好处　抽烟

풀이 [1단계] '没有'는 '有'의 부정 형태로 '~이 없다'는 뜻이다. 따라서 뒤에는 '好处(좋은 점)'가 목적어로 오는 것이 좋다.
→ 没有一点儿好处

[2단계] 의미상 '抽烟'이 주어로 오고, 개사구(对身体)는 개사구의 위치에 따라 동사(没有) 앞에 온다.
→ 抽烟对身体没有一点儿好处。

정답 抽烟对身体没有一点儿好处。 흡연은 몸에 조금의 좋은 점도 없다.

어휘 好处 hǎochù [명] 좋은 점 4급 | 抽烟 chōuyān [동] 담배 피우다, 흡연하다 4급

꿀팁 '개사구'란 '개사 + 명사'의 결합구로 일반적으로 주어 뒤, 술어(동사/형용사) 앞에 온다는 점을 기억하자.
- 我对中国文化 很感兴趣。 나는 중국 문화에 대해서 매우 관심 있다.
- 他在大使馆 工作。 그는 대사관에서 근무한다.

전략 학습 : <有자문>의 특징

쓰기 1부분 어순에 맞게 배열하기

<有자문>의 특징을 알아보고 그에 맞는 기출문제를 풀어 보면서 적용시켜 봅니다.

■ 먼저 제시어 개수를 줄여라!

제시어의 형태와 뜻을 고려하여 제시어의 개수를 줄일 수 있어야 문제를 더 쉽게 풀 수 있다.

(1) <~ + 的> 형태의 제시어는 N(명사)과 결합시킨다. → 孙子的要求(손자의 요구)
(2) <~ + 地> 형태의 제시어는 V(동사)와 결합시킨다. → 很高兴地接受了(기쁘게 받아들였다)

■ <有자문>의 특징

핵심 정리

1. 목적어(O)는 주로 명사(N)이며, 해석은 'S는 ~한 O를 가지고 있다' 혹은 'S는 ~한 O가 있다'로 해석된다.

2. '有' 앞에는 부사어가 붙을 수 있고, 목적어(O) 앞에는 종종 관형어가 붙는다.

3. 주어(S)에는 장소를 나타내는 말이 올 수도 있다.(존현문)

4. '有' 뒤에 명사뿐만 아니라 수량구도 목적어로 올 수 있다.

5. 부정 형식은 '没'나 '没有'를 쓴다.

1. 목적어(O)는 주로 명사(N)이며, 해석은 'S는 ~한 O를 가지고 있다' 혹은 'S는 ~한 O가 있다'로 해석된다.

이 특징은 문제 풀이에 적용하기보다는 정확한 해석을 위해서 꼭 알아야 하는 특징이다. '有'가 술어인 긴 문장을 만났을 때 결국 'S는 ~한 O를 가지고 있다' 혹은 'S는 ~한 O가 있다'로 해석한다는 것을 잊지 말자.

你 / 有 / 很多用钱也买不到的 / 东西。
너는 돈으로도 살 수 없는 많은 것을 가지고 있다.

我们 / 有 / 一双可以看得见这个世界的 / 眼睛。
우리는 이 세상을 볼 수 있는 한 쌍의 눈을 가지고 있다.

共同语言　他们俩　许多　有

풀이 [1단계] '有' 뒤에는 '共同语言(공통 언어)'이 목적어로 온다.
→ 有…共同语言

[2단계] '他们俩'가 주어가 된다.
→ 他们俩…有…共同语言

[3단계] '许多(허다하다, 매우 많다)'는 '共同语言'을 수식하는 관형어가 된다.
→ 他们俩有许多共同语言。

정답 他们俩有许多共同语言。 그들 둘은 많은 공통 언어를 가지고 있다.(취향이 비슷하다는 뜻)

꿀팁 형용사 '许多'의 용법

'许多'는 명사를 수식할 때(관형어) 일반적으로 '的'를 쓰지 않으며, 쓰게 되면 강조를 나타낸다. 또한 '许多'는 부사어(동사 수식)나 술어(주어 서술)는 될 수 없다.
- 学校里有许多(的)留学生。(O) 학교에는 매우 많은 유학생이 있다.
- 学校里许多来了留学生。(부사어 : X) → 学校里来了许多留学生。(O) 학교에 유학생이 많이 왔다.
- 学校里的留学生许多。(술어 : X) → 学校里的留学生很多。(O) 학교 안의 유학생이 매우 많다.

2. '有' 앞에는 부사어가 붙을 수 있고, 목적어(O) 앞에는 종종 관형어가 붙는다.

이때 부사어는 주로 개사구나 부사가 부사어로 온다.

어순 S + 부사어 + 有 + 관형어 + O

我 / 对这里 / 有 / 一种很熟悉的 / 感觉。
S   개사구 부사어   有   관형어   O

나는 이곳에 대해서 일종의 매우 익숙한 느낌이 있다.

실전 적용하기

| 任何　对身体　抽烟　没有　好处 |

풀이 **[1단계]** 동사 '没有(없다)' 뒤에는 '好处(좋은 점)'가 목적어로 오는 것이 알맞다.
→ 没有…好处

[2단계] 좋은 점이 없다(没有好处)는 것은 흡연을 가리키므로 '抽烟(흡연, 담배 피우다)'이 주어가 된다.
→ 抽烟…没有…好处

[3단계] '对身体(신체에)'는 '개사구'로 동사(没有) 앞에 오고, '任何(어떤)'는 형용사이므로 '好处'를 수식한다.
→ 抽烟对身体没有任何好处。

정답 抽烟对身体没有任何好处。 흡연은 신체에 어떤 좋은 점도 없다.

어휘 任何 rènhé [형] 어떠한 4급 | 抽烟 chōuyān [동] 담배를 피우다, 흡연하다 4급 | 好处 hǎochù [명] 좋은 점 4급

꿀팁
'任何(어떠한)'와 '所有(모든)'
형용사 '任何'는 일반적으로 '的' 없이 단독으로 명사를 수식한다.
• 任何好处 어떤 좋은 점　• 任何问题 어떤 문제　• 任何人 어떠한 사람

반면 '所有'는 명사를 수식할 때 '的'를 쓰기도 하고 생략할 수도 있다.
• 所有(的)人 모든 사람　• 所有(的)国家 모든 나라　• 所有(的)问题 모든 문제

3. 주어(S)에는 장소를 나타내는 말이 올 수도 있다.(존현문)

桌子上 / 有 / 一瓶花。 탁자 위에 한 병의 꽃이 있다.
　S(장소)　　有　　O

我的房间里 / 有 / 一台电视机。 나의 방 안에는 한 대의 텔레비전이 있다.
　S(장소)　　　有　　O

| 很多有趣　有　笑话　这个网站里　的 |

풀이 [1단계] '有'가 있기 때문에 결국 〈S + 有 + ~ + O〉의 구조를 이룰 것이다. 〈有자문〉에서는 종종 목적어(O) 앞에 관형어가 붙는데 '很多有趣(많은 재미있는)'가 의미상 '笑话(우스운 이야기)'를 수식하기에 알맞다. 이때 관형어와 중심어(피수식어)를 연결하는 구조조사 '的'가 들어간다.
→ 很多有趣的笑话

[2단계] 〈有자문〉에서 장소가 주어가 되면 〈존현문〉이 될 수 있는데 '这个网站里(이 사이트 안에)'가 장소를 나타내고 있으므로 주어 자리에 온다. 주어 뒤에는 동사가 와야 하므로 '有'가 바로 뒤에 온다.
→ 这个网站里有很多有趣的笑话。

정답 这个网站里有很多有趣的笑话。 이 사이트에는 많은 재미있는 우스운 이야기가 있다.

어휘 有趣 yǒuqù [형] 재미있다 4급 | 笑话 xiàohua [명] 우스운 이야기 [동] 비웃다 4급 | 网站 wǎngzhàn [명] 웹사이트 4급

4. '有' 뒤에 명사뿐만 아니라 수량구도 목적어로 올 수 있다.

이때 '有'는 어느 수량에 이르렀음을 나타낸다.

从这里到长城 / 大概有 / 五公里。
여기서 만리장성까지는 대략 5킬로미터가 된다.

我看他今年 / 有 / 二十多岁。
내가 볼 때 그는 올해 스무 살 정도 되는 것 같다.

三　大概有　公里　大使馆离这儿

풀이 **[1단계]** '公里'는 '킬로미터'라는 뜻이므로 '三'은 '公里'와 결합한다.
→ 三公里

[2단계] '有' 뒤에는 수량구가 올 수 있으므로 '三公里(3킬로미터)'가 온다.
→ 大概有三公里

[3단계] '大使馆(대사관)'이 주어가 될 것이므로 '大使馆离这儿(대사관은 여기로부터)'이 맨 앞에 온다.
→ 大使馆离这儿大概有三公里。

정답 大使馆离这儿大概有三公里。 대사관은 여기에서 대략 3킬로미터가 된다.

어휘 **大概** dàgài [부] 대략, 아마 4급 | **公里** gōnglǐ [명] 킬로미터(km) 4급 | **大使馆** dàshǐguǎn [명] 대사관 4급 | **离** lí [개] ~로부터 [동] 떠나다 2급

꿀팁
> 문장 구조 분석 : 大使馆离这儿大概有三公里。
> 대사관은 / 여기로부터 /　대략　/ ~ 정도에 이르다 / 3킬로미터
> 　大使馆　/　离这儿　/　大概　/　有　/　三公里。
> 　　주어　　　부사어 1　　부사어 2　　술어　　목적어(수량구)

---

5. 부정 형식은 '没'나 '没有'를 쓴다.

이때 동작의 과거 부정을 나타내는 '没/没有'와 혼동하지 않도록 해야 한다.

他没有耐心。 그는 인내심이 없다.
→ 没有: 没(부정부사) + 有(동사)

他还没有准备好。 그는 아직 준비를 다 하지 못했다.
→ 没有: 그 자체가 부정부사

▶ 동사의 부정 형식은 크게 '不'를 쓰는 것과 '没有'를 쓰는 것이 있는데, **'不'는 현재형 부정이나 의지를 부정**할 때 쓴다.

他不忙。 그는 안 바쁘다.

我不去。 나는 안 가.

▶ '没有'는 **과거 동작을 부정**할 때 쓰며 **줄여서 '没'**로 쓰기도 한다.

我从来没有听过这件事。 나는 이 일을 들어 본 적이 없다.

什么　这份工作　没　他的专业和　关系

풀이 **[1단계]** '没'는 '没有'의 줄임말로 뒤에는 '关系'가 목적어로 온다.
→ 没…关系

[2단계] '什么'는 관형어로서 '关系'를 수식할 수 있다.
→ 没什么关系

[3단계] '和'는 명사와 명사를 연결하는 접속사이므로 '他的专业和' 뒤에는 '这份工作'가 오고, 이 구는 맨 앞에 온다.
→ 他的专业和这份工作没什么关系。

정답 他的专业和这份工作没什么关系。 그의 전공과 이 일은 무슨 관계가 없다.

어휘 份 fèn [양] 부, 통(신문·잡지·문건 등을 셈), 일거리(工作)를 셈 4급 | 专业 zhuānyè [명] 전공 [형] 전문적이다 4급 | 关系 guānxi [명] 관계 [동] 관계하다 3급

꿀팁 **'주어'에 대하여**
'这~'가 들어갔다고 해서 주어로 생각하여 무조건 맨 앞에 놓으려고 하지 말자.

1-4 是자문・是~的 구문

주요 내용

■ 〈是자문〉이란?

'是'가 술어가 되는 문장으로 'S는 ~한 O이다'로 해석한다.

这 / 是 / 公司的 / 规定。 이것은 회사의 규정이다.

他 / 是 / 一个骄傲的 / 人。 그는 (한) 교만한 사람이다.

■ 〈是자문〉 문제의 풀이 순서

[1단계] '~的' 제시어 정리 : '~的' 제시어가 있을 경우 뒤에 수식을 받을 만한 명사(N)를 결합한다. → '~的 + N'

这　是　公司的　规定。
S　 是　 관형어　 O(N)

[2단계] 주어(S)와 목적어(O) 정리 : 'S는 O이다'는 해석 뼈대에 근거해 주어(S)와 목적어(O)를 정리한다.

这　是　公司的　规定。
S　 是　 관형어　 O

기출문제 분석

쓰기 1부분 어순에 맞게 배열하기

〈是자문〉은 2~3회에 한 번꼴로 **비교적 자주 출제**됩니다. 보통 목적어(O) 앞에 관형어가 붙는데, 이 **관형어 어순**에 주의하고 또 주어와 목적어를 바꿔 놓지 않는 게 풀이의 핵심이라고 할 수 있습니다. 따라서 〈是자문〉의 특징과 관형어의 **어순**을 함께 **학습**합니다. 〈是자문〉은 〈有자문〉과 함께 중국어에서 가장 많이 쓰이는 문장 유형 중 하나입니다. 이번 학습을 통해 〈쓰기 1부분〉에서 〈是자문〉을 정확하게 풀이하는 방법과 중국어 문장을 정확하고 빠르게 해석하는 능력을 키울 수 있도록 합니다.

어순에 맞게 배열하여 문장을 완성하세요.

著名的　演员　她丈夫　京剧　是

풀이 **[1단계]** '京剧(경극)'는 '演员(배우)'과 직접 결합하여 '京剧演员(경극 배우)'이 된다. 이처럼 **제시어1**(京剧)**과 제시어2**(演员)**를 직접 결합**하여 **명사구**로 만들어야 하는 문제가 종종 출제되므로 각별히 주의하도록 하자.
→ 京剧演员

[2단계] '著名的(유명한)' 뒤에는 명사가 오므로 '京剧演员(경극 배우)'이 오는 것이 좋다.
→ 著名的京剧演员

[3단계] '她丈夫(그녀의 남편)'는 '京剧演员'에 속하므로 '她丈夫'가 주어가 된다.
→ 她丈夫是著名的京剧演员。

정답 她丈夫是著名的京剧演员。 그녀의 남편은 유명한 경극 배우이다.

어휘 著名 zhùmíng [형] 유명하다, 저명하다 4급 | 京剧 jīngjù [명] 경극 4급 | 演员 yǎnyuán [명] 배우 4급

전략 학습 : <是자문>의 특징

쓰기 1부분 어순에 맞게 배열하기

<是자문>의 특징을 알아보고 그에 맞는 기출문제를 풀어 보면서 적용시켜 봅니다.

■ 먼저 제시어 개수를 줄여라!

제시어의 형태와 뜻을 고려하여 제시어의 개수를 줄일 수 있어야 문제를 더 쉽게 풀 수 있다.

(1) ⟨~ + 的⟩ 형태의 제시어는 **N**(명사)과 결합시킨다. → 著名的 京剧演员 (유명한 경극 배우)

(2) 의미상 결합이 자연스럽다면, 제시어1과 제시어2를 직접 결합시켜 명사구를 이루게 한다.

京剧(경극) + 演员(배우) → 京剧演员(경극 배우)

■ <是자문>의 특징

핵심 정리

1. 목적어(O) 앞에 종종 (긴) 관형어가 붙는다.
   ▶ S + 是 + <u>소유(소속) + 수량구 + 개사구/동사구/형용사구</u> + 的 + O
                                    관형어

2. 주어(S)와 목적어(O)의 위치는 함부로 바꿀 수 없다. S는 O와 동일 대상이거나 S는 O에 포함되어야 한다.

3. 주어(S)는 명사나 대명사 외에도 장소, 동사(구), 형용사, 주술구 등도 주어가 될 수 있다

4. <是자문>으로 배열해서 문장이 성립되지 않으면 <是~的 구문>이 될 수도 있다.
   ▶ S + 是 + 강조(시간/장소/방식 등) + V + (O) + 的
   ▶ S + 是 + ~A/V~ + (O) + 的

1. 목적어(O) 앞에 종종 (긴) 관형어가 붙는다.

관형어 어순 정리가 풀이의 포인트로, 일반 어순은 아래와 같다.

어순	S + 是 + 소유(소속) + 수량구 + 개사구/동사구/형용사구 + 的 + O
	관형어

小王 / 是 / 我 / 最好 / 的 / 朋友。 샤오왕은 나의 가장 좋은 친구이다.
　　　　　　관형어(소유 + 형용사구)

幸福 / 是 / 一件 / 很简单 / 的 / 事。 행복은 하나의 매우 간단한 일이다.
　　　　　　관형어(수량구 + 형용사구)

※ 암기할 때는 앞 글자만 따서 '**소수 개동형**'이라고 외우자. 실제 시험에서는 한두 개가 같이 나오지 위 어순처럼 아주 복잡하게 나오지는 않는다. 중요한 것은 **관형어 어순은 '소수(소유/수량구)'가 가장 앞에 온다는 것**과 **그 뒤로 '각종 구(개사구/동사구/형용사구)'가 따라오며 마지막에 '的'가 붙는다는 것**이다.

地球是　共同的　家　我们

풀이 **[1단계]** '地球是(지구는 ~이다)'라고 제시되었으므로 주어(S)는 '地球', 목적어(O)는 '家(집)'가 될 것이다.
→ 地球是…家(지구는 ~집이다)

[2단계] '家'는 관형어의 수식을 받는데 '我们'은 **소유**(우리의 집)를 나타내므로 **가장 앞**에 오고, '共同的(공동의)'는 '家' 바로 앞에 온다.
→ 地球是我们共同的家。

정답 地球是我们共同的家。 지구는 우리들의 공통의 집이다.

어휘 地球 dìqiú [명] 지구 4급 | 共同 gòngtóng [형] 공동의, 공통의 4급

꿀팁 문장 구조 분석 : 地球是我们共同的家。

地球	/	是	/	我们	/	共同的	/	家。
S		V		관형어1(소유)		관형어2(형용사)	的	O

2. 주어(S)와 목적어(O)의 위치는 함부로 바꿀 수 없다. S는 O와 동일 대상이거나 S는 O에 포함되어야 한다.

'S는 ~한 O이다'라고 해석해 보고, S와 O를 잘 결정해야 한다. 하지만 또 많은 경우에 '是'는 처음부터 주어나 다른 단어와 결합된 상태로 제시되는 경우도 있다.

这部电影的导演 是 李安。 이 영화의 감독은 이안이다. (O)

李安 是 这部电影的导演。 이안은 이 영화의 감독이다. (O)

▶ '이 영화의 감독'과 '이안'은 완전 동일 인물(S = O)이므로 위치를 바꿀 수 있다.

苹果 是 水果。 사과는 과일이다. (O)

水果 是 苹果。 과일은 사과이다. (×)

▶ 주어(S) '苹果(사과)'는 목적어(O) '水果(과일)'에 포함(S ⊂ O)되기 때문에 위치를 바꿀 수 없다.

※ 〈是자문〉 문제에서는 S와 O의 위치를 혼동하지 않는 것이 필요하며, S는 O와 완전히 같은 것이거나, S는 O에 포함되어야 한다. 이런 **이론적 접근**은 다소 **불편**하고 **난해**하기 때문에 가장 확실한 방법은 **주어(S)와 목적어(O)의 위치를 한 번씩 바꿔서 해석해** 봤을 때 **더 자연스러운 쪽이 정답**이 된다.

S = O (O)   S ⊂ O (O)   S ⊃ O (×)

실전
적용하기

1. 每个人　的　是　责任　保护地球

2. 历史教授　著名的　是位　这本书的作者

1.

풀이 **[1단계]** '的'는 '每个人的责任(모든 사람의 책임)'이나 '保护地球的责任(지구를 보호할 책임)' 두 가지 형태로 정리될 가능성이 있다. '是'가 술어가 되는 〈是자문〉임을 감안하면 'A는 B의 책임이다'는 식의 표현이 될 것이다. 그렇다면 '每个人的责任'으로 정리하는 것이 알맞다.
→ 每个人的责任

[2단계] 〈是자문〉은 주어(S)와 목적어(O)를 혼동하지 않는 것이 중요하다. 이때 S는 O와 동일(S=O)하거나 S는 O에 포함(S⊂O)되어야 한다. '모든 사람의 책임'은 '지구를 보호하는 것'과 동일하지도, 거기에 포함되지도 않는다. 따라서 '每个人的责任'은 목적어로 와야 하고 '保护地球'가 주어로 온다. 이때 **사람을 가리키는 단어가 있다고 해서**(每个人) 무조건 주어로 놓지 않도록 주의하자.
→ 保护地球是每个人的责任。

정답 保护地球是每个人的责任。 지구를 보호하는 것은 모든 사람의 책임이다.

어휘 责任 zérèn [명] 책임 4급 | 保护 bǎohù [동] 보호하다 4급

꿀팁 위의 이론적 접근법은 다소 비효율적이다. 가장 확실하고 효과적인 방법은 **주어(S)와 목적어(O)가 헷갈리는 〈是자문〉이 나오면 S와 O를 한번 바꿔서 해석**해 보면 더 적당한 의미가 정답이 된다. 오답인 '모든 사람의 책임은 지구를 보호하는 것이다'와 '**지구를 보호하는 것은 모든 사람의 책임이다**'라고 한번 해석해 보면 **후자가 훨씬 더 자연스럽다**고 느낄 수 있을 것이다. 또한 위 문장에서 주어는 '保护环境(환경을 보호하다)'이다. 명사가 아닌 '**동목구**'가 주어가 되었음을 다시 한번 인식할 필요가 있다. **명사뿐만 아니라 동목구, 형용사 등도 주어가 될 수 있음을 기억하자.**

2.

풀이 **[1단계]** '著名的(유명한)'는 '历史教授(역사학자)'를 수식하기에 알맞다.
→ 著名的历史教授

[2단계] '位'는 사람을 세는 양사로 원래는 '是一位'에서 '一'가 생략되어 '是位'가 되었다. 따라서 뒤에는 사람이 와야 하므로 '著名的历史教授' 앞에 온다.
→ 是位著名的历史教授

[3단계] 자연스럽게 '这本书的作者'는 주어가 된다.
→ 这本书的作者是位著名的历史教授。

정답 这本书的作者是位著名的历史教授。 이 책의 저자는 유명한 역사 교수이다.

어휘 历史 lìshǐ [명] 역사 4급 | 教授 jiàoshòu [명] 교수 4급 | 作者 zuòzhě [명] 저자, 작자, 지은이 4급

꿀팁 '他是一位教授'에서 '一'를 줄이면 '他是位教授'가 된다. 비슷한 예를 보면서 어떤 경우인지 이해하도록 하자.
- 这是个缺点。 이것은 하나의 단점이다.
- 我买了份杂志。 나는 잡지 한 부를 샀다.
- 她买了台电脑。 그녀는 컴퓨터 한 대를 샀다.

3. 주어(S)는 명사나 대명사 외에도 장소, 동사(구), 형용사, 주술구 등도 주어가 될 수 있다

后面是一个足球场。 뒤쪽은 축구장이다.
▶ 장소를 나타내는 말이 주어로 온 〈존현문〉이다.

笑是一种很好的健身运动。 웃음은 일종의 매우 좋은 건강 운동이다.
▶ 동사(笑)가 주어가 된 문장이다. 〈是자문〉에서 동사(구)도 주어가 될 수 있음을 각별히 주의하자.

年轻人经历一些困难并不是坏事。 젊은 사람이 약간의 어려움을 겪는 것은 결코 나쁜 일이 아니다.
▶ 주술구(年轻人经历一些困难)가 주어가 될 수 있다.

| 放松 | 是一种 | 听音乐 | 方式 |

풀이 [1단계] '放松(이완시키다)'과 '方式(방식)'은 직접 결합하여 명사구(放松方式: 이완 방식)가 될 수 있다.
→ 放松方式 (이완 방식: 긴장을 완화시키는 방식이라는 뜻)

[2단계] '听音乐(음악을 듣다)'와 '放松方式' 중에서 주어로 적합한 것은 '听音乐'이다. 따라서 '听音乐'가 맨 앞에 오고 '放松方式'는 맨 끝에 온다. 또한 '一种~方式(일종의 ~방식)'처럼 '方式' 앞에는 '一种'이 종종 붙기 때문에 '方式'를 끝에 놓을 수 있다.
→ 听音乐是一种放松方式。

정답 听音乐是一种放松方式。 음악 듣기는 일종의 (긴장) 이완 방식이다.

어휘 放松 fàngsōng [동] 이완시키다. 느슨하게 하다 4급 | 音乐 yīnyuè [명] 음악 3급 | 方式 fāngshì [명] 방식 4급

꿀팁 '听音乐'처럼 동사(구)도 주어가 될 수 있음을 주의하자.

꿀팁 제시어 1(放松)과 제시어 2(方式)가 직접 결합되어 명사구가 되는 문제가 매회 1문제씩은 출제된다.
'放松方式'와 같은 명사구들은 마치 한 단어처럼 어울려 쓰기 때문에 고정 격식과 같다. 유사한 예를 통해 감(感)을 익히도록 하자.
예) 放松方式(이완 방식), 市场调查(시장 조사), 环境保护(환경 보호), 堵车情况(차 막힘 상황)
招聘要求(채용 요건), 首都机场(수도 공항), 技术工作(기술 업무)

4. 〈是자문〉으로 배열해서 문장이 성립되지 않으면 〈是~的 구문〉이 될 수도 있다.

〈是~的 구문〉: ① 이미 일어난 동작(V)의 시간, 장소, 방식 등을 강조하기 때문에 **과거형으로 해석**(~했다)해야 한다. 이때 '的'는 '~하는 것', '~의'의 뜻이 아니라 '了'의 역할을 한다. 〈是자문〉과는 달리 〈是~的 구문〉은 '的'가 문장 끝에 오는 것이 가장 큰 특징이다.

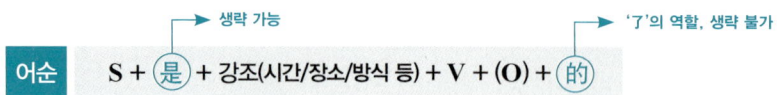

他**是**昨天来**的**。 그는 어제 왔다.
▶ 그가 '어제' 왔다는 **시간을 강조**하고 있다.

他**是**坐飞机来**的**。 그는 비행기를 타고 왔다.
▶ '비행기를 타고' 왔다는 **방식을 강조**하고 있다.

※ 동사 앞의 내용을 강조하며 **시간, 장소, 방식** 외에 또한 **이유, 인물** 등을 강조할 수도 있다.
※ '是'는 생략할 수 있지만 '的'는 생략할 수 없다.

---

1. 他的   输给   你是故意   吗
2. 是   出生   去年冬天   的   我孙女

1.

풀이 **[1단계]** '输给'는 '~에게 패배하다'는 뜻으로 뒤에는 사람이 와야 한다. 따라서 '他的'는 '输给' 뒤에 온다.
→ 输给他的

[2단계] '你'가 주어가 될 것이므로 '你是故意'는 '输给他的' 앞에 오고, '吗'는 의문 어기조사로 문장 끝에 온다.
→ 你是故意输给他的吗?

정답 你是故意输给他的吗? 너는 고의로 그에게 져 준 거야?

어휘 输 shū [동] 지다, 패배하다 4급 | 故意 gùyì [형] 고의의 [부] 고의로, 일부러 4급

꿀팁 '你是故意输给他的吗?'는 〈是~的 강조 구문〉으로 동사(输) 앞의 '**故意**'를 강조하고 있다. '**고의로 지다**'는 뜻이므로 '**이유**'를 강조한다고 볼 수 있다. 이때 '**的**'는 아무 의미가 없으며 '**了**'의 **역할**을 하고 있다고 생각하자.

2.

풀이 **[1단계]** '내일 출발한다'를 중국어로 '明天出发'라고 하는 것처럼, **시간을 나타내는 명사(구)는 동사 앞에 와서 부사어가 된다.** 따라서 시간을 나타내는 명사구인 '去年冬天(작년 겨울)'은 '出生(출생하다)'을 수식한다.
→ 去年冬天出生

[2단계] '我孙女'가 주어가 되고, 대략적인 해석을 해 보면(나의 손녀는 작년 겨울에 태어났다) **시간**이 강조된 〈是~的 구문〉이 될 수 있다. 따라서 '是'는 '去年冬天' 앞에 오고 '的'는 문장 끝에 온다.
→ 我孙女是去年冬天出生的。

정답 我孙女是去年冬天出生的。 내 손녀는 작년 겨울에 태어났다.

어휘 出生 chūshēng [동] 출생하다, 태어나다 4급 | 去年 qùnián [명] 작년 2급 | 孙女 sūnnǚ [명] 손녀

〈是~的 구문〉: ② 주어에 대한 화자의 견해를 나타내면서, **주어에 대한 묘사나 설명을 강조**한다. 일반적으로 현재형(~하다, ~이다)으로 해석하며, '是'와 '的'는 각각 '어기부사'와 '어기조사'이다.

어순 S + 是 + ~A/V~ + (O) + 的

他的话是很正确的。 그의 말은 정확하다.
▶ **현재형**으로 해석하며 '그의 말(他的话)'에 대하여 설명하고 있다.

我是不会买这种衣服的。 나는 이런 옷을 사지 않을 것이다.
▶ **부정 형식**은 〈S + 是 + 不~ + 的〉로 '**是**' 뒤에 '**不**'를 쓴다.

| 所有的习惯 | 养成的 | 都是 | 慢慢 |

풀이 **[1단계]** '养成的' 뒤에 수식을 받을 만한 단어는 '所有的习惯(모든 습관)'이 있다. 문제는 '养成的所有的习惯'으로 문장을 만들면 **성립되는 문장이 없다.** 따라서 '是'와 '的'가 제시어로 나와 있기 때문에 〈是~的 구문〉으로 풀기를 시도해야 한다.

[2단계] '慢慢(천천히)'은 의미상 '养成(길러지다)'을 수식한다. → 慢慢养成的

[3단계] '都'는 앞에 나오는 복수 주어를 묶어 주는 역할을 하기 때문에 '所有的习惯' 뒤에 온다. '慢慢养成的'는 자연스럽게 끝 부분에 온다. → 所有的习惯都是慢慢养成的。

정답 所有的习惯都是慢慢养成的。 모든 습관은 다 천천히 길러진다.

어휘 所有 suǒyǒu [형] 모든 4급 | 习惯 xíguàn [명] 습관 [동] 습관이 되다, 익숙하다 4급 | 养成 yǎngchéng [동] (습관을) 기르다 4급

실전 연습 문제

第1-10题: 完成句子。

1. 气候　海南的　很　特别　条件

2. 稍微　咸　鸡蛋汤　有点儿　这个

3. 要求很　张教授　对学生　严格

4. 羊肉汤　今天的　放多了　盐

5. 词语的用法　区别　这两个　有什么

6. 对环境　森林　有很好的　保护作用

7. 有个　停车场　前方500米　左右　免费

8. 流行的　音乐　那是当时　最

9. 特别　准时的　是一个　王师傅　人

10. 任何事情的　发生　有原因的　都是

❷ 부사

주요 내용

■ 〈부사〉란?

동사(V)나 형용사(A)를 수식하는 대표적인 품사이다.

这本书 / 一共 / 有 / 450页。 우리이 책은 모두 450페이지가 있다.
　　　　　부사　+　V

■ 〈부사〉 문제의 풀이 순서

[1단계] 술어 찾기: 제시어 중 동사(V)나 형용사(A)를 찾아서 술어를 확정하고, 동사일 경우 뒤에 목적어를 놓는다.

这本书　　一共　　有　　450页。
　S　　　 부사　　V　　 O

[2단계] 주어 찾기: 동사나 형용사의 의미를 따져서 적당한 제시어를 주어(S)에 놓는다.

这本书　　一共　　有　　450页。
　S　　　 부사　　V　　 O

[3단계] 부사 정리: 제시어 중 부사가 있다면 동사나 형용사 앞쪽에 놓는다.

这本书　　一共　　有　　450页。
　S　　　 부사　　V　　 O

기출문제 분석

쓰기 1부분 어순에 맞게 배열하기

〈부사〉는 〈把자문〉이나 〈被자문〉처럼 문제 풀이의 중심이 아니라 여러 문장 속에서 **양념처럼 얹히는 것**이 특징입니다. 그래서 **출제 빈도가 비교적 높은 편**입니다. 부사의 일반적 특징과 자주 출제되는 **개별 부사의 뜻과 용법**을 학습합니다.

어순에 맞게 배열하여 문장을 완성하세요.

出发还　吗　你现在　来得及

풀이 **[1단계]** '还(아직, 여전히, 또)'는 **부사**이므로 뒤에는 **동사나 형용사가 와야** 한다. 제시어 중에서 '来得及(늦지 않다)'가 동사이므로 '还' 뒤에 온다. → 出发还来得及

[2단계] 의미상 '现在(지금)'가 '出发(출발하다)'를 수식하기 알맞기 때문에 '你现在'가 가장 앞에 오고 의문 어기조사 '吗'는 끝에 온다. → 你现在出发还来得及吗?

정답 你现在出发还来得及吗? 너 지금 출발해도 아직 늦지 않아?

어휘 出发 chūfā [동] 출발하다 4급 | 来得及 láidejí [동] 제시간에 댈 수 있다, 늦지 않다 4급

꿀팁 '你现在出发还来得及吗?'에서 주어는 '你现在出发'라는 하나의 절(문장 속의 문장)이고, '来得及'가 술어가 되었다. 이처럼 **주어란 명사나 대명사만 되는 것이 아니라 하나의 문장도 주어가 될 수 있음**을 기억하자.
예) 这里是南京路105号没错。(이곳이 남경로 105번지인 것은 맞습니다.) → 주어 : 这里是南京路105号 / 술어 : 没错

전략 학습 1 : <부사>의 특징

쓰기 1부분 어순에 맞게 배열하기

<부사>의 특징을 알아보고 그에 맞는 기출문제를 풀어 보면서 적용시켜 봅니다.

핵심 정리

1. 부사는 동사(V)나 형용사(A) 앞쪽에 놓는다.

2. 일부 부사는 문장 맨 앞(주어 앞)에 놓을 수 있다.

3. 두 개의 부사가 나왔을 때 의미상의 수식 관계에 따라 어순 관계를 잘 정리해야 한다.

4. 주의해야 할 부사 고정 격식

   ▶ 从来没有 + V + 过   여태껏 V한 적이 없다

   ▶ 从来不 + V   여태껏 V한 적이 없다/좀처럼 V하지 않다

   ▶ 恐怕 + 要/得 + V   아마 V할 것이다/아마 V해야 할 것이다

   ▶ 稍微 + 有点儿/有些 + A   약간 좀 A하다

   ▶ 稍微 + A + 一些/一点儿   약간 좀 더 A하다

   ▶ 稍微 + V + 一下/一会儿   약간 한번 V하다/약간 잠시 V하다

1. 부사는 동사(V)나 형용사(A) 앞쪽에 놓는다.

문제는 **어떤 제시어가 부사인지를 아는 것**이다. 뒤쪽에 나오는 〈전략 학습 2 : 주요 부사의 개별 용법〉에서 주요 부사들의 뜻과 용법을 좀 더 자세히 학습하도록 하자.

어순　S + 부사 + V/A + (O)

他每天都 / 按时 / 睡觉。 그는 매일 제시간에 잠을 잔다.
　　　　　　부사　+　V

节日的商场 / 十分 / 热闹。 명절 무렵의 상점은 매우 시끌벅적하다.
　　　　　　부사　+　A

```
1.  你最好    一个密码    重新    换
2.  都    完成了    今天所有的    任务
```

1.

풀이 **[1단계]** 동사 '换(바꾸다)' 뒤에 '密码(비밀번호)'가 목적어로 오는 것이 알맞다.
→ 换一个密码

　　　[2단계] '重新(다시)'은 부사이므로 동사(换) 앞에 오는 것이 알맞다. 또한 '你'가 주어이므로 '你最好'는 맨 앞에 온다.
→ 你最好重新换 一个密码。

정답 你最好重新换一个密码。 너는 다시 비밀번호를 바꾸는 것이 가장 좋다.

어휘 最好 zuìhǎo [부] 제일 좋기는, ~하는 것이 가장 좋다 [형] 제일 좋다 4급 | 密码 mìmǎ [명] 비밀번호 4급 | 重新 chóngxīn [부] 다시, 재차 4급 | 换 huàn [동] 바꾸다 3급

2.

풀이 **[1단계]** '今天所有的'는 '任务(임무)'를 수식하는 것이 알맞다.
→ 今天所有的任务

　　　[2단계] '都'는 앞의 복수 주어를 묶어 주는 역할을 하기 때문에 **앞쪽에는 '所有', '每', '一切', '任何' 등과 같은 단어가 오는 경우가 많다.** '都'는 동사(完成) 앞에 온다.
→ 今天所有的任务都完成了。

정답 今天所有的任务都完成了。 오늘 모든 임무는 다 끝났다.

어휘 完成 wánchéng [동] 완성하다 3급 | 所有 suǒyǒu [형] 모든 4급 | 任务 rènwù [명] 임무 4급

2. 일부 부사는 문장 맨 앞(주어 앞)에 놓을 수 있다.

부사는 일반적으로 주어 뒤에 오지만 **때로는 주어 앞에도 올 수 있다**. 실제 시험에서는 **처음부터 주어 앞에 붙여서 함께 제시**된다거나 **주어 앞에 위치할 수밖에 없도록** 제시어를 구성한다.

어순 부사 + S + V/A + (O)

■ 주어 앞에도 오는 부사들

단어	뜻	예문
大概 dàgài	아마 / [형] 대강의	大概他发生什么事情了吧? 아마도 그에게 무슨 일이 생긴 거겠죠?
到底 dàodǐ	도대체	到底你去不去? 도대체 너는 가 안 가?
光 guāng	오직 / [명] 빛	光你一个人不知道。 오직 너 혼자만 몰라.
究竟 jiūjìng (=到底)	도대체	究竟问题出在哪儿? 도대체 문제가 어디서 생긴 거야?
难道 nándào ★	설마	难道我犯了什么大错吗? 설마 내가 무슨 큰 잘못이라도 했나요?
也许 yěxǔ ★	아마, 어쩌면	也许他能通过考试。 아마도 그는 시험에 통과할 수 있을 것이다.
原来 yuánlái ★	알고 보니, 원래 [형] 원래의	原来他是一名作家。 알고 보니 그는 작가였구나.
正好 zhènghǎo	마침	我刚刚进屋，正好老王来找我。 내가 막 방으로 들어갔을 때 때마침 라오왕이 날 찾아왔다.

실전 적용하기

```
1.  个   假   那是   原来   消息

2.  这才是   解决问题的   也许   关键
```

1.

풀이 **[1단계]** '假(거짓의, 가짜의)'는 1음절 형용사로 명사를 단독으로 수식할 수 있으므로 '消息(소식)'를 수식하는 것이 좋다. → 假消息

[2단계] '个'는 양사이므로 '假消息' 앞에 오고, '那'가 주어로 온다. → 那是个假消息

[3단계] 부사 '原来'는 주어와 술어 사이에 오기도 하지만 주어 앞에도 올 수 있는 부사이다. 이 문제는 주어와 술어를 붙여서(那是) 제시하였기 때문에 '原来'는 자연스럽게 맨 앞에 온다. → 原来那是个假消息。

정답 原来那是个假消息。 알고 보니 그것은 가짜 소식이었다.

어휘 假 jiǎ [형] 거짓의, 가짜의 4급 | 原来 yuánlái [부] 알고 보니, 원래 [형] 원래의 4급

2.

풀이 **[1단계]** '解决问题的(문제를 해결하는)'는 '关键(관건, 매우 중요한)'을 수식한다. → 解决问题的关键

[2단계] '这'가 주어가 된다. → 这才是解决问题的关键

[3단계] '也许(아마도/어쩌면)'는 주어 앞에도 올 수 있는 부사이다. '这才是'는 주어와 술어를 이미 합쳐 놓았으므로 그 사이에 들어갈 수 없다. 따라서 '也许'는 문장 맨 앞에 온다. → 也许这才是解决问题的关键。

정답 也许这才是解决问题的关键。 아마도 이것이야말로 문제를 해결하는 관건일 것이다.

어휘 消息 xiāoxi [명] 소식 4급 | 也许 yěxǔ [부] 어쩌면, 아마도 4급 | 关键 guānjiàn [명] 관건 [형] 매우 중요한 4급

3. 두 개의 부사가 나왔을 때 의미상의 수식 관계에 따라 어순 관계를 잘 정리해야 한다.

많은 경우는 아니지만 간혹 **부사가 2개 나올 때**가 있다. 이때는 일단 **의미상 어떤 부사가 어떤 동사를 더 가깝게 수식하는가**를 가지고 순서를 판단해야 한다. 즉, 〈부사1 + 부사2 + V〉의 어순으로 해석도 해 보고 또한 〈부사2 + 부사1 + V〉의 어순으로도 해석을 해 본 뒤, **어느 부사가 더 밀접하게 V를 꾸며 주는지를 비교**해 보면 그 순서를 알 수 있다.

我 / 从来 / 没有 / 怀疑过 / 他的能力。 나는 여지껏 그의 능력을 의심해 본 적이 없다.
S   부사1   부사2   V   O

2개의 부사가 나왔을 때 대처법

시도❶ : 부사1 + 부사2 + V
시도❷ : 부사2 + 부사1 + V
→ 두 가지 시도 중 자연스러운 해석으로 배열한다.

예) 시도❶ : 没有 + 从来 + 见过 (×)
시도❷ : 从来 + 没有 + 见过 (○)
→ 从来 + 부정부사(不/没) + V

不得不　他　重新　考虑这件事

풀이 **[1단계]** '重新(다시, 새로)'은 부사이므로 동사(考虑: 고려하다) 앞쪽에 온다.
→ 重新…考虑这件事

[2단계] 부사 '不得不(어쩔 수 없이)'와 '重新' 2개 중 어느 것이 '考虑'를 더 가까이 수식할지를 판단해야 한다. '重新'은 어떤 행위를 다시 하는 것이고, '不得不'는 어떤 행위를 어쩔 수 없이 해야 함을 나타낸다. 이 세 단어의 의미를 연결해 보면 '다시 고려하는 것을' + '어쩔 수 없이 해야 한다'는 내용이므로 '重新'이 '考虑' 바로 앞에 오고 '不得不'는 그들 앞에 온다. '他'는 주어가 된다.
→ 他不得不重新考虑这件事。

정답 他不得不重新考虑这件事。 그는 어쩔 수 없이 이 일을 다시 고려해야 한다.

어휘 不得不 bùdébù [부] 부득불, 어쩔 수 없이 4급 | 重新 chóngxīn [부] 다시, 새로 4급 | 考虑 kǎolǜ [동] 고려하다 4급

---

4. 주의해야 할 부사 고정 격식

(1) **고정 격식** : 아래 고정 격식은 **자주 나오지는 않지만** 일단 출제되면 **오답률이 높은 문제**이므로 고정 격식을 잘 알아 두도록 해야 합니다. **예문을 통해서** 각 단어의 뜻이 어떻게 결합되는지 **이해한 후** 암기하도록 합니다.

| 从来没有 + V + 过 | 我从来没有经历过这种事情。 |
| 여태껏 V한 적이 없다 | 나는 여태껏 이런 일을 겪어 본 적이 없다. |

| 从来不 + V | 他从来不迟到。 |
| 여태껏 V한 적이 없다 / 좀처럼 V하지 않다 | 그는 여태껏 지각하지 않았다. |

| 恐怕 + 要/得 + V | 恐怕要迟到了。 |
| 아마 V할 것이다 / 아마 V해야 할 것이다 | 아무래도 지각할 것 같아. |

| 稍微 + 有点儿/有些 + A | 我稍微有点儿累。 |
| 약간 좀 A하다 | 나는 약간 좀 피곤하다. |

| 稍微 + A + 一些/一点儿 | 这个比那个稍微大一点儿。 |
| 약간 좀 더 A하다 | 이것이 저것보다 약간 좀 더 크다. |

| 稍微 + V + 一下/一会儿 | 请在这儿稍微等一下/一会儿。 |
| 약간 한번 V하다 / 약간 잠시 V하다 | 여기서 잠깐만 기다리세요. |

(2) 〈把자문〉에서 부사의 위치 : 부사는 일반적으로 '把' 앞에 온다. 가장 자주 출제되는 부사는 '竟然'이며, '已经', '好像', '故意', '只好' 등도 올 수 있다.

他竟然把这件事忘了。 그는 뜻밖에도 이 일을 잊어버렸다.

我已经把他忘了。 나는 이미 그를 잊었다.

小狗好像把卫生纸吃了。 강아지가 휴지를 먹은 것 같다.

她故意把自己的衣服弄脏了。 그녀는 일부러 자신의 옷을 더럽혔다.

我只好把这个消息告诉了他。 나는 어쩔 수 없이 이 소식을 그에게 알렸다.

```
1. 这条   稍微   裤子   厚   有点儿
2. 把这个机会   李教授   竟然   放弃了
```

1.

풀이 **[1단계]** '稍微'와 '有点儿'은 둘 다 '약간', '조금'이라고 해석하는 것은 같지만, 형용사(厚)와 결합할 때는 〈稍微 + 有点儿 + 형용사〉의 어순을 이룬다.
→ 稍微有点儿厚

[2단계] '条'는 바지를 세는 양사이므로 '这条裤子'가 되고, 이는 주어로 온다.
→ 这条裤子稍微有点儿厚。

정답 这条裤子稍微有点儿厚。 이 바지는 약간 좀 두껍다.

어휘 稍微 shāowēi [부] 약간, 다소 4급 | 裤子 kùzi [명] 바지 3급 | 厚 hòu [형] 두껍다 4급

2.

풀이 **[1단계]** 〈把자문〉에서 〈把 + N〉은 동사 앞에 오므로 '把这个机会'는 '放弃' 앞에 온다.
→ 把这个机会放弃了

[2단계] 일반적으로 부사는 '把' 앞에 온다는 원칙이 있으므로, '竟然'은 '把这个机会' 앞에 오고, '李教授'는 주어가 된다.
→ 李教授竟然把这个机会放弃了。

정답 李教授竟然把这个机会放弃了。 이 교수는 뜻밖에도 이 기회를 포기했다.

어휘 机会 jīhuì [명] 기회 3급 | 教授 jiàoshòu [명] 교수 4급 | 竟然 jìngrán [부] 뜻밖에 4급 | 放弃 fàngqì [동] 포기하다 4급

전략 학습 2 : 주요 <부사>의 개별 용법

쓰기 1부분 어순에 맞게 배열하기

핵심 정리

1. **정도부사** : 정도를 나타낸다.
   很, 挺, 太, 更, 最, 十分, 非常, 稍微, 几乎

2. **범위부사** : 범위를 나타내며 '都'가 가장 많이 출제된다.
   都, 只, 光, 共(一共), 一起

3. **시간·빈도부사** : 시간이나 빈도를 나타낸다.
   正在, 刚, 已经, 将, 马上, 终于, 再, 又, 还, 经常, 往往, 一直, 永远, 仍然, 偶尔

4. **긍정·부정부사** : '그렇다', '아니다', '하지 마라' 처럼 긍정과 부정을 나타낸다.
   不, 没, 别, 不一定, 肯定, 一定, 必须, 当然

5. **어기부사** : 놀람, 뜻밖, 추측 등 화자의 느낌을 나타낸다. 어기부사는 문장 전체를 수식하기 위해 주어 앞에 올 수 있는 경우가 많다.
   却, 倒, 难道, 究竟, 到底, 也许, 大概, 大约, 其实, 不得不, 并

1. 정도부사

정도부사는 정도를 나타내는 부사이다. 그런데 '很快(매우 빠르다 : ○)'라고는 하지만 '很跑(매우 달리다 : ×)'라고 하지는 않는다. 왜 그럴까? 바로 **정도부사는 주로 형용사를 수식**하며 동사는 정해진 **일부 동사만 수식**하기 때문이다. 예를 들어 〈很有 + 추상명사〉, 〈很受 + 추상명사〉, 〈很 + 조동사(能/会)〉 등이다.

很有意思 매우 재미있다

很受欢迎 매우 환영 받다

很能喝酒 술을 잘 마신다

很会说话 말을 잘 한다

아래 정도부사 중에서 '很'과 '十分'이 가장 자주 출제되며, '稍微'는 사용상 주의점이 있으므로 용법을 잘 기억하도록 하자.

단어	뜻	예문
很 hěn ★	매우	大家都很开心。 모두 매우 즐겁다.
挺 tǐng ★	꽤, 매우	我挺开心的。 나는 매우 즐겁다. ▶ 〈挺 + 형용사 + 的〉는 고정 격식으로 이때 '的'는 어기조사로 사실임을 강조한다.
太 tài	너무	我太紧张了。 나 너무 긴장 돼. ▶ 〈太 + 형용사 + 了〉의 형태로 쓸 수 있으며 이때 '了'는 사실 강조의 어기조사이다.
更 gèng	더, 더욱	以后我要更努力地学习。 앞으로 나는 더욱 열심히 공부해야겠다.
最 zuì	가장, 제일	他的个子最小。 그의 키가 가장 작다.
十分 shífēn ★	매우	这件事十分复杂。 이 일은 매우 복잡하다.
非常 fēicháng	매우	这部电影非常精彩。 이 영화는 매우 훌륭하다.
稍微 shāowēi ★	약간	▶ '稍微'는 단독으로 쓰지 않고 아래처럼 주로 '一下', '一点(儿)', '有点儿', '一些', '有些' 등과 함께 쓴다. 我想稍微休息一下。 나는 조금 쉬고 싶다. 汤里稍微放了一点儿盐。 국에 소금을 약간 넣었다. 请你稍微等一等。 조금만 기다리세요. ▶ 稍微 + V + 一下/一点儿/一些 ｜ 稍微 + V (一) V 他比我稍微高一点儿。 그는 나보다 키가 약간 더 크다. 我的心情稍微平静了一些。 나는 마음이 약간 평온해졌다. ▶ 稍微 + A + 一点儿/一些 学习稍微有点儿吃力。 공부가 약간 힘이 든다. 晚上稍微有点儿累。 밤에 조금 피곤하다. ▶ 稍微 + 有点儿 + V/A
几乎 jīhū	거의	这件事我几乎忘了。 이 일은 나는 거의 잊었다.

```
1. 欢迎   很   那个   法律节目   受
2. 这个   稍微   汤   咸   有点儿
```

1.

풀이 [1단계] 동사 '受'는 '欢迎'을 목적어로 갖고, '很'은 '受'를 수식할 수 있다
→ 很受欢迎

[2단계] '那个'는 '法律节目(법률 프로그램)'를 수식하고 이는 주어가 된다.
→ 那个法律节目很受欢迎。

정답 那个法律节目很受欢迎。 그 법률 프로그램은 매우 환영 받는다.

어휘 欢迎 huānyíng [명/동] 환영(하다) 3급 | 法律 fǎlǜ [명] 법률 4급 | 节目 jiémù [명] 프로그램 3급

2.

풀이 [1단계] '这个'는 '汤'을 수식한다.
→ 这个汤

[2단계] '稍微(약간, 다소)'의 어순은 〈稍微 + 有点儿 + A〉이므로 '稍微有点儿'은 '咸(짜다)' 앞에 오고, 이는 주어(汤) 뒤에 온다.
→ 这个汤稍微有点儿咸。

정답 这个汤稍微有点儿咸。 이 탕은 조금 짜다.

어휘 稍微 shāowēi [부] 약간, 다소 4급 | 汤 tāng [명] 국, 탕 4급 | 咸 xián [형] 짜다 4급

꿀팁 '稍微'는 '有点儿'과 만나면 어순은 〈稍微 + 有点儿 + 형용사〉이지만, '一点儿', '一些'는 형용사 뒤에 와서 〈稍微 + 형용사 + 一点儿/一些〉가 된다.

- 稍微有点儿厚 → 稍微厚一点儿 약간 조금 더 크다
- 稍微有点儿多 → 稍微多一些 약간 조금 더 많다

2. 범위부사

범위부사에서 **출제 빈도가 가장 높은 것은 '都'**이다. 하지만 **각 단어마다 용법상 특징이** 있기 때문에 앞으로 꾸준히 나올 것으로 예상된다. 따라서 각 단어의 용법에 주의해서 이해하도록 하자.

단어	뜻	예문
都 ★ dōu	모두, 다	他每天都迟到。 그는 매일 모두 지각한다. ▶ 일반적으로 '都' 앞에는 총괄되는 대상이 온다. 〈총괄 대상 + 都 + V/A〉 他一点儿都没变。 그는 하나도 안 변했다. ▶ 고정 격식 〈一点儿 + 都/也 + 不/没~〉: 조금도 ~하지 않다/않았다
只 zhǐ	단지, 오직	这个月只剩下200元了。 이번 달에는 단지 200위안만 남았다. ▶ '只'는 부사이므로 수량사(200元) 앞이 아니라 동사(剩) 앞에 온다.
光 ★ guāng	단지, 오직	我们不需要光说不做的人。 우리는 말만 하고 실천하지 않는 사람은 필요 없다. ▶ '光'은 명사로 '빛'이라는 뜻도 있고, '钱都花光了(돈을 다 써버리다)', '吃光了(다 먹었다)'처럼 '아무것도 없는'의 의미로, 결과보어로도 쓰인다.
共 gòng (=一共)	총, 모두	全校共有2000多人。 전교에 총 2,000여 명이 있다. ▶ '一共'과 같은 의미로 뒤에는 **반드시 수량사**가 오며, 동사가 있을 경우에는 〈共/一共 + V + 수량사〉의 어순을 따른다.
一起 yìqǐ	함께, 같이	他们俩从小一起长大。 그들 둘은 어릴 때부터 함께 자랐다. ▶ '一起'는 장소명사로서 '한 곳', '같은 곳'의 뜻도 있다. 我跟他在一起工作了3年。 나는 그와 같은 곳에서 3년을 일했다.

```
1. 长江  流经  11个省市  共

2. 意见和看法  谈了  大家  都  自己的
```

1.

풀이 **[1단계]** '共(총, 모두)'은 부사이므로 동사(流经: 흘러 지나가다) 앞에 온다.
→ 共流经

[2단계] '共'은 용법상 뒤쪽에 반드시 수량사가 나오는데, 동사가 있을 경우에는 동사 뒤에 수량사(11个省市)가 온다. '长江(장강)'은 주어가 된다.
→ 长江共流经11个省市。

정답 长江共流经11个省市。 장강은 총 11개의 성과 시를 흘러 지나간다.

어휘 长江 Chángjiāng [명] 장강 4급 | 流经 liújīng [동] 지나가다, 경유하다 | 省市 shěngshì [명] 성(省)과 시(市) | 共 gòng [부] 총, 모두

꿀팁 이 문장을 우리말로 해석하면 '장강은 총 11개의 성과 시를 지나간다'가 된다. 이 때문에 '共'을 '11个省市' 바로 앞에 오게 해서 '流经共11个省市'라고 할 수 있는데 이는 **틀린 어순**이다. 왜냐하면 해석은 그렇게 되더라도 **共'은 부사이므로 동사(流经) 앞에 오기 때문이다.** 이것은 '나는 한 명의 형밖에 없다'를 중국어로 하면 '我只有一个哥哥。'라고 하지 '我有只一个哥哥。'라고 할 수 없는 것과 같은 이치이다.

2.

풀이 **[1단계]** 동사 '谈' 뒤에 목적어로 '意见和看法'가 오고, '都'는 부사이므로 동사(谈) 앞에 온다.
→ 都谈了…意见和看法

[2단계] '自己的'는 '意见和看法'를 수식하고, '大家'가 주어가 된다.
→ 大家都谈了自己的意见和看法。

정답 大家都谈了自己的意见和看法。 모두가 자신의 의견과 견해를 말했다.

어휘 意见 yìjiàn [명] 의견 4급 | 看法 kànfǎ [명] 견해 4급

꿀팁 위 문장에서 '都'가 부사이기 때문에 동사(谈) 앞에 와야 한다는 것 외에, **'都' 앞에 포괄되는 대상(大家)이 왔다는 것도 의식할 수 있어야 한다.**

3. 시간·빈도부사

각 단어마다 2~3개의 용법이 있을 수 있지만 아래의 뜻과 예문은 가장 자주 쓰는 대표적인 용법이다. 특히 별표(★)가 표시된 단어에 집중해서 학습하도록 하자.

단어	뜻	예문
正在 ★ zhèngzài	지금 ~하고 있다	哥哥正在预习，别打扰他。 형은 지금 예습 중이니 방해하지 마.
刚 gāng ★	막, 방금	他刚一到家，电话就响了。 그가 막 집에 도착하자마자 전화가 울렸다. ▶ 他刚20岁。(그는 이제 스무 살이다.)처럼 동사가 없다면 '刚' 뒤에 수량사가 바로 올 수 있다.
已经 yǐjīng	이미	他已经决定了。 그는 이미 결정했다.
将 jiāng ★	① 장차 ② ~을	他将在美国留学几年。 그는 몇 년간 미국에서 유학할 것이다.
马上 mǎshàng	바로, 곧	冬天过去，春天马上就到了。 겨울이 가고 봄이 곧 온다.
终于 zhōngyú	마침내	期末考试终于结束了。 기말고사가 마침내 끝이 났다.
再 zài	다시, 또, 재차	看来今天不行了，你明天再来一次吧。 보아 하니 오늘은 안 될 것 같으니, 내일 다시 한 번 오세요. ▶ '再'는 주로 아직 일어나지 않은 행위의 반복을 나타낸다. 즉 미래의 행위에 쓴다.
又 yòu	또	他昨天来，今天又来了，真烦人！ 그는 어제 와 놓고 오늘 또 왔다. 정말 귀찮군! ▶ '又'는 주로 이미 일어난 행위의 반복을 나타낸다. 즉 과거의 행위에 쓴다. 他今晚又得加班。 그는 오늘 밤에 또 초과 근무를 해야 한다. ▶ '又'는 과거가 아니더라도 자주 반복적으로 발생하는 일에도 쓸 수 있다.
还 hái	① 여전히, 아직도 ② 게다가, 또	他怎么还不来啊？ 그는 왜 아직도 안 와? 对了，我还有一个问题。 맞아, 나 문제가 하나 또 있어요.
经常 jīngcháng	자주	我经常去奶奶家。 나는 자주 할머니댁에 간다.

往往 ★ wǎngwǎng	종종, 왕왕	他往往在寒假去奶奶家。 그는 종종 겨울 방학 때 할머니댁에 가곤 한다. ▶ '经常'은 단순히 자주 발생함을 나타내지만 '往往'은 반드시 **상황 발생과 관련한 조건이나 결과가 따라와야** 한다. 위의 '往往' 예문에서는 '겨울 방학'이라는 조건일 때 자주 간다는 뜻이고 '经常'은 그런 조건 없이 그냥 자주 간다는 것이다.
一直 yìzhí	줄곧, 계속	李教授的电话一直占线。 이 교수의 전화가 줄곧 통화 중이다.
永远 ★ yǒngyuǎn	영원히	父母会永远支持你。 부모는 영원히 너를 지지할 것이다.
仍然 ★ réngrán	여전히	他生病了，但仍然坚持上学。 그는 아팠지만 여전히 계속해서 학교에 갔다.
偶尔 ǒu'ěr ★	가끔, 때때로	我们公司偶尔加班。 우리 회사는 가끔 특근을 한다.

실전 적용하기

---

1. 往往　更有信心　经常　被鼓励的孩子

2. 飞机　降落在　首都机场　在15分钟后　将

1.

풀이 **[1단계]** 제시어의 뜻을 보면 '被鼓励的孩子(격려 받는 아이)'가 앞쪽에, '更有信心(더욱 자신감이 있다)'이 뒤쪽에 옴을 느낄 수 있다.
→ 被孤立的孩子…更有信心

[2단계] 일반적으로 '经常'은 '자주', 往往은 '종종'으로 해석한다. '자주 격려 받는 아이'와 '종종 더욱 자신감이 있다'로 해석해 보는 것, '종종 격려 받는 아이'와 '자주 더 자신감이 있다'로 해석해 보는 것이 가능하다. 그러면 전자(앞의 것)가 더 자연스럽다는 것을 알 수 있을 것이다.
혹시 그래도 헷갈린다면 **'往往'의 용법을 이해해야 한다**. '往往'과 '经常'은 모두 빈도를 나타내는 빈도부사이다. 하지만 '经常'은 **단순히 자주 발생함**을 나타내는 반면, '往往'은 **규칙성을 띠고 자주 발생함**을 나타낸다. 또한 '往往'은 **동작과 관련하여 어떤 조건이 있어야만** 쓸 수 있다. 위 문장에서는 '더욱 자신감이 있다'는 것은 '자주 칭찬 받는 아이들'이라는 조건이 들어간 것이다.
→ 经常被鼓励的孩子往往更有信心。

정답 经常被鼓励的孩子往往更有信心。 자주 격려 받는 아이는 종종 더욱 자신감이 있다.

어휘 往往 wǎngwǎng [부] 종종, 자주 4급 | 信心 xìnxīn [명] 믿음, 자신감 4급 | 鼓励 gǔlì [동] 격려하다 4급

꿀팁 간혹 '经常'을 '항상'으로 해석하는 경우가 있는데 이는 **좋지 않은 해석**이다. 왜냐하면 '经常'은 빈도부사로서 **동작의 발생 횟수가 빈번하다**는 것을 나타내기 때문이다. 예를 들어 '你以后经常来玩。'을 해석하면 '너 나중에 항상 놀러 와'가 아니라 '너 나중에 자주 놀러 와'라고 하는 것이 옳기 때문이다. 물론 때로는 '항상'으로 해석하면 더 좋을 때가 있긴 하다. 하지만 일반적으로 '자주'라고 해석한다는 것을 잊지 말자. 참고로 **'항상'을 번역할 때는 '总是'**라고 표현하는 것이 좋다. (예: 他总是迟到。 그는 늘 지각해.)

2.

풀이 **[1단계]** '降落在(~에 착륙하다)'는 〈V + 在〉의 형태로 뒤에는 장소나 시간이 와야 한다. 따라서 '首都机场(수도공항)'이 뒤에 온다.
→ 降落在首都机场

[2단계] '在15分钟后'는 〈在 + 시간〉의 형태로 개사구이기 때문에 뒤에는 동사(降落)가 와야 한다.
→ 在15分钟后降落在首都机场

[3단계] '将(장차, 곧)'은 시간부사로 동사 앞에 나오는데 이미 동사(降落) 앞에는 개사구(在15分钟后)가 있기 때문에 개사(在) 앞에 와야 한다. **부사와 개사구가 함께 동사를 수식할 때는** 일반적으로 〈부사 + 개사구 + V〉의 어순을 따른다. '飞机'는 주어가 된다.
→ 飞机将在15分钟后降落在首都机场。

정답 飞机将在15分钟后降落在首都机场。 비행기는 15분 뒤에 수도공항에 착륙할 것이다.

어휘 降落 jiàngluò [동] 착륙하다 4급 | 首都 shǒudū [명] 수도 4급 | 将 jiāng [부] 장차, 곧

4. 긍정·부정부사

'그렇다', '아니다', '하지 마라'처럼 긍정과 부정을 나타내는 부사들이 있다. 이들은 비교적 자유롭게 동사, 형용사 앞에 온다.

단어	뜻	예문
不 bù	~않다, 아니다	我不忙。 나는 안 바빠. 我不想吃了。 나는 먹기 싫어졌다.(난 그만 먹을래.) ▶ '不'는 **현재 시제의 부정형**이라고 할 수 있다. **객관적 사실의 부정**을 나타내거나 **의지의 부정**을 나타낸다.
没 méi (≒没有)	~않았다	我从来没听过这件事。 나는 여태껏 이 일을 들어 본 적이 없어. ▶ '没', '没有'는 **과거 시제의 부정형**이라고 할 수 있다. 이들 뒤에 명사가 바로 오는 경우는 '有(있다)'를 부정한 형태이다. (예: 我没(有)时间。 나는 시간이 없다.)
别 bié	~하지 마라	别担心，这件事我能解决好。 걱정하지 마, 이 일은 내가 잘 해결할 수 있어.
不一定 ★ bù yídìng	꼭 ~인 것은 아니다	努力了不一定能成功。 노력했다고 꼭 성공할 수 있는 것은 아니다.
肯定 kěndìng	틀림없이	他肯定会同意。 그는 틀림없이 동의할 거야.
一定 ★ yídìng	반드시, 꼭, 틀림없이	他一定会同意。 그는 틀림없이 동의할 거야. ▶ '一定'과 '肯定'의 차이 둘 모두 '틀림없이'의 뜻으로 **추측**을 나타낼 수 있다. 하지만 '**一定**'은 **의무**를 나타낼 수 있지만 '**肯定**'은 **불가능**하다. • 这次活动你一定要参加。(O) 이번 행사에 너는 반드시 참가해야 해. • 这次活动你肯定要参加。(×) '一定'은 **형용사**로서 '**일정한**', '**어느 정도의**'의 뜻도 있다. • 这件事对经济有一定的影响。 이 일은 경제에 어느 정도의 영향이 있다.
必须 bìxū	반드시 (~해야 한다)	他病情很严重，必须得住院。 그는 병세가 심각해서 반드시 입원해야 한다.
当然 dāngrán	당연히, 물론	我当然能赢他。 나는 당연히 그를 이길 수 있다.

```
1. 很受  这个  一直  欢迎  节目
2. 都  互联网的  消息不一定  是真的
```

1.

풀이 **[1단계]** 동사(受: 받다) 뒤에는 '欢迎'이 목적어로 오는 것이 좋다.
→ 很受…欢迎

[2단계] '一直(줄곧)'는 부사이므로 동사(受) 앞쪽에 오고, '这个节目'는 주어가 된다.
→ 这个节目一直很受欢迎。

정답 这个节目一直很受欢迎。 이 프로그램은 줄곧 환영 받았다.

어휘 受 shòu [동] 받다 | 一直 yìzhí [부] 줄곧 3급 | 欢迎 huānyíng [명/동] 환영(하다) 3급 | 节目 jiémù [명] 프로그램 3급

2.

풀이 **[1단계]** '~的' 형태 뒤에는 적당한 의미의 명사가 오므로 '互联网的(인터넷의)' 뒤에는 '消息(소식)'가 오는 것이 좋다.
→ 互联网的消息不一定

[2단계] '不一定'은 부사이므로 뒤에 동사나 형용사가 오는 것이 좋다. 남은 제시어 중 유일하게 '是真的(진짜이다)'가 형용사의 성질을 가지고 있으므로 '不一定' 뒤에 온다.
→ 互联网的消息不一定…是真的

[3단계] 범위 부사 '都'는 앞에 포괄되는 대상이 와야 한다는 규칙이 있다. 이때 포괄되는 대상이란 하나가 아니라 여러 개의 의미여야 한다. '인터넷의 소식'이라 함은 많은 것이 있으므로 '互联网的消息'가 '都' 앞쪽에 오도록 한다. 따라서 '都'는 '不一定' 뒤 '是真的' 앞에 오게 된다.
→ 互联网的消息不一定都是真的。

정답 互联网的消息不一定都是真的。 인터넷의 소식이 꼭 모두 진짜인 것은 아니다.

어휘 互联网 hùliánwǎng [명] 인터넷 4급 | 消息 xiāoxi [명] 소식 4급 | 不一定 bù yídìng [부] 반드시 ~인 것은 아니다

꿀팁 〈不一定都是~〉는 일종의 고정 격식으로 **'꼭 모두 ~인 것은 아니다'**의 의미이다.
• 老师的话不一定都是对的。 선생님의 말이 꼭 모두 맞는 것은 아니다.

5. 어기부사

어기부사는 '놀람, 뜻밖, 추측' 등 화자의 느낌을 나타내는 부사이다. **부사의 기본 위치는 주어 뒤 술어**(동사, 형용사) **앞이다.** 하지만 다수의 어기부사는 문장 전체를 수식하기 위해 주어 앞에 올 수 있다. 문제로 출제된다면 **처음부터 주어 앞이나 뒤 어느 한쪽에만 위치할 수 있게 제시어가 구성**되므로, 어디에 놓을지는 큰 문제가 되지 않는다. 다만 주어 앞뒤로 올 수 있는 어기부사는 어떤 것이 있는지 알고 있는 것이 중요하다.

단어	뜻	예문
却 què	오히려, 그러나	结果却不太好。 결과는 오히려 좋지 않다.
倒 dào	오히려	姐姐比妹妹倒显得年轻。 언니가 여동생보다 오히려 어려 보인다.
难道 ★ nándào	설마	难道你还不知道吗? 설마 너 아직도 몰라?
究竟 ★ jiūjìng	도대체 (=到底)	你究竟想不想帮我呢? 너는 도대체 나를 돕고 싶은 거야 아닌 거야?
到底 ★ dàodǐ	도대체 (=究竟)	你到底想不想帮我呢? 너는 도대체 나를 돕고 싶은 거야 아닌 거야?
也许 ★ yěxǔ	아마도	也许他已经出发了。 아마도 그는 이미 출발했을 거야. ▶ '也许'는 주어 앞뒤로 모두 올 수 있는 부사이다.
大概 ★ dàgài	아마(도), 대략, 대강의	① 大概他有什么急事。 아마도 그는 급한 일이 있을 것이다. ② 这次考试我大概能得90多分。 이번 시험에서 나는 대략 90점 넘게 받을 수 있다. ③ 他大概四十二岁才结了婚。 그는 대략 42세에 결혼했다. ▶ '大概'는 주어 앞에도 올 수 있고(①) 수량사 앞에도 올 수 있다(③). 또한 형용사로 '대략의'의 뜻도 있다. (예 : 大概的内容 대강의 내용)
大约 ★ dàyuē	대략, 아마	① 从这村到那村大约有三公里。 이 마을에서 그 마을까지는 대략 3km이다. ② 他大约二十五岁。 그는 대략 25세이다. ③ 这事儿大约办不成。 이 일은 아마 안 될 것이다. ▶ '大约'는 동사가 없고 수량사만 있을 경우 **수량사 바로 앞**에 올 수 있고(①), **'아마'**의 뜻으로 **추측**을 나타낼 수도 있다(③).
其实 qíshí	사실은	其实他是中国人。 사실은 그는 중국 사람이다. ▶ '其实'는 주어 앞에도 올 수 있다.
不得不 ★ bùdébù	부득불, 어쩔 수 없이	经理不得不接受了这个要求。 사장은 어쩔 수 없이 이 요구를 받아들였다.
并 bìng ★	결코	努力了并不一定能成功。 노력했다고 결코 꼭 성공할 수 있는 것은 아니다. ▶ '并'이 **'결코'**의 뜻일 때는 항상 뒤에 **'不', '没'** 같은 부정부사가 온다.

```
1.  大约   1084公里   北京   离上海

2.  解决   问题   发脾气   并   不能
```

1.

풀이 [1단계] 동사 '离(~로부터 떨어지다)' 뒤에는 장소와 수량사가 온다. 즉, 〈离 + 장소(A) + 수량사(B)〉의 어순으로 'A로부터 B만큼 떨어져 있다'의 뜻이다. 따라서 '离上海' 뒤에는 '1048公里'가 온다.
→ 离上海…1048公里

[2단계] '大约(대략)'는 '离'와 함께 쓸 경우 〈离 + 장소 + 大约 + 수량사〉의 어순으로 쓰기 때문에 '1048公里' 앞에 온다. '北京'은 자연스럽게 주어가 된다.
→ 北京离上海大约1048公里。

정답 北京离上海大约1048公里。 베이징은 상하이로부터 대략 1048km 떨어져 있다.

어휘 大约 dàyuē [부] 대략, 아마 4급 | 公里 gōnglǐ [명] 킬로미터 4급 | 离 lí [동] 떨어지다 [개] ~로부터 2급

꿀팁 '大约'는 부사이기 때문에 동사 '离' 앞에 올 것이라고 생각할 수 있다. 하지만 위 문제에서는 '1048公里' 앞에 와야 한다. 왜냐하면 '대략 떨어지다'가 아니라 '대략 1048km'로 해석되는 것이 알맞기 때문이다. 적어도 이 문장에서는 '大约'는 '1048厘米'를 수식한다.

2.

풀이 [1단계] 동사 '解决(해결하다)' 뒤에는 '问题(문제)'가 목적어로 오는 것이 좋고, 조동사(能)는 동사(解决) 앞에 온다.
→ 不能…解决问题

[2단계] '并'은 '不'나 '没' 등 부정부사 앞에 와서 부정의 어기를 강조하는 역할을 한다. 따라서 '并'은 '不能' 앞에 온다. '发脾气(화를 내다)'는 주어가 된다.
→ 发脾气并不能解决问题。

정답 发脾气并不能解决问题。 화를 내는 것은 결코 문제를 해결할 수 없다.

어휘 发脾气 fā píqì [동] 화내다 4급 | 并 bìng [부] 결코 [접] 그리고

꿀팁 위 문장의 '发脾气'처럼 동목구도 주어가 될 수 있다. 명사나 대명사만 주어가 된다는 것은 잘못된 생각이다. 주어가 되는 것은 주로 명사나 대명사인 것은 맞지만, **문제 풀이 시 해석상 동목구 혹은 주술구가 주어가 되기에 적합하다면 주어로 위치시킬 수 있어야 한다.**
- 保护地球是每个人的责任。 지구를 보호하는 것은 모든 사람의 책임이다.

실전 연습 문제

第1-10题: 完成句子。

1. 来过这儿　从来　我　没有

2. 推迟了　要　恐怕　足球比赛

3. 稍微　紧张　我刚开始　有点儿

4. 把　竟然　穿反了　我　衣服

5. 还是　其实他　很不错的　这个人

6. 将　出现　大风降温　我省　天气

7. 美食节目　十分　欢迎　这种　受

8. 大约　举行　电影艺术节　在　十月底

9. 并　不像我们看见的　实际情况　那样

10. 都　我们店的衬衫　打折　在　和裤子

❸ 개사(전치사)

주요 내용

■ 〈개사〉란?

명사, 대명사, 어구 등과 **결합**하여 **개사구**를 이룬 후 **동사(V)**나 **형용사(A)**를 **수식(부사어)**하는 단어이다.

我们 / 先 / 在这儿 / 休息 / 一会儿 / 吧。 우리 우선 여기서 좀 쉽시다.
S   부사어1 부사어2(개사구) V   보어

■ 〈개사〉 문제의 풀이 순서

[1단계] 개사구 만들기 : 제시어가 개사임을 인식하고 적당한 의미의 단어(주로 명사나 대명사: 这儿)와 결합시킨다. 종종 이미 개사구의 형태(在家)나 다른 단어 뒤에 결합된 형태(我家离)로 제시되기도 한다.

我们   先   在这儿   休息   一会儿吧。
S   부사어1 부사어2(개사구)   V   보어

[2단계] 개사구 뒤에 동사나 형용사 놓기 : 의미상 개사구의 수식을 받을 만한 동사(休息)나 형용사를 개사구 뒤에 놓는다.

我们   先   在这儿   休息   一会儿吧。
S   부사어1 부사어2(개사구)   V   보어

[3단계] 나머지 정리 : 나머지 단어에서 주어를 정하거나 각각 의미상 적절한 위치에 놓는다. 개사구는 일반적으로 주어 뒤 술어 앞에 온다.

我们   先   在这儿   休息   一会儿吧。
S   부사어1 부사어2(개사구)   V   보어

기출문제 분석

쓰기 1부분 어순에 맞게 배열하기

〈개사〉는 보통 **1음절**이고 **해석하지 않아도** 그 문장을 **대충 이해는** 하기 때문에 **대수롭지 않게 넘어가는** 경우가 많습니다. 그러면 **절대 안 됩니다**. 개사는 매우 중요합니다. 개사의 세 가지(부사어, 관형어, 보어) 용법에 대해 학습합니다.

어순에 맞게 배열하여 문장을 완성하세요.

排好队   按照   顺序   请同学们

풀이 **[1단계]** '按照(~에 따라서)'는 뒤에 '顺序(순서)'가 와서 개사구를 이룬다. → 按照顺序

[2단계] 개사구는 동사를 수식하므로 '按照顺序'는 '排好队(줄을 잘 서다)' 앞에 온다. → 按照顺序排好队

[3단계] '请同学们'은 맨 앞에 온다. → 请同学们按照顺序排好队。

정답 请同学们按照顺序排好队。 동학 여러분들 순서에 따라 줄을 잘 서 주세요.

어휘 排队 páiduì [동] 줄을 서다 4급 | 按照 ànzhào [개] ~을 따라서 4급 | 顺序 shùnxù [명] 순서 4급

전략 학습 : <개사>의 3가지 용법   쓰기 1부분 어순에 맞게 배열하기

■ 개사는 왜 중요한가?

아래 문장을 해석해 보자.

他(　)家休息。 그는 집(에서) 쉰다.

我家(　)这儿很远。 나의 집은 여기(에서) 매우 멀다.

我(　)大家表示了感谢。 나는 모두(에게) 감사를 표시했다.

他(　)我更了解这里的情况。 그는 나(보다) 이곳의 상황을 더욱 잘 안다.

위 문장들은 각각 개사 '在(~에서)', '离(~로부터)', '向(~를 향하여)', '比(~보다)'가 빠져 있는 비문(잘못된 문장)이다. 물론 문장만 보아도 대충 이해는 할 수 있지만 **정확한 뜻을 알기는 힘들다.**

■ 개사의 3가지 용법

핵심 정리

1. 개사는 주어(S) 뒤에 오며 동사(V)나 형용사(A)를 수식하는 부사어가 된다.
   ▶ S + 개사구 + 술어(V/A) ⇨ 我家离这儿很远。 나의 집은 여기에서 멀다.

2. 개사는 개사구가 되어 '的'를 붙여 명사(N)를 수식하는 관형어가 된다.
   ▶ ① 소유나 소속을 나타내는 명사/대명사 + 개사구 + 的 + N
      ⇨ 服务员对顾客的态度很好。 직원의 고객에 대한 태도는 매우 좋다.
   ▶ ② 수량구 + 개사구 + 的 + N
      ⇨ 我买了一本关于中国历史的书。 나는 중국 역사에 관한 책 한 권을 샀다.

3. 개사는 개사구가 되어 동사(V) 뒤에 놓여 보어가 된다.
   ▶ S + V + 개사구(在/自/往/向/到 + N) ⇨ 他的话别放在心上。 그의 말은 마음에 담아 두지 마.

1. 개사는 주어(S) 뒤에 오며 동사(V)나 형용사(A)를 수식하는 부사어가 된다.

〈개사〉 관련 문제 중 대부분은 개사구의 **부사어 용법**으로 출제된다. 가장 중요한 것은 **개사구를 만들어 주어 뒤 술어 (동사나 형용사) 앞에 위치**시키는 것이다.

어순 S + 개사구 + 술어(V/A)

他　　　休息。 그는 쉰다.

他在家休息。 그는 집에서 쉰다.

▶ '在家' 개사구가 동사(休息)를 수식하고 있다.

我家　　　很远。 나의 집은 멀다.

我家离这儿很远。 나의 집은 여기에서 멀다.

▶ '离这儿'이라는 개사구가 형용사(远)를 수식하고 있다.

错误　道歉　为自己　小高不得不　的

풀이 **[1단계]** 개사 '为'는 '~을 위하여'라는 뜻 뿐만 아니라 '~때문에'라는 뜻도 있다. '自己的' 뒤에는 '错误(잘못)'가 와서 '为自己的错误(자신의 잘못 때문에)'라는 개사구를 이룬다.
→ 为自己的错误

[2단계] 개사구 뒤에는 **동사나 형용사**가 오므로, '为自己的错误' 뒤에는 동사인 '道歉(사과하다)'가 온다.
→ 为自己的错误道歉

[3단계] 자연스럽게 '小高'가 주어가 될 것이므로, '小高不得不'는 맨 앞에 온다.
→ 小高不得不为自己的错误道歉。

정답 小高不得不为自己的错误道歉。 샤오까오는 어쩔 수 없이 자신의 잘못 때문에(잘못에 대해서) 사과했다.

어휘 错误 cuòwù [형] 틀리다, 잘못되다 [명] 잘, 오류 4급 | 道歉 dàoqiàn [동] 사과하다 4급 | 不得不 bùdébù [동] 부득불, 어쩔 수 없이 4급

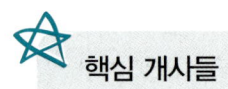 **핵심 개사들**

개사의 용법은 〈쓰기 1부분〉만을 잘 풀기 위한 것은 아니다. 긴 문장을 정확하고 빠르게 해석하기 위해서는 '**개사구**'를 찾아낼 수 있어야 한다. 그러기 위해서는 개사구가 띄어쓰기 되어 있는 것처럼 어디서부터 어디까지가 개사구인지를 확연히 **구분**할 수 있어야 한다. 아래 각각의 예문들을 통해서 각 개사의 **용법**을 이해해 보자.

■ 시간・공간・기점을 나타내는 개사

在~　~에(서)

他在北京住了五年。 그는 베이징에서 5년을 살았다.

她把大部分的时间都花在学习上。 그녀는 대부분의 시간을 공부에 쓴다.

> 꿀팁 '在'는 부사어로 동사 앞에도 오지만 보어로서 동사 뒤에도 온다. 또한 '在'는 동사로 '~에 있다'의 용법과 부사로서 '~하고 있다'의 용법도 있다.
>
> 예) 你在哪儿？ 너 어디에 있어? [동사]
> 예) 小王在写作业。 샤오왕은 숙제를 하고 있다. [부사]

从~　~로부터 (시・공간상의 출발점을 나타낸다.)

太阳从东边升起。 태양은 동쪽에서 뜬다.

她从小就喜欢读书。 그녀는 어릴 때부터 책 읽기를 좋아했다.

我从明天开始减肥。 나는 내일부터 다이어트 할 거야.

离~　~로부터, ~에서 (시・공간적으로 떨어진 정도를 나타낸다.) ★

机场离这儿很远。 공항은 여기에서 매우 멀다.

离出发只有五分钟了，快走吧。 출발(시간)로부터 5분밖에 안 남았어, 빨리 가자.

> 꿀팁 '从'은 '어떤 행위의 시・공간상의 출발점'을 나타내지만, '离'는 '시・공간적으로 떨어진 정도'를 나타낸다. 그래서 '从 + N' 뒤에는 주로 동사가 오며 형용사는 잘 오지 않는다.
>
> 예) 我家离学校不远。(〇) 나의 집은 학교로부터 멀지 않다.
> 예) 我家从学校不远。(✕)
> → '不远'은 거리상으로 떨어진 정도를 나타내고 있는 것이지 행위의 출발점을 가리키는 것이 아니기 때문에 이 문장에서는 '从'을 쓸 수 없다.

于~ ~에 ★

运动会将于5月20日举行。 운동회는 장차 5월 20일에 거행될 것이다.

他毕业于清华大学。 그는 칭화대학을 졸업했다.

她出生于2月份。 그녀는 2월에 태어났다.

> 꿀팁 주로 〈于 + 시간 + 동사〉의 형태로 쓴다. 하지만 이미 발생한 경우에는 '毕业于~'나 '出生于~'처럼 동사 뒤에 보어로 오기도 한다. 고정 격식으로 외워 두도록 하자.

自 ~로부터, ~에서 ★

我们学校的留学生来自世界各国。 우리 학교의 유학생은 세계 각국에서 왔다.

> 꿀팁 주로 〈来自 + 장소〉의 형태로 출제된다. 한국 드라마 〈별에서 온 그대〉는 중국어로 《来自星星的你》라고 표현한다.

由 ~부터 (=从) ★

飞机由北京出发。 비행기는 베이징에서 출발한다.

> 꿀팁 '由'는 행위의 주체를 이끄는 '~가', '~이'의 뜻도 있다.
> 예) 这件事由我负责，你就按照我说的去做。 이 일은 내가 책임질 테니, 너는 내가 말하는 대로 해라.

■ 방향을 나타내는 개사

向~ ~을 향하여

你向前看。 너는 앞을 향해 봐.

我们的产品走向世界。 우리의 제품이 세계로 뻗어 나간다.

往~ ~을 향하여

一直往前走。 계속 앞으로 가다.

火车开往北京。 기차가 베이징으로 운행한다.

■ 대상을 이끄는 개사

对~ ~에 대하여 ★

我对中国历史很感兴趣。 나는 중국 역사에 대해 관심이 있다.

跟~ ~와, ~에게

这件事老王跟我说过了。 이 일은 라오왕이 나에게 말했었다.

▶ 고정 격식

跟~一样 ~와 같다 : 儿子长得跟爸爸一样。 아들은 생김새가 아빠와 같다.
跟~差不多 ~와 비슷하다 : 我的想法跟你差不多。 나의 생각은 너와 비슷하다.

和~ ~와 (=跟)

我和你商量一下这件事。 (나는) 너와 이 일을 좀 상의하자.

为~ ~을 위해 ★

妈妈为他做了很多菜。 엄마는 그를 위해 많은 요리를 했다.

给~ ~에게

他给大家介绍了这里的情况。 그는 모두에게 이곳의 상황을 소개해 주었다.

比~ ~보다 ★

弟弟比哥哥胖一点儿。 동생이 형보다 좀 더 뚱뚱하다.

向 ~로부터, ~에게 (=从~那里)

我们都要向他学习。 우리는 모두 그에게서 배워야 한다.

꿀팁 〈给 + 사람 + 学习〉라고 쓰면 안 되며, '给' 말고 '向'이나 '跟'을 써야 한다.

将 ~을 (=把) ★

将门窗关好。 문과 창문을 잘 닫아.

꿀팁 '将'은 부사로서 '장차, 곧(~할 것이다)'이라는 뜻도 있다.
예) 他大学毕业后将在父亲的公司里工作。 그는 대학 졸업 후 (장차) 아버지의 회사에서 일할 것이다.

对于~ ~에 대하여 ★

我们对于好人好事要及时表扬。 우리는 좋은 사람과 좋은 일에 대해서 바로 칭찬해야 한다.

关于~   ~에 관하여 ★

关于这个问题，我想再说两句。 이 문제와 관련해, 저는 몇 마디 더 말하고 싶습니다.

▶ 고정 격식 : 〈수량사 + **关于** + 명사 + **的** + N〉
我买了一本**关于**中国文化的书。 나는 중국 문화에 관한 책을 한 권 샀다.

■ 목적(동기)·원인을 나타내는 개사

为~   ~때문에, ~을 위하여 ★

为大家的健康干杯！ 모두의 건강을 위해서 건배합시다!

大家都**为**这件事很高兴。 모두가 이 일로 매우 기뻐했다.

父亲**为**儿子感到骄傲。 아버지는 아들 때문에 자랑스럽게 느낀다.(아버지는 아들을 자랑스러워 한다.)

꿀팁 '为'는 '~을 위하여'라는 뜻으로 수익자(혜택을 받는 대상)를 이끌기도 한다.
예) 妈妈**为**儿子做了很多好吃的菜。 엄마는 아들을 위해서 많은 맛있는 요리를 했다.

为了~   ~하기 위하여 (동작의 목적과 동기를 나타낸다.)

为了学汉语，我来到了中国。 중국어를 배우기 위해 나는 중국에 왔다.

为了我们的友谊干杯！ 우리의 우정을 위해서 건배합시다!

꿀팁 '为'와 '为了'의 비교
동작 행위의 목적을 나타낼 때는 '为'와 '为了'를 모두 쓸 수 있다.
예) 为/为了我们的友谊干杯！ 우리의 우정을 위해서 건배합시다!
하지만 동작 행위의 대상을 이끌 때는 '为'만 쓸 수 있다.
예) 大家都**为**这件事高兴。 나는 정말 너 때문에 기쁘다. [为了(×)]
참고로 실제 시험에서는 '为'와 '为了'를 비교하는 문제는 출제되지 않는다.

由于~   ~때문에 (=因为) ★

由于老师的耐心指导，我的汉语水平提高了很多。
선생님의 인내심 있는 지도 때문에 나의 중국어 실력이 많이 향상했다.

꿀팁 개사라는 것은 뒤에 명사(구)가 와서(老师的耐心指导 : 선생님의 인내심 있는 지도) 개사구가 된다는 것을 의미한다.
하지만 '由于'는 접속사이기도 하여 아래처럼 절(工作太忙)과 절(没能经常跟你联系)을 연결하기도 한다.
예) **由于**工作太忙，因此没能经常跟你联系。 일이 너무 바빴기 때문에, 자주 너에게 연락할 수 없었어.

■ 근거를 이끄는 개사

根据~ ~에 근거하여, ~에 따라 (뒤에는 주로 판단의 근거가 온다.)

根据调查，情况不是这样。 조사에 따르면 상황은 이렇지 않다.

▶ 고정 격식
根据调查 조사에 따르면 | **根据法律** 법률에 따라 | **根据实际情况** 실제 상황에 근거하여

꿀팁 '根据'는 명사로 '근거'라는 뜻도 있다.
예) 这种说法没有科学根据。 이런 말은 과학적 근거가 없다.

按照~ ~에 따라 (뒤에는 주로 **행위의 기준**이 온다.) ★

按照先来后到的顺序发礼物。 선착순(먼저 오고 나중에 도착한 순서에 따라)으로 선물을 나눠 주다.

▶ 고정 격식
按照计划~ 계획대로 ~하다 | **按照规定~** 규정대로 ~하다
按照~的要求~ ~의 요구대로 ~하다 | **按照习惯~** 습관대로 ~하다

꿀팁 '按照'를 줄여서 '按'으로 쓰기도 한다.
예) 按顺序 순서에 따라 | 按时完成 제때에 완성하다 | 按规定办事 규정에 따라 일을 처리하다

■ 동작의 대상 · 동작의 주체를 이끄는 개사

把 ~을, ~를 (≒把) ★

猫把小鸡吃掉了。 고양이가 병아리를 잡아먹었다.

被 ~에 의해 ★

小鸡被猫吃掉了。 병아리가 고양이에게 잡아 먹혔다.

由 ~가, ~이 ★

这事由我负责。 이 일은 내가 책임진다.
我家里的小事都由妈妈决定。 우리 집의 작은 일들은 모두 엄마가 결정하신다.

꿀팁 '由' 문장의 일반적 어순 → 〈주어(동작의 대상) + 由 + 행위 주체 + 동사〉

> 1. 我们　十分　房东对　友好
>
> 2. 共同的　努力　目标　我们　都为
>
> 3. 由我们　这次活动　和大使馆　共同　举办

1.

풀이 **[1단계]** 개사 '对(~에 대하여)'는 대상을 이끌므로 '我们'이 오는 것이 좋다.
→ 房东对我们

[2단계] '十分'은 정도부사로 형용사를 수식하므로 '友好'를 수식하고, 이는 개사구(对我们) 뒤에 와서 개사구의 수식을 받는다.
→ 房东对我们十分友好。

정답 房东对我们十分友好。 집주인은 우리에게 매우 다정하다.

어휘 十分 shífēn [부] 매우 4급 | 房东 fángdōng [명] 집주인 4급 | 友好 yǒuhǎo [형] 우호적이다, 다정하다 4급

2.

풀이 **[1단계]** '共同的(공동의)'는 의미상 '目标(목표)'를 수식하는 것이 알맞다. 개사 '为(~을 위하여)'는 목적을 이끌므로 '共同的目标'와 결합하여 개사구가 된다.
→ 都为共同的目标

[2단계] '我们'은 주어가 되고, 개사구(为共同的目标) 뒤에는 동사나 형용사가 오므로 '努力(노력하다)'가 온다.
→ 我们都为共同的目标努力。

정답 我们都为共同的目标努力。 우리는 모두 공동의 목표를 위해 노력한다.

어휘 共同 gòngtóng [형] 공동의 4급 | 努力 nǔlì [동] 노력하다 3급 | 目标 mùbiāo [명] 목표 4급

3.

풀이 **[1단계]** '和大使馆' 앞에는 '和(~와)' 때문에 '我们'이 올 수 있다. '由我们和大使馆'은 '우리와 대사관이'라는 뜻이 되고 이때 개사 '由(~가, ~이)'는 동작의 주체를 이끈다.
→ 由我们和大使馆

[2단계] 개사구(由我们和大使馆) 뒤에는 동사나 형용사가 와야 하므로 '举办(개최하다)'이 오는 것이 좋다. '共同(공동의, 공동으로)'은 의미상 '举办(개최하다)'을 수식한다.
→ 由我们和大使馆共同举办

[3단계] '由 개사구'가 들어가는 문장은 일반적으로 〈주어(동작의 대상) + 由 + 행위 주체 + 동사〉의 어순을 이룬다. '这次活动(이번 행사)'은 주최하다(举办)의 대상이므로 주어로 온다.
→ 这次活动由我们和大使馆共同举办。

정답 这次活动由我们和大使馆共同举办。 이번 행사는 우리와 대사관이 공동으로 주최한다.

어휘 活动 huódòng [명] 활동, 행사 [동] 활동하다 4급 | 大使馆 dàshǐguǎn [명] 대사관 4급 | 共同 gòngtóng [형] 공동의 4급 | 举办 jǔbàn [동] 개최하다 4급

2. 개사는 개사구가 되어 '的'를 붙여 명사(N)를 수식하는 관형어가 된다.

개사구가 **부사어**가 될 때는 **혼자서 동사를 수식**하면 되지만 **개사구가 관형어가 될 때는 '的'를 함께 써야** 한다.

服务员对人们的态度很好。 직원의 고객에 대한 태도는 매우 좋다.

我买了一本关于中国历史的书。 나는 중국 역사에 관한 책 한 권을 샀다.

① **어순** 관형어 : 소유나 소속을 나타내는 명사/대명사 + 개사구 + 的 + N

服务员 + 对人们 + 的 + 态度 (종업원 + 사람들에 대한 + 的 + 태도)

② **어순** 관형어 : 수량구 + 개사구 + 的 + N

一本 + 关于中国历史 + 的 + 书 (한 권의 + 중국 역사에 관한 + 的 + 책)

▶ 개사의 관형어 용법에서는 **딱 두 가지를 꼭 주의**해야 한다. 첫째, **소유나 소속을 나타내는 단어는 가장 앞에** 온다(어순 ①에서는 服务员을 가리킴). 둘째, **수량구는 개사구 앞에** 온다(어순 ②에서는 一本). 위 두 개의 **예문을 외우는 것이 가장 확실한 방법**이다.

```
1. 书   关于   是一本   植物的   这
2. 很   对学生的   李教授   态度   严格
```

1.

풀이 **[1단계]** '关于'는 개사이므로 명사와 결합하여 개사구가 된다. 제시어 중 '植物(식물)'가 알맞다.
→ 关于植物的

[2단계] 개사구(关于植物)는 '的'와 함께 명사를 수식하는 관형어가 될 수 있으므로 뒤에 '书'가 오는 것이 알맞다. 또한 자연스럽게 '这'는 주어가 되고, '是'는 술어임을 알 수 있다.
→ 这是一本关于植物的书。

정답 这是一本关于植物的书。 이것은 한 권의 식물에 관한 책이다.

어휘 关于 guānyú [개] ~에 관하여 3급 | 植物 zhíwù [명] 식물 4급

2.

풀이 **[1단계]** '对学生的(학생에 대한)'는 '对 + 学生'으로 이루어진 개사구이다. 개사구는 '的'와 함께 명사를 수식할 수 있다. 의미상 '态度(태도)'를 수식하는 것이 알맞다.
→ 对学生的态度

[2단계] '严格(엄격하다)'는 '态度(태도)'를 설명하기에 알맞기 때문에 '态度' 뒤에 술어로 온다.
→ 对学生的态度很严格

[3단계] '李教授(이 교수)'는 태도가 소속된 대상이므로 관형어의 어순에 따라 맨 앞에 온다.
→ 李教授对学生的态度很严格。

정답 李教授对学生的态度很严格。 이 교수는 학생에 대한 태도가 매우 엄격하다.

어휘 教授 jiàoshòu [명] 교수 4급 | 态度 tàidù [명] 태도 4급 | 严格 yángé [형] 엄격하다 4급

꿀팁 개사구가 관형어가 될 때의 대표적 어순 : 〈소유나 소속을 나타내는 명사/대명사 + 개사구 + 的 + 명사〉

3. 개사는 개사구가 되어 동사 뒤에 놓여 보어가 된다.

개사구가 보어가 될 때는 문제에서 미리 '**동사 + 개사**'의 형태(예 : 发生在)로 제시되거나, **개사만 따로 제시**될 때가 있다. '동사 + 개사'의 형태라면 개사가 동사 뒤에 위치했기 때문에 그대로 개사구가 보어가 되었다고 생각하면 된다. 하지만 **개사만 혼자 제시**되었을 때는 이것을 동사 앞쪽에 위치시킬지(**부사어**) 아니면 동사 뒤에 위치시킬지(**보어**) 매우 까다로운 문제이다. 하지만 이런 경우는 **매우 드물다**. 몇몇 개사만 보어가 될 수 있으며 시험에서는 주로 '**在**(~에)', '**自**(~로부터)'가 출제된다.

어순 주어 + 동사 + 개사구(在/自/往/向/到 + N)

他的话别放在心上。 그의 말은 마음에 담아 두지 마.

来自~ ~에서 오다

《来自星星的你》별에서 온 그대(드라마 제목)

出生在~ ~에서 태어나다

她出生在一个小城市。 그는 한 작은 도시에서 태어났다.

飞往~ ~로 비행하다

这个航班飞往上海。 이 비행기는 상하이로 비행한다.

走向~ ~로 나아가다

我们在走向成功。 우리는 성공을 향해 걸어가고 있다.

> 1. 这个班的　大部分学生　亚洲　来自
>
> 2. 降落在　飞机　首都机场　将于10分钟后

1.

풀이 [1단계] '来自'는 '来(오다) + 自(~로부터)'의 결합형으로 '自~' 개사구가 보어가 되는 형태이다. 따라서 '自' 뒤에는 어디서 왔는지 장소를 나타내는 단어가 와야 하므로 '亚洲(아시아)'가 온다.
→ 来自亚洲

[2단계] '这个班的(이 반의)'는 '大部分学生(대부분 학생)'을 수식하고 이 전체는 주어로 온다.
→ 这个班的大部分学生来自亚洲。

정답 这个班的大部分学生来自亚洲。 이 반의 대부분 학생은 아시아에서 왔다.

어휘 大部分 dàbùfèn [명] 대부분 | 亚洲 Yàzhōu [명] 아시아 4급 | 来自 láizì [동] ~에서 오다 4급

2.

풀이 [1단계] '降落在'는 '降落(착륙하다) + 在(~에)'의 결합형으로 '在~' 개사구가 보어가 되는 형태이다. 따라서 '在' 뒤에는 착륙하는 장소를 나타내는 단어가 와야 하므로 '首都机场(수도공항)'이 온다.
→ 降落在首都机场

[2단계] 개사 '于(~에)'는 시간(10分钟后)과 결합하여 동사(降落) 앞에 올 수 있다. 따라서 '将于10分钟后'는 '降落' 앞에 온다. '飞机'는 자연스럽게 주어가 된다.
→ 飞机将于10分钟后降落在首都机场。

정답 飞机将于10分钟后降落在首都机场。 이 비행기는 곧 10분 뒤 수도공항에 착륙할 것입니다.

어휘 降落 jiàngluò [동] 착륙하다 4급 | 首都 shǒudū [명] 수도 4급 | 将 jiāng [부] 장차, 곧 | 于 yú [개] ~에

꿀팁 ⟨S + 将于 + 시간 + V⟩ : S는 장차/곧 ~(시간)에 V할 것이다.

실전 연습 문제

第 1-10 题: 完成句子。

1. 主要   这种植物   生长在   亚洲

2. 三   公里   大概有   加油站离这儿

3. 发生   在   这个故事   上个世纪末

4. 发展   好的方向   都在   一切   往

5. 要求   很   张教授   对学生   严格

6. 一点儿   对工作   马虎   他   也不

7. 他写过   文章   许多关于   的   幽默

8. 明天下午6点   正式演出   将在   开始

9. 感到   为有   这样的儿子   母亲   骄傲

10. 我们走向   失败   可以帮助   最后的成功

❹ 동사 술어문

주요 내용

■ 〈동사 술어문〉이란?

동사가 술어가 되는 문장으로 동사 뒤에 적당한 의미의 목적어를 위치시키는 것이 중요하다.

| S | 부사어 | V | 관형어 | O |

这么做 / 完全 / 符合 / 国家的 / 法律规定。
이렇게 하는 것은 / 완전히 / 부합한다 / 국가의 / 법률 규정에
이렇게 하는 것은 국가의 법률 규정에 완전히 부합한다.

■ 〈동사 술어문〉 문제의 풀이 순서

[1단계] 목적어 찾기 : 동사(V) 뒤에 적당한 의미의 목적어(O)를 놓는다.

这么做   完全   符合   国家的   法律规定。
  S   부사어   V   관형어   O

[2단계] 주어와 나머지 정리 : 행위자나 서술의 대상(화제)을 주어(S)로 놓고 나머지는 관형어나 부사어로 위치시킨다.

这么做   完全   符合   国家的   法律规定。
  S   부사어   V   관형어   O

기출문제 분석

쓰기 1부분 어순에 맞게 배열하기

〈동사 술어문〉은 **출제 빈도가 가장 높은** 유형입니다. 동사와 형용사의 **가장 큰 차이는 동사는** 뒤에 목적어를 취할 수 있다는 것입니다. 따라서 〈동사 술어문〉의 **첫 단추는 동사 제시어가** 있다면 그 뒤에 적당한 의미의 목적어를 놓는 것입니다. 그렇다면 **빈출 동사**에는 어떤 것이 있고 각각의 동사는 **어떤 단어와 동목 관계를 이루는지 암기**해야 합니다.

어순에 맞게 배열하여 문장을 완성하세요.

互联网   距离   人与人之间的   拉近了

풀이 [1단계] 동사 '拉近(가깝게 하다)' 뒤에는 '距离(거리)'가 목적어로 오는 것이 적당하다.
→ 拉近了…距离
[2단계] 거리를 좁히는 주체인 '互联网(인터넷)'이 주어가 되고, '人与人之间的(사람과 사람 사이)'는 '距离(거리)'를 수식한다.
→ 互联网拉近了人与人之间的距离。

정답 互联网拉近了人与人之间的距离。 인터넷은 사람과 사람 사이의 거리를 좁혀 주었다.

어휘 互联网 hùliánwǎng [명] 인터넷 4급 | 距离 jùlí [명] 거리 4급 | 与 yǔ [개] ~와 4급 | 之间 zhījiān ~사이 | 拉 lā [동] 당기다 4급

전략 학습 : <동사 술어문>의 특징

쓰기 1부분 어순에 맞게 배열하기

<동사 술어문>의 특징을 알아보고 그에 맞는 기출문제를 풀어 보면서 적용시켜 봅니다.

■ 먼저 제시어 개수를 줄여라!

제시어의 형태와 뜻을 고려하여 제시어의 개수를 줄일 수 있어야 문제를 더 쉽게 풀 수 있다.

(1) <~ + 的> 형태의 제시어는 N(명사)과 결합시킨다. → 孙子的要求(손자의 요구)

(2) <~ + 地> 형태의 제시어는 V(동사)와 결합시킨다. → 很高兴地接受了(기쁘게 받아들였다)

(3) <~ + 了> 형태 또는 <V(동사)> 제시어는 뒤에 의미상 어울리는 O(목적어)를 놓는다. → 接受了~要求(요구를 받아들였다)

■ <동사 술어문>의 특징

핵심 정리

1. 동사(V) 뒤에는 보어와 목적어가 올 수 있다.
   ▶ S + V + 보어 + 목적어

2. 목적어(O)에는 명사 외에도 동사(구), 절(짧은 문장), 형용사구 등도 올 수 있다.
   ▶ S + V + 보어 + (동목구) 목적어
   ▶ S + V + (주술구) 목적어

3. 동사(V) 앞에는 각종 부사어(부사, 개사구)가, 동사(V) 뒤에는 각종 보어가 올 수 있다.
   ▶ S + 부사/조동사/개사구 + V + 보어 + O

1. 동사(V) 뒤에는 보어와 목적어가 올 수 있다.

어순 S + V + 보어 + 목적어

这本小说 / 我 / 已经 / 看了 / 三遍。 이 소설은 나는 이미 세 번 봤다.
                          V   보어

▶ '三遍'은 동사(看) 뒤에서 동량보어가 되었다.

你 / 联系 / 一下 / 张教授。 너 장 교수님께 한번 연락해 봐.
     V   보어   목적어

▶ 동사 뒤에 보어(一下)와 목적어(张教授)가 함께 왔다.
▶ 동사 뒤에 보어와 목적어가 함께 올 때는 일반적으로 '**동 + 보 + 목**'의 어순을 따른다.

실전 적용하기

情况　你能　吗　回忆一下当时的

풀이 [1단계] 동사 '回忆(회상하다, 추억하다)' 뒤에는 '情况(상황)'이 목적어로 오는 것이 알맞다. 또한 '情况'이 '当时的'와 결합하면 '당시의 상황'이라는 뜻이 된다.
→ 回忆一下当时的情况

꿀팁 '回忆 / 一下 / 当时的情况'의 어순은 〈동사 + 보어 + 목적어〉이다.

[2단계] '你能'은 맨 앞에 오고, 의문 어기조사 '吗'는 맨 끝에 온다.
→ 你能回忆一下当时的情况吗?

정답 你能回忆一下当时的情况吗? 너는 당시의 상황을 한번 떠올려 볼 수 있어?

어휘 情况 qíngkuàng [명] 상황 4급 | 回忆 huíyì [동] 추억하다, 회상하다 [명] 추억 4급 | 当时 dāngshí [명] 당시 4급

2. 목적어(O)에는 명사 외에도 동사(구), 절(짧은 문장), 형용사구 등도 올 수 있다.

〈동사 술어문〉 풀이의 기본은 **동사 뒤에 목적어를 놓는 것**이다. 하지만 **목적어**라고 하면 **명사만 가능**하다는 **편견이 존재**한다. 물론 주로 명사가 목적어로 오지만, 때로는 **동사도 목적어가 될 수 있다**. 아래 동사는 동사(구)를 목적어로 취하는 동사들이다. '동사 뒤에 다른 동사가 와도 돼?'라는 생각에 **망설이다가 틀리는 경우**가 종종 있으므로 '**동사도 다른 동사의 목적어가 될 수 있다**'는 것을 꼭 기억하자.

| 어순 | S + V + 보어 + (동목구) 목적어 |

　　　　　　　　　V　　O
她每天都 / 写 / 日记。 그녀는 매일 일기를 쓴다.
▶ 명사(日记)가 동사(写)의 목적어가 되었다.

　　　　　　　　V　　　O
她每天都 / 坚持 / 写日记。 그녀는 매일 일기 쓰는 것을 견지한다(계속한다).
▶ 동목구(写日记 : 일기를 쓰다)가 동사(坚持)의 목적어가 되었다.

| 어순 | S + V + (주술구) 목적어 |

　　　V　　　O
我 / 估计 / 房租不便宜。 나는 집세가 싸지 않을 거라고 추측한다.
▶ 주술구(房租不便宜)가 동사(估计)의 목적어가 되었다.

| 大家　结束　会议　决定 |

풀이 [1단계] 동사 '决定(결정하다)' 뒤에 오는 목적어로는 동목구인 '结束会议(회의를 마치다/끝내다)'가 오는 것이 좋다.
→ 决定结束会议

꿀팁 만일 '会议结束'라고 쓰면 주술구로 '회의가 끝났다'는 뜻이 된다. 이 자체는 성립이 되지만 이것이 '决定'의 목적어로 오게 되면 '决定会议结束(회의가 끝나는 것을 결정하다)'가 되어 문장으로 성립할 수 없게 된다. 따라서 '회의를 끝내기로 결정했다'는 식으로 써야 하고 그러려면 '决定结束会议'라고 써야 한다.
비슷한 예로 '중국에 가기로 결정했다'를 '决定去中国'라고 써야지 '决定中国去'라고 쓸 수 없는 것과 같다. '决定' 뒤에는 동목구가 목적어로 올 수 있다는 것을 기억하자. → 〈决定 + 동목구〉

[2단계] '大家(모두)'는 주어로 맨 앞에 온다.
→ 大家决定结束会议。

정답 大家决定结束会议。 모두는 회의를 끝내기로 결정했다.

어휘 结束 jiéshù [동] 끝내다, 끝나다, 마치다 3급 | 会议 huìyì [명] 회의 3급 | 决定 juédìng [동] 결정하다 3급

동사, 동목구, 각종 구를 목적어로 취할 수 있는 대표적인 동사들

决定 ~하기를 결정하다

我决定离开北京。 나는 베이징을 떠나기로 결정했다. (목적어 : 离开北京)

坚持 ~하기를 계속하다

他坚持每天写日记。 그는 매일 일기 쓰는 것을 견지했다. (목적어 : 每天写日记)

反对 ~하는 것을 반대하다

母亲反对我去旅行。 어머니는 내가 여행 가는 것을 반대하신다. (목적어 : 我去旅行)

禁止 ~하기를 금지하다

加油站附近禁止抽烟。 주유소 근처에서는 담배 피우는 것을 금지한다. (목적어 : 抽烟)

后悔 ~하는 것을 후회하다

我真后悔没好好学习。 나는 정말 열심히 공부하지 않은 것을 후회한다. (목적어 : 没好好学习)

计划 ~할 계획이다

我计划在中国学习三年。 나는 중국에서 3년을 공부할 계획이다. (목적어 : 在中国学习三年)

打算 ~할 계획이다

我打算毕业后再找工作。 나는 졸업한 후 직장을 찾을 계획이다. (목적어 : 毕业/找工作)

负责 ~을 책임지다

爷爷负责每天接送孩子。 할아버지는 매일 아이를 등하교시키는 것을 맡고 있다. (목적어 : 每天接送孩子)

适合 ~하기에 적절하다

今天的天气非常适合去爬山。 오늘의 날씨는 등산하기에 매우 적합하다. (목적어 : 去爬山)

允许 ~를 허락하다

妈妈不允许在家养小狗。 엄마는 집에서 강아지 키우는 것을 허락하지 않는다. (목적어 : 在家养小狗)

同意 ~을 동의하다 / **害怕** ~을 두려워하다

女儿不同意/害怕打针。 딸은 주사 맞는 것을 동의하지/두려워하지 않는다. (목적어 : 打针)

估计	~를 예측하다

我估计三十分钟后才能到。 내 예상에는 30분 후에 비로소 도착할 수 있을 것 같다. **(목적어 : 三十分钟后才能到)**

保证	~을 보증하다

我保证按时完成任务。 나는 제시간에 임무를 완성할 것을 보증한다. **(목적어 : 按时完成)**

3. 동사(V) 앞에는 각종 부사어(부사, 개사구)가, 동사(V) 뒤에는 각종 보어가 올 수 있다.

〈동사 술어문〉 문제는 단순히 〈주어 + 동사 + 목적어〉의 어순을 취하는 것도 많지만, 또한 **동사 앞뒤로 부사어와 보어가 붙는 경우**도 자주 출제된다.

어순	S + 부사/조동사/개사구 + V + 보어 + O

儿子 / 正在 / 写 / 作业。 아들은 지금 숙제를 하고 있다.
 S   부사   V   O

▶ 동사(写)를 수식하는 부사(正在) 부사어가 붙는다.

他的话 / 给我 / 留下了 / 很深的 / 印象。 그의 말은 나에게 깊은 인상을 남겼다.
  S   부사어   V 보어   관형어   목적어

▶ 동사(留)를 수식하는 개사구(给我) 부사어가 붙는다.
▶ '下'는 '고정'의 의미를 나타내는 방향보어이다.

실전 적용하기

---

1. 我　适应了这里的　已经　气候

2. 就想　她从小　成为　一名律师

3. 他在这座城市　一段时间　生活　过

1.

풀이 **[1단계]** '这里的(이곳의)' 뒤에는 '气候(기후)'가 와서 '适应(적응하다)'의 목적어가 된다.
→ 适应了这里的气候

[2단계] 의미상 '我'는 주어가 되고, 부사 '已经'은 '适应'을 수식하는 부사어가 된다.
→ 我已经适应了这里的气候。

정답 我已经适应了这里的气候。 나는 이미 이곳의 기후에 적응했다.

어휘 适应 shìyìng [동] 적응하다 4급 | 气候 qìhòu [명] 기후 4급

2.

풀이 **[1단계]** 동사(成为: ~이 되다) 뒤에는 '律师(변호사)'가 목적어로 오는 것이 좋다.
→ 成为一名律师

[2단계] 의미상 '她'가 주어가 되고, '想'은 동사 앞쪽에 오는 조동사이기 때문에 '就想'은 '成为' 앞에 온다.
→ 她从小就想成为一名律师。

정답 她从小就想成为一名律师。 그녀는 어릴 때부터 변호사가 되고 싶었다.

어휘 成为 chéngwéi [동] ~이 되다 4급 | 律师 lùshī [명] 변호사 4급

꿀팁 〈시간 + 就 + ~〉의 형식에서 '就'는 '이미', '벌써'의 뜻을 나타내며 어떤 사건이 일찍 일어났음을 강조한다. 비슷한 예로는 '早就知道(일찍이 알고 있었다)', '15岁就开始参加工作(15살에 벌써 일을 하기 시작했다)' 등이 있다.

3.

풀이 **[1단계]** 동사(生活: 생활하다) 뒤에는 동태조사(过)가 올 수 있다.
→ 生活过

[2단계] 동사(生活: 생활하다) 뒤에는 시간(一段时间: 한동안)이 와서 시량보어가 될 수 있다.
→ 生活过一段时间

[3단계] '他'가 주어이므로 '他在这座城市'는 맨 앞에 온다.
→ 他在这座城市生活过一段时间。

정답 他在这座城市生活过一段时间。 그는 이 도시에서 한동안 생활한 적이 있다.

어휘 段 duàn [양] 한동안(시간이나 공간의 일정한 거리를 나타냄) 3급 | 生活 shēnghuó [동] 생활하다 4급

꿀팁 '过'는 동태조사로 동사 뒤에서 경험을 나타낸다.
- 看过 본 적이 있다
- 听过 들은 적이 있다
- 经历过 경험한 적이 있다
- 参观过 참관한 적이 있다

실전 연습 문제

第1-10题: 完成句子。

1. 停车 不 这儿 允许

2. 几页 发了 我刚才 传真

3. 很值得 这个房子 考虑 真的

4. 与他人的 能 距离 幽默 拉近

5. 积累过去 应该 经验 我们 的

6. 估计 跟你见面 才能 4点多 我

7. 清楚表演 他 并不 是什么 究竟

8. 写日记的 从小就 我 习惯 养成了

9. 这次活动 著名演员 会 邀请 许多

10. 每个人 别人的尊重 都 获得 希望

❺ 연동문

주요 내용

■ 〈연동문〉이란?

하나의 주어(S)에 호응하는 동사(V)가 두 개(혹은 그 이상)가 연이어 사용된 문장을 말한다.

　　S　　　　V₁　　　　V₂
　我 / 要 / 去 机场 / 接 客人。 : 我要去机场。 + 我要接客人。
　나는 / 해야 한다 / 공항에 간다 / 손님을 맞이하러 : 　나는 공항에 가야 한다 + 나는 손님을 맞이해야 한다.
→ 나는 손님을 마중하러 공항에 가야 한다.

■ 〈연동문〉 문제의 풀이 순서

[1단계] 동사 배열하기와 주어 찾기 : 제시어가 하나의 주어와 두 개의 동사가 있다면 연동문임을 인식한 후 먼저 발생되는 동사를 앞에, 나머지 동사를 뒤쪽에 위치시킨다. 그리고 적절한 의미의 단어를 주어 자리에 놓는다.

　我　　要　　去　机场　接　客人
　S　(부사/조동사)　V₁　(O₁)　V₂　(O₂)

[2단계] 목적어 넣기 : 동사의 의미를 보고 뒤에 올 만한 목적어를 찾는다. 문장에 따라서 목적어가 없을 수도 있다.

　我　　要　　去　机场　接　客人
　S　(부사/조동사)　V₁　(O₁)　V₂　(O₂)

[3단계] 부사와 조동사 정리 : 남은 단어 중 부사나 조동사가 있다면 V₁ 앞에 위치시킨다.

　我　　要　　去　机场　接　客人
　S　(부사/조동사)　V₁　(O₁)　V₂　(O₂)

기출문제 분석
　　　　　　　　　　　　　　　　　　　　쓰기 1부분 어순에 맞게 배열하기

〈연동문〉 문제는 1년 12회 중 3~4회 정도가 출제되는데요. **풀이법은 간단**한데 의외로 틀리는 경우가 많습니다. 이는 〈연동문〉의 **특징**을 몰라서입니다. 그런데 그 특징은 너무나 **간단하고 쉽습니다**. 자, 아래 기출문제를 풀어 보고 쉬운 〈연동문〉을 한번 배워 보도록 하겠습니다.

어순에 맞게 배열하여 문장을 완성하세요.

我　陪叔叔　去参观　打算　长城

| 풀이 | **[1단계]** 동사가 3개(陪: 모시다 / 参观: 참관하다 / 打算: 계획하다)일 경우, 일단 **먼저 발생하는 순서**로 나열해야 한다. 먼저 누구를 모시고(陪) 나서 그 다음에 참관할(参观) 수 있는 것이기 때문에 '陪'가 앞쪽에 와야 한다. '我'는 주어가 된다.
→ 我…陪叔叔…去参观

[2단계] '参观'의 목적어로는 '长城(만리장성)'이 오고 '打算(~할 계획이다)'은 **조동사의 역할**을 하기 때문에 V₁(陪) 앞에 와야 한다.
→ 我打算陪叔叔去参观长城。

| 정답 | 我打算陪叔叔去参观长城。 나는 삼촌을 모시고 만리장성을 참관하러 갈 계획이다.

| 어휘 | **陪** péi [동] 모시다, 함께하다 4급 | **叔叔** shūshu [명] 삼촌, 아저씨 3급 | **参观** cānguān [동] 참관하다 4급 | **打算** dǎsuan [동] ~할 계획이다 [명] 계획 4급 | **长城** Chángchéng [명] 만리장성 4급

전략 학습 : <연동문>의 특징

쓰기 1부분 어순에 맞게 배열하기

<연동문>의 특징을 알아보고 그에 맞는 기출문제를 풀어 보면서 적용시켜 봅니다.

핵심 정리

1. 동사(V)가 두 개 이상일 경우 먼저 발생되는 동사부터 배열한다.

2. 부사나 조동사는 일반적으로 제1동사(V₁) 앞에 오지만, 개사구는 그 의미에 따라 제1동사(V₁)나 제2동사(V₂) 앞에 모두 올 수 있다.

   ▶ S + 부사/조동사 + V₁ ~ + V₂ ~

3. 제1동사(V₁)와 제2동사(V₂)는 의미상 '선후 관계', '목적 관계', '방식 관계', '상태 관계' 등을 나타낸다.

4. 생소해서 틀리기 쉬운 연동문들

   ▶ (S) + 帮我 + V₂ ~   주어 없이 '帮我V~'로 시작할 수 있음 → (你)帮我照看一下行李。
   ▶ S + 有 + O + V₂ + (O₂)   '有'가 V₁로 오는 형식 → 我有责任帮助你们。
   ▶ S + 没有 + O + V₂ + (O₂) '没有'가 V₁로 오는 형식 → 我没有时间锻炼身体。

1. 동사(V)가 두 개 이상일 경우 먼저 발생되는 동사부터 배열한다.

他 / 去医院 / 看病。 그는 진찰 받으러 병원에 간다.
　　　V₁　　V₂

▶ 해석상 '진찰 받으러'가 먼저 나오지만, 중국어 어순에서는 가다(去)가 진찰 받다(看病)보다 먼저 발생하기 때문에 '去医院'을 먼저 쓴다.

他 / 看了礼物 / 高兴极了。 그는 선물을 보고 매우 기뻐했다.
　　　V₁　　　V₂

▶ 보고(看) 나서야 비로소 기쁜 것(高兴)이기 때문에 '看'을 먼저 쓴다.

举个例子　你能　证明　吗

풀이 **[1단계]** 동사가 두개(举, 证明) 있으므로 **연동문** 문제임을 알 수 있으며, '你'는 주어가 된다.
→ 你能

[2단계] '举例子(예를 들다)'와 '证明(증명하다)' 중에서 **먼저 발생되는 것은 '예를 들다'**이므로 '举个例子'를 먼저 쓴다. 또한 '吗'는 의문 어기조사이므로 문장 끝에 쓴다.
→ 你能举个例子证明吗?

정답 你能举个例子证明吗? 당신은 예를 들어 증명할 수 있습니까?

어휘 举 jǔ [동] 들다, 들어올리다 4급 | 例子 lìzi [명] 예, 본보기 | 证明 zhèngmíng [동] 증명하다 4급

2. 부사나 조동사는 일반적으로 제1동사(V₁) 앞에 오지만, 개사구는 그 의미에 따라 제1동사(V₁)나 제2동사(V₂) 앞에 올 수 있다.

어순 S + 부사/조동사 + V₁ ~ + V₂ ~

조동사 V₁ V₂
我 / 要 / 去机场 / 接代表团。 나는 대표단을 마중하러 공항에 가려 한다.

부사 V₁ V₂
小时候 / 我 / 常常 / 去那个公园 / 玩。 어릴 때 나는 자주 그 공원에 놀러 갔다.

실전 적용하기

1. 都 站起来 观众们 为他鼓掌
2. 一封信 从书包里 交给我 她 拿出来

1.

풀이 [1단계] 두 개의 동사(站, 鼓掌)가 있는 것으로 보아 연동문일 수 있음을 알 수 있다. 먼저 일어난(站) 후에 박수를 치는(鼓掌) 것이기 때문에 '站起来'가 V₁로 온다. 제시어들의 의미를 봤을 때 '观众们(관중들)'이 주어가 됨을 알 수 있다.
→ 观众们…站起来…

[2단계] 부사 '都'는 복수 주어를 묶어 주므로 '观众们' 뒤에 오고, 개사구(为他: 그를 위해)는 '鼓掌' 앞에서 이를 수식한다는 것을 알 수 있다.
→ 观众们都站起来为他鼓掌。

정답 观众们都站起来为他鼓掌。 관중들이 모두 일어나서 그를 위해 박수를 쳤다.

어휘 站 zhàn [동] 서다, 멈추다 3급 | 观众 guānzhòng [명] 관중 4급 | 鼓掌 gǔzhǎng [동] 박수 치다 5급

2.
풀이 **[1단계]** 제시어 구성으로 봤을 때 '她'가 주어가 되고, 동사는 '拿(꺼내다)'와 '交(건네다)'가 있으므로 연동문이 될 수 있음을 알 수 있다. '꺼낸(拿)' 후에 '건넬(交)' 수 있는 것이므로 '拿出来'를 앞쪽에 써야 한다.
→ 她…拿出来…交给…

[2단계] '拿出来' 뒤에는 '一封信(한 통의 편지)'이 목적어로 오고, '从书包里(책가방에서)'는 의미상 '拿出来'를 수식하는 것이 알맞다.
→ 她从书包里拿出来一封信交给我。

정답 她从书包里拿出来一封信交给我。 그녀는 책가방에서 한 통의 편지를 꺼내 나에게 건넸다.

어휘 封 fēng [양] 통(편지를 셈) [명] 봉투 | 信 xìn [명] 편지 | 书包 shūbāo [명] 책가방 | 交 jiāo [동] 건네다, 제출하다, 사귀다 4급

3. 제1동사(V₁)와 제2동사(V₂)는 의미상 '선후 관계', '목적 관계', '방식 관계', '상태 관계' 등을 나타낸다.

V₁   V₂
他**听了**这个消息后**难过**极了。 그는 이 소식을 듣고 극히 슬퍼했다.
▶ V₁과 V₂는 선후 관계이다. V₁이 일어난 후에 비로소 V₂가 발생할 수 있기 때문에 V₁ 뒤에는 종종 완료를 나타내는 '了'나 결과보어 '完'이 붙는다.

V₁   V₂
我们**去**商店**买**东西。 우리는 상점에 물건을 사러 간다.
▶ V₂는 V₁의 **목적**을 나타내며, 이때 V₁은 주로 '来'나 '去'가 온다.

V₁   V₂
小李**用**左手**写**字。 샤오리는 오른손으로 글씨를 쓴다.
▶ V₁이 V₂의 **방식**을 나타낸다.

V₁   V₂
他**送**礼物来**表示**了谢意。 그는 선물을 주는 것으로 감사의 뜻을 표시했다.
▶ V₁이 V₂의 **방식**을 나타낼 때 V₂ 앞에 '来'를 쓰기도 하는데 **생략**해도 의미상 차이는 없다. '오다'는 뜻이 아님을 주의해야 한다.

V₁ V₂
不要**躺**着**看**书。 누워 있는 상태에서 책을 보지 마라.(누워서 책을 보지 마라.)
▶ V₁은 V₂를 진행할 때의 **상태**를 나타낸다. 이때 V₁ 뒤에는 '**着**'를 쓰는 것이 특징이다.

> 1. 饺子　大家　快来　尝尝我做的
> 2. 陪女朋友　打算　周末我　去逛街
> 3. 哈哈大笑　故事　孩子们　起来　听完

1.

풀이 **[1단계]** '尝'이 '맛보다'의 뜻이기 때문에 '尝尝我做的'의 뒤에는 '饺子(교자)'가 오는 것이 적절함을 알 수 있다.
→ 尝尝我做的饺子(내가 만든 교자를 맛보세요)

[2단계] '大家'는 주어가 된다. 가까이 온(来) 후에 맛볼 수(尝) 있으므로 '快来'는 '尝尝'보다 앞에 온다는 것을 알 수 있다.
→ 大家快来尝尝我做的饺子。

정답 大家快来尝尝我做的饺子。 여러분들 빨리 와서 내가 만든 교자를 맛보세요.

어휘 饺子 jiǎozi [명] 교자, 만두 4급 | 尝 cháng [동] 맛보다 4급

2.

풀이 **[1단계]** 동사는 '陪(모시다, 함께하다)'와 '逛街(쇼핑하다)'가 있다. 둘 중 먼저 일어날 일은 상대방을 데리고 가는 것이므로 '陪'가 앞에 온다.
→ 陪女朋友…去逛街

[2단계] '我'가 주어가 될 것이므로 '周末我'가 문장 맨 앞에 오고, '打算(~할 계획이다)'은 조동사와 같은 역할을 하므로 V₁(陪) 앞에 온다.
→ 周末我打算陪女朋友去逛街。

정답 周末我打算陪女朋友去逛街。 주말에 나는 여자 친구를 데리고 쇼핑 갈 계획이다.

어휘 陪 péi [동] 모시다, 함께하다 4급 | 打算 dǎsuan [동] ~할 계획이다 [명] 계획 3급 | 周末 zhōumò [명] 주말 3급 | 逛街 guàngjiē [동] 길거리를 한가로이 거닐며 구경하다, 아이쇼핑하다

3.

풀이 **[1단계]** 동사는 '大笑(크게 웃다)'와 '听完(다 들었다)' 두 개가 있다. 크게 웃으려면 먼저 들어야 하므로 '听完'이 V₁으로 온다. 또한 제시어들로 봤을 때 '孩子们'이 주어로 적당함을 알 수 있다.
→ 孩子们…听完…哈哈大笑

[2단계] '起来' 역시 동사로 '일어나다'는 뜻이기도 하지만, 이 제시어 안에서는 방향보어로 '大笑起来'가 되어야 한다. 이때 '起来'는 시작과 지속을 나타낸다.
→ 孩子们…听完…哈哈大笑起来

[3단계] '故事(이야기)'는 '听完'의 목적어로 온다.
→ 孩子们听完故事哈哈大笑起来。

정답 孩子们听完故事哈哈大笑起来。 아이들은 이야기를 다 듣고 하하 크게 웃기 시작했다.

어휘 哈哈 hāhā [의성어] 하하 | 大笑 dàxiào [동] 크게 웃다 | 故事 gùshi [명] 이야기 3급

꿀팁

방향보어 '起来'

'**起来**'는 그 자체로 **동사**로서 '**일어나다**'는 뜻을 가지고 있다. 하지만 **다른 동사 뒤에서 방향보어**가 될 수 있는데(**V + 起来**) 이때 **여러 가지 의미**를 지닐 수 있다.

- 把头抬起来。 머리를 들어라. (동작이 아래에서 위로 향함)
- 孩子哭起来了。 아이가 울기 시작했다. (동작의 시작과 지속)
- 他藏了起来。 그는 숨었다. (동작의 완성과 결과)
- 说起来容易，做起来难。 말로 하면 쉽지만 해 보면 어렵다. (동작의 실행)

4. 생소해서 틀리기 쉬운 연동문들

어순 (S) + 帮我 + V₂ ~
         V₁   V₂

你帮我 照看一下行李。 너 나를 도와 짐을 좀 봐 줘.

▶ 〈帮我 + V₂〉의 형식으로 '나를 도와 V₂하다' 혹은 '나를 위해 V₂하다'로 해석한다. 이때 **주어가 생략되어 '帮我~'**로 될 수 있다.
  → 帮我照看一下行李。

어순 S + 有 + O + V₂ + (O₂)
             V₁   V₂

每个人都有责任保护地球。 우리 모두는 지구를 보호할 책임이 있다.

▶ '**有**'가 V₁로 오는 형식으로, 위 문장의 해석은 '每个人都有保护地球的责任.'과 같다.
▶ 해석 방식 : 每个人都 / 有 责任 / 保护地球。 모든 사람은 다 / 책임이 있다 / 지구를 보호할

어순 S + 没有 + O + V₂ + (O₂)
             V₁   V₂

我没有时间锻炼身体。 나는 운동할 시간이 없다.

▶ '**有**'의 부정형인 '**没有**'가 V₁로 오는 형식으로, 위 문장의 해석은 '我没有锻炼身体的时间.'과 같다.

```
1. 查一下这趟  信息  航班的  你帮我
2. 责任  保护环境  我们每个人  有  都
```

1.

풀이 **[1단계]** 〈你帮我 + V〉는 '너는 나를 도와 V하다'의 뜻이므로 뒤에는 동사(V)가 온다. 따라서 '你帮我' 뒤에는 查(조사하다)가 와야 한다.
→ 你帮我查一下这趟

[2단계] '这趟' 자체는 **불완전한 표현**이므로 뒤에는 **명사가 와야** 한다. 제시어 중 '趟(왕복 횟수를 나타내는 양사)'은 '航班(항공편)'을 수식할 수 있다. '航班的' 뒤에는 또한 명사가 와야 하므로 '信息(정보)'가 온다. 결국은 '查 ~信息'의 동목구로 '~의 정보를 알아보다'는 표현이 된다.
→ 你帮我查一下这趟航班的信息。

정답 你帮我查一下这趟航班的信息。 너는 나를 위해 이 항공편의 정보에 대해 한번 알아봐 줘.

어휘 查 chá [동] 조사하다 | 趟 tàng [양] 번, 차례(왕복 횟수를 셈) | 信息 xìnxī [명] 정보 4급 | 航班 hángbān [명] 항공편, 운항편 4급

2.

풀이 **[1단계]** 제시어를 보면 주어는 '我们每个人(우리 모두는)'이라는 느낌이 든다. '有' 뒤에는 명사가 목적어로 오므로 의미상 '责任(책임)'이 알맞다.
→ 我们每个人⋯有责任

[2단계] 제시어를 보면 동사가 '有'도 있고 '保护'도 있다. 그러면 **하나의 주어(我们每个人)에 호응하는 동사가 두 개(有, 保护)**가 있으므로 이는 〈연동문〉이라는 것을 알 수 있다. '有'가 들어가는 연동문의 어순은 〈S + 有 + O + V₂~〉이다. 따라서 '保护环境'은 '责任' 뒤에 온다. 또한 '都'는 복수 주어를 묶어 주는 범위부사이므로 '我们每个人' 뒤에 온다.
→ 我们每个人都有责任保护环境。

정답 我们每个人都有责任保护环境。 우리 모두는 다 환경을 보호할 책임이 있다.

어휘 责任 zérèn [명] 책임 4급 | 保护 bǎohù [동] 보호하다 4급 | 环境 huánjìng [명] 환경 3급

꿀팁 위 문장은 만일 '我们每个人都有保护环境责任。'으로 쓴다면 '**责任**' 앞에 '**的**'가 들어가야 한다. 왜냐하면 **동목구(保护环境)가 명사(责任)를 수식하려면 그 사이에 반드시 '的'가 들어가야** 하기 때문이다.
→ 我们每个人都有保护环境的责任。

실전 연습 문제

第1-10题: 完成句子。

1. 他拿起 擦了擦 毛巾 汗

2. 收拾完 就去那儿 我 厨房

3. 红着脸 向我说 司机 抱歉

4. 帮助你 责任 我有 解决困难

5. 过 那我 吧 一会儿 再联系

6. 去 拿签证 明天我 要 大使馆

7. 三个小时 起飞 推迟了 航班 才

8. 电影院门口 我 找你 去 下班后直接

9. 会在一个星期之内 发 我们 通知的 邮件

10. 常常 这棵大树下 很开心地聊天 他们 坐在

❻ 겸어문

주요 내용

■ 〈겸어문〉이란?

제1동사(V₁)의 목적어가 제2동사(V₂)(혹은 형용사)의 주어가 되는(겸어: 목적어이면서 주어임) 문장을 말한다.

> 겸어 : '让'의 목적어(O)이면서 '感动'의 주어(S). 주로 명사나 대명사가 온다.

S   V₁ + N(O/S)   V₂

这个故事 / 让 我 / 很感动。 : 这个故事让我 + 我很感动
이 이야기는 / 나를 ~하게 하다 / 매우 감동하다 : 이 이야기는 나를 ~시킨다 + 나는 매우 감동했다
이 이야기는 나를 감동시킨다.

■ 〈겸어문〉 문제의 풀이 순서

[1단계] 겸어 찾기 : 제시어 중에서 '让'이나 '使'가 있다면 겸어문임을 인식한 후 동사의 뜻을 보고 겸어가 될 만한 단어를 정한다.

这个故事   的确   让 我   很   感动。
   S   조동사   V₁ + N   부사   V₂

[2단계] 주어 정하기 : 겸어로 하여금 V₂하게 만든 것을 주어로 놓는다.

这个故事   的确   让 我   很   感动。
   S   조동사   V₁ + N   부사   V₂

[3단계] 기타 정리 : 조동사는 '让'과 같은 제1동사(V₁) 앞에 놓는다. 부사는 의미를 따져서 V₁이나 V₂ 앞에 위치시킨다.

这个故事   的确   让 我   很   感动。
   S   조동사   V₁ + N   부사   V₂

기출문제 분석

쓰기 1부분 어순에 맞게 배열하기

동사가 두 개일 경우 〈연동문〉이 될 수 있음을 앞에서 배웠습니다. 동사가 두 개 이상일 경우 또 **가능한 문장이 바로 〈겸어문〉**인데요. 그래서 〈연동문〉과 〈겸어문〉을 함께 이해하고 비교할 수 있습니다. **둘의 결정적 차이**는 바로 '**겸어**'의 존재 여부인데요. 대부분의 겸어문은 '**让**', '**使**'와 같은 **사역동사**('시키다', '~하게 하다'의 의미가 있는 동사)가 등장하며 **이 동사의 특징을 이해하는 것이 문제 풀이의 핵심**이 됩니다.

어순에 맞게 배열하여 문장을 완성하세요.

> 这个消息　大吃一惊　让　都　所有人

풀이 [1단계] '让'이 들어가면 'A가 B로 하여금 ~하게 하다'의 문장이 된다. 동사는 '大吃一惊(크게 놀라다)'이며 놀라는(大吃一惊) 주체는 사람이어야 하므로 '所有人(모든 사람)'이 겸어('让'의 목적어)로 온다.
→ 让所有人…大吃一惊

[2단계] 놀라게 만든 주체인 '这个消息(이 소식)'가 주어가 되고 '都'는 복수 대상을 묶어 주는 범위부사이므로 '所有人' 뒤에 온다.
→ 这个消息让所有人都大吃一惊。

정답 这个消息让所有人都大吃一惊。 이 소식은 모든 사람을 크게 놀라게 했다.

어휘 消息 xiāoxi [명] 소식 4급 | 所有 suǒyǒu [형] 모든 4급 | 大吃一惊 dà chī yì jīng [성] 크게 놀라다

전략 학습 : <겸어문>의 특징

쓰기 1부분 어순에 맞게 배열하기

<겸어문>은 <연동문>보다 **난이도가 약간 높다**고 볼 수 있습니다. 이유는 **부사**가 제시어로 나왔을 때 V₁ 앞에 놓아야 하는지 아니면 V₂ 앞에 놓아야 하는지 헷갈리기 때문입니다. 자, 그럼 <겸어문>의 특징을 알아보고 그에 맞는 **기출문제**를 풀어 보면서 **적용시켜** 보도록 합니다.

핵심 정리

1. 시키는 주체가 주어(S)가 되고, '让' 뒤에는 겸어(N)가 오며, 그 뒤에는 동사나 형용사가 온다. 제1동사(V₁)는 주로 '让, 使, 令, 叫, 请' 등이고 그중에서도 '让'과 '使'가 가장 많이 출제된다.

   ▶ S(시키는 주체) + V₁(让/使/令/叫/请) + N(겸어) + V/A

2. 일반적으로 조동사와 부사는 V₁(让/使…) 앞에 온다. 하지만 일부 부사는 의미상 V₂ 앞에 오기도 하는데 그 단어의 의미를 잘 고려해서 위치시켜야 한다.

   ▶ S + 조동사(会/可以/应该) + V₁ + N(겸어) + V₂~
   ▶ S + 부사(没/不/真是/实在是) + V₁ + N(겸어) + V₂~
   ▶ S + 기타부사 + V₁ + N(겸어) + 기타부사 + V₂~

3. '有'나 '请'이 제1동사(V₁)가 될 수 있으며, 이때 주어가 없는 무주어 겸어문이 될 수 있다. (난이도가 매우 높은 유형이지만 자주 출제되는 것은 아니므로 고정 격식으로 외워 두는 것이 좋다.)

   ▶ S(생략 가능) + 有/(没)有/请 + N(겸어) + V₂

4. 邀请(yāoqǐng 초청하다), 吸引(xīyǐn 끌어당기다), 鼓励(gǔlì 격려하다), 羡慕(xiànmù 부러워하다), 表扬(biǎoyáng 칭찬하다), 批评(pīpíng 비판하다)도 겸어문이 될 수 있다.

---

1. 시키는 주체가 주어(S)가 되고, '让' 뒤에는 겸어(N)가 오며, 그 뒤에는 동사나 형용사가 온다.

제1동사(V₁)는 주로 '让, 使, 令, 叫, 请' 등이고 그중에서도 '让'과 '使'가 가장 많이 출제된다. '能, 可以, 会, 应该, 要' 등 조동사는 겸어문을 구성하는 동사에 포함되지 않는다.

어순 S(시키는 주체) + V₁(让/使/令/叫/请) + N(겸어) + V/A

↗ 주로 명사나 대명사가 온다.

考试结果 / 让他 / 很失望。 시험 결과가 그를 매우 실망케 했다.

困难 / 能 / 使人 / 得到锻炼。 어려움은 사람으로 하여금 단련되게 할 수 있다.

老师 / 叫我 / 八点来。 선생님은 나더러 8시에 오라고 했다.

这个问题 / 令我 / 很头疼。 이 문제는 나로 하여금 머리 아프게 한다.

回答   很吃惊   母亲的   让我

풀이 [1단계] '母亲的(어머니의)'는 '回答(대답, 대답하다)'를 수식하여 한 덩어리가 된다.
→ 母亲的回答

[2단계] '让我(나로 하여금 ~하게 하다)' 뒤에는 동사나 형용사가 와야 하므로 '很吃惊(매우 놀라다)'이 오고, '어머니의 대답'이 놀라게 만든 것이므로 '母亲的回答'가 주어로 온다.
→ 母亲的回答让我很吃惊。

정답 母亲的回答让我很吃惊。 어머니의 대답이 나로 하여금 매우 놀라게 했다.

어휘 回答 huídá [동] 대답하다 3급 | 吃惊 chījīng [동] 놀라다 4급 | 母亲 mǔqīn [명] 어머니 4급

2. 일반적으로 조동사와 부사는 V₁(让/使…) 앞에 온다.

하지만 일부 부사는 의미상 V₂ 앞에 오기도 하는데 그 단어의 의미를 잘 고려해서 위치시켜야 한다.

어순   S + 조동사(会/可以/应该) + V₁ + N(겸어) + V₂ ~

读书会让你的知识更丰富。 독서는 당신의 지식으로 하여금 더욱 풍부하게 할 것이다.

어순   S + 부사(没/不/真是/实在是) + V₁ + N(겸어) + V₂ ~

大夫没让我吃这种药。 의사는 나에게 이런 약을 먹으라고 하지 않았다.

他的工作实在是太让人羡慕了。 그의 일은 정말로 너무 사람을 부럽게 한다.

어순   S + 기타부사 + V₁ + N(겸어) + 기타부사 + V₂ ~

老师常常让我们互相学习。 선생님은 자주 우리로 하여금 서로 배우라고 한다.
▶ '常常'은 '让'을 수식(자주 ~하라고 하다)하고, '互相'은 '学习'를 수식(서로 공부하다)하는 것이 알맞다.

실전
적용하기

1. 消息　真是　这个　激动了　太让人

2. 自己的错误　可以　批评　让人　看到

3. 请假休息　重感冒　让她　不得不

1.

풀이 **[1단계]** '这个'는 '消息(소식)'를 수식하고 이는 주어가 되고, '让人' 뒤에는 동사나 형용사가 와야 하므로 '激动(흥분하다, 감동하다)'이 온다.
→ 这个消息…太让人…激动了

[2단계] 〈겸어문〉에서 '真是'는 '让' 앞에 오는데 이미 '太'가 붙어 있기 때문에 그 앞에 온다.
→ 这个消息真是太让人激动了。

정답 这个消息真是太让人激动了。 이 소식은 정말 너무 사람을 흥분케 한다.

어휘 消息 xiāoxi [명] 소식 4급 | 激动 jīdòng [동] 흥분하다, 감동하다 4급

2.

풀이 **[1단계]** 우선 '看到' 뒤에 올 만한 목적어를 찾는 것이 좋다. '看到自己的错误'는 '자신의 잘못을 보다'로 가장 적절하다.
→ 看到自己的错误

[2단계] 이 네 덩어리의 의미를 조합해 볼 때 '비판은 자신의 잘못을 보게 한다'로 해석하는 것이 가장 적절함을 알 수 있다. 따라서 주어는 '批评(비판하다)'이 되고 '让人'이 가운데에 온다.
→ 批评…让人…看到自己的错误

[3단계] 〈让 겸어문〉에서 일반적으로 조동사는 V₁(让) 앞에 오므로 '可以'는 '让' 앞에 온다.
→ 批评可以让人看到自己的错误。

정답 批评可以让人看到自己的错误。 비판은 사람으로 하여금 자신의 잘못을 보게 할 수 있다.

어휘 错误 cuòwù [명] 잘못 [형] 잘못되다 4급 | 批评 pīpíng [동] 비판하다 4급

3.

풀이 **[1단계]** 제시어 중에서 주어가 되기에 가장 적절한 단어는 '重感冒(독감)'이다.
→ 重感冒…让她

[2단계] '让她' 뒤에는 동사나 형용사가 와야 하므로 请假休息(휴가를 내어 쉬다)가 온다.
→ 重感冒…让她…请假休息

[3단계] 〈겸어문〉에서 부사는 주로 V₁ 앞에 오지만 그 의미에 따라 V₁이나 V₂ 앞에 모두 올 수 있다. 하지만 '不得不(부득불)'는 용법상 사람 주어 뒤에 와야 한다. '重感冒(심한 감기)'는 사람이 아니므로, '不得不'는 '她' 뒤에 와야 한다. 해석하면 '그녀는 어쩔 수 없이 휴가를 내어 쉬었다'가 된다.
→ 重感冒让她不得不请假休息。

정답 重感冒让她不得不请假休息。 독감이 그녀로 하여금 어쩔 수 없이 휴가를 내어 쉬게 했다.

어휘 请假 qǐngjià [동] (휴가·조퇴·외출·결근·결석 등의 허락을) 신청하다 3급 | 不得不 bùdébù [부] 부득불, 어쩔 수 없이 4급

> **꿀팁**
>
> 不得不(≒只好) : 부득불, 어쩔 수 없이
> - 我不得不(只好)坐出租车回来了。 나는 부득불 택시를 타고 돌아왔다.
> - 他坚持要去，我不得不(只好)让他去。 그는 계속해서 가려고 해서 나는 어쩔 수 없이 그를 가게 했다.

3. '有'나 '请'이 제1동사(V₁)가 될 수 있으며, 이때 주어가 없는 무주어 겸어문이 될 수 있다.

난이도가 매우 높은 유형이지만 자주 출제되는 것은 아니므로 고정 격식으로 외워 두는 것이 좋다.

어순 S(생략 가능) + 有/(没)有 + N(겸어) + V₂~ : S는 V₂하는 N이 있다/없다

我们 / 没有 / 人 / 反对他的意见。 우리는 아무도 그의 의견을 반대하지 않는다.
  S   V₁(有) 겸어   V₂

▶ 고정 격식 : 〈没(有)人 + V₂~ : V₂하는 사람은 아무도 없다/아무도 V₂하지 않는다〉 위 문장에서 '我们'을 빼도 문장이 성립된다.

没有 / 人 / 反对他的意见。 아무도 그의 의견을 반대하지 않는다.**(무주어 겸어문)**
V₁(有) 겸어   V₂

有 / 一件衬衫 / 从楼上 / 掉下来了。 어떤 한 셔츠가 윗층에서 떨어졌다.**(무주어 겸어문)**
V₁(有)   겸어   V₂

어순 S(생략 가능)+ 请 + N(겸어) + V₂~ : S는 N에게 V₂하기를 청하다

请 / 你 / 不要大声说话。 큰 소리로 말하지 말아 주세요.**(무주어 겸어문)**
V₁(请) 겸어   V₂

> 1. 反对的 知道校长 原因 没人
> 2. 反对这样做 大概 三分之二的人 有

1.

풀이 [1단계] 일단 '反对的(반대하는)' 뒤에는 명사가 올 가능성이 크므로 제시어 중 의미상 어울릴 수 있는 단어를 찾는 것이 좋다. '反对的原因'이라고 하면 '반대하는 이유'라는 뜻이 되므로 가장 알맞다.
→ 反对的原因

[2단계] '没人'은 '没有人'에서 '有'가 생략된 형태이다. **무주어 겸어문** 고정 격식 〈没有人 + V2~: V2하는 사람은 없다/아무도 V2하지 않는다〉에 따라 '没人' 뒤에는 동사 '知道'가 오는 것이 알맞다.
→ 没人知道校长反对的原因。

정답 没人知道校长反对的原因。 아무도 교장 선생님이 반대하는 이유를 모른다.

어휘 反对 fǎnduì [동] 반대하다 4급 | 校长 xiàozhǎng [명] 교장 선생님, (대학의) 총장 3급 | 原因 yuányīn [명] 원인 4급

꿀팁 위 문제의 '反对的'처럼 '~的' 형태의 제시어가 있을 때는 **뒤에 수식을 받을 만한 단어와 결합시켜** 제시어의 개수를 줄이는 것이 좋다.

2.

풀이 [1단계] '有(가지고 있다)' 뒤에는 **명사가 목적어로 오는데**, 제시어 중 명사가 포함된 것은 '三分之二的人'밖에 없다. 따라서 일단 '有' 뒤에 '三分之二的人'을 놓는 것이 중요하다.
→ 有三分之二的人

[2단계] 반대하는(反对) 주체(주어)는 사람이므로 제시어 중 '人'이 '反对' 앞쪽에 와야 한다.
→ 有三分之二的人反对这样做

[3단계] '大概(대략, 아마)'는 의미상에서 알 수 있듯이 **뒤에는 수량사가 오는 특징**이 있다. 제시어에서는 '三分之二'이 수량을 나타내는데 그 앞에 이미 동사(有)가 있다. 부사는 동사 앞에 오기 때문에 '大概'는 '有' 앞에 오게 된다.
→ 大概有三分之二的人反对这样做。

정답 大概有三分之二的人反对这样做。 대략 삼분의 이의 사람이 이렇게 하는 것을 반대한다.

어휘 大概 dàgài [부] 아마, 대략 [형] 대강의 4급 | 三分之二 sān fēnzhī èr 삼분의 이

4. '邀请', '吸引', '鼓励', '羡慕', '表扬', '批评'도 겸어문이 될 수 있다.

- 邀请 yāoqǐng 초청하다
- 吸引 xīyǐn 끌어당기다
- 鼓励 gǔlì 격려하다
- 羡慕 xiànmù 부러워하다
- 表扬 biǎoyáng 칭찬하다
- 批评 pīpíng 비판하다

我想 / 邀请 / 他 / 参加 / 这次活动。 나는 그를 이번 행사에 참가하라고 초청하고 싶다.
      V₁   겸어   V₂

这样可以 / 吸引 / 更多的人 / 报考。 이렇게 하면 더 많은 사람들이 시험에 참가하도록 유도할 수 있다.
      V₁   겸어   V₂

老师 / 鼓励 / 学生们 / 努力学习。 선생님은 학생들에게 열심히 공부하라고 격려한다.
   V₁   겸어   V₂

大家都 / 批评 / 他 / 态度不好。 모두가 그를 태도가 좋지 않다고 비판한다.
    V₁ 겸어   A

실전 적용하기

报名　上千人　这次比赛　吸引了

풀이 **[1단계]** '吸引游客'처럼, '吸引' 뒤에는 주로 사람이 목적어로 오기 때문에 '上千人(천 명에 이르는 사람들)'이 온다.
→ 吸引了上千人

[2단계] '吸引(끌어 당기다)'의 주어로는 '这次比赛'가 가장 알맞고, '报名(신청하다)'의 주어로는 '上千人'이 알맞다. 따라서 '报名'은 V₂로 '上千人' 뒤에 온다. 이 문장은 '上千人'이 겸어인 <겸어문>이다. '吸引'도 <겸어문>의 V₁이 될 수 있다는 점을 기억하자.
→ 这次比赛吸引了上千人报名。

정답 这次比赛吸引了上千人报名。 이번 시합은 천 명에 이르는 사람들이 신청하도록 이끌었다.

어휘 报名 bàomíng [동] 신청하다, 지원하다 4급 | 比赛 bǐsài [명] 경기, 시합 [동] 시합하다, 겨루다 3급 | 吸引 xīyǐn [동] 끌어당기다, 흡인하다 4급

실전 연습 문제

第1-10题: 完成句子。

1.　粗心　大家　我太　都　笑

2.　很多人　观看　这场演出　吸引了

3.　丰富多彩　旅行　生活　使　变得

4.　做客　高老师　去他家　邀请我们

5.　一群　京剧　公园里有　老人　在唱

6.　真是　后悔了　太让人　这个决定

7.　确实　非常　难过　这件事　使我们

8.　感觉　打折　一种赚了的　会　让人有

9.　是硕士研究生　大约　三分之二　有

10.　生活的压力　并没有　放弃　理想　使他

❼ 把자문·被자문

7-1 把자문

주요 내용

■ 〈把자문〉이란?

쉽게 말해서 목적어(O)를 동사(V) 앞으로 위치시킨 문장입니다. 다시 말해, 원래 동사 뒤에 오는 목적어를 '把'와 함께 결합(把 + O)시켜, 이를 동사 앞으로 옮겨 처치의 결과나 영향을 나타내는 문장입니다.

儿子 / 打破了 / 那个瓶子。 아들이 / 깨뜨렸다 / 그 병을
S   V   O

儿子 / 把那个瓶子 / 打破了。 아들은 / 그 병을 / 깨뜨렸다
S   把 + O   V

■ 〈把자문〉 문제의 풀이 순서

[1단계] 동사와 주어 찾기 : 제시어에서 먼저 동사를 찾고, 그 동작의 행위자를 주어에 놓는다.

儿子   把   那个瓶子   打   破了
S   把   처치 대상   V   기타 성분

[2단계] 처치 대상 찾기 : 동사의 의미상 목적어(처치 대상)는 '把 + 처치 대상'의 형태로 동사 앞에 놓는다.

儿子   把   那个瓶子   打   破了
S   把   처치 대상   V   기타 성분

[3단계] 기타 성분 정리 : 동사 뒤에 아무것도 없으면 적당한 의미의 기타 성분을 놓는다.

儿子   把   那个瓶子   打   破了
S   把   처치 대상   V   기타 성분

기출문제 분석

쓰기 1부분 어순에 맞게 배열하기

〈把자문〉은 1~2회에 걸쳐서 한 번씩 출제가 되는데 **기본 어순**만 익혀 두면 **거의 틀릴 수 없는 유형**입니다. 출제 빈도를 떠나서 중국어에 있어서 **매우 중요한 문형**입니다. 〈把자문〉 풀이의 **핵심**은 **행위자를 주어 자리**에, **처치 대상을 '把' 뒤**에, **동사 뒤에는 기타 성분**이 들어간다는 것입니다.

어순에 맞게 배열하여 문장을 완성하세요.

整理   材料   你把   一下   桌子上的

풀이 [1단계] 〈把자문〉이므로 동작(整理: 정리하다)의 행위자인 '你'가 주어로 온다.
→ 你把…整理

[2단계] '整理'의 처치 대상은 '材料(자료)'이며 이는 '桌子上的(책상 위의)'의 수식을 받아 '把' 뒤에 온다. '一下'는 동량보어로 동사 뒤에 기타 성분으로 온다.
→ 你把桌子上的材料整理一下。

정답 你把桌子上的材料整理一下。 너는 책상 위의 자료를 좀 정리해.

어휘 材料 cáiliào [명] 재료, 자료 4급 | 整理 zhěnglǐ [동] 정리하다 4급

전략 학습 : 〈把자문〉의 특징
쓰기 1부분 어순에 맞게 배열하기

〈把자문〉의 특징을 알아보고 관련 기출문제를 풀어 보면서 적용시켜 봅니다.

핵심 정리

1. 동사(V)의 행위자가 주어(S)가 되고, 동사(V)의 처치 대상이 '把' 뒤에 온다.
2. 명령이나 부탁할 때 주어가 없을 수도 있다.
3. 동사(V) 뒤에는 '각종 보어', '了', '着', '목적어' 등과 같은 '기타 성분'이 온다.
    ▶ S + 把 + O + V + 각종 보어
    ▶ S + 把 + O + V + 了/着/목적어
    ▶ S + 把 + O + V + 在/到/给 + N
    ▶ S + 把 + O + V (一) V
    ▶ S + 把 + O + V + 一下
4. 부사와 조동사는 일반적으로 '把' 앞에 온다.
5. 문어체에서는 '把' 대신 '将'을 쓰기도 한다.

1. 동사(V)의 행위자가 주어(S)가 되고, 동사(V)의 처치 대상이 '把' 뒤에 온다.

S(행위자)   把 + 처치 대상   V + 기타 성분

风 / 把树 / 刮倒了。(O) 바람이 나무를 쓰러뜨렸다.
                        guādǎo

▶ '风'은 '刮'의 행위자.

▶ '树'는 '刮倒'의 처치 대상.

树 / 把风 / 刮倒了。(×) 나무가 바람을 쓰러뜨렸다.

실전
적용하기

吸引住了   美丽的景色   游客们   把

풀이 [1단계] 〈把자문〉에서 주어는 행위자가 온다. 끌어당긴(吸引) 행위자는 관광객(游客们)일까 경치(景色)일까? 끌어당기다(吸引)는 다른 표현으로 '매료시키다'라고 할 수 있으므로 행위자는 경치(景色)이다. 사람(游客们)이라고 해서 무조건 주어로 놓지 않도록 주의하자.

→ 美丽的景色…把…吸引住了

[2단계] '游客们'은 처치 대상이기 때문에 '把' 뒤에 온다.
→ 美丽的景色把游客们吸引住了。

정답 美丽的景色把游客们吸引住了。 아름다운 경치가 관광객들을 매료시켰다.

어휘 吸引 xīyǐn [동] 끌어당기다, 매료시키다 4급 | 美丽 měilì [형] 아름답다 4급 | 景色 jǐngsè [명] 경치 4급 | 游客 yóukè [명] 관광객, 여행객

2. 명령이나 부탁할 때 주어가 없을 수도 있다.

把手机 / 给我。 핸드폰을 나에게 줘. (명령)

能帮我 / 把这笔钱 / 换成 / 零钱吗? 이 돈을 잔돈으로 바꿔 주시겠어요? (부탁)

▶ '能帮我~吗?'는 '저를 도와 ~해 주시겠어요?'의 뜻으로 **부탁**할 때 쓰는 표현이며, 이때 맨 앞에 '你'를 추가하여 '你能帮我~吗'라고도 할 수 있다. '你能帮我' 뒤에 종종 〈把 + N + V~〉의 형태로 쓴다는 점을 기억하자.

交给　能帮我　把这本小说　吗　高教授

풀이 **[1단계]** 〈把자문〉이므로 동작(交: 제출하다, 건네다)의 행위자가 주어로 와야 하지만 '**能帮我**'가 있을 때는 주어가 없고 '**能帮我**'로 시작할 수 있다.
→ 能帮我…交给

[2단계] 개사구(把 + N)는 동사(交) 앞에 와야 한다.
→ 能帮我 把这本小说 交给

[3단계] '交给(~에게 건네다, 제출하다)'는 '交(제출하다) + 给(~에게)'의 결합형으로 '给'로 인해 뒤에는 전달 받는 사람이 와야 한다. 따라서 '高教授'는 주어가 아니라 '给' 뒤에 와서 개사구 보어가 되어야 한다. 의문 어기조사 '吗'는 문장 끝에 온다.
→ 能帮我把这本小说交给 高教授吗?

정답 能帮我把这本小说交给高教授吗? 이 소설책을 고 교수에게 좀 전해 주겠어요?

어휘 交 jiāo [동] 제출하다, 사귀다 4급 | 小说 xiǎoshuō [명] 소설 4급 | 教授 jiàoshòu [명] 교수 4급

---

3. 동사(V) 뒤에는 '각종 보어', '了', '着', '목적어' 등과 같은 '기타 성분'이 온다.

어순	S + 把 + O + V + 각종 보어

他 / 把桌子 / 擦 / 干净了。 그는 탁자를 깨끗이 닦았다. (干净 : 결과보어)

你 / 先 / 把情况 / 介绍 / 一下。 너는 먼저 상황을 좀 소개해 줘. (一下 : 수량보어)

她 / 把自己 / 打扮 / 得很漂亮。 그녀는 자신을 예쁘게 꾸몄다. (得很漂亮 : 정태보어)

```
1. 弄   她   把   裙子   脏了
2. 房间   把   收拾得   姐姐   很干净
```

1.

풀이 **[1단계]** '弄(~하다)'과 '脏(더럽다)'은 동사와 결과보어로 결합하여 '弄脏(더럽히다)'으로 쓴다. 동사 '弄脏(더럽히다)'의 행위자는 사람이므로 '她'가 주어가 된다.
→ 她把…弄脏了

[2단계] 더럽히다(弄脏)의 처치 대상은 물건이므로 '裙子(치마)'가 된다.
→ 她把 裙子 弄脏了。

정답 她把裙子弄脏了。 그녀는 치마를 더럽혔다.

어휘 弄 nòng [동] 하다, 행하다, 다루다 4급 | 裙子 qúnzi [명] 치마 3급 | 脏 zāng [형] 더럽다 4급

꿀팁 〈弄 + 결과보어〉의 다양한 예
'弄'은 '~하다'의 뜻으로 뒤에 결과보어에 따라서 다양한 의미로 표현될 수 있다.
- 弄脏 (물건 등을) 더럽히다
- 弄丢 (물건 등을) 잃어버리다
- 弄倒 (물건 등을) 넘어뜨리다
- 弄错 (어떤 사실 등을) 잘못 알다
- 弄坏 (물건 등을) 고장 내다

2.

풀이 **[1단계]** 동사 '收拾(정리하다)'의 행위자는 '姐姐'이다.
→ 姐姐把…收拾得

[2단계] '정리하다(收拾)'의 처치 대상은 '房间(방)'이다.
→ 姐姐把 房间 收拾得

[3단계] 〈把자문〉에서 동사(收拾) 뒤에는 기타 성분이 와야 한다. '很干净'은 정태보어로서 기타 성분이 될 수 있다.
→ 姐姐把房间收拾得 很干净。

정답 姐姐把房间收拾得很干净。 누나/언니는 방을 깨끗하게 정돈했다.

어휘 收拾 shōushi [동] 정리하다, 치우다 4급 | 干净 gānjìng [형] 깨끗하다, 청결하다 3급

| 어순 | S + 把 + O + V + 了/着/목적어 |

你 / 得 / 把学生证 / 带 / 着。 너는 학생증을 챙겨야 한다.

我 / 把他的名字 / 忘 / 了。 나는 그의 이름을 잊어버렸다.

他 / 要 / 把消息 / 告诉 / 大家。 그녀는 소식을 모두에게 알리려 한다.

| 어순 | S + 把 + O + V + 在/到/给 + N |

他 / 只好 / 把车 / 停在 / 路边了。 그는 어쩔 수 없이 차를 길가에 세웠다.
▶ '在' 뒤에는 장소나 시간을 나타내는 말이 오며, 시험에는 주로 장소를 나타내는 단어가 온다.

我 / 想 / 把洗衣机 / 放到 / 洗手间。 나는 세탁기를 화장실에 놓고 싶다.
▶ '到' 뒤에는 공간적·시간적 도달 지점이 나오며 '~로', '~에'로 해석된다.

同学们 / 把作业本 / 交给 / 老师了。 학우들은 숙제 노트를 선생님께 제출했다.
▶ '给' 뒤에는 주로 전달 받는 사람이 오며 '~에게' 로 해석된다.

실전 적용하기

| 每天发生的事情　记在　把　我　笔记本上 |

풀이 **[1단계]** 동작(记: 기록하다)의 처치 대상은 '每天发生的事情(매일 발생하는 일)'이다. '我'는 행위자로 주어가 된다.
→ 我把每天发生的事情

[2단계] '把 + N' 뒤에는 동사(记)가 와야 한다. '记在(~에 적다)' 뒤에는 '在' 때문에 장소를 나타내는 말이 와야 한다. 따라서 '笔记本上(노트 위에)'이 온다.
→ 我把每天发生的事情记在笔记本上。

정답 我把每天发生的事情记在笔记本上。 나는 매일 발생하는 일을 노트에 적는다.

어휘 发生 fāshēng [동] 발생하다 4급 | 记 jì [동] 기록하다, 적다 | 笔记本 bǐjìběn [명] 노트, 노트북 컴퓨터 3급

| 어순 | S + 把 + O + V(一)V | | 어순 | S + 把 + O + V + 一下 |

你 / 快 / 把房间 / 收拾 / 收拾。너 빨리 방을 좀 정리해.

你 / 快 / 把房间 / 收拾 / 一下。너 빨리 방을 좀 정리해.

▶ 동사 중첩(VV)과 'V + 一下'는 같은 용법으로 **동작을 가볍게 한다**는 것을 나타낸다.

4. 부사와 조동사는 일반적으로 '把' 앞에 온다.

他 / 没 / 把这个问题 / 说 / 清楚。
그는 이 문제를 확실하게 말하지 않았다. (清楚 : 결과보어)

你 / 马上就 / 把这件事 / 告诉 / 他。
너는 바로 이 일을 그에게 알려라. (马上, 就 : 부사)

小王 / 不想 / 把这件事 / 告诉 / 妈妈。
샤오왕은 이 일을 엄마에게 말하고 싶어하지 않는다. (不: 부사 / 想 : 조동사)

还没   葡萄   送去   亲戚   把

풀이 **[1단계]** '送去(보내다)'의 대상은 '葡萄(포도)'이므로 '把葡萄'는 '送去' 앞에 온다.
→ 把葡萄送去

[2단계] 보내는(送去) 행위 주체인 '亲戚(친척)'는 주어가 되고, '还没(아직 하지 않았다)'는 모두 '부사'이므로 '把' 앞에 온다.
→ 亲戚还没把葡萄送去.

정답 亲戚还没把葡萄送去。 친척은 아직 포도를 보내지 않았다.

어휘 葡萄 pútáo [명] 포도 4급 | 亲戚 qīnqi [명] 친척 4급

5. 문어체에서는 '把' 대신 '将'을 쓰기도 한다.

'把'는 구어, 문어 구분 없이 가장 많이 쓰이지만 정식적인 느낌을 줄 때(문어체)는 '将'을 쓸 수도 있다.

请 / 将下面的句子 / 翻译成 / 中文。 아래 문장을 중국어로 번역하세요.

▶ '将'은 '부사'로서 '장차, 곧'의 의미로 미래 시제를 나타낼 수 있다.
예) 活动将在下个月15号结束。 행사는 다음 달 15일에 끝날 것이다.

按大小顺序　请将　重新排列　这些数字

풀이 **[1단계]** '将'이 '把'라고 가정했을 때 그 뒤에는 명사(N)가 와야 하므로 '这些数字(이 숫자들)'가 알맞다. 〈将 + N〉 뒤쪽에는 V가 와야 하므로 '重新排列(다시 배열하다)'가 온다.
→ 请将这些数字…重新排列…

[2단계] '按大小顺序(크기 순서에 따라서)'는 개사구이므로 이 뒤에도 역시 V가 와야 한다. 따라서 '按大小顺序'는 '重新排列' 앞에 온다.
→ 请将这些数字按大小顺序重新排列。

정답 请将这些数字按大小顺序重新排列。 이 숫자들을 크기 순서대로 다시 배열해 주세요.

어휘 按 àn [개] ~에 따라서(≒按照) 4급 | 顺序 shùnxù [명] 순서 4급 | 重新 chóngxīn [부] 다시, 처음부터 4급 | 排列 páiliè [동] 배열하다 4급 | 数字 shùzì [명] 숫자 4급

7-2 被자문

주요 내용

■ 〈被자문〉이란?

'주어가 어떻게 당한다'는 의미의 문장으로, '被' 뒤에 행위자가 와서 **개사구(被 + N)**를 이룬 후, 뒤에 **동사를 수식**하는 문장 형태로, 동작의 영향을 받은 결과를 나타낸다.

　　　S　　　V　　　　O
　　儿子 / 打破了 / 那个瓶子。 아들이 / 깨뜨렸다 / 그 병을

　　那个瓶子 / 被儿子 / 打破了。 그 병은 / 아들에 의해 / 깨졌다
　　　S　　　被+O　　　V

■ 〈被자문〉 문제의 풀이 순서

[1단계] 동사와 주어 찾기 : 제시어에서 먼저 **동사(V)**를 찾고, 그 **동작의 대상을 주어(S)**로 놓는다.

　　那个瓶子　被　儿子　打　破了
　　S(동작의 대상)　被　행위자　V　기타 성분

[2단계] 행위자 찾기 : 동작의 행위자를 '被' 뒤에 놓는다.

　　那个瓶子　被　儿子　打　破了
　　S(동작의 대상)　被　행위자　V　기타 성분

[3단계] 기타 성분 정리 : 동사 (V) 뒤에 아무것도 없으면 적당한 의미의 **기타 성분**을 정리한다.

　　那个瓶子　被　儿子　打　破了
　　S(동작의 대상)　被　행위자　V　기타 성분

기출문제 분석

쓰기 1부분 어순에 맞게 배열하기

〈被자문〉은 1~2회에 걸쳐 한 번씩 출제되는데 **기본 어순만 익혀 두면 거의 틀릴 수 없는 유형**입니다. 〈把자문〉과 함께 중국어에 있어서 **매우 중요한 문형**인데요. 〈被자문〉 풀이의 핵심은 **동사를 찾아서 의미를 이해한 후, 동작을 당하는 대상을 주어로, '被' 뒤에는 행위자를 넣는 것**입니다.

어순에 맞게 배열하여 문장을 완성하세요.

敲门声   金小姐   被   吵醒了

풀이 [1단계] 〈被자문〉이므로 동사 '吵醒(시끄러워 깨다)'을 당하는 대상인 '金小姐(김 양)'가 주어가 된다.
→ 金小姐…被…吵醒了

[2단계] 시끄럽게 하는(吵) 행위자인 '敲门声(노크 소리)'은 '被' 뒤에 온다. 동사 뒤에 오는 기타 성분은 '醒(정신이 들다)'인데, 이미 '吵醒了'의 형태로 제시되었기 때문에 그대로 정리된다.
→ 金小姐被敲门声吵醒了。

정답 金小姐被敲门声吵醒了。 김 양은 노크 소리에 시끄러워 깼다.

어휘 敲门 qiāomén [동] 노크하다, 문을 두드리다 | 吵醒 chǎoxǐng [동] 시끄러워 (잠을) 깨다

전략 학습 : 〈被자문〉의 특징

쓰기 1부분 어순에 맞게 배열하기

〈被자문〉의 특징을 알아보고 관련 기출문제를 풀어 보면서 적용시켜 봅니다

핵심 정리

1. 동작의 대상(처치 대상)이 주어가 되고, 동작의 행위자가 '被' 뒤에 온다.

2. 동사 뒤에는 '了', '过', '각종 보어' 등 기타 성분이 들어간다.

3. '被' 뒤에 행위자가 생략되어 동사가 바로 올 수 있다.

4. 시간을 나타내는 부사어와 부정부사(不/没)는 '被' 앞에 온다.

5. '叫', '让'으로 피동을 나타낼 수도 있다. (구어체)

1. 동작의 대상(처치 대상)이 주어가 되고, 동작의 행위자가 '被' 뒤에 온다.

처치 대상　被 + 행위자　V + 기타 성분

树　/　被风　/　刮倒了。(O) 나무가 바람에 쓰러졌다.

▶ '树'는 '刮倒(불어 쓰러뜨리다)'의 대상.

▶ '风'은 '刮倒(불어 쓰러뜨리다)'의 행위자.

风　/　被树　/　刮倒了。(✕) 바람이 나무에 쓰러졌다.

실전
적용하기

| 吃光了　那盒饼干　被　儿子 |

풀이 [1단계] 〈被자문〉이므로 '吃(먹다)' 동작의 대상인 '那盒饼干(그 상자의 과자)'이 주어가 된다.
→ 那盒饼干…被…吃光了

[2단계] 동작(吃)의 행위자는 사람이므로 '儿子(아들)'가 '被' 뒤에 온다.
→ 那盒饼干被儿子吃光了。

정답 那盒饼干被儿子吃光了。그 상자의 과자는 아들에 의해 다 먹혔다.(그 상자의 과자는 아들이 다 먹었다.)

어휘 饼干 bǐnggān [명] 과자, 비스킷 4급 | 光 guāng [부] 단지 [형] 아무것도 없다 [명] 빛 4급

2. 동사 뒤에는 '了', '过', '각종 보어' 등 기타 성분이 들어간다.

他 / 被老师 / 表扬 / 过。 그는 선생님께 칭찬 받은 적이 있다. (过 : 경험)

他 / 被那个故事 / 感动 / 了。 그는 그 이야기에 감동했다. (了 : 완결)

她的裙子 / 被我 / 弄 / 脏了。 그녀의 치마가 나에 의해 더럽혀졌다. (脏 : 결과보어)

教室 / 被同学们 / 打扫 / 得干干净净。
교실이 학생들에 의해서 깨끗하게 청소되었다. (～得干干净净 : 정태보어)

▶ 동사 앞쪽에 **부사어**가 있을 때 동사 뒤에 **기타 성분이 생략될 수 있다.**

他的建议已经被大家接受。 그의 건의는 이미 모두에게 받아들여졌다.

('已经'이 부사어로 와 있으므로 '接受' 뒤에 기타 성분이 생략되었다. 시험에는 거의 출제되지 않는다.)

| 睡不着觉　那个消息　兴奋得　哥哥　被 |

풀이 [1단계] 〈被자문〉이므로 동사(兴奋: 흥분하다)의 대상인 '哥哥'가 주어가 된다.
→ 哥哥…被…兴奋得

[2단계] 형을 흥분하게 만든 행위자는 '소식(消息)'이므로 '那个消息'가 '被' 뒤에 행위자로 온다.
→ 哥哥…被那个消息兴奋得

[3단계] 〈被자문〉에서 동사(兴奋) 뒤에는 '了, 过, 보어' 등 기타 성분이 오므로 '睡不着觉'가 온다. 이때 '睡不着觉'는 정태보어이며, '得'는 술어(兴奋)와 보어(睡不着觉)를 연결하는 구조조사이다.
→ 哥哥被那个消息兴奋得睡不着觉。

정답 哥哥被那个消息兴奋得睡不着觉。 형은 그 소식에 흥분되어 잠을 이룰 수 없었다.

3. '被' 뒤에 행위자가 생략되어 동사가 바로 올 수 있다.

他的病被张大夫治好了。 그의 병은 장 선생님에 의해 다 치료되었다.

→ 他的病被治好了。 그의 병은 다 치료되었다.

| 拒绝　他的　被　申请　了 |

풀이 **[1단계]** 〈被자문〉은 먼저 동사를 찾아서 그 동작의 대상을 주어로, 그 동작의 행위자를 '被' 뒤에 놓는 것이 가장 중요하다. 그 전에 '他的'는 '申请(신청, 신청하다)'을 수식하여 한 덩어리가 된다. 동작(拒绝: 거절하다)의 대상이 '他的神情(그의 신청)'이므로 이것이 주어가 된다.
→ 他的申请被…拒绝

[2단계] '了'는 문장 끝에 오고 제시어 중에서 행위자가 될 만한 단어가 없으므로 '被' 뒤에 행위자 없이 바로 동사가 와서 완성된다.
→ 他的申请被拒绝了。

정답 他的申请被拒绝了。 그의 신청은 거절 당했다.

어휘 申请 shēnqǐng [동] 신청하다 4급 | 拒绝 jùjué [동] 거절하다 4급

4. 시간을 나타내는 부사어와 부정부사(不/没)는 '被' 앞에 온다.

词典 / 刚 / 被小王 / 借走了。 사전은 방금 샤오왕에게 빌려가졌다. (刚 : 시간 부사)

桌子上的东西 / 没 / 被人 / 动过。 탁자 위의 물건은 다른 사람에 의해 건드려지지 않았다. (没 : 부정부사)

| 1.　被我　这张　打破　没　镜子
| 2.　毛巾　借走了　被小李　刚　那条 |

1.

풀이 **[1단계]** 동사가 '打破(깨뜨리다)'이므로 그 대상인 '镜子(거울)'가 주어가 된다. 그리고 '这张'은 '镜子'를 수식한다.
→ 这张镜子…被…打破

[2단계] '打破(깨뜨리다)'의 행위자는 사람이므로 '我'가 '被' 뒤에 온다. 〈被자문〉에서 부정부사(没)는 '被' 앞에 온다.
→ 这张镜子没被我打破。

정답 这张镜子没被我打破。 이 거울은 나에 의해 깨지지 않았다.

어휘 打破 dǎpò [동] 깨다, 때려 부수다 | 镜子 jìngzi [명] 거울 4급

2.

풀이 **[1단계]** 동사가 '借走(빌려 가다)'이므로 그 대상인 '毛巾(수건)'이 주어가 된다. 그리고 '那条'는 '毛巾'을 수식한다.
→ 那条毛巾…被…借走了

[2단계] '借走(빌려 가다)'의 행위자는 사람이므로 '小李'가 '被' 뒤에 온다. 〈被자문〉에서 시간을 나타내는 부사어는 '被' 앞에 오므로 '刚(시간부사: 막, 방금)'은 '被' 앞에 온다.
→ 那条毛巾刚被小李借走了。

정답 那条毛巾刚被小李借走了。 그 수건은 방금 전에 샤오리가 빌려 갔다.

어휘 毛巾 máojīn [명] 수건 4급 | 借 jiè [동] 빌리다 3급

5. '叫', '让'으로 피동을 나타낼 수도 있다. (구어체)

'叫'와 '让'은 주로 '~하게 하다'의 뜻으로 사역동사로 쓰인다. 하지만 **구어체**에서 가끔 '~당하다'의 의미로 **피동**을 나타낼 수도 있다. 그래서 사역으로 해석했을 때 의미가 통하지 않는다면 피동으로 해석해 볼 수 있어야 한다. 하지만 시험에는 잘 출제되지 않는다.

杯子 被/叫/让 小李打破了。 이 컵은 샤오리에 의해 깨졌다.

실전 연습 문제

第1-10题：完成句子。

1. 起来   弟弟   把零钱   都存了

2. 材料   整理   我已经   把   好了

3. 密码   你爸   把   信用卡的   改了

4. 能帮我   把   抬到   吗   沙发   客厅

5. 这次机会   把   教授   竟然   放弃了

6. 人   被   他逐渐   忘记了

7. 刮倒   被   大风   小树   没

8. 被   了   他的   拒绝   要求

9. 被   语言   他的小说   翻译成   许多

10. 很快就被   亲戚朋友们   这个消息   知道了

8 존현문 · 비교문

8-1 존현문

주요 내용

■ 〈존현문〉이란?

어떤 **장소**에 어떤 대상이 **존재, 출현, 소실**됨을 나타내는 문형이다.

草地上 / 坐着 / 几个 / 年轻人。 잔디밭에 몇 명의 젊은이가 앉아 있다.
S(장소)   V(존재)   관형어   O(대상)

■ 〈존현문〉 문제의 풀이 순서

[1단계] 존현문 인식 : 제시어 중에서 **장소**(혹은 시간)를 나타내는 단어(草地上)가 있고, 존재(坐着)나 출현의 의미를 가진 동사가 있다면 존현문 문제임을 인식한다.

[2단계] 주어와 술어 정리 : 장소(草地上)를 주어(**S**)로 놓고, 동사(**V**)(坐着)를 술어로 놓는다.

草地上   坐着   几个   年轻人。
S(장소)   V(존재) 관형어   O(대상)

[3단계] 목적어와 관형어 정리 : 존재나 출현의 대상을 목적어(**O**) 자리에 놓고, 목적어 앞에는 적당한 관형어를 넣는다.

草地上   坐着   几个   年轻人。
S(장소)   V(존재) 관형어   O(대상)

기출문제 분석

쓰기 1부분 어순에 맞게 배열하기

〈존현문〉은 2~3회에 걸쳐 한 번씩 출제됩니다. 그런데 이 문장은 〈존현문〉이라는 **문장 형식을 따로 배우지 않으면 오답률이 높은 문제**입니다. 하지만 **기본 어순**만 익혀 두면 **너무나 쉬운 유형**이기도 합니다. 〈존현문〉 풀이에서 **가장 중요한 것은 이 문제가 존현문 문제라는 것을 인식하는 것**입니다. 그리고 **장소를 주어로 놓기, 동사를 주어 뒤의 술어로 놓는 것**입니다.

어순에 맞게 배열하여 문장을 완성하세요.

里   有一棵   张教授家的院子   苹果树

풀이 [1단계] 방위사 '里'는 '院子(정원)' 뒤에 붙어서 장소를 나타낸다.
→ 张教授家的院子里

[2단계] 장소를 나타내는 단어(院子里)가 있고 **동사(有)**가 **존재**나 **출현**의 의미일 때 **〈존현문〉**이 될 수 있다. 〈존현문〉 어순에서 주어(S)는 장소를 나타내는 단어(院子里)가 되고 주어가 나왔으니 그 뒤에는 동사(有)가 온다. 존재나 출현의 대상인 '苹果树'가 목적어가 되고, 목적어 앞에 관형어 '一棵'가 놓이는데 '有一棵'로 붙어 제시되었으므로 목적어 앞에 놓으면 된다.
→ 张教授家的院子里有一棵苹果树。

정답 张教授家的院子里有一棵苹果树。 장 교수 집의 정원에는 한 그루의 사과나무가 있다.

어휘 棵 kē [양] 그루, 포기 4급 | 教授 jiàoshòu [명] 교수 4급 | 院子 yuànzi [명] 정원 | 树 shù [명] 나무 3급

전략 학습 : 〈존현문〉의 특징

쓰기 1부분 어순에 맞게 배열하기

〈존현문〉의 특징을 알아보고 관련 기출문제를 풀어 보면서 적용시켜 봅니다.

어순 S (장소) + V (존재/출현) + 관형어 + O

桌子上 / 有 / 一本 / 书。 탁자 위에는 한 권의 책이 있다.
S(장소)　　V　관형어　목적어

1. '어떤 장소에 무엇이 있다/없다 혹은 나타났다/사라졌다' 등의 의미를 나타낸다.

2. **장소가 주어**로 오며 일반적으로 **장소 앞에 '在**(~에서)'나 '**从**(~로부터)' 등의 **개사**는 오지 않는다.
   在桌子上有一本书。(✗) → 桌子上有一本书。(○)

3. 주어 뒤에는 종종 '上, 中, 下, 里' 등과 같은 **방위사**가 붙어 있으며 이는 **장소로 만들어 주기 위해서이다**.
   桌子有一本书。(✗) → 桌子上有一本书。(○)

4. **장소(S)** 뒤에 **동사(V)**가 오고 그 뒤에 **관형어 + 목적어**'가 온다. (★ 중요)
   桌子上一本书放着。(✗) → 桌子上放着一本书。(○)

5. **동사가 '在**(~에 있다)'일 때는 **장소를 나타내는 단어는 '在' 뒤에 온다.**
   桌子上在那本书。(✗) → 那本书在桌子上。(○) 그 책은 책상 위에 있다.

```
1. 对面   一个超市   银行   有

2. 完全相同的   世界   树叶   上   没有

3. 发生了   这儿   究竟   什么   事情
```

1.

풀이 **[1단계]** 장소를 나타내는 '对面(맞은편)'은 '银行(은행)' 뒤에 붙어서 이 전체가 주어가 된다.
→ 银行对面

[2단계] 존재를 나타내는 '有'가 술어가 되고 '一个超市(하나의 슈퍼마켓)'는 목적어가 된다.
→ 银行对面有一个超市。

정답 银行对面有一个超市。 은행 맞은편에 한 슈퍼마켓이 있다.

어휘 对面 duìmiàn [명] 맞은편 4급 | 超市 chāoshì [명] 슈퍼 3급 | 银行 yínháng [명] 은행 3급

2.

풀이 **[1단계]** 방위사 '上'은 '世界' 뒤에 붙어서 장소로 만들어 준다. 그리고 이것은 주어가 된다. → 世界上

[2단계] 주어 뒤에 존재를 나타내는 '有'가 술어가 되고, '完全相同的(완전히 같은)'는 '树叶(나뭇잎)'를 수식하고 이는 목적어가 된다. → 世界上没有完全相同的树叶。

정답 世界上没有完全相同的树叶。 세상에 완전히 같은 나뭇잎은 없다.

어휘 完全 wánquán [형] 완전하다 [부] 완전히 4급 | 相同 xiāngtóng [형] 서로 같다 4급 | 世界 shìjiè [명] 세계 3급 | 树叶 shùyè [명] 나뭇잎

3.

풀이 **[1단계]** '这儿(여기)'은 '这里'와 마찬가지로 장소를 가리키므로 주어가 된다. → 这儿

[2단계] '发生'은 '발생하다'는 뜻으로 '출현'의 의미를 가지므로 존현문의 동사가 될 수 있다. 따라서 '发生'은 주어(这儿) 뒤에 온다. '什么事情'은 '发生'의 목적어이므로 그 뒤에 온다. → 这儿…发生了…什么事情?

[3단계] '究竟(도대체)'은 '到底(도대체)'와 같은 단어로 부사이기 때문에 동사(发生) 앞에 온다.
→ 这儿究竟发生了什么事情?

정답 这儿究竟发生了什么事情? 여기에는 도대체 무슨 일이 일어났던 거야?

어휘 发生 fāshēng [동] 발생하다 4급 | 究竟 jiūjìng [부] 도대체 4급

8-2 비교문

주요 내용

■ 〈비교문〉이란?

두 대상의 성질이나 **정도상**의 **차이**를 비교하는 문장이다.

今年的留学生数量 / 比去年 / 增加了一倍。 올해의 유학생 수는 작년보다 배가 늘었다.
　　S　　　　　比 + N(비교 대상)　V + 수량구

■ 〈비교문〉 문제의 풀이 순서

[1단계] 〈比 + N〉 **부사어 만들기** : 〈比 + N〉 뒤에 동사(V)나 형용사(A)를 놓는다.

今年的留学生数量　比 去年　增加了 一倍。
　　S　　　　　比 + N(비교 대상)　V + 수량구

[2단계] 주어와 보어 정리 : 남은 제시어 중 **명사(구)를 주어(S)**로 놓고, 비교의 차이를 나타내는 **수량구**는 동사나 형용사 뒤에 보어로 놓는다.

今年的留学生数量　比 去年　增加了 一倍。
　　S　　　　　比 + N(비교 대상)　V + 수량구

기출문제 분석

쓰기 1부분 어순에 맞게 배열하기

〈비교문〉은 3~4회에 걸쳐 한 번씩 출제됩니다. 주로 '**比**'를 이용한 비교문이 **출제**되지만 그 외에도 '**跟**', '**和**', '**像**', '**(没)有**' 등의 단어를 이용한 비교문도 **출제될 가능성**이 있습니다. 〈비교문〉에서 **가장 중요한 것은** 비교의 **차이**를 나타내는 **수량구**를 술어(동사나 형용사) 뒤에 놓는다는 점입니다.

어순에 맞게 배열하여 문장을 완성하세요.

| 收入 | 比去年 | 今年公司的 | 增加了 | 一倍 |

풀이 **[1단계]** '今年公司的(올해 회사의)'는 '收入(수입)'를 수식하기에 알맞다.
→ 今年公司的收入

[2단계] 개사구는 동사나 형용사 앞에서 이를 **수식**하는 역할을 하므로 '比去年' 개사구 뒤에는 동사(增加)가 온다.
→ 今年公司的收入比去年增加了

[3단계] '今年公司的收入'는 주어가 되고, '一倍'는 구체적 차이를 나타내는 의미이므로 **동사**(增加) 뒤에 **보어**(비교 수량보어)로 온다.
→ 今年公司的收入比去年增加了一倍。

정답 今年公司的收入比去年增加了一倍。 올해 회사의 수입은 작년보다 배가 증가했다.

어휘 收入 shōurù [명] 수입 4급 | 增加 zēngjiā [동] 증가하다 4급 | 倍 bèi [명] 배, 갑절 4급

전략 학습 : <비교문>의 특징

쓰기 1부분 어순에 맞게 배열하기

<비교문>의 특징을 알아보고 관련 기출문제를 풀어 보면서 적용시켜 봅니다

어순   S + 比 + 비교 대상 + A/V + 구체적 차이/一点儿/一些/多了

这个月 / 比上个月 / 瘦了 / 两公斤。 이번 달에 지난 달보다 2kg이 빠졌다.
  S   比 + N   A/V   구체적 차이

1. '比' 뒤에는 비교 대상이 오고 <比 + 비교 대상>은 개사구로서 뒤에 오는 **형용사(A)**나 **동사(V)**를 수식하는 모양이 된다.

   这个月 / 比上个月 / 瘦了 / 两公斤。
     S   比 + N   A   구체적 차이

2. 형용사(A)나 동사(V) 뒤에는 **비교의 구체적 차이**를 나타내는 단어가 오며 주로 **수량구**가 온다.

   这个月 / 比上个月 / 瘦了 / 两公斤。
     S   比 + N   A   구체적 차이

3. 구체적 차이 대신 '一点儿', '一些'는 '약간' 차이가 있음을 나타내고 '多了'는 '훨씬'의 뜻으로 많은 차이가 있음을 나타낸다.

   苹果 / 比香蕉 / 贵 / 一些。 사과는 바나나보다 좀 더 비싸다.
     S   比 + N A   一些

   这次考试 / 比上次 / 容易 / 多了。 이번 시험은 지난번보다 훨씬 더 쉽다.
       S   比 + N A   多了

| 어순 | S + 比 + N(비교 대상) + 更/还 + A/V |

这个问题　比那个问题　更/还　难。 이 문제는 저 문제보다 더 어렵다.
　　S　　　　比 + N　　　更/还　 A

| 어순 | S + 和/跟 + N(비교 대상) + 一样/差不多 |

她的裙子　跟我的　一样/差不多。 그녀의 치마는 내 것과 같다/비슷하다.
　　S　　　跟 + N　 一样/差不多

| 어순 | S + 有/没有 + N(비교 대상) + 那么/这么 + A |

▶ 이때 '有'의 뜻은 '(어느 정도에) 도달하다'의 뜻이다.
▶ '那么/这么'는 때에 따라 생략이 가능하다.

儿子 / 快有 / 爸爸 / 那么 / 高了。 아들은 곧 아빠만큼 크려고 한다.
　S　　 有 + N　　　 那么　　A

北方 / 没有 / 南方 / 这么 / 热。 북방은 남방만큼 이렇게 덥지 않다.
　S　　没有 + N　　 这么　　A

---

1. 比 批评　父母的　更　鼓励　重要
2. 高　有　两层楼　这棵树几乎　那么

1.

풀이 **[1단계]** '父母的(부모의)'는 '鼓励(격려)'를 수식하고 '更'은 '重要'를 수식한다.
→ 父母的鼓励…更重要

[2단계] '父母的鼓励(부모의 격려)'가 주어가 되고, '比批评'은 '更重要' 앞에 온다.
→ 父母的鼓励比批评更重要。

정답 父母的鼓励比批评更重要。 부모의 격려는 칭찬보다 더 중요하다.

어휘 批评 pīpíng [동] 비판하다 4급 | 鼓励 gǔlì [동] 격려하다 4급

2.

풀이 **[1단계]** '几乎(거의)'는 부사이므로 동사(有) 앞에 온다.
→ 这棵树几乎有

[2단계] '有'가 들어가는 비교문은 《S + 有 + N(비교 대상) + 这么/那么 + A》의 어순을 띤다. '两层楼(2층 건물)'는 비교 대상이므로 '有' 뒤에 오고, 그 뒤로 '那么高'가 이어진다.
→ 这棵树几乎有两层楼那么高。

정답 这棵树几乎有两层楼那么高。 이 나무는 거의 2층 건물만큼 높다.

어휘 楼 lóu [명] 다층 건물 [양] 층 | 棵 kē [양] 그루, 포기 4급 | 几乎 jīhū [부] 거의 3급

실전 연습 문제

第1-10题: 完成句子。

1. 有一些　上　沙发　还　零钱

2. 刚才　事情　究竟发生了　什么

3. 当然快　坐车　多了　比骑车

4. 效果　打针　好　比吃药

5. 只剩　里　270多块钱　我钱包

6. 客人　会议室的沙发上　坐着　几位

7. 比勇敢　重要　有时候冷静　还

8. 没有　大　这么　那家的客厅　你家的

9. 比去年　多了　暖和　今天的冬天

10. 增加了　人数　比去年　两倍　参观的

❾ 보어(결과보어, 정태보어, 수량보어)

■ **보어란?**

동사나 형용사 뒤에서 **의미를 보완**해 주는 성분을 가리킨다. 시험에는 **정태보어가 가장 많이 출제**된다.

[결과보어] 房间已经打扫干净了。 방은 이미 깨끗하게 청소되었다.

[정태보어] 他们俩聊得很愉快。 그들 둘은 이야기하는 것이 매우 즐겁다.

[결과보어] 这部电影我看了三遍。 이 영화를 나는 3번 보았다.

9-1 결과보어

주요 내용

■ **〈결과보어〉란?**

동작의 결과를 나타내는 보어이다.

这个字写错了。 이 글자는 잘못 썼다.
▶ 이 글자는 쓰긴 썼는데(写) 결과적으로 틀렸다(错).

我听懂了老师的话。 나는 선생님의 말씀을 (들어서) 이해했다.
▶ 그냥 소리만 들린 게 아니라 들어서(听) 결과적으로 이해가 되었다(懂).

你做完作业才能出去玩。 너는 숙제를 다 하고 나서야 놀러 나갈 수 있다.
▶ '做作业'는 단순히 숙제를 하는 상태이지만 '做完作业'는 숙제를 한(做) 결과가 완성된 상태라는(完) 것을 나타낸다.

■ **〈결과보어〉 문제의 풀이 순서**

[1단계] 주술목 주성분 정리 : 먼저 주어, 술어, 목적어 등 전체적인 **뼈대**를 **구성**한다.

我　听懂了　老师的话。
S　V(술어)　　O

[2단계] 결과보어 정리 : 남은 제시어 중 **동사**나 **형용사**가 남아 있다면 **술어** 뒤에 **결과보어**로 놓을 수 있는지 여부를 판단한다.

我　听懂了　老师的话。
S　V(술어) + 결과보어　O

기출문제 분석

쓰기 1부분 어순에 맞게 배열하기

<결과보어>의 특징만을 딱 꼬집어서 묻는 문제는 아직까지 많이 나오지는 않고 있습니다. 하지만 <결과보어>는 매우 광범위하게 사용되기 때문에 그 특징을 정확하게 이해하는 것은 중국어를 잘하는 데 있어서 빼놓을 수 없는 부분입니다. 따라서 **무엇이 결과보어인지, 어떤 단어들이 결과보어가 되는지, 결과보어로 쓰이는 각각의 단어는 어떤 의미를 가지는가**에 대해서 학습하도록 합니다.

어순에 맞게 배열하여 문장을 완성하세요.

> 已经　干净了　客厅　收拾

풀이 [1단계] '干净(깨끗하다)'은 '收拾(청소하다)' 뒤에 와서 **청소된 결과가 깨끗하다는 것을 나타내는 결과보어**가 된다.
→ 收拾干净了

[2단계] '已经'은 부사이므로 동사(收拾: 청소하다)나 형용사(干净: 깨끗하다) 앞에 와야 한다. 하지만 이미 '收拾干净了'의 형태로 만들어졌기 때문에 '收拾' 앞에 오게 된다. 남은 단어인 '客厅(거실)'은 자연스럽게 주어가 된다.
→ 客厅已经收拾干净了。

정답 客厅已经收拾干净了。 거실은 이미 깨끗이 청소되었다.

어휘 客厅 kètīng [명] 거실, 객실다 4급ㅣ 收拾 shōushi [동] 거두다, 정리하다, 정돈하다 4급

전략 학습 : <결과보어>의 특징

쓰기 1부분 어순에 맞게 배열하기

<결과보어>의 특징을 알아보고 관련 기출문제를 풀어 보면서 적용시켜 봅니다.

1. 동사와 결과보어의 관계는 매우 긴밀하여 그 사이에 **다른 성분이 끼어들 수 없다**.

    这个字写了错。(×) → 这个字写错了。(○) 이 글자는 잘못 썼다.

2. 목적어는 '**동사 + 결과보어 + 목적어**'이나 **문장 앞으로 놓을 수도 있다**.

    我听懂了老师的话。(○) / 老师的话我听懂了。(○) 나는 선생님의 말씀을 (들어서) 이해했다.

3. 주로 **이미 일어난 일**에 쓰지만, 종종 **미래의 가정**적 의미로 사용되기도 한다.

你做完作业才能出去玩。 너는 숙제를 다 하고 나서야 놀러 나갈 수 있다.

▶ '숙제를 다 끝내다'는 놀러 나가기 위한 가정이다.

```
1. 表已经  好  你的  了  修理
2. 请改  经常迟到的  掉  坏习惯
```

1.

풀이 [1단계] '你的' 뒤에는 명사가 오므로 '表(시계)'가 오는 것이 알맞다. '已经(이미)'은 부사이므로 뒤에는 동사(修理)가 오는 것이 알맞다.

→ 你的表已经修理

[2단계] '好'는 동사의 결과보어로 올 수 있기 때문에 '修理' 뒤에 오는 것이 알맞고, '了'는 문장 끝에 온다.

→ 你的表已经修理好了。

정답 你的表已经修理好了。 너의 시계는 이미 수리가 다 되었다.

어휘 表 biǎo [명] 시계 | 修理 xiūlǐ [동] 수리하다 4급

2.

풀이 [1단계] 동사 '改' 뒤에는 '掉'가 결과보어로 올 수 있다. 이때 '掉'는 **분리, 이탈**을 의미한다.

→ 请改掉

[2단계] '经常迟到的'는 명사를 수식하는 형태이기 때문에 뒤에는 의미상 '坏习惯(나쁜 습관)'이 오는 것이 알맞다. 또한 이 전체는 '改掉'의 뒤에 와서 목적어가 된다.

→ 请改掉经常迟到的坏习惯。

정답 请改掉经常迟到的坏习惯。 자주 지각하는 나쁜 습관을 고치세요.

어휘 改 gǎi [동] 고치다, 바꾸다 | 掉 diào [동] 떨어지다 4급 | 习惯 xíguàn [명] 습관 [동] 익숙해지다 3급

상용 결과보어

주로 **동사나 형용사**가 〈결과보어〉가 되는데요. **기계적인 암기**보다는 각 결과보어가 어떤 의미를 나타내는지 **예문**을 통해서 자연스럽게 이해하는 것이 좋습니다. 공부를 하다가 애매한 결과보어가 나왔을 때 **찾아서** 확인하면서 학습하면 더 **효과적**입니다. **출제 가능성**이 높은 것은 문장 전체에 밑줄을 그어 **강조**해 두었으니 이 문장들은 반드시 **암기**해 두세요.

完 완결이나 완성을 나타낸다.

做完 다 했다 | 吃完 다 먹었다 | 读完 다 읽었다 | 说完 다 말했다

没写完作业。 숙제를 다 하지 못했다.

那本书已经卖完了。 그 책은 이미 다 팔렸다.

到 ① 목적 달성을 나타낸다. ② (시·공간적) 도달 지점을 나타낸다.

看到 보았다 | 买到 사 냈다 | 找到 찾아냈다 | 遇到 마주쳤다 | 讲到 ~까지 설명하다

他买到了这本书。 그는 이 책을 사 냈다. **(목적 달성)**

我们班的学生增加到了40人。 우리 반 학생은 40명으로 늘었다. **(도달 지점)**

掉 떨어져 나감을 나타낸다.

卖掉 팔아 버리다 | 吃掉 먹어 버리다 | 扔掉 버려 버리다 | 忘掉 잊어버리다

房东想把房子卖掉。 집주인은 집을 팔아 버리고 싶어 한다.

懂 이해했음을 나타낸다.

弄懂 이해하다 | 听懂 들어서 이해하다 | 看懂 보아서 이해하다 | 读懂 읽어서 이해하다

我没听懂他的话。 나는 그의 말을 이해하지 못했다.

成 동작의 목적 달성을 나타낸다. / ~으로 이루어짐을 나타낸다.

去成 갈 수 있다 | 做成 (일을) 해내다 | 当成 ~으로 여기다 | 翻译成 ~으로 번역하다

我有事没去成。 나는 갑자기 일이 생겨서 못 갔다.

我想把这个句子翻译成中文。 나는 이 문장을 중국어로 번역하고 싶다.

见 동작이 결과가 있음을 나타낸다. 이때 예문들은 모두 '到'로 바꿀 수 있다.

听见 들었다(=听到) | 看见 보았다(=看到) | 遇见 마주쳤다(=遇到)

他明明看见，却假装没看见。 그는 분명히 봐 놓고도 오히려 못 본 척한다.

开 갈라짐을 나타낸다.

走开 비켜/저리 가 | 推开门 문을 밀어 열다 | 拉开窗帘 커튼을 열다
分开包装 (따로따로) 나눠서 포장하다
同学们打开了书。 학생들은 책을 폈다.

上 ① 합쳐짐 ② 목적 달성 ③ 첨가 ④ 접근 ⑤ 시작 후 지속 등을 나타낸다.

算上他 그를 (셈에) 포함시키다 (첨가) | 闭上眼睛 눈을 감다 (합쳐짐)
考上大学 대학에 (시험 쳐서) 합격하다 (목적 달성) | 交上新朋友 새 친구를 사귀다 (시작 후 지속)
我的成绩赶不上他。 나의 성적은 그에게 미치지 못한다. (접근)

满 가득함을 나타낸다.

放满 가득 넣다 | 坐满 가득 앉았다(만석이다)
街上站满了人。 길거리에 사람들이 가득 서 있다.
厕所外面排满了人。 화장실 밖에 사람들이 가득 줄 서 있다.
玻璃杯子里放满了冰块儿。 유리컵 안에 얼음이 가득 들었다.

下 고정·분리를 나타낸다.

脱下衣服 옷을 벗다 | 放下行李 짐을 내려놓다
他脱下衣服跳进水里了。 그는 옷을 벗고 물 속에 뛰어들었다.

着 zháo (= 到) 목적 달성·결과 출현을 나타낸다.

睡着 잠들다 | 猜着 알아맞히다 | 找着 찾아내다(=找到)
借着 빌려내다(=借到) | 买着 사(내)다(=买到)
我终于找着这本书了。 나는 드디어 이 책을 찾아냈다.

住 고정을 나타낸다.

抓住 잡다 | 记住 기억하다 | 站住 멈춰 서다
今天学过的生词都记住了。 오늘 배웠던 새 단어는 모두 기억했다(외웠다).

遍 두루 미침을 나타낸다.

看遍 다 보다 | 找遍 다 찾아보다 | 吃遍 다 먹어 보다
跑遍 다 다녀 보다 | 玩遍 다 놀아 보다
他的书我都读遍了。 그의 책은 내가 다 읽어 보았다.

对 옳음을 나타낸다.   错 잘못됨을 나타낸다.

算对 맞게 계산하다 / 算错 잘못 계산하다
回答对 맞게 대답하다 / 回答错 잘못 대답하다
猜对 알아맞히다 / 猜错 잘못 짚다, 맞히지 못하다
翻译对 맞게 번역하다 / 翻译错 잘못 번역하다
找对方向 방향을 제대로 찾았다 / 找错方向 방향을 잘못 잡았다

好 좋은 상태로 다 끝났음을 나타낸다. '다 ~하다, 잘 ~하다'

做好 다 했다 | 写好 다 썼다 | 安排好 다 안배했다 | 翻译好 다 번역했다
计划好 잘 계획했다 | 准备好 잘 준비했다
需要的东西都准备好了。 필요한 물건은 다 준비됐다.

干净 깨끗해짐을 나타낸다.

洗干净 깨끗하게 빨다 | 擦干净 깨끗하게 닦다
收拾干净 깨끗하게 정리하다 | 打扫干净 깨끗하게 청소하다
同学们把黑板擦干净了。 학생들이 칠판을 깨끗이 닦았다.

清楚 또렷하고 정확함을 나타낸다.

看清楚 또렷하게 보이다 | 听清楚 똑똑히 들었다 | 问清楚 자세히 물어보다
讲清楚 확실하게 설명하다 | 解释清楚 정확하게 설명하다 | 考虑清楚 확실히 고려하다

倒 dǎo 넘어짐이나 쓰러짐을 나타낸다.

病倒 병으로 드러눕다 | 弄倒 엎어뜨리다, 쳐서 쓰러뜨리다
他不小心把杯子弄倒了。 그는 실수로 컵을 엎질렀다.

> **꿀팁** '倒'는 dào로 읽으면 '붓다', '따르다'는 뜻과 '오히려'라는 뜻도 있다.
> 他给客人倒了杯酒。 그는 손님에게 술을 한 잔 따랐다.
> 没吃药，这感冒倒好了。 약을 먹지 않았는데 이번 감기가 오히려 나았다.

```
1. 人  会议室里  满了  坐
2. 一个好机会  把这次旅行  成  他  当
```

1.

풀이 **[1단계]** '满(가득하다)'은 '坐' 뒤에 와서 결과보어가 될 수 있다. '坐满'은 '가득 앉았다' 혹은 '(앉아서) 꽉 찼다'로 해석한다.
→ 坐满了

[2단계] 문제의 제시어에서 '会议室里'와 '坐满'은 각각 **장소**와 **존재**의 의미를 나타내므로 이 문장은 〈존현문〉 어순으로 풀어야 한다. 〈존현문〉의 문장 형식은 〈**S(장소) + V(존재/출현) + O**〉의 어순을 이룬다. 따라서 '会议室里'는 주어로 오고, '人'은 목적어로 와야 한다.
→ 会议室里坐满了人。

정답 会议室里坐满了人。 회의실 안은 사람들로 꽉 찼다.

어휘 会议室 huìyìshì [명] 회의실 3급 | 满 mǎn [형] 가득하다 4급

2.

풀이 **[1단계]** 〈把 + N〉 뒤에는 동사가 와야 하는데 제시어 중에서는 '成'과 '当'이 있다. 하지만 '成(~이 되다)'은 '当(여기다, 삼다)'의 결과보어가 되어 '当成(~으로 여기다)'으로 쓴다. 따라서 '把这次旅行' 뒤에는 '当成'이 온다.
→ 把这次旅行当成

[2단계] '他'가 주어가 되고, '一个好机会'는 '当成' 뒤에 목적어로 온다.
→ 他把这次旅行当成一个好机会。

정답 他把这次旅行当成一个好机会。 그는 이번 여행을 하나의 좋은 기회로 여긴다.

어휘 旅行 lǚxíng [명/동] 여행(하다) 4급 | 当成 dàngchéng [동] ~로 삼다 | 机会 jīhuì [명] 기회 3급

꿀팁
> 把 A 当成 B
> '把 A 当成 B'는 'A를 B로 삼다/여기다'는 뜻으로 아래와 같은 유용한 예문이 있다.
> · 我一直把他当成我的好朋友。 나는 줄곧 그를 나의 좋은 친구로 여겨 왔다.

9-2 정태보어

주요 내용

■ 〈정태보어〉란?

동작(혹은 상태)에 대한 묘사를 나타내거나, 상황에 대한 설명과 평가를 나타낸다.

这本书写**得**很不错。 이 책은 매우 잘 써졌다
▶ ~得不错 : 써진 상태에 대해 평가한다.

桌子擦**得**很干净。 탁자가 깨끗하게 닦였다.
▶ ~得很干净 : 닦인 상태를 평가한다.

同学们高兴**得**跳了起来。 학생들은 기뻐서 껑충 뛰었다
▶ ~得跳了起来 : 기뻐서 껑충 뛰어오르는 상황을 묘사한다.

他忙**得**忘了吃饭。 그는 바빠서 밥 먹는 것을 잊어버렸다.
▶ ~得忘了吃饭 : 바빠서 식사하는 것을 잊어버리는 상황을 묘사한다.

※ 어떤 어법책에서는 '정태보어(情态补语)'를 '정도보어(程度补语)'로 설명하기도 하는데 본교재는 '정태보어'라고 명명합니다.

■ 〈정태보어〉 문제의 풀이 순서

[1단계] V/A + 得 + 보어 정리 : 제시어 중 〈V/A + 得〉 형태의 제시어가 있다면 뒤에 '정도부사 + 형용사'를 보어로 놓는다.

桌子	擦得	很干净。
S	V + 得	보어

[2단계] 주어와 나머지 정리 : 적절한 주어를 찾고 남은 제시어가 있다면 의미에 알맞게 위치시킨다.

桌子	擦得	很干净。
S	V + 得	보어

기출문제 분석

쓰기 1부분 어순에 맞게 배열하기

〈정태보어〉는 보어 문제의 절대적인 다수를 차지하는 매우 중요한 부분입니다. 간단한 어순의 원리만 이해하고 암기한다면 매우 쉽게 풀 수 있는 유형이니 겁먹지 말고 쉽고 재미있게 학습하도록 하세요.

어순에 맞게 배열하여 문장을 완성하세요.

> 普通话   他的   得   很标准   说

풀이 [1단계] '정도부사 + 형용사'의 형태(很标准)와 '得'가 제시되었으므로 이는 <정태보어> 문제임을 알 수 있다. 따라서 <동사 + 得 + 정도부사 + 형용사>의 어순으로 배열한다.
→ 说得很标准(말하는 것이 매우 표준적이다)

[2단계] 남은 단어인 '他的普通话(그의 중국 표준어)'가 주어가 된다.
→ 他的普通话说得很标准。

어휘 普通话 pǔtōnghuà [명] 현대 중국 표준어 4급 | 标准 biāozhǔn [명] 표준, 기준 [형] 표준적이다 4급

정답 他的普通话说得很标准。 그의 표준어는 말하는 것이 매우 표준적이다.

전략 학습 : <정태보어>의 특징

쓰기 1부분 어순에 맞게 배열하기

풀이에 있어 가장 중요한 것은 제시어 중에서 '得'와 정도부사가 나왔을 때, 혹은 'V/A + 得' 형태의 한 덩어리로 나왔을 때 <정태보어> 문제임을 인식하고 <V/A + 得 + 보어>의 어순으로 놓는 것입니다.

핵심 정리

1. 정태보어는 술어와 보어 사이에 '得'가 들어가는 형태로, 이때 '得' 자체는 보어가 아니며 단지 술어와 보어를 연결해 주는 다리 역할을 한다.

2. 보어의 형태 : 주로 '정도부사 + 형용사'이며, '很'은 '매우'라는 의미로 쓰기보다는 형식상 붙여 준다. '很' 외에도 '太, 真, 十分, 非常' 등 다른 정도부사를 쓰거나 각종 구(동사구/형용사구/주술구), 절(짧은 문장)도 올 수 있다.

   ▶ S + 술어 + 得 + 很 + A (★★ 가장 중요)   桌子 擦 得 很干净。
   ▶ S + 술어 + 得 + 真 + A (★ 중요)   这场雨 下 得 真及时。
   ▶ S + 술어 + 得 + 동사구   他 忙 得 忘了吃饭。

3. 목적어가 있을 경우의 어순은 ① 동사(V)를 한 번 더 쓰거나 ② 목적어(O)를 동사 앞에 놓고 보어를 쓴다.

▶ S + V + O + V + 得 + 보어 　　小王 说 汉语 说 得 很流利。
▶ S + O + V + 得 + 보어 　　　　小王 汉语 说 得 很流利。
▶ S + 的 + O + V + 得 + 보어 　　小王的 汉语 说 得 很流利。 (일부의 경우)

1. 정태보어는 술어와 보어 사이에 '得'가 들어가는 형태로, 이때 '得' 자체는 보어가 아니며 단지 술어와 보어를 연결해 주는 다리 역할을 한다.

这本书　写　得　很不错。
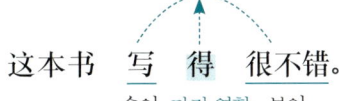
　　　　술어　다리 역할　보어

이 책은 써진 것이 매우 훌륭하다. → 이 책은 매우 훌륭하게 잘 써졌다.

▶ 해석처럼 실제로 '得' 자체가 '~하는 것이'의 뜻이 있는 것은 아니다. 하지만 위처럼 표시해 둔 것은 '정태보어'의 어순 특징을 좀 더 쉽게 이해하기 위해서이다.

顺利　不太　计划　进行得

풀이 [1단계] 제시어 중에 〈V + 得(进行得)〉의 형태로 제시되었으므로 뒤에는 '정도부사 + 형용사', 즉 '不太顺利(그다지 순조롭지 않다)'를 놓는다.
→ 进行得不太顺利
[2단계] 남은 단어인 '计划(계획, 계획하다)'가 주어가 된다.
→ 计划进行得不太顺利。

정답 计划进行得不太顺利。 계획이 진행되는 것이 그다지 순조롭지 않다.

어휘 顺利 shùnlì [형] 순조롭다 4급 | 计划 jìhuà [명/동] 계획(하다) 4급 | 进行 jìnxíng [동] 진행하다 4급

> **꿀팁** 정태보어 문장에서는 종종 동작을 당하는 대상이 주어가 된다.
>
> 위 문장에서처럼 '计划(계획)'는 의미상으로는 '进行(진행하다)'의 대상이지만 주어가 되었다. **주어라는 것이 꼭 동작의 주체여야만 하는 것은 아니기 때문**이다. '那个问题已经解决了. 그 문제는 이미 해결되었다.'에서 '那个问题'가 주어가 된 것처럼, **동작의 대상이 사물일 때 그것은 주어로 올 수 있고, 피동의 의미지만 '被'를 쓰지 않아도 된다**는 점을 기억하자.

2. 보어의 형태 : 주로 '정도부사 + 형용사'이며, '很'은 '매우'라는 의미로 쓰기보다는 형식상 붙여 준다.

'很' 외에도 '太, 真, 十分, 非常' 등 다른 정도부사를 쓰거나 각종 구(동사구/형용사구/주술구), 절(짧은 문장)도 올 수 있다.

| 어순 | S + 술어 + 得 + 很 + 형용사 |

桌子 擦 得 很干净。
책상이 닦인 상태가 매우 깨끗하다.
→ 책상이 매우 깨끗하게 닦였다.

| 어순 | S + 술어 + 得 + 真 + 형용사 |

这场雨 下 得 真及时。
이번 비는 내리는 상태가 정말 시기적절하다.
→ 이번 비는 정말 시기적절하게 내렸다.

| 어순 | S + 술어 + 得 + 동사구 |

他 忙 得 忘了吃饭。
그는 바쁜 상태가 식사하는 것을 잊어버릴 정도이다.
→ 그는 바빠서 식사하는 것도 잊어버렸다.

실전 적용하기

1. 您女儿 真 棒 钢琴 弹得

2. 弟弟紧张 一身汗 得 出了

1.

풀이 **[1단계]** 〈정태보어〉 문제이므로 '弹得' 뒤에 '부사(真) + 형용사(棒)'를 놓는다. 제시어들로 봤을 때 주어는 '您女儿(당신 딸)'이 된다.
→ 您女儿…弹得真棒

[2단계] '钢琴(피아노)'은 동사 '弹'의 목적어이지만 **정태보어 형식(V + 得 + ~)**일 때는 동목구 상태에서 동사를 한 번 더 쓰거나(V + O + V + 得 + 보어), 목적어를 동사 앞에 놓는다(O + V + 得 + ~보어).
→ 您女儿钢琴弹得真棒。

정답 您女儿钢琴弹得真棒。 당신 딸은 피아노를 정말 잘 치네요.

어휘 棒 bàng [형] 멋지다, 좋다 [명] 방망이 4급 | 钢琴 gāngqín [명] 피아노 | 弹 tán [동] 연주하다

꿀팁 위 문장은 **동목구(弹钢琴)**를 살리자면 **동사를 한 번 더 써서** 표현할 수도 있다.
→ 您女儿弹钢琴弹得真棒。

2.

풀이 **[1단계]** 형용사(紧张) 뒤에 '得'를 놓고 보어를 유도한다.
→ 弟弟紧张得

[2단계] '得'가 이끄는 **보어의 형태**는 주로 '정도부사 + 형용사'이지만 **각종 구**(동사구/형용사구/주술구)도 보어로 올 수 있다. '出汗(땀을 흘리다)'은 **동목구**로 각종 구에 속하며 '**出了一身汗**(온몸에 땀을 흘렸다)'은 **동목구(**出汗**)**의 확장형이므로 '得' 뒤에 보어로 온다.
→ 弟弟紧张得出了一身汗。

정답 弟弟紧张得出了一身汗。 동생은 긴장해서 온몸에 땀을 흘렸다.

어휘 紧张 jǐnzhāng [동] 긴장하다, (물품이) 달리다, 부족하다 4급 | 一身 yìshēn 온몸, 전신 | 汗 hàn [명] 땀 4급

꿀팁 **각종 구가 정태보어로 오는 기타 예문**
- 雨下得越来越大了。 비가 갈수록 많이 내렸다. **(형용사구)**
- 他高兴得睡不着觉。 그는 기뻐서 잠이 오지 않았다. **(동사구)**
- 她难过得流下眼泪来。 그녀는 슬퍼서 눈물을 흘렸다. **(동사구)**
- 孩子高兴得跳了起来。 아이는 기뻐서 껑충 뛰어올랐다. **(동사구)**

3. 목적어가 있을 경우의 어순은 ① 동사(V)를 한 번 더 쓰거나 ② 목적어(O)를 동사(V) 앞에 놓고 보어를 쓴다.

小王说汉语得很流利。(×)
　　　　명사 + 得 + 보어　⇒ 불가

▶ 보어(很流利)는 **동사**나 **형용사** 뒤에서 이들의 **의미**를 **보완**해 주는 **역할**을 하기 때문에 **명사 뒤에 올 수 없다**.

따라서 아래의 두 형식으로 표현한다.

| 어순 | S + V + O + V + 得 + 보어 |

小王 说 汉语 说 得 很流利。
샤오왕은 중국어를 말하는 것이 매우 유창하다.

| 어순 | S + O + V + 得 + 보어 |

小王 汉语 说 得 很流利。
샤오왕은 중국어를 말하는 것이 매우 유창하다.

때로는 아래와 같은 형식이 가능할 때도 있다.

| 어순 | S + 的 + O + V + 得 + 보어 |

小王的 汉语 说 得 很流利。
샤오왕의 중국어는 말하는 것이 매우 유창하다.

실전 적용하기

真　乒乓球　打得　小王　厉害

풀이 [1단계] '打得' 뒤에는 보어가 와야 하므로 '真厉害(정말 대단하다)'가 오는 것이 알맞다. 또한 제시어를 봤을 때 '小王'이 주어가 됨을 알 수 있다.
→ 小王…打得真厉害

[2단계] 이 문제에서는 '乒乓球(탁구)'를 어디에 놓는가가 관건이다. '乒乓球'는 **치다(打)의 목적어**이기 때문에 '打' 뒤에 와야 하지만 '**打得**'의 형태로 제시되었기 때문에 '**打得乒乓球**'라고 할 수 없다. 이처럼 '**V + 得**'의 정태보어 문장일 때 목적어는 **동사(打) 앞에 와야** 한다.
→ 小王乒乓球打得真厉害。

정답 小王乒乓球打得真厉害。 샤오왕은 탁구 치는 것이 정말 대단하다.

꿀팁 만일 위 문장을 같은 의미이지만 다른 형태로 표현한다면 아래의 두 형식이 가능하다!
小王乒乓球打得真厉害。
→ 小王 / 打乒乓球 / 打得 / 真厉害。
→ 小王的乒乓球 / 打得 / 真厉害。

9-3 수량보어

주요 내용

■ 〈수량보어〉란?

동작과 변화의 수량이나 시간의 길이를 나타내는 **성분**으로 **동량보어, 시량보어, 비교 수량보어**가 있는데 그중에서 **비교 수량보어**가 가장 중요하다. 수량보어는 동사나 형용사 뒤에 **숫자**가 들어가는 것이 **핵심**이다.

[동량보어] : 동작의 횟수를 나타낸다.

你抬一下沙发吧。 너 소파를 한번/좀 들어 줘.
▶ 一下 : 소파를 드는(抬) 동작의 횟수를 나타내는 동량보어이다. '一下'는 가볍게 한다는 것을 나타낼 수 있다.

[시량보어] : 동작의 지속 시간을 나타낸다.

他看电视看了三个小时。 그는 텔레비전을 3시간 동안 보았다.
▶ 三个小时 : 텔레비전 보는 동작의 지속 시간이 3시간임을 나타내는 시량보어이다.

[비교 수량보어] : 비교의 차이를 나타낸다.

他比我大三岁。 그는 나보다 3살이 더 많다.
▶ 三岁 : 그의 나이를 나와 비교했을 때 생기는 차이를 나타내는 비교 수량보어이다.

■ 〈수량보어〉 문제의 풀이 순서

[1단계] 주술목 주성분 정리 : 주어(S), 술어, 목적어(O) 등 뼈대 성분을 정리한다.

你 抬 一下 沙发吧。
S 술어(V) 수량보어 O

[2단계] 수량보어 정리 : 남은 제시어 중 수량구가 있고 그것이 술어(동사나 형용사)의 횟수, 지속 시간, 비교의 차이 등의 의미를 나타낸다면 술어 뒤에 보어로 위치시킨다.

你 抬 一下 沙发吧。
S 술어(V) 수량보어 O

기출문제 분석

쓰기 1부분 어순에 맞게 배열하기

<수량보어>는 목적어에 따라 달라지는 어순 때문에 복잡한 규칙들이 있어서 상당히 골치아픕니다. 하지만 실제 문제에서는 이해가 굉장히 쉬운 '비교 수량보어'만 나오고 있습니다. 따라서 이 영역을 학습할 때 최대한 이해하려고 노력하되 이해가 잘 안 되더라도 절대 좌절하지 마세요. '비교 수량보어'만 정확하게 이해하면 됩니다.

어순에 맞게 배열하여 문장을 완성하세요.

比昨天　便宜了　西红柿　两毛

풀이 [1단계] '比昨天(어제보다)'은 개사구이므로 뒤에는 동사나 형용사(便宜)가 오고, 의미상 '西红柿(토마토)'가 주어가 된다.
→ 西红柿…比昨天便宜了(토마토는 어제보다 싸졌다)

[2단계] 형용사 뒤에 수량사(两毛)가 보어로 오므로 '便宜了' 뒤에 '两毛'가 온다
→ 西红柿比昨天便宜了两毛。

정답 西红柿比昨天便宜了两毛。 토마토는 어제보다 2마오가 싸졌다.

어휘 西红柿 xīhóngshì [명] 토마토 4급 | 毛 máo [명] 털, 마오(중국의 화폐 단위, 1위안(元)의 1/10, 쟈오(角)와 같음)

전략 학습 : <수량보어>의 특징

쓰기 1부분 어순에 맞게 배열하기

동량보어, 시량보어, 비교 수량보어 중에서 **주로 출제되는 것은 비교 수량보어**입니다. 비교 수량보어의 **종류로는 구체적인 차이**를 나타내는 **수량구**, **약간의 차이**를 나타내는 '一些'와 '一点', **많은 차이**를 나타내는 '很多' 등이 있습니다.

1. 비교 수량보어의 어순

비교 수량보어는 항상 '比'가 들어가는데 첫째, 개사구(比 + 비교 대상)를 먼저 만든다. 둘째, **개사구 뒤에 형용사를 놓고 수량사는 형용사(A)나 동사(V) 뒤에 놓는 것이 핵심**이다.

① **기본 어순**   S + 比 + 비교 대상 + A/V + 수량보어

他 比我 大 三岁。 그는 나보다 3살이 더 많다. / 他 比我 三岁 大。(×)
          A + 수량보어

他 比我 早来 一个月。 그는 나보다 한 달 일찍 왔다. / 他 比我 一个月 早来。(×)
       V + 수량보어

② **기타 어순**   S + 比 + 비교 대상 + A + 一些/一点儿/很多

这条路 比那条路 近 一些/一点儿。 이 길이 저 길보다 좀 더 가깝다.
           A + 一些/一点儿

他的身体 比以前 好了 很多。 그의 몸이 전보다 많이 좋아졌다.
           A + 很多

▶ '一些', '一点'은 '약간', '조금'의 뜻으로 **조금 차이가 있다**는 것을 나타내고, '很多'는 차이가 많음을 나타낸다. 핵심은 '**一些**', '**一点**', '**很多**' 등은 **형용사(A) 뒤에 보어**로 온다는 것이다.

```
1. 考生的数量   增长了   3倍   比去年

2. 郊区的   质量比市里   好很多   空气
```

1.

풀이 **[1단계]** '比去年(작년보다)'은 개사구이므로 뒤에는 동사(增长)나 형용사가 온다. 의미상 주어는 '考生的数量(수험생의 수량)'임을 알 수 있다.
→ 考生的数量…比去年增长了

[2단계] '3倍(3배)'는 수량사이므로 동사(增长) 뒤에 비교 수량보어로 온다.
→ 考生的数量比去年增长了3倍。

정답 考生的数量比去年增长了3倍。 수험생의 수량이 작년보다 3배 증가했다.

어휘 考生 kǎoshēng [명] 수험생 | 数量 shùliàng [명] 수량 4급 | 增长 zēngzhǎng [동] 증가하다 | 倍 bèi [명] 배, 갑절 4급

2.

풀이 **[1단계]** '比市里(시내보다)'는 개사구이므로 뒤에는 동사나 **형용사**(好)가 온다. '好很多'에서 '好'가 형용사이므로 '比市里' 뒤에 온다. 이때 '很多'는 비교의 차이를 나타내는 비교 수량보어이다.
→ 质量比市里好很多

[2단계] '郊区的'는 '空气(공기)'와 결합하여 주어로 온다.
→ 郊区的空气质量比市里好很多。

정답 郊区的空气质量比市里好很多。 교외의 공기 질이 시내보다 훨씬 더 좋다.

어휘 郊区 jiāoqū [명] (도시의) 변두리, 교외 4급 | 质量 zhìliàng [명] 품질, 질량 4급 | 空气 kōngqì [명] 공기, 분위기 4급

2. 동량보어에 목적어가 있을 때의 어순

① **어순**   S + V + 동량보어 + 목적어

我 / 可以 / 借 / 一下 / 这本书 / 吗? 제가 이 책을 한 번 빌려도 될까요?
我 / 可以 / 借 / 这本书 / 一下 / 吗? (×)

② 목적어가 인칭대명사일 때:

어순   S + V + 인칭대명사 + 동량보어

我以前 / 见过 / 他 / 一次。 나는 전에 그를 한 번 본 적이 있다.
　　　　동사 + 인칭대명사 + 동량보어

▶ 사람이 더 소중하기 때문에 사람을 가리키는 인칭대명사가 먼저 온다고 생각하자.

我以前 / 见过 / 一次 / 他。(×)

③ 목적어가 확정적인 사람, 지명일 때는 동사 앞뒤로 다 가능:

어순   S + V + 동량보어 + (확정적인) 사람/지명   **어순**   S + V + (확정적인) 사람/지명 + 동량보어

昨天我 / 找过 / 两次 / 王老师, / 他都不在。
昨天我 / 找过 / 王老师 / 两次, / 他都不在。
어제 나는 왕 선생님(사람)을 두 번 찾았지만 모두 계시지 않았다.

我 / 去过 / 两次 / 长城。
我 / 去过 / 长城 / 两次。
나는 만리장성(지명)에 두 번 가 본 적이 있다.

---

1. 先填　请您　一下　这张申请表

2. 其他人　你　去通知　班里的　一下

1.

풀이 **[1단계]** '请您'은 부탁할 때 일반적으로 제일 앞에 쓴다. 동사 '填(작성하다)'은 '这张申请表(이 신청서)'를 목적어로 갖기에 알맞다.
→ 请您…先填…这张申请表

[2단계] '一下(한번, 잠깐)'는 동사 뒤에 동량보어로 오므로 '填(작성하다)' 뒤, '这张申请表(이 신청서)' 앞에 온다. '一下'라고 해서 무조건 문장 끝에 놓지 않도록 주의하자. 목적어가 없을 경우 '一下'는 문장 끝에 온다. (예: 你看一下。/ 你介绍一下。)
→ 请您先填一下这张申请表。

정답 请您先填一下这张申请表。 이 신청서를 먼저 좀 작성해 주세요.

어휘 填 tián [동] 기입하다, 써 넣다 | 申请表 shēnqǐngbiǎo [명] 신청서 4급

꿀팁 동사 뒤에는 딱 두 가지의 문장 성분이 온다. 보어와 목적어!
보어와 목적어의 어순은 목적어의 성질에 따라 달라질 수 있지만 **가장 일반적인 어순은 〈동사 + 보어 + 목적어〉**이다. 보어가 목적어보다 앞에 오는 이유는 **보어**라는 것이 **동사나 형용사 뒤에서 보완해 주는 역할**을 하기 때문이다. 따라서 **동사 뒤에는 보어가 먼저 오고 목적어는 뒤로 밀리는 것**이다. 예외적으로 목적어가 **인칭대명사**(他/你/他们…)일 때 〈**동사 + 목적어 + 보어**〉의 어순이 된다.

2.

풀이 **[1단계]** '班里的(반 안의)'는 '其他人(다른 사람)'을 수식하고 이는 '通知(통지하다)'의 목적어로 온다.
→ 去通知…班里的其他人(반의 다른 사람에게 통지하다)

[2단계] '你'는 주어가 되고, '一下'는 동사 뒤에서 동량보어로 온다.
→ 你去通知一下班里的其他人。

정답 你去通知一下班里的其他人。 네가 반의 다른 사람들에게 좀 통지해 줘.

어휘 其他 qítā [대] 기타, 다른 사람 3급 | 通知 tōngzhī [동] 통지하다, 알리다 4급 | 班 bān [명] 반 3급

3. 시량보어에 목적어가 있을 때의 어순

시량보어란 동사나 형용사 뒤에서 동작이나 상태가 **지속된 시간적 길이**를 나타내는 성분이다.

① 시량보어 뒤에 목적어를 씀 :

어순   S + V + 시량보어 + (的) + 목적어

我 / 看了 / 三个小时 / (的) / 电视。 나는 텔레비전을 3시간 동안 보았다.
　V　　　시량보어　+　(的)　+　목적어

▶ '3시간의 텔레비전을 보았다'라고 해석하면 이해하기 쉽다.

② 동사를 한 번 더 씀 :

어순   S + V + 목적어 + V + 시량보어

我 / 看 / 电视 / 看了 / 三个小时。 나는 텔레비전을 3시간 동안 보았다.
　V　　목적어　　V　+　시량보어

▶ 보어란 동사나 형용사 뒤에만 오는 것이기 때문에 **명사 뒤에 수량보어를 쓰지 않기 위해 동사를 한 번 더 쓰고** 그 뒤에 시량보어를 쓰는 것이다.

③ 동사가 반복 불가 동사(结束性动词)일 때 :

어순   S + V + (목적어) + 시량보어 + (了)

반복 불가 동사는 주로 '毕业', '结婚', '认识', '回来', '来' 등이 있는데, **동사 앞**이나 **시량보어 앞**에는 '**大概**(대략)', '**大约**(대략)', '**已经**(이미)', '**整整**(꼬박, 온전히)' 등의 부사가 올 수 있다.

小王和小李 / 结婚 / 才 / 一年多。 샤오왕과 샤오리는 결혼한 지 겨우 1년 남짓 되었다.
　　　　　　　V　(목적어)　시량보어

我们 / 已经 / 认识 / 十年 / 了。 우리가 이미 안 지 10년이 되었다.
　　　　　　　V　　시량보어 + 了

▶ '반복 불가 동사'란 이해를 돕기 위해서 '结束性动词'라는 동사를 새롭게 해석한 용어이다. '结束性动词'란 한 번 동작을 하면 더 이상 반복할 수 없기에 '반복 불가 동사'라는 이름을 붙였다. 예를 들어 '看'은 봤다가 잠시 뒤 다시 또 보는 반복이 가능하지만 '毕业(졸업하다)', '认识(사람을 알게 되다)', '结婚(결혼하다)', '回到(~로 돌아오다)' 등은 이미 한 번 해 버리면 반복할 수 없는 것이므로 '반복 불가 동사'라고 이름 붙인다. 물론 '졸업하다'의 경우 고등학교를 졸업하고 대학교를 졸업하는 것이 가능하지만 고등학교면 고등학교, 대학교면 대학교의 식으로 한 학교를 졸업하는 것은 한 번만 할 수 있는 것이기에 '반복 불가 동사'라고 이름 붙인다. '结婚'도 마찬가지다.

> 1. 先在门口　你　一会儿　吧　等
> 2. 他大学　了　已经十年　毕业
> 3. 他在这个城市　一段时间　生活　过

1.

풀이 **[1단계]** 개사구(在门口) 뒤에는 동사나 형용사가 오므로 '等'이 온다. 제시어들의 의미를 봤을 때 '你'가 주어가 됨을 알 수 있다.
→ 你…先在门口等

[2단계] '会儿'은 '一会儿(잠깐)'의 줄임말로 **동사 뒤에 시량보어**로 올 수 있다. '吧'는 명령의 어기를 나타내는 어기조사로 문장 끝에 온다.
→ 你先在门口等会儿吧。

정답 你先在门口等会儿吧。 너는 우선 문 앞에서 잠깐 기다려.

어휘 门口 ménkǒu [명] 문 앞, 입구, 현관 | 一会儿 yíhuìr [명] 잠깐 3급

2.

풀이 **[1단계]** '毕业(毕: 마치다 + 业: 학업을)'는 **이합동사**로서 뒤에 목적어가 올 수 없기 때문에 '大学'는 '毕业' 앞에 온다.
→ 他大学毕业

[2단계] 〈已经 + 시간 + 了〉는 이미 어느 정도의 시간이 흘렀음을 나타낸다.
→ 已经十年了(이미 10년이 되었다)

[3단계] '毕业'는 반복 불가 동사로 뒤에 시량보어가 온다. 따라서 '毕业' 뒤에는 '已经十年了'가 온다.
→ 他大学毕业已经十年了。

정답 他大学毕业已经十年了。 그가 대학을 졸업한 지 이미 10년이 되었다.

어휘 毕业 bìyè [동] 졸업하다 4급

3.

풀이 **[1단계]** '在这个城市'는 〈在 + N〉으로 개사구이다. 개사구 뒤에는 동사나 형용사가 오므로 '生活'가 온다. '生活'는 명사로 '생활'의 뜻뿐만 아니라 '생활하다'는 동사로도 쓰인다.
→ 他在这个城市生活

[2단계] '过'는 동사 뒤에서 경험을 나타내는 동태조사이므로 '生活' 뒤에 오고, '一段时间(한동안, 일정 기간)'은 시간의 길이를 나타내므로 동사(生活) 뒤에 시량보어로 온다.
→ 他在这个城市生活过一段时间。

정답 他在这个城市生活过一段时间。 그는 이 도시에서 한동안 생활한 적이 있다.

어휘 城市 chéngshì [명] 도시 3급 | 段 duàn [양] 단락, 토막 3급 | 生活 shēnghuó [명] 생활 [동] 생활하다 4급

실전 연습 문제

第1-12题: 完成句子。

1. 孙子看　就想　吃　到　西瓜

2. 认真　表演得　很　孩子们都

3. 几乎　全中国　他　玩儿遍了

4. 激动　流下了　她　眼泪　得

5. 比那棵树　一点儿　这棵树　粗

6. 非常　感冒得　他的　厉害　母亲

7. 一个下午　游了　昨天他　的　泳

8. 流行　变得　网上购物　越来越　了

9. 去北京的　查了　一下明天　我　航班

10. 平时　一千块　这个沙发　比　便宜了

11. 要　趟　我明天　大使馆　去

12. 比去年　一半儿　今年报名的　人数　减少了

쓰기 2부분 — 문장 만들기

출제 원리와 공략법

〈쓰기 2부분〉은 사진과 제시어를 가지고 부합하는 내용을 중국어로 작문하는 문제입니다. 〈쓰기 1부분〉에 비해서 많이 부담스러울 겁니다. 하지만 가장 효과적으로 대비할 수 있는 방법과 전략, 자료를 공개합니다. 자, 그럼 아래 출제 특징과 그 공략법을 살펴봅니다.

● 출제 특징

- **문항 구성** : 5문제(96번~100번)
- **문제 유형** : 주어진 제시어로 사진 속 상황에 알맞게 중국어로 작문한다.
- **제시어 특징** : 주로 4급 명사, 동사, 형용사 등이 제시된다.
- **풀이 시간** : 한 문제당 3분, 총 15분.

● 3단계 풀이법

[1단계] 사진 속 상황과 제시어를 잘 결합하여 작문할 내용을 생각해 본다.
[2단계] 〈주어 + 술어(동사) + 목적어〉나 〈주어 + 술어(형용사)〉의 구조로 뼈대를 만든다.
[3단계] 주어와 목적어 앞에는 관형어를, 동사나 형용사 앞에서 부사어를 넣어 비교적 구체적으로 문장을 보완한다.

| 제시어와 사진 상황 이해 | → | 〈주어 + 술어 + 목적어〉 뼈대 만들기 | → | 부가 성분 추가 |

● 학생들이 가장 많이 하는 질문

"선생님, 평소에 아는 글자도 막상 쓰려니 어떻게 쓰는지 생각이 안 나요. 어떡하죠?"

실제로 쓰고 싶은 내용을 막상 쓰려 하면 글자를 어떻게 쓰는지 기억하지 못할 때가 많습니다. 이 문제를 해결하기 위해서는 평소에 꾸준한 쓰기 연습이 필요합니다. 물론 모든 글자를 다 쓸 줄 알아야 하는 것은 아닙니다. 우선적으로 출제 빈도가 높은 글자를 쓰도록 연습해야 합니다. 본 교재에서는 이를 위해 〈쓰기 2부분〉 끝에 모범 작문을 모아 놓고 한 번 써 볼 수 있도록 공간(필수 암기 문장 손글씨 연습)을 마련해 두었습니다. 또한 〈듣기 2부분〉의 〈전략 학습〉 부분에 있는 '화제별 빈출 어휘 확인 테스트'에서도 직접 써 보기를 요구하고 있습니다. 이 두 곳의 쓰기 연습을 통해서 〈쓰기 2부분〉에 적절히 대비할 수 있을 것입니다.

● 학습 전략

- 4급 명사, 동사, 형용사의 뜻 암기
- 품사별 작문법 학습
- 모범 작문 통 암기로 실질적 쓰기 능력 배양

→ 신속 정확한 풀이

❶ 명사 제시어

기출문제 분석
쓰기 2부분 문장 만들기

명사는 매회 2문제씩 나올 정도로 **출제 빈도가 높은 품사**입니다. 앞으로 **명사 - 동사 - 형용사 - 기타** 순으로 설명이 될 테데요. 〈전략 학습〉에서는 〈쓰기 2부분〉을 풀 때 필요한 **전반적인 큰 틀**에서의 **접근법**을 소개합니다. 핵심만 콕콕 명쾌하게 설명했으므로 부담 갖지 말고 찬찬히 이해하면서 학습하도록 합니다.

■ 〈명사 제시어〉의 풀이 순서

[1단계] 주술목 뼈대 만들기 : 명사 제시어(演员)를 주어나 목적어로 위치시킨 후, 사진의 상황을 고려하여 어울리는 동사나 형용사를 떠올려 주술목 뼈대를 만든다.

这个人 / 是 / 演员。 이 사람은 배우이다.

[2단계] 살 붙이기 : 사진의 상황을 고려하여 주어와 목적어 앞에는 적절한 관형어를, 술어 앞에는 적절한 부사어를 추가하여 좀 더 구체적인 내용이 되도록 완성한다.

照片上的 这个人 竟然 是 著名的 演员！ 사진 속 이 사람이 뜻밖에도 유명한 배우라니!

기출 맛보기

사진을 보고 제시어를 사용하여 문장을 만드세요.

果汁

풀이 [1단계] 뼈대 만들기 : 여자이므로 '她'를 주어로 하고, 제시어 '果汁(주스)'는 명사와 어울리는 동사인 '喝(마시다)'를 떠올려서 동목구로 만든다. → 她…喝…果汁

[2단계] 살 붙이기 : '喝' 앞에는 '每天都要(매일 ~한다)' 부사어를, '果汁' 앞에는 '一杯(한 잔)' 관형어를 추가하여 비교적 긴 문장을 완성시킨다. → 她每天都要喝一杯果汁。

모범 작문 她每天都要喝一杯果汁。 그녀는 매일 한 잔의 주스를 마신다.

추가 작문 这个果汁非常新鲜。 이 주스는 매우 신선하다

어휘 果汁 guǒzhī [명] 과즙, 주스 4급

전략 학습 : <명사 제시어> 풀이법

쓰기 2부분 문장 만들기

■ <명사 제시어> 풀이에 필요한 기술

1. '명사 제시어'를 목적어로 삼았을 때 어울릴 수 있는 '동사'를 떠올린다.

제시어	떠오르는 동사	동목구로 만들기
果汁 →	喝	→ 喝果汁
零钱 →	有 / 换(바꾸다)	→ 有零钱 / 换零钱
包子 →	吃 / 做(만들다)	→ 吃包子 / 做包子

2. '명사 제시어'를 수식하거나(관형어) 설명해 줄 수 있는(술어) '형용사'를 떠올린다.

제시어	떠오르는 형용사	주술구로 만들기	편정구로 만들기
果汁 →	新鲜	→ 果汁很新鲜	新鲜的果汁
零钱 →	很多	→ 零钱很多	很多零钱
包子 →	好吃	→ 包子很好吃	很好吃的包子

▶ 편정구(偏正短语): '수식어 + 피수식어'의 형태를 말한다.

실전 적용하기

包子

풀이 [1단계] 뼈대 만들기 : '包子(만두)'를 주어로 삼고, 술어로 '好吃(맛있다)'를 쓴다.
→ 包子…好吃

[2단계] 살 붙이기 : '包子好吃'라고만 하면 너무 짧으므로 '包子' 앞에는 '这家店的(이 가게의)'라는 관형어를 추가하고, '好吃' 앞에는 '非常'이라는 부사어를 추가한다.
→ 这家店的包子非常好吃。

모범 작문 这家店的包子非常好吃。 이 가게의 만두는 매우 맛있다.

어휘 店 diàn [명] 가게, 상점 | 包子 bāozi [명] (소가 든) 찐빵, 바오쯔 4급

■ 표현 방식의 결정(품사 불문 공통 적용)

표현 방식은 그야말로 무궁무진합니다. 그래서 무엇을 써야 할지 모르게 됩니다. 하지만 **사진을 몇 가지 유형별로 정리**하고 그 유형에 최적화된 표현 방식으로 쓰면 작문하기가 훨씬 수월해집니다. 아래 표현 방식은 **명사 제시어**에만 **국한**되는 것이 아니라 **모든 품사에 적용되는 기술**이므로 잘 습득하여 적용할 수 있도록 합니다.

> **핵심 정리**
> 1. 사진 속 인물이나 사물에 대해서 서술하거나 묘사하여 표현하기.
> 2. 사진 속 인물이 할 것 같은 말이나 생각을 대화체로 표현하기.
> 3. 사진 속 인물이 친구나 다른 사람에게 말을 걸거나 물어보는 방식으로 표현하기.

1. 사진 속 인물이나 사물에 대해서 서술하거나 묘사하여 표현하기.

가장 많이 쓸 수 있는 방식이다. 사진을 보고 있는 우리가 **사진 속 인물의 표정, 상황 등을 묘사**하는 것이다. 주어는 주로 **사진 속 인물을 3인칭화시켜서** '他', '她', '他们', '她们' 등을 주어로 한다. 사진 속에 **사람이 등장하지 않을 때는** '我'를 주어로 하는 것이 좋다.

예제 1

日记

모범 작문
她每天都坚持写日记。
그녀는 매일 일기 쓰기를 계속한다.
▶ 그녀가 평소에 일기를 어떻게 하는지를 표현한다.

어휘 坚持 jiānchí [동] 견지하다 4급

예제 2

杂志

모범 작문
他坐在沙发上看杂志。
그는 소파에 앉아서 잡지를 보고 있다.
▶ 그가 잡지를 어떻게 하고 있는지를 표현한다.

어휘 沙发 shāfā [명] 소파 4급

실전
적용하기

长城

풀이 **[1단계] 뼈대 만들기**: '长城'을 보고 어울리는 동사 '爬(산을 오르다)'를 떠올려 동목구를 만든다. 사람은 등장하지 않으므로 주어는 '我'로 한다.
→ 我…爬…长城

[2단계] 살 붙이기: 비교적 긴 문장을 만들기 위해서 주어 앞에는 시간을 나타내는 '这个周末(이번 주말)'를 놓고, '爬' 앞에는 '准备去'를 추가한다.
→ 这个周末我准备去爬长城。

모범 작문 这个周末我准备去爬长城。 이번 주말에 나는 만리장성에 오를 계획이다.

꿀팁 '周末'와 같은 **시간명사는 주어 앞뒤로 올 수 있으므로** '我这个周末准备去长城。'으로도 쓸 수 있다. 또한 '**准备**'는 '**준비하다**'는 말고도 '**어떤 일을 할 계획이다**'의 뜻으로 '계획'과 비슷한 용법이 있다.

추가 작문 1 外国游客很喜欢参观长城。 외국 관광객은 만리장성을 참관하는 것을 매우 좋아한다.
추가 작문 2 中国人为长城感到很骄傲。 중국 사람들은 만리장성을 자랑스럽게 여긴다.

어휘 周末 zhōumò [명] 주말 3급 | 爬 pá [동] 오르다, 기어오르다 | 长城 Chángchéng [명] 만리장성 4급 | 参观 cānguān [동] 참관하다, 견학하다 4급 | 骄傲 jiāo'ào [형] 오만하다, 거만하다 4급

2. 사진 속 인물이 할 것 같은 말이나 생각을 대화체로 표현하기.

이 방식은 먼저 **우리가 사진 속 주인공이 되었다고 생각**해야 한다. 사진 속 상황에 맞게 **대화하듯이 상대방에게 말을 하거나 혹은 혼자 드는 생각이나 말을 표현**한다. 등장인물이 2명 이상일 때도 이 방식을 쓸 수 있다.

예제
1

钥匙

모범 작문
钥匙应该就在包里呀。
열쇠가 마땅히 가방 안에 있어야 하는데.
▶ 남자가 가방을 뒤지며 열쇠를 찾으면서 혼자 할 수 있는 말을 표현한다.

어휘 钥匙 yàoshi [명] 열쇠 4급 | 包 bāo [명] 가방 3급

예제 2

모범 작문

来，我告诉你一个好消息。
와봐, 내가 좋은 소식 하나 알려 줄게.
▶ 오른쪽 여자가 왼쪽 여자에게 소식을 전하며 하는 말로 표현한다.

어휘 消息 xiāoxi [명] 소식 4급

실전 적용하기

看法

풀이 **[1단계] 뼈대 만들기** : 우리가 인터뷰를 진행하고 있는 남자가 되었다고 가정하고 여자에게 질문을 하는 방식으로 작문을 해 본다. '看法(견해)'를 목적어로 놓는다면 어울리는 동사 '有'를 생각해 낼 수 있다. 이런 상황에서 기자가 할 수 있는 표현으로는 '당신은 어떤 견해를 가지고 있습니까?' 하는 것이 비교적 적절하다.
→ 您有什么看法?

[2단계] 살 붙이기 : 문장이 비교적 짧기 때문에 맨 앞에 '对于这件事(이 일에 대해서)'를 부사어로 추가하는 것이 좋다.
→ 对于这件事，您有什么看法?

모범 작문 对于这件事，您有什么看法? 이번 일에 대해서 당신은 어떤 견해를 가지고 있습니까?

어휘 对于 duìyú [개] ~에 대하여 4급 | 看法 kànfǎ [명] 견해 4급

3. 사진 속 인물이 친구나 다른 사람에게 말을 걸거나 물어보는 방식으로 표현하기.

사진 속 인물이 사진에는 등장하지 않는 다른 사람에게 하는 말로 가정해서 표현할 수도 있다. 서술의 방식이 아니라 직접 말을 하는 것처럼 대화체로 작문하는 것이 자연스럽다.

예제 1

모범 작문
我忘记了信用卡的密码，应该怎么办？
나는 신용 카드의 비밀번호를 잊어버렸는데 어떻게 하죠?
▶ 카드사에 전화로 뭔가를 물어보는 방식으로 표현한다.

추가 작문
那家商场能用信用卡吗？
그 백화점은 신용 카드를 쓸 수 있어?

어휘 信用卡 xìnyòngkǎ [명] 신용 카드 | 忘记 wàngjì [동] (지난 일을) 잊어버리다 3급 | 密码 mìmǎ [명] 암호, 비밀번호 4급 | 商场 shāngchǎng [명] 백화점, 쇼핑센터

信用卡

예제 2

모범 작문
这是你房间的钥匙，你拿好。
이것은 네 방 열쇠야. 너 잘 챙겨.
▶ 친구에게 열쇠를 주는 상황으로 표현한다.

추가 작문
我终于找到了房间钥匙。
나는 마침내 방 열쇠를 찾았어.

어휘 钥匙 yàoshi [명] 열쇠 | 终于 zhōngyú [부] 마침내

钥匙

饺子

풀이 **[1단계] 뼈대 만들기 :** 제시어 '饺子(만두)'를 목적어로 놓는다면, 알맞은 동사로는 '尝(맛보다)'이 있을 수 있다.
→ 尝…饺子

[2단계] 살 붙이기 : 내가 만든 만두를 친구에게 먹어 보라고 권유하는 내용으로 작문을 해 본다. '맛보다'로 표현할 때는 **동작의 가벼운 시도**이기 때문에 **중첩**(尝尝)으로 표현하는 것이 좋고, '味道怎么样(맛이 어떠하다)'을 '饺子' 뒤에 추가시켜 문장을 풍부하게 만들 수 있다.
→ 你尝尝这个饺子的味道怎么样?

모범 작문 你尝尝这个饺子的味道怎么样? 너 이 만두 맛이 어떤지 맛 좀 봐.

추가 작문 这家店的饺子非常好吃。 이 가게의 만두는 매우 맛있다.

어휘 尝 cháng [동] 맛보다 4급 | 饺子 jiǎozi [명] 만두, 교자 4급 | 味道 wèidao [명] 맛, 냄새 4급

실전 연습 문제 1

第 1-5 题: 看图, 用词造句。

1.  零钱

2. 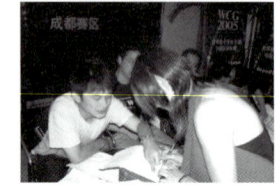 表格

3.  硕士

4.  镜子

5.  价格

실전 연습 문제 2

第 1-5 题: 看图, 用词造句。

1.  压力

2.  短信

3.  到处

4.  任务

5.  导游

❷ 동사 제시어

기출문제 분석

쓰기 2부분 문장 만들기

동사 또한 명사만큼이나 가장 많이 출제되는 품사입니다. 동사는 목적어를 만드는 것이 가장 중요합니다. 이때는 주로 사진 속 상황이나 사물을 통해서 찾아낼 수 있습니다.

■ 〈동사 제시어〉의 풀이 순서

[1단계] 주술목 뼈대 만들기 : 사진의 상황을 고려하여 동사 제시어(引起) 뒤에 올 만한 적당한 의미의 목적어를 놓아서 뼈대를 만든다.

话 / 引起 / 注意。 말은 주의를 끈다.

[2단계] 살 붙이기 : 주어와 목적어 앞에는 적당한 의미의 관형어를, 동사 앞에는 적당한 부사어를 놓아 비교적 긴 문장을 완성한다. 혹은 문장을 풍부하게 만들어 줄 수 있는 기타 필요한 내용을 간단하게 추가한다.

学生的 / 话 / 引起了 / 老师的 / 注意。 학생의 말은 선생님의 주의를 끌었다.

기출 맛보기

사진을 보고 제시어를 사용하여 문장을 만드세요.

尝

풀이 [1단계] 뼈대 만들기 : 동사 '尝(맛보다)' 뒤에 목적어로 사진에 있는 '蛋糕(케이크)'를 놓는다. → 尝…蛋糕

[2단계] 살 붙이기 : 표현 방식을 사진 속 주인공이 우리에게 한번 맛보라고 권하는 것으로 해 보자. 이때 맛보라고 권할 때는 가볍게 해 보는 것이기 때문에 동사 중첩을 해서 '尝一尝(한번 맛보다)'으로 쓰는 것이 좋다. 또한 목적어 '蛋糕' 앞에는 '我做的(내가 만든)'를 관형어로 추가해서 수식해 주는 것이 문장을 풍부하게 만들어 준다. 마지막으로 맨 앞에는 상대방의 주의를 끌기 위해 '来'를 써 줄 수 있다. → 来，尝一尝我做的蛋糕。

모범 작문 来，尝一尝我做的蛋糕。 자, 내가 만든 케이크 맛 좀 보세요.

추가 작문 你尝一尝我做的蛋糕。 내가 만든 케이크 맛 좀 보세요.

어휘 尝 cháng [동] 맛보다 4급 | 蛋糕 dàngāo [명] 케이크 4급

전략 학습 : <동사 제시어> 풀이법

쓰기 2부분 문장 만들기

■ <동사 제시어> 풀이에 필요한 기술

1. '동사 제시어' 뒤에 사진 속 사물을 나타내는 '목적어'를 떠올린다.

제시어	동목구로 만들기
尝 →	尝~蛋糕 / 尝~包子 / 尝~饺子 / 尝~葡萄
擦 →	擦~盘子 / 擦~汗 / 擦~窗户 / 擦~桌子 / 擦~黑板

2. 동작을 가볍게 해 보는 상황으로 쓸 경우 '중첩'을 시도해 본다

제시어	중첩으로 만들기
尝 →	尝(一)尝
擦 →	擦(一)擦

3. 동사 뒤에 각종 '보어 넣기'를 시도한다.

제시어	각종 보어
尝	→ 尝了一口 (한 입 맛보다) : **수량보어**
擦	→ 擦干净了 (깨끗하게 닦았다) : **결과보어**
	→ 擦了一个小时 (한 시간 동안 닦았다) : **수량보어**
	→ 擦得很干净 (닦은 것이 깨끗하다/깨끗하게 닦았다) : **정태보어(정도보어)**

실전 적용하기

弹

풀이 **[1단계] 뼈대 만들기** : '弹'은 '연주하다'는 뜻이고, 사진과 맞게 '钢琴(피아노)'을 목적어로 쓴다. 주어는 '这个女孩儿'이나 '她' 등으로 쓸 수 있는데 비교적 긴 느낌을 주기 위해서 '这个女孩儿'로 쓴다.

→ 这个女孩儿…弹…钢琴

[2단계] 살 붙이기 1 : '피아노를 잘 친다'라고 쓸 경우 **보어**를 써야 한다.
→ 弹得非常好

[3단계] 살 붙이기 2 : 동사 뒤에 **목적어**와 **정태보어(정도보어)**가 있을 때 일반적 어순은 〈S + V + O + V + 得 + 보어〉나 〈S + O + V + 得 + 보어〉로 쓰는데 여기서는 후자를 써 본다.
→ 这个女孩儿钢琴弹得非常好。

모범 작문   这个女孩儿钢琴弹得非常好。 이 여자아이는 피아노를 매우 잘 친다.

어휘   钢琴 gāngqín [명] 피아노 4급 | 弹 tán [동] 연주하다, 타다 4급

■ 〈동사 제시어〉의 유용한 문장 형식

1. 주어(S) + 동사(V) + 목적어(O)

가장 기본적인 형식으로 일단 **동사** 뒤에 **목적어**를 위치시킨다. 그리고 **사진 속 장면을 설명**해 줄 수 있도록 **동사나 목적어 앞에 수식어(부사어나 관형어)**를 넣을 수 있다. 부족하다면 **짧은 문장을 하나 더 추가**하여 두 개의 문장으로 이루어진 **복문**을 만들 수 있다.

예제

풀이   여자가 많은 책(很多书)을 안고(抱) 있으므로 '抱这么多书'라고 하고, 뒤에는 '내가 도와줄게'를 추가해 복문으로 만든다.

모범 작문
你怎么抱这么多书，我来帮你吧。
너 왜 이렇게 많은 책을 안고 있어? 내가 도와줄게.

추가 작문
她在抱着很多书，但看起来不太重。
그녀는 많은 책을 안고 있다. 하지만 보기에는 그다지 무겁지 않은 것 같다.

어휘   抱 bào [동] 안다 4급

抱

 猜

풀이 **[1단계] 뼈대 만들기**: 일단 여자가 남자의 눈을 가리고 있으므로 표현 방식은 여자가 남자에게 말하는 것으로 설정한다. 그렇다면 주어는 '你'가 되고 여자가 남자에게 '한번 알아맞춰 봐'라고 말한다고 했을 때 '猜'는 동작의 가벼운 시도를 나타내기 때문에 중첩을 쓰는 것이 알맞다.
→ 你猜猜

[2단계] 살 붙이기: '猜'는 뒤에 하나의 문장이 목적어로 올 수 있는데, 여기서는 '내가 누굴까?'의 내용으로 작문해 본다.
→ 你猜猜我是谁?

모범 작문 你猜猜我是谁? 너 내가 누군지 한번 맞춰 봐.

어휘 猜 cāi [동] 추측하다 4급

2. 把자문

동사는 뒤에 목적어를 취한다. 또한 목적어를 어떻게 처치한다는 의미일 때 〈把 + N + V〉의 형태로 목적어를 동사 앞에 놓을 수 있다. 이때 동사 뒤에 기타 성분을 잘 놓는 것이 중요하다. 주로 '了', '결과보어', '정태보어', '개사구 보어' 등이 온다.

어순 S + 把 + N + V + 기타 성분(了/결과보어/정태보어/개사구 보어)

他 / 把信用卡的密码 / 忘记 / 了。 그는 신용 카드 비밀번호를 잊어버렸다.

他 / 把桌子 / 擦 / 干净了。 그는 탁자를 깨끗이 닦아 냈다.

他 / 把屋子 / 打扫 / 得很干净。 그는 방을 깨끗하게 청소했다.

他 / 把地图 / 贴 / 在墙上了。 그는 지도를 벽에 붙였다.

개사구 보어의 종류

어순 S + 把 + N + V + 개사구 보어(在/到/进 + 장소, 给 + 전달 대상) + 了

그는 전화번호를 노트에 적었다. → 他 / 把电话号码 / 记 / 在笔记本上 / 了。

선생님이 책상을 교실로 들어 옮겼다. → 老师 / 把桌子 / 抬 / 到教室 / 了。

나는 편지를 그에게 부쳤다. → 我 / 把信 / 寄 / 给他 / 了。

쓰레기를 쓰레기통에 넣어. → 把垃圾 / 扔 / 进垃圾桶里。 (进: 방향보어)

예제

풀이 '挂'는 '걸다'는 뜻이므로, 그 목적어로는 '画儿(그림)'이 올 수 있다. '그림을 어떻게 한다'는 장면이므로 〈把자문〉을 쓰는 것이 좋다. 남녀 두 명이 등장하므로 주어는 '我们'으로 하고 그들이 서로에게 하는 말의 표현 방식으로 한다. '벽에 건다'라고 생각해 볼 수 있지만 '墙(벽)'이라는 단어를 쓰기 쉽지 않다. 따라서 '벽' 대신에 장소를 가리키는 말인 '这儿(여기)'을 쓴다. 〈把자문〉이므로 동사(挂) 뒤에 '在'를 써서 개사구 보어로 만들어 주는 것이 좋다.

挂

모범 작문
我们把画儿挂在这儿怎么样?
우리 그림을 여기에 거는 게 어떨까?

어휘 挂 guà [동] 걸다 4급

실전 적용하기

抬

풀이 **[1단계] 뼈대 만들기** : 소파를 들고 있으므로, 목적어는 '沙发(소파)'가 온다. '소파를 어떻게 처리하는 상황'이므로 〈把자문〉을 쓰는 것이 좋다. 이때 사진 속 인물이 하는 말로 생각해서 **구어체**로 하고, **주어**는 '我们'으로 한다.
→ 我们…把沙发…抬

[2단계] 살 붙이기 : '물건을 들어서 어떤 장소로 옮긴다'라고 할 때는 〈把 + 물건 + 抬到 + 장소 + 去〉를 쓸 수 있다. 소파는 주로 거실에 두니 장소를 '客厅'으로 한다. 마지막에 청유를 나타내도록 '吧'를 넣는다.
→ 我们把沙发抬到客厅去吧。

모범 작문 我们把沙发抬到客厅去吧。 우리 소파를 거실로 들고 가자.

어휘 沙发 shāfā [명] 소파 4급 | 抬 tái [동] 들어올리다, 들다 4급 | 客厅 kètīng [명] 거실 4급

꿀팁 언제 동사 '중첩'을 쓰는가?
어떤 동작을 가볍게 해 본다는 의미일 때 **동사 중첩**을 한다. 따라서 중첩을 하게 되면 **어기가 부드러워져서** 상대방에게 **권하거나 부탁을 할 때** 종종 동사 중첩을 하게 된다.
- 来, 尝一尝我做的蛋糕。 자, 내가 만든 케이크 한번 맛보세요. (부탁)
- 我想试(一)试这件衣服。 나는 이 옷을 한 번 입어 보고 싶어. (가벼운 동작의 시도)
- 我看(一)看你的照片, 好吗 ? 내가 너의 사진을 좀 볼게, 괜찮지? (가벼운 동작의 시도)

시제가 현재형일 때는 중간에 '一'를 써도 되고 생략해도 되며, 'V + 一下'도 동사 중첩과 같은 기능을 한다.
- 尝一尝 = 尝一下 / 试一试 = 试一下 / 看一看 = 看一下

3. 겸어문

'兴奋 흥분하다', '吃惊 놀라다', '失望 실망하다', '激动 흥분하다, 감동하다' 등 **심리 상태**를 나타내는 단어가 제시될 때 〈겸어문〉으로 쓰면 쉽게 좋은 문장을 만들 수 있다. 이때 '消息(소식)'를 주어로 써서 문장을 만드는 경우가 많다.

어순 주어 + 让 + 他/她 + 정도부사(很/非常/十分) + 심리 단어(兴奋/吃惊/失望/激动)

예제

吃惊

풀이 이 사진은 여자가 어떤 소식을 듣고 매우 놀라는 상황으로 설정할 수 있다. '消息(소식)'를 주어로 하여 〈겸어문〉을 만드는 것이 좋다.

모범 작문
那个消息让她十分吃惊。
그 소식은 그녀를 매우 놀라게 했다.

어휘 消息 xiāoxi [명] 소식 4급 | 吃惊 chījīng [동] 놀라다 4급

실전 적용하기

激动

풀이 **[1단계] 뼈대 만들기 :** 제시어가 심리 상태를 나타내는 '激动(흥분하다)'이므로 〈겸어문〉으로 문장을 만든다. '소식이 그녀들을 흥분시켰다'로 작문하는 것이 좋다. 여성 3명이 있으므로 '她们'이라고 표현해야 한다.
→ 消息让她们激动

[2단계] 살 붙이기 : 주어(消息)와 술어(激动) 앞에 수식어를 붙인다.
→ 那个消息让她们很激动。

모범 작문 那个消息让她们很激动。 그 소식은 그녀들로 하여금 매우 흥분케 했다.

추가 작문 她们听到消息后非常激动。 그녀들은 소식을 들은 후 매우 흥분했다.

어휘 消息 xiāoxi [명] 소식 4급 | 激动 jīdòng [형] 흥분하다, 감동하다 4급

4. 복문(두 개의 짧은 문장을 합쳐 만들기)

간혹 아무리 표현하려고 해도 긴 문장이 생각나지 않을 때가 있을 수 있다. 이때는 두 개의 문장으로 이루어진 복문을 만드는 것도 하나의 방법이다. 사진 속 상황을 잘 파악하여 인물이 말했을 것 같은 내용을 두 개의 짧은 문장으로 표현한다.

예제

伤心

풀이 오른쪽 여자가 왼쪽 남자에게 상심하지 말라고 위로하는 상황으로 설정할 수 있다. 이때 '别伤心了'만으로는 너무 짧으므로 뒷절에 '나중에 또 기회가 있다'를 추가하여 복문을 만드는 것이 좋다.

모범 작문
别伤心了，以后还有机会。
상심하지 마, 나중에 또 기회가 있잖아.

어휘 伤心 shāngxīn [동] 상심하다, 슬퍼하다 4급 | 机会 jīhuì [명] 기회 3급

擦

풀이 **[1단계] 뼈대 만들기 :** 동사 '擦(닦다)'의 뒤에는 '汗(땀)'이 목적어로 오는 것이 알맞다. 표현 방식은 사진을 보고 있는 우리가 아이들에게 하는 말이라고 설정한다. 아이가 두 명이므로 '你们'을 주어로 한다.
→ 你们擦汗

[2단계] 살 붙이고 복문 만들기 : '你们擦汗'으로만 하기에는 너무 짧기 때문에 뒷절에 '물 마실래?(喝水吗?)'를 추가할 수 있다. 이 문장은 동사가 '擦'와 '喝' 두 개가 나오고 있다. 이처럼 동사가 두 개일 때 '먼저 V₁하고 V₂하다'라고 쓸 수 있다. 그렇다면 V₁ 앞에는 '先'을 넣을 수 있고 땀을 닦는 행위(擦)는 짧게 하는 동작이기 때문에 중첩(擦擦汗)을 시키는 것이 좋다.
→ 你们先擦擦汗, 喝水吗?

모범 작문 你们先擦擦汗, 喝水吗? 너희들 먼저 땀을 좀 닦아. 물 마실래?

어휘 擦 cā [동] 닦다 4급 | 汗 hàn [명] 땀 4급

실전 연습 문제 1

第 1-5 题: 看图, 用词造句。

1.  禁止

2.  打针

3.  剩

4. 表扬

5.  翻译

실전 연습 문제 2

第 1-5 题: 看图, 用词造句。

1.  擦

2.  感动

3.  打折

4.  降落

5.  起飞

❸ 형용사 제시어

기출문제 분석   쓰기 2부분 문장 만들기

형용사 제시어는 매회 1문제 정도가 나오며 간혹 출제되지 않을 때도 있습니다. 하지만 풀이 방법은 단순하기 때문에 요령만 익힌다면 누구나 멋진 작문을 할 수 있습니다. 자, 그럼 조금은 부담을 덜고 형용사 제시어를 학습하도록 합니다.

■ 〈형용사 제시어〉의 풀이 순서

[1단계] 주술목 뼈대 만들기 : 사진 속에 나타난 사물이나 상황을 고려하여 주어를 확정한 후, 형용사 제시어(正确)는 술어나 관형어로 삼는다.

信息 / 正确 。 정보는 정확하다.

[2단계] 살 붙이기 : 주어 앞에 사진 속 상황을 나타낼 수 있는 관형어를 추가하고, 술어(형용사) 앞에는 정도부사나 기타 부사를 추가하여 문장을 비교적 길게 만든다.

我给你的 信息 很 正确。 내가 너에게 준 정보는 매우 정확하다.

사진을 보고 제시어를 사용하여 문장을 만드세요.

重

풀이 **[1단계] 뼈대 만들기** : 제시어가 형용사이므로 형용사가 술어가 되는 〈형용사 술어문〉을 써 볼 수 있다. 남자가 매우 무거워하는 표정이므로 '太重了'를 술어로 만든다.

→ 太重了

[2단계] 살 붙이기 : 표현 방식으로는 이 남자가 '무겁다'라고 말하는 설정이 좋겠다. 두 개의 상자가 있으므로 주어는 '这两个箱子'로 한다.

→ 这两个箱子太重了。

모범 작문 这两个箱子太重了。 이 두 상자는 너무 무겁다.
추가 작문 太重了，快过来帮助我吧。 너무 무거워, 빨리 와서 나 도와줘. ('箱子'라는 글자가 생각나지 않을 경우)
어휘 箱子 xiāngzi [명] 상자 | 重 zhòng [형] 무겁다 4급

전략 학습 : <형용사 제시어> 풀이법

쓰기 2부분 문장 만들기

■ <형용사 제시어> 풀이에 유용한 문장 형식

1. 형용사 술어문 : <관형어 + 주어 + 부사 + 술어(형용사)>

형용사가 술어가 되는 <형용사 술어문>은 뒤에 목적어가 붙을 수 없다. 그래서 문장을 길게 만드는 방법은 크게 두 가지가 있는데, 첫째는 주어 앞에 관형어를 붙이는 것이고, 둘째는 술어(형용사) 앞에 부사를 붙이는 것이다. 관형어는 사진 속 상황이나 등장 사물을 나타내는 단어로 하고, 부사는 주로 정도부사(很, 十分, 非常, 特别, 太~了)와 '有点儿'이 유용하게 쓰인다.

풀이 [1단계] 뼈대 만들기 : 축구 경기를 응원하고 있는 사진이므로 주어는 '足球比赛(축구 경기)'로 하고, '精彩(훌륭하다)'를 술어로 한다.
→ 足球比赛…精彩

[2단계] 살 붙이기 : 주어(足球比赛) 앞에 관형어 '今天的(오늘의)'를 추가하고, 술어(精彩) 앞에 정도부사 '非常'을 넣어 문장을 더 길게 만든다.
→ 今天的足球比赛非常精彩。

모범 작문
今天的足球比赛非常精彩。
오늘의 축구 경기는 매우 재미있다.

어휘 精彩 jīngcǎi [형] 훌륭하다, 멋지다, 재미있다 4급
比赛 bǐsài [명] 시합, 경기 [동] 시합하다, 겨루다 3급

精彩

실전
적용하기

难受

풀이 **[1단계] 뼈대 만들기** : 눈을 비비고 있으므로 '眼睛'을 주어로 하고, '难受(괴롭다)'를 술어로 하는 뼈대를 만든다.
→ 眼睛…难受

[2단계] 살 붙이기 : '难受' 앞에 '有点儿(약간, 조금)'을 붙여 문장을 좀 더 길게 만든다. 하지만 여전히 짧은 감이 있기 때문에 '她觉得'를 넣는다.
→ 她觉得眼睛有点儿难受。

모범 작문 她觉得眼睛有点儿难受。 그녀는 눈이 좀 괴롭다고 느낀다.

어휘 难受 nánshòu [형] (몸이) 불편하다, 괴롭다 4급

2. 정태보어로 만들기 : 〈주어 + 술어 + 得 + 보어(很 + 형용사 제시어)〉

형용사가 또 할 수 있는 역할은 정태보어이다. 이때는 주로 〈很 + 형용사 제시어〉 형태가 되고, 때에 따라서는 '很' 대신에 다른 정도부사 '十分', '非常' 등도 가능하다. 이때 사진 속 사물이나 인물을 주어로 하고 그 특징을 나타낼 수 있는 술어가 될 만한 동사를 찾는 것이 중요하다.

예제

详细

풀이 **[1단계] 뼈대 만들기** : 여자가 어떤 자료(材料)를 보고 있고 제시어는 '详细(상세하다)'이다. '자료가 상세하다'라고 뼈대를 만들 수 있다.
→ 材料详细

[2단계] 살 붙이기 1 : 자료(材料)를 세는 양사는 '份'이므로 '这份'이 '材料'를 수식하게 한다. → 这份材料详细

[3단계] 살 붙이기 2 : 단순히 '자료가 상세하다'라고만 하지 말고 '자료가 상세하게 쓰여졌다'라고 할 수 있기 때문에 '详细' 앞에 '写得很'을 붙여서 정태보어 형태로 만든다. → 这份材料写得很详细。

모범 작문 这份材料写得很详细。 이 자료는 매우 상세하게 써졌다.

어휘 详细 xiángxi [형] 상세하다 4급 | 份 fèn [양] 부, 통, 권(신문·잡지·문건 등을 세는 단위) 4급 | 材料 cáiliào [명] 자료, 재료 4급

꿀팁

동작(写)의 대상(材料)도 주어가 될 수 있다!

'这份材料写得很详细.'에서 '**这份材料**'는 '**写**'의 대상, 즉 **의미상 목적어**에 해당한다. 하지만 이것이 주어가 되었는데 〈被피동문〉으로 쓰지 않았다. '**자료**'가 써짐을 당한 것(피동)이 너무나 자명한 것이기 때문에 굳이 '**被**'를 쓰지 않는 것이다. 이처럼 **동작의 대상(의미상 목적어)이 사람이 아닌 사물(材料)일 때, 그것이 주어 자리에 올 수 있으며 굳이 '被'를 쓰지 않는다.** 또한 꼭 사람만이 주어가 된다는 고정 관념을 버리자.

- 衣服洗得很干净。 옷이 깨끗하게 빨렸다.
- 今天的工作都做完了。 오늘의 일은 다 끝났다.

실전 적용하기

 帅

풀이 [1단계] 뼈대 만들기 : 제시어인 '帅(잘생기다)'를 정태보어로 쓴다고 가정했을 때 앞에 오는 동사로는 '长'이 알맞다. '他帅'라고만 하기에는 문장이 너무 짧기 때문에 '我弟弟(나의 동생)'를 주어로 한다.
→ 我弟弟…长得…帅

[2단계] 살 붙이기 : '长' 앞에는 '也'를, '帅' 앞에는 '很'을 붙여 문장을 좀 더 풍부하게 만든다.
→ 我弟弟也长得很帅。

모범 작문 我弟弟也长得很帅。 내 동생도 잘 생겼어요.

어휘 帅 shuài [형] 잘생기다, 멋지다 4급 | 长 zhǎng [동] 생기다, 자라다 3급

3. 복문으로 만들기

앞에서 〈형용사 술어문〉을 길게 쓰는 방법은 주어 앞에 관형어를 붙이는 것과, 제시어(형용사)를 정태보어로 쓰는 방법이 있다고 배웠다. 또 하나의 방법은 바로 복문으로 문장을 만드는 것이다. 즉, 짧은 문장을 하나 더 만드는 것이다.

풀이 [1단계] 뼈대 만들기 : 각자 상자를 하나씩 들고 있으므로 주어는 '箱子'로 하고 제시어인 '轻'은 술어로 한다. 이때 술어 앞에 정도부사 '很'을 넣는다.
→ 箱子很轻

[2단계] 살 붙이고 복문 만들기 : '箱子' 앞에는 '这个' 관형어를 붙이고, 앞 절에는 '没关系'를 넣어서 복문으로 만든다.
→ 没关系, 这个箱子很轻。

모범 작문

没关系, 这个箱子很轻。
괜찮아요, 이 상자는 아주 가벼워요.

어휘 轻 qīng [형] 가볍다 4급 | 箱子 xiāngzi [명] 상자 3급

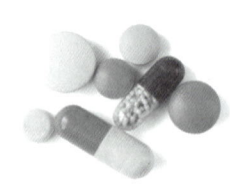

풀이 [1단계] 뼈대 만들기 : 사진은 약이므로 '药'를 주어로 하고, '苦'를 술어로 한다. 이때 약을 먹는 설정으로 하고, '약은 쓰지 않다(不苦)'로 표현해 보자.
→ 药不苦

[2단계] 살 붙이고 복문 만들기 : '药' 앞에 관형어로 '这个'를 붙이고, 앞 절에는 '약 먹을 때가 되었다'라고 문장을 덧붙여 **복문**으로 문장을 완성한다.

→ 该吃药了，这个药不苦。

모범 작문 该吃药了，这个药不苦。 약 먹을 때가 됐어요. 이 약은 쓰지 않아요.

어휘 苦 kǔ [형] 쓰다, 힘들다 4급 | 该 gāi [조동] 마땅히 ~해야 한다 | 药 yào [명] 약 2급

꿀팁

该 + V + 了 : V할 때가 되었다

'该'는 '应该'의 줄임말이고, '了'는 변화를 나타내는 어기조사이다. 따라서 〈该 + V + 了〉라고 쓰면 '~할 때가 되었다'라고 해석이 된다.

- 该睡觉了。 잘 때가 되었다.
- 该回家了。 집에 갈 시간이 되었다.

실전 연습 문제 1

第1-5题：看图，用词造句。

1.  得意

2.  复杂

3.  轻松

4. 危险

5.  脏

실전 연습 문제 2

第 1-5 题: 看图, 用词造句。

1.  严重

2. 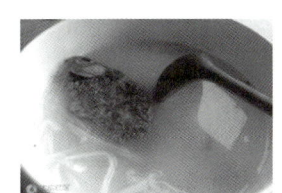 咸

3.  辛苦

4.  香

5. 幽默

❹ 기타 제시어

기출문제 분석
쓰기 2부분 문장 만들기

〈쓰기 2부분〉에서는 주로 **명사, 동사, 형용사**가 출제됩니다. 하지만 간혹 **부사, 양사** 등 다른 품사가 나오기도 하는데요. 명사, 동사, 형용사는 거의 매번 출제되는 반면 이들은 어쩌다가 출제되는 것이 특징입니다. 따라서 3대 품사를 제외한 기타 품사 제시어의 풀이법과 필요한 기술을 학습합니다.

■ 〈기타 제시어〉의 풀이 순서

> **[1단계] 뼈대 만들기 :** 사진 속에 사물이나 사람을 주어로 하고, 그 상황을 잘 나타낼 수 있는 동사나 형용사를 떠올려 술어로 삼는다. 제시어의 품사와 뜻을 고려하여 **적절한 위치**에 놓는다. 제시어가 **부사**라면 동사나 형용사 앞에, 수사와 양사라면 수량구를 만들어 **명사를 수식**한다.
>
> **[2단계] 살 붙이기 :** 주어 앞에 사진 속 상황을 묘사할 수 있는 **관형어**를 추가하고 술어(동사나 형용사) 앞에는 **부사** 등을 넣어 문장을 비교적 길게 만든다. 그래도 짧게 느껴진다면 **짧은 문장**을 추가하여 **복문**으로 만든다.

기출 맛보기

사진을 보고 제시어를 사용하여 문장을 만드세요.

俩 2회 이상 출제

풀이 **[1단계] 뼈대 만들기 :** '俩'는 수사로 '두 사람'의 뜻인데, 뒤에는 '个'와 같은 양사를 쓰지 않고 '我俩', '我们俩', '他俩', '她俩', '他们俩'의 형태로 쓴다. 남녀 두 사람이 쇼핑을 하는 장면이므로 주어는 '他们俩', 동사는 '逛街'로 해서 뼈대를 만든다. → 他们俩逛街

[2단계] 살 붙이기 : '他们俩逛街'로는 문장이 너무 짧기 때문에 뒤에 '买了很多东西'를 붙여서 **연동문**으로 만든다. → 他们俩逛街买了很多东西。

모범 작문 他们俩逛街买了很多东西。 그들 둘은 쇼핑해서 많은 것을 샀다.

추가 작문 他们俩逛街逛得很开心。 / 他们俩购物得很开心。 그들 둘은 쇼핑을 즐겁게 했다.

어휘 俩 liǎ [수] 두 개, 둘 4급 | 逛街 guàngjiē [동] 아이쇼핑하다, 길거리를 한가로이 거닐며 구경하다 4급 | 开心 kāixīn [형] 즐겁다 4급 | 购物 gòuwù [동] 쇼핑하다, 물품을 구입하다 4급

전략 학습 : <기타 제시어> 풀이법

쓰기 2부분 문장 만들기

기타 제시어로 지금까지 출제된 품사는 **부사(到底), 양사(只), 수사(俩)** 정도입니다. 사실 어떤 단어가 나올지 예측 불가이고 또 그 출제 빈도가 극히 낮기 때문에 **일정한 규칙을 규정하기가 어렵습니다.** 특이한 것은 '到底'와 '俩'가 두 번 이상 출제되었다는 점인데요. 그래서 특히 '到底'에 대해서 정확하게 대비해야 합니다. 이번 <전략 학습>에서는 **지금까지 나왔던 문제를 풀어 보면서 어떻게 풀어야 하는지 방법과 감을 익히도록 합니다.**

■ <기타 제시어> 풀이에 유용한 방법

1. 부사는 동사나 형용사 앞에 위치시킨다.

到底 2회 이상 출제

풀이 **[1단계] 뼈대 만들기 :** '到底(도대체)'는 부사이므로 동사를 수식하도록 한다.
→ 到底 + V

[2단계] 살 붙이기 : 뭔가를 생각하는 장면으로 **어떤 답을 찾기 위해서 생각하는 상황으로 설정**할 수 있다. 따라서 **'도대체 답이 뭐야?'**라고 작문해 본다.
→ 答案到底是什么? / 到底答案是什么?

모범 작문 答案到底是什么? 답안은 도대체 뭐지?

어휘 到底 dàodǐ [부] 도대체 4급 | 解决 jiějué [동] 해결하다 3급

꿀팁

'到底'의 위치

'到底'는 부사이므로 **일반적으로 동사나 형용사 앞에 온다.** 하지만 '到底'는 **주어 앞에도 올 수 있는 부사**임을 유의하자.

• 你到底什么时候来啊? 넌 도대체 언제 오니? = 到底你什么时候来啊?

하지만 **의문대사가 주어로 올 경우 '到底'는 반드시 의문대사 앞에 온다**는 것을 <쓰기 1부분> '부사편'에서 배운 바 있다.

• 到底谁拿走了我的照片? 도대체 누가 내 사진을 가져갔어?

2. 동량사는 동사 뒤에 동량보어로 위치시킨다.

실전 적용하기

遍

풀이 **[1단계] 뼈대 만들기** : '遍'은 동량사로 처음부터 끝까지 이루어지는 행위를 센다. 책을 보고 있으므로 동사로는 '读'가 생각나야 한다. 동량사는 동사(读) 뒤에 동량보어가 되기 때문에 '遍'은 '读' 뒤에 온다. 남자아이이므로 他를 주어로 한다.
→ 他 … 读 … 遍

[2단계] 살 붙이기 : 사진 속 사물은 책이므로 '这本书'를 맨 앞에 대주어로 놓고, '遍' 앞에 '很多'를 붙여서 '이 책을 그는 여러 번 읽었다.'로 작문한다.
→ 这本书他读过很多遍了。

모범 작문 这本书他读过很多遍了。 이 책을 그는 여러 번 읽었다.

어휘 遍 biàn [양] 번, 회(한 동작의 처음부터 끝까지의 전 과정을 가리킴) [형] 두루 미치다 4급

꿀팁 〈주술 술어문〉과 동작의 대상이 주어가 되는 경우

'这本书他读过很多遍了。'는 주어가 두 개(这本书, 他)인 〈주술 술어문〉이다. 〈주술 술어문〉은 주어가 두 개(这本书, 他)가 나오고, 주술구(他读过很多遍)가 대주어(这本书)의 술어가 되는 문장이다.

这本书 / 他 / 读过 / 很多遍了。
대주어 / 소주어 / 술어 / 보어
주어   술어(주술구)

'她性格很好。(그녀는 성격이 좋다.)'가 전형적인 〈주술 술어문〉이고 '这件衣服我也买了一件。(이 옷은 나도 하나 샀다.)'도 〈주술 술어문〉이 된다. 특히 '这本书', '这件衣服'처럼 특정 사물이 동작(读, 买)의 대상이지만 주어로 올 수 있고, 이때 〈주술 술어문〉이 될 수 있다.

• 她性格很好。 그녀는 성격이 좋다.
• 这本书他读过很多遍了。 이 책은 그가 여러 번 읽었다.
• 这件衣服我也买了一件。 이 옷은 나도 하나를 샀다.

3. 명량사는 명사 앞에 위치시킨다.

只

풀이 **[1단계] 뼈대 만들기** : '只(마리)'는 동물을 세는 명량사이고 사진에는 한 마리의 호랑이가 있으므로 '一只老虎' 가 들어가야 한다.

→ 一只老虎

[2단계] 살 붙이기 : 하나의 문장이 되려면 주어, 술어, 목적어가 들어가므로 사진을 보고 주어를 생각해 내야 한다. 호랑이는 산에 살므로 '山上'을 주어로 하고, '有'를 술어로 하게 되면 〈존현문〉이 된다. 〈존현문〉의 어순은 〈S(장소) + V(존재/출현) + 관형어 + O(존재나 출현의 대상)〉이다. 이때 주어(S) 앞에 '在'를 쓰지 않으며 주로 '上, 中, 下, 里, 旁' 같은 방위사가 붙는다.

→ 山上有一只老虎。

모범 작문 山上有一只老虎。 산속에는 한 마리의 호랑이가 있다.

추가 작문 森林里住着一只老虎。 숲속에는 한 마리의 호랑이가 살고 있다.

어휘 只 zhī [양] 마리 4급 | 森林 sēnlín [명] 숲, 산림 4급 | 住 zhù [동] 살다 1급 | 老虎 lǎohǔ [명] 호랑이 4급

실전 연습 문제

第1-5题: 看图, 用词造句。

1.  棵

2. 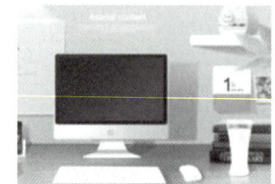 台

3.  到底

4.  趟

5.  竟然

필수 암기 문장 쓰기 연습

아래 문장들은 〈쓰기 2부분〉에서 모범 작문으로 나왔던 문장들입니다. 몇 번씩 손으로 써 보고 문장을 통째로 암기하도록 노력합니다. 특히 강조된 단어는 한 번 더 써 봄으로써 확실하게 쓸 수 있도록 연습합니다.

1. **你猜猜我是谁?** 너 내가 누군지 한번 맞춰 봐.
   你猜猜我是谁?   猜猜
   _____

2. **这些花好香啊!** 이 꽃은 정말 향기로워!
   这些花好香啊!   香
   _____

3. **山上有一只老虎。** 산속에는 한 마리의 호랑이가 있다.
   山上有一只老虎。   老虎
   _____

4. **加油站禁止抽烟。** 주유소에서는 담배 피우는 것을 금지한다.
   加油站禁止抽烟。   禁止
   _____

5. **答案到底是什么?** 답안은 도대체 뭐지?
   答案到底是什么?   到底
   _____

6. **我竟然通过考试了!** 내가 뜻밖에도 시험에 통과했어!
   我竟然通过考试了!   竟然 考试
   _____

7. 妈，我把盘子擦干净了。 엄마, 제가 접시를 깨끗하게 닦았어요.
   妈，我把盘子擦干净了。　　　擦　干净

8. 公园里有一棵大树。 공원에는 한 그루의 큰 나무가 있다.
   公园里有一棵大树。　　　公园　树

9. 这两个箱子太重了。 이 두 상자는 너무 무겁다.
   这两个箱子太重了。　　　箱子　重

10. 我弟弟也长得很帅。 내 동생도 잘 생겼어요.
    我弟弟也长得很帅。　　　弟弟　帅

11. 她觉得眼睛有点儿难受。 그녀는 눈이 좀 괴롭다고 느낀다.
    她觉得眼睛有点儿难受。　　　难受

12. 这个西瓜又大又圆。 이 수박은 크고 또 둥글다.
    这个西瓜又大又圆。　　　西瓜　圆

13. 这件事到底该怎么办? 이 일은 도대체 어떻게 하지?
    这件事到底该怎么办?　　　到底

14. **我们终于完成任务了！** 우리가 마침내 임무를 완성했다.
    我们终于完成任务了！   终于   完成

15. **钥匙应该就在包里呀。** 열쇠는 마땅히 가방 안에 있어야 하는데.
    钥匙应该就在包里呀。   钥匙   包

16. **这部电影让她很感动。** 이 영화는 그녀로 하여금 감동하게 했다.
    这部电影让她很感动。   电影   感动

17. **这份材料写得很详细。** 이 자료는 매우 상세하게 써졌다.
    这份材料写得很详细。   材料   详细

18. **她每天都坚持写日记。** 그녀는 매일 일기 쓰기를 계속한다.
    她每天都坚持写日记。   坚持   日记

19. **他坐在沙发上看杂志。** 그는 소파에 앉아서 잡지를 보고 있다.
    他坐在沙发上看杂志。   沙发   杂志

20. **那个消息让她们很激动。** 그 소식은 그녀들로 하여금 매우 흥분케 했다.
    那个消息让她们很激动。   消息   激动

21. 飞机马上就要降落了。 비행기가 곧 착륙하려 한다.
    飞机马上就要降落了。　　　　飞机　降落

22. 桌子上放着一台电脑。 탁자 위에 한 대의 컴퓨터가 놓여 있다.
    桌子上放着一台电脑。　　　　桌子　电脑

23. 这个鞋子的价格太贵了。 이 신발의 가격은 너무 비싸다.
    这个鞋子的价格太贵了。　　　鞋子　价格　贵

24. 这本书他读过很多遍了。 이 책을 그는 여러 번 읽었다.
    这本书他读过很多遍了。　　　读　遍

25. 她每天都要喝一杯果汁。 그녀는 매일 한 잔의 주스를 마신다.
    她每天都要喝一杯果汁。　　　喝　果汁

26. 这家店的包子非常好吃。 이 가게의 만두는 매우 맛있다.
    这家店的包子非常好吃。　　　店　包子　好吃

27. 我刚才收到了一条短信。 나는 방금 한 통의 문자 메시지를 받았다.
    我刚才收到了一条短信。　　　收　短信

28. 我忘记了信用卡的密码，应该怎么办?
    나는 신용 카드의 비밀번호를 잊어버렸는데, 어떻게 하죠?
    我忘记了信用卡的密码，应该怎么办?   信用卡

29. 你也想去美国读硕士吗?   너도 미국에 가서 석사를 하고 싶어?
    你也想去美国读硕士吗?   读   硕士

30. 她是一个很优秀的导游。   그녀는 한 명의 우수한 관광 안내원이다.
    她是一个很优秀的导游。   优秀   导游

31. 来，尝一尝我做的蛋糕。   자, 내가 만든 케이크를 맛 좀 보세요.
    来，尝一尝我做的蛋糕。   尝   蛋糕

32. 那个消息让她十分吃惊。   그 소식은 그녀를 매우 놀라게 했다.
    那个消息让她十分吃惊。   消息   吃惊

33. 你们先擦擦汗，喝水吗?   너희들 먼저 땀을 좀 닦아, 물 마실래?
    你们先擦擦汗，喝水吗?   汗   喝

34. 妈妈经常表扬孩子很棒。   엄마는 자주 아이가 훌륭하다고 칭찬한다.
    妈妈经常表扬孩子很棒。   表扬   棒

35. 没关系，这个箱子很轻。괜찮아요. 이 상자는 아주 가벼워요.
    没关系，这个箱子很轻。　　　　　　　　关系　轻

36. 该吃药了，这个药不苦。약 먹을 때가 됐어요. 이 약은 쓰지 않아요.
    该吃药了，这个药不苦。　　　　　　　　药　苦

37. 他躺着很轻松地听音乐。그는 누워서 홀가분하게 음악을 듣고 있다.
    他躺着很轻松地听音乐。　　　　　　　　躺　轻松

38. 他们俩逛街买了很多东西。그들 둘은 쇼핑해서 많은 것을 샀다.
    他们俩逛街买了很多东西。　　　　　　　逛街

39. 剩了这么多菜，太浪费了。이렇게 많은 요리를 남기다니 너무 낭비야.
    剩了这么多菜，太浪费了。　　　　　　　剩　浪费

40. 她打扮时经常用这个镜子。그녀는 화장할 때 자주 이 거울을 사용한다.
    她打扮时经常用这个镜子。　　　　　　　打扮　镜子

41. 我们把画儿挂在这儿怎么样？우리 그림을 여기에 거는 게 어떨까?
    我们把画儿挂在这儿怎么样？　　　　　　画　挂

42. 我们把沙发抬到客厅去吧。 우리 소파를 거실로 들고 가자.
    我们把沙发抬到客厅去吧。　　　　　抬　客厅

43. 别伤心了，以后还有机会。 상심하지 마. 나중에 또 기회가 있잖아.
    别伤心了，以后还有机会。　　　　　伤心　机会

44. 开车时打手机是很危险的。 운전할 때 핸드폰을 하는 것은 매우 위험하다.
    开车时打手机是很危险的。　　　　　手机　危险

45. 这双鞋现在打折，很便宜。 이 신발은 할인하고 있어서 매우 싸다.
    这双鞋现在打折，很便宜。　　　　　鞋　打折　便宜

46. 他乘坐的飞机已经起飞了。 그가 탄 비행기가 이미 이륙했다.
    他乘坐的飞机已经起飞了。　　　　　乘坐　起飞

47. 今天的足球比赛非常精彩。 오늘의 축구 경기는 매우 재미있다.
    今天的足球比赛非常精彩。　　　　　比赛　精彩

48. 这个周末我准备去爬长城。 이번 주말에 나는 만리장성에 오를 계획이다.
    这个周末我准备去爬长城。　　　　　准备　爬

49. 来，我告诉你一个好消息。 와 봐, 내가 좋은 소식 하나 알려 줄게.
    来，我告诉你一个好消息。　　　告诉　消息

50. 对于这件事，您有什么看法？ 이번 일에 대해서 당신은 어떤 견해를 가지고 있습니까?
    对于这件事，您有什么看法？　　　对于　看法

51. 我去趟洗手间，你等我一下。 나 화장실 좀 다녀올게. 잠깐 기다려 줘.
    我去趟洗手间，你等我一下。　　　洗手间　等

52. 幽默的男人更受女人的欢迎。 유머러스한 남자는 더욱 여자의 환영을 받는다.
    幽默的男人更受女人的欢迎。　　　幽默　欢迎

53. 这个女孩儿钢琴弹得非常好。 이 여자아이는 피아노를 매우 잘 친다.
    这个女孩儿钢琴弹得非常好。　　　钢琴　弹

54. 这里到处都是垃圾，真脏啊！ 이곳은 도처가 다 쓰레기야. 정말 더러워!
    这里到处都是垃圾，真脏啊！　　　到处　垃圾　脏

55. 这个孩子一点儿也不害怕打针。 이 아이는 주사 맞는 것을 조금도 두려워하지 않는다.
    这个孩子一点儿也不害怕打针。　　　害怕　打针

56. 你能把这个句子翻译成中文吗? 당신은 이 문장을 중국어로 번역할 수 있습니까?
    你能把这个句子翻译成中文吗?　　翻译

57. 别太得意了，比赛还没结束呢。 너무 득의하지 마. 아직 시합이 끝나지 않았어.
    别太得意了，比赛还没结束呢。　　得意　结束

58. 你的感冒很严重，快去医院吧。 너의 감기가 심해. 빨리 병원에 가 봐.
    你的感冒很严重，快去医院吧。　　感冒　严重　医院

59. 奶奶您辛苦了，我给您擦擦汗。 할머니 고생하셨어요. 제가 땀을 좀 닦아 드릴게요.
    奶奶您辛苦了，我给您擦擦汗。　　奶奶　辛苦

60. 你尝尝这个饺子的味道怎么样? 너 이 만두 맛이 어떤지 맛 좀 봐.
    你尝尝这个饺子的味道怎么样?　　饺子　味道

61. 这个数学题太复杂了，我做不了了。 이 수학 문제는 너무 복잡해. 난 못 풀겠어.
    这个数学题太复杂了，我做不了了。　　复杂

62. 衣服怎么这么脏啊，去踢足球了吗? 옷이 왜 이렇게 더러워. 축구하러 갔었어?
    衣服怎么这么脏啊，去踢足球了吗?　　衣服　脏　踢

63. 我觉得这个汤有点儿咸，你尝一尝。 나는 이 국이 좀 짠 것 같아. 네가 맛 좀 봐.

　　我觉得这个汤有点儿咸，你尝一尝。　　汤　咸

---

64. 最近工作压力太大了，我想休息一下。
　　최근에 업무 스트레스가 너무 많아. 나는 좀 쉬고 싶어.

　　最近工作压力太大了，我想休息一下。　　压力　休息

실전 모의고사입니다.
실제 한어수평고시(HSK) 문제지와
가장 흡사한 형태이니
시험 전 자신의 실력을 점검해 보세요.
실제 시험처럼 답안 카드 사용하여 문제를 풀어 보세요.

1. 듣기 (45문항, 약 30분)
2. 독해 (40문항, 40분)
3. 쓰기 (15문항, 25분)

듣기 후 답안을 작성할 5분의 시간이 주어집니다.
총 시험 시간은 약 105분입니다. (수험생 정보 입력 시간 5분 포함)

시험 시간에 유의하여 실제 시험처럼 문제를 풀어 보세요.

新汉语水平考试
HSK（四级）

注　意

一、HSK（四级）分三部分：

　　1. 听力（45 题，约 30 分钟）

　　2. 阅读（40 题，40 分钟）

　　3. 书写（15 题，20 分钟）

二、听力结束后，有 5 分钟填写答题卡

三、全部考试越 105 分钟（含考生填写个人信息时间 5 分钟）

一、听 力

 4-1

第一部分

第 1-10 题: 判断对错。

例如: 我想去办个信用卡, 今天下午你有时间吗? 陪我去一趟银行?

★ 他打算下午去银行。　　　　　　　　　　　　　　　(✓)

现在我很少看电视, 其中一个原因是, 广告太多了, 不管什么时间, 也不管什么节目, 只要你打开电视, 总能看到那么多的广告, 浪费我的时间。

★ 他喜欢看电视广告。　　　　　　　　　　　　　　　(✗)

1. ★ 刷牙时要使用温水。　　　　　　　　　　　　　　(　)

2. ★ 优秀的管理者要做好每件事。　　　　　　　　　　(　)

3. ★ 儿孙们都担心爷爷。　　　　　　　　　　　　　　(　)

4. ★ 小王性格活泼。　　　　　　　　　　　　　　　　(　)

5. ★ 过去的联系方法很麻烦。　　　　　　　　　　　　(　)

6. ★ 很多年轻人缺少锻炼。　　　　　　　　　　　　　(　)

7. ★ 我不愿意用宾馆的毛巾。　　　　　　　　　　　　(　)

8. ★ 经常换工作是正确的选择。　　　　　　　　　　　(　)

9. ★ 互相帮助才能共同前进。　　　　　　　　　　　　(　)

10. ★ 很多人仍然爱看报纸。　　　　　　　　　　　　　(　)

第二部分

第 11-25 题: 请选出正确答案。

例如： 女：该加油了，去机场的路上有加油站吗？
　　　男：有，你放心吧。
　　　问：男的主要是什么意思？

　　　A 去机场　　　B 快到了　　　C 油是满的　　　D 有加油站 ✓

11. A 喝热茶　　　B 去医院　　　C 擦擦肚子　　　D 洗个热水澡

12. A 担心浪费　　B 盐放多了　　C 把菜倒掉　　　D 小吃太辣

13. A 长得很帅　　B 很有自信　　C 不太成熟　　　D 符合要求

14. A 买新的　　　B 找人修理　　C 打开窗户　　　D 把空调搬走

15. A 沙发　　　　B 空调　　　　C 眼镜　　　　　D 袜子

16. A 很清楚　　　B 不适合　　　C 太简单　　　　C 不够正式

17. A 蛋糕　　　　B 果汁　　　　C 饼干　　　　　D 咖啡

18. A 要请假　　　B 可能要出门　C 爱到处旅行　　D 刚到火车站

19. A 校长　　　　B 邻居　　　　C 亲戚　　　　　D 警察

20. A 生病了　　　B 相机借走了　C 正在收拾家　　D 怕打扰男的

21. A 张律师   B 张医生   D 李博士   D 李护士

22. A 后悔了   B 做事仔细   C 在学开车   D 很重视安全

23. A 长得帅   B 踢球很厉害 C 会打羽毛球 D 喜欢打篮球

24. A 挂张地图   B 注意节约   C 挂对面墙上 D 抬进厨房里

25. A 租金很贵   B 离学校近   C 交通方便   D 周围热闹

第三部分

第 26-45 题: 请选出正确答案。

例如: 男: 把这个文件复印五份, 一会儿拿到会议室发给大家。
女: 好的。会议是下午三点吗?
男: 改了。三点半, 推迟了半个小时。
女: 好, 602会议室没变吧?
男: 对, 没变。

问: 会议几点开始?

A 两点　　　B 3点　　　C 3:30 ✓　　　D 6点

26. A 懒得做　　　B 想减肥　　　C 没功夫吃　　　D 中午吃多了

27. A 得意　　　B 紧张　　　C 吃惊　　　D 着急

28. A 去打针了　　　B 买了台电脑　　　C 买新房子了　　　D 写错地址了

29. A 不买了　　　B 付现金　　　C 再考虑一下　　　D 用信用卡买

30. A 收拾行李　　　B 去倒垃圾　　　C 整理材料　　　D 别乱扔东西

31. A 饭店　　　B 厨房　　　C 银行　　　D 游泳馆

32. A 空气好　　　B 很安静　　　C 景色美　　　D 保护得很好

33. A 收入高　　　B 压力大　　　C 能积累经验　　　D 会影响学习

34. A 词典　　　B 历史书　　　C 故事书　　　D 数学作业

35. A 腿破了   B 刚吃药   C 胳膊疼   D 买了新家具

36. A 禁止停车   B 不会迷路   C 要早做准备   D 困难能被解决

37. A 积极一些   B 降低标准   C 学会放松   D 找人拿主意

38. A 中间最好吃   B 不太受欢迎   C 样子很特别   D 价格很便宜

39. A 职业   B 生活   C 食品   D 味道

40. A 很诚实   B 做事马虎   C 会讲笑话   D 有时觉得无聊

41. A 十分礼貌   B 使人快乐   C 遇事冷静   D 能给人安全感

42. A 帮忙提包   B 要求办卡   C 请顾客喝茶   D 介绍店内东西

43. A 耐心的   B 免费的   C 提供便宜货的   D 不打扰顾客的

44. A 更难过   B 更紧张   C 轻松许多   D 觉得无聊

45. A 要有礼貌   B 要有同情心   C 要互相理解   D 哭不一定不好

二、阅 读

第一部分

第 46-50 题：选词填空。

A 区别　　B 优秀　　C 材料　　D 坚持　　E 由　　F 通知

例如：她每天都（ D ）走路上下班，所以身体一直很不错。

46. 小林，这次的招聘是（　　）你负责吧？

47. 小王，这份（　　）明天早上就要用，得请你翻译一下。

48. 中国南北距离约5500公里，因此南北气候有很大（　　）。

49. 王教授不但会三种语言，而且会写小说，各方面都很（　　）。

50. 小张，原定后天上午的会议改在明天下午两点了，你（　　）一下其他人。

第 51-55 题: 选词填空。

A 开心　B 商量　C 温度　D 袜子　E 推迟　F 顺便

例如：A: 今天真冷啊，好像白天最高（ C ）才2℃。
　　　B: 刚才电视里说明天更冷。

51. A: 你怎么这么早就回来了？比赛结束了？
　　 B: 不是，比赛（　　）了，也不知道什么原因。

52. A: 您考虑得怎么样了？
　　 B: 我还是觉得有点儿贵，得和我妻子再（　　）一下。

53. A: 家里没有啤酒了，我去趟超市。
　　 B: 你下楼的时候（　　）把垃圾扔了。

54. A: 你好像很不（　　），我给你讲个笑话吧。
　　 B: 我没事，谢谢你的关心。

55. A: 你怎么买了这么多（　　）？
　　 B: 商场在做活动，10块钱3双，我就多买了些。

第二部分

第 56-65 题: 排列顺序。

例如： A 可是今天起晚了

　　　 B 平时我骑自行车上下班

　　　 C 所以就打车来公司　　　　　　　　　　　　　　B A C

56. A 稍等一下，我看见我们经理了

　　 B 马上就回来，你先找座位坐下吧

　　 C 我去跟他打个招呼　　　　　　　　　　　　　 _____

57. A 在使用感冒药之前

　　 B 医生提醒人们

　　 C 一定要仔细阅读说明书　　　　　　　　　　　 _____

58. A 打好基础的同时，还要找到学习的重点

　　 B 要想取得好成绩

　　 C 这样才能收到好的效果　　　　　　　　　　　 _____

59. A 他逐渐懂事了

　　 B 大学毕业后成了一名优秀的律师。

　　 C 随着年龄的增长　　　　　　　　　　　　　　 _____

60. A 可是我敲了半天门都没人开
    B 喂，小李，你说的客人是住501房间吧
    C 给他打电话也一直占线   _____

61. A 原谅是一种美
    B 我们常说要学会原谅别人
    C 但也要试着原谅自己   _____

62. A 有些人即使只睡5个小时也很有精神
    B 大部分人每天晚上至少应该睡7个小时
    C 但是这个标准并不适合每一个人   _____

63. A 记得给我打个电话
    B 估计三天左右就能到，你等收到后
    C 你要的裙子我给你寄过去了   _____

64. A 其实朋友应该像镜子
    B 有人说真正的朋友是能和自己一起快乐的人
    C 能帮你看清自己的缺点   _____

65. A 尽管李教授来不及赶过来
    B 她说，非常感谢你为这个研究做出的努力
    C 但她让我带了礼物给你   _____

第三部分

第66-85题: 请选出正确答案。

例如: 她很活泼,说话很有趣,总能给我们带来快乐,我们都很喜欢和她在一起。
★ 她是个什么样的人?
A 幽默 ✓   B 马虎   C 骄傲   D 害羞

66. 这篇课文的内容和语法知识全部讲完了,接下来我们做几个练习题,请同学们看第35页。
★ 说话人:
A 是老师   B 在发通知   C 在和人讨论   D 让大家预习

67. 十几年没见的老同学今天终于再次见面了。尽管每个人的变化都很大,但不变的是感情,大家都非常地激动和高兴,好像有说不完的话。
★ 根据这段话,老同学见面时:
A 很少交谈   B 变化不大   C 心情激动   D 互相不认识了

68. 他是当时中国最有名的男演员之一,演的每部电影都非常受欢迎。即使现在他已不再演电影了,但仍然有许多观众喜欢他。
★ 那位男演员:
A 演技一般   B 很有礼貌   C 当过作家   D 很受欢迎

69. 举办这次活动,主要是为了向大家介绍我们公司推出的新手机,希望通过这次活动引起大家的兴趣,让大家更了解我们。
★ 举办这次活动是为了:
A 参加比赛   B 赢得竞争   C 介绍手机   D 积累经验

70. 小高，按照你现在的速度，体育恐怕很难合格。你必须在20秒内跑完100米。接下来这几个月，你要多多练习。

★ 说话人希望小高：

A 熟悉动作　　B 加快速度　　C 别怕辛苦　　D 偶尔跑跑步

71. 我们班大部分同学毕业后都直接参加工作了，只有万飞和张月他们俩因为喜欢做研究，就继续留在学校读硕士了。

★ 大多数同学毕业后都：

A 结婚了　　B 上班了　　C 选择了留学　　D 申请出国工作

72. 日记是对每天的总结，它积累的不仅有回忆，也有经验。你现在记下的一句话，也许会对你将来做的事情有很大的帮助。

★ 这段话主要谈的是：

A 职业　　B 阅读方法　　C 怎样写总结　　D 写日记的好处

73. 我刚刚收到王校长发给我的电子邮件，说他最近病了，咳嗽得很厉害，医生要求他多休息，但他还是坚持工作，翻译了一本关于亚洲历史的书。

★ 王校长最近：

A 身体健康　　B 一直上网　　C 怕被打扰　　D 翻译了一本书

74. 不管是约会还是应聘，很多人都会细心打扮。不过应该注意的是，只有符合自己的年龄，看上去自然、舒服的打扮才会让自己更漂亮，给别人留下更好印象。

★ 什么样的打扮容易给人留下好印象？

A 流行的　　B 干净的　　C 奇怪的　　D 自然的

75. 这里面挺大的，光出口就有好几个。你先去售票窗口排队买票吧，我去那边看看有没有卖地图的。

★ 说话人要去做什么？

A 买地图　　B 买饮料　　C 上厕所　　D 排队买票

76. 在中国，南方人喜欢吃米饭，北方人却更爱吃面条儿、包子或者饺子。张小姐虽然是南方人，但来到北京以后，却很快喜欢上了北方的面食。

★ 张小姐：

　　A 是南方人　　B 出生在北方　　C 来北京出差　　D 不爱吃面条

77. 明天早上10点在6层会议室准时开会，公司对这次会议非常重视，大家千万不能迟到。记得带笔记本去，把重要的内容记下来。

★ 这次会议：

　　A 很重要　　B 信息多　　C 不太正式　　D 允许讨论

78. 尽管这只是一场误会，但她仍然很生气。我打算约她见面，向她解释清楚引起误会的原因，我猜她肯定会原谅你的。

★ 他想要做什么？

　　A 表扬她　　B 祝贺她　　C 送花给她　　D 跟她解释误会

79. 我爸妈是第一次出国旅游，他们又不懂外语，所以我请朋友帮忙联系了一个中文流利，又比较幽默的导游。

★ 关于导游，可以知道：

　　A 汉语很好　　B 不爱开玩笑　　C 会三种语言　　D 很有责任心

80-81.

每到节假日，很多购物网站都会举行打折活动，有些东西的价格甚至低于5折，所以节日往往都变成了购物节。但对于这种打折活动，我们应该冷静，因为有些卖家往往会通过先加价、再打折的方法吸引顾客，而那些打完折的东西其实并不比节日便宜。

★ 为什么说"节日往往都变成了购物节"？

　　A 可抽奖　　B 商店关门晚　　C 商家送东西　　D 购物网站打折多

★ 遇到打折活动，我们应该：

　　A 冷静　　B 不去关注　　C 通知亲友　　D 听售货员的意见

82-83.

在汉语中，数字"5""2""0"与"我爱你"的读音很像，很多年轻人为了在网上聊天儿方便，用"520"来表示"我爱你"。很快，这个数字也在实际生活中流行起来。每年的5月20日被年轻人看成小情人节，甚至还有不少年轻人选择在那一天结婚。

★ "520"最先从哪儿流行起来的？
  A 报纸 B 学校 C 杂志 D 互联网

★ 很多年轻人会在5月20日那天：
  A 结婚 B 喝酒祝贺 C 互送巧克力 D 向妻子或丈夫道歉

84-85.

成功不是让周围的人都表扬你、羡慕你，而是让他们都觉得需要你、离不开你。但很多人都不明白这一点。他们努力向别人证明自己多么有钱，过得多么幸福，以使别人羡慕自己。其实，85这样做不仅不能赢得别人的尊重，相反还可能会让人觉得讨厌。

★ 成功是让别人：
  A 需要自己 B 记住自己 C 不拒绝自己 D 对自己满意

★ 什么样的做法可能会让人讨厌？
  A 打扰别人 B 总发脾气 C 同情别人 D 让别人羡慕自己

三、书写

第一部分

第86-95题：完成句子。

例如：那座桥　800年的　历史　有　了

那座桥有800年的历史了。

86. 抽烟　附近　加油站　禁止

87. 顺利　不太　计划　进行得

88. 一头牛　那座山　看起来　像

89. 回答　让儿子　母亲的　很吃惊

90. 地址　你　正确　给我的　吗

91. 把　弟弟不小心　弄丢了　钥匙

92. 拒绝　她的　被　申请　了

93. 进行了　同学们　调查　在超市

94. 盒子　手表　一块儿　里面　有

95. 拒绝了他们　的　邀请　那位作者

第二部分

第 96-100 题: 看图, 用词造句。

例如　　　乒乓球　　　　她很喜欢打乒乓球。

96.　　　空

97.　　　出差

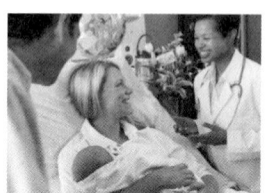

98.　　　游戏

99.　　　祝贺

100.　　　果汁

新汉语水平考试
HSK（四级）答题卡

姓名	

国籍	[0] [1] [2] [3] [4] [5] [6] [7] [8] [9] [0] [1] [2] [3] [4] [5] [6] [7] [8] [9] [0] [1] [2] [3] [4] [5] [6] [7] [8] [9]

性别	男 [1]　　女 [2]

序号	[0] [1] [2] [3] [4] [5] [6] [7] [8] [9] [0] [1] [2] [3] [4] [5] [6] [7] [8] [9] [0] [1] [2] [3] [4] [5] [6] [7] [8] [9] [0] [1] [2] [3] [4] [5] [6] [7] [8] [9]

考点	[0] [1] [2] [3] [4] [5] [6] [7] [8] [9] [0] [1] [2] [3] [4] [5] [6] [7] [8] [9] [0] [1] [2] [3] [4] [5] [6] [7] [8] [9]

	你是华裔吗？
	是 [1]　　不是 [2]

年龄	[0] [1] [2] [3] [4] [5] [6] [7] [8] [9] [0] [1] [2] [3] [4] [5] [6] [7] [8] [9]

学习汉语的时间：

1年以下 [1]　　1年—2年 [2]　　2年—3年 [3]　　3年以上 [4]

注意　　请用 2B 铅笔这样写：■

一、听力

1. [√] [×]　　6. [√] [×]　　11. [A] [B] [C] [D]　　16. [A] [B] [C] [D]　　21. [A] [B] [C] [D]
2. [√] [×]　　7. [√] [×]　　12. [A] [B] [C] [D]　　17. [A] [B] [C] [D]　　22. [A] [B] [C] [D]
3. [√] [×]　　8. [√] [×]　　13. [A] [B] [C] [D]　　18. [A] [B] [C] [D]　　23. [A] [B] [C] [D]
4. [√] [×]　　9. [√] [×]　　14. [A] [B] [C] [D]　　19. [A] [B] [C] [D]　　24. [A] [B] [C] [D]
5. [√] [×]　　10. [√] [×]　　15. [A] [B] [C] [D]　　20. [A] [B] [C] [D]　　25. [A] [B] [C] [D]

26. [A] [B] [C] [D]　　31. [A] [B] [C] [D]　　36. [A] [B] [C] [D]　　41. [A] [B] [C] [D]
27. [A] [B] [C] [D]　　32. [A] [B] [C] [D]　　37. [A] [B] [C] [D]　　42. [A] [B] [C] [D]
28. [A] [B] [C] [D]　　33. [A] [B] [C] [D]　　38. [A] [B] [C] [D]　　43. [A] [B] [C] [D]
29. [A] [B] [C] [D]　　34. [A] [B] [C] [D]　　39. [A] [B] [C] [D]　　44. [A] [B] [C] [D]
30. [A] [B] [C] [D]　　35. [A] [B] [C] [D]　　40. [A] [B] [C] [D]　　45. [A] [B] [C] [D]

二、阅读

46. [A] [B] [C] [D] [E] [F]　　51. [A] [B] [C] [D] [E] [F]
47. [A] [B] [C] [D] [E] [F]　　52. [A] [B] [C] [D] [E] [F]
48. [A] [B] [C] [D] [E] [F]　　53. [A] [B] [C] [D] [E] [F]
49. [A] [B] [C] [D] [E] [F]　　54. [A] [B] [C] [D] [E] [F]
50. [A] [B] [C] [D] [E] [F]　　55. [A] [B] [C] [D] [E] [F]

56. _____　　58. _____　　60. _____　　62. _____　　64. _____

57. _____　　59. _____　　61. _____　　63. _____　　65. _____

66. [A] [B] [C] [D]　　71. [A] [B] [C] [D]　　76. [A] [B] [C] [D]　　81. [A] [B] [C] [D]
67. [A] [B] [C] [D]　　72. [A] [B] [C] [D]　　77. [A] [B] [C] [D]　　82. [A] [B] [C] [D]
68. [A] [B] [C] [D]　　73. [A] [B] [C] [D]　　78. [A] [B] [C] [D]　　83. [A] [B] [C] [D]
69. [A] [B] [C] [D]　　74. [A] [B] [C] [D]　　79. [A] [B] [C] [D]　　84. [A] [B] [C] [D]
70. [A] [B] [C] [D]　　75. [A] [B] [C] [D]　　80. [A] [B] [C] [D]　　85. [A] [B] [C] [D]

HSK 4급 답안 카드

三、书写

86. _____

87. _____

88. _____

89. _____

90. _____

91. _____

92. _____

93. _____

94. _____

95. _____

96. _____

97. _____

98. _____

99. _____

100. _____

新汉语水平考试
Chinese Proficiency Test

HSK（四级）成绩报告
HSK (Level 4) Examination Score Report

姓名：_____
Name

性别：_____　国籍：_____
Gender　　　　　　Nationality

考试时间：_____ 年 _____ 月 _____ 日
Examination Date　　　Year　　　Month　　　Day

编号：_____
No.

	满分 (Full Score)	你的分数 (Your Score)
听力 (Listening)	100	
阅读 (Reading)	100	
书写 (Writing)	100	
总分 (Total Score)	300	

总分180分为合格（Passing Score：180）

主任　_____　　国家汉办
Director　　　　　　　Hanban

中国 • 北京
Beijing • China

4급

차이나는 중국어 HSK 해설집

차이나는 중국어 HSK 4급

지은이 | 양영호, 이창재, 권용중, 마연
초판 1쇄 인쇄 | 2017년 9월 13일
초판 1쇄 발행 | 2017년 9월 19일

발행인 | 박효상
총괄이사 | 이종선
편집장 | 김 현
편집 | 박혜민
디자인 | 김보연
마케팅 | 이태호, 이전희
디지털콘텐츠 | 이지호
관리 | 김태옥

교정 및 조판 | 양정희

종이 | 월드페이퍼 인쇄·제본 | 현문자현

출판등록 | 제10-1835호
발행처 | 사람in
주소 | 04034 서울시 마포구 양화로11길 14-10(서교동) 4F
전화 | 02) 338-3555(代) 팩스 | 02) 338-3545
E-mail|saramin@netsgo.com
Homepage|www.saramin.com

∷ 책값은 뒤표지에 있습니다.
∷ 파본은 바꾸어 드립니다.

ⓒ 양영호 2017

ISBN 978-89-6049-643-9 14720
　　　978-89-6049-642-2 (세트)

사람이 중심이 되는 세상, 세상과 소통하는 책 **사람in**

차례

○ 듣기 1부분 : 녹음 듣고 ✓ / ✗ 선택하기
실전 연습 문제 1　04　　　실전 연습 문제 2　08

○ 듣기 2부분 : 대화 듣고 질문에 답하기
1. 쇼핑　　　　　　　　　　　　　12
2. 음식　　　　　　　　　　　　　15
3. 교육 • 인물　　　　　　　　　　18
4. 비즈니스　　　　　　　　　　　21
5. 장소 • 교통　　　　　　　　　　24
6. 건강 • 운동　　　　　　　　　　27
7. 가정 • 일상 • 주택　　　　　　　30
8. 여가 • 여행 • 날씨　　　　　　　33
9. 의복 • 공연　　　　　　　　　　36
10. 컴퓨터 • 핸드폰, 심리 • 태도　　40

○ 듣기 3부분 : 단문 듣고 질문에 답하기
실전 연습 문제 1　44　　　실전 연습 문제 2　47

○ 독해 1부분 : 빈칸 채우기
실전 연습 문제 1　50　　　실전 연습 문제 2　52
실전 연습 문제 3　55　　　실전 연습 문제 4　57

○ 독해 2부분 : 문장 순서 배열하기
실전 연습 문제 1　60　　　실전 연습 문제 2　62
실전 연습 문제 3　64　　　실전 연습 문제 4　66

○ 독해 3부분 : 지문 읽고 질문에 답하기
실전 연습 문제 1　68　　　실전 연습 문제 2　71
실전 연습 문제 3　74　　　실전 연습 문제 4　77

○ 쓰기 1부분 : 어순에 맞게 배열하기
1. 형용사 술어문 • 주술 술어문
　 有자문 • 是자문　　　　　　　　82
2. 부사　　　　　　　　　　　　　87
3. 개사　　　　　　　　　　　　　92
4. 동사 술어문　　　　　　　　　　97
5. 연동문　　　　　　　　　　　　101
6. 겸어문　　　　　　　　　　　　106
7. 把자문 • 被자문　　　　　　　　111
8. 존현문 • 비교문　　　　　　　　116
9. 보어　　　　　　　　　　　　　121

○ 쓰기 2부분 : 문장 만들기
1. 명사 제시어　　　실전 연습 문제 1　127
　　　　　　　　　실전 연습 문제 2　130
2. 동사 제시어　　　실전 연습 문제 1　133
　　　　　　　　　실전 연습 문제 2　136
3. 형용사 제시어　　실전 연습 문제 1　139
　　　　　　　　　실전 연습 문제 2　142
4. 기타 제시어　　　실전 연습 문제　　145

○ 실전 모의고사
답안　　　　　　　　　　　　　　150
해설　　　　　　　　　　　　　　152

듣기 1부분

녹음 듣고 ✓ / ✗ 선택하기

실전 연습 문제 1

| 정답 | 1. ✓ 2. ✗ 3. ✓ 4. ✓ 5. ✗ 6. ✓ 7. ✗ 8. ✓ 9. ✗ 10. ✓ |

1.

有些人认为，夏天用冷水洗澡会更凉快，这是不正确的。其实，用热水洗澡更容易帮人降温。同样，夏天喝热水也比喝冰水更解渴。

★ 夏天洗热水澡 更凉快。
　　　　키워드　　키워드

어떤 사람들은 여름에 찬물로 샤워하면 더욱 시원할 것이라고 생각하는데, 이것은 맞지 않다. 사실, 따뜻한 물로 샤워를 하면 더 쉽게 온도를 내릴 수 있다. 마찬가지로 여름에 따뜻한 물을 마시는 것 역시 찬물을 마시는 것보다 더 갈증을 잘 해소할 수 있다.

★ 여름에 따뜻한 물로 샤워하면 더욱 시원하다. 키워드

풀이 제시문의 키워드는 '洗热水澡(따뜻한 물로 샤워하다)'와 '更凉快(더욱 시원하다)'이다. '其实' 뒤의 '帮人降温'은 '온도를 떨어뜨려 준다'는 뜻이므로 제시문처럼 '更凉快'라고 말할 수 있다. 참고로 '有些人认为~'로 시작하는 문장은 사람들의 잘못된 통념을 소개하는 것으로 주제와 상반된다. 따라서 진짜 중심 내용은 그 반대라고 생각하면 된다.

정답 ✓

어휘 夏天 xiàtiān [명] 여름 | 冷水 lěngshuǐ [명] 찬물 | 洗澡 xǐzǎo [명/동] 샤워(하다) | 凉快 liángkuai [형] 시원하다 4급 | 正确 zhèngquè [형] 정확하다, 옳다 4급 | 其实 qíshí [부] 사실은 3급 | 热水 rèshuǐ [명] 따뜻한 물 4급 | 降温 jiàngwēn [동] 기온이 떨어지다 | 同样 tóngyàng [부] 마찬가지로 | 解渴 jiěkě [동] 갈증을 해소하다

> **꿀팁** '其实' 뒤에는 핵심 힌트가 나온다!
> '其实'는 '사실은'의 뜻으로 전환을 나타내거나 중요한 사실을 말할 때 쓴다. 따라서 '其实'가 나오면 더욱 집중해서 듣고 이 부분을 적극 활용하여 정답을 고를 수 있어야 한다.
> • 你看他像中国人，其实他是韩国人。 네가 보기에 그는 중국 사람 같아 보이지만 사실 그는 한국 사람이다.

2.

这篇文章里有很多法律方面的词语，我也不太会翻译。你可以去问问小李，他大学读的是法律专业。

★ 小李负责翻译那篇文章。

이 글 안에는 많은 법률 방면의 단어가 있는데, 나 역시 잘 번역할 수 없어. 너 샤오리에게 물어봐. 그는 대학교에서 법률 전공을 공부했어.

★ 샤오리는 그 글의 번역을 맡았다.

풀이 샤오리는 번역을 물어볼 수 있는 대상이지 **책임자가 아니므로** 내용이 불일치한다.

정답 X

어휘 **篇** piān [양] 편(완결된 한 편의 글을 셈) 4급 | **文章** wénzhāng [명] 독립된 한 편의 글 4급 | **法律** fǎlǜ [명] 법률 4급 | **方面** fāngmiàn [명] 방면 4급 | **词语** cíyǔ [명] 단어와 어구 4급 | **翻译** fānyì [동] 번역하다, 통역하다 [명] 번역가, 통역가 4급 | **专业** zhuānyè [명] 전공 4급 | **负责** fùzé [동] 책임지다 [형] 책임감 있다 4급

3.

那位作家的小说语言幽默，内容丰富，在国内很受欢迎。这已经被翻译成了好几种语言。

★ 作家的小说很受欢迎。

그 작가의 소설은 언어가 유머 있고 내용이 풍부해, 국내에서 많은 환영을 받고 있다. 이 소설은 이미 많은 언어로 번역되었다.

★ 작가의 소설은 매우 환영 받는다.

풀이 녹음에서 '국내에서 많은 환영을 받고 있다(很受欢迎)'는 표현이 그대로 나오므로 일치한다.

정답 ✓

어휘 **语言** yǔyán [명] 언어 4급 | **幽默** yōumò [형] 유머러스하다 [명] 유머 4급 | **内容** nèiróng [명] 내용 4급 | **丰富** fēngfù [형] 풍부하다 4급 | **翻译** fānyì [동] 번역하다, 통역하다 [명] 번역가, 통역가 4급 | **作家** zuòjiā [명] 작가 4급

4.

在所有前来应聘的人中，孙亮的条件虽然不是最好的，但态度却是最认真的，给我留下了很深的印象。

★ 孙亮的态度让他很满意。

모든 지원하러 온 사람 중에서 손량의 조건은 비록 가장 좋은 것은 아니지만, 태도는 오히려 가장 진지해 나에게 깊은 인상을 남겼다.

★ 손량의 태도는 그로 하여금 만족케 하였다.

풀이 태도가 진지하고(认真) 깊은 인상을 남겼다(留下了很深的印象)고 했으므로 마음에 들었다(满意)라고 표현할 수 있다.

정답 ✓

어휘 **所有** suǒyǒu [대] 모든 4급 | **前来** qiánlái [동] 다가오다 | **应聘** yìngpìn [동] 지원하다 4급 | **条件** tiáojiàn [명] 조건 4급 | **认真** rènzhēn [형] 진지하다, 성실하다 3급 | **留** liú [동] 남기다 4급 | **印象** yìnxiàng [명] 인상 4급 | **态度** tàidù [명] 태도 4급 | **满意** mǎnyì [형] 만족하다, 마음에 들다 3급

꿀팁 전환 관계, 인과 관계 단어 뒤에는 핵심 힌트가 나온다!

전환 관계 : 但是, 可是, 其实(사실은), 却(오히려)
인과 관계 : 因为, 由于(~때문에), 所以, 因此(따라서)
+ 핵심 힌트

5.

我刚进来的时候，<u>看到入口处有卖矿泉水的</u>。我去买两瓶，你那儿有零钱吗?

★ 入口处有 卖果汁 的。

내가 막 들어왔을 때, <u>입구에 생수 파는 사람이 있는 것을 봤어</u>. 내가 두어 병 사려고 하는데, 너 거기 잔돈 있어?

★ 입구에 주스를 파는 사람이 있다.

풀이 입구(入口处)는 일치하지만 생수(矿泉水)를 팔고 있었기 때문에 주스(果汁)라고 말한 제시문은 일치하지 않는다.

정답 X

어휘 刚 gāng [부] 막, 방금 4급 | 矿泉水 kuàngquánshuǐ [명] 광천수, 생수 4급 | 瓶 píng [양] 병 [명] 병 | 零钱 língqián [명] 잔돈 4급 | 入口处 rùkǒuchù [명] 입구 4급 | 果汁 guǒzhī [명] 과즙, 주스 4급

6.

<u>生气时，千万不要急着下判断或做决定</u>。因为此时做的决定很可能会让你冷静时后悔。

★ 生气时 不要急着做决定 。

<u>화날 때는 절대로 성급하게 판단을 내리거나 결정을 해서는 안 된다</u>. 왜냐하면 이때 내린 결정은 당신이 냉정해졌을 때 후회하게 할 가능성이 크기 때문이다.

★ 화가 날 때는 성급하게 결정하지 마라.

풀이 제시문 내용 자체가 누구나 동의할 만한 상식이기 때문에 듣지 않고도 일치(√)할 것임을 예상해 볼 수 있다. 녹음 내용에서도 똑같이 말하고 있다.(生气时，千万不要急着下判断或做决定。)

정답 √

어휘 千万 qiānwàn [부] 절대로 4급 | 判断 pànduàn [동] 판단하다 4급 | 此 cǐ [대] 이 | 冷静 lěngjìng [형] 냉정하다 4급 | 后悔 hòuhuǐ [동] 후회하다 4급

7.

明天上午八点三十我们在学校西门见。大家可以准备点儿吃的东西和饮料，<u>九点钟咱们准时出发</u>。

★ 他们明天 八点出发 。

내일 오전 8시 30분에 우리는 학교 서문에서 만납시다. 모두 약간의 먹을 것과 음료를 준비하시고, <u>9시에 우리는 정시 출발할 것입니다</u>.

★ 그들은 내일 8시에 출발한다.

풀이 제시문의 키워드는 '八点出发'인데, 녹음에서는 '九点钟出发'라고 했으므로 불일치이다.

정답 X

어휘 西门 xīmén [명] 서문(서쪽에 있는 문) | 饮料 yǐnliào [명] 음료 4급 | 点钟 diǎnzhōng [명] 시, 시간 | 准时 zhǔnshí [부] 제때에, 정시에 [형] 시간을 잘 지키다 4급 | 出发 chūfā [동] 출발하다 4급

8.

我问过大家了，三分之二的同学都去过长城，这次春游得换个地方了。咱们明天开个班会，商量一下去哪儿玩儿吧。 ★ 他们决定不去爬长城了。	내가 모두에게 물어봤는데, 삼분의 이의 동학들이 만리장성에 가 봤기 때문에 이번 봄소풍은 장소를 바꿔야 합니다. 우리 내일 회의를 열어 어디로 놀러 갈지 상의합시다. ★ 그들은 만리장성에 가지 않기로 했다.

풀이 2/3의 동학들이 이미 만리장성에 가 봤기 때문에 다른 장소를 정하기 위해 내일 상의한다고 했다. 즉 이미 만리장성은 봄소풍 장소로 제외된 것이기 때문에 안 가기로 결정했다고 말할 수 있다.

정답 ✓

어휘 长城 Chángchéng [명] 만리장성 4급 | 春游 chūnyóu [명] 봄소풍 | 换 huàn [동] 바꾸다 3급 | 地方 dìfang [명] 장소 3급 | 商量 shāngliang [동] 상의하다 4급

9.

我在网上给你买了几本书，估计三天左右就能到。你收到了，记得给我打电话说一声。 ★ 他对买的书不满意。	내가 인터넷에서 너를 위해 몇 권의 책을 샀는데, 삼일 후쯤 도착할 것 같아. 너는 받으면 내게 전화해서 얘기해 주는 것을 기억해. ★ 그는 산 책에 대해서 불만이다.

풀이 책에 대한 불만이 있는지 직접적인 언급은 없다. 굳이 말하자면 자신이 골랐기 때문에 오히려 만족할 것이다. 따라서 불일치이다.

정답 ✗

어휘 估计 gūjì [동] 예측하다, 예상하다 4급 | 左右 zuǒyòu [명] 정도, 쯤 4급 | 收 shōu [동] 받다 4급 | 满意 mǎnyì [형] 마음에 들다, 만족스럽다 4급

10.

小王是个活泼、可爱的女孩儿。她说话的时候，总是喜欢做动作。本来很普通的事，经她一讲，就变得非常有意思。大家都特别喜欢她这种性格。 ★ 小王性格活泼。	샤오왕은 활달하고 귀여운 여자아이다. 그녀는 말을 할 때 늘 동작을 취하는 것을 좋아한다. 본래 평범한 일도 그녀의 말을 거치면 매우 재미있어진다. 모두가 그녀의 이런 성격을 매우 좋아한다. ★ 샤오왕은 성격이 활달하다.

풀이 첫 문장에서 샤오왕은 활달한(活泼的) 여자아이라고 했으므로 제시문은 일치한다.

정답 ✓

어휘 活泼 huópō [형] 활달하다, 활발하다 4급 | 可爱 kě'ài [형] 사랑스럽다, 귀엽다 3급 | 动作 dòngzuò [명] 동작 4급 | 本来 běnlái [부] 본래 [형] 본래의 4급 | 普通 pǔtōng [형] 보통이다, 평범하다 | 经 jīng [동] 겪다, 체험하다 | 讲 jiǎng [동] 말하다, 중요시하다 3급 | 性格 xìnggé [명] 성격 4급

실전 연습 문제 2

정답 1. ✓ 2. ✓ 3. ✓ 4. ✓ 5. ✓ 6. ✗ 7. ✓ 8. ✗ 9. ✗ 10. ✗

🎧 1-15

1.

希望通过这次交流会，大家能给我们的工作 提一些意见或者建议，无论是哪方面的，我们都会认真考虑。

★ 他希望大家能提些意见。
　　　　　　　　키워드

이번 교류회를 통해서, 모두들 우리의 업무에 대해서 약간의 의견이나 건의를 제시해 주시기 바랍니다. 어떤 방면의 것이든 우리는 진지하게 고려할 것입니다.

★ 그는 모두가 약간의 의견을 제시해 주기를 바란다.
　　　　　　　　키워드

풀이 녹음에서도 똑같이 '提一些意见'이라고 했으므로 일치한다.

정답 ✓

어휘 通过 tōngguò [동] 통과하다 [개] ~을 통하여 4급 | 交流会 jiāoliúhuì [명] 교류회 4급 | 意见 yìjiàn [명] 의견, 불만 4급 | 或者 huòzhě [접] 혹은 4급 | 建议 jiànyì [명/동] 건의(하다) 4급 | 无论 wúlùn [접] ~에 관계없이, ~을 막론하고 4급 | 方面 fāngmiàn [명] 방면 4급 | 认真 rènzhēn [형] 진지하다, 성실하다 4급 | 考虑 kǎolǜ [동] 고려하다 4급

2.

很多人一到周末就喜欢睡懒觉，而且一睡就是大半天。医生提醒我们，睡觉时间太长并不好，有时甚至会引起头疼，一般睡够八小时就可以了。

★ 睡太久对身体不好。

많은 사람들이 주말이 되면 늦잠 자는 것을 좋아하며, 게다가 한 번 잤다 하면 반나절이다. 의사는 우리들에게 수면 시간이 너무 긴 것도 결코 좋지 않으며 때로는 심지어 두통을 불러일으킬 수 있기 때문에, 보통 8시간을 자면 된다고 일깨워 준다.

★ 잠을 너무 오래 자면 몸에 좋지 않다.

풀이 너무 긴 시간을 자도 오히려 좋지 않다고 했으므로 제시문은 일치한다. 참고로 '太'가 들어가서 '너무' 심하게 되면 모든 게 좋지 않은 것이다. 이것은 상식의 문제이기도 하다.

정답 ✓

어휘 睡懒觉 shuì lǎnjiào 늦잠을 자다 4급 | 大半天 dàbàntiān 한나절 이상, 한참 동안 | 提醒 tíxǐng [동] 일깨우다 4급 | 并 bìng [부] 결코 [접] 그리고 | 甚至 shènzhì [부] 심지어 4급 | 引起 yǐnqǐ [동] 불러일으키다 4급 | 头疼 tóuténg [형] 머리가 아프다 3급

3.

前进的过程中最关键的是要找对方向。如果方向错了，无论你怎么努力，都只会离目的越来越远。

★ 找对方向很重要。

전진하는 과정에서 가장 중요한 것은 방향을 올바로 찾는 것이다. 만약 방향이 틀리면 당신이 어떻게 노력하든 목적으로부터 갈수록 멀어질 뿐이다.

★ 방향을 올바로 찾는 것은 매우 중요하다.

풀이 제시문 자체가 누구나 동의할 만한 이치이기 때문에 녹음을 듣지 않아도 일치할 것을 예상할 수 있다. 녹음에서도 '要找对方向'이라고 표현되었으므로 내용이 일치한다. '关键(관건, 매우 중요하다)' 같은 특정 단어 뒤에는 핵심 힌트가 나오므로 특히 주의해서 들어야 한다. 참고로 '找对方向'에서 '对'는 동사(找) 뒤에 결과보어로 온 것이다.

정답 ✓

어휘 前进 qiánjìn [동] 전진하다 | 过程 guòchéng [명] 과정 4급 | 关键 guānjiàn [명] 관건 [형] 매우 중요하다 4급 | 找对 zhǎoduì 올바르게 찾다 | 方向 fāngxiàng [명] 방향 4급 | 无论 wúlùn [접] ~에 관계없이 4급 | 离 lí [개] ~로부터 2급 | 目的 mùdì [명] 목적 4급

4.

菜做得差不多了，估计客人也要到了。你帮我把桌子擦一下，再把碗筷放上去。

★ 一会儿有客人来。

요리는 거의 다 됐고 손님도 곧 도착할 거야. 너는 나를 도와 탁자를 좀 닦아 주고, 그리고 그릇과 젓가락을 놓아 줘.

★ 잠시 뒤면 손님이 온다.

풀이 '要~了'는 '곧 ~하려 하다'는 뜻으로 어떤 상황이 곧 발생하려 함을 나타낸다. 따라서 잠시 뒤에(一会儿) 손님이 온다는 제시 문장은 녹음의 내용과 일치한다.

정답 ✓

어휘 差不多 chàbuduō [형] 비슷하다 4급 | 估计 gūjì [동] 예측하다 4급 | 客人 kèrén [명] 손님, 고객 3급 | 擦 cā [동] 닦다 4급 | 碗筷 wǎnkuài [명] 밥그릇과 젓가락 | 一会儿 yíhuìr [명] 잠시 3급

5.

他4岁开始弹钢琴，24岁就已经成为有名的钢琴艺术家了。有人问他："为什么能弹得这么好？"他只说了两个字"坚持"。

★ 钢琴家认为坚持才能成功。

그는 4살 때 피아노를 치기 시작해 24살 때 이미 유명한 피아노 예술가가 되었다. 어떤 사람이 그에게 물었다. "어떻게 피아노를 이렇게 잘 치세요?" 그는 '견지'라는 두 글자만 말했다.

★ 피아노 연주자는 견지해야만 비로소 성공할 수 있다고 생각한다

풀이 피아노를 어떻게 해서 이렇게 잘 치냐는 물음에 '坚持' 두 글자만 말했으므로 일치한다.

정답 ✓

어휘 弹 tán [동] 연주하다, (악기를) 타다 3급 | 钢琴 gāngqín [명] 피아노 3급 | 艺术家 yìshùjiā [명] 예술가 4급 | 坚持 jiānchí [동] 견지하다, 계속하다 4급

6.

真正优秀的管理者，并不需要自己去做所有的事情。他只需要让身边的人，都愿意努力工作就可以了。	진정으로 우수한 관리자는 결코 자신이 모든 일을 다 할 필요가 없다. 그는 단지 곁에 있는 사람으로 하여금 모두 열심히 일하고 싶도록 만들기만 된다.
★ 优秀的管理者要做好每件事。	★ 우수한 관리자는 모든 일을 해야 한다.

풀이 우수한 관리자는 모든 일을 다 자기가 할 필요가 없다(不需要自己去做所有的事情)고 했으므로 내용이 불일치한다. 첫 문장만으로 정답이 확실하게 나왔으므로 다음 문제의 제시문을 미리 확인해 볼 수 있다.

정답 X

어휘 优秀 yōuxiù [형] 우수하다 4급 | 管理者 guǎnlǐzhě [명] 관리자 4급 | 真正 zhēnzhèng [형] 진정한 4급 | 并 bìng [부] 결코 [접] 그리고

7.

我们爬山时，经常是前面的人拉着后面的，后面的人推着前面的一起向上爬。因为大家都知道，只有互相帮助，才能共同向前。	우리는 등산할 때, 자주 앞사람이 뒷사람을 끌고 뒷사람은 앞사람을 밀면서 함께 위로 오른다. 왜냐하면 우리 모두는 오직 서로 도와야만 비로소 함께 나아갈 수 있다는 것을 알기 때문이다.
★ 互相帮助才能共同前进。	★ 서로 도와야 비로소 함께 전진할 수 있다.

풀이 '因为'로 중요 내용이 나올 것임을 암시하고 뒤에 서로 도와야 함께 전진할 수 있다고 말했으므로 제시문은 일치한다. 또한 제시문 자체가 누구나 인정할 만한 보편적 이치이므로 듣지 않고도 ✓임을 알 수 있다.

정답 ✓

어휘 爬山 páshān [동] 등산하다, 산에 오르다 4급 | 拉 lā [동] 잡아당기다 4급 | 推 tuī [동] 밀다 4급 | 向上 xiàngshàng 위로 | 只有 zhǐyǒu [접] 오직 ~해야만 3급 | 互相 hùxiāng [부] 서로 4급 | 共同 gòngtóng [형] 공동의 4급 | 前进 qiánjìn [동] 전진하다

8.

今天上午还是晴天，阳光也不错。谁知道，下午竟然下起了大雨。这个季节的天气，真是多变！	오늘 오전까지만 해도 맑은 날이고 햇빛도 좋았다. 누가 알았겠는가, 오후에 뜻밖에도 많은 비가 내리기 시작할 줄. 이 계절의 날씨는 정말 변덕이 심하다!
★ 早上刮大风了。	★ 아침에 강풍이 불었다.

풀이 제시문에서 아침 날씨는 강풍이 분다고 했는데, 녹음에서는 아침에 맑은 날씨(晴天)라고 했으므로 불일치이다.

정답 X

어휘 晴天 qíngtiān [명] 맑은 날씨 | 阳光 yángguāng [명] 햇빛 4급 | 不错 búcuò [형] 좋다, 훌륭하다 | 竟然 jìngrán [부] 뜻밖에도, 의외로 4급 | 季节 jìjié [명] 계절 3급 | 多变 duōbiàn [형] 변덕스럽다 | 刮风 guāfēng [동] 바람이 불다 3급

9.

学校附近新开了一家卖手表的商店。手表价格普遍都很便宜，而且学生购买还能打八折。所以，他家的生意非常好。

★ 学校旁边有一家面包店。

학교 근처에 손목시계를 파는 상점이 새로 문을 열었다. 손목시계의 가격은 보편적으로 싸고 게다가 학생이 구매하면 20%를 할인 받을 수 있다. 그래서 그곳의 장사는 매우 잘 된다

★ 학교 옆에는 한 빵가게가 있다.

풀이 새로 생긴 가게는 **손목시계를 파는 곳**(卖手表的商店)이므로 불일치이다. **제시문**의 키워드 '面包店(빵가게)'을 미리 체크했다면 녹음의 첫 문장만으로도 바로 정답을 맞힐 수 있다.

정답 X

어휘 附近 fùjìn [명] 부근, 근처 [형] 가까운, 인접한 3급 | 手表 shǒubiǎo [명] 손목시계 2급 | 商店 Shāngdiàn [명] 상점 1급 | 价格 jiàgé [명] 가격 4급 | 普遍 pǔbiàn [형] 보편적이다 4급 | 购买 gòumǎi [동] 구매하다 | 打折 dǎzhé [동] 할인하다 4급 | 生意 shēngyi [명] 장사, 사업 4급 | 旁边 pángbiān [명] 옆, 곁 2급 | 面包店 miànbāodiàn 빵가게

10.

我出生在南方的一个小城市，那里一年四季都很暖和。来北方工作后我发现，北方的冬天特别冷。真希望自己能快点儿适应这里的气候。

★ 他适应北方的冬天了。

나는 남방의 한 소도시에서 태어났는데 그곳은 일 년 사계절이 모두 따뜻하다. 북방에 와 일을 한 후 나는 북방의 겨울이 특히 춥다는 것을 알게 되었다. 정말 내가 좀 빨리 이곳의 기후에 적응하기를 바란다.

★ 그는 북방의 겨울에 적응했다.

풀이 마지막에 빨리 이곳(북방)의 기후에 **적응하기를 바란다**(希望快点儿适应这里的气候)라고 한 것은 **아직 적응이 안 되었다는 것을 의미**하기 때문에 제시문은 불일치한다.

정답 X

어휘 出生 chūshēng [동] 출생하다 4급 | 四季 sìjì [명] 사계절 | 暖和 nuǎnhuo [형] 따뜻하다, 온화하다 4급 | 适应 shìyìng [동] 적응하다 4급 | 气候 qìhòu [명] 기후 4급

꿀팁 제시문에 '了', '正在' 등이 있을 때는 시제에 주의해야 한다.

위 문제에는 제시문의 키워드인 '适应', '气候'가 모두 녹음 내용에 등장하지만 시제가 일치하지 않는다. 따라서 **제시문에서 문장 끝에 '了(~했다)'나 동사 앞에 '正在(~하고 있는 중이다)'** 등이 나올 경우, 단순히 키워드가 녹음 중에 나왔다고 해서 맹목적으로 ✓로 생각하지 말고 시제에 주의해서 정답을 판단해야 한다.

대화 듣고 질문에 답하기

❶ 쇼핑

실전 연습 문제

| 정답 | 1. B | 2. A | 3. B | 4. B | 5. D |

🎧 2-3

1.

男: 不好意思，小姐。我们这里只能用现金付款。
女: 可我今天只带了银行卡，<u>这儿附近有取款机吗？</u>
问: 女的接下来可能做什么？
A 约会　　　B 取钱
C 改密码　　D 买信封

남: 죄송합니다, 아가씨. 저희는 단지 현금으로만 결제할 수 있습니다.
여: 하지만 저는 오늘 은행 카드만 가져왔어요. <u>이 근처에 현금 지급기가 있나요?</u>
질문: 여자는 이어서 무엇을 할 가능성이 가장 큰가?
A 데이트한다　　B 출금한다
C 비밀번호를 바꾼다　D 편지 봉투를 산다

풀이 여자가 '取款机(현금 지급기)'를 찾고 있으므로 **돈을 인출**할 것임을 알 수 있다.
정답 B
어휘 不好意思 bùhǎoyìsi [형] 부끄러워하다, 수줍어하다, 미안해하다 | 现金 xiànjīn [명] 현금 4급 | 付款 fùkuǎn [동] 계산하다, 결제하다 4급 | 银行卡 yínhángkǎ [명] 은행 카드 | 附近 fùjìn [명] 부근, 근처 3급 | 取款机 qǔkuǎnjī [명] 현금 지급기 | 约会 yuēhuì [명] 약속, 데이트 [동] 약속을 잡다 4급 | 取 qǔ [동] 취하다, 찾다 4급 | 密码 mìmǎ [명] 비밀번호 4급 | 信封 xìnfēng [명] 편지 봉투 4급

2.

女: 怎么样，<u>事情解决了吧？</u>
男: <u>是</u>，我向顾客解释了这次不能及时送货的原因，他表示可以理解。
问: 根据对话，下列哪个正确？
A 事情解决了
B 客人很吃惊
C 任务没完成
D 男的想请假

여: 어떻게 됐어요? <u>일은 해결됐어요?</u>
남: <u>네</u>, 제가 고객에게 이번에 제때 물품을 배달하지 못한 원인을 설명했더니, 그가 이해한다고 했어요.
질문: 대화에 따르면 아래에서 옳은 것은?
A 일이 해결되었다
B 고객이 매우 놀랐다
C 임무를 완성하지 못했다
D 남자는 휴가를 내고 싶어 한다

| 풀이 | 일이 해결되었냐(事情解决了吗?)는 물음에 그렇다(是)고 대답했으므로 A가 정답이 된다.

| 정답 | A

| 어휘 | 顾客 gùkè [명] 고객 4급 | 解释 jiěshì [동] 설명하다, 해명하다 4급 | 及时 jíshí [부] 제때에 [형] 시기적절하다 4급 | 送货 sònghuò [동] 상품을 배달하다, 물건을 배송하다 | 表示 biǎoshì [동] 표시하다 4급 | 任务 rènwù [명] 임무 4급 | 请假 qǐngjià [동] 휴가를 신청하다 3급

3.

男: 现在买沙发, 能免费送货上门吗?
女: 可以, 您留下电话和地址, 我们三日内给您送到。
问: 他们最可能在哪儿?
A 体育馆　　B 家具店
C 图书馆　　D 洗手间

남: 지금 소파를 사면 무료로 집까지 배달해 주나요?
여: 됩니다. 전화번호와 주소를 남겨 주시면 3일 안으로 배달해 드립니다.
질문: 그들은 어디에 있을 가능성이 가장 큰가?
A 체육관　　B 가구점
C 도서관　　D 화장실

| 풀이 | 소파(沙发)를 사는 상황이므로 이들은 가구점(家具店)에 있다는 것을 알 수 있다. 이 문제는 '沙发'가 '소파'를 가리키는 말임을 알고 있어야 한다. 또한 집까지 배달한다(送货上门)는 표현을 통해서 이곳이 가구점임을 예상할 수 있다.

| 정답 | B

| 어휘 | 沙发 shāfā [명] 소파 4급 | 免费 miǎnfèi [형] 무료의 4급 | 送货上门 sònghuò shàngmén 상품을 집까지 배달해 주다 | 留 liú [동] 남기다 4급 | 地址 dìzhǐ [명] 주소 4급 | 体育馆 tǐyùguǎn [명] 체육관 3급 | 家具 jiājù [명] 가구 4급 | 洗手间 xǐshǒujiān [명] 화장실 3급

4.

女: 一共是237元。您需要塑料袋吗?
男: 不用。我有购物袋。
问: 他们最可能在哪儿?
A 医院　　B 超市
C 邮局　　D 图书馆

여: 총 237위안입니다. 비닐봉지 필요하세요?
남: 아뇨. 저는 쇼핑백이 있어요.
질문: 그들은 어디에 있을 가능성이 가장 큰가?
A 병원　　B 슈퍼마켓
C 우체국　　D 도서관

| 풀이 | 금액(237元)과 비닐봉지(塑料袋), 쇼핑백(购物袋) 등이 나온 것으로 보아 이곳은 슈퍼마켓일 가능성이 가장 크다.

| 정답 | B

| 어휘 | 一共 yígòng [부] 총, 모두 3급 | 塑料袋 sùliàodài [명] 비닐봉지 4급 | 购物袋 gòuwùdài [동] 쇼핑백, 장바구니 4급 | 医院 yīyuàn [명] 병원 1급 | 超市 chāoshì [명] 슈퍼 3급 | 邮局 yóujú [명] 우체국 4급 | 图书馆 túshūguǎn [명] 도서관 3급

5.

女：我们去趟超市吧，明天出去玩儿得买点儿饼干和面包。
男：好，还有矿泉水、果汁什么的。
女：对。你记得拿几个塑料袋放车里，到时候用。
男：好的。
问：女的提醒男的带什么？
A 毛巾　　　B 帽子
C 眼镜盒　　D 塑料袋

여: 우리 슈퍼마켓에 가자. 내일 놀러 가는데 과자와 빵을 좀 사야 해.
남: 그래, 또 생수랑 주스 같은 것도.
여: 맞아. 너 비닐봉지 몇 개 챙겨서 차 안에 놓는 것을 기억해. 그때 가서 사용하게.
남: 알았어.
질문: 여자는 남자에게 무엇을 챙길 것을 일깨우고 있는가?
A 수건　　　B 모자
C 안경집　　D 비닐봉지

풀이 여자가 몇 개의 비닐봉지(塑料袋)를 차에 두라고 했으므로 D가 정답이 된다. 이 문제는 **선택지를 먼저 봤을 때 물건이 거론**될 것임을 알 수 있어야 한다. **녹음에서 유일하게 언급된 것이 '塑料袋'**이다. 녹음이 나오기 전 생소한 단어에 주목하여 발음을 유추해 보면 뜻을 몰라도 '塑料袋'가 정답임을 맞힐 수 있다.

정답 D

어휘 趟 tàng [양] 회, 번 4급 | 超市 chāoshì [명] 슈퍼마켓 3급 | 饼干 bǐnggān [명] 과자 4급 | 面包 miànbāo [명] 빵 3급 | 矿泉水 kuàngquánshuǐ [명] 광천수, 생수 4급 | 果汁 guǒzhī [명] 과즙, 주스 4급 | 塑料袋 sùliàodài [명] 비닐봉지 4급 | 到时候 dàoshíhòu 그때가 되면 | 毛巾 máojīn [명] 수건 4급 | 帽子 màozi [명] 모자 3급 | 眼镜 yǎnjìng [명] 안경 4급 | 盒 hé [명] 상자, 통 4급

❷ 음식

실전 연습 문제

🎧 2-6

| 정답 | 1. A | 2. C | 3. A | 4. A | 5. B |

1.

男: 这汤真香啊！花了很长时间才做好的吧？
女: 差不多两个小时，快去拿个碗来，尝尝味道怎么样？
问: 男的觉得汤怎么样？
A 很香　　　B 太咸了
C 特别辣　　D 不够甜

남: 이 국 정말 냄새 좋다! 시간 많이 걸려서 만들었지?
여: 거의 두 시간. 빨리 그릇 하나 가져와서 맛 좀 봐.
질문: 남자는 국이 어떻다고 생각하는가?
A 매우 냄새가 좋다　B 너무 짜다
C 매우 맵다　　　　D 충분히 달지 않다

풀이 첫 문장에서 **냄새가 참 좋다**(真香)고 했으므로 A가 정답이 된다.

정답 A

어휘 汤 tāng [명] 국 4급 | 香 xiāng [형] 맛있다, 향기가 좋다 4급 | 差不多 chàbuduō [부] 거의 [형] 비슷하다 4급 | 拿 ná [동] 들다, 가지다 3급 | 碗 wǎn [명/양] 그릇 3급 | 尝 cháng [동] 맛보다 4급 | 味道 wèidao [명] 맛, 냄새 4급 | 咸 xián [형] 짜다 4급 | 辣 là [형] 맵다 4급 | 不够 búgòu [부] 충분히 ~하지 않다 | 甜 tián [형] 달다 3급

2.

男: 你早餐想吃什么？我跑完步顺便去买点儿。
女: 家里还有牛奶，你买个面包就行了。
问: 女的让男的买什么？
A 饺子　　　B 羊肉
C 面包　　　D 饼干

남: 아침 식사로 뭘 먹고 싶어? 내가 조깅 마치고 나간 김에 사올게.
여: 집에 우유가 아직 남았으니까 빵 좀 사오면 돼.
질문: 여자는 남자더러 무엇을 사라고 하는가?
A 교자(만두)　　B 양고기
C 빵　　　　　　D 과자

풀이 선택지를 보면 어떤 음식을 말하는지 찾아내는 문제임을 알 수 있다. 따라서 음식의 종류를 파악하는 데 집중해 들어야 한다. 여자가 **빵을 사오라고**(买两个面包) 했으므로 C가 정답이 된다.

정답 C

어휘 顺便 shùnbiàn [부] 하는 김에 4급 | 饺子 jiǎozi [명] 교자, 만두 4급 | 羊肉 yángròu [명] 양고기 2급 | 面包 miànbāo [명] 빵 3급 | 饼干 bǐnggān [명] 과자 4급

3.

男：怎么刚才家里电话一直占线?
女：<u>我那会儿在厨房做饭呢</u>，出来才发现电话没放好。
问：女的刚才在哪儿?
A 厨房　　　　B 教室
C 办公室　　　D 卫生间

남: 어째서 방금 집 전화가 계속 통화 중이었어?
여: <u>나 그때 부엌에서 밥 하고 있었어</u>. 나와서야 전화가 제대로 안 놓여 있다는 것을 알았어.
질문: 여자는 방금 어디에 있었는가?
A 부엌　　　　B 교실
C 사무실　　　D 화장실

풀이 여자는 **부엌**(厨房)에 있었다고 했으므로 A가 정답이 된다.

정답 A

어휘 占线 zhànxiàn [동] 통화 중이다 4급 | 那会儿 nàhuìr 그때 | 厨房 chúfáng [명] 부엌 4급 | 办公室 bàngōngshì [명] 사무실 3급 | 卫生间 wèishēngjiān [명] 화장실 4급

4.

男：对面新开了一家饭馆，你去过吗?
女：去过，<u>那儿菜不错</u>，服务态度也挺好，就是去晚了要等座位。
男：那我这会儿去估计是来不及了。
女：是，你想去的话早点儿出发。
问：女的觉得那家饭馆儿怎么样?
A 菜好吃　　　　B 生意不好
C 啤酒便宜　　　D 服务员很少

남: 맞은편에 식당이 하나 새로 열었던데, 너 가 봤어?
여: 가 봤어. <u>거기 요리 괜찮아</u>. 서비스 태도도 아주 좋아. 그런데 늦게 가면 자리를 기다려야 해.
남: 그럼 내가 지금 가면 늦겠네.
여: 응. 가고 싶다면 좀 일찍 출발해야 해.
질문: 여자는 그 식당을 어떻게 생각하는가?
A 요리가 맛있다　　B 장사가 잘 안 된다
C 맥주가 싸다　　　D 종업원이 적다

풀이 거기 요리 괜찮다(那儿菜不错)라고 했으므로 A가 정답이 된다. 不错는 '좋다', '훌륭하다'의 뜻으로 '好'의 뜻과 같다. 또한 '不错'는 '错(틀리다)'를 부정한 '옳다', '맞다'의 뜻으로 '正确', '对'의 뜻도 있다.

정답 A

어휘 对面 duìmiàn [명] 맞은편 4급 | 饭馆 fànguǎn [명] 식당 | 服务 fúwù [동] 서비스하다 [명] 서비스 | 态度 tàidù [명] 태도 4급 | 座位 zuòwèi [명] 좌석, 자리 4급 | 这会儿 zhèhuìr 이때 | 估计 gūjì [동] 예측하다 4급 | 来不及 láibují [형] 늦다, 제시간에 댈 수 없다 4급 | 出发 chūfā [동] 출발하다 4급 | 好吃 hǎochī [형] 맛있다 2급 | 啤酒 píjiǔ [명] 맥주 3급 | 服务员 fúwùyuán [명] 종업원 2급

5.

女：爸，您要去散步吗?
男：是，我换双鞋就出门，有事吗?
女：<u>您买点儿果汁回来吧</u>，冰箱里没饮料了。
男：好，要什么样的?
女：苹果汁，就是咱家经常喝的那种。
问：女的让男的做什么?
A 擦桌子　　　B 买果汁
C 打扫厨房　　D 陪她跑步

여: 아빠, 산책 가세요?
남: 응, 신발 갈아 신고 바로 나갈 거야. 무슨 일 있어?
여: <u>주스 좀 사다 주세요</u>. 냉장고 안에 음료수가 다 떨어졌어요.
남: 알겠어. 어떤 걸 원하니?
여: 사과 주스요. 바로 우리 집에서 자주 마시던 걸로요.
질문: 여자는 남자에게 무엇을 해 달라고 하는가?
A 탁자를 닦는다　　　B 주스를 산다
C 부엌을 청소한다　　D 그녀를 데리고 조깅한다

풀이 주스를 좀 사 오다(买点儿果汁回来)라고 했으므로 B가 정답이 된다.

정답 B

어휘 散步 sànbù [동] 산보하다 4급 | 换 huàn [동] 바꾸다, 교환하다 3급 | 双 shuāng [양] 쌍, 켤레 3급 | 出门 chūmén [동] 외출하다 | 果汁 guǒzhī [명] 주스, 과즙 4급 | 冰箱 bīngxiāng [명] 냉장고 3급 | 饮料 yǐnliào [명] 음료 3급 | 咱家 zánjiā [명] 내 집, 우리 집 | 种 zhǒng [명] 종류 3급 | 擦 cā [동] 닦다, 칠하다 3급 | 打扫 dǎsǎo [동] 청소하다, 쓸다 3급 | 厨房 chúfáng [명] 부엌 4급 | 陪 péi [동] 모시다, 동반하다 4급

❸ 교육·인물

실전 연습 문제

🎧 2-9

정답 1. C   2. D   3. A   4. C   5. D

1.

男：**数学课笔记能借我复印一下吗**？昨天我没来上课。
女：可以。最后几页都是昨天课上讲的重点内容。

问：男的向女的借什么？
A 铅笔　　　B 信封
C 笔记　　　D 词典

남: 수학 과목 필기 좀 복사하게 빌려 줄 수 있어? 어제 내가 수업을 못 들었어.
여: 그래. 마지막 몇 페이지가 어제 수업에서 말한 중점 내용이야.

질문: 남자는 여자에게 무엇을 빌렸는가?
A 연필　　　B 편지 봉투
C 필기 내용　D 사전

풀이 남자가 제일 앞부분에서 **필기된 것**(笔记)을 빌려 달라고(借我) 했으므로 C가 정답이 된다.

정답 C

어휘 数学课 shùxuékè [명] 수학 과목 3급 | 笔记 bǐjì [명/동] 필기(하다) 3급 | 借 jiè [동] 빌리다, 빌려 주다 3급 | 复印 fùyìn [동] 복사하다 4급 | 页 yè [명/양] 쪽, 페이지 4급 | 重点 zhòngdiǎn [명] 중점 4급 | 内容 nèiróng [명] 내용 4급 | 信封 xìnfēng [명] 편지 봉투 4급 | 词典 cídiǎn [명] 사전 3급

> **꿀팁** 첫 문장을 놓치면 기회가 없다!
> 위 문제처럼 첫 문장에서 정답이 나오는 경우가 상당히 많다. 하지만 앞 문제를 푸느라고 다음 문제의 선택지를 미리 체크하지 못한 채 듣거나, 심지어 다음 문제의 첫 문장에 집중하지 못한 채 듣다가 결정적 힌트를 놓치는 경우가 많다. 따라서 앞 문제에 미련이 남아도 과감하게 정답을 고른 후, 다음 문제의 선택지를 체크하고 집중해서 첫 문장을 듣는 것이 고득점을 위한 중요한 자세이다.

2.

男：下个星期就考国际法了，你复习得怎么样？
女：**差不多了，这几天再把重点内容看一遍就行了**。

问：女的是什么意思？
A 没预习　　　B 没考好
C 填空题难　　D 复习得不错

남: 다음주에 국제법 시험을 치는데, 너는 복습을 어떻게 했어?
여: 거의 다 했어. 요 며칠 중점 내용을 다시 한 번 보면 돼.

질문: 여자의 말은 무슨 뜻인가?
A 예습하지 않았다　　B 시험을 잘 치지 못했다
C 빈칸 넣기 문제가 어렵다　D 복습이 괜찮게 되었다

풀이 복습을 어떻게 했느냐는 물음에 여자는 '**差不多**(그런대로 괜찮다)'라고 답했다. 이는 **거의 잘 마무리가 되었다**는 뜻이므로 D가 정답이 된다. 이때 '**不错**'는 '나쁘지 않다' 즉 '좋다', '훌륭하다'는 뜻이다.

정답 D

어휘 国际法 guójìfǎ [명] 국제법 4급 | 复习 fùxí [동] 복습하다 4급 | 差不多 chàbuduō [형] 그런대로 괜찮다, 비슷하다, 차이가 크지 않다 4급 | 重点 zhòngdiǎn [명] 중점 4급 | 遍 biàn [양] 번, 회 4급 | 预习 yùxí [동] 예습하다 4급 | 填空 tiánkòng [동] 빈칸을 채우다 4급

3.

男: 月底, 我要去北京出差。时间允许的话, 咱们见一面吧?
女: 好呀! 从毕业到现在, 咱俩至少有三年没见了。
问: 他们俩可能是什么关系?
A 同学　　B 亲戚
C 邻居　　D 同事

남: 월말에 나 베이징에 출장 가. 시간이 된다면 우리 얼굴 한번 볼까?
여: 좋아! 졸업해서 지금까지 우리 둘은 적어도 3년을 못 만났어.
질문: 그들 둘은 어떤 관계일 가능성이 큰가?
A 동학　　B 친척
C 이웃　　D 동료

풀이 졸업해서 지금까지(从毕业到现在) 못 만났다고 했으므로 이 둘은 같은 학교를 다닌 동학(同学)일 가능성이 가장 크다.

정답 A

어휘 月底 yuèdǐ [명] 월말 4급 | 出差 chūchāi [동] 출장 가다 4급 | 允许 yǔnxǔ [동] 허락하다, 윤허하다 4급 | 至少 zhìshǎo [부] 적어도 4급 | 同学 tóngxué [명] 동학, 학우 3급 | 亲戚 qīnqi [명] 친척 4급 | 邻居 línjū [명] 이웃집, 이웃 사람 4급 | 同事 tóngshì [명] 동료 3급

4.

女: 你普通话说得这么标准, 真不敢相信你是南方人。
男: 我二十岁就来北方了, 在这里都生活十多年了。
问: 关于男的, 可以知道什么?
A 很帅　　B 没见过雪
C 来自南方　　D 讲话声音小

여: 네 표준어가 이렇게 표준적이다니, 정말 네가 남방 사람이란 게 믿기지가 않아.
남: 난 스무 살 때 북방으로 와서 여기서 10여 년을 생활했어.
질문: 남자에 관해서 무엇을 알 수 있는가?
A 멋있다　　B 눈을 본 적이 없다
C 남방에서 왔다　　D 말소리가 작다

풀이 표준어를 너무 잘해서 **남방 사람(南方人)**이란 것을 믿을 수가 없다고 했으므로 남자는 남방에서 왔다(来自南方)는 것을 알 수 있다. 참고로 '**来自**'는 '~에서 오다'는 뜻으로, 한국 드라마 〈별에서 온 그대〉를 중국어로 〈来自星星的你〉라고 한다.

정답 C

어휘 **普通话** pǔtōnghuà [명] 현대 중국 표준어 4급 | **标准** biāozhǔn [형] 표준적이다 [명] 기준, 표준 4급 | **不敢** bùgǎn 감히 ~하지 못하다 | **南方** nánfāng [명] 남방 | **北方** Běifāng [명] 북방 | **帅** shuài [형] 잘생기다, 멋지다 4급 | **来自** láizì [동] ~에서 오다 (※ 이때 '自'는 '~에서'의 뜻으로 '从'의 뜻과 같다. 하지만 '来从'이라는 말은 없기 때문에 '从~来'라고 표현해야 한다.) | **讲话** jiǎnghuà [동] 말하다 | **声音** shēngyīn [명] 소리 3급

5.

女: 刘师傅, 您孩子要上大学了吧?
男: 我正想找你呢, 你说让他报个什么专业好呢? 国际关系?
女: <u>这主要还得看孩子自己的意见</u>。
男: 也对, 那我回去再和他商量商量。
问: 女的是什么看法?
A 学中文
B 别有压力
C 别打扰孩子
D 让孩子决定

여: 류 선생님, 아이가 대학교에 들어가죠?
남: 저도 때마침 당신을 찾고 있었어요. 아이에게 어떤 전공을 신청하게 할까요? 국제 관계?
여: <u>중요한 것은 아이 자신의 의견에 달려 있어요</u>.
남: 역시 그렇죠. 그럼 전 돌아가서 아이랑 상의를 좀 해봐야겠어요.
질문: 여자는 어떤 견해인가?
A 중국어를 배운다
B 스트레스를 받지 마라
C 아이를 방해하지 마라
D 아이로 하여금 결정하게 한다

풀이 중요한 것은 아이 자신의 의견에 달려 있다(这主要还得看孩子的意见)는 것은 아이가 직접 결정하게 한다는 뜻이므로 D가 정답이 된다.

정답 D

어휘 **师傅** shīfu [명] 선생님, 아저씨, 아주머니(남에 대한 일반적인 존칭) / 기사님, 선생님(기예·기능을 가진 사람에 대한 존칭) 4급 | **专业** zhuānyè [명] 전공 4급 | **国际** guójì [명] 국제 4급 | **意见** yìjiàn [명] 의견 4급 | **商量** shāngliang [동] 상의하다 4급 | **中文** zhōngwén [명] 중국어 3급 | **压力** yālì [명] 압력, 스트레스 4급 | **打扰** dǎrǎo [동] 방해하다 4급

> **꿀팁**
> **看 : ~에 달려 있다**
> '看'은 '보다'는 뜻 외에 **'~에 달려 있다'**는 뜻도 있다.
> • 关键还是看能力。 관건은 그래도 능력에 달려 있다.
> • 这就看你怎么做了。 이것은 네가 어떻게 하느냐에 달려 있다.

④ 비즈니스

실전 연습 문제

정답 1. C   2. C   3. C   4. D   5. B   🎧 2-12

1.

女: 什么事让你这么高兴啊?
男: 我们和上次那个广告公司的<u>生意终于谈成了</u>。
问: 男的为什么高兴?
A 变瘦了　　　　B 发工资了
C 生意谈成了　　D 签证办好了

여: 어떤 일이 널 이처럼 기쁘게 하니?(무슨 일이 있길래 이렇게 즐거워?)
남: 우리 지난 번 그 광고 회사와의 <u>거래가 마침내 성사되었어</u>.
질문: 남자는 왜 기쁜가?
A 말랐다　　　　B 월급이 나왔다
C 거래가 성사되었다　D 비자가 다 만들어졌다

풀이 광고 회사와의 **거래가 이루어져서**(生意终于谈成了) 기뻐하는 것이기 때문에 C가 정답이 된다.

정답 C

어휘 广告 guǎnggào [명] 광고 4급 | 生意 shēngyi [명] 장사, 사업, 거래 4급 | 终于 zhōngyú [부] 마침내 3급 | 谈成 tánchéng [동] 협상이 이뤄지다 | 瘦 shòu [형] 마르다, 야위다 3급 | 工资 gōngzī [명] 임금 4급 | 签证 qiānzhèng [명] 비자 4급

2.

女: 我想去公园散散步，一起去吧。
男: 我不去了，<u>我得继续写工作总结</u>，明天就要交了。
问: 男的接下来要做什么?
A 洗澡　　　　B 跑步
C 写总结　　　D 打印材料

여: 나 공원으로 산책 가려 하는데 같이 가자.
남: 난 안 갈래. <u>나 계속 업무 총화서를 써야 해</u>. 내일 제출해야 하거든.
질문: 남자는 이어서 무엇을 할 것인가?
A 목욕한다　　　B 달리기한다
C 총화서를 쓴다　D 자료를 프린트한다

풀이 산책 가자는 여자의 말에 남자는 **업무 총화서를 써야 한다**(写工作总结)고 했으므로 C가 정답이 된다. '总结'가 비교적 생소한 단어이기 때문에, 녹음이 나오기 전 미리 선택지를 체크할 때 '总结'를 좀 더 신경 써서 발음을 머릿속에 각인시키는 것이 좋다.

정답 C

어휘 **公园** gōngyuán [명] 공원 3급 | **散步** sànbù [동] 산보하다, 산책하다 4급 | **继续** jìxù [동] 계속하다 4급 | **总结** zǒngjié [동] 총 정리하다 [명] 총괄, 총화 4급 | **交** jiāo [동] 제출하다, 내다 4급 | **洗澡** xǐzǎo [동] 샤워하다, 목욕하다 3급 | **打印** dǎyìn [동] 프린트하다 4급

3.

男：你感觉今天来应聘的两个人怎么样？
女：我觉得第一个小伙子不错，不但专业合适，而且态度也很积极。
问：女的觉得那个小伙子怎么样？
A 有礼貌　　　B 很活泼
C 态度积极　　D 有责任感

남: 넌 오늘 채용에 지원하러 온 두 사람 어떻게 생각해?
여: 나는 첫 번째 젊은이가 괜찮은 것 같아. 전공이 적절할 뿐만 아니라 게다가 태도도 적극적이었어.
질문: 여자는 그 젊은이가 어떠하다고 생각하는가?
A 예의가 있다　　B 아주 활달하다
C 태도가 적극적이다　D 책임감이 있다

풀이 태도가 적극적이다(态度也很积极)라고 했으므로 C가 정답이 된다. 나머지 선택지는 대화 속에서 언급조차 되지 않았기 때문에 들리는 단어 위주로 정답을 고르는 것이 좋다. 참고로 전공과 관련하여 '**专业不符**(전공이 맞지 않다)'라는 표현도 비교적 자주 출제되니 잘 기억해 두도록 하자.

정답 **C**

어휘 **感觉** gǎnjué [명] 느낌 [동] ~라고 느끼다, ~라고 생각하다 | **应聘** yìngpìn [동] 지원하다 4급 | **小伙子** xiǎohuǒzi [명] 젊은이, 총각 4급 | **不错** búcuò [형] 훌륭하다, 좋다 | **专业** zhuānyè [명] 전공 [형] 전문의 4급 | **合适** héshì [형] 적절하다, 알맞다 4급 | **态度** tàidù [명] 태도 4급 | **积极** jījí [형] 적극적이다, 긍정적이다 4급 | **礼貌** lǐmào [명] 예의 [형] 예의바르다 4급 | **活泼** huópo [형] 활발하다, 활기차다 4급 | **责任感** zérèngǎn [명] 책임감 4급

4.

男：你对新来的那个小伙子印象怎么样？
女：不错，人很聪明，学东西也快，就是缺少经验，还需要多锻炼锻炼。
问：女的觉得那个小伙子怎么样？
A 太紧张　　　B 不热情
C 很积极　　　D 缺少经验

남: 당신은 새로 온 그 젊은이에 대해서 인상이 어때요?
여: 좋아요. 똑똑하고, 배우는 것도 빠르고, 그런데 경험이 부족해서 아직 좀 많이 단련할 필요가 있어요.
질문: 여자는 그 젊은이를 어떻게 생각하는가?
A 너무 긴장한다　　B 열정적이지 않다
C 매우 적극적이다　D 경험이 부족하다

풀이 여자는 그 젊은이에 대해 **경험이 부족하다**(缺少经验)고 말했으므로 D가 정답이 된다. 이때 '**就是**'는 '**그런데**'의 뜻으로 **전환**을 나타낸다.

정답 D

어휘 小伙子 xiǎohuǒzi [명] 젊은이, 총각 4급 | 印象 yìnxiàng [명] 인상 4급 | 缺少 quēshǎo [동] 부족하다 4급 | 经验 jīngyàn [명] 경험 4급 | 锻炼 duànliàn [동] 단련하다 3급 | 热情 rèqíng [명] 열정 [형] 친절하다, 다정하다 4급 | 积极 jījí [형] 적극적이다, 긍정적이다 4급

5.

女: 毕业后你打算留在北京?
男: 是, 我在这儿上了四年学, 对这儿比较熟悉。
女: 可北京的竞争压力不是很大吗?
男: 是这样, 但机会也很多。
问: 男的觉得北京怎么样?
A 变化大　　B 机会多
C 交通方便　D 秋天凉快

여: 졸업 후에 넌 베이징에 머무를 거니?
남: 응. 나는 여기서 4년 동안 대학교를 다녀서 여기에 대해서 비교적 잘 알아.
여: 그런데 베이징에는 경쟁 스트레스가 크잖아?
남: 그렇지, 하지만 기회도 많아.
질문: 남자는 베이징이 어떠하다고 생각하는가?
A 변화가 크다　　B 기회가 많다
C 교통이 편리하다　D 가을이 시원하다

풀이 남자는 베이징에 대해서 **경쟁 스트레스가 있지만**(竞争压力很大) 또한 **기회도 많다**(机会也很多)고 했으므로 B가 정답이 된다.

정답 B

어휘 打算 dǎsuan [동] ~할 계획이다 [명] 계획 4급 | 留 liú [동] 남다, 남기다 4급 | 熟悉 shúxī [동] 이해하다, 파악하다 [형] 익숙하다, 잘 알다 4급 | 竞争 jìngzhēng [명/동] 경쟁(하다) 4급 | 压力 yālì [명] 압력, 스트레스 4급 | 机会 jīhuì [명] 기회 3급 | 变化 biànhuà [명/동] 변화(하다) 4급 | 交通 jiāotōng [명] 교통 4급 | 凉快 liángkuai [형] 시원하다 4급

❺ 장소 · 교통

실전 연습 문제

> 정답 1. B   2. C   3. A   4. C   5. C   🎧 2-15

1.

女: <u>我要去安检了</u>, 你们也回去吧。 男: <u>拿好护照和登机牌</u>, <u>下了飞机就给我和你妈发个短信</u>。 问: 他们最可能在哪儿? A 邮局　　　B 机场 C 火车站　　D 图书馆	여: <u>저는 보안 검사하러 갈게요</u>. 두 분도 돌아가세요. 남: <u>여권과 비행기표 잘 챙기고, 비행기에서 내리면 바로 나와 네 엄마에게 문자 메시지 보내고</u>. 질문: 그들은 어디에 있을 가능성이 가장 큰가? A 우체국　　　B 공항 C 기차역　　　D 도서관

풀이 '安检(보안 검사)', '登机牌(비행기표)', '飞机(비행기)' 등의 단어를 통해서 이곳이 **공항**(机场)임을 알 수 있다.

정답 B

어휘 安检 ānjiǎn (보안·안전을 위해) 검사하다 | 护照 hùzhào [명] 여권 3급 | 登机牌 dēngjīpái [명] 비행기표 4급 | 短信 duǎnxìn 문자 메시지 4급 | 邮局 yóujú [명] 우체국 4급 | 机场 jīchǎng [명] 공항 2급 | 图书馆 túshūguǎn [명] 도서관 3급

2.

男: 从这儿坐地铁到首都宾馆至少得五十分钟, <u>八点出门恐怕来不及</u>。 女: 那好吧, 我们明天七点半就出发。 问: 男的是什么意思? A 别着急　　　B 想睡觉 C 要早出门　　D 没听到通知	남: 여기서 지하철을 타고 수도 호텔까지 적어도 50분이 걸리니까, <u>8시에 출발하면 아마 늦을 거야</u>. 여: 그럼 좋아. 우리 내일 7시 반에 출발하자. 질문: 남자의 말은 무슨 뜻인가? A 조급해하지 마라　　B 잠을 자고 싶다 C 일찍 문을 나서다　　D 통지를 받지 못했다

풀이 '恐怕来不及'의 뜻은 '아마도 늦을 것이다'는 뜻으로, 이는 8시(8点)보다 **더 일찍 출발하자는 뜻**을 내포하고 있다. 또한 여자가 남자의 말에 동의하며(那好吧) 8시 출발에서 7시 반으로 앞당겨 말하고 있으므로 남자는 좀 일찍 출발하자는 의도가 있었음을 예상해 볼 수 있다. 따라서 정답은 C가 된다.

정답 C

어휘 首都 shǒudū [명] 수도 4급 | 宾馆 bīnguǎn [명] 호텔 4급 | 至少 zhìshǎo [부] 적어도 4급 | 恐怕 kǒngpà [부] 아마 4급 | 来不及 láibují [동] 늦었다, 손쓸 틈이 없다, 제 시간에 댈 수 없다 4급 | 出发 chūfā [동] 출발하다 4급 | 着急 zháojí [형] 조급해하다 4급 | 出门 chūmén [동] 외출하다, 집을 나서다 | 通知 tōngzhī [명/동] 통지(하다), 알리다 4급

꿀팁

恐怕 : [부사] 아마 (O) / 걱정하다 (X)

'恐怕'는 원치 않는 일이 발생할 것임을 걱정하는 어기를 나타내는 **어기부사**로 쓰였다. 해석은 '**아마(도)**'의 뜻으로, '걱정하다'는 뜻이 없다. '걱정하다'는 동사로 사용된다.

- 现在出发恐怕来不及了。지금 출발하면 아마 시간이 안 될 거야. (O) / 지각할 것을 걱정한다. (X)
- 我恐怕打针。(X) → 我害怕打针。나는 주사 맞는 것을 두려워한다. (O)

3.

女：请问，去国家森林公园走这条路对吗？
男：对，继续往前走。第一个路口左转就能看见了。

问：女的在做什么？

A 问路　　　　B 查词典
C 买地图　　　D 打印照片

여: 실례합니다만, 국가 산림 공원에 가려면 이 길로 가는 것이 맞나요?
남: 네, 계속 앞으로 가세요. 첫 번째 교차로에서 좌회전하면 바로 보여요.

질문: 여자는 무엇을 하고 있는가?

A 길을 묻는다　　B 사전을 검색한다
C 지도를 산다　　D 사진을 프린트한다

풀이 여자는 국가 산림 공원(国家森林公园)에 가는 길을 묻고 있으므로 A가 정답이 된다.

정답 A

어휘 森林 sēnlín [명] 숲, 산림 4급 | 继续 jìxù [동] 계속하다 4급 | 往前 wǎngqián 앞으로 | 路口 lùkǒu [명] 갈림길, 교차로 | 左转 zuǒzhuǎn [동] 좌회전하다 | 查 chá [동] 조사하다 | 词典 cídiǎn [명] 사전 3급 | 地图 dìtú [명] 지도 3급 | 打印 dǎyìn [동] 프린트하다 4급 | 照片 zhàopiàn [명] 사진 3급

4.

男：喂，我到国家图书馆了，你在哪儿？
女：我还在地铁里，大概十分钟就到了。
男：好，你到了就从西北出口出来吧，我在那儿等你。
女：好的，一会儿见。

问：他们在哪儿见面？

A 教室内　　　B 饭店里
C 地铁出口　　D 大使馆外面

남: 여보세요? 난 국가 도서관에 도착했어. 넌 어디야?
여: 난 아직 지하철에 있어. 약 10분 후에 도착할 거야.
남: 알았어. 너 도착하면 서북 출구로 나와. 내가 거기서 널 기다릴게.
여: 좋아, 이따가 봐.

질문: 그들은 어디서 만나는가?

A 교실 안　　　B 호텔 안
C 지하철 출구　D 대사관 밖

풀이 여자는 지하철을 타고 있고 남자가 **서북 출구(西北出口)**로 나오라고 했으므로 C가 정답이 된다.

정답 C

어휘 图书馆 túshūguǎn [명] 도서관 3급 | 地铁 dìtiě [명] 지하철 3급 | 大概 dàgài [부] 대략, 아마 [형] 대강의 4급 | 出口 chūkǒu [명] 출구 [동] 수출하다 4급 | 一会儿 yíhuìr [명] 잠깐, 잠시 3급 | 饭店 fàndiàn [명] 식당, 호텔 4급 | 大使馆 dàshǐguǎn [명] 대사관 4급

> **꿀팁** 경유 노선을 나타내는 '从(~로, ~을)'
> '从'은 주로 '~에서', '~부터'의 뜻으로 기점(출발점)을 나타내는 경우가 많다.
> • 从毕业到现在，我们没有见过面。졸업부터 지금까지 우리는 만난 적이 없다.
> 하지만 '从'은 또한 경유 노선(지나가는 장소)를 나타낼 수 있는데 이때 '~로', '~을'로 해석하는 것이 좋다.
> • 从西北出口出来。서북 출구로 나오다.
> • 每天火车都要从家门口经过。매일 기차는 집 앞을 지나간다.

5.

男：这次会议在什么地方举行？
女：我看网站上发的消息，说是安排在首都宾馆。
男：离我们这儿还挺近的。
女：是，坐地铁大约二十分钟就能到。
问：会议在哪儿举行？
A 大使馆　　B 篮球馆
C 首都宾馆　D 长城饭店

남: 이번 회의는 어디에서 열려?
여: 내가 웹사이트에 올라온 소식을 보니, 수도 호텔로 안배되어 있던데.
남: 우리가 있는 곳에서 아주 가깝네.
여: 응, 지하철 타면 대략 20분이면 도착할 수 있어.
질문: 회의는 어디에서 거행되는가?
A 대사관　　B 농구장
C 수도 호텔　D 장성 호텔

풀이 웹사이트(网站)에서 **수도 호텔(首都宾馆)**로 안배되었다(安排)고 했으므로 C가 정답이 된다.

정답 C

어휘 举行 jǔxíng [동] 거행하다 4급 | 网站 wǎngzhàn [명] 웹사이트 4급 | 消息 xiāoxi [명] 소식 4급 | 安排 ānpái [동] 안배하다 4급 | 首都 shǒudū [명] 수도 4급 | 宾馆 bīnguǎn [명] 호텔(=饭店/酒店) 4급 | 离 lí [개] ~로부터 2급 | 大约 dàyuē [부] 대략 4급 | 大使馆 dàshǐguǎn [명] 대사관 4급 | 篮球馆 lánqiúguǎn [명] 농구장 | 长城 Chángchéng [명] 만리장성 4급

> **꿀팁** '宾馆, 酒店, 饭店'의 비교
> 기본적으로 '宾馆, 酒店, 饭店'은 '호텔'의 뜻으로 같다. 하지만 **굳이 비교하자면 '宾馆**과 **酒店**은 '숙박 + 식사 + 오락'의 형태라면, '**饭店**'은 숙박 없이 식사만 제공하는 식당일 수도 있다. 등급을 매기자면 '宾馆, 酒店 〉饭店'이 된다. 하지만 **여전히 변하지 않는 것은 셋 다 모두 '호텔**'이라는 점이다. (이들을 비교하는 문제가 출제되지는 않는다.)

❻ 건강·운동

실전 연습 문제

정답 1. B   2. C   3. C   4. A   5. A   🎧 2-18

1.

女: 我昨天打了会儿网球，结果今天胳膊疼得都抬不起来了。
男: 你平时运动太少，突然一运动当然会受不了。

问: 女的怎么了?
A 饿了   B 胳膊疼
C 没休息好   D 咳嗽得厉害

여: 나 어제 잠깐 테니스를 쳤는데, 결과적으로 오늘 아파서 팔을 들 수가 없어.
남: 넌 평소에 운동을 너무 적게 해. 갑자기 운동을 하니 당연히 견딜 수 없지.

질문: 여자는 어떠한가?
A 배고프다   B 팔이 아프다
C 잘 쉬지 못했다 D 기침이 심하다

풀이 팔(胳膊)이 아파서 들 수 없다(疼得抬不起来了)고 했으므로 B가 정답이 된다.
정답 B
어휘 网球 wǎngqiú [명] 테니스 4급 | 胳膊 gēbo [명] 팔 4급 | 抬 tái [동] 들다 4급 | 平时 píngshí [명] 평소 4급 | 当然 dāngrán [형] 당연하다 [부] 당연히, 물론 3급 | 受不了 shòubuliǎo [형] 참을 수 없다 | 饿 è [형] 굶주리다 3급 | 咳嗽 késou [동] 기침하다 4급 | 厉害 lìhai [형] 대단하다, 심하다, 무섭다 4급

2.

女: 你怎么这么困呢，昨晚没睡好?
男: 是，为了翻译这几篇文章，我一晚上都没睡觉。

问: 男的怎么了?
A 眼睛疼   B 被骗了
C 昨晚没睡   D 遇到了困难

여: 너 왜 이렇게 졸려 하니? 어제 잠을 못 잤어?
남: 응. 이 몇 편의 글을 번역하기 위해서 나는 밤새 잠을 못 잤어.

질문: 남자는 어떠한가?
A 눈이 아프다   B 속았다
C 어젯밤에 잠을 못 잤다 D 어려움을 만났다

풀이 남자는 어젯밤에 번역을 하느라고 잠을 못 잤다(没睡觉)고 했으므로 C가 정답이 된다.
정답 C
어휘 困 kùn [형] 졸리다 [동] 가두다 4급 | 翻译 fānyì [동] 통역하다, 번역하다 [명] 번역, 통역, 번역가, 통역가 4급 | 文章 wénzhāng [명] 글 4급 | 骗 piàn [동] 속이다 4급

3.

男：怎么样，感觉好点儿了吗?
女：打完针就没那么难受了。
男：那就好。回家要按时吃药，一个星期后再来检查一下。
女：好的，大夫，谢谢您。
问：女的怎么了？
A 哭了　　　　B 没吃饱
C 生病了　　　D 没睡醒

남: 어때요, 느낌이 좀 좋아졌어요?
여: 주사 맞고 나니 그렇게 힘들진 않아요.
남: 그럼 됐어요. 집에 가서 제때에 약 먹고 일주일 후에 다시 검사 받으러 오세요.
여: 네, 의사 선생님. 감사합니다.
질문: 여자는 어떠한가?
A 울었다　　　　B 배불리 먹지 않았다
C 아프다　　　　D 잠이 깨지 않았다

풀이 주사를 맞고(打针), 약을 먹고(吃药) 하는 등의 상황으로 봐서 여자는 아픈 상태임을 알 수 있다.

정답 C

어휘 感觉 gǎnjué [명] 느낌, 감각 [동] ~라고 생각하다, ~라고 느끼다 4급 | 打针 dǎzhēn [동] 주사를 맞다 4급 | 难受 nánshòu [형] 괴롭다, 힘들다 4급 | 按时 ànshí [부] 제때에, 시간에 맞추어 4급 | 检查 jiǎnchá [동] 검사하다 3급 | 大夫 dàifu [명] 의사 4급 | 生病 shēngbìng [동] 병이 나다, 병에 걸리다 2급

4.

女：太累了，咱们休息一下吧。
男：只爬了这么一会儿就没力气了?
女：我平时运动太少，看来以后得多锻炼了。
男：那我们到前面那棵树下休息吧。
问：他们最可能在做什么?
A 爬山　　　　B 跳舞
C 排队　　　　D 洗碗

여: 너무 힘들어. 우리 잠깐 좀 쉬자.
남: 이렇게 잠깐 올랐는데 힘이 빠졌어?
여: 내가 평소에 운동이 너무 적어서, 보아하니 앞으로 운동을 많이 해야겠어.
남: 그러면 우리 앞쪽 나무 아래로 가서 쉬자.
질문: 그들은 무엇을 하고 있을 가능성이 가장 큰가?
A 등산하다　　　B 춤을 추다
C 줄을 서다　　　D 설거지하다

풀이 '爬了一会儿'의 표현을 통해서 이들이 등산 중이라는 사실을 알 수 있다.

정답 A

어휘 爬 pá [동] 오르다 3급 | 力气 lìqi [명] 힘 4급 | 看来 kànlái [동] 보아하니, 보기에 | 棵 kē [양] 그루, 포기 4급 | 树 shù [명] 나무 | 跳舞 tiàowǔ [동] 춤추다 | 排队 páiduì [동] 줄을 서다 4급 | 洗碗 xǐwǎn [동] 설거지하다

5.

女：你的咳嗽不是很严重，我给你开点儿药，回去好好休息。
男：好，还有其他要注意的吗?
女：最近不要抽烟，<u>少吃咸的和辣的</u>。
男：好的，谢谢您，大夫。
问：医生建议男的怎么做?
A 少吃辣　　B 去打针
C 多喝水　　D 别总躺着

여: 당신의 기침은 심각하지 않습니다. 제가 약을 좀 처방해 드릴 테니 돌아가서 잘 쉬세요.
남: 알겠습니다. 또 다른 주의할 것이 있나요?
여: 최근에는 담배 피우지 마시고 <u>짜고 매운 음식은 적게 드세요</u>.
남: 네. 감사합니다. 선생님.
질문: 의사는 남자가 어떻게 하기를 권하는가?
A 매운 것을 적게 먹는다　　B 주사를 맞으러 간다
C 물을 많이 마신다　　D 늘 누워만 있지 마라

풀이 의사가 **짠 것과 매운 것을 적게 먹으라고**(少吃咸的和辣的) 했으므로 A가 정답이 된다.

정답 A

어휘 咳嗽 késou [동] 기침하다 4급 | 严重 yánzhòng [형] 심각하다 4급 | 开药 kāiyào [동] 약을 처방하다 | 咸 xián [형] 짜다 4급 | 辣 là [형] 맵다 4급 | 大夫 dàifu [명] 의사 4급 | 打针 dǎzhēn [동] 주사를 맞다 4급 | 躺 tǎng [동] 눕다, 드러눕다 4급

❼ 가정·일상·주택

실전 연습 문제

> **정답**   1. D   2. D   3. A   4. B   5. C   🎧 2-21

1.

男: 奇怪, 我的眼镜哪儿去了, 刚才还戴着呢。
女: 你那会儿不是在客厅看电视吗?
问: 男的怎么了?
A 牙疼   B 困了
C 丢了钱包   D 找不到眼镜

남: 이상하네. 내 안경이 어디로 갔지? 방금 전에도 끼고 있었는데.
여: 너 그때 거실에서 TV 보지 않았어?
질문: 남자에게 무슨 일이 있는가?
A 이가 아프다   B 졸리다
C 지갑을 잃어버렸다   D 안경을 못 찾고 있다

풀이 안경이 어디 갔지?(眼镜哪儿去了?)라고 하는 것은 **안경을 찾고 있다는 뜻**이므로 D가 정답이 된다. 또한 안경을 '**착용하다**'라고 할 때 '**戴**'를 쓰므로 이 또한 힌트가 될 수 있다. 이 문제 역시 앞 문제 풀이에서 시간을 끌다가 첫 문장을 놓치는 불상사가 생기지 않도록 주의해야 한다. 특히 C를 오답으로 고른 사람이라면 첫 문장을 놓치지 말자는 다짐을 할 필요가 있다.

정답 D

어휘 奇怪 qíguài [형] 이상하다 3급 | 眼镜 yǎnjìng [명] 안경 4급 | 戴 dài [동] 착용하다 4급 | 那会儿 nàhuìr 그때 | 客厅 kètīng [명] 거실 4급 | 牙 yá [명] 이 3급 | 困 kùn [형] 졸리다 [동] 가두다 4급 | 丢 diū [동] 잃다, 잃어버리다 4급 | 钱包 qiánbāo [명] 지갑

2.

男: 你考虑清楚了? 真的要放弃这次机会?
女: 是的, 我母亲身体不太好, 我决定留下来照顾她。
问: 女的为什么要放弃这次机会?
A 发烧了   B 专业不符
C 觉得辛苦   D 要照顾母亲

남: 너 잘 생각해 봤어? 정말 이 기회를 포기할 거야?
여: 그래. 어머니가 몸이 그다지 좋지 않으셔서 내가 남아서 그녀를 돌보기로 결정했어.
질문: 여자는 왜 이 기회를 포기하려 하는가?
A 열이 났다   B 전공이 맞지 않다
C 고생스럽다고 느낀다   D 어머니를 돌보려 한다

풀이 몸이 편치 않은(身体不太好) 어머니(母亲)를 돌보기(照顾) 위해서이므로 D가 정답이 된다.

정답 D

어휘 放弃 fàngqì [동] 포기하다 4급 | 机会 jīhuì [명] 기회 3급 | 留下来 liúxiàlái 남다, 남기다 4급 | 照顾 zhàogù [동] 보살피다 3급 | 发烧 fāshāo [동] 열이나다 3급 | 专业 zhuānyè [명] 전공 [형] 전문의 4급 | 符 fú [동] 부합하다 4급

3.

女: 刚刚是谁敲门?
男: 房东, 他来提醒我们月底交下半年的房租。
问: 敲门的人是谁?
A 房东   B 叔叔
C 妹妹   D 邻居

여: 방금 전에 누가 문을 두드렸어?
남: 집주인이야. 우리가 월말에 반년치의 집세를 내야 한다고 알려 주려고 왔어.
질문: 문을 두드린 사람은 누구인가?
A 집주인   B 아저씨
C 여동생   D 이웃

풀이 문을 두드린 사람이 누구냐(谁敲门?)는 질문에 '房东(집주인)'이라고 말했으므로 A가 정답이 된다. 선택지를 보면 인물을 묻는 문제임을 알 수 있다. '인물 문제'는 들리는 단어가 바로 정답이 되기 때문에 각 선택지의 발음과 뜻을 미리 체크하는 것이 중요하다.

정답 A

어휘 敲门 qiāomén [동] 문을 두드리다, 노크하다 4급 | 房东 fángdōng [명] 집주인 4급 | 提醒 tíxǐng [동] 일깨우다 4급 | 月底 yuèdǐ [명] 월말 4급 | 交 jiāo [동] 제출하다, 내다, (친구를) 사귀다 4급 | 房租 fángzū [명] 집세, 방세 | 叔叔 shūshu [명] 삼촌, 아저씨 3급 | 邻居 línjū [명] 이웃집, 이웃 사람 3급

4.

男: 你喜欢看这样的节目?
女: 对,《动物世界》很精彩啊, 还可以丰富知识。你不喜欢?
问: 女的喜欢看什么节目?
A 人与自然   B 动物世界
C 经济与法   D 体育新闻

남: 넌 이런 프로그램을 좋아해?
여: 응.〈동물 세계〉는 아주 재밌어. 지식도 풍부하게 할 수 있고. 넌 안 좋아해?
질문: 여자는 어떤 프로그램을 좋아하는가?
A 인간과 자연   B 동물 세계
C 경제와 법   D 스포츠 뉴스

풀이 여자가 좋아하는 프로그램은《动物世界》라고 했으므로 B가 정답이 된다.

정답 B

어휘 节目 jiémù [명] 프로그램 4급 | 动物 dòngwù [명] 동물 3급 | 世界 shìjiè [명] 세계 3급 | 精彩 jīngcǎi [형] 훌륭하다, 멋지다, 재밌다 4급 | 丰富 fēngfù [형] 풍부하다 [동] 풍부하게 하다 4급 | 知识 zhīshi [명] 지식 4급 | 自然 zìrán [명] 자연 [형] 자연스럽다 4급 | 经济 jīngjì [명] 경제 4급 | 体育 tǐyù [명] 체육, 스포츠 3급 | 新闻 xīnwén [명] 뉴스, 신문 3급

5.

男：小王的孩子出生了？男孩儿还是女孩儿？ 女：女孩儿，<u>两周前出生的</u>。 男：我还没来得及去祝贺她呢。 女：我也没去，哪天我们一起去吧。 问：关于小王的孩子，下列哪个正确？ A 很爱笑 B 比较胖 C 刚出生不久 D 今天过生日	남: 샤오왕의 아이는 태어났어? 남자 아이야, 여자 아이야? 여: 여자아이야. <u>2주 전에 태어났어</u>. 남: 난 아직 그녀에게 축하해 주러 갈 겨를이 없었어. 여: 나도 안 갔어. 언제 우리 함께 가자. 질문: 샤오왕의 아이에 관해서 아래에서 옳은 것은? A 잘 웃는다 B 비교적 통통하다 C 막 태어난 지 오래되지 않았다 D 오늘 생일이다

풀이 2주 전에 태어났다(两周前出生的)고 했으므로 태어난 지 오래되지 않았다고 말할 수 있으므로 C가 정답이 된다.

정답 C

어휘 出生 chūshēng [동] 출생하다, 태어나다 4급 | 还是 háishì [접] 아니면 [부] 아직도, 아무래도 ~가 낫다 3급 | 来得及 láidejí [형] 시간이 되다, 늦지 않다 4급 (※ 주의 ① 没来得及 + V : V할 겨를이 없다 ② 来不及 : 늦다, 시간이 안 된다) | 祝贺 zhùhè [동] 축하하다 4급 | 胖 pàng [형] 살찌다 3급 | 过生日 guò shēngrì 생일을 보내다

꿀팁

'是~的' 강조 구문

대화에서 '两周前出生的。'는 사실 '孩子是两周前出生的。'에서 **주어**(孩子)와 '**是**'가 **생략**된 것으로, 바로 '**是~的' 구문**'이다. '**是~的 구문**'은 **이미 일어난 동작의 시간, 장소, 방식, 인물, 대상 등을 강조**하는 구문이다. 즉, **이미 일어난 것과 강조**가 포인트이다. 학생들은 대부분 '강조'만 기억하는데 '**과거**' **시제라는 것을 깨닫는 것도 매우 중요**하다. 이때 '**是**'는 **생략 가능**하지만 '**的**'는 **생략할 수 없다**. '的'를 생략하면 '과거' 시제가 없어져 버리기 때문이다.

- 你什么时候来？ 너는 언제 와? (미래에 언제 올 거냐고 묻는다.)
- 你(是)什么时候来的？ 너 언제 왔어? (이미 온 것을 알고 있는 상태에서 온 시간을 강조해서 묻는다. 과거 시제로 해석한다.)

⑧ 여가 · 여행 · 날씨

실전 연습 문제

🎧 2-24

정답 1. C   2. A   3. B   4. C   5. A

1.

女: 下了雨凉快多了，前几天实在是太热了。
男: 是啊，前两天晚上热得都睡不着，今天终于能睡个好觉了。
问: 现在天气怎么样?
A 非常冷   B 热极了
C 很凉快   D 十分暖和

여: 비가 오고 나니 많이 시원해졌어. 며칠 전에는 정말로 너무 더웠어.
남: 그래. 이틀 전 저녁에는 더워서 잠을 못 잤는데, 오늘은 마침내 잠을 잘 잤어.
질문: 지금 날씨는 어떠한가?
A 매우 춥다   B 너무 덥다
C 시원하다   D 매우 따뜻하다

풀이 비가 와서(下了雨) 많이 시원해졌다(凉快多了)라고 했으므로 C가 정답이 된다. 며칠 전의 날씨였던 B를 고르지 않도록 주의하자.

정답 C

어휘 凉快 liángkuai [형] 시원하다, 서늘하다 4급 | 实在 shízài [부] 정말로, 참으로 [형] 실재하다 4급 | 睡不着 shuìbuzháo 잠을 이룰 수 없다 | 终于 zhōngyú [부] 마침내 4급 | 极了 jíle 극히(형용사 뒤에 오는 정도보어로 정도가 매우 심함을 나타냄) | 十分 shífēn [부] 매우 4급 | 暖和 nuǎnhuo [형] 따뜻하다 4급

꿀팁

'实在'와 '睡觉'의 용법

(1) '**实在**'는 형용사로서 '실제적이다', '진실하다' 등의 뜻이 있다. 하지만 '**实在**'는 주로 부사로 쓰여 '**정말로**', '**참으로**'의 뜻으로 뒤의 내용이 사실임을 강조한다.

- 实在(是)太热了。 정말로 너무 덥다. (O) / 실제로 너무 덥다. (X)
- 我实在不知道。 나는 정말로 모르겠어. (O) / 나는 실제로 모르겠어. (X)
- 实在抱歉。 정말로 미안합니다. (O) / 실제로 미안합니다. (X)

(2) '**睡觉**'는 이합동사(睡: 자다 + 觉: 잠)로서 순수한 동사는 '**睡**'만이다.

- 睡不着(zháo) 잠을 이룰 수 없다
- 今天终于能睡个好觉了。 오늘 마침내 좋은 잠을 잤다.(=잠을 잘 잤다)

※ '觉'가 명사이기 때문에 앞에 '**个**'와 '**好**'가 관형어로 붙을 수 있다.

- 昨晚我只睡了三个小时(的觉)。 어젯밤 나는 단지 3시간밖에 못 잤다. (O)
- 昨晚我只睡觉了三个小时。 (X)

2.

男：你的行李箱里都是什么呀？怎么这么重？
女：除了衣服和鞋子，我还给每个朋友都带了一份小礼物。
问：男的觉得行李箱怎么样？
A 很重　　　　B 颜色深
C 很难看　　　D 太脏了

남: 네 트렁크 안에는 다 뭐야? 어째서 이렇게 무거워?
여: 옷과 신발 말고, 모든 친구에게 줄 작은 선물 하나씩을 가져왔어.
질문: 남자는 트렁크가 어떠하다고 생각하는가?
A 매우 무겁다　　　B 색이 진하다
C 예쁘지 않다　　　D 너무 더럽다

풀이 왜 이렇게 무겁냐(怎么这么重？)고 물었으므로 A가 정답이 된다.

정답 A

어휘 行李箱 xínglǐxiāng [명] 여행용 가방, 트렁크 3급 | 除了 chúle [개] ~을 제외하고 3급 | 鞋子 xiézi [명] 신발 | 份 fèn [양] 부(신문·잡지·문건 등을 세는 단위), 선물 등을 셈 4급 | 礼物 lǐwù [명] 선물 4급 | 颜色 yánsè [명] 색깔 2급 | 难看 nánkàn [형] (표정이나 안색이) 좋지 않다 | 脏 zāng [형] 더럽다 4급

3.

男：你听，楼上有弹钢琴的声音。
女：是邻居黄奶奶的孙女儿弹的，她从一年级就开始学钢琴了。
问：黄奶奶的孙女儿在做什么？
A 讲笑话　　　B 弹钢琴
C 唱京剧　　　D 听广播

남: 들어 봐. 윗층에서 피아노 치는 소리가 나.
여: 이웃 황 할머니의 손녀가 치는 거야. 그 애가 1학년부터 피아노를 배우기 시작했어.
질문: 황 할머니의 손녀는 무엇을 하고 있는가?
A 재밌는 이야기를 한다　　B 피아노를 친다
C 경극을 부른다　　　　　D 라디오 방송을 듣는다

풀이 피아노를 치고(弹钢琴) 있으므로 B가 정답이 된다.

정답 B

어휘 楼上 lóushàng [명] 이층, 위층 | 弹钢琴 tán gāngqín 피아노를 치다 4급 | 邻居 línjū [명] 이웃 4급 | 奶奶 nǎinai [명] 할머니 3급 | 孙女儿 sūnnǚ'er [명] 손녀 | 年级 niánjí [명] 학년 3급 | 笑话 xiàohua [명] 우스운 이야기 [동] 비웃다 4급 | 京剧 jīngjù [명] 경극 4급 | 广播 guǎngbō [명/동] (라디오) 방송(하다) 4급

4.

男：这张照片在哪儿照的？真漂亮。
女：中山公园。最近天气暖和了，那儿的花儿都开了。
男：中山公园在哪儿？远吗？
女：有点儿远。但是坐三零七路公共汽车能直接到。

问：最近天气怎么样？

A 阴天　　　　B 降温了
C 变暖了　　　D 常刮风

남: 이 사진은 이디에서 찍었어? 정말 예쁘다.
여: 중산 공원에서. 최근 날씨가 따뜻해져서 그곳의 꽃이 다 피었어.
남: 중산 공원은 어디에 있어? 멀어?
여: 좀 멀어. 하지만 307번 버스를 타면 바로 도착해.

질문: 최근 날씨는 어떠한가?

A 흐린 날씨　　　B 기온이 내려갔다
C 따뜻해졌다　　D 자주 바람이 분다

풀이 날씨가 따뜻해졌다(天气暖和了)고 했으므로 C가 정답이 된다. 참고로 '全球变暖'은 '지구 온난화'이다.

정답 C

어휘 暖和 nuǎnhuo [형] 따뜻하다 4급 | 路 lù [명] 버스 노선 | 直接 zhíjiē [형] 직접적이다 4급 | 阴天 yīntiān [명] 흐린 날 | 降温 jiàngwēn [동] 기온이 떨어지다 | 刮风 guāfēng [동] 바람이 불다 3급

5.

男：看什么呢？这么认真？叫你两次都没听见。
女：新买的杂志，里面有篇文章写得很好，有时间你也看看。
男：是吗？关于什么的？
女：是谈人的性格的，有些说法很新鲜。

问：那篇文章是关于哪方面的？

A 人的性格　　　B 民族文化
C 中国功夫　　　D 汉语语法

남: 뭐 보고 있어? 이렇게 진지하게? 널 두 번이나 불렀는데 다 못 들었나 봐.
여: 새로 산 잡지야. 안에 한 편의 글이 매우 잘 쓰여졌어. 시간 되면 너도 봐.
남: 그래? 무엇에 관한 거야?
여: 사람의 성격에 관해 논한 거야. 어떤 표현들은 아주 신선해.

질문: 그 글은 어떤 방면의 것인가?

A 사람의 성격　　　B 민족 문화
C 중국 쿵후　　　　D 중국어 어법

풀이 사람의 성격(人的性格)에 관한 것이라고 했으므로 A가 정답이 된다.

정답 A

어휘 真 rènzhēn [형] 진지하다, 열심이다 3급 | 杂志 zázhì [명] 잡지 4급 | 文章 wénzhāng [명] (한 편의 온전한) 글 4급 | 关于 guānyú [개] ~에 관하여 4급 | 性格 xìnggé [명] 성격 4급 | 说法 shuōfǎ [명] 표현법, 말 | 新鲜 xīnxiān [형] 신선하다 3급 | 民族 mínzú [명] 민족 4급 | 文化 wénhuà [명] 문화 3급 | 功夫 gōngfu [명] 쿵후, 무술 4급 | 语法 yǔfǎ [명] 어법 4급

❾ 의복·공연

실전 연습 문제

> 정답   1. C   2. B   3. D   4. D   5. D   6. C
>
> 🎧 2-27

1.

女: 您帮我把头发稍微理一理吧，比原来短一点儿就行。	여: 제 머리를 조금 다듬어 주세요. 원래보다 조금 더 짧으면 됩니다.
男: 好的，没问题。	남: 알겠습니다. 문제 없어요.
问: 关于女的，可以知道什么?	질문: 여자에 관해서 무엇을 알 수 있는가?
A 想请假 B 在购物	A 휴가를 신청하려 한다 B 물건을 사고 있다
C 要理发 D 在打扫房间	C 이발하려 한다 D 방을 청소하고 있다

풀이 '理一理'는 이합동사 '理头发'를 중첩한 형태로 목적어인 '头发'가 빠지면 '理一理'가 된다. 또한 **짧게 해 달라**(短一点儿)는 말로 보아서 여자는 머리를 자르고 있다는 것을 알 수 있다.

정답 C

어휘 稍微 shāowēi [부] 약간, 조금 4급 | 理 lǐ [동] 이발하다, 다듬다 | 原来 yuánlái [형] 원래의 [부] 원래, 알고 보니 4급 | 理发 lǐfà [동] 이발하다 4급 | 购物 gòuwù [동] 쇼핑하다, 물건을 사다 4급 | 请假 qǐngjià [동] 휴가나 병가를 신청하다 3급 | 打扫 dǎsǎo [동] 청소하다, 쓸다 3급

2.

男: 周末就是儿童节了，我们怎么安排?	남: 주말이면 어린이날인데 우리 어떻게 스케줄을 짤까?
女: 上午儿子要去学校表演节目，下午我们带他去海洋馆吧。	여: 오전에 아들이 학교에 공연하러 가니까 오후에는 우리 그 애를 데리고 아쿠아리움에 가요.
问: 儿子上午有什么安排?	질문: 아들은 오전에 어떤 스케줄이 있는가?
A 去海洋馆 B 表演节目	A 아쿠아리움에 간다 B 프로그램을 공연한다
C 去森林公园 D 去长江大桥	C 산림 공원에 간다 D 장강대교에 간다

풀이 오전(上午)에 학교에 공연하러 간다(去学校表演节目)고 했으므로 B가 정답이 된다. 오후(下午)에 갈 예정인 아쿠아리움(海洋馆)과 헷갈리지 않도록 주의하자.

정답 B

어휘 儿童节 értóngjié [명] 국제 어린이날(6월 1일) 4급 | 安排 ānpái [동] 안배하다 [명] 스케줄 4급 | 表演 biǎoyǎn [명/동] 공연(하다) 4급 | 节目 jiémù [명] 프로그램 4급 | 表演节目 biǎoyǎn jiémù 프로그램을 공연하다 | 海洋馆 hǎiyángguǎn [명] 해양관, 아쿠아리움 4급 | 森林 sēnlín [명] 산림, 숲 4급 | 公园 gōngyuán [명] 공원 3급 | 长江 Chángjiāng [명] 장강 4급 | 大桥 dàqiáo [명] 대교 4급

3.

男: 我能换一下座位吗? 我想往前面坐一点儿。
女: 对不起，先生。座位都是按照报名的先后顺序安排的。
问: 女的是什么意思?
A 要准时　　B 椅子不够
C 会议推迟　D 不能换座位

남: 제가 자리 좀 바꿀 수 있을까요? 저는 좀 앞쪽으로 앉고 싶은데요.
여: 죄송합니다, 선생님. 좌석은 접수한 순서에 따라 안배가 됩니다.
질문: 여자의 말은 무슨 뜻인가?
A 시간을 지켜야 한다　　B 의자가 충분치 않다
C 회의가 연기됐다　　　D 좌석을 바꿀 수 없다

풀이 좌석을 바꾸고 싶다는 말에 여자는 **미안하다**(对不起)며 그 이유를 설명했다. 따라서 여자는 좌석을 바꿔 줄 수 없다는 말을 한 것이므로 D가 정답이 된다.

정답 D

어휘 座位 zuòwèi [명] 좌석, 자리 4급 | 往 wǎng [개] ~을 향하여 4급 | 按照 ànzhào [개] ~을 따라서 4급 | 报名 bàomíng [동] 등록하다, 접수하다 4급 | 顺序 shùnxù [명] 순서 4급 | 安排 ānpái [동] 안배하다 4급 | 准时 zhǔnshí [형] 시간을 잘 지키다 [부] 제때에, 정시에 4급 | 推迟 tuīchí [동] 미루다, 연기하다 4급

4.

男: 这件衬衫真好看, 在哪儿买的?
女: 在网上。
男: 网上买衣服没法儿试穿, 大小不合适怎么办?
女: 没关系, 号码不合适的话, 店家一般都会同意换的。
男: 那还不错。
问: 男的担心网上买衣服会怎么样?
A 价格高　　B 不干净
C 换货麻烦　D 号码不合适

남: 이 셔츠 참 괜찮네. 어디서 샀어?
여: 인터넷에서.
남: 인터넷에서 옷을 사면 입어 볼 수가 없잖아. 사이즈가 안 맞으면 어떡해?
여: 괜찮아. 사이즈 번호가 안 맞으면 상점이 보통은 교환에 동의해 줘.
남: 그럼 괜찮네.
질문: 남자는 인터넷에서 옷을 사면 어떠할 것을 걱정하는가?
A 가격이 높다　　　B 깨끗하지 않다
C 물품 교환이 번거롭다　D 사이즈가 맞지 않다

풀이 인터넷으로 옷을 사면 **입어 볼 수 없으니(没法儿试穿)** 사이즈가 안 맞을 수도(大小不合适) 있다고 했으므로, 남자는 사이즈(大小/号码)가 안 맞을 것을 걱정하고 있다. 이때 '号码'는 순수한 '번호'라는 뜻 외에도 '사이즈 번호'로서 '大小'를 나타낼 수 있다는 것을 알아야 한다. C가 오답인 것은 대화의 초점은 인터넷으로 옷을 살 때 사이즈에 관한 것이지 **구매 후 교환의 문제가 아니다**. 따라서 C는 정답으로 적절하지 않다.

정답 D

어휘 衬衫 chènshān [명] 셔츠 3급 | 没法儿 méifǎr ~할 수 없다 | 试穿 shìchuān [동] 입어 보다 | 大小 dàxiǎo [명] 크기 | 合适 héshì [형] 적절하다 4급 | 号码 hàomǎ [명] 번호, 사이즈 4급 | 店家 diànjiā [명] 상점 | 换货 huànhuò [동] 물품을 교환하다 3급

5.

女: 你买好票了吗?
男: 还没有，在排队呢。我们看九点五十那场吧。
女: 可以，别忘了选中间的座位。
男: 好的。
问: 男的正在做什么?
A 填表格　　B 看演出
C 办护照　　D 排队买票

여: 너 표는 잘 샀어?
남: 아직 못 샀어, 줄 서고 있어. 우리 9시 50분 거 보자.
여: 응, 중간 자리로 고르는 거 잊지 마.
남: 알았어.
질문: 남자는 무엇을 하고 있는가?
A 표를 작성하고 있다　　B 공연을 본다
C 여권을 만든다　　D 줄 서서 표를 사고 있다

풀이 표를 사기 위해(买票) 줄을 서고(排队) 있으므로 D가 정답이 된다.

정답 D

어휘 排队 páiduì [동] 줄을 서다 4급 | 场 chǎng [양] 회, 번(경기나 공연을 세는 단위) 4급 | 中间 zhōngjiān [명] 중간 | 座位 zuòwèi [명] 좌석, 자리 4급 | 填 tián [동] 기입하다, 채우다 4급 | 表格 biǎogé [명] 양식, 표 4급 | 演出 yǎnchū [명/동] 공연(하다) 4급 | 护照 hùzhào [명] 여권 3급

6.

男: 你对我们国家的文化了解多少?
女: 我知道中国功夫很厉害，京剧也很有特点。
男: 那你喜欢京剧吗?
女: 不仅喜欢，我还能唱上几句呢。
问: 关于女的，下列哪个正确?
A 很漂亮　　B 爱弹钢琴
C 会唱京剧　　D 在中国留学

남: 너 우리 나라의 문화에 대해서 얼마나 알고 있니?
여: 나는 중국 쿵후가 대단하다는 것과 경극도 매우 특징이 있다는 것을 알아.
남: 그럼 너는 경극을 좋아해?
여: 좋아할 뿐만 아니라 몇 소절을 부를 수도 있어.
질문: 여자에 관해서 아래에서 옳은 것은?
A 매우 예쁘다　　B 피아노 치는 것을 좋아한다
C 경극을 부를 줄 안다　　D 중국에서 유학하고 있다

풀이 경극(京剧)을 좋아할 뿐만 아니라(不仅喜欢) 몇 소절 부를 수도 있다(还会唱几句)고 했으므로 C가 정답이 된다. 대화가 오고 갔지만 핵심은 '京剧'라는 단어를 알고 그것을 듣는 것이다.

정답 C

어휘 文化 wénhuà [명] 문화 3급 | 了解 liǎojiě [동] 잘 알다, 알아보다, 조사하다, 이해하다 3급 | 功夫 gōngfu [명] 쿵후, 무술 4급 | 厉害 lìhai [형] 대단하다, 심하다, 무섭다 4급 | 京剧 jīngjù [명] 경극 4급 | 特点 tèdiǎn [명] 특징 4급 | 弹钢琴 tán gāngqín 피아노를 치다 4급 | 留学 liúxué [동] 유학하다 3급

⑩ 컴퓨터·핸드폰, 심리·태도

실전 연습 문제

🎧 2-30

정답   1. B   2. B   3. D   4. D   5. D   6. C

1.

女：你手机是不是坏了？怎么总是打不通？
男：抱歉，我换了个新号，还没来得及告诉你。

问：男的怎么了？

A 输了比赛　　B 换号码了
C 没带现金　　D 没发工资

여: 네 핸드폰 고장난 거 아냐? 어떻게 계속 통화가 안 돼?
남: 미안해. 내가 새 번호로 바꿨는데 네게 알려줄 겨를이 없었어.

질문: 남자에게 무슨 일이 있었는가?

A 시합에서 졌다　　B 번호를 바꿨다
C 현금을 챙기지 않았다　　D 월급이 나오지 않았다

풀이 번호를 바꿔서(换了个新号) 전화 통화가 되지 않았으므로 B가 정답이 된다. 각 선택지의 키워드는 각각 '输', '号码', '现金', '工资'이고 유일하게 '换新号'가 언급되었으므로 B가 정답이 된다.

정답 B

어휘 手机 shǒujī [명] 핸드폰 2급 | 总是 zǒngshì [부] 늘, 언제나 3급 | 打不通 dǎbutōng 전화가 되지 않다 | 抱歉 bàoqiàn [동] 미안해하다 4급 | 换 huàn [동] 바꾸다 3급 | 新号 xīnhào 새 번호 | 来得及 láidejí [형] 늦지 않다, 시간이 되다 4급 | 输 shū [동] 패배하다, 지다 4급 | 号码 hàomǎ [명] 번호 4급 | 现金 xiànjīn [명] 현금 4급 | 工资 gōngzī [명] 월급, 임금, 노임 4급

2.

女：来，祝贺你顺利找到工作。
男：谢谢，也谢谢您这四年来对我的照顾，干杯！

问：根据对话，下列哪个正确？

A 女的再道歉
B 他们在喝酒
C 女的很粗心
D 男的很难过

여: 자, 순조롭게 직장을 구한 것을 축하해.
남: 감사해요. 또한 4년 동안 절 보살펴 주신 것도 감사드립니다. 건배!

질문: 대화에 따르면 아래에서 옳은 것은?

A 여자는 다시 사과했다
B 그들은 술을 마시고 있다
C 여자는 세심하지 못하다
D 남자는 매우 슬프다

풀이 남자가 '干杯'라고 한 것으로 보아 이들은 **술을 마시고 있음**을 알 수 있다.

정답 B

어휘 祝贺 zhùhè [동] 축하하다 4급 | 顺利 shùnlì [형] 순조롭다 4급 | 照顾 zhàogù [동] 돌보다 4급 | 干杯 gānbēi [동] 건배하다 4급 | 道歉 dàoqiàn [동] 사과하다 4급 | 粗心 cūxīn [형] 세심하지 못하다, 대충하다 4급 | 难过 nánguò [형] 슬프다 4급

3.

女: 下一个就是我了, 我突然有点儿紧张。
男: 没事, 放松点儿, 像平时练习时那样就可以。
问: 女的现在心情怎么样?
A 很伤心   B 很得意
C 非常着急   D 有些紧张

여: 다음은 나야. 나 갑자기 좀 긴장이 돼.
남: 괜찮아, 긴장 좀 풀어. 평소 연습할 때처럼 하면 돼.
질문: 여자는 지금 심정이 어떠한가?
A 매우 슬프다   B 매우 득의하다
C 매우 조급하다 D 약간 긴장된다

풀이 약간 긴장했다(有点儿紧张)고 했으므로 D가 정답이 된다.

정답 D

어휘 突然 tūrán [부] 갑자기 [형] 갑작스럽다 4급 | 紧张 jǐnzhāng [형] 긴장하다 4급 | 没事 méishì [동] 문제없다, 괜찮다 | 放松 fàngsōng [동] 이완시키다, 긴장을 풀다 4급 | 像~那样 xiàng~nàyàng ~처럼 그렇게 하다 | 平时 píngshí [명] 평소 4급 | 练习 liànxí [동] 연습하다 4급 | 伤心 shāngxīn [동] 상심하다, 슬퍼하다 4급 | 得意 déyì [형] 득의하다 4급 | 着急 zháojí [형] 조급하다 4급

4.

男: 你那儿有大点儿的信封吗? 这个太小了。
女: 稍等一下, 我发完这封电子邮件就给你找。
问: 女的在做什么?
A 洗衬衫   B 发传真
C 打扫厨房   D 发电子邮件

남: 너한테 좀 큰 편지 봉투 있어? 이건 너무 작아.
여: 잠깐 기다려, 내가 이 이메일 다 보내고 네게 찾아 줄게.
질문: 여자는 무엇을 하고 있는가?
A 셔츠를 빤다   B 팩스를 보낸다
C 부엌을 청소한다 D 이메일을 보낸다

풀이 이메일을 다 보내고(发完这封电子邮件) 나서 남자를 도와준다고 했으므로 D가 정답이 된다.

정답 D

어휘 信封 xìnfēng [명] 편지 봉투 4급 | 稍 shāo 잠깐, 약간 | 电子邮件 diànzǐ yóujiàn [명] 이메일 4급 | 衬衫 chènshān [명] 셔츠 4급 | 传真 chuánzhēn [명] 팩스 4급 | 打扫 dǎsǎo [동] 청소하다 3급 | 厨房 chúfáng [명] 부엌 4급

5.

女: 表格我填好了，给你发传真还是电子邮件？
男: 传真吧。我的邮箱最近有点儿问题，总收不到邮件。
问: 男的为什么要求发传真？
A 着急用
B 不能打印
C 上网不方便
D 邮箱有问题

여: 표는 다 작성했습니다. 팩스로 보낼까요 아니면 이메일로 보낼까요?
남: 팩스로 보내 주세요. 내 이메일 우편함이 요즘 문제가 좀 있어서 메일을 못 받아요.
질문: 남자는 왜 팩스로 보내 줄 것을 요구하는가?
A 급히 써야 한다
B 프린트를 할 수 없다
C 인터넷을 하기가 불편하다
D 이메일 우편함에 문제가 있다

풀이 이메일 우편함(邮箱)에 약간의 문제가 있다(有点儿问题)고 했으므로 D가 정답이 된다.

정답 D

어휘 表格 biǎogé [명] 표, 양식 4급 | 填 tián [동] 기입하다, 써 넣다 4급 | 传真 chuánzhēn [명] 팩스 4급 | 电子邮件 diànzǐ yóujiàn [명] 이메일, 전자 우편 3급 | 邮箱 yóuxiāng [명] 우체통, 우편함 | 收 shōu [동] 받다, 접수하다 4급 | 着急 zháojí [동] 조급해하다 3급 | 打印 dǎyìn [동] 인쇄하다, 프린트하다 4급

6.

女: 这个网站地址是不是错的？试了好几遍都打不开。
男: 你把网址发过来，我试一下。
女: 怎么样？你那儿能打开吗？
男: 可以，速度挺快的。是不是你电脑有问题？
问: 根据对话，可以知道什么？
A 网速慢
B 电话占线
C 网址没错
D 密码错误

여: 이 웹사이트 주소 잘못된 거 아냐? 여러 번을 시도했는데 다 안 열려.
남: 웹사이트 주소를 보내 봐. 내가 한번 해 볼게.
여: 어때? 거기는 열려?
남: 돼, 속도가 매우 빠른데. 네 컴퓨터에 문제가 있는 거 아냐?
질문: 대화에 따르면 무엇을 알 수 있는가?
A 인터넷 속도가 느리다
B 전화가 통화 중이다
C 웹사이트 주소는 틀리지 않았다
D 비밀번호가 잘못됐다

풀이 여자가 보내 준 **웹사이트 주소**(网址)로 남자가 **시도**(试)했을 때 **열렸으므로**(打开) 웹사이트 주소(网址)는 문제가 없다(没错)는 것을 알 수 있다.

정답 C

어휘 网站 wǎngzhàn [명] (인터넷) 웹사이트 4급 | 地址 dìzhǐ [명] 주소 4급 | 错 cuò [형] 잘못되다, 틀리다 [명] 착오, 잘못 | 试 shì [동] 시도하다 3급 | 遍 biàn [양] 번, 차례(처음부터 끝까지 이루어지는 동작을 셈) 4급 | 打不开 dǎbukāi 열리지 않다 | 速度 sùdù [명] 속도 4급 | 网速 wǎngsù [명] 인터넷 속도 | 占线 zhànxiàn [동] 전화가 통화 중이다 4급 | 网址 wǎngzhǐ [명] 웹사이트 주소 | 密码 mìmǎ [명] 비밀번호 4급 | 错误 cuòwù [형] 잘못되다 [명] 잘못, 착오 4급

꿀팁

'不错'와 '没错'의 비교

不错 : ① 좋다 = 好 ② 맞다, 옳다(不 + 错)
没错 : ① 옳다, 맞다, 틀림없다(没有 + 错儿)

맛이 좋다. → 味道不错。(味道没错。X)
맞아, 이건 내 거야. → 没错，这是我的。

단문 듣고 질문에 답하기

실전 연습 문제 1

정답 1. C   2. B   3. D   4. A

第 1-2 题是根据下面一段话：

各位朋友，大家好，欢迎来到美丽的海南。**1** 这几天就由我带着大家参观，旅行中有任何事您都可以找我商量，希望我的服务能让您满意。**2** 我们的第一站是海南非常有名的一个植物园。那里有些植物可能大家从来没有见过，希望大家今天玩儿得高兴。

1~2번 문제는 아래 내용을 따르세요.

여러분, 안녕하세요. 아름다운 하이난에 오신 것을 환영합니다. **1** 요 며칠 동안 제가 여러분들을 모시고 참관할 것입니다. 여행 중 어떤 일이든지 제게 상의해 주세요. 저의 서비스가 여러분 마음에 드시길 바랍니다. **2** 우리의 첫 번째 장소는 하이난에서 매우 유명한 식물원입니다. 그곳의 어떤 식물들은 아마도 여러분들이 지금까지 본 적이 없으실 겁니다. 모두들 오늘 즐거운 시간 되시기 바랍니다.

어휘 各位 gèwèi [대] 여러분 4급 | 美丽 měilì [형] 아름답다 4급 | 海南 Hǎinán [명] 하이난 성 | 由 yóu [개] ~가, ~이 4급 | 带 dài [동] 데리다 3급 | 参观 cānguān [동] 참관하다 4급 | 旅行 lǚxíng [명/동] 여행(하다) 4급 | 任何 rènhé [형] 어떤, 어떠한 4급 | 商量 shāngliang [동] 상의하다 4급 | 服务 fúwù [명/동] 서비스(하다) 4급 | 满意 mǎnyì [동] 만족하다, 마음에 들다 3급 | 植物园 zhíwùyuán [명] 식물원 4급 | 从来没有 cónglái méiyǒu 지금껏 ~한 적이 없다

1.

说话人最可能是做什么的？	화자는 무슨 일을 할 가능성이 가장 큰가?
A 律师 B 警察 C 导游 D 记者	A 변호사 B 경찰 C 관광 안내원 D 기자

풀이 여행(旅行)이라든가 참관을 이끈다(带着大家参观) 등의 표현으로 봐서 이 사람의 직업은 관광 안내원일 가능성이 가장 크다.

정답 C

어휘 导游 dǎoyóu [명] 관광 가이드, 관광 안내원 4급 | 警察 jǐngchá [명] 경찰 4급 | 律师 lǜshī [명] 변호사 4급 | 记者 jìzhě [명] 기자 4급

2.

关于那个植物园，下列哪个正确?	그 식물원에 관해서 아래에서 옳은 것은?
A 在郊区　　B 很有名 C 有熊猫　　D 冬季游客多	A 교외에 있다　　B 매우 유명하다 C 판다가 있다　　D 겨울철에 관광객이 많다

풀이 하이난(海南)에서 매우 유명한(非常有名) 식물원(植物园)이라고 했으므로 B가 정답이 된다.

정답 B

어휘 郊区 jiāoqū [명] 교외 4급 | 熊猫 xióngmāo [명] 판다(panda) | 冬季 dōngjì [명] 동계, 겨울

꿀팁 정도부사(非常, 最, 特别, 十分)에서 중요 정보를 걸러 낼 수 있어야 한다!
'关于~'가 들어가는 '대상 일치 문제'는 녹음 중의 어떤 정보가 힌트로 나올지 모른다. 하지만 중요하지 않은 내용을 물어보지는 않기 때문에, **어떤 표현이 중요한 정보를 이끄는지를 알아야 한다.** 바로 '**非常, 最, 特别, 十分**' 등과 같은 정도부사 **뒤에는 중요한 내용**이 나온다. 만일 '非常有名的~'에서 '非常'에 대해서 주의하지 못하면 제시문 A, C, D의 내용들이 마치 나왔던 것처럼 느껴져 더 헷갈릴 수 있으니 항상 **정도부사 뒤에는 중요 내용이 나온다**는 것을 명심하자.

第 3-4 题是根据下面一段话：	3~4번 문제는 아래 내용을 따르세요.
迟到是一件很普通的事，3 但有时却会带来严重的影响。比如，你赶飞机迟到了，即使只晚了一分钟，也无法登机，而你接下来的安排也不得不因此而推迟。4 所以，养成准时的习惯，会为我们减少很多麻烦。	지각은 보통의 일이지만 3 때로는 심각한 영향을 가져올 수 있다. 예를 들어, 당신이 비행기를 타는데 지각했다면, 설령 1분만 지각할지라도 비행기를 탈 수 없고, 당신의 이어진 스케줄도 어쩔 수 없이 이것 때문에 미뤄질 것이다. 4 따라서 시간을 잘 지키는 습관을 기르면 우리는 많은 번거로움을 줄일 수 있다.

어휘 迟到 chídào [동] 지각하다 3급 | 普通 pǔtōng [형] 보통이다 | 却 què [부] 오히려, 그러나 4급 | 严重 yánzhòng [형] 심각하다 4급 | 赶 gǎn [동] 뒤쫓다, 서두르다 4급 | 即使 jíshǐ [접] 설령 ~일지라도 4급 | 无法 wúfǎ [동] ~할 수 없다, 방법이 없다 | 登机 dēngjī [동] 탑승하다 | 接下来 jiēxiàlái 이어서 | 安排 ānpái [동] 안배하다 [명] 스케줄, 일정 4급 | 不得不 bùdébù [부] 부득불, 어쩔 수 없이 4급 | 因此 yīncǐ [접] 이 때문에, 따라서 4급 | 推迟 tuīchí [동] 미루다, 연기하다 4급 | 养成 yǎngchéng [동] (습관을) 기르다 | 准时 zhǔnshí [형] 시간을 잘 지키다 [부] 제때에, 정시에 4급 | 麻烦 máfan [형] 번거롭다 4급

3.

举航班的例子是为了说明什么?	항공편의 예를 든 것은 무엇을 설명하기 위해서인가?
A 迟到很普遍	A 지각은 보편적이다
B 要提前买票	B 미리 표를 사야 한다
C 要少带行李	C 짐을 적게 챙겨야 한다
D 迟到的坏处	D 지각의 나쁜 점

풀이 지각은 심각한 결과를 가져오기도 한다(会带来严重的影响)고 말하고 나서 그 뒤에 비행기 탑승을 예로 들었다. 비행기의 예는 바로 **지각의 안 좋은 점(迟到的坏处)**을 설명하기 위한 것이다. 따라서 D가 정답이 된다.

정답 D

어휘 普遍 pǔbiàn [형] 보편적이다 4급 | 提前 tíqián [동] (시간을) 앞당기다, 미리 4급 | 行李 xíngli [명] 짐

4.

这段话主要告诉我们什么?	이 글이 주로 우리에게 말하고자 하는 것은?
A 要准时	A 시간을 지켜야 한다
B 要懂得节约	B 절약할 줄 알아야 한다
C 粗心坏大事	C 덜렁대면 큰일을 망친다
D 少乘坐飞机	D 비행기를 적게 타라

풀이 '주제 찾기' 문제이므로 마지막 문장에 결정적인 힌트가 있다. 시간을 지키는 습관을 기를 것(养成准时的习惯)을 요구하고 있으므로 A가 정답이 된다.

정답 A

어휘 节约 jiéyuē [동] 절약하다 4급 | 粗心 cūxīn [형] 세심하지 못하다 4급 | 坏 huài [형] 나쁘다 [동] 망치다 | 乘坐 chéngzuò [동] 탑승하다, 타다 4급

꿀팁 **'주제 찾기 문제'에서 매력적인 오답에 빠지지 않으려면 마지막 문장에 집중하라!**
위 문제의 오답 선택지는 녹음을 들었을 때 자연스럽게 연상되는 단어(节约, 粗心, 乘坐飞机)들로 이루어졌기 때문에 오답에 빠지기 쉽다. 오답에 빠지지 않으려면 **인과 관계를 나타내는 '所以'** 뒤에 핵심 내용이 나올 것임을 인지하고, '准时'를 듣고 바로 A를 정답으로 고를 수 있어야 한다. 즉 첫째, **선택지에 '要~'가 있다면 주제 찾기 문제라고 인식하고**, 둘째, **마지막 문장을 잘 듣고 정답을 찾겠다는 원칙을 가지고 있어야** 틀리지 않는다.

실전 연습 문제 2

정답 1. C   2. C   3. B   4. A   🎧 3-5

第 1-2 题是根据下面一段话：

说话是最容易的事，也是最难的事。于是有人说，"既然话难说，那么少说话多做事不就行了？" 1 <u>实际上这种想法也不对</u>。成功离不开交流，交流自然需要说话，2 <u>会说话的人更容易交到朋友</u>，也更容易获得成功。

1~2번 문제는 아래 내용을 따르세요.

말하기는 가장 쉬운 일이지만 또한 가장 어려운 일이기도 하다. 그래서 어떤 사람은 말한다. '이왕 말이 어렵다면, 그럼 말을 적게 하고 일을 많이 하면 되지 않겠는가?' 1 <u>실제로는 이런 생각 역시 옳지 않다</u>. 성공은 교류를 떠날 수 없다. 교류는 당연히 말을 해야 한다. 2 <u>말을 잘하는 사람은 더 쉽게 친구를 사귈 수 있고</u> 또한 더 쉽게 성공을 거둘 수 있다.

어휘 于是 yúshì [접] 그래서 4급 | 既然 jìrán [접] 기왕 ~한 바에야 4급 | 实际 shíjì [명] 실제 [형] 실제적이다 4급 | 想法 xiǎngfǎ [명] 생각, 견해 | 离不开 líbukāi [동] 떠날 수 없다 | 交流 jiāoliú [동] 교류하다 4급 | 交 jiāo [동] 사귀다, 교제하다 4급 | 获得 huòdé [동] 얻다, 획득하다 4급 | 成功 chénggōng [동] 성공하다 4급

1.

什么样的人更容易交到朋友？	어떤 사람이 더 쉽게 친구를 사귀는가？
A 友好的	A 우호적인 사람
B 爱好多的	B 취미가 많은 사람
C 会说话的	C 말을 잘하는 사람
D 爱听音乐的	D 음악 듣기를 좋아하는 사람

풀이 말을 잘하는 사람(会说话的人)이 더 쉽게 친구를 사귄다(更容易交到朋友)고 했으므로 C가 정답이 된다.

정답 C

어휘 友好 yǒuhǎo [형] 우호적이다 [명] 절친한 친구 4급 | 爱好 àihào [명] 취미 [동] ~하기를 즐기다 3급 | 音乐 yīnyuè [명] 음악 3급

2.

| 说话人对"少说话多做事"是什么态度?
A 支持
B 后悔
C 不太同意
D 非常讨厌 | 화자는 '적게 말하고 많이 일을 하는 것'에 대해서 어떤 태도인가?
A 지지한다
B 후회한다
C 그다지 동의하지 않는다
D 매우 싫어한다 |

풀이 실제로는(实际上) 이런 생각은 **맞지 않다**(不对)고 했으므로 작자는 이 말에 **동의하지 않는다**(不同意)는 것을 알 수 있다.

정답 C

어휘 支持 zhīchí [동] 지지하다 4급 | 后悔 hòuhuǐ [동] 후회하다 4급 | 同意 tóngyì [동] 동의하다 3급 | 讨厌 tǎoyàn [동] 싫어하다, 미워하다 4급

꿀팁 '实际上' 뒤에는 중요 내용이 나온다!
'实际上'은 '실제로는'의 뜻으로 앞 내용과 **상반되거나 전환의 내용을 이끌 때** 쓴다. 따라서 **그 뒷부분에 나오는 말이 그 글의 주제나 중심 내용**이 된다.

| 第3-4题是根据下面一段话:

3 父母教育孩子时，批评是少不了的。但更多的时候，应该给孩子鼓励与表扬。当孩子遇到难题时，4 父母的鼓励与支持，会让他们重新自信起来。当孩子取得成绩的时候，父母的肯定和表扬，可以让他们今后更加努力。 | 3~4번 문제는 아래 내용을 따르세요.

3 부모가 아이를 교육할 때 꾸중은 없어서는 안 되는 것이다. 하지만 더 많은 경우에 마땅히 아이에게 격려하고 칭찬해야 한다. 아이가 난제에 부딪혔을 때, 4 부모의 격려와 지지는 그들로 하여금 다시 자신감을 갖게 할 것이다. 아이가 성적을 거뒀을 때, 부모의 인정과 칭찬은 그들로 하여금 앞으로 더욱 노력하게 할 수 있다. |

어휘 教育 jiàoyù [명] 교육 [동] 교육하다 4급 | 批评 pīpíng [동] 비판하다, 꾸짖다, 나무라다 4급 | 鼓励 gǔlì [동] 격려하다 4급 | 表扬 biǎoyáng [동] 칭찬하다 4급 | 遇到 yùdào [동] 만나다, 마주치다 3급 | 难题 nántí [명] 난제, 어려운 문제 | 支持 zhīchí [동] 지지하다 4급 | 自信 zìxìn [형] 자신 있다 [명] 자신감 4급 | 取得 qǔdé [동] 취득하다, 얻다 | 肯定 kěndìng [부] 틀림없이 [동] 인정하다, 확신하다 4급 | 更加 gèngjiā [부] 더욱

3.

父母的鼓励会使孩子怎么样?	부모의 격려는 아이로 하여금 어떻게 만드는가?
A 更聪明	A 더욱 똑똑하다
B 更自信	B 더욱 자신 있다
C 养成好习惯	C 좋은 습관을 기른다
D 学会尊重人	D 다른 사람을 존중할 줄 안다

풀이 부모의 격려와 지지(鼓励和支持)는 아이로 하여금 **자신감 있게(自信)** 한다고 했으므로 B가 정답이 된다.

정답 B

어휘 养成 yǎngchéng [동] (습관을) 기르다 4급 | 习惯 xíguàn [명] 습관 [동] 익숙하다, 습관이 되다 3급 | 尊重 zūnzhòng [동] 존중하다 4급

4.

这段话主要谈的是什么?	이 글이 주로 말하는 것은 무엇인가?
A 教育	A 교육
B 友谊	B 우의
C 批评的作用	C 비판의 작용
D 孩子的缺点	D 아이의 단점

풀이 '제목 찾기 문제'는 첫 문장에 결정적 힌트가 나온다. 첫 문장에서 **아이를 교육할 때(教育孩子时)**라고 언급했기 때문에 A가 정답이 된다. C도 그럴 듯하지만 이 글은 전반적으로는 아이의 교육에 관한 내용이고 좀 더 **세부적으로는 교육의 방법 중 칭찬과 격려의 역할**이라고 할 수 있다. 따라서 **비판의 작용**은 무엇인지 언급조차 없었기 때문에 C는 이 글의 제목으로 적절하지 않다.

정답 A

어휘 友谊 yǒuyì [명] 우의, 우정 4급 | 作用 zuòyòng [명] 작용, 역할 4급 | 缺点 quēdiǎn [명] 단점, 부족한 점 4급

꿀팁 '제목 찾기 문제'는 첫 문장에 결정적 힌트가 나온다!
선택지가 '**명사**'(教育, 友谊)나 '**~的명사**'의 형태(批评的作用, 孩子的缺点)로 제시되면 '제목 찾기 문제'임을 인식하고 첫 문장에서 결정적인 힌트(教育)를 찾으려고 집중해야 한다.

빈칸 채우기

실전 연습 문제 1

정답 1. F   2. B   3. A   4. C   5. E

1-5

A 抱歉 bàoqiàn [형] 미안해하다 4급
B 按照 ànzhào [개] ~에 따라, ~대로 4급
C 条件 tiáojiàn [명] 조건 4급
D 坚持 jiānchí [동] 견지하다, 어떤 상태나 행위를 계속 지속하게 하다 4급
E 提醒 tíxǐng [동] 일깨우다 4급
F 专门 zhuānmén [형] 전문적이다 [부] 전문적으로, 특별히, 일부러 4급

---

1. 我以前是钢琴老师，（ 专门 ）教儿童弹钢琴。

해석 나는 과거에 피아노 선생님으로, (전문적으로) 아이들에게 피아노를 가르쳤다.
풀이 빈칸은 '教(가르치다)'를 수식할 수 있는 의미여야 한다. '전문적으로 가르치다'는 가장 적절한 표현이므로 F가 정답이 된다.
정답 F
어휘 钢琴 gāngqín [명] 피아노 4급 | 儿童 értóng [명] 아동 4급 | 弹 tán [동] (악기를) 연주하다

---

2. 经理，这份材料我已经（ 按照 ）您的要求改好了。

해석 사장님, 이 자료는 제가 이미 당신의 요구(대로) 고쳤습니다.
풀이 빈칸은 '要求(요구)'와 호응할 수 있는 단어가 와야 한다. '按照~要求'는 상용 개빈구(전목구)로 가장 알맞다.
정답 B
어휘 经理 jīnglǐ [명] 사장, 매니저, 부장 4급 | 份 fèn [양] 부, 통(신문·잡지·문건 등을 세는 단위) / 벌, 세트(배합하여 한 벌이 되는 것을 세는 단위) 4급 | 材料 cáiliào [명] 자료, 재료 4급 | 要求 yāoqiú [명/동] 요구(하다) 4급 | 改 gǎi [동] 고치다, 바꾸다

꿀팁	'按照(~에 따라, ~대로)'는 활용도가 매우 높은 개사(전치사)이므로 상용 호응구를 기억하도록 하자!

按照要求 요구에 따라　　　按照计划 계획에 따라　　　按照习惯 습관대로
按照规定 규정에 따라　　　按照顺序 순서대로

---

3. 真 (抱歉)，明天我得去出差，不能陪你去购物了。

해석 정말 (미안해), 내일 난 출장 가야 해서 너랑 쇼핑하러 갈 수 없어.

풀이 뒷 내용은 출장 때문에 함께 쇼핑할 수 없다는 내용이므로 '미안해하는(抱歉)' 마음이 있음을 유추해 볼 수 있다.

정답 A

어휘 出差 chūchāi [동] 출장 가다 4급 | 陪 péi [동] 동반하다, 안내하다 4급 | 购物 gòuwù [동] 물건을 사다, 쇼핑하다 4급

---

4. 小李，我给你介绍个女朋友吧，说说你有什么 (条件)。

해석 샤오리, 내가 너에게 여자 친구를 소개해 줄 테니까, 너 어떤 (조건)이 있는지 한번 말해 봐.

풀이 여자 친구를 소개해 주기 전에 어떤 조건(条件)의 사람을 좋아하는지 물어보는 내용이므로 C가 정답이다.

정답 C

어휘 介绍 jièshào [동] 소개하다 2급

---

5. 谢谢您的 (提醒)，否则我差点儿忘记了今天是母亲节。

해석 (일깨워 줘서) 고마워. 그렇지 않으면 나는 하마터면 오늘이 어머니날이란 걸 잊을 뻔했어.

풀이 고맙다고(谢谢) 말한 것은 아마도 오늘이 어머니날인 것을 알려 줬기 때문이라고 생각해 볼 수 있다. 어떤 일이나 중요한 사실을 잊지 않도록 상기시켜 주는 것을 '提醒(일깨우다)'이라고 하고 명사처럼 쓸 수도 있다.

정답 E

어휘 否则 fǒuzé [접] 그렇지 않으면 4급 | 忘记 wàngjì [동] 잊다 3급 | 母亲节 mǔqīnjié [명] 어머니날(매년 5월 둘째 주 일요일)

꿀팁	'~해 주셔서 감사합니다'는 '谢谢您的~'로 표현한다. 4급 필수 어휘를 이용한 상용 표현을 함께 익혀 두자!

- 도와주셔서 감사합니다. → 谢谢您的帮助。
- 격려해 주셔서 감사합니다. → 谢谢您的鼓励。
- 지지해 주셔서(응원해 주셔서) 감사합니다. → 谢谢您的支持。

실전 연습 문제 2

> **정답** 1. D   2. F   3. A   4. E   5. B

1-5

A 危险 wēixiǎn [형] 위험하다 4급
B 密码 mìmǎ [명] 비밀번호 4급
C 温度 wēndù [명] 온도 4급
D 行 xíng [형] 유능하다, 대단하다, ~해도 좋다, 가능하다, 다니다 4급
E 辛苦 xīnkǔ [형] 고생스럽다 [동] 수고롭게 하다(남에게 일을 부탁하거나, 다른 사람의 도움에 감사할 때 쓰는 인사말) 4급
F 实在 shízài [부] 정말로, 참으로 [형] 실제하다 4급

---

1. A: 这个菜如果能再辣点儿就更好了。
   B: 再辣点儿? 你真（ 行 ）！我现在也辣得眼泪都出来了。

해석 A: 이 요리는 조금만 더 매우면 더 좋겠는데.
B: 좀 더 매웠으면 좋겠다고? 너 정말(대단하다)! 나는 지금도 매워서 눈물이 나는데.

풀이 '真行'은 관용적인 표현으로 '정말 대단하다'는 뜻이다. 이때 '行'은 '유능하다', '대단하다'는 뜻이다. 때로는 어기부사 '可'를 써서 '可真行'으로 표현하기도 한다. 비슷한 의미로는 '厉害'가 있다.

정답 D

어휘 菜 cài [명] 요리, 채소 1급 | 辣 là [형] 맵다 4급 | 眼泪 yǎnlèi [명] 눈물

꿀팁 '行'의 또 다른 용법 : 괜찮다, 충분하다, ~해도 좋다
- 感冒不严重，吃点药就行了。 감기가 심하지 않아서 약만 좀 먹으면 괜찮아져.
- 行了！别说了。 됐어! 말하지 마.(제지할 때)

---

2. A: 我（ 实在 ）跑不动了，你让我休息一会儿吧。
   B: 你体力真不好。你才跑了5分钟，要坚持，至少再跑10分钟。

해석 A: 나는 (정말로) 못 뛰겠어. 잠깐 좀 쉬게 해 줘.
B: 너 체력이 정말 안 좋구나. 이제 겨우 5분 뛰었어. 계속해, 적어도 10분은 더 뛰어야 해.

풀이 '实在'는 어기부사로 '정말로', '참으로'의 뜻으로 가장 많이 쓰인다. '跑不动了'는 '더 이상 뛸 수 없다'는 뜻이므로 빈칸은 이 상황이 진짜임을 강조하는 단어이다. 이때 '实在'를 쓴다.

정답 F

어휘 一会儿 yíhuìr [명] 잠깐 동안 3급 | 体力 tǐlì [명] 체력 | 才 cái [부] 비로소, 겨우, 이제야 3급 | 坚持 jiānchí [동] 견지하다 4급 | 至少 zhìshǎo [부] 적어도 4급

꿀팁
不~了: ~하지 않게 되었다
이때 '了'는 문장 끝에 오는 어기조사로 **변화**를 나타내며, 과거 시제가 아니다.
- 我不爱你了。 나는 (더이상) 너를 사랑하지 않아.
- 我的钱包不见了。 내 지갑이 보이지 않게 되었다(없어졌다).
- 我不想去旅游了。 나는 여행 가고 싶지 않아졌다(싫어졌어).

3. A: 刚才太 (危险) 了，那辆车怎么回事？
B: 不知道，突然加速，估计是新手，刚学会开车。

해석 A: 방금 전에 너무 (위험했어). 저 차는 어떻게 된 거야?
B: 몰라, 갑자기 속도를 냈어. 추측건대 초보 운전자인가 봐. 막 운전을 배웠을 거야.

풀이 '太'의 수식을 받으려면 빈칸에는 형용사가 와야 한다. 그리고 대화가 운전 상황이라는 것과 B의 속도를 높였다(突然加速)는 말을 통해서 방금 위험한 상황이었음을 예상해 볼 수 있다.

정답 A

어휘 刚才 gāngcái [명] 방금, 막 3급 | 怎么回事 zěnme huí shì 어떻게 된 거야? | 突然 tūrán [부] 갑자기 [형] 갑작스럽다 4급 | 加速 jiāsù [동] 가속하다, 속도를 높이다 | 估计 gūjì [동] 추측하다 4급 | 新手 xīnshǒu [명] 신참, 초보자 | 刚 gāng [부] 방금, 막 4급 | 学会 xuéhuì [동] 배워서 할 수 있다

꿀팁
〈太 + 형용사 + 了〉 고정 격식
이때 '了'는 문장 끝에 오는 어기조사로서, **사실을 강조하는 어기**를 나타내며 '동작의 완료'라든가 '과거 시제'와는 아무런 관련이 없다.

- 太棒了 너무 멋지다
- 太复杂了 너무 복잡하다
- 太紧张了 너무 긴장했다
- 太浪漫了 너무 낭만적이다
- 太粗心了 너무 대충한다
- 太激动了 너무 흥분했다
- 太可惜了 너무 아깝다
- 太无聊了 너무 심심하다

4. A: 王教授，您明天早上几点到？我去火车站接您。
   B: （ 辛苦 ）你了，我明天早上八点二十到上海。

해석 A: 왕 교수님, 내일 아침 몇 시 도착이세요? 제가 기차역에 모시러 가겠습니다.
   B: (수고가 많네). 나는 내일 아침 8시 20분에 상하이에 도착하네.

풀이 '辛苦'는 형용사로 '고생스럽다'도 있지만 **동사**로 '**고생스럽게 하다**'는 뜻도 있어서 **목적어를 취할 수 있다.** 그래서 '辛苦你了'라고 하면 어떤 일이나 부탁을 하면서 '너를 고생스럽게 하게 됐다'의 의미가 된다. 그럼에도 불구하고 '辛苦'는 주로 형용사로 많이 쓴다는 것을 기억하자.
(工作很辛苦 업무가 힘들다 | 大家都辛苦了。모두들 수고하셨습니다.)

정답 E

어휘 教授 jiàoshòu [명] 교수 4급 | 火车站 huǒchēzhàn [명] 기차역 | 接 jiē [동] 맞이하다, 마중하다 3급 | 上海 Shànghǎi [명] 상하이(지명)

5. A: 昨天我给你发了个电子邮件，收到了吗？
   B: 我正在收呢，真奇怪，一直说我的（ 密码 ）有错，没错啊。

해석 A: 어제 내가 너에게 이메일을 하나 보냈는데 받아 봤어?
   B: 지금 받고 있는데. 이상해. 계속 내 (비밀번호)에 오류가 있다고 하네. 맞는데.

풀이 빈칸은 '的' 뒤에 오는 명사 자리이다. 이메일(电子邮件)에 관한 대화이므로 '密码(비밀번호)'가 알맞다.

정답 B

어휘 发 fā [동] 발송하다 3급 | 电子邮件 diànzǐ yóujiàn [명] 이메일, 전자 우편 3급 | 收 shōu [동] 받다 4급 | 奇怪 qíguài [형] 이상하다 3급

꿀팁

인터넷 관련 어휘

- 互联网 인터넷
- 上网 인터넷을 하다
- 网上 인터넷 상에서
- 网上购物 인터넷 쇼핑
- 密码 비밀번호

- 电子邮箱 이메일 우편함
- 邮箱地址 이메일 주소
- 发电子邮件 이메일을 보내다
- 收电子邮件 이메일을 받다 (受 : ×)
- 网络游戏 인터넷 게임

실전 연습 문제 3

> **정답** 1. B 2. C 3. F 4. A 5. E

1-5

A 不过 búguò [부] 그러나, 그런데, ~에 불과하다 4급
B 轻 qīng [형] 가볍다 4급
C 交 jiāo [동] 건네다, 제출하다, 교제하다 4급
D 坚持 jiānchí [동] 견지하다, 어떤 상태나 행위를 계속 지속하게 하다 4급
E 传真 chuánzhēn [명] 팩스 4급
F 厉害 lìhai [형] 대단하다, 무섭다 4급

---

1. 这箱饮料可不（ 轻 ），还是我来搬吧。

해석 이 상자의 음료는 절대로 (가볍지) 않으니까, 아무래도 내가 옮길게.
풀이 빈칸은 '不' 뒤에 와야 하므로 동사나 형용사일 것이다. 주어 '这箱饮料(이 상자의 음료)'를 설명할 수 있는 단어는 '轻(가볍다)'이므로 B가 정답이 된다.
정답 B
어휘 箱 xiāng [명] 상자 [양] 상자 | 饮料 yǐnliào [명] 음료 3급 | 还是 háishi [부] ~하는 편이 더 좋다, 여전히 3급 | 搬 bān [동] 옮기다, 이사하다 3급

꿀팁 '可'의 용법
'可'는 '그러나'의 뜻으로 많이 쓰이지만 아래와 같은 다른 중요한 용법도 있음을 함께 알아 두자.
- 동사: ~할 만하다(=值得)   这部电影可看。 이 영화는 볼만하다.
- 어기부사: 정말로(=真)   学好一门外语可不容易了。 한 외국어를 잘 공부하기란 정말 쉽지가 않다.
- 접속사: 그러나(=可是)   我请她吃饭，可她拒绝了。 나는 그녀에게 밥을 사 준다고 했는데, 그러나 그녀는 거절했다.

---

2. 小姐，这是我的报名表，是（ 交 ）给您吗?

해석 아가씨, 이것은 제 신청서인데요, 당신에게 (제출하는) 겁니까?
풀이 빈칸은 동사 자리이고 의미상 목적어는 '报名表(신청서)'이므로 '交'가 와서 '~에게 제출하다'의 뜻이 되어야 한다.
정답 C
어휘 报名 bàomíng [동] 신청하다, 등록하다 4급 | 表 biǎo [명] 표, 도표

꿀팁 V + 给~: ~에게 V하다
이때 '给'는 '주다'가 아니라 '~에게'의 뜻으로 이해하자.
- 还给 ~에게 돌려주다
- 送给 ~에게 선물하다
- 发给 ~에게 발송하다/보내다

3. 大夫，我的牙最近疼得（ 厉害 ），不知道是怎么回事。

해석 의사 선생님, 제 이가 최근에 (너무) 아픈데 어떻게 된 영문인지 모르겠어요.
풀이 '厉害(대단하다, 심하다)'는 형용사 뒤에 보어로 와서 정도가 매우 심함을 나타낸다. '疼'은 아프다는 뜻이므로 아픈 정도가 심함을 나타낼 수 있다. 따라서 F가 정답이 된다.
정답 F
어휘 大夫 dàifu [명] 의사 4급 | 牙 yá [명] 이 | 疼 téng [형] 아프다 3급 | 怎么回事 zěnme huí shì 어떻게 된 거야?

꿀팁

'厉害'의 예문

보어 : 〈형/동 + 得 + (很) + 厉害〉
- 热得厉害 너무 덥다
- 车堵得厉害 차가 심하게 막힌다
- 羽毛球打得厉害 배드민턴을 매우 잘 친다
- 心跳得厉害 심장이 심하게 뛴다
- 风刮得厉害 바람이 심하게 분다

술어
- 他很厉害，这么快就做出了这道题。 그는 아주 대단하다. 이렇게 빨리 이 문제를 풀어 내다니.

---

4. 我也对"新世纪公园"不太熟悉，（ 不过 ）网上有地图，我帮你查查。

해석 나 역시 '신세기 공원'에 대해서 별로 잘 알지 못해. (하지만) 인터넷에 지도가 있으니까 내가 한번 검색해 볼게.
풀이 앞절에는 공원에 대해서 잘 모른다고 했지만 뒤에는 인터넷에서 지도를 찾아볼 수 있다고 했으므로 빈칸에는 접속사인 '그러나'가 와야 한다. 따라서 A가 정답이 된다.
정답 A
어휘 世纪 shìjì [명] 세기 4급 | 公园 gōngyuán [명] 공원 3급 | 熟悉 shúxī [형] 잘 알다. 익숙하다 [동] 충분히 알다 4급 | 地图 dìtú [명] 지도 3급 | 查 chá [동] 조사하다 3급

---

5. 那个计划书改好了的话，你先放我办公桌上吧，你再帮我发一份（ 传真 ）。

해석 그 계획서를 다 수정했으면 먼저 내 사무용 탁자 위에 올려 놓고, 그리고 나서 나를 도와 한 통의 (팩스)를 발송해 주게.
풀이 '一份(한 통의)'은 수량구이므로 빈칸에는 명사가 와야 한다. 그리고 명사는 동사와 호응 관계를 따져야 한다. '发'는 '발송하다', '보내다'의 뜻으로 '传真(팩스)'과 어울릴 수 있으므로 E가 정답이 된다.
정답 E
어휘 计划书 jìhuàshū [명] 계획서 4급 | 改 gǎi [동] 바꾸다 | 办公桌 bàngōngzhuō [명] 사무용 탁자 | 份 fèn [양] 부, 통, 권(신문·잡지·문건 등을 세는 단위) / 벌, 세트(배합하여 한 벌이 되는 것을 세는 단위) / 선물을 셈 4급

꿀팁

'份'을 양사로 쓰는 주요 명사들
- 一份礼物 하나의 선물
- 一份工作 하나의 일자리
- 一份申请表 한 통의 신청서

실전 연습 문제 4

> **정답** 1. F   2. A   3. B   4. E   5. D

1-5

A 结果 jiéguǒ [명] 결과 [접] 결과적으로 4급
B 顺便 shùnbiàn [부] 하는 김에 4급
C 温度 wēndù [명] 온도 4급
D 本来 běnlái [부] 본래, 원래 [형] 원래의, 본래의 4급
E 专业 zhuānyè [명] 전공 4급
F 考虑 kǎolǜ [동] 고려하다 4급

---

1. A: 你今天怎么这么安静呀?
   B: 昨天经理让我写篇总结，今天得写完，我在 (考虑) 怎么写呢。

해석 A: 너 오늘 왜 이렇게 조용해?
B: 어제 사장님이 나보고 최종 평가 한 편을 쓰라고 했는데, 오늘까지 다 써야 해서 어떻게 쓸까 (생각하고) 있어.

풀이 '在'는 동사 앞에서 진행(~하고 있다)을 나타내는 부사이므로 빈칸에는 동사가 와야 한다. 조용한(安静) 상황에서 할 수 있는 행위로는 '考虑(고려하다, 생각하다)'가 가장 알맞다.

정답 F

어휘 安静 ānjìng [형] 조용하다 3급 | 经理 jīnglǐ [명] 지배인, 사장, 매니저 3급 | 篇 piān [양] 편(한 편의 글을 셈) 4급 | 总结 zǒngjié [동] 총 정리하다 [명] 최종 평가 4급

꿀팁

'在'의 용법

(1) [부사] ~하고 있다 : 주로 동사 앞에서 동작의 진행을 나타낸다. '~하고 있다'라고 해석하여 [동사]라고 생각하지 않도록 하자. 부사이기 때문에 동사 앞쪽에 위치한다.
  • 小王在学习，别打扰他。샤오왕이 공부하고 있으니까 그를 방해하지 마.

(2) [개사] ~에(서) : 뒤에 장소나 시간을 나타내는 말이 와서 개사구를 이룬 후 동사를 수식한다.
  • 我在咖啡厅等你。나는 커피숍에서 너를 기다릴게.

(3) [동] ~에 있다 : 역시 뒤에 장소나 시간을 나타내는 말이 온다. 개사 용법과는 달리 뒤에 술어가 되는 동사가 오지 않는다. 왜냐하면 그 자신(在)이 술어가 되기 때문이다.
  • 她在咖啡厅，你去找她吧。그녀는 커피숍에 있으니까 네가 찾아가 봐.

2. A: 你们今天讨论得怎么样？有（ 结果 ）吗？

   B: 大家都同意把招聘会提前到五月十二号。

해석 A: 너희들 오늘 토론은 어땠어? (결과)가 있어?
B: 모두가 채용박람회를 5월 20일로 앞당기는 것에 동의했어.

풀이 '有' 뒤에 있기 때문에 빈칸은 명사가 올 것임을 예상해 볼 수 있다. 또한 토론을 하면 어떻게 하자는 내용의 결과가 있을 수 있기 때문에 '结果'가 가장 알맞다.

정답 A

어휘 讨论 tǎolùn [동] 토론하다 4급 | 同意 tóngyì [동] 동의하다 3급 | 招聘会 zhāopìnhuì [명] 채용박람회 4급 | 提前 tíqián [동] (시간 등을) 앞당기다, 미리 4급

꿀팁

〈把 + O + V + 到 + 도달 지점〉 어순

〈把자문〉에서 **동사(V)** 뒤에는 **처치의 결과나 동작의 영향**을 나타내 주기 위해서 **기타 성분**이라는 것이 필요하다. 그중에 **到 + 도달 지점**'의 형식이 있는데, 이때 '到'는 '〜로', '〜에', '〜까지'라고 해석한다.

- 把车停到路边。차를 길가에 세우다.
- 把招聘会推迟到五月十二号。채용박람회를 5월 12일로 미루다.

---

3. A: 妈妈，我可以去打羽毛球吗，作业也写完了。

   B: 可以呀，但你（ 顺便 ）把那个塑料袋拿下去扔垃圾桶里。

해석 A: 엄마, 저 배드민턴 치러 나가도 돼요? 숙제도 다 했어요.
B: 그럼. 하지만 너 나가(는 김에) 저 비닐봉지를 가지고 내려가서 쓰레기통에 버려 줘.

풀이 해석했을 때 빈칸 부분이 빠져도 해석상, 어법상 문제가 없다면 그 빈칸은 부사일 가능성이 크다. '顺便'은 '〜하는 김에'라는 뜻이고, 운동하러 가는 아이에게 나가는 김에 비닐봉지를 버려 달라는 내용이므로 '顺便'이 정답이 된다.

정답 B

어휘 羽毛球 yǔmáoqiú [명] 배드민턴 4급 | 塑料袋 sùliàodài [명] 비닐봉지 4급 | 扔 rēng [동] 버리다, 던지다 4급 | 垃圾桶 lājītǒng [명] 쓰레기통 4급

4. A: 你说让咱孩子报个什么（ 专业 ）好呢？国际关系？
   B: 我们说没有用，这主要还得看孩子自己的意见。

해석 A: 우리 아들이 어떤 (전공)을 신청하면 좋을까요? 국제 관계?
B: 우리가 말하는 것은 소용이 없어요. 이것은 주로 아이 자신의 의견을 들어 봐야 해요.

풀이 빈칸은 앞의 동사 '报'와 호응하는 동목 관계이므로 '报'와 어울리는 명사를 찾아야 한다. '报~专业'는 '~ 전공을 신청하다'는 뜻이므로 E가 정답이 된다.

정답 E

어휘 咱 zán [대] 우리(들) | 报 bào [동] 등록하다, 접수하다 | 国际 guójì [명] 국제 4급 | 主要 zhǔyào [부] 주로 [형] 주요한 3급 | 意见 yìjiàn [명] 의견 4급

---

5. A: 你为什么不多吃点儿啊？菜不好吃吗？
   B: 不是，我（ 本来 ）也不饿。出门前我吃了块儿巧克力蛋糕。

해석 A: 너 왜 많이 안 먹어? 음식이 맛이 없어?
B: 아니, 나는 (원래) 배고프지 않았어. 집에서 나올 때 초콜릿 케이크 한 조각을 먹었거든.

풀이 음식을 많이 먹지 않는 이유를 나타내야 한다. '本来也不~'는 '원래 ~하지도 않았다'는 뜻이므로 음식을 먹지 않는 이유를 설명하기에 가장 좋은 표현이다.

정답 D

어휘 饿 è [형] 굶주리다, 배고프다 3급 | 出门 chūmén [동] 외출하다 | 块 kuài [명] 덩이, 조각 | 巧克力 qiǎokèlì [명] 초콜릿 4급 | 蛋糕 dàngāo [명] 케이크 4급

문장 순서 배열하기

실전 연습 문제 1

정답 1. B A C   2. C A B   3. A B C

1.

A 在所有这些课中
B 这个学期我一共选了 5 门课
C 我最喜欢的是中国音乐史

풀이 일단 A에서 '这些课(이들 과목들)'가 가리키는 구체적인 대상이 B의 '5门课(5개의 과목)'이기 때문에 A는 첫 문장으로 올 수 없다. C 문장에서 가장 좋아하는 과목을 말했다면 그 앞에는 **선택 범위를 나타내는 A**가 먼저 와야 함을 알 수 있다. 따라서 B – A – C가 된다.

대명사(这)로 다시 받음

B 这个学期我一共选了5门课。 A 在所有这些课中， C 我最喜欢的是中国音乐史。

해석 B 이번 학기에 나는 총 5개의 과목을 선택했다. A 모든 이들 과목 중, C 내가 가장 좋아하는 것은 중국 음악사이다.

정답 B A C

어휘 所有 suǒyǒu [형] 모든 4급 | 课 kè [명] 수업, 과목 2급 | 学期 xuéqī [명] 학기 4급 | 一共 yígòng [부] 총, 모두 4급 | 选 xuǎn [동] 선택하다, 고르다 3급 | 门 mén [양] 과목, 기술, 학문 등을 셈 2급 | 音乐 yīnyuè [명] 음악 3급

2.

A 但科学家发现，老虎其实是游泳高手
B 它们甚至能游数十公里那么远
C 很多人以为老虎不会游泳

풀이 A와 B에서 '但'과 '它们'이 있기 때문에 모두 첫 문장이 될 수 없다. 첫 문장 C의 뒤에 '但'을 써서 앞 내용과 반대되는 내용의 A가 오고, 다음으로 오는 B에서는 '甚至'를 이용해서 A보다 더 심화시킨 내용을 소개하고 있다.

C 很多人以为老虎不会游泳。A 但科学家发现，老虎其实是游泳高手，B 它们 甚至能游数十公里那么远。

→ 첫 문장이 될 수 없음을 나타냄
↓ 앞 내용 A보다 더 심화됨을 나타냄

해석 C 많은 사람들은 호랑이가 수영을 못한다고 생각한다. A 하지만 과학자들은 발견하기를, 호랑이는 사실은 수영의 고수이며, B 그것들은 심지어 수십 킬로미터까지 멀리 헤엄칠 수가 있다.

정답 C A B

어휘 科学家 kēxuéjiā [명] 과학자 4급 | 其实 qíshí [부] 사실(은) 4급 | 高手 gāoshǒu [명] 고수 | 甚至 shènzhì [부] 심지어 4급 | 游 yóu [동] 수영하다 2급 | 公里 gōnglǐ [명] 킬로미터 4급 | 以为 yǐwéi [동] ~라고 (잘못) 생각하다 4급

3.

A 北方秋天很干燥，你刚来
B 觉得不适应很正常
C 每天多喝水，习惯了就不会那么难受了

풀이 이 문제는 해석으로 풀어야 한다. A 방금 막 왔기 때문에(你刚来), B 적응이 안 된다고 느끼는 것이고, C에서 이를 극복하는 방법을 소개하고 마무리하였다.

A 北方秋天很干燥，你刚来，B 觉得不适应很正常。C 每天多喝水，习惯了就不会那么难受了。

의미상 연결됨

해석 A 북방의 가을은 매우 건조해서 네가 막 와서, B 적응이 안 된다고 느끼는 것은 당연해. C 매일 물을 많이 마시고 적응이 되면 그렇게 힘들지 않게 될 거야.

정답 A B C

어휘 秋天 qiūtiān [명] 가을 | 干燥 gānzào [형] 건조하다 5급 | 适应 shìyìng [동] 적응하다 4급 | 正常 zhèngcháng [형] 정상적이다, 정상의 4급 | 习惯 xíguàn [명/동] 습관(이 되다) 3급 | 难受 nánshòu [형] 괴롭다, 힘들다 4급

실전 연습 문제 2

> **정답** 1. A C B   2. A C B   3. C B A

1.

> A 每个人都会死去
> B 是电影《勇敢的心》里面很精彩的一句话
> C 但不是每个人都真正活过

풀이 B는 '是'로 시작하고 C는 '但'으로 시작하기 때문에 모두 첫 문장이 될 수 없고 결국 A가 첫 문장이 된다. B가 두 번째 문장으로 온다고 가정했을 때 'A 모든 사람은 다 죽을 것이다라는 것은 B ~멋진 말이다.'로 해석이 된다. 그러나 상식적으로 '모든 사람은 다 죽는다'는 것이 '멋진 말(精彩的一句话)'이 될 수 없다.
따라서 C가 두 번째 문장으로 오는 것이 알맞다. 그렇게 되면 '사람은 다 죽지만 모든 사람이 제대로 사는 것은 아니다'는 것은 나름 의미 있는 '멋진 한마디 말(精彩的一句话)'이라고 할 수 있다. 따라서 A – C – B가 되는 것이다. B는 '是'로 시작하며 주어가 없는 상태이다. 따라서 AC를 합친 전체 문장이 B 문장의 주어인 셈이다.

A 每个人都会死去，C 但不是每个人都真正活过，B 是电影《勇敢的心》里面很精彩的一句话。

이 전체가 B 문장의 주어임

해석 A 모든 사람은 다 죽을 것이다. C 하지만 모든 사람이 다 진정으로 살아 내는 것은 아니다. B (이것은) 영화 〈용감한 마음〉에 나오는 멋진 말이다.

정답 A C B

어휘 勇敢 yǒnggǎn [형] 용감하다 4급 | 精彩 jīngcǎi [형] 훌륭하다, 멋지다, 재미있다 4급 | 真正 zhēnzhèng [형] 진정한 [부] 정말로, 진짜 4급

2.

> A 学习时，不光要知道答案是什么
> B 只有这样，才能把问题真正弄懂
> C 还要弄清楚答案究竟是怎么得来的

풀이 C는 추가를 나타내는 '还'가 있기 때문에 첫 문장이 될 수 없다. 또한 B에서 '这样'이 가리키는 내용이 A와 B의 내용이기 때문에 B 역시 첫 문장이 될 수 없다. A와 C는 '不光~还~'의 점층 관계를 나타내는 구문이다. 따라서 A – C – B가 정답이 된다.

호응

A 学习时，不光要知道答案是什么，C 还要弄清楚答案究竟是怎么得来的。B 只有这样，才能把问题真正弄懂。

A + C를 가리킴

해석 A 공부할 때 답안이 무엇인지 알아야 할 뿐만 아니라 C 또한 답안이 도대체 어떻게 얻어졌는지를 알아야 한다. B 오직 이렇게 해야만 비로소 문제를 진정으로 이해할 수 있다.

정답 A C B

어휘 不光 bùguāng [접] 단지 ~일뿐 아니라(=不但) | 答案 dá'àn [명] 답안, 정답 4급 | 弄懂 nòngdǒng [동] 이해하다 4급 | 弄清楚 nòngqīngchǔ 정확하게 알다 4급 | 究竟 jiūjìng [부] 도대체 4급

3.

A 后来就交给我来做了
B 由于他突然生病住院了
C 这次招聘会本来是由小李负责的

풀이 '后来(후에, 나중에)'는 과거의 어느 시점 후 또 다른 과거 시점을 나타내기 때문에 A는 첫 문장이 될 수 없다. 또한 B 역시 '他'가 가리키는 것이 C의 '小李'이므로, 결과적으로 C가 첫 문장이 된다. B와 A는 '원인 + 결과'의 관계이기 때문에 정답은 C - B - A가 된다.

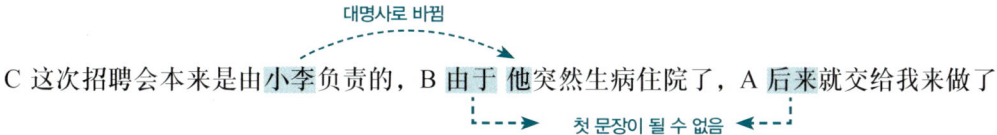

해석 C 이번 채용박람회는 원래 샤오리가 책임졌는데, B 그가 갑자기 아파서 입원했기 때문에, A 후에 나에게 맡겨져 처리되었다.

정답 C B A

어휘 后来 hòulái [명] 이후, 후에 4급 | 交给 jiāogěi [동] ~에게 맡기다 4급 | 由于 yóuyú [접] ~ 때문에 4급 | 突然 tūrán [형] 갑작스럽다 [부] 갑자기 4급 | 住院 zhùyuàn [동] 입원하다 | 招聘会 zhāopìnhuì [명] 채용박람회 4급 | 由 yóu [개] ~가(행위의 주체) 4급 | 负责 fùzé [동] 책임지다 4급

꿀팁 '后来'와 '以后'의 차이

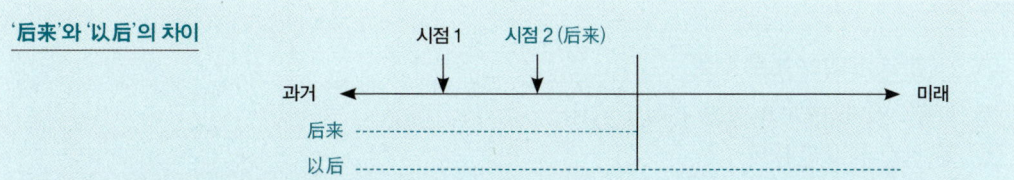

(1) '**以后**'는 과거 혹은 미래 모두 가능하지만, '**后来**'는 과거 시제에만 쓴다.
- 以后再说吧。나중에 다시 이야기해. (后来 ✗)
- 我们三年前见过一次面，以后没有再见过。우리는 3년 전에 한 번 만난 적이 있었고 이후에 다시는 만나지 못했다. (后来 ○)

(2) '**后来**'는 과거의 어느 한 시점으로부터 얼마의 시간이 흐른 후의 **또 다른 과거의 한 시점**을 나타낸다.
- 我小时候很喜欢玩这个，后来工作了，对它就不感兴趣了。
  내가 어릴 때는 이것을 가지고 노는 걸 좋아했는데, 후에 일을 하게 되면서 그것에 대해 흥미를 잃게 되었다. (以后 ✗)

실전 연습 문제 3

> **정답**　1. C B A　　2. B A C　　3. B A C

1.

> A 至少我们努力过
> B 即使失败了也没关系
> C 机会来了，就该主动去试一试

풀이 '至少(적어도)'가 있는 A는 첫 문장으로 올 수 없다. B에서 '실패해도 괜찮다'고 한 것은 **이미 앞에서 무언가를 시도해 본다는 내용이 있어야** 한다. 따라서 **시도한다(试一试)는 의미가 있는 C가 첫 문장으로 오는 것이 알맞다.** 그 결과로 실패한다고 해도 괜찮다고 한 **B가 두 번째로** 온다. 마지막으로 실패해도 괜찮다는 근거로 적어도 노력은 했었다는 A가 마지막으로 온다.

C 机会来了，就该主动去**试一试**，B 即使**失败了**也没关系，A 至少我们**努力过**。
시도하다 → (결과로) 실패하다 → (하지만) 노력은 했었다

해석 C 기회가 왔으면 마땅히 주동적으로 한번 시도해 보아야 한다. B 설령 실패한다 하더라도 관계가 없다. A 적어도 우리는 노력했었으니까.

정답 C B A

어휘 至少 zhìshǎo [부] 적어도 4급 | 即使 jíshǐ [접] 설령 ~일지라도 4급 | 失败 shībài [동] 실패하다 4급 | 机会 jīhuì [명] 기회 3급 | 该 gāi [조동] 마땅히 ~해야 한다 | 主动 zhǔdòng [형] 주동적이다 5급 | 试 shì [동] 시도하다 3급

2.

> A 飞往该市的好几趟航班
> B 昨晚 19 时南京市突然下起了大雨
> C 都不得不推迟起飞

풀이 '都'로 시작하는 C는 첫 문장이 될 수 없다. 또한 A에서 '该市(이 도시)'는 B의 '南京(난징)'을 가리키므로 A 역시 첫 문장이 될 수 없다. 따라서 남은 B가 첫 문장이 된다. C의 '都'는 일반적으로 그 앞에 복수(여러 개) 대상이 나와야 하는데 A의 '好几趟航班(여러 편의 항공편)'이 그렇다. 따라서 C는 A 뒤에 와야 한다. 결국 B – A – C가 되는 것이다.

대명사(该=这)로 다시 받음

B 昨晚 19 时南京市突然下起了大雨，A 飞往该市的好几趟航班 C 都不得不推迟起飞。

해석 B 어젯밤 19시 난징 시에 갑자기 큰 비가 내리기 시작해, A 이 도시로 운항하는 몇 개의 항공편이 모두 어쩔 수 없이 이륙을 연기했다.

정답 B A C

어휘 飞往 fēiwǎng ~로 비행하다 | 该 gāi [대] 이(=这) | 趟 tàng [양] 번(왕복 횟수를 셈) 4급 | 航班 hángbān [명] 항공편, 운항편 4급 | 南京 Nánjīng [명] 난징(지명) | 突然 tūrán [부] 갑자기 [형] 갑작스럽다 4급 | 不得不 bùdébù [부] 부득불, 어쩔 수 없이 4급 | 推迟 tuīchí [동] 연기하다, 미루다 4급 | 起飞 qǐfēi [동] 이륙하다 3급

3.

A 实际上，很多问题的答案都可以从生活中找到
B 课本上的知识并不能解决我们遇到的所有问题
C 但这需要我们用眼睛去发现，用心去总结

풀이 '实际上'과 '但'으로 시작하는 A와 C는 첫 문장이 될 수 없다. 첫 문장이 되는 B에서는 책 속의 지식만으로는 모든 문제를 해결할 수 없다고 했다. 따라서 생활 속에 해답이 있다는 A가 그 다음 문장으로 오고, 이에 필요한 행동을 설명한 C가 마지막 문장이 된다.

첫 문장으로 올 수 없음

B 课本上的知识并不能解决我们遇到的所有问题。A 实际上，很多问题的答案都可以从生活中找到，C 但这需要我们用眼睛去发现，用心去总结。

'这'가 가리키는 것은 A 문장 전체

첫 문장으로 올 수 없음

해석 B 교재에 있는 지식은 결코 우리가 만나는 모든 문제를 해결할 수는 없다. A 실제로 많은 문제의 답안은 생활에서 찾을 수 있다. C 하지만 이것은 우리가 눈으로 발견하고 마음으로 정리하는 것이 필요하다.

정답 B A C

어휘 实际 shíjì [형] 실제의 [명] 실제 4급 | 答案 dá'àn [명] 답안 4급 | 从~中 cóng~zhōng ~로부터 | 课本 kèběn [명] 교과서 | 只是 zhǐshì [부] 단지 | 并 bìng [부] 결코 [접] 그리고 | 解决 jiějué [동] 해결하다 3급 | 遇到 yùdào [동] 만나다, 부딪히다, 마주치다 3급 | 需要 xūyào [동] ~을 필요로 하다, ~해야 한다 [명] 수요, 필요 3급 | 发现 fāxiàn [동] 발견하다 3급 | 用心 yòngxīn [동] 신경을 쓰다, 주의를 기울이다 [형] 열심이다 | 总结 zǒngjié [동] 총 정리하다 4급

실전 연습 문제 4

> **정답** 1. BAC　　2. CAB　　3. ACB

1.

> A 要是去了西安而没有去那儿尝尝小吃
> B 那条小吃街在西安很有名，很多人都说
> C 就不能说自己到过西安

풀이 '要是~就~'(만일 ~라면 곧 ~이다)' 고정 격식에 의해 '就'가 있는 C는 첫 문장이 될 수 없다. A에서도 대명사 '那儿'이 가리키는 곳이 B의 '那条小吃街'라고 구체적으로 나와 있다. 따라서 첫 문장은 B가 되고 이어서 '要是~就~'의 고정 격식에 의해 A가 두 번째, C가 세 번째로 온다.

　　　　　　　　　　　　　　　　　　　　　　　　　호응
B 那条小吃街在西安很有名，很多人都说，A 要是去了西安而没有去那儿尝尝小吃，C 就不能说自己到过西安。
　　　　　　　　　　　　　　　앞에 나온 대상을 다시 받음

해석 B 그 먹자골목은 시안에서 매우 유명해서 많은 사람들이 모두 말하길, A 만일 시안에 갔는데 그곳에 가서 간식을 맛보지 않으면, C 시안에 갔다고 말할 수 없다.

정답 B A C

어휘 要是 yàoshì [접] 만일 4급 | 西安 Xī'ān [명] 시안(지명) | 尝 cháng [동] 맛보다 4급 | 小吃 xiǎochī [명] 간식거리 4급 | 小吃街 xiǎochījiē [명] 먹자골목

> **꿀팁**
>
> **要是 A 就 B : 만일 A라면 곧 B이다**
> 이때 '要是' 대신에 '如果'도 올 수 있으며 '就' 앞에 '那'나 '那么'가 올 수도 있다.
> • 要是不满意, (那)就可以拒绝。 만일 불만이라면 (그러면) 거절할 수 있다.

2.

> A 然而要想别人理解你
> B 你首先要学会理解别人，并且尊重别人的看法
> C 几乎所有人都希望得到他人的理解

풀이 A는 '然而(그러나)'가 있기 때문에 첫 문장으로 올 수 없다. 해석상 C처럼 먼저 주장을 제기하는 것이 좋다. 두 번째로 올 문장은 '要想~, 首先要~(~하려면 먼저 ~해야 한다)'의 고정 격식에 따라 B가 두 번째 문장으로 오고 A가 마지막 문장으로 온다.

C 几乎所有人都希望得到他人的理解，A 然而 要想别人理解你，B 你首先要学会理解别人，并且尊重别人的看法。

해석 C 거의 모든 사람들은 타인의 이해를 얻고 싶어 한다. A 그러나 다른 사람이 당신을 이해하기를 원한다면, B 당신이 먼저 다른 사람을 이해할 줄 알아야 하며, 또한 다른 사람의 견해를 존중해야 한다.

정답 C A B

어휘 然而 rán'ér [접] 그러나 4급 | 要想 yàoxiǎng 만약 ~를 하고 싶다면 | 首先 shǒuxiān [부] 먼저, 우선 [대] 첫째(로) 4급 | 理解 lǐjiě [동] 이해하다 4급 | 并且 bìngqiě [접] 게다가, 그리고 4급 | 尊重 zūnzhòng [동] 존중하다 4급 | 看法 kànfǎ [명] 견해 4급 | 所有 suǒyǒu [대] 모든 4급

꿀팁
要想 A, 首先要 B : A하려면 먼저 B해야 한다
'首先要~' 대신에 '就要~', '就得~', '必须~', '应该~' 등과도 호응할 수 있다.
- 要想取得好成绩，就应该努力学习。좋은 성적을 거두고 싶다면 마땅히 열심히 공부해야 한다.
- 要想获得成功，就必须坚持到底。성공을 거두고 싶다면 반드시 끝까지 견지해야 한다.
- 要想健康，应该戒烟。건강하고 싶다면 담배를 끊어야 한다.

3.

A 随着互联网的发展
B 它已经成为了人们生活中不可缺少的一部分
C 网上购物变得越来越普遍

풀이 B는 대명사 '它'가 있기 때문에 첫 문장으로 올 수 없다. '它'는 A의 '互联网'을 가리킨다. 또한 '随着~, 越来越~(~함에 따라서 갈수록 ~하다)'는 고정 격식으로 C는 A 뒤에 온다. 자연스럽게 B는 마지막 문장으로 온다.

A 随着 互联网的发展，C 网上购物变得越来越普遍，B 它已经成为了人们生活中不可缺少的一部分。

해석 A 인터넷이 발전함에 따라, C 인터넷 쇼핑은 갈수록 보편적으로 변했고, B 그것은 이미 사람들 생활 중에 없어서는 안 되는 일부분이 되었다.

정답 A C B

어휘 随着 suízhe [동] ~함에 따라 4급 | 互联网 hùliánwǎng [명] 인터넷 4급 | 发展 fāzhǎn [동] 발전하다 4급 | 缺少 quēshǎo [동] 부족하다 4급 | 部分 bùfen [명] 부분 4급 | 购物 gòuwù [동] 물건을 사다 4급 | 变得 biànde ~하게 변하다 | 越来越 yuèláiyuè 갈수록 | 普遍 pǔbiàn [형] 보편적이다 4급

지문 읽고 질문에 답하기

실전 연습 문제 1

> **정답**　1. B　2. D　3. C　4. D

1.

理想能够使人走出困境。一个人在遇到困难时，如果能继续坚持自己的理想，一步步走下去，那么困难对他来说就只是暂时的。

★ 这段话主要告诉我们，要：
A 勇敢　　　B 坚持理想
C 重视方法　D 打好基础

이상은 사람으로 하여금 곤경에서 벗어나게 할 수 있다. 어려움을 만났을 때 만일 자신의 이상을 계속해서 견지하고 한 걸음 한 걸음 걸어갈 수 있다면, 어려움은 그에게 있어 단지 잠시일 뿐이다.

★ 이 글이 주로 우리에게 말하고 있는 것은:
A 용감하다　　　B 이상을 견지하다
C 방법을 중시하다　D 기초를 잘 다지다

풀이 이 글의 주제는 어려움을 만났을 때(遇到困难) 계속해서 이상을 포기하지 말라(坚持自己的理想)는 것이므로 B가 정답이 된다.

정답 B

어휘 理想 lǐxiǎng [명] 이상 [형] 이상적이다 4급 | 能够 nénggòu [조] 충분히 ~할 수 있다 | 困境 kùnjìng [명] 곤경 | 遇到 yùdào [동] ~을 만나다, 마주치다 3급 | 困难 kùnnan [명] 어려움 [형] 곤란하다, 어렵다 4급 | 继续 jìxù [동] 계속하다 4급 | 坚持 jiānchí [동] 견지하다, 계속하다 4급 | 一步步 yíbùbù 한 걸음 한 걸음, 조금씩 | 暂时 zànshí [명] 잠시, 잠깐 4급 | 勇敢 yǒnggǎn [형] 용감하다 4급 | 重视 zhòngshì [동] 중시하다 4급 | 打基础 dǎ jīchǔ 기초를 다지다 4급

2.

小孙最近心情不太好，可能是上次比赛失败，受了影响。你最好找个时间跟他谈一下，让他不要有压力，鼓励他好好准备下次比赛。

샤오순은 최근에 기분이 그다지 좋지 않다. 아마도 지난번 시합에 실패해서 영향을 받아서일 것이다. 네가 시간을 내서 그와 이야기를 좀 나누면서, 그에게 스트레스 받지 말고 다음 시합을 잘 준비하도록 격려해 주면 가장 좋겠다.

★ 小孙:
A 瘦了许多
B 被禁止参赛
C 不适应新学校
D 上次比赛输了

★ 샤오순은:
A 많이 살이 빠졌다
B 시합 참가를 금지 당했다
C 새 학교에 적응하지 못한다
D 지난번 시합에서 졌다

풀이 시합에서 실패했다(比赛失败)는 것은 시합에서 졌다(比赛输了)는 것이므로 D가 정답이 된다.

정답 D

어휘 比赛 bǐsài [명/동] 시합(하다) 4급 | 失败 shībài [명/동] 실패(하다) 4급 | 最好 zuìhǎo [부] 가장 좋기로는, ~하는 게 가장 좋다 [형] 가장 좋다 4급 | 压力 yālì [명] 스트레스, 압력 4급 | 鼓励 gǔlì [동] 격려하다 4급 | 瘦 shòu [형] 야위다, 마르다 4급 | 许多 xǔduō [형] 허다하다, 매우 많다 4급 | 禁止 jìnzhǐ [동] 금지하다 4급 | 参赛 cānsài [동] 시합에 참가하다 | 适应 shìyìng [동] 적응하다 4급 | 输 shū [동] 패배하다, 지다 4급

3.

森林有改变小范围气候的作用。在高温的夏季，森林内的温度会比周围低3到5℃；而在寒冷多风的冬季，森林能起到降低风速、提高气温的作用。

★ 夏季，森林可以:
A 增加雨量　　B 改变风向
C 降低气温　　D 使皮肤湿润

숲은 소범위의 기후를 바꾸는 작용을 가지고 있다. 고온의 여름에 숲속 온도는 주위보다 3~5℃ 낮고, 춥고 바람 많은 겨울에 숲은 풍속을 떨어뜨리고 기온을 높여 주는 작용을 할 수 있다.

★ 여름에 숲은:
A 강우량을 증가시킨다
B 풍향을 바꾼다
C 기온을 낮춘다
D 피부를 습윤하게 한다

풀이 여름(夏季)에는 숲속 온도가 주위보다 3~5℃ 더 낮다(低3到5℃)고 했으므로 숲은 온도를 낮춘다라고 말할 수 있다. 따라서 C가 정답이 된다.

정답 C

오답분석 지문에서 바람에 대한 언급(寒冷多风, 风速)이 많기 때문에 '风向(풍향)'만 보고 B를 정답으로 고를 수 있다. 하지만 B의 전체 뜻은 풍향(바람의 방향)을 바꾼다는 것인데, 지문에서는 풍속(바람의 속도)을 떨어뜨린다(降低风速)고만 했지 풍향을 바꾼다는 말이 아니므로 B는 정답이 될 수 없다.

어휘 森林 sēnlín [명] 숲 4급 | 改变 gǎibiàn [동] 바꾸다, 바뀌다 4급 | 范围 fànwéi [명] 범위 5급 | 气候 qìhòu [명] 기후 4급 | 作用 zuòyòng [명] 작용 4급 | 夏季 xiàjì [명] 하계, 여름철 | 周围 zhōuwéi [명] 주위 4급 | 寒冷 hánlěng [형] 춥다, 한랭하다 | 冬季 dōngjì [명] 동계, 겨울철 | 起到~作用 qǐdào~zuòyòng ~의 작용을 하다 | 降低 jiàngdī [동] 낮추다 4급 | 风速 fēngsù [명] 풍속 | 气温 qìwēn [명] 기온 | 风向 fēngxiàng [명] 풍향 | 使 shǐ [동] ~로 하여금 ~하게 하다 | 皮肤 pífū [명] 피부 4급 | 湿润 shīrùn [형] 습윤하다, 축축하다 5급

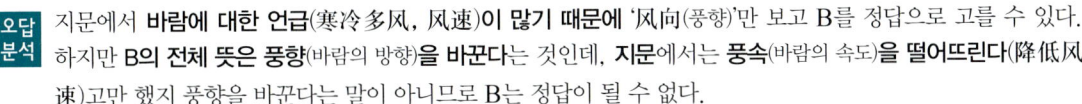

4.

| 生活中有这样两种人：一种总是看别人怎么生活，另一种喜欢生活给别人看。其实，每个人有每个人的生活，不用羡慕他人，也用不着向别人证明什么，只要用心走好自己的路，幸福就在前方。 ★ 根据这段话，我们应该： A 学会拒绝 B 少发脾气 C 保护自己 D 过好自己的生活 | 생활 중에는 두 종류의 사람이 있다. 하나는 늘 다른 사람이 어떻게 사는지를 보는 사람이고, 다른 하나는 다른 사람에게 보여 주려고 생활하는 사람이다. 사실 모든 사람은 각자의 생활이 있으며 타인을 부러워할 필요가 없다. 또한 다른 사람에게 무엇을 증명할 필요도 없다. 단지 열심히 자신의 길을 잘 가면 행복은 바로 앞에 있다. ★ 이 글에 따르면 우리는 마땅히: A 거절할 줄 알다 B 화를 적게 내다 C 자신을 보호한다 D 자신의 생활을 잘 한다 |

풀이 자신의 길(自己的路)을 잘 가면(走好) 행복이 앞에 있다(幸福就在前方)고 한 것은 각자 **자신만의 생활을 잘 하라**는 뜻이므로 D가 정답이 된다.

정답 D

오답 분석 '其实'는 중요한 내용을 이끄는 단어이다. 따라서 위 지문의 **주제를 파악**하려고 할 때 '**其实**' 뒤의 내용에 집중해야 하고 그렇게 가다 보면 '타인에 신경 쓰지 말고 자신만의 생활을 충실히 해야 한다'는 주제를 찾아낼 수 있다.

어휘 其实 qíshí [부] 사실은 4급 | 羨慕 xiànmù [동] 부러워하다 4급 | 他人 tārén [명] 타인 | 用不着 yòngbuzháo ~할 필요 없다 | 证明 zhèngmíng [동] 증명하다 4급 | 用心 yòngxīn [동] 애쓰다 [형] 열심이다 | 前方 qiánfāng [명] 전방 | 拒绝 jùjué [동] 거절하다 4급 | 发脾气 fā píqi [동] 화를 내다 4급 | 保护 bǎohù [동] 보호하다 4급 | 过生活 guò shēnghuó 생활을 하다

꿀팁

'只要'와 '只有'의 비교

보통 이 둘을 많이 헷갈려 한다. 의미와 용법이 전혀 다른 만큼 다시 한 번 확실하게 구별해서 정리하는 것이 좋다.

只要 A 就 B (A하기만 하면 B하다) : **쉽고 빠르게 이루어짐**을 나타낸다.
- 只要走好自己的路，幸福就在前方。 자신의 길을 잘 가기만 하면 행복은 앞에 있다.

只有 A 才 B (오직 A해야만 비로소 B하다) : **어렵고 느리게 이루어짐**을 나타낸다. / **유일한 조건**을 나타낸다.
- 只有准备的人，才能得到机会。 오직 준비하는 사람만이 비로소 기회를 얻을 수 있다.

실전 연습 문제 2

> **정답** 1. D   2. A   3. B   4. C

1.

选择职业时，我们首先应该对自己有清楚的认识，不仅要知道自己想做什么，还要根据自己的性格、爱好去判断什么样的工作适合自己，这样才能找到满意的工作。 ★ 选择职业时，应该： 　A 多调查 　B 打好基础 　C 及时总结 　D 先认清自己	직업을 선택할 때 우리는 먼저 자신에 대해서 정확한 인식을 가져야 하는데, 자신이 무엇을 하고 싶은지 알아야 할 뿐만 아니라 자신의 성격과 취미에 근거하여 어떤 일이 자신에게 적합한지를 판단해야 한다. 이렇게 해야 비로소 만족스러운 일자리를 찾을 수 있다. ★ 직업을 선택할 때 마땅히: 　A 많이 조사하다 　B 기초를 잘 다지다 　C 제때에 총 정리한다 　D 먼저 자신을 정확하게 안다

풀이 자신에 대해서 정확한 인식을 가진다는 것은 자신에 대해서 정확하게 안다는 것을 뜻하므로 D가 정답이 된다.

정답 D

어휘 选择 xuǎnzé [동] 선택하다 3급 | 职业 zhíyè [명] 직업 4급 | 首先 shǒuxiān [부] 가장 먼저, 우선, 첫째로 4급 | 不仅 bùjǐn [접] ~뿐만 아니라 4급 | 根据 gēnjù [개] ~에 근거하여 [명] 근거 4급 | 性格 xìnggé [명] 성격 4급 | 爱好 àihào [명] 취미 [동] 좋아하다 3급 | 判断 pànduàn [동] 판단하다 4급 | 适合 shìhé [동] ~에 적합하다, ~에 알맞다 4급 | 满意 mǎnyì [형] 마음에 들다, 만족하다 3급 | 调查 diàochá [명/동] 조사(하다) 4급 | 打基础 dǎ jīchǔ 기초를 다지다 4급 | 及时 jíshí [부] 제때에, 바로 [형] 시기 적절하다 4급 | 总结 zǒngjié [동] 총 정리하다 4급 | 认清 rènqīng [동] 확실히 알다

> **꿀팁**
>
> **'认识'의 세 가지 용법**
>
> **(1) (사람·글자·길 등을) 알다**
> - 你认识他吗? 너는 그를 알아?
> - 这条路我不认识。 이 길을 나는 몰라.
> - 这个字我不认识。 이 글자를 나는 몰라.
>
> **(2) 인식(대상에 대한 뇌의 반응)**
> - 大家都谈了对这件事的认识。 모두가 이 일에 대한 인식을 이야기했다.
> - 我们应该对自己有清楚的认识。 우리는 자신에 대해서 정확한 인식을 가져야 한다.(자신에 대해서 잘 알아야 한다는 의미)
>
> **(3) 인식하다, 깨닫다**
> - 他认识到了自己的错误。 그는 자신의 잘못을 깨달았다.

2.

今年寒假我去广西玩儿了一趟，那里的气候和北方很不同，尽管是冬天，但非常暖和，还能吃到许多新鲜的水果。	올해 겨울 방학 때 나는 광시에 놀러 갔었는데, 그곳의 기후는 북방과는 아주 달라서 비록 겨울이었지만 매우 따뜻했고 게다가 많은 신선한 과일을 먹을 수 있었다.
★ 他觉得广西： 　A 冬季不冷 　B 经济发展快 　C 少数民族多 　D 广西最适合冬天去玩	★ 그는 광시에 대해서 생각하기를: 　A 겨울이 춥지 않다 　B 경제 발전이 빠르다 　C 소수 민족이 많다 　D 광시는 겨울에 놀러 가는 것이 가장 적합하다

풀이 겨울이지만 **매우 따뜻하다**(非常暖和)고 했으므로 광시의 **겨울은 춥지 않다**(不冷)고 할 수 있다. 따라서 A가 정답이 된다.

정답 A

오답 분석 겨울에 광시에 놀러 간 것은 맞지만 그렇다고 D처럼 **겨울에 놀러 가기에 가장**(最) **적합하다고 할 수는 없다**. 선택지 안에 '最'가 있을 때는 정답으로 고를 때 신중해야 한다.

어휘 寒假 hánjià [명] 겨울 방학 4급 | 广西 Guǎngxī [명] 광시(지명) | 趟 tàng [양] 번, 회(왕래한 횟수를 셈) 4급 | 气候 qìhòu [명] 기후 4급 | 尽管 jǐnguǎn [접] 비록 ~이지만(≒虽然) 4급 | 暖和 nuǎnhuo [형] 따뜻하다 4급 | 许多 xǔduō [형] 많다, 허다하다 4급 | 冬季 dōngjì [명] 동계, 겨울 | 民族 mínzú [명] 민족 4급

3.

当你觉得无聊时，就去读书吧。无论是普通杂志，还是著名小说，只要你打开就会发现，世界上有那么多有趣的事情，有那么多不一样的生活。阅读，确实是一件值得花时间去做的事。	당신이 무료하다고 느낄 때 책을 읽어 보아라. 보통 잡지든 아니면 유명한 소설이든, 당신이 책을 펼치기만 하면 세상에 그렇게 많은 재미있는 일들과 그렇게 다른 생활이 있음을 발견하게 될 것이다. 독서는 정말이지 시간을 들여 행할 만한 가치가 있는 일이다.
★ 这段话主要谈的是： 　A 怎样写小说 　B 阅读的好处 　C 语言的艺术 　D 作家的性格	★ 이 글이 주로 말하고자 하는 것은: 　A 어떻게 소설을 쓸 것인가 　B 독서의 좋은 점 　C 언어의 기술 　D 작가의 성격

풀이 이 글은 **독서의 좋은 점을 말하고 독서할 것을 권하는 내용**이므로 B가 정답이 된다. 참고로 '**艺术**'는 '예술'의 뜻 외에 '**기술**'이라는 뜻도 있다. '说话的艺术'는 '말하기의 예술'이 아니라 '**말하기의 기술**'로 해석해야 한다.

정답 B

어휘 无聊 wúliáo [형] 무료하다, 심심하다 4급 | 无论 wúlùn [접] ~에 관계없이(≒不管/不论) 4급 | 普通 pǔtōng [형] 보통의 4급 | 杂志 zázhì [명] 잡지 4급 | 著名 zhùmíng [형] 유명하다, 저명하다 4급 | 有趣 yǒuqù [형] 재미있다 4급 | 阅读 yuèdú [동] 열독하다, 독서하다 4급 | 确实 quèshí [부] 확실히, 정말로 [형] 확실하다 4급 | 值得 zhídé [동] ~할 가치가 있다 4급 | 好处 hǎochù [명] 좋은 점, 장점 4급 | 语言 yǔyán [명] 언어 4급 | 艺术 yìshù [명] 예술, 기술 4급 | 作家 zuòjiā [명] 작자, 작가 4급

꿀팁 〈독해 3부분〉의 20문제 중, 일반적으로 **제목을 묻는 문제(这段话主要谈什么?)와 주제를 묻는 문제(这段话主要想告诉我们什么?)가 각각 1문제씩** 출제된다. 이들 문제는 일반적으로 **첫 문장에서 힌트**가 제공된다. 따라서 **첫 문장을 통해서 정답을 빨리 찾아내고 시간을 아낄 수 있도록** 해야 한다.

4.

旅游前最好做个计划，比如要去几个地方，怎么坐车，带哪些东西，一共要玩儿多少天等。把这些都详细计划好，旅游时才会更轻松。

★ 旅行前，我们应该：
 A 先赚钱
 B 自备塑料袋
 C 提前计划好
 D 和家人讨论

여행하기 전에는 계획을 잘 세우는 것이 가장 좋다. 예를 들어 몇 곳을 갈 건지, 어떻게 차를 탈 것인지, 어떤 것을 가져갈지, 총 며칠을 놀지 등. 이런 것들을 상세하게 잘 계획해야 여행할 때 비로소 더욱 수월할 것이다.

★ 여행하기 전 우리는 마땅히:
 A 먼저 돈을 번다
 B 스스로 비닐봉지를 준비한다
 C 미리 계획을 잘 세운다
 D 가족과 토론한다

풀이 첫 문장에서 여행하기 전에는 계획을 잘 세우라고 했으므로 C가 정답이 된다.

정답 C

어휘 最好 zuìhǎo [부] 가장 좋은 것은 ~이다, ~하는 것이 가장 좋다 [형] 가장 좋다 4급 | 做计划 zuò jìhuà 계획을 세우다 | 比如 bǐrú [접] 예를 들어 4급 | 一共 yígòng [부] 총, 모두 3급 | 详细 xiángxì [형] 상세하다 4급 | 轻松 qīngsōng [형] (마음이) 홀가분하다, (일이) 수월하다 4급 | 赚钱 zhuànqián [동] 돈을 벌다, 이득을 보다 4급 | 自备 zìbèi [동] 스스로 준비하다, 자신이 준비하다 | 塑料袋 sùliàodài [명] 비닐봉지 4급 | 讨论 tǎolùn [동] 토론하다 4급

실전 연습 문제 3

정답 1. B 2. A 3. A 4. A

1.

散步能让人减轻压力，变得轻松起来。<u>但是时间不要太长</u>，最好在半小时到一小时之间。一般来说，感到微微出汗的时候就可以了。

★ 散步时，我们：
　A 可以出大汗
　B 应该注意时间
　C 首先要减轻压力
　D 至少要超过一小时

산책은 사람에게 스트레스를 줄여 주고 마음이 가벼워지게 한다. <u>하지만 시간이 너무 길어서는 안 되는데</u> 가장 좋기로는 30분에서 1시간 사이다. 일반적으로 말해서 살짝 땀이 난다고 느낄 때까지 하면 된다.

★ 산책할 때 우리는:
　A 많은 땀을 흘려도 된다
　B 시간에 주의해야 한다
　C 먼저 스트레스를 줄여야 한다
　D 적어도 한 시간을 넘겨야 한다

풀이 시간이 너무 길어서는 안 된다(时间不能太长)라고 했으므로 산책할 때는 시간에 주의해야 함을 알 수 있다. 따라서 B가 정답이 된다. 그러나(但是, 可是, 不过, 却, 其实…) 뒤의 내용에 그 글의 핵심이 있음을 기억하자.

정답 B

오답분석 살짝 땀을 흘릴 정도(微微出汗)라고 했지 많은 땀이 나도록(出大汗) 하면 안 된다. C의 스트레스 경감은 산책 후 얻을 수 있는 좋은 결과인 것이지 산책 전에 해야 할 일이 아니다. '首先要(먼저 ~해야 한다)'가 잘못되었다.

어휘 散步 sànbù [동] 산보하다, 산책하다 4급 | 减轻 jiǎnqīng [동] 경감하다, 줄이다 | 压力 yālì [명] 스트레스, 압력 4급 | 轻松 qīngsōng [형] 수월하다, 홀가분하다 [동] 느슨하게 하다 4급 | 最好 zuìhǎo [부] 제일 좋기는 [형] 가장 좋다 4급 | 微微 wēiwēi [부] 약간, 조금 | 出汗 chūhàn [동] 땀이 나다

2.

按照经验，<u>人们往往认为夏天应该多穿白色衣服</u>。但有研究证明，其实穿红色的更好，因为红色能更好地保护皮肤。

경험에 따르면 <u>사람들은 종종 여름에는 마땅히 흰색 옷을 많이 입어야 한다고 생각한다</u>. 하지만 연구에서 증명하길, 사실은 빨간색의 옷을 입는 것이 더 좋다고 한다. 왜냐하면 빨간색이 피부를 더 잘 보호할 수 있기 때문이다.

★ 夏天穿衣服，人们认为：
A 穿白色的好
B 不能穿黑色的
C 穿红色的更好
D 红色能保护皮肤

★ 여름에 옷을 입을 때 사람들은 생각하기를:
A 흰색 옷을 입는 것이 좋다
B 검은색 옷을 입어서는 안 된다
C 빨간색 옷을 입는 것이 더 좋다
D 빨간색은 피부를 보호할 수 있다

풀이 질문은 여름철 옷 입기에서 사람들의 생각(认为)을 물었기 때문에 A가 정답이 된다.

정답 A

오답분석 D의 내용은 지문에서(红色能更好地保护皮肤) 똑같이 나온다. 하지만 이것은 실제 연구에서(研究证明) 나온 것이지 사람들의 생각이 아니다. 질문에서는 사람들의 생각을 물었으므로 D는 정답이 될 수 없다.

어휘 按照 ànzhào [동] ~에 따르다, ~에 의거하다 4급 | 证明 zhèngmíng [동] 증명하다 4급

3.

不要以为你还年轻，就可以想做什么就做什么，你现在做出的每一个决定都有可能影响到你的将来。所以，做决定之前最好仔细考虑一下。

★ 根据这段话，做决定前要：
A 考虑清楚   B 做好调查
C 通知家人   D 和朋友商量

당신이 젊다고 하고 싶은 대로 다 해도 된다고 생각하지 마라. 당신이 지금 하는 모든 결정은 당신의 장래에 영향을 미칠 가능성이 있다. 그래서 결정을 하기 전에는 잘 고려해야 한다.

★ 이 글에 따르면 결정을 내리기 전에:
A 정확하게 고려하다   B 잘 조사한다
C 가족에게 알린다   D 친구와 상의한다

풀이 질문에서의 키워드는 '做决定前'이다. 이것을 지문에서 찾다 보면 '所以，做决定之前…考虑一下'가 나오는데 이 문장이 직접적인 힌트가 된다. '最好仔细考虑一下'는 '가장 좋은 것은 꼼꼼하게 잘 고려하는 것이다'는 뜻이므로 A가 정답이 된다.

정답 A

오답분석 지문에서 '做决定'이라는 표현이 여러 번 등장하기 때문에 '做好'만 보고 B(做好调查)를 정답으로 고를 수 있다. 하지만 '做好调查'는 '하려는 일에 대해서 사전에 면밀히 조사하고 알아본다'는 의미이므로 지문 속의 '考虑'와는 의미가 다르다. 왜냐하면 '考虑'라는 것은 '어떤 결정을 내렸을 때 그 결정이 어떤 영향을 미칠지를 따져 보는 것'이기 때문이다.
위 문제처럼 지문을 읽었을 때 **사람이라면 자연스럽게 떠올리는 막연한 느낌이나 단어들이 있는데 이것과 비슷한 느낌의 오답을 고르는 경우가 있다.** 이때는 좀 더 차분하게 **질문에서 원하는 내용이 무엇인지 명확하게 이해**한 후 **지문 안에서 그 부분을 찾아내야** 오답으로 빠지지 않는다.

어휘 以为 yǐwéi [동] ~라고 생각하다 4급 | 将来 jiānglái [명] 장래 4급 | 仔细 zǐxì [형] 자세하다 4급 | 考虑 kǎolǜ [동] 고려하다 4급 | 调查 diàochá [명/동] 조사(하다) 4급 | 通知 tōngzhī [동] 통지하다, 알리다 [명] 통지 4급 | 商量 shāngliang [동] 상의하다 4급

> **꿀팁** '仔细考虑'와 '考虑清楚'의 어법적 이해
>
> **仔细考虑** : '仔细'가 '考虑'를 수식하는 관계(**부사어**)이다.
> - 仔细看 자세히 보다
> - 仔细调查 자세히 조사하다
> - 仔细研究 자세히 연구하다
> - 仔细调查 자세히 조사하다
>
> **考虑清楚** : '清楚'는 '考虑'의 결과가 어떠하다는 것을 나타내고 있다.(**결과보어**) 즉, 고려한 결과가 '정확하다', '명확하다'는 것이다.
> - 弄清楚 정확하게 이해하다
> - 看清楚 정확하게 보다
> - 解释清楚 분명하게 해명하다
> - 考虑清楚 명확하게 생각하다

4.

做事情，不要一开始就考虑过多：会不会很难，结果会怎么样……。这些其实都不重要，<u>关键是要勇敢地去做</u>，只有去做，一切才有可能。

★ 根据这段话，做事情最重要的是：

　A 敢于开始
　B 提前调查
　C 找对方向
　D 有责任心

일을 할 때 처음부터 너무 많은 것을 생각하면 안 된다. 어렵지 않을까? 결과는 어떻게 될까… 이런 것들은 사실 중요하지 않다. <u>관건은 용감하게 행동하는 것</u>이다. 오직 행동해야만 모든 것이 비로소 가능성이 있다.

★ 이 글에 따르면 일을 할 때 가장 중요한 것은:

　A 용기 있게 시작한다
　B 미리 조사한다
　C 방향을 잘 찾는다
　D 책임감을 갖는다

풀이 일을 할 때 관건(关键)은 용감하게 행하는 것(勇敢地去做)이라고 했다. 따라서 A가 정답이 된다. 질문의 '最重要的是'가 지문에서는 '关键是'라고 표현된 것에 주의해야 한다.

정답 A

오답분석 C의 '找对方向'에서 '对'는 '找'의 결과보어로 왔다. '找对'라고 하면 '옳게 찾다', '맞게 찾다'가 되는 것이고, 비슷한 예로는 '猜对(추측하여 맞히다)', '说对(옳게 말하다)'가 있다.

어휘 **一开始** yì kāishǐ 처음에, 처음부터 | **考虑** kǎolǜ [동] 고려하다 4급 | **过** guò [부] 지나치게, 너무 [동] 지나가다 | **其实** qíshí [부] 사실은 4급 | **关键** guānjiàn [명] 관건 [형] 관건적이다, 매우 중요하다 4급 | **勇敢** yǒnggǎn [형] 용감하다 4급 | **一切** yíqiè [명] 일체, 모든 것 4급 | **可能** kěnéng [부] 아마 [형] 가능한 [명] 가능성 2급 | **敢于** gǎnyú 용감하게 ~하다 | **提前** tíqián [동] 앞당기다, 미리 4급 | **调查** diàochá [동] 조사하다 4급 | **责任心** zérènxīn [명] 책임감 4급

실전 연습 문제 4

> **정답** 1. B   2. C   3. A   4. C   5. A   6. D

1-2

目的地也许只有一个，但是通往目的地的道路却有很多条。所以，1 当一条路走不通时，我们可以换另外一条试试。2 只要我们不放弃努力，总会找到一条合适的路，通往成功的目的地。

목적지는 어쩌면 단지 하나만 있을 수 있다. 하지만 목적지로 통하는 길은 오히려 여러 개가 있다. 그래서 1 하나의 길이 통하지 않을 때 우리는 다른 길로 바꿔서 시도할 수 있다. 2 우리가 노력을 포기만 하지 않는다면 언젠가는 적절한 길, 성공으로 통하는 목적지를 찾아낼 수 있을 것이다.

어휘 目的地 mùdìdì [명] 목적지 4급 | 也许 yěxǔ [부] 어쩌면, 아마 4급 | 通往 tōngwǎng ~로 통하다 | 道路 dàolù [명] 길, 도로 | 走不通 zǒubutōng (길이) 통하지 않다 | 换 huàn [동] 바꾸다 3급 | 另外 lìngwài [대] 그밖의 [접] 그 외에 4급 | 试 shì [동] 시도하다 3급 | 只要 zhǐyào [접] ~하기만 하면 4급 | 放弃 fàngqì [동] 포기하다 4급 | 总会 zǒnghuì 언젠가는 ~할 것이다 | 合适 héshì [형] 알맞다, 적당하다 4급

1.

★ 当一条路走不通时，我们应该：

A 换个目的地
B 试试别的路
C 向当地人问路
D 别放弃原来的路

★ 하나의 길이 통하지 않을 때 우리는 마땅히:

A 목적지를 바꾼다
B 다른 길을 시도한다
C 현지인에게 길을 물어본다
D 원래의 길을 포기하지 마라

풀이 길이 통하지 않을 때는(当一条路走不通时) **다른 길을 시도하라**(换另外一条路试试)고 했으므로 B가 정답이 된다.

정답 B

오답분석 바꾸라는 것은(换) 길(路)이지 목적지(目的地)가 아니므로 A는 정답이 될 수 없다. 노력을 포기하지 말라는 것(不放弃努力)이지 D처럼 원래의 길(原来的路)을 포기하지 말라는 것이 아니다.

어휘 当地人 dāngdìrén [명] 현지인 5급

2.

★ 这段话主要想告诉我们：	★ 이 글이 주로 우리에게 말하고자 하는 것은:
A 要有理想 B 工作要积极 C 成功需要坚持 D 做事要有计划	A 이상을 가져라 B 일은 적극적이어야 한다 C 성공은 견지가 필요하다 D 일을 할 때는 계획이 있어야 한다

풀이 계속 다른 길을 시도하면서 **노력을 포기하지 않는다면**(不放弃努力) 성공으로 통할 수 있다(走向成功)고 했으므로 '성공(成功)은 견지(坚持)가 필요하다'고 할 수 있다.

정답 C

어휘 **理想** lǐxiǎng [명] 이상 [형] 이상적이다 4급 | **积极** jījí [형] 적극적이다, 긍정적이다 4급 | **计划** jìhuà [명] 계획 [동] ~할 계획이다 4급

꿀팁

只要 A 就 B : A이기만 하면 B이다
'只要'는 주로 '就'와 호응하지만 '总'과도 가능하다. 이때 '总'의 뜻은 '언젠가는', '결국은'의 뜻이다.
- 只要认真学，就可以学好。열심히 배우기만 하면 잘 배울 수 있다.
- 只要不放弃努力，总会找到一条合适的路。노력을 포기하지만 않는다면 언젠가는 적절한 길을 찾을 수 있을 것이다.

3-4

现在全世界大约80多个国家有高速公路。高速公路一般能适应每小时120公里或者更高的速度，3 <u>其发展情况往往可以看出一个国家的交通及经济发展水平</u>。高速公路既有优点也有缺点，4 <u>优点是行车速度快，安全方便</u>，可以减少铁路等方面的交通压力；缺点是对环境影响大、收费高。	현재 전 세계에는 대략 80여 개의 나라가 고속도로를 가지고 있다. 고속 도로는 일반적으로 시속 120km 혹은 더 높은 속도에 적응할 수 있으며 3 <u>그 발전 상황은 종종 한 나라의 교통 및 경제 발전 수준을 보여 준다</u>. 고속 도로는 장점도 있고 단점도 있는데, 4 <u>장점은 주행 속도가 빠르고 안전하고 편리하며</u> 철도 등 방면에서의 교통 압력을 줄일 수 있다는 것이다. 단점은 환경에 대한 영향이 크고 비용이 비싸다는 것이다.

어휘 **大约** dàyuē [부] 대략, 아마 4급 | **高速公路** gāosù gōnglù [명] 고속 도로 | **公里** gōnglǐ [명] 킬로미터 4급 | **速度** sùdù [명] 속도 4급 | **其** qí [대] 그 | **往往** wǎngwǎng [부] 종종 4급 | **交通** jiāotōng [명] 교통 4급 | **及** jí [접] 및, 그리고 | **水平** shuǐpíng [명] 수준 4급 | **既 A 也 B** jì A yě B A이면서 B이기도 하다 | **优点** yōudiǎn [명] 장점 4급 | **缺点** quēdiǎn [명] 단점 4급 | **行车** xíngchē [동] 운전하다, 차를 몰다 | **铁路** tiělù [명] 철로, 철도 | **压力** yālì [명] 스트레스, 압력 4급 | **收费** shōufèi [명] 비용 [동] 비용을 받다

3.

★ 通过高速公路，可以判断该国的：
A 经济水平　　B 教育情况
C 汽车数量　　D 环境质量

★ 고속 도로를 통해서 이 나라의 ~을 판단할 수 있다:
A 경제 수준　　B 교육 상황
C 자동차 수량　D 환경의 질

풀이 그 나라의 고속 도로 발전 상황(其发展情况)은 국가의 교통(交通) 및 **경제 발전 수준**(经济发展水平)을 볼 수 있다고 했으므로 A가 정답이 된다. 이때 '其'는 앞에 나온 고속 도로가 있는 나라를 가리킨다.

정답 A

어휘 教育 jiàoyù [명/동] 교육(하다) 4급 ｜ 数量 shùliàng [명] 수량 ｜ 质量 zhìliàng [명] 품질, 질, 질량 4급

> **대명사 '其(그)'**
> '其'는 1음절 대명사이다 보니 해석하지 않고 그냥 넘어가는 경우가 많다. 하지만 **작은 차이가 결국 큰 격차를 만들어 낸다**는 것을 기억하면서 '其'에 대해서 학습하도록 하자.
> '其'는 앞에 나온 사람이나 사물을 대신 받는 대명사이며 '他, 她, 它, 他们, 她们, 它们'에 해당한다.
> • 制定这些措施，其目的是保证安全开车。이런 조치를 만들었는데, 그 목적은 안전 운행을 보증하기 위함이다.

4.

★ 高速公路有什么优点?
A 不堵车
B 污染小
C 行车快且方便
D 周围收费站少

★ 고속 도로는 어떤 장점이 있는가?
A 차가 막히지 않는다
B 오염이 적다
C 주행이 빠르고 게다가 편리하다
D 주위에 톨게이트가 적다

풀이 고속 도로의 장점(优点)은 주행 속도가 빠르고(行车速度快) 안전하고 편리한(安全方便) 것이라고 했으므로 C가 정답이 된다.

정답 C

어휘 堵车 dǔchē [동] 차가 막히다 4급 ｜ 污染 wūrǎn [명/동] 오염(시키다) 4급 ｜ 周围 zhōuwéi [명] 주위 4급 ｜ 收费站 shōufèizhàn [명] 톨게이트

5-6

5 有个年轻人觉得自己什么都没有，总是很不开心。一天，一位老人对他说："孩子，其实你是个富人啊！""为什么？我既没车也没房子，钱也很少。"老人笑着说："如果有人出100万买你的健康，再出100万买你的年轻，你愿意卖吗？"年轻人这才明白，5 <u>原来自己一点儿都不穷</u>，相反，6 <u>自己有很多用钱也买不到的东西</u>。

한 젊은이가 5 <u>자신은 아무것도 가진 게 없다고 느끼고</u> 늘 즐겁지 않았다. 어느 날, 한 노인이 그에게 말했다. "얘야, 사실 넌 부자란다!" "어째서요? 저는 차도 없고 집도 없고 돈도 적은 걸요." 노인은 웃으며 말했다. "만일 누군가가 100만 위안을 내고 너의 건강을 사고 또 100만 위안을 내어 너의 젊음을 산다면 너는 팔겠니?" 젊은이는 그제서야 깨달았다. 알고 보니 5 <u>자신은 조금도 가난하지 않으며</u>, 반대로 6 <u>자신은 돈으로도 살 수 없는 많은 것을 갖고 있다는 것을 깨달았다</u>.

어휘 开心 kāixīn [형] 즐겁다 4급 | 富人 fùrén [명] 부자 | 既A也B jì A yě B A이면서 B이기도 하다 | 明白 míngbai [동] 깨닫다, 이해하다 [형] 명백하다, 분명하다 | 一点儿都不 yìdiǎr dōu bù 조금도 ~하지 않다 | 穷 qióng [형] 가난하다 4급 | 相反 xiāngfǎn [형] 상반되다 [접] 반대로

5.

★ 一开始，年轻人觉得自己：
A 很穷
B 很聪明
C 很幸福
D 很厉害

★ 처음에 젊은이는 자신을 생각하기를:
A 매우 가난하다
B 아주 똑똑하다
C 아주 행복하다
D 아주 대단하다

풀이 젊은이는 **아무것도 가진 것이 없다**(什么都没有)고 느꼈고 마지막에 자신은 **조금도 가난하지 않다**(一点儿都不穷)는 것을 **깨달았다**(明白)고 했으므로 A가 정답이 된다.

정답 A

어휘 聪明 cōngmíng [형] 똑똑하다 3급 | 幸福 xìngfú [형] 행복하다 4급 | 厉害 lìhai [형] 대단하다, 무섭다, 심하다 4급

6.

★ 这段话主要想告诉我们：	★ 이 글이 주로 우리에게 말하고자 하는 것은:
A 要有理想	A 이상을 가져라
B 不要骗人	B 남을 속이지 마라
C 要懂得节约	C 절약할 줄 알아야 한다
D 钱不是最重要的	D 돈이 가장 중요한 것이 아니다

풀이 젊은이는 **돈으로 살 수 없는**(用钱也买不到的) **소중한 것**, 즉 **건강**(健康)과 **젊음**(年轻)을 가지고 있다는 것에 **깨달음**을 얻었다. 따라서 이 글의 **주제**는 '**돈이 가장 중요한 것이 아니다**'가 된다.

정답 D

어휘 **理想** lǐxiǎng [명] 이상 [형] 이상적이다 4급 | **骗** piàn [동] 속이다 4급 | **懂得** dǒngdé [동] 이해하다, 알다 | **节约** jiéyuē [동] 절약하다 4급

어순에 맞게 배열하기

① 형용사 술어문·주술 술어문·有자문·是자문

실전 연습 문제

> **정답**
> 1. 海南的气候条件很特别。
> 2. 这个鸡蛋汤稍微有点儿咸。
> 3. 张教授对学生要求很严格。
> 4. 今天的羊肉汤盐放多了。
> 5. 这两个词语的用法有什么区别?
> 6. 森林对环境有很好的保护作用。
> 7. 前方500米左右有个免费停车场。
> 8. 那是当时最流行的音乐。
> 9. 王师傅是一个特别准时的人。
> 10. 任何事情的发生都是有原因的。

1.

> 气候　海南的　很　特别　条件　[형용사 술어문]

풀이 [1단계] 정도부사 '很'은 형용사 '特别(특별하다)'를 수식한다.
→ 很特别

[2단계] '气候'와 '条件'은 바로 결합하여 명사구 '气候条件(기후 조건)'이 된다.
→ 气候条件…很特别

[3단계] '气候条件'은 주어가 되고 '海南的(하이난의)'의 수식을 받는다. '很特别'는 술어가 되고 이 문장은 〈형용사 술어문〉이 된다.
→ 海南的气候条件很特别。

정답 海南的气候条件很特别。 하이난의 기후 조건은 매우 특별하다.

어휘 气候 qìhòu [명] 기후 4급 | 海南 Hǎinán [명] 하이난 성 | 特别 tèbié [형] 특별하다 [부] 매우, 특별히 3급 | 条件 tiáojiàn [명] 조건 4급

2.

稍微　咸　鸡蛋汤　有点儿　这个　[형용사 술어문]

풀이 **[1단계]** '稍微(좀)'와 '有点儿(약간)'은 모두 부사로 형용사 앞쪽에 온다. 이때 〈稍微 + 有点儿 + 형용사〉의 어순을 따른다.
→ 稍微有点儿咸

[2단계] '这个'는 '鸡蛋汤(계란국)'을 수식하고 이는 주어가 되고, '咸(짜다)'이 술어가 되어 이 문장은 〈형용사 술어문〉이 된다.
→ 这个鸡蛋汤稍微有点儿咸。

정답 这个鸡蛋汤稍微有点儿咸。 이 계란국은 좀 약간 짜다.

어휘 稍微 shāowēi [부] 조금, 약간 4급 | 咸 xián [형] 짜다 4급 | 汤 tāng [명] 국 4급

3.

要求很　张教授　对学生　严格　[주술 술어문]

풀이 **[1단계]** 정도부사 '很'은 형용사인 '严格(엄격하다)'를 수식한다.
→ 要求很严格

[2단계] '对学生(학생에 대하여)'과 같은 **개사구**는 **동사**나 **형용사** 앞에 오는 것은 물론이고 또한 **주술구** 앞에도 올 수 있다. 따라서 '对学生'은 주술구인 '要求很严格' 앞에 오고, '张教授(장 교수)'는 주어가 된다.
→ 张教授对学生要求很严格。

정답 张教授对学生要求很严格。 장 교수는 학생에 대해서 요구가 매우 엄격하다.

어휘 要求 yāoqiú [동] 요구하다 [명] 요구, 요망 3급 | 严格 yángé [형] 엄격하다, 엄하다 4급

꿀팁 〈张教授对学生要求很严格。〉의 문장 구조 분석
장 교수는 / 학생에 대하여 / 요구가 매우 엄격하다
张教授 / 对学生 / 要求很严格。
대주어 / 개사구 부사어 / 술어(소주어 + 술어)

4.

羊肉汤　今天的　放多了　盐　[주술 술어문]

풀이 **[1단계]** '今天的(오늘의)'는 '羊肉汤(양고기국)'을 수식한다.
→ 今天的羊肉汤

[2단계] 1단계에서 제시어 구성으로 보았을 때 결국 의미는 '오늘의 양고기국은 어떠하다'가 된다. '盐放多了(소금이 많이 들어갔다)'는 의미상 피동문으로 '被'가 없지만 피동문으로 해석된다. 비슷한 예문으로는 '衣服洗干净了.(옷이 깨끗하게 빨렸다)'가 있다. '盐放多了'는 주술구로서 대주어(今天的羊肉汤)를 서술하는 술어가 될 수 있다. 결국 이 문장은 〈주술 술어문〉이 된다.
→ 今天的羊肉汤盐放多了。

정답 今天的羊肉汤盐放多了。 오늘의 양고기국은 소금이 많이 들어갔다.

어휘 羊肉 yángròu [명] 양고기 2급 | 汤 tāng [명] 국, 탕 4급 | 盐 yán [명] 소금 4급

꿀팁 만일 '소금을 많이 넣었다'를 그대로 중작한다면 '我放多了很多盐.'으로 써야 한다. 즉, 주어에 사람(我)을 넣어야 '我放多了很多盐.'의 어순이 가능하다. 하지만 위 문제에서는 사람(我)이 아니라 사물 '羊肉汤'이 주어로 와 있기 때문에 그 술어는 주술구 형태(盐放多了)로 써야 한다.

〈今天的羊肉汤盐放多了.〉의 문장 구조 분석
오늘의 양고기 국은 / 소금이 / 많이 들어갔다.
今天的羊肉汤 / 盐 / 放多了。
(관형어) 주어 / 술어(소주어 + 술어)

5.

词语的用法　区别　这两个　有什么　[有자문]

풀이 **[1단계]** '有' 뒤에 '区别(차이, 구별하다)'가 목적어로 온다.
→ 有什么区别

[2단계] '这两个'는 '词语'를 수식하고 이 구는 제일 앞에 온다.
→ 这两个词语的用法有什么区别?

정답 这两个词语的用法有什么区别? 이 두 단어의 용법은 무슨 차이가 있어요?

어휘 词语 cíyǔ [명] 단어나 어구 4급 | 用法 yòngfǎ [명] 용법 | 区别 qūbié [명] 차이, 구별 [동] 구별하다 4급

6.

对环境　森林　有很好的　保护作用　[有자문]

풀이 **[1단계]** '很好的(아주 좋은)'는 '保护作用(보호 작용)'을 수식한다.
→ 有很好的保护作用

[2단계] 제시어 구성으로 봤을 때 위 문장은 '森林~有~作用'의 구조인 것을 알 수 있다. 따라서 '森林(숲)'은 주어가 되고, '对环境(환경에 대하여)'은 개사구이므로 동사(有) 앞에 와서 이를 수식한다.
→ 森林对环境有很好的保护作用。

정답 森林对环境有很好的保护作用。 숲은 환경에 대해서 매우 좋은 보호 작용이 있다.

어휘 环境 huánjìng [명] 환경 3급 | 森林 sēnlín [명] 산림, 숲 4급 | 保护 bǎohù [동] 보호하다 4급 | 作用 zuòyòng [명] 작용 4급

7.

有个　停车场　前方500米　左右　免费　[有자문]

풀이 **[1단계]** '免费(무료의)'는 의미상 '停车场(주차장)'을 수식하는 것이 알맞고, '左右(정도, 쯤)'는 수량사 뒤에서 어림수를 나타내므로 '前方500米(전방 500미터)' 뒤에 온다.
→ 免费停车场…前方500米左右

[2단계] 〈有자문〉 중에서는 장소가 주어가 되는 〈존현문〉이 될 수도 있다. 〈존현문〉의 핵심은 장소가 주어로 오는 문장이므로 '前方500米左右'가 주어로 온다.
→ 前方500米左右有个免费停车场。

정답 前方500米左右有个免费停车场。 전방 500미터 쯤에 한 무료 주차장이 있다.

어휘 停车场 tíngchēchǎng [명] 주차장 | 前方 qiánfāng [명] 전방 | 左右 zuǒyòu [명] 정도, 쯤 [동] 좌우하다 4급 | 免费 miǎnfèi [동] 돈을 받지 않다 4급

8.

流行的　音乐　那是当时　最　[是자문]

풀이 **[1단계]** '最'는 '流行(유행하다)'을 수식하고 '最流行的'는 '音乐(음악)'를 수식한다.
→ 最流行的音乐

[2단계] '那'가 주어가 된다.
→ 那是当时最流行的音乐。

정답 那是当时最流行的音乐。 그것은 당시에 가장 유행했던 음악이다.

어휘 流行 liúxíng [동] 유행하다 [형] 유행하는 4급 | 音乐 yīnyuè [명] 음악 3급 | 当时 dāngshí [명] 당시 4급

9.

特别　准时的　是一个　王师傅　人　[是자문]

풀이 **[1단계]** '特别'는 형용사(특별하다)이면서 또한 부사(매우)이기도 하므로 형용사(准时 : 시간을 잘 지키다) 앞에 온다.
→ 特别准时的

꿀팁 '准时'는 부사로 '정시에'라는 뜻도 있지만 형용사로서 '시간을 잘 지키다'는 뜻도 있다!
- 客人准时到了。 손님이 정각에 도착했다.
- 他总是不准时。 그는 늘 시간을 안 지킨다.

[2단계] 목적어 앞에 오는 관형어의 어순에는 〈수량구 + 형용사구 + 的 + N〉이 있다. 따라서 '人' 앞에는 '一个特别准时的' 관형어가 붙는다.
→ 是一个特别准时的人

[3단계] '王师傅'는 주어가 된다.
→ 王师傅是一个特别准时的人。

정답 王师傅是一个特别准时的人。 왕 선생은 매우 시간을 잘 지키는 사람이다.

어휘 特别 tèbié [부] 매우 [형] 특별하다 3급 | 准时 zhǔnshí [형] 시간을 잘 지키다 [부] 정시에 4급 | 师傅 shīfu [명] 기사님, 선생님(기예 기능을 가진 사람에 대한 존칭) 4급

10.

任何事情的　发生　有原因的　都是　[是자문]

풀이 **[1단계]** '任何事情的' 뒤에는 '~的'의 구조이기 때문에 뒤에는 명사가 올 수 있다. 의미상 '发生(발생, 발생하다)'이 알맞다. 참고로, **중국어에서 동사**(发生)**는 형태 변화 없이 명사처럼 쓸 수 있는 경우가 많다.**
→ 任何事情的发生(어떤 일의 발생)

[2단계] 범위부사 '都'는 앞에 복수 대상이 오므로 '任何事情的发生' 뒤에 온다.
→ 任何事情的发生都是

[3단계] '有原因的'는 끝에 오고 위 문장은 〈是~的구문〉으로 **주어**(任何事情的发生)**에 대한 화자의 견해를 강조**하며 **설명의 어기**를 띠게 된다.
→ 任何事情的发生都是有原因的。

정답 任何事情的发生都是有原因的。 어떤 일의 발생이든 다 원인이 있다.

어휘 任何 rènhé [형] 어떠한 4급 | 发生 fāshēng [동] 발생하다 4급 | 原因 yuányīn [명] 원인 4급

❷ 부사

실전 연습 문제

> **정답**
> 1. 我从来没有来过这儿。
> 2. 足球比赛恐怕要推迟了。
> 3. 我刚开始稍微有点儿紧张。
> 4. 我竟然把衣服穿反了。
> 5. 其实他这个人还是很不错的。
> 6. 我省将出现大风降温天气。
> 7. 这种美食节目十分受欢迎。
> 8. 电影艺术节大约在十月底举行。
> 9. 实际情况并不像我们看见的那样。
> 10. 我们店的衬衫和裤子都在打折。

1.

> 来过这儿　从来　我　没有

풀이 [1단계] 부정부사(没有)는 동사(来) 앞에 온다.
→ 没有来过这儿

[2단계] '从来(여태껏)'는 부정부사(不, 没有)와 결합할 때는 그 앞에 온다. '我'는 주어가 된다.
→ 我从来没有来过这儿。

정답 我从来没有来过这儿。 나는 여태껏 이곳에 와 본 적이 없다.

어휘 从来 cónglái [부] 지금까지, 여태껏 4급

꿀팁 '从来' 고정 격식

从来 + 没(有) + V + 过 : 여태껏 V한 적이 없다.
- 我从来没有经历过这种事情。 나는 여태껏 이런 일을 겪어 본 적이 없다.

从来 + 不 + V : 좀처럼/절대로 V하지 않는다
- 他从来不迟到。 그는 좀처럼 지각하지 않는다.

2.

| 推迟了　要　恐怕　足球比赛 |

풀이 [1단계] 조동사(要)는 동사(推迟) 앞에 온다.
→ 要推迟了

꿀팁 〈要 + V + 了〉는 '곧 ~하려 하다'의 뜻으로 어떤 일이 곧 발생하려 함을 나타낸다!
- 看样子要下雨了。 보아하니 비가 올 것 같다. (아직 비가 오지 않았음)

[2단계] 일반적으로 부사(恐怕)는 조동사(要) 앞쪽에 온다. 또한 '足球比赛'는 주어가 된다.
→ 足球比赛恐怕要推迟了。

정답 足球比赛恐怕要推迟了。 축구 시합이 아마도 미뤄질 것 같다.

어휘 推迟 tuīchí [동] 뒤로 미루다, 연기하다 4급 | 恐怕 kǒngpà [부] 아마 4급 | 比赛 bǐsài [명/동] 시합(하다) 3급

3.

| 稍微　紧张　我刚开始　有点儿 |

풀이 [1단계] 부사 '稍微'의 어순은 〈稍微 + 有点儿 + A〉이다. 따라서 '稍微' 뒤에는 '有点儿紧张'이 온다.
→ 稍微有点儿紧张

[2단계] '我'가 주어가 되어야 하므로 '我刚开始'는 맨 앞에 온다.
→ 我刚开始稍微有点儿紧张。

정답 我刚开始稍微有点儿紧张。 나는 처음에는 약간 좀 긴장했다.

어휘 稍微 shāowēi [부] 약간, 조금 4급 | 紧张 jǐnzhāng [형] (정신적으로) 긴장해 있다, 불안하다 4급

꿀팁 **刚开始 : 막 시작하다, 처음에는**
'刚开始'는 그 자체로는 '**막 시작하다**'의 뜻이다. 하지만 때로는 **시간명사**처럼 '**처음에는**'의 뜻으로 쓰여 주어 앞뒤로 올 수 있다.
- 刚开始我不太习惯这里的环境。 처음에 나는 이곳 환경이 익숙치 않았다.

4.

| 把　竟然　穿反了　我　衣服 |

풀이 [1단계] 〈把자문〉은 목적어(衣服)를 동사(穿) 앞에 위치시킨다.
→ 把衣服穿反了

[2단계] 〈把자문〉에서 부사(竟然)는 '把' 앞에 온다. '我'는 주어가 된다.
→ 我竟然把衣服穿反了。

정답 我竟然把衣服穿反了。 나는 뜻밖에도 옷을 거꾸로 입었다.

어휘 竟然 jìngrán [부] 뜻밖에도 4급 | 穿反 chuānfǎn [동] 뒤집어 입다

5.

| 还是　其实他　很不错的　这个人 |

풀이 [1단계] '他'와 '这个人'은 바로 연결되어 '동위구'라는 것을 이룬다. 부사 '其实'는 주어 앞에도 올 수 있으므로 '其实他'가 가장 앞에 오고 나머지 단어들은 뒤에 온다.
→ 其实他这个人

꿀팁 '동위구(同位短语)'란, 같은 대상을 가리키는 말이 함께 있는 형태로, 주로 <구체적인 대상 + 这/那 + 양사 + 명사>의 형식을 이룬다.
- 他这个人 그라는 사람은
- 老王这个人 라오왕 이 사람은
- 游泳这种运动 수영이라는 이 운동은

[2단계] '还是'는 부사로 형용사(不错) 앞에 와야 하므로 자연스럽게 '很不错的' 앞에 온다.
→ 其实他这个人还是很不错的。

꿀팁 위 문장에서 끝에 있는 '的'는 어기조사로서 사실임을 강조하는 어기를 나타내므로 '~하는 것, ~하는 사람(的字句)'으로 해석하지 않는다.
- 没关系的 관계없다니까
- 很重的 아주 무거워
- 你一定会成功的。 넌 틀림없이 성공할 거야.

정답 其实他这个人还是很不错的。 사실 그라는 사람은 그런대로 썩 괜찮다.

어휘 还是 háishì [부] ~하는 편이 더 좋다, 여전히, 그래도 3급 | 其实 qíshí [부] 사실, 기실 3급 | 不错 búcuò [형] 좋다, 괜찮다

6.

| 将　出现　大风降温　我省　天气 |

풀이 [1단계] '出现(출현하다)'은 '天气(날씨)'를 결합해 동목구를 이루고, 부사 '将(장차)'은 동사(出现)를 수식한다.
→ 将出现…天气

[2단계] '大风降温(강풍과 기온 하락)'은 의미상 '天气(날씨)'를 수식하고, '我省(우리 성)'은 주어가 된다.
→ 我省将出现大风降温天气。

정답 我省将出现大风降温天气。 우리 성은 장차 강풍과 기온 하락의 날씨가 나타날 것이다.

어휘 将 jiāng [부] 장차, 곧, ~하게 될 것이다(미래에 대한 판단을 나타냄) [개] ~을, ~를(=把) | 出现 chūxiàn [동] 출현하다, 나타나다 4급 | 大风 dàfēng [명] 강풍 | 降温 jiàngwēn [동] 기온이 떨어지다 | 省 shěng [명] 성(현대 중국의 최상급 지방 행정 단위) [동] 아끼다, 절약하다 4급

꿀팁 '将'은 '把'의 용법도 있다!
- 他一气之下，将我的东西全扔出了门外。 그는 홧김에 나의 물건을 모두 문 밖으로 던져 버렸다.

7.

> 美食节目　十分　欢迎　这种　受

풀이 **[1단계]** '受(받다)'는 '欢迎'을 목적어로 삼는다. 또한 '十分(매우)'은 동사(受)를 수식할 수 있다.
→ 十分受…欢迎

[2단계] '这种'은 '美食节目(음식 프로그램)'를 수식하고 이는 주어가 된다.
→ 这种美食节目十分受欢迎。

정답 这种美食节目十分受欢迎。 이런 미식 프로그램은 매우 환영 받는다.

어휘 美食 měishí [명] 맛있는 음식 | 节目 jiémù [명] 프로그램 3급 | 十分 shífēn [부] 매우 4급 | 受 shòu [동] 받다

꿀팁 정도부사(十分)의 특징
정도부사(很, 非常, 比较, 十分, 特别)는 일반적으로 동사보다는 형용사를 수식한다.
- 很跑(×) → 很快(○)
- 很学习(×) → 很聪明(○)

하지만 정도부사는 일부 동사를 수식할 수 있다.
- 有 : 很有耐心 매우 인내심이 있다 | 很有勇气 매우 용기 있다
- 受 : 很受欢迎 매우 환영 받다
- 조동사 : 很能喝酒 술을 잘 마신다 | 很会说话 말을 잘 한다
- 심리동사 : 很喜欢 매우 좋아하다 | 很讨厌 매우 싫어하다 | 很羡慕 매우 부러워하다

8.

> 大约　举行　电影艺术节　在　十月底

풀이 **[1단계]** '在(~에, ~에서)' 뒤에는 장소나 시간이 와야 한다. '十月底'가 시간을 나타내므로 '在' 뒤에 온다.
→ 在十月底

[2단계] 개사구(在十月底)는 동사나 형용사 앞에 와서 이를 수식한다. 따라서 '在十月底' 뒤에는 동사 '举行'이 온다.
→ 在十月底举行

[3단계] '大约'는 '대략'이라는 의미이기 때문에 뒤에는 종종 숫자가 온다. '十月(10월)'가 숫자이므로 '在十月底'는 '大约' 뒤에 온다.
→ 大约在十月底举行

[4단계] 주어가 없는 상태이기 때문에 '电影艺术节(영화 예술제)'는 주어로 온다.
→ 电影艺术节大约在十月底举行。

정답 电影艺术节大约在十月底举行。 영화 예술제는 대략 10월 말에 거행된다.

어휘 大约 dàyuē [부] 대략, 아마 4급 | 举行 jǔxíng [동] 거행하다 4급 | 艺术节 yìshùjié [명] 예술제 4급 | 月底 yuèdǐ [명] 월말 (底: 바닥, 밑 4급)

9.

> 并　不像我们看见的　实际情况　那样

풀이 **[1단계]** 부사 '并(결코)'은 부정부사(不, 没, 没有) 앞에 와서 부정의 어기를 강조한다.
→ 并不像我们看见的

[2단계] '像'은 '那样'과 호응하여 〈像 + N + 那样〉의 형식으로 'N처럼 그러하다'는 뜻을 나타낸다. 따라서 '那样'은 '看见的' 뒤에 온다.
→ 并不像我们看见的那样

[3단계] 자연스럽게 '实际情况(실제 상황)'이 주어가 된다.
→ 实际情况并不像我们看见的那样。

정답 实际情况并不像我们看见的那样。 실제 상황은 결코 우리가 본 것처럼 그렇지가 않다.

어휘 并 bìng [부] 결코 [접] 그리고 | 实际 shíjì [형] 실제의 4급 | 情况 qíngkuàng [명] 상황 4급

> **꿀팁** '的'자구
> '的자구'란 동사나 형용사 뒤에 '的'를 써서 이 전체를 명사로 만드는 것을 가리킨다.
> • 看见的 본 것 | 听到的 들은 것 | 小的 작은 것 | 甜的 단 것
> 〈像 + ～ + 那样〉에서 '～'는 명사여야 하는데 '看见(보았다)'은 명사가 아니므로 '的자구'로 만들어 '우리가 본 것'이 되는 것이다.

10.

> 都　我们店的衬衫　打折　在　和裤子

풀이 **[1단계]** 부사 '在'는 동사(打折: 할인하다) 앞에 와서 '진행(~하고 있다)'을 나타낸다.
→ 在打折

[2단계] '和(~와, ~과)' 때문에 '和裤子' 앞에는 '我们店的衬衫'이 오고, 이 전체는 주어로서 맨 앞에 온다.
→ 我们店的衬衫和裤子…在打折

[3단계] '都'는 앞에 복수 대상(여러 개)을 묶어 주는 범위부사이다.
→ 我们店的衬衫和裤子都在打折。

정답 我们店的衬衫和裤子都在打折。 우리 가게의 셔츠와 바지는 모두 할인하고 있다.

어휘 店 diàn [명] 가게 | 衬衫 chènshān [명] 셔츠 3급 | 打折 dǎzhé [동] 가격을 깎다, 할인하다 4급 | 裤子 kùzi [명] 바지 3급

❸ 개사(전치사)

실전 연습 문제

정답
1. 这种植物主要生长在亚洲。
2. 加油站离这儿大概有三公里。
3. 这个故事发生在上个世纪末。
4. 一切都在往好的方向发展。
5. 张教授对学生要求很严格。
6. 他对工作一点儿也不马虎。
7. 他写过许多关于幽默的文章。
8. 正式演出将在明天下午6点开始。
9. 母亲为有这样的儿子感到骄傲。
10. 失败可以帮助我们走向最后的成功。

1.

主要　这种植物　生长在　亚洲

풀이 **[1단계]** 개사구 〈在 + N〉은 동사 앞에도 오지만 **동사 뒤에 보어로도 올 수 있다**. (개사구의 보어 용법. 예: 他躺在沙发上。) 이때 '在' 뒤에는 **시간이나 장소**가 오므로 '生长在(~에서 생장하다/자라다)' 뒤에는 '亚洲(아시아)'가 온다.
→ 生长在亚洲

[2단계] '这种植物(이런 식물)'는 주어가 되고, '主要(주로)'는 부사로서 동사(生长) 앞에 온다.
→ 这种植物主要生长在亚洲。

정답 这种植物主要生长在亚洲。 이런 식물은 주로 아시아에서 자란다.

어휘 主要 zhǔyào [부] 주로, 대부분 [형] 주요한 3급 | 植物 zhíwù [명] 식물 4급 | 生长 shēngzhǎng [동] 생장하다, 자라다 5급 | 亚洲 Yàzhōu [명] 아시아 4급

2.

三　公里　大概有　加油站离这儿

풀이 **[1단계]** '离这儿'은 '离(~로부터) + 这儿(여기)'의 결합형으로 **개사구이므로 뒤에는 동사가 와야** 한다. (개사구의 부사어 용법: 개사구 + V) 제시어 중 동사는 '有'밖에 없으므로 '大概有'를 '离这儿' 뒤에 놓는다.
→ 加油站离这儿大概有

[2단계] '有' 뒤에는 수량사가 올 수 있으므로 '三公里(3km)'가 온다.
→ 加油站离这儿大概有<u>三公里</u>。

정답 加油站离这儿大概有三公里。 주유소는 이곳으로부터 대략 2킬로미터 떨어져 있다.

어휘 公里 gōnglǐ [명] 킬로미터 **4급** | 大概 dàgài [부] 대략, 아마 **4급** | 加油站 jiāyóuzhàn [명] 주유소 **4급** | 离 lí [개] ~로부터 **2급**

3.

发生　在　这个故事　上个世纪末

풀이 [1단계] 개사 '在'는 뒤에 장소나 시간이 온다. '上个世纪末'이 시간을 나타내므로 '在' 뒤에 온다.
→ 在上个世纪末

[2단계] '在개사구'는 동사 앞뒤로 다 올 수 있다. 하지만 이 문제처럼 **과거(上个世纪末)에 발생했다**라고 말할 때는 〈**发生在** + **과거 시간**〉(개사구의 보어 용법)의 형식으로 쓴다.
→ <u>发生在</u> 上个世纪末

[3단계] '这个故事'는 주어가 된다.
→ <u>这个故事</u>发生在上个世纪末。

정답 这个故事发生在上个世纪末。 이 이야기는 지난 세기 말에 발생했다.

어휘 发生 fāshēng [동] 발생하다 **4급** | 故事 gùshi [명] 이야기 **3급** | 世纪 shìjì [명] 세기 **4급** | 末 mò [명] 말

4.

发展　好的方向　都在　一切　往

풀이 [1단계] 개사 '往(~을 향하여)'과 잘 어울리는 단어는 '好的方向(좋은 방향)'이다.
→ 往好的方向

[2단계] 개사구(往好的方向) 뒤에는 동사나 형용사가 오므로(개사구의 부사어 용법) 동사인 '发展(발전하다)'이 오는 것이 알맞다.
→ 往好的方向<u>发展</u>

[3단계] '一切'는 '일체', '모든 것'이라는 뜻으로 **대명사**이기 때문에 **주어가 될 수 있다**. '都'는 '一切' 뒤에 와서 묶어 주는 역할을 하는 범위부사이다. '在(~하고 있다)'는 진행을 나타내는 부사이다.
→ <u>一切都在</u>往好的方向发展。

정답 一切都在往好的方向发展。 모든 것이 좋은 방향으로 발전하고 있다.

어휘 发展 fāzhǎn [동] 발전하다 **4급** | 方向 fāngxiàng [명] 방향 **4급** | 一切 yíqiè [대] 일체, 모든 것 **4급** | 往 wǎng [개] ~을 향하여 **2급**

5.

要求　很　张教授　对学生　严格

풀이 **[1단계]** '对学生(대학생에 대하여)'은 개사구이기 때문에 뒤에는 형용사나 동사가 온다.(개사구의 부사어 용법) 제시어 중 '严格(엄격하다)'가 형용사이기 때문에 '对学生' 뒤에 놓기에 알맞다. 또한 정도부사(很)는 형용사를 수식하기 때문에 '严格' 앞에 온다.
→ 对学生…很严格 (학생에 대해서 매우 엄격하다)

[2단계] 제시어의 구성으로 봤을 때 '张教授(장 교수)'가 주어가 됨을 알 수 있다.
→ 张教授…对学生…很严格

[3단계] '要求'는 동사로서 '요구하다'의 뜻도 있지만 **명사로 '요구'의 뜻으로도 쓸 수 있다**. '严格'와 결합했을 때 **두 가지 형태로 쓰일 수 있다**. 하나는 '**严格要求**(엄격하게 요구하다)', 또 하나는 '**要求严格**(요구가 엄격하다)'로 해석되는 **주술구**이다. 문제는 '很'이 붙어 있는 상태로는 '**很严格要求**'로 쓸 수 없기 때문에 '**要求很严格**'의 주술구밖에 없다는 것이다. 따라서 '要求'는 '很严格' 앞에 온다.
→ 张教授对学生要求很严格。

정답 张教授对学生要求很严格。 장 교수님은 학생에 대하여 매우 엄격하다.

어휘 要求 yāoqiú [명/동] 요구(하다) 4급 | 教授 jiàoshòu [명] 교수 4급 | 严格 yángé [형] 엄격하다 4급

꿀팁 이 문장의 정확한 해석은 '장 교수는 학생에 대해서 엄격하게 요구한다'가 아니라 '장 교수는 학생에 대해서 **요구가 매우 엄격하다**'이다.

6.

一点儿　对工作　马虎　他　也不

풀이 **[1단계]** '对工作' 개사구 뒤에는 동사나 형용사가 오므로 제시어 중 형용사인 '马虎'가 오는 것이 알맞다.
→ 对工作…马虎

[2단계] 〈一点儿也不 + V/A〉는 하나의 **고정 격식**으로 뒤에는 **동사나 형용사**(马虎)가 온다. '他'는 자연스럽게 주어가 된다.
→ 他对工作一点儿也不马虎。

정답 他对工作一点儿也不马虎。 그는 일에 대해서 조금도 소홀하지 않다.

어휘 一点儿 yìdiǎnr [양] 약간, 조금 1급 | 马虎 mǎhu [형] 대강하다, 대충하다 4급

꿀팁
〈一点儿也不 + V/A〉

'一点儿也不~'는 '조금도 ~하지 않다'는 뜻으로 **작문**이나 **회화**에서도 **유용**하게 쓸 수 있는 **표현**이므로, 여러 **예문**을 잘 기억해 두도록 하자. '一点儿都不~'로 쓰기도 한다.

- 一点儿也不疼 조금도 아프지 않다
- 一点儿也不紧张 조금도 긴장하지 않다
- 一点儿也不着急 조금도 조급하지 않다
- 一点儿也不觉得累 조금도 피곤하다고 느끼지 않다
- 一点儿也不怕 조금도 겁나지 않다
- 一点儿也不担心 조금도 걱정하지 않다
- 一点儿也不知道 하나도 모른다

7.

```
他写过   文章   许多关于   的   幽默
```

풀이 [1단계] 개사 '关于'는 **명사를 수식하는 관형어**도 될 수 있다. 그 어순은 〈**수량사 + 关于 + 명사 + 的 + 피수식어**〉이다. 제시어로 봤을 때 '关于' 뒤에는 '**幽默**(유머/유머러스하다)'가 오고 피수식어로는 '文章(글)'이 오는 것이 알맞다.
→ 许多关于幽默的文章

[2단계] 他가 주어이므로 他写过는 맨 앞에 온다.
→ 他写过许多关于幽默的文章。

정답 他写过许多关于幽默的文章。 그는 유머에 관한 많은 글을 쓴 적이 있다.

어휘 文章 wénzhāng [명] 한 편의 글 4급 | 许多 xǔduō [형] 허다하다, 매우 많다 4급 | 关于 guānyú [개] ~에 관하여 3급

꿀팁 '许多'의 위치에 관하여
위 문장을 자연스럽게 해석하면 '그는 유머에 관한 **많은** 글을 썼다.'가 된다. 해석상 **许多**가 '文章' 앞에 오는 모양이 된다. 하지만 실제 **중국어 문장**에서는 '许多关于幽默的文章'으로 되어 있다. 이처럼 **许多**의 실제 위치와 해석상 위치가 **다른 이유**는 중국어의 **관형어 어순 원칙** 때문이다. 즉, 중국어의 관형어 일반 어순은 〈**수량사 + 개사구/동사구/형용사구 + 的 + 명사**〉인데 '**许多**'는 **수량을 나타내기** 때문에 **수량사의 위치**에 오게 된다.
비슷한 예로는 앞에서 학습했던 '这是一本关于中国历史的书.'가 있다. 이때 '一本'이 '关于' 앞에 와 있음을 확인할 수 있다. 물론 '关于幽默的许多文章'이나 '关于中国历史的一本书'라고도 쓸 수는 있다. 이것이 틀렸다고는 할 수 없지만 중국어 관형어의 일반적인 어순에 익숙해지도록 하자.

8.

```
明天下午6点   正式演出   将在   开始
```

풀이 [1단계] 개사 '在' 뒤에는 장소나 시간이 오므로 시간을 나타내는 '明天下午6点(내일 오후 6시)'이 오는 것이 알맞다.
→ 将在明天下午6点

[2단계] 개사구(在明天下午6点) 뒤에는 동사나 형용사가 오므로(**개사구의 부사어 용법**) 동사인 '开始(시작하다)'가 오는 것이 알맞다.
→ 将在明天下午6点开始

[3단계] 의미상 '正式演出(정식 공연)'가 주어가 된다.
→ 正式演出将在明天下午6点开始。

정답 正式演出将在明天下午6点开始。 정식 공연은 장차 내일 오후 6시에 시작할 것이다.

어휘 幽默 yōumò [형] 유머러스하다 4급 | 正式 zhèngshì [형] 정식의 4급 | 演出 yǎnchū [명/동] 공연(하다) 4급 | 将 jiāng [부] 장차, 곧 ~할 것이다 [개] ~을

꿀팁 위 문장에서 '将'은 부사로 '장차', '곧'의 의미로 곧 어떤 일이 발생할 것임을 나타낸다.
가장 많이 쓰이는 어순으로는 〈S + 将在 + 시간 + V〉, 〈S + 将于 + 시간 + V〉의 형태가 있다.
두 번째 어순의 '于'는 '~에', '~부터' 등의 뜻을 가지고 있다. (예 : 会谈将于明天开始。 회담은 내일부터 시작될 것이다.)

9.

> 感到　为有　这样的儿子　母亲　骄傲

풀이 [1단계] 개사 '为'는 〈为 + A + 感到 + 심리〉의 어순으로 쓸 수 있는데 이때 '为'의 뜻은 '~을 위하여'의 뜻이 아니라 '~때문에'라는 뜻이다.
→ 为有…感到骄傲

[2단계] '有'는 '~을 가지고 있다'는 뜻으로 뒤에는 명사가 온다. 제시어 중 '这样的儿子(이런 아들)'가 오는 것이 가장 알맞다.
→ 为有这样的儿子感到骄傲 (이런 아들을 가지고 있기 때문에 자랑스러움을 느낀다)

[3단계] '母亲(어머니)'이 주어가 된다.
→ 母亲为有这样的儿子感到骄傲。

정답 母亲为有这样的儿子感到骄傲。 어머니는 이런 아들이 있어서 자랑스러움을 느꼈다.

어휘 为 wèi [개] ~을 위하여, ~때문에 3급 | 母亲 mǔqīn [명] 어머니, 모친 4급 | 骄傲 jiāo'ào [형] 거만하다, 자랑스럽다 [명] 자랑 4급

10.

> 我们走向　失败　可以帮助　最后的成功

풀이 [1단계] '走向'은 '走(가다) + 向(~을 향하여)'의 결합형으로 '向'은 개사이기 때문에 뒤에 적당한 의미의 명사가 와야 한다.(개사구의 보어 용법) 따라서 뒤에 '最后的成功(최후의 성공)'이 오는 것이 가장 알맞다.
→ 我们走向最后的成功

[2단계] 동사(帮助) 뒤에는 목적어가 올 수 있기 때문에 '帮助' 뒤에 목적어를 놓으려고 시도하면 '我们'이 오기에 알맞다고 느껴야 한다.
→ 可以帮助我们走向最后的成功(우리가 최후의 성공으로 나아가도록 도울 수 있다)

[3단계] 남은 단어인 '失败(실패)'가 주어로 오는 것이 알맞다.
→ 失败可以帮助我们走向最后的成功。

정답 失败可以帮助我们走向最后的成功。 실패는 우리가 최후의 성공으로 나아갈 수 있도록 도와줄 수 있다.

어휘 走向 zǒuxiàng ~을 향해 가다 | 失败 shībài [명/동] 실패(하다) 4급 | 最后 zuìhòu [명] 최후, 마지막 3급 | 成功 chénggōng [동] 성공하다 [형] 성공적이다 4급

> **꿀팁** **주어 선정에 관하여**
> 맨 앞에 오는 주어라고 하면 사람이나 사물이 오고, 품사는 명사여야 한다는 생각이 강하다. 물론 이런 단어들이 주로 **주어**가 되는 것은 맞지만 꼭 **사람, 사물, 명사여야만 하는 것은 아니다.** 아래 몇 가지 예시 문장을 통해서 어떻게 다양한 주어가 오는지 확인해 보자.
> - 年轻有很多好处。 젊음은 많은 좋은 점이 있다. **(형용사가 주어)**
> - 你站在这里很危险。 당신이 여기 서 있는 것은 매우 위험하다. **(문장이 주어)**
> - 写日记是一个很好的习惯。 일기를 쓰는 것은 매우 좋은 습관이다. **(동목구가 주어)**

❹ 동사 술어문

실전 연습 문제

> **정답**
> 1. 这儿不允许停车。
> 2. 我刚才发了几页传真。
> 3. 这个房子真的很值得考虑。
> 4. 幽默能拉近与他人的距离。
> 5. 我们应该积累过去的经验。
> 6. 我估计4点多才能跟你见面。
> 7. 他并不清楚表演究竟是什么。
> 8. 我从小就养成了写日记的习惯。
> 9. 这次活动会邀请许多著名演员。
> 10. 每个人都希望获得别人的尊重。

1.

> 停车 不 这儿 允许

풀이 **[1단계]** '允许(허락하다)'는 不와 함께 써서(不允许) 주로 **동사(구)를 목적어**로 취하는 동사이다. 제시어 구성으로 보아 '允许' 뒤에는 '停车'가 옴을 알 수 있다.
→ 不允许停车

[2단계] 장소를 나타내는 단어도 주어가 될 수 있으므로 '这儿(여기)'이 주어가 된다.
→ 这儿不允许停车。

정답 这儿不允许停车。 이곳에서는 주차하는 것을 허락하지 않는다.

어휘 停车 tíngchē [동] 차량이 정차하다 | 允许 yǔnxǔ [동] 허락하다, 윤허하다 4급

2.

> 几页 发了 我刚才 传真

풀이 **[1단계]** '页(페이지, 쪽)'는 '传真(팩스)'의 양사가 될 수 있으므로 '几页'는 '传真' 앞에 온다.
→ 几页传真

[2단계] 동사 '发(보내다)'는 '传真'을 목적어로 취하고, '我'가 주어이므로 '我刚才'는 맨 앞에 온다.
→ 我刚才发了几页传真。

정답 我刚才发了几页传真。 나는 방금 몇 쪽의 팩스를 보냈다.

어휘 页 yè [양] 면, 쪽, 페이지 [명] 쪽, 면 4급 | 刚才 gāngcái [명] 방금, 지금 막 3급 | 传真 chuánzhēn [명] 팩스 4급

3.

> 很值得　这个房子　考虑　真的

풀이 **[1단계]** 동사 '值得(~할 가치가 있다)'는 특이하게 동사를 목적어로 갖는다. 제시어에서 동사는 '考虑(고려하다)'가 있다.
→ 很值得考虑

[2단계] '这个房子'는 주어가 되고, '真的'는 어기부사로 동사나 형용사 앞에 오지만 주어 가까이에 있는 동사나 형용사 앞에 온다. 때문에 '真的'는 '很值得' 앞에 온다.
→ 这个房子真的很值得考虑。

정답 这个房子真的很值得考虑。 이 집은 정말 매우 고려해 볼 가치가 있다.

어휘 值得 zhídé [동] ~할 만한 가치가 있다, ~할 만하다 4급 | 考虑 kǎolǜ [동] 고려하다, 생각하다 4급 | 真的 zhēnde [부] 진짜, 정말

4.

> 与他人的　能　距离　幽默　拉近

풀이 **[1단계]** 동사 '拉近(끌어당기다)'은 '距离(거리)'를 목적어로 취한다.
→ 拉近…距离

[2단계] '幽默(유머)'가 주어가 되고, '与他人的(타인과의)'는 '距离'를 수식하며, 조동사(能)는 동사(拉近) 앞에 온다.
→ 幽默能拉近与他人的距离。

정답 幽默能拉近与他人的距离。 유머는 타인과의 거리를 좁힐 수 있다.

어휘 他人 tārén [명] 타인, 다른 사람 | 距离 jùlí [명] 거리 [동] (~로부터) 떨어지다 4급 | 幽默 yōumò [형] 유머러스하다 [명] 유머 4급 | 拉近 lājìn [동] 가깝게 끌어당기다

5.

> 积累过去　应该　经验　我们　的

풀이 **[1단계]** 동사 '积累(축적하다)' 뒤에는 '经验(경험)'이 목적어로 오는데, 이 사이에 관형격 구조조사 '的'가 들어갈 수 있다.
→ 积累过去的经验

[2단계] '我们'은 주어가 되고, 조동사 '应该'는 '积累' 앞에 온다.
→ 我们应该积累过去的经验。

정답 我们应该积累过去的经验。 우리는 마땅히 과거의 경험을 축적해야 한다.

어휘 积累 jīlěi [동] 축적하다, 쌓다 4급 | 过去 guòqù [명] 과거 3급 | 经验 jīngyàn [명] 경험 4급

6.

| 估计　跟你见面　才能　4点多　我 |

풀이 **[1단계]** 제시어를 토대로 **대충 해석**을 해 봤을 때 위 문장은 '**나는 ~할 거라고 예상한다**'의 형태가 된다. 따라서 '我' 뒤에는 '估计(예측하다)'가 온다. 참고로 〈我估计~〉는 자신의 예상이나 추측을 나타내는 상용 표현이다.
→ 我估计

[2단계] '能' 뒤쪽에는 어쨌든 동사(见面)가 나와야 하므로 '才能' 뒤에는 '跟你见面'이 와야 한다. 또한 〈시간 + 才(비로소) + ~〉는 어떤 일이 늦게 일어남을 나타내므로 '4点多'는 '才能' 앞에 와야 한다.
→ 我估计4点多才能跟你见面。

정답 我估计4点多才能跟你见面。 나는 4시가 넘어서야 비로소 너와 만날 수 있을 거라고 예상해.

어휘 估计 gūjì [동] 예측하다, 추측하다 4급

7.

| 清楚表演　他　并不　是什么　究竟 |

풀이 **[1단계]** '并', '不'는 모두 부사이므로 동사나 형용사 앞에 와야 한다. 제시어 중 '清楚'는 '잘 알다'는 뜻의 동사이다. 따라서 '并不'는 '清楚' 앞에 온다.
→ 并不清楚表演

[2단계] '究竟(도대체≒到底)'은 그 의미에서도 느낄 수 있듯이 **주로 의문문에서 쓴다**. 따라서 제시어의 '**什么**'와 관련이 있기 위해서 '**究竟**'은 '**是**' 앞에 오는 것이 알맞다.
→ 并不清楚表演…究竟是什么

[3단계] '清楚'는 형용사일 때는 '정확하다'는 뜻이지만 **동사일 때는 '잘 알다**'의 뜻이 있다. 이때 뒤에 절(문장 속 짧은 문장)이 목적어로 올 수 있다. 따라서 '表演究竟是什么'가 '清楚'의 목적어로 오는 형태가 되어야 한다. '他'는 주어가 된다.
→ 他并不清楚表演究竟是什么。

정답 他并不清楚表演究竟是什么。 그는 결코 연기가 도대체 무엇인지 모른다.

어휘 清楚 qīngchu [동] 잘 알다 [형] 정확하다 3급 | 表演 biǎoyǎn [명] 공연 [동] 공연하다 4급 | 并 bìng [부] 결코 | 究竟 jiūjìng [부] 도대체 4급

8.

| 写日记的　从小就　我　习惯　养成了 |

풀이 **[1단계]** '写日记的(일기를 쓰는)'는 '习惯(습관)'을 수식하여 한 덩어리가 된다.
→ 写日记的习惯

[2단계] 동사 '养成(기르다)'은 '习惯'을 목적어로 취한다.
→ 养成了写日记的习惯

[3단계] '我'는 주어가 되고, '从小就'는 '养成' 앞에 온다.
→ 我从小就养成了写日记的习惯。

정답 我从小就养成了写日记的习惯。 나는 어릴 때부터 일기 쓰는 습관을 길렀다.

어휘 日记 rìjì [명] 일기 4급 | 从小 cóngxiǎo 어릴 때부터 | 习惯 xíguàn [명] 습관 [동] ~에 습관이 되다 3급 | 养成 yǎngchéng [동] 습관이 되다, 길러지다 4급

9.

这次活动　著名演员　会　邀请　许多

풀이 [1단계] '许多(매우 많다, 허다하다)'는 단독으로(的 없이) 명사를 수식할 수 있으므로 뒤에는 '著名演员(유명한 배우)'이 온다.
→ 许多著名演员

[2단계] 동사 '邀请(초청하다)'은 '演员(배우)'를 목적어로 취하고, '会'는 조동사이므로 동사(邀请) 앞에 온다. '这次活动(이번 행사)'은 주어가 된다.
→ 这次活动会邀请许多著名演员。

정답 这次活动会邀请许多著名演员。 이번 행사에는 많은 유명한 배우들을 초청할 것이다.

어휘 活动 huódòng [명] 활동, 행사 [동] 활동하다 4급 | 著名 zhùmíng [형] 유명하다, 저명하다 4급 (사람뿐 아니라 사물도 수식할 수 있다. /一座著名的山 유명한 산, 著名的作品 유명한 작품) | 演员 yǎnyuán [명] 배우 4급 | 邀请 yāoqǐng [동] 초청하다, 초대하다 4급 | 许多 xǔduō [형] 허다하다, 매우 많다 4급

10.

每个人　别人的尊重　都　获得　希望

풀이 [1단계] 동사 '获得(획득하다, 얻다)'는 '尊重(존중, 존중하다)'을 목적어로 취한다.
→ 获得别人的尊重

[2단계] '每个人'이 주어가 되고, '都'는 복수 주어를 묶어 주는 역할을 하기 때문에 '每个人' 뒤에 오고, 조동사 '希望'은 '获得' 앞에 온다.
→ 每个人都希望获得别人的尊重。

정답 每个人都希望获得别人的尊重。 모든 사람들은 다른 사람의 존중을 얻고 싶어 한다.

어휘 尊重 zūnzhòng [동] 존중하다 4급 | 获得 huòdé [동] 얻다, 획득하다 4급

❺ 연동문

실전 연습 문제

정답
1. 他拿起毛巾擦了擦汗。
2. 我收拾完厨房就去那儿。
3. 司机红着脸向我说抱歉。
4. 我有责任帮助你解决困难。
5. 那我过一会儿再联系吧。
6. 明天我要去大使馆拿签证。
7. 航班推迟了三个小时才起飞。
8. 我下班后直接去电影院门口找你。
9. 我们会在一个星期之内发邮件通知的。
10. 他们常常坐在这棵大树下很开心地聊天。

1.

他拿起　擦了擦　毛巾　汗

풀이 **[1단계]** '拿'와 '擦' 2개의 동사가 있는 〈연동문〉임을 알 수 있다. 땀을 닦기(擦) 위해서는 먼저 수건을 들어야(拿) 하므로 '拿起'가 V₁(제1동사)로 온다.
→ 他拿起…擦了擦

[2단계] '拿'의 목적어로 '毛巾(수건)'이, '擦(닦다)'의 목적어로 '汗(땀)'이 온다.
→ 他拿起毛巾擦了擦汗。

정답 他拿起毛巾擦了擦汗。 그는 수건을 들어 땀을 닦았다.

어휘 拿 ná [동] (손으로) 쥐다, 잡다 3급 | 擦 cā [동] 닦다, 칠하다 4급 | 毛巾 máojīn [명] 수건 4급 | 汗 hàn [명] 땀 4급

2.

收拾完　就去那儿　我　厨房

풀이 **[1단계]** '收拾(정리하다)'는 '厨房(주방)'을 목적어로 취한다.
→ 收拾完厨房

[2단계] 제시어를 보면 '收拾'와 '去' 등 2개의 동사가 나오는 〈연동문〉임을 알 수 있다. 그런데 '收拾完'은 '정리를 끝내다'는 뜻이고 '就去'는 '바로 간다'는 뜻이다. 그렇다면 결국 '정리를 끝내면 바로 간다'는 뜻이기 때문에 '收拾完'이 V1로 온다. 그리고 '我'는 주어가 된다.
→ 我收拾完厨房就去那儿。

정답 我收拾完厨房就去那儿。 나는 주방을 다 정리하고 바로 그곳에 갈게.

어휘 收拾 shōushi [동] 정리하다, 정돈하다 4급 | 厨房 chúfáng [명] 부엌, 주방 4급

3.

红着脸   向我说   司机   抱歉

풀이 **[1단계]** '向我说(나를 향해 말하다)' 뒤에는 '抱歉(미안하다)'이 온다.
→ 向我说抱歉

[2단계] '红着脸(얼굴을 붉히고 있다)'은 말하는(说) 상태를 나타내므로 '红着脸'이 V1로 오고, 주어는 '司机(운전기사)'가 된다.
→ 司机红着脸向我说抱歉。

정답 司机红着脸向我说抱歉。 운전기사는 얼굴을 붉히며 나에게 미안하다고 말했다.

어휘 红脸 hóngliǎn [동] 얼굴을 붉히다 | 司机 sījī [명] 운전기사 | 抱歉 bàoqiàn [동] 미안해하다 4급

4.

帮助你   责任   我有   解决困难

풀이 **[1단계]** '有' 뒤에는 일반적으로 명사가 목적어로 오므로 '责任(책임)'이 오는 것이 알맞다.
→ 我有责任

[2단계] 제시어에서 동사는 '帮助', '解决', '有' 3개가 나온다. '有'가 들어가는 〈연동문〉의 어순은 〈S + 有(V1) + O + V2~〉이다. 따라서 '我有责任'이 가장 먼저 오고 '帮助'가 V2로 온다.
→ 我有责任帮助你(나는 너를 도와줄 책임이 있다)

[3단계] '帮助' 뒤에는 도움을 받는 대상(你)만 오기도 하고 그 대상이 어떤 일을 하는 내용(주술구 형태)이 목적어로 오기도 한다. (예: 我帮助你学习汉语。) 따라서 '解决困难'은 '你' 뒤에 온다.
→ 我有责任帮助你解决困难。

정답 我有责任帮助你解决困难。 나는 네가 어려움을 해결하도록 도울 책임이 있다.

어휘 责任 zérèn [명] 책임 4급 | 困难 kùnnan [형] 어렵다, 곤란하다 [명] 어려움, 곤란 4급

꿀팁 '有' 연동문의 예
- 明天有可能下雨。 내일은 비가 올 가능성이 있다. (※ '可能'은 부사로 '아마도'도 있지만 명사로 '가능성'이라는 뜻도 있다.)
- 每个人都有责任保护地球。 우리 모두는 지구를 보호할 책임이 있다.

5.

> 过　那我　吧　一会儿　再联系

풀이 **[1단계]** 동사가 '过(시간을 보내다)'와 '联系(연락하다)'가 있는 〈연동문〉임을 알 수 있다. '再'는 '다시'의 뜻 말고도 '然后(그런 후에)'의 용법이 있다. 따라서 '过'가 V₁이 되고 联系가 V₂가 된다. '过' 뒤에는 '一会儿(잠깐)'이 수량보어로 온다.
→ 过一会儿再联系

[2단계] '那我~吧'는 '그러면 나는 ~할게'의 뜻으로 이때 '那'는 접속사로서 '그러면'의 뜻이다. 따라서 '那我'가 제일 앞에 오고, '吧'는 어기조사이기 때문에 문장 끝에 온다.
→ 那我过一会儿再联系吧。

정답 那我过一会儿再联系吧。 그러면 나는 잠시 뒤에 연락할게.

어휘 一会儿 yíhuìr [명] 잠시, 짧은 시간 3급 | 联系 liánxì [동] 연락하다, 관계되다 4급

6.

> 去　拿签证　明天我　要　大使馆

풀이 **[1단계]** '去'와 '拿'의 2개의 동사가 나오는 〈연동문〉이다. 먼저 가서 가져올 수 있는 것이기 때문에 '去'가 V₁이 된다. '大使馆(대사관)'은 '去'의 목적어로 온다.
→ 去大使馆拿签证

[2단계] '我'는 주어가 되고, 〈연동문〉에서 조동사는 일반적으로 V₁ 앞에 오므로 '要'는 '去' 앞에 온다.
→ 明天我要去大使馆拿签证。

정답 明天我要去大使馆拿签证。 내일 나는 대사관에 비자를 가지러 갈 것이다.

어휘 拿 ná [동] 쥐다, 가지다, 얻다 4급 | 签证 qiānzhèng [명] 비자 4급 | 大使馆 dàshǐguǎn [명] 대사관 4급

7.

> 三个小时　起飞　推迟了　航班　才

풀이 **[1단계]** '推迟(연기하다)' 뒤에는 '三个小时'가 시량보어로 온다.
→ 推迟了三个小时(3시간을 연기하였다)

[2단계] '推迟(연기하다)'와 '起飞(이륙하다)' 2개로 이루어진 〈연동문〉이다. 먼저 시간을 지체하고(推迟) 나서 이륙한(起飞) 것이기 때문에 '推迟'가 V₁으로 오고, '才(비로소)'는 V₁과 V₂ 사이에 온다. '航班(운항편, 항공편)'은 주어가 된다.
→ 航班推迟了三个小时才起飞。

정답 航班推迟了三个小时才起飞。 비행기는 3시간을 연기하고 나서야 비로소 이륙했다.

어휘 起飞 qǐfēi [동] 이륙하다 3급 | 推迟 tuīchí [동] 늦추다, 연기하다 4급 | 航班 hángbān [명] (배나 비행기의) 운항편, 비행편 4급

8.

电影院门口　我　找你　去　下班后直接

풀이 **[1단계]** 동사가 '找', '去', '下班' 등 3개로 구성된 〈연동문〉이다. '找'와 '去'는 모두 퇴근 후에 행해지는 일이므로 '下班后'가 가장 앞쪽에 온다. 또한 '我'가 주어임을 알 수 있다.
→ 我下班后直接

[2단계] 〈연동문〉에서 '来/去'와 다른 동사가 있을 때는 '来/去'가 V₁로 오는 것이 일반적이다. 따라서 '去'가 장소 목적어(电影院门口)를 취해서 앞쪽에 오고, '找你'가 뒤쪽에 온다.
→ 我下班后直接去电影院门口找你。

정답 我下班后直接去电影院门口找你。 나는 퇴근 후에 바로 영화관 입구로 가서 너를 찾을게.

어휘 门口 ménkǒu [명] 입구 | 直接 zhíjiē [부] 직접, 바로 [형] 직접적이다 4급

9.

会在一个星期之内　发　我们　通知的　邮件

풀이 **[1단계]** '发(보내다)'의 목적어로 '邮件(우편물)'이 와서 한 덩어리가 된다.
→ 发邮件

[2단계] 먼저 이메일을 보내서(发邮件) 통지하는(通知) 것이기 때문에 '发'가 앞쪽에 온다.
→ 发邮件…通知的

[3단계] '发邮件'과 '通知'는 모두 일주일 안으로(一个星期之内) 이루어져야 하는 것이므로 '会在一个星期之内'는 '发邮件' 앞에 오고, '我们'은 주어가 된다.
→ 我们会在一个星期之内发邮件通知的。

정답 我们会在一个星期之内发邮件通知的。 우리는 일주일 안으로 이메일을 보내어 통지할 것입니다.

어휘 之内 zhīnèi ~의 안 4급 | 通知 tōngzhī [동] 통지하다, 알리다 4급 | 邮件 yóujiàn [명] 우편물

> **꿀팁** 문장 끝에 오는 어기조사 '的'
> '我们会在一个星期之内发邮件通知的。'에서 처럼 '的'는 문장 끝에 어기조사로 와서 '확신'이나 '사실을 긍정하는' 어기를 나타낼 수 있다. 이때 '~하는 것'이라고 해석하지 않고 또한 뒤에 수식을 받는 명사를 놓으려고 해서도 안 된다. 한마디로 **문장 끝에 오는** 어기조사이다. 시험에서는 주로 '会~的'나 '挺~的'의 형태로 나오기 때문에 제시어에서 '会'나 '挺'이 있을 때는 '的'를 문장 끝에 쓸 수 있도록 시도해야 한다.
> ・ 我们一定会成功的。 우리는 틀림없이 성공할 거야.
> ・ 坐地铁去挺快的。 지하철을 타고 가면 아주 빨라.

10.

常常   这棵大树下   很开心地聊天   他们   坐在

풀이 **[1단계]** 〈V + 在~〉 뒤에는 장소를 나타내는 말이 따라오므로 '坐在(~에 앉다)' 뒤에는 '这棵大树下'가 온다.
→ 坐在这棵大树下

꿀팁
방위사 '上, 中, 下 里, 前, 后'
'这棵大树'는 사물을 가리키는 말이지 장소가 아니기 때문에 이 자체로는 '在' 뒤에 올 수 없다. 하지만 '这棵大树下'는 방위사 '下'가 붙어서 장소를 나타내는 단어가 된다.
〈일반 명사 + 上/中/下/里/前/后〉 ⇒ 장소화

[2단계] 앉은(坐) 후에 이야기하는(聊天) 것이므로 '坐'가 V$_1$로, '聊天'이 V$_2$로 온다.
→ 坐在这棵大树下很开心地聊天

[3단계] '他们'은 주어가 되고, '常常'은 V$_1$(坐)과 V$_2$(聊天)를 모두 수식할 수 있어야 하므로 V$_1$(坐) 앞에 온다.
→ 他们常常坐在这棵大树下很开心地聊天。

정답 他们常常坐在这棵大树下很开心地聊天。 그들은 자주 이 나무 아래에 앉아서 즐겁게 이야기한다.

어휘 棵 kē [양] 그루 4급 | 开心 kāixīn [형] 즐겁다 4급

❻ 겸어문

실전 연습 문제

> **정답**
> 1. 大家都笑我太粗心。
> 2. 这场演出吸引了很多人观看。
> 3. 旅行使生活变得丰富多彩。
> 4. 高老师邀请我们去他家做客。
> 5. 公园里有一群老人在唱京剧。
> 6. 这个决定真是太让人后悔了。
> 7. 这件事确实使我们非常难过。
> 8. 打折会让人有一种赚了的感觉。
> 9. 大约有三分之二是硕士研究生。
> 10. 生活的压力并没有使他放弃理想。

1.

> 粗心　大家　我太　都　笑

풀이 **[1단계]** '大家' 뒤에는 '都'가 온다. 정도부사(太) 뒤에는 주로 형용사가 오므로 '太' 뒤에는 '粗心(세심하지 못하다, 부주의하다)'이 온다.
→ 我太粗心…大家都

[2단계] '笑(비웃다)'는 겸어문을 만들 수 있는 동사이므로, '我'를 겸어로 두기 위해서 '笑(비웃다)'가 그 앞에 온다.
→ 大家都笑我太粗心。

정답 大家都笑我太粗心。 모두 다 내가 세심하지 못함을 비웃는다.

어휘 粗心 cūxīn [형] 세심하지 못하다, 부주의하다 4급 | 笑 xiào [동] 웃다, 비웃다 2급

2.

> 很多人　观看　这场演出　吸引了

풀이 **[1단계]** '吸引' 뒤에는 주로 사람이 목적어로 오기 때문에 '很多人(많은 사람들)'이 온다.
→ 吸引了很多人

[2단계] '吸引(끌어당기다)'의 주어로는 '这场演出(이번 공연)'가 가장 알맞고, '观看(관람하다)'의 주어로는 '很多人'이 알맞다. 따라서 '观看'은 '很多人' 뒤에 온다. 이 문장은 '很多人'이 겸어인 〈겸어문〉이다. '吸引'도 〈겸어문〉의 V₁이 될 수 있다는 점을 기억하자.
→ 这场演出吸引了很多人观看。

정답 这场演出吸引了很多人观看。 이번 공연은 많은 사람들이 관람하도록 이끌었다.

어휘 观看 guānkàn [동] 관람하다 | 场 chǎng [양] 회, 번(공연이나 경기·날씨 등을 셈) 4급 | 演出 yǎnchū [명] 공연, 공연하다 4급 | 吸引 xīyǐn [동] 끌어당기다, 매료시키다 4급

3.

丰富多彩　旅行　生活　使　变得

풀이 **[1단계]** '变得(~하게 변하다)'는 '变 + 得'의 결합형으로 뒤에는 정태보어가 와야 한다. 주로 형용사나 동사가 정태보어가 되므로 형용사구인 '丰富多彩(풍부하고 다채롭다)'가 '变得' 뒤에 온다.
→ 变得丰富多彩

[2단계] 〈使 겸어문〉이므로 제시어 구성을 봤을 때 결국 '여행(旅行)'이 생활(生活)'을 변화시키는 것이므로 '旅行'이 주어가 되고, '生活'는 '使' 뒤에 온다.
→ 旅行使生活变得丰富多彩。

정답 旅行使生活变得丰富多彩。 여행은 생활로 하여금 풍부하고 다채롭게 변하게 한다.

어휘 丰富 fēngfù [형] 풍부하다 4급 | 多彩 duōcǎi [형] 다채롭다 | 生活 shēnghuó [명] 생활 [동] 생활하다 4급 | 变 biàn [동] 변하다

4.

做客　高老师　去他家　邀请我们

풀이 **[1단계]** '邀请(초청하다)'은 겸어문이 될 수 있는 단어로, 뒤에는 겸어가 오고 또 그 뒤에는 동사가 와야 한다. '我们'이 이미 겸어로 붙어 있는 상태이므로 뒤에는 동사가 와야 한다. '来/去'와 다른 일반 동사(做客)가 있을 때는 '来/去'가 먼저 오므로 '去他家'가 앞에 온다. 〈去 + 장소 + 做客〉는 '~에 손님으로 가다'는 의미이므로 '去他家' 뒤에 온다.
→ 邀请我们去他家做客

꿀팁 '做客'에서의 '做'
여기서 '做'는 '하다'가 아니라 '~이 되다'의 뜻으로 '当'과 비슷한 의미이다. 그래서 '做客'의 정확한 의미는 '손님이 되다'로, 〈去 + 장소 + 做客〉라고 하면 '~에 손님으로 가다'는 뜻이 된다.

[2단계] 高老师는 주어가 된다.
→ 高老师邀请我们去他家做客。

> **꿀팁** 위 문장은 〈겸어문〉과 〈연동문〉의 결합형이다
> - 高老师邀请我们去他家。 가오 선생님은 우리를 그에 집에 오라고 초청했다. **(겸어문)**
> - 我们去他家做客。 우리는 그의 집에 가서 손님이 된다. **(연동문)**

정답 高老师邀请我们去他家做客。 가오 선생님이 우리더러 그의 집에 손님으로 오라고 초청했다.

어휘 做客 zuòkè 손님이 되다 | 邀请 yāoqǐng [동] 초청하다, 초대하다 4급

5.

一群   京剧   公园里有   老人   在唱

풀이 **[1단계]** 일단 '一群(한 무리)'은 '老人(노인)'을 수식하고, 동사 '唱' 뒤에 '京剧(경극)'가 목적어로 와서 한 덩어리가 된다.
→ 一群老人···在唱京剧

[2단계] '有'가 들어가는 겸어문의 어순은 〈S + 有(V₁) + N + V₂~〉이다. 즉, 먼저 〈有 + N〉을 얘기해 놓고 그 뒤에 N에 대한 내용이 나오는 식이다. 따라서 '公园里有(공원에는 ~이 있다)' 뒤에 바로 '一群老人'이 나온 후 그 뒤에 '在唱京剧(경극을 부르고 있다)'가 온다.
→ 公园里有一群老人在唱京剧。

정답 公园里有一群老人在唱京剧。 공원에는 한 무리의 노인이 경극을 부르고 있다.

어휘 群 qún [양] 무리 5급 | 京剧 jīngjù [명] 경극 4급 | 公园 gōngyuán [명] 공원 3급 | 唱 chàng [동] 노래하다

6.

真是   后悔了   太让人   这个决定

풀이 **[1단계]** '让' 뒤에는 겸어와 동사가 와야 하는데 이미 '人'이 겸어로 나와 있으므로 뒤에는 '后悔(후회하다)'가 나와야 한다.
→ 太让人后悔了

[2단계] '这个决定(이 결정)'이 주어가 되고, '真是(정말로)'는 어기부사로 주어(S) 뒤 V₁(让) 앞에 온다.
→ 这个决定真是太让人后悔了。

정답 这个决定真是太让人后悔了。 이 결정은 정말 나를 너무 후회하게 한다.

어휘 后悔 hòuhuǐ [동] 후회하다 4급 | 决定 juédìng [동] 결정하다 3급 | 确实 quèshí [부] 확실히, 정말로 [형] 확실하다 4급

7.

> 确实　非常　难过　这件事　使我们

풀이 **[1단계]** 정도부사는 형용사를 수식하기 때문에 '非常'은 형용사인 '难过(슬프다, 괴롭다)'를 수식한다.
→ 非常难过

[2단계] 주어는 '这件事(이 일)'가 되고 '确实(확실히, 정말로)'는 어기부사이기 때문에 V₁(使) 앞에 온다.
→ 这件事确实使我们非常难过。

정답 这件事确实使我们非常难过。 이 일은 정말로 우리로 하여금 매우 슬프게 한다.

어휘 难过 nánguò [형] 슬프다, 괴롭다 3급 | 感觉 gǎnjué [명] 느낌 [동] 느끼다 4급

8.

> 感觉　打折　一种赚了的　会　让人有

풀이 **[1단계]** '一种赚了的(일종의 이득을 보았다는)' 뒤에는 수식을 받는 '感觉(느낌)'가 온다.
→ 一种赚了的感觉

[2단계] '有' 뒤에는 명사가 목적어로 오므로 '感觉'가 오는 것이 알맞다. '感觉'는 이미 '一种赚了的'의 수식을 받고 있으므로 이 전체가 '有' 뒤에 온다.
→ 让人有一种赚了的感觉

[3단계] '打折(할인)'가 주어가 된다. 이 문장은 〈让겸어문〉이고 '会'는 조동사이기 때문에 V₁(让) 앞에 온다.
→ 打折会让人有一种赚了的感觉。

정답 打折会让人有一种赚了的感觉。 할인은 사람들로 하여금 일종의 이득을 보았다는 느낌을 갖게 할 수 있다.

어휘 打折 dǎzhé [동] 가격을 깎다, 디스카운트하다, 할인하다 4급 | 赚 zhuàn [동] 돈을 벌다, 이윤을 남기다 4급

9.

> 是硕士研究生　大约　三分之二　有

풀이 **[1단계]** '有' 뒤에는 주로 명사가 목적어로 오지만 수량사도 올 수 있다. 따라서 제시어 중에서 '三分之二'이 '有'의 목적어로 온다.
→ 有三分之二

[2단계] '大约'는 부사이므로 동사인 '有' 앞에 온다.
→ 大约有三分之二

[3단계] 〈겸어문〉의 형식 중 '有'가 들어갈 때 **무주어 겸어문**이 있는데, 이때의 어순은 〈有 + O + V₂ + O〉가 된다. 따라서 '是硕士研究生'은 '三分之二' 뒤에 온다.
→ 大约有三分之二<u>是硕士研究生</u>。

정답 大约有三分之二是硕士研究生。 약 삼분의 이가 석사 대학원생이다.

어휘 硕士 shuòshì [명] 석사 4급 | 研究生 yánjiūshēng [명] 대학원생 4급 | 大约 dàyuē [부] 대략, 아마

10.

生活的压力　并没有　放弃　理想　使他

풀이 **[1단계]** 동사는 목적어를 취하므로 '放弃(포기하다)' 뒤에는 '理想(이상)'이 목적어로 오는 것이 알맞다.
→ <u>放弃理想</u>(이상을 포기하다)

[2단계] 포기하는 주체는 사람이므로 '放弃理想'은 '他' 뒤에 온다.
→ <u>使他</u>放弃理想

[3단계] 〈使겸어문〉이므로 주어는 '生活的压力(생활의 스트레스)'가 되고, 〈겸어문〉에서 '没有(~하지 않았다)'는 V₁(让/使) 앞에 온다.
→ <u>生活的压力并没有</u>使他放弃理想。

정답 生活的压力并没有使他放弃理想。 생활의 스트레스는 결코 그로 하여금 이상을 포기하게 하지 않았다.

어휘 生活 shēnghuó [명] 생활 [동] 생활하다 4급 | 压力 yālì [명] 압력, 스트레스 4급 | 并 bìng [부] 결코 | 放弃 fàngqì [동] 포기하다 4급 | 理想 lǐxiǎng [명] 이상 [형] 이상적이다 4급

❼ 把자문·被자문

실전 연습 문제

> **정답**
> 1. 弟弟把零钱都存了起来。
> 2. 我已经把材料整理好了。
> 3. 你爸把信用卡的密码改了。
> 4. 能帮我把沙发抬到客厅吗?
> 5. 教授竟然把这次机会放弃了。
> 6. 他逐渐被人忘记了。
> 7. 小树没被大风刮倒。
> 8. 他的要求被拒绝了。
> 9. 他的小说被翻译成许多语言。
> 10. 这个消息很快就被亲戚朋友们知道了。

1.

起来   弟弟   把零钱   都存了   [把자문]

풀이 **[1단계]** 〈把자문〉이므로 동사 '存(저금하다)'의 행위자 '弟弟'가 주어가 된다. 처치 대상인 '把零钱'을 동사 앞에 놓는다.
→ 弟弟把零钱

[2단계] '起来'는 복합 방향보어로서 동사(V) 뒤에 와서 시작을 나타낸다. 동사와 방향보어 사이(V+了+起来)에 '了'가 들어가서 동작이 **시작해서 완성되기까지의 과정**을 나타낼 수 있다.
→ 弟弟把零钱都存了起来。

정답 弟弟把零钱都存了起来。 동생은 잔돈을 모두 모으기 시작했다.

어휘 零钱 língqián [명] 잔돈 4급 | 存 cún [동] 저축하다 4급

2.

材料   整理   我已经   把   好了   [把자문]

풀이 **[1단계]** 〈把자문〉이므로 동작(整理: 정리하다)의 행위자 '我'는 주어가 되고, 처치 대상인 '材料(자료, 재료)'는 '把' 뒤에 온다.
→ 我已经把材料整理

[2단계] '好了'는 동사(整理) 뒤에 기타 성분으로 온다.
→ 我已经把材料整理好了。

정답 我已经把材料整理好了。 나는 이미 자료를 다 정리했다.

어휘 材料 cáiliào [명] 자료, 재료 4급 | 整理 zhěnglǐ [동] 정리하다 4급

3.

密码　你爸　把　信用卡的　改了　[把자문]

풀이 [1단계] 〈把자문〉이므로 '改(바꾸다)'의 행위자인 '你爸(너의 아빠)'가 주어가 된다.
→ 你爸…改了

[2단계] 처치 대상(改의 대상)이 '密码(비밀번호)'이므로 '把' 뒤에 '密码'가 온다. 또한 '信用卡的(신용카드의)'는 '密码'를 수식한다.
→ 你爸把信用卡的密码改了。

정답 你爸把信用卡的密码改了。 네 아빠가 신용 카드의 비밀번호를 바꿨다.

어휘 密码 mìmǎ [명] 비밀 번호 4급 | 信用卡 xìnyòngkǎ [명] 신용 카드 4급 | 改 gǎi [동] 바꾸다 4급

4.

能帮我　把　抬到　吗　沙发　客厅　[把자문]

풀이 [1단계] 동사(抬)의 처치 대상인 '沙发(소파)'가 '把' 뒤에 온다. 또한 '抬到'는 '~로 들어 옮기다'는 뜻으로 뒤에는 도달 장소가 와야 하므로 '客厅(거실)'이 온다.
→ 把沙发抬到客厅

[2단계] '能帮我~'는 '저를 도와 ~을 해 주시겠어요?'라는 뜻으로 청유형 문장이다. 명령이나 청유를 할 때는 종종 주어가 없기 때문에 이 문장 역시 주어 없이 '请帮我~'로 시작한다. '吗'는 의문 어기조사이므로 맨 끝에 온다.
→ 能帮我把沙发抬到客厅吗?

정답 能帮我把沙发抬到客厅吗? 저를 도와 소파를 객실로 들어 줄 수 있습니까?(소파를 객실로 옮겨 주시겠어요?)

어휘 抬 tái [동] 맞들다, 들어올리다 4급 | 客厅 kètīng [명] 객실 4급 | 沙发 shāfā [명] 소파 4급

5.

这次机会　把　教授　竟然　放弃了　[把자문]

풀이 [1단계] 〈把자문〉이므로 동작(放弃: 포기하다)의 주체인 '教授(교수)'가 주어가 된다.
→ 教授…把…放弃了

[2단계] '放弃(포기하다)'의 처치 대상인 '这次机会(이번 기회)'가 '把' 뒤에 온다.
→ 教授…把这次机会…放弃了

[3단계] 〈把자문〉에서 일반적으로 부사는 '把' 앞에 위치하는데 특히 어기부사 '竟然(뜻밖에)'은 '把' 앞에 와야 한다.
→ 教授竟然把这次机会放弃了。

정답 教授竟然把这次机会放弃了。 교수는 뜻밖에도 이번 기회를 포기해 버렸다.

어휘 机会 jīhuì [명] 기회 3급 | 教授 jiàoshòu [명] 교수 4급 | 竟然 jìngrán [부] 뜻밖에 4급 | 放弃 fàngqì [동] 포기하다 4급

6.

人 被 他逐渐 忘记了   [被자문]

풀이 **[1단계]** 〈被자문〉이기 때문에 동작(忘记: 잊다)의 처치 대상인 '他'가 주어로 온다.
→ 他逐渐…被…忘记了

[2단계] '被' 뒤에는 행위자인 '人(사람: 여기서는 일반 사람들을 가리킴)'이 온다.
→ 他逐渐被人忘记了。

정답 他逐渐被人忘记了。 그는 점점 사람들에게 잊어졌다.

어휘 逐渐 zhújiàn [부] 점점 4급 | 忘记 wàngjì [동] 잊다, 잊어버리다 3급

7.

刮倒 被 大风 小树 没   [被자문]

풀이 **[1단계]** 〈被자문〉이기 때문에 동사(刮倒: 불어 쓰러지다)의 대상인 '小树(어린 나무)'가 주어가 된다.
→ 小树…被…刮倒

[2단계] 나무를 쓰러뜨리는 행위자인 '大风(강풍)'이 '被' 뒤에 온다.
→ 小树…被大风刮倒

[3단계] 〈被자문〉에서 부정부사는 '被' 앞에 오므로 '没'는 '被' 앞에 온다.
→ 小树没被大风刮倒。

정답 小树没被大风刮倒。 작은 나무는 강풍에 쓰러지지 않았다.

어휘 刮 guā [동] 바람이 불다 3급 | 倒 dǎo [동] 쓰러지다, 넘어지다 / dào [동] 거꾸로 되다 4급 | 大风 dàfēng [명] 강풍 | 树 shù [명] 나무 3급

8.

> 被　了　他的　拒绝　要求　[被자문]

풀이 **[1단계]** '他的'가 수식하기에 알맞은 단어는 '要求(요구, 요구하다)'이다.
→ 他的要求(그의 요구)

[2단계] 〈被자문〉이므로 동작(拒绝: 거절하다)의 대상인 '他的要求'가 주어가 된다.
→ 他的要求…被…拒绝

[3단계] 〈被자문〉이므로 동사(拒绝) 뒤에 기타 성분이 와야 하므로 '了'가 끝에 온다.
→ 他的要求被拒绝了。

정답 他的要求被拒绝了。 그의 요구는 거절 당했다.

어휘 拒绝 jùjué [동] 거절하다 4급 | 要求 yāoqiú [동] 요구하다 [명] 요구 3급

꿀팁 〈被자문〉의 일반 어순은 〈S + 被 + O + V + 기타 성분〉이지만 **행위자인 O가 생략**되어 '被' 뒤에 동사가 바로 와서 〈S + 被 + V + 기타 성분〉의 어순도 가능하다. → 他的要求被拒绝了。

9.

> 被　语言　他的小说　翻译成　许多　[被자문]

풀이 **[1단계]** 〈被자문〉이므로 동작(翻译: 번역하다)의 대상인 '他的小说(그의 소설)'가 주어가 된다.
→ 他的小说…被…翻译成

[2단계] '被' 뒤에는 행위자가 오지만 제시어에서는 행위자가 될 만한 단어가 없으므로 동사(翻译)가 바로 나온다. 또한 '翻译成'에서 '成'은 '되다'라는 뜻으로 뒤에는 **구체적인 대상이 나와야** 한다. 그래서 '翻译成~'은 '~으로 번역하다'로 해석하고 뒤에는 '许多语言'이 나와야 한다. '许多'는 '的' 없이 바로 명사(语言)를 수식할 수 있다.
→ 他的小说被翻译成许多语言。

정답 他的小说被翻译成许多语言。 그의 소설은 많은 언어로 번역되었다.

어휘 语言 yǔyán [명] 언어 4급 | 小说 xiǎoshuō [명] 소설 4급 | 翻译 fānyì [동] 번역하다, 통역하다 4급 | 许多 xǔduō [형] 매우 많다, 허다하다 4급

꿀팁 형용사 '许多(매우 많다, 허다하다)'의 용법
(1) '许多'는 명사를 수식할 때 '的'를 써도 되고 생략할 수도 있다.
• 许多 + (的) + N → 许多(的)国家 많은 국가 | 许多(的)问题 많은 문제
위 문제에서 '许多他的小说'가 안 되는 이유는 명사를 수식하는 관형어 어순에서는 일반적으로 소유나 소속을 나타내는 관형어(他)가 가장 앞에 나오기 때문에 '他的许多小说'라고 표현해야 옳다. 하지만 '许多'는 '的' 없이 명사를 바로 수식할 수 있기 때문에 '许多语言'이라고 해야 한다.

(2) '许多'는 동사를 수식할 수는 없고, 동사 뒤에 목적어로 올 수 있다.
• 许多翻译了(X) → 翻译了许多 많은 것을 번역했다
• 许多准备了(X) → 准备了许多 많은 것을 준비했다

10.

> 很快就被   亲戚朋友们   这个消息   知道了   [被자문]

풀이 **[1단계]** 〈被자문〉이므로 동사(知道)의 대상인 '这个消息(이 소식)'가 주어가 된다.
→ 这个消息…很快就被…知道了

[2단계] 알게(知道)되는 행위자가 '被' 뒤에 오므로 '亲戚朋友们(친척과 친구들)'이 '被' 뒤에 온다.
→ 这个消息很快就被亲戚朋友们知道了。

정답 这个消息很快就被亲戚朋友们知道了。 이 소식은 금새 친척들과 친구들에게 알려졌다.

어휘 亲戚 qīnqi [명] 친척 4급 | 消息 xiāoxi [명] 소식 4급

8 존현문·비교문

실전 연습 문제

> **정답**
> 1. 沙发上还有一些零钱。
> 2. 刚才究竟发生了什么事情?
> 3. 坐车比骑车当然快多了。
> 4. 打针比吃药效果好。
> 5. 我钱包里只剩270多块钱。
> 6. 会议室的沙发上坐着几位客人。
> 7. 有时候冷静比勇敢还重要。
> 8. 那家的客厅没有你家的这么大。
> 9. 今年的冬天比去年暖和多了。
> 10. 参观的人数比去年增加了两倍。

1.

有一些　上　沙发　还　零钱　[존현문]

풀이 [1단계] 방위사 '上'은 명사 뒤에 붙어서 장소로 만들어 준다. 제시어 중에서는 '沙发(소파)'와 결합하는 것이 좋다.
→ 沙发上

[2단계] '一些'는 '贵一些(좀 더 비싸다)', '多一些(좀 더 많다)'처럼, 형용사와 결합할 때는 〈형용사 + 一些〉의 어순을 취한다. '一些'는 또한 '一些问题(몇몇 문제)', '一些国家(일부 국가)'처럼 명사를 수식할 수 있기 때문에 제시어 중에서는 '零钱(잔돈)'을 수식하는 것이 알맞다.
→ 有一些零钱

[3단계] 장소를 나타내는 단어(沙发上)와 존재의 의미를 가진 동사(有)가 있다면 이 문장은 〈존현문〉이 되어야 한다. 따라서 '沙发上'이 주어가 되고 '有'가 술어, '零钱'이 목적어가 된다. '还'는 부사이므로 동사(有) 앞에 온다.
→ 沙发上还有一些零钱。

정답 沙发上还有一些零钱。 소파 위에 약간의 잔돈이 더 있다.

어휘 沙发 shāfā [명] 소파 4급 | 还 hái [부] ① 여전히, 아직도 ② 또, 게다가 ③ 더(욱) ④ huán 갚다, 돌려주다 | 零钱 língqián [명] 동전 4급

> **꿀팁**
> **'还'의 네 가지 뜻**
> hái [부]　① 여전히, 아직도　都9点多了, 你怎么还睡呢? 벌써 9신데, 너는 어째서 아직도 자?
> 　　　　　② 또, 게다가　　　除了你, 我还能相信谁? 너 말고 내가 또 누굴 믿겠니?
> 　　　　　③ 더(욱)　　　　　今天比昨天还冷。오늘은 어제보다 더 덥다.
> huán [부]　④ 갚다, 돌려주다　我去图书馆还书。나는 도서관에 책을 반납하러 간다.

2.

> 刚才　事情　究竟发生了　什么　[존현문]

풀이 [1단계] 의미상 '什么'는 '事情'을 수식하여 '什么事情'이 되고, 동사(发生) 뒤에는 '什么事情'이 목적어로 와야 한다.
→ 究竟发生了什么事情

[2단계] '刚才'는 시간명사로서 '방금, 막'이라는 뜻이다. 〈존현문〉에서는 주로 '장소'가 주어로 오지만 '시간'도 〈존현문〉의 주어가 될 수 있음을 기억하자. 따라서 '刚才'는 주어로 맨 앞에 온다.
→ 刚才究竟发生了什么事情?

정답 刚才究竟发生了什么事情? 방금 도대체 무슨 일이 일어났던 거야?

어휘 刚才 gāngcái [명] 방금, 막 3급 | 究竟 jiūjìng [부] 도대체 4급 | 发生 fāshēng [동] 발생하다 4급

3.

> 当然快　坐车　多了　比骑车　[비교문]

풀이 [1단계] '比骑车(자전거 타기보다)'의 형태로 제시되었기 때문에 '坐车(택시를 탄다)'가 주어가 된다.
→ 坐车比骑车

[2단계] '比 + ~' 뒤에는 형용사나 동사가 오기 때문에 '快'가 포함된 '当然快'가 온다. 또 그 뒤에는 '비교의 차이'를 나타내는 '多了(훨씬)'가 붙는다.
→ 坐车比骑车当然快多了。

정답 坐车比骑车当然快多了。 차를 타는 것이 자전거를 타는 것보다 당연히 훨씬 빠르다.

어휘 当然 dāngrán [형] 당연하다 [부] 당연히, 물론 3급

꿀팁 〈比비교문〉에서 일반적으로 '比' 뒤에 오는 비교 대상은 주로 '명사'인 것은 맞지만 그렇다고 반드시 명사만 와야 하는 것은 아니다. 위 문장처럼 '동사구(骑车: 자전거를 타다)'도 될 수 있고, '高比矮好.(키카 큰 게 작은 것보다 좋다.)'에서 '矮(작다)'처럼 '형용사'도 올 수 있다. 중요한 것은 〈A + 比 + B~〉의 형식의 비교문에서 A와 B는 각각 비교와 비교 대상으로 주로 '명사'인 경우가 많지만, 반드시 그래야 한다는 것은 아님을 기억하자.

4.

> 效果　打针　好　比吃药　[비교문]

풀이 [1단계] '比吃药(약을 먹는 것보다)'로 제시되었으므로 '打针(주사를 맞다)'이 주어가 된다.
→ 打针比吃药

꿀팁	〈比비교문〉에서 **주어**나 **비교 대상**이 꼭 명사나 대명사만 되는 것은 아니다. 위 문제는 '打针'과 '吃药'는 **동사구**로서 **주어**와 **비교 대상**이 되었음을 확인할 수 있다.

[2단계] 동사, 형용사 뿐만 아니라 주술구 형태도 술어가 될 수 있으므로 '效果好(효과가 좋다)'가 술어로 온다.
→ 打针比吃药效果好。

정답 打针比吃药效果好。 주사 맞는 것은 약을 먹는 것보다 효과가 좋다.

어휘 效果 xiàoguǒ [명] 효과 4급 | 打针 dǎzhēn [동] 주사를 놓다, 주사를 맞다 4급 | 吃药 chīyào [동] 약을 먹다

오답분석 打针比吃药好效果(주사 맞는 것은 약을 먹는 것보다 더 좋은 효과)
이 문장은 술어가 없기 때문에 문장이 성립될 수 없다. 이것이 문장이 되려면 **술어가 될 수 있는 동사 '有'를 추가**하여 다음과 같이 써야 한다. → 打针比吃药有更好的效果。(주사 맞는 것은 약을 먹는 것보다 더 좋은 효과를 가지고 있다.) 따라서 동사와 형용사 뿐만 아니라 **주술구**(效果好)도 술어가 될 수 있음을 기억하자.

5.

只剩　里　270多块钱　我钱包　[존현문]

풀이 **[1단계]** 방위사 '里'는 '钱包(지갑)' 뒤에 와서 장소로 만들어 준다.
→ 我钱包里

[2단계] '剩'은 '남다', '남기다'의 뜻이므로 **존재**를 나타낸다. 장소를 나타내는 말 '钱包里'와 존재를 나타내는 동사 '剩'이 있기 때문에 이 문장은 〈존현문〉이 될 수 있다. 장소인 '钱包里'가 주어가 되고, 바로 뒤에 동사 '剩'이 온다.
→ 我钱包里只剩270多块钱。

정답 我钱包里只剩270多块钱。 내 지갑 안에는 단지 270위안만 남았다.

어휘 剩 shèng [동] 남다, 남기다 4급 | 钱包 qiánbāo [명] 지갑

6.

客人　会议室的沙发上　坐着　几位　[존현문]

풀이 **[1단계]** 장소를 나타내는 '会议室的沙发上(회의실의 소파에)'이 있고 **존재**를 나타내는 '坐着(앉아 있다)'가 있으므로 이 문장은 〈존현문〉이 된다. 〈존현문〉 어순에 따라 '会议室的沙发上'이 주어가 되고 그 뒤에 '坐着'가 온다.
→ 会议室的沙发上坐着

[2단계] '几位(몇 분의)'는 '客人(손님)'을 수식하고 이 덩어리는 '坐着' 뒤에 목적어로 온다.
→ 会议室的沙发上坐着几位客人。

정답 会议室的沙发上坐着几位客人。 회의실 소파에는 몇 명의 손님이 앉아 있다.

어휘 客人 kèrén [명] 손님 3급 | 会议室 huìyìshì [명] 회의실 3급 | 沙发 shāfā [명] 소파 4급 | 位 wèi [양] 분, 명 3급

7.

> 比勇敢　重要　有时候冷静　还　[比 비교문]

풀이 **[1단계]** 〈比 비교문〉 어순에 따라 '冷静(냉정하다)'이 주어가 되고, '勇敢(용감하다)'은 비교 대상이 된다.
→ 有时候冷静比勇敢

[2단계] '还(더욱)'는 '重要(중요하다)'를 수식하고 이는 술어가 된다.
→ 有时候冷静比勇敢还重要。

정답 有时候冷静比勇敢还重要。 때로는 냉정이 용감보다 더 중요하다.

어휘 勇敢 yǒnggǎn [형] 용감하다 4급 | 冷静 lěngjìng [형] 냉정하다 4급

8.

> 没有　大　这么　那家的客厅　你家的　[有 비교문]

풀이 **[1단계]** '有/没有'와 '这么/那么'가 있으면 〈有 비교문〉이 될 수 있다. 〈有 비교문〉의 어순은 아래와 같다.
→ S + 有/没有 + 비교 대상 + 这么/那么 + 형용사

[2단계] '那家的客厅(그 집의 거실)'과 '你家的(네 집의 것)' 중에서 **주어가 될 단어**는 '那家的客厅'이다. 왜냐하면 '那家的客厅'이 **구체적인 대상**(客厅)을 언급한 후 그 뒤에 〈的자구〉를 이용하여 '你家的'라고 표현하기 때문이다. 나머지는 〈有비교문〉 어순에 따라 대입하여 나열한다.
→ 那家的客厅没有你家的这么大。

정답 那家的客厅没有你家的这么大。 그 집의 거실은 너의 집 것만큼 이렇게 크지 않다.

어휘 客厅 kètīng [명] 거실 4급

9.

> 比去年　多了　暖和　今天的冬天　[比 비교문]

풀이 **[1단계]** '比去年(작년보다)' 개사구 뒤에는 형용사(暖和: 따뜻하다)가 온다.
→ 比去年暖和

[2단계] '今天的冬天(올해의 겨울)'이 주어가 되고, '多了(훨씬)'는 형용사(暖和) 뒤에 비교의 차이를 나타내는 보어로 온다.
→ 今天的冬天比去年暖和多了。

정답 今年的冬天比去年暖和多了。 올해 겨울은 작년보다 훨씬 더 따뜻하다.

어휘 暖和 nuǎnhuo [형] 따뜻하다 4급

10.

> 增加了　人数　比去年　两倍　参观的　　[比 비교문]

풀이 **[1단계]** '参观的(참관하는)'는 '人数(사람 수)'를 수식한다.
→ 参观的人数

[2단계] '比去年(작년보다)'에서 비교 대상(去年)이 '比' 뒤에 붙어 있으므로 '参观的人数(참관하는 인원)'가 주어가 된다.
→ 参观的人数比去年

[3단계] '比去年' 뒤에는 동사(增加)가 오고 그 뒤에 구체적인 차이를 나타내는 '两倍(두 배)'가 온다.
→ 参观的人数比去年增加了两倍。

정답 参观的人数比去年增加了两倍。 참관하는 인원수가 작년보다 두 배 늘었다.

어휘 增加 zēngjiā [동] 증가하다 4급 | 人数 rénshù [명] 사람 수 | 倍 bèi [명] 배, 갑절 4급 | 参观 cānguān [동] 참관하다 4급

❾ 보어

실전 연습 문제

정답
1. 孙子看到西瓜就想吃。
2. 孩子们都表演得很认真。
3. 他几乎玩儿遍了全中国。
4. 她激动得流下了眼泪。
5. 这棵树比那棵树粗一点儿。
6. 他的母亲感冒得非常厉害。
7. 昨天他游了一个下午的泳。
8. 网上购物变得越来越流行了。
9. 我查了一下明天去北京的航班。
10. 这个沙发比平时便宜了一千块。
11. 我明天要去趟大使馆。
12. 今年报名的人数比去年减少了一半儿。

1.

孙子看　就想　吃　到　西瓜　[결과보어]

풀이 **[1단계]** 동사가 두 개일 경우에는 먼저 발생되는 동사부터 배열하는 것이 좋다. '看(보다)', '吃(먹다)', '想(생각하다/~하고 싶다)'이 있는데 여기서 '想'은 '~하고 싶다'의 뜻으로 조동사로 쓰이고 있다. 수박을 먼저 보고(看) 나서 먹고(吃) 싶은 것이기 때문에 '看'이 먼저 오는 것이 좋다.

→ 孙子看…就想…吃

[2단계] 무엇을 보았는지(看)의 대상이 나와야 한다. 따라서 '西瓜(수박)'는 '看' 뒤에 목적어로 오고, '吃' 뒤에는 앞에 이미 나왔기 때문에 생략이 가능하다.

→ 孙子看…西瓜就想…吃

[3단계] '到'는 동사 뒤에 결과보어로 와서 **동작의 목적 달성**을 나타낸다. '看'은 그냥 보는 것이지만 '**看到**'로 써야 **눈으로 보아 머리로 인식**되어 먹고 싶은 마음이 들 수 있다. 따라서 '到'는 '看' 뒤에 와야 한다.

→ 孙子看到西瓜就想吃。

정답 孙子看到西瓜就想吃。 손자는 수박을 보자 먹고 싶어졌다.

2.

> 认真　表演得　很　孩子们都　　[정태보어]

풀이 **[1단계]** 정도부사(很)는 일반적으로 동사(表演: 공연하다)보다는 형용사(认真: 진지하다)를 수식하므로 '很认真'이 된다.
→ 很认真

[2단계] 주어는 '孩子们'이고 술어는 '表演'이 된다.
→ 孩子们都表演得

[3단계] 'V + 得(表演得)'의 형태는 뒤에 정태보어가 온다. 정태보어의 형태는 주로 '**정도부사 + 형용사**'이므로 '很认真'이 온다.
→ 孩子们都表演得很认真。

정답 孩子们都表演得很认真。 아이들은 모두 진지하게 공연했다.

어휘 认真 rènzhēn [형] 진지하다, 착실하다 3급 | 表演 biǎoyǎn [동] 공연하다 4급

3.

> 几乎　全中国　他　玩儿遍了　　[정태보어]

풀이 **[1단계]** '玩儿遍'은 '玩儿(놀다) + 遍(두루 ~하다)'의 결합형으로 '遍'은 결과보어로 왔다. 뒤에는 '全中国'가 목적어로 온다.
→ 玩遍了全中国

[2단계] 주어는 '他'가 되고, '几乎(거의)'는 부사이므로 동사(玩儿) 앞에 온다.
→ 他几乎玩儿遍了全中国。

정답 他几乎玩儿遍了全中国。 그는 거의 전 중국에 놀러 가 보았다.

어휘 几乎 jīhū [부] 거의 3급 | 玩 wán [동] 놀다 2급 | 遍 biàn [형] 두루 미치다 [양] 번, 차례 4급

4.

> 激动　流下了　她　眼泪　得　　[정태보어]

풀이 **[1단계]** '流(흘리다)'와 '眼泪(눈물)'는 동목 관계이므로 '流下了眼泪'의 덩어리로 만들 수 있고, '她'가 주어가 될 것임을 알 수 있다.
→ 她⋯流下了眼泪

[2단계] '流下了眼泪'는 '激动(흥분하다, 감동하다)'의 **상태를 구체적으로 보완해 주는 정태보어**가 될 수 있다. 술어와 정태보어 사이에는 '得'가 들어간다.
→ 她激动得流下了眼泪。

정답 她激动得流下了眼泪。 그녀는 감동하여 눈물을 흘렸다.

어휘 激动 jīdòng [형] 감격하다, 흥분하다 4급 | 流 liú [동] 흐르다

5.

比那棵树　一点儿　这棵树　粗　[정태보어]

풀이 [1단계] '比(~보다)' 또한 개사(전치사)로서 명사(N)와 결합하여 개사구(比 + N)를 이룬 후 동사나 형용사를 수식한다. '比那棵树' 자체가 〈比 + N〉 개사구이기 때문에 뒤에는 형용사인 '粗(굵다)'가 온다.
→ 比那棵树粗

[2단계] 의미상 '这棵树(이 나무)'가 주어가 된다. '一点儿(약간, 조금)'은 〈比 비교문〉에서 비교 수량보어가 된다.
→ 这棵树比那棵树粗一点儿。

정답 这棵树比那棵树粗一点儿。 이 나무는 저 나무보다 좀 더 두껍다.

어휘 棵 kē [양] 그루 4급 | 粗 cū [형] 굵다

꿀팁 '有点儿'과 '一点儿'의 용법
둘 다 '약간', '조금'의 의미이지만 용법상 아래와 같은 차이가 있다.

(1) '有点儿'은 형용사 앞에 오며 불만의 감정을 띤다.
- 물건을 살 때 : 有点儿贵。 좀 비싸다. → 불만의 감정이 있음

(2) '一点儿'은 형용사 뒤에 오며 비교의 의미가 들어 있다.
- 깎아 달라고 할 때 : 便宜(一)点儿。 좀 싸게 해 주세요. → 방금 말한 가격보다 좀 더 싸게 해 달라는 비교의 의미가 있음

有点儿 + 형용사 : 불만 | 형용사 + 一点儿 : 비교

6.

非常　感冒得　他的　厉害　母亲　[정태보어]

풀이 [1단계] '他的(그의)'는 '母亲(어머니)'을 수식해 이는 주어가 되고, '非常(매우)'은 정도부사이므로 형용사인 '厉害(심하다, 대단하다)'를 수식한다.
→ 他的母亲…非常厉害

[2단계] 〈V + 得〉에서 '得'는 술어와 정태보어를 연결하는 구조조사이므로 뒤에는 '非常厉害(매우 심하다)'가 온다.
→ 他的母亲感冒得非常厉害。

정답 他的母亲感冒得非常厉害。 그의 어머니는 감기가 매우 심하다.

어휘 感冒 gǎnmào [동] 감기에 걸리다 3급 | 厉害 lìhai [형] 무섭다, 대단하다 4급 | 母亲 mǔqīn [명] 모친, 어머니 4급

7.

一个下午　游了　昨天他　的　泳　[시량보어]

풀이 **[1단계]** 제시어들로 봤을 때 '昨天他'가 문장 맨 앞에 온다.
→ 昨天他

[2단계] '游泳(수영하다)'은 이합동사이기 때문에 분리될 수 있는데 순수한 동사는 '游'이다. 따라서 수영한 시간을 나타내는 '一个下午(오후 내내)'는 시량보어가 되므로 '游' 뒤, '泳' 앞에 온다.
→ 昨天他游了一个下午的泳。

정답 昨天他游了一个下午的泳。 어제 그는 오후 내내 수영을 했다.

8.

流行　变得　网上购物　越来越　了　[정태보어]

풀이 **[1단계]** '越来越(갈수록)'는 주로 형용사를 수식한다. 의미상으로 '越来越'는 '流行(유행하다)'를 수식하는 것이 알맞다.
→ 越来越流行

[2단계] '变得'는 〈동사 + 得〉의 형태이므로 뒤에는 보어가 와야 한다. 제시어 중 '越来越流行(갈수록 유행하다)'이 오는 것이 가장 알맞다.
→ 变得越来越流行

[3단계] 주어로는 '网上购物(인터넷 쇼핑)'가 가장 알맞다. '了'가 들어갈 수 있는 자리는 동사 뒤나 문장 끝이다. '变得' 뒤에는 보어가 와야 하므로 '了'가 오지 못한다. 따라서 '了'는 문장 끝에 와서 변화를 나타낸다.
→ 网上购物变得越来越流行了。

정답 网上购物变得越来越流行了。 인터넷 쇼핑이 갈수록 유행하게 변했다.

어휘 流行 liúxíng [형] 유행하는 [동] 유행하다, 성행하다 4급 | 购物 gòuwù [동] 물품을 구입하다, 물건을 사다 4급 | 越来越 yuèláiyuè [부] 갈수록

9.

去北京的　查了　一下明天　我　航班　[정태보어]

풀이 **[1단계]** 의미상 주어는 '我'가 알맞다. '一下(한번, 좀 ~해 보다)'는 동사 뒤에 동량보어로 오므로 '查了(조사했다/알아보았다)' 뒤에 온다.
→ 我…查了一下明天

[2단계] '去北京的(베이징으로 가는)' 뒤에는 수식을 받는 명사가 와야 한다. 의미상으로 '航班(항공편)'이 오는 것이 가장 알맞다.
→ 去北京的航班

[3단계] '查了一下明天'과 '去北京的航班'의 두 덩어리를 조합해 보면 '去北京的航班'이 뒤에 오는 것이 적절하다.
→ 我查了一下明天去北京的航班。

정답 我查了一下明天去北京的航班。 나는 내일 베이징으로 가는 항공편을 한번 알아보았다.

어휘 查 chá [동] 조사하다 | 航班 hángbān [명] 항공편 4급

10.

平时　一千块　这个沙发　比　便宜了　[비교 수량보어]

풀이 [1단계] 〈比비교문〉이므로 일단 개사구(比 + N)를 만들어야 한다. '这个沙发(이 소파)'는 주어가 되어야 하므로 개사구는 '比平时(평소보다)'가 된다.
→ 这个沙发比平时

[2단계] 개사구(比 + N) 뒤에는 동사나 형용사가 와야 하므로 형용사 '便宜(싸다)'가 온다.
→ 这个沙发比平时便宜了

[3단계] 수량사(一千块)는 〈比비교문〉에서 동사나 형용사 뒤에 비교 수량보어로 오므로 '便宜了' 뒤에 온다.
→ 这个沙发比平时便宜了一千块。

정답 这个沙发比平时便宜了一千块。 이 소파는 평소보다 천 위안이 싸졌다.

11.

要　趟　我明天　大使馆　去　[동량보어 趟]

풀이 [1단계] 조동사 '要'는 동사 '去'를 수식하고 '去' 뒤에는 장소 목적어가 오므로 '大使馆(대사관)'이 온다.
→ 要…去…大使馆

[2단계] '我'가 주어가 될 것이므로 '我明天'이 문장 맨 앞에 오고 '趟'은 왕복의 횟수를 나타내는 동량사이므로 '去' 뒤, '大使馆' 앞에 온다.
→ 我明天要去趟大使馆。

정답 我明天要去趟大使馆。 나는 내일 대사관에 한번 다녀와야겠다.

12.

> 比去年　一半儿　今年报名的　人数　减少了　[비교 수량보어]

풀이 **[1단계]** '比去年'은 〈比 + N〉으로 이루어진 개사구(전치사구)이므로 뒤에는 동사나 형용사가 와야 한다. '减少(감소하다)'가 동사이므로 '比去年' 뒤에 온다.
→ 比去年减少了

[2단계] '今年报名的(올해 접수한)'는 명사를 수식해야 하므로 뒤에는 '人数(인원수)'가 오는 것이 알맞고 이 전체는 주어가 된다.
→ 今年报名的人数比去年减少了

[3단계] 〈比비교문〉에서 수량을 나타내는 단어는 비교 수량보어가 되므로 동사(减少) 뒤에 와야 한다.
→ 今年报名的人数比去年减少了一半儿。

정답 今年报名的人数比去年减少了一半儿。 올해 접수한 인원수는 작년보다 절반이 줄었다.

어휘 报名 bàomíng [동] 접수하다, 신청하다 4급 | 人数 rénshù [명] 사람 수 | 减少 jiǎnshǎo [동] 감소하다 4급

문장 만들기

❶ 명사 제시어

실전 연습 문제 1

모범 작문
1. 我这里有很多零钱。
2. 他在帮她填写表格。
3. 你也想去美国读硕士吗?
4. 她打扮时经常用这个镜子。
5. 这个鞋子的价格太贵了。

1.

零钱

풀이 [1단계] 뼈대 만들기 : '零钱(잔돈)'은 목적어로 놓았을 때 동사 '有(있다)'가 들어갈 수 있다. 주어는 '我这里'로 표현하는 게 좋은데, '我这里'는 '내가 있는 이곳에, 여기에, 나에게' 등의 뜻이다.
→ 我这里…有…零钱

[2단계] 살 붙이기 : '零钱'을 수식하는 관형어 '很多'를 추가해 좀 더 긴 문장으로 완성시킨다.
→ 我这里有很多零钱。

모범 작문 我这里有很多零钱。 여기 많은 잔돈이 있다.

어휘 零钱 língqián [명] 잔돈 **4급**

2.

表格

풀이 **[1단계] 뼈대 만들기:** '表格(표, 양식)'와 어울리는 동사 '填写'를 떠올릴 수 있어야 한다.
→ 填写表格

[2단계] 살 붙이기: 사진 속에는 남자와 여자가 등장하므로 '他'와 '她'가 들어가게 작문한다. '남자(他)는 여자(她)가 표를 작성하는 것을 도와주고 있다'는 식의 작문이 가장 적절하다. 'S는 O가 V하는 것을 도와준다'는 의미의 작문은 ⟨S + 帮(助) + O + V~⟩로 한다.
→ 他在帮她填写表格。

모범 작문 **他在帮她填写表格。** 그는 그녀가 표를 작성하도록 도와주고 있다.

추가 작문 **请您填一下这个表格。** 이 표를 작성 좀 해 주세요.

어휘 **填写** tiánxiě [동] 써 넣다, 기입하다 3급 | **表格** biǎogé [명] 표, 양식 4급

3.

硕士

풀이 **[1단계] 뼈대 만들기:** '硕士(석사)를 하다'라고 할 때는 동사 '读'를 쓴다.
→ 读硕士

[2단계] 살 붙이기: 남자가 사진을 보는 우리에게 말을 건네는 상황으로 설정해 본다. 내용은 '너도 미국에 가서 석사 공부하고 싶어?'로 한다면 '你'가 주어가 되고 '想去美国'가 '读' 앞에 온다
→ 你也想去美国读硕士吗?

모범 작문 **你也想去美国读硕士吗?** 너도 미국에 가서 석사를 하고 싶어?

추가 작문 **他们都是硕士研究生，今天毕业。** 그들은 모두 석사 대학원생으로 오늘 졸업한다.

어휘 **硕士** shuòshì [명] 석사 4급

4.

 镜子

풀이 **[1단계] 뼈대 만들기**: 사진 속 **여자(她)**는 화장을 하고 있는데 이때 '**打扮**(꾸미다, 치장하다)'을 쓸 수 있다. 거울과 어울리는 동사는 '**照**(비추다)'가 있지만 여기서는 '**用**(이용하다)'을 쓴다.
→ 她…打扮…用镜子

[2단계] 살 붙이기: '그녀는 화장할 때 자주 이 거울을 사용한다'로 작문한다면 '用'과 '镜子' 앞에 각각 '经常'과 '这个'를 추가하여 문장을 풍부하게 만든다. '~할 때 ~한다'는 내용으로 작문할 때는 〈V₁ ~时 + V₂~〉로 쓴다.
→ 她打扮时经常用这个镜子。

모범 작문 她打扮时经常用这个镜子。 그녀는 화장할 때 자주 이 거울을 사용한다.

추가 작문 她喜欢用这个镜子打扮。 그녀는 이 거울을 이용해서 화장하는 것을 좋아한다.
她在照着镜子打扮自己。 그녀는 거울을 보며 자신을 꾸미고 있다.
打扮时用这个镜子很方便。 화장할 때 이 거울을 이용하면 아주 편하다.

어휘 镜子 jìngzi [명] 거울 4급 | 打扮 dǎban [동] 화장하다, 치장하다, 꾸미다, 단장하다

5.

 价格 2회 이상 출제

풀이 **[1단계] 뼈대 만들기**: '价格(가격)'를 보는 여자의 표정이 그다지 좋지 않기 때문에 '价格'를 주어로 했을 때 '太贵了'를 술어로 한다.
→ 价格太贵了

[2단계] 살 붙이기: 신발이 등장했기 때문에 '这个鞋子(혹은 这个皮鞋)'를 '价格'를 수식하는 관형어로 추가한다.
→ 这个鞋子的价格太贵了。

모범 작문 这个鞋子的价格太贵了。 이 신발의 가격은 너무 비싸다.

추가 작문 这个鞋子很好看, 但价格有点儿贵。 이 신발은 매우 예쁘지만 가격이 좀 비싸다.

어휘 鞋子 xiézi [명] 신발, 구두 | 价格 jiàgé [명] 가격 4급

실전 연습 문제 2

모범 작문
1. 最近工作压力太大了，我想休息一下。
2. 我刚才收到了一条短信。
3. 这里到处都是垃圾，真脏啊！
4. 我们终于完成任务了！
5. 她是一个很优秀的导游。

1.

压力

풀이 **[1단계] 뼈대 만들기 :** 여자가 많이 힘들어 하는 모습이므로 '压力'를 주어로 하고 '太大了'를 술어로 한다.
→ 压力太大了

[2단계] 살 붙이기 1 : 여자가 직장인이므로 '压力' 앞에 '工作'를 붙이고, 시간을 나타내는 '最近'을 맨 앞에 놓는다.
→ 最近工作压力太大了。

[3단계] 살 붙이기 2 : 문장이 짧은 감이 있기 때문에 뒷절에 '我想休息一下'를 추가하여 복문으로 만든다.
→ 最近工作压力太大了，我想休息一下。

모범 작문 最近工作压力太大了，我想休息一下。 최근에 업무 스트레스가 너무 많아. 나는 좀 쉬고 싶어.

어휘 压力 yālì [명] 압력, 스트레스 **4급**

2.

短信

풀이 **[1단계] 뼈대 만들기** : 문자를 받은 상황이므로 '短信'을 목적어로 하고, 동사는 '收到(받다)'를 쓰며, '我'를 주어로 한다.
→ 我…收到了…短信

[2단계] 살 붙이기 : 동사(收到) 앞에 '刚才(방금)'를 부사어로 추가하고, '短信' 앞에 '一条(한 통의)'를 관형어로 추가해 문장을 길게 만든다.
→ 我刚才收到了一条短信。

모범 작문 我刚才收到了一条短信。 나는 방금 한 통의 문자 메시지를 받았다.
추가 작문 这条短信是我朋友发的。 이 문자 메시지는 내 친구가 보냈다.

어휘 短信 duǎnxìn [명] 문자 메시지 4급 | 收 shōu [동] 받다 4급

3.

到处

풀이 **[1단계] 뼈대 만들기** : 쓰레기가 널브러져 있으므로 '垃圾(쓰레기)'가 생각나야 한다. 어떤 사물이 여기저기 많이 있을 때 〈到处都是 + 사물〉의 형식을 쓴다.
→ 到处都是垃圾

[2단계] 살 붙이기 : 장소는 계단 같은 곳인데 계단(台阶)은 모르는 단어일 가능성이 크므로 대신 '这里(이곳)'를 써서 주어로 삼을 수 있다. 짧은 감이 있다면 뒷절에 '真脏啊'를 붙여서 복문으로 만들 수 있다.
→ 这里到处都是垃圾，真脏啊！

모범 작문 这里到处都是垃圾，真脏啊！ 이곳은 도처가 다 쓰레기야. 정말 더러워!

어휘 到处 dàochù [명] 도처, 곳곳 4급 | 垃圾 lājī [명] 쓰레기 | 脏 zāng [형] 더럽다 4급

4.

任务

풀이 **[1단계] 뼈대 만들기** : 여러 사람이 있으므로 '我们'을 주어로 한다. 제시어가 '任务(임무)'이므로 어울리는 동사는 '完成(완성하다, 이루다)'이나 '做到'가 알맞다.
→ 我们…完成任务

[2단계] 살 붙이기 : 동사(完成) 앞에 '终于(마침내)'를 넣고 문장 끝에 '了'를 넣어 '终于'와 호응시킨다.
→ 我们终于完成任务了!

모범 작문 我们终于完成任务了! 우리는 마침내 임무를 완성했다!

어휘 终于 zhōngyú [부] 마침내 4급 | 完成 wánchéng [동] 완성하다 3급 | 任务 rènwù [명] 임무 4급

5.

导游

풀이 **[1단계] 뼈대 만들기** : 사진 속 인물은 여자이므로 '她'를 주어로 하고, 목적어를 '导游(가이드)'로 하는 〈是자문〉을 만든다.
→ 她…是…导游

[2단계] 살 붙이기 : '导游' 앞에 '一个很优秀的(한 명의 매우 우수한)'를 관형어로 붙여 문장을 길게 만든다.
→ 她是一个很优秀的导游。

모범 작문 她是一个很优秀的导游。 그녀는 한 명의 우수한 관광 안내원이다.

추가 작문 1 她的性格很适合做导游。 그녀의 성격은 관광 안내원을 하기에 적합하다.

추가 작문 2 游客们都在认真地听导游的话。 관광객들이 모두 진지하게 관광 안내원의 말을 듣고 있다.

어휘 导游 dǎoyóu [명] 관광 안내원, 가이드 4급 | 优秀 yōuxiù [형] 우수하다 4급 | 性格 xìnggé [명] 성격 4급 | 适合 shìhé [동] 적합하다, 알맞다 4급 | 认真 rènzhēn [형] 진지하다, 성실하다 3급 | 游客 yóukè [명] 관광객

> **꿀팁**
>
> 〈是자문〉의 일반 어순
>
> **S + 是 + 수량구 + 很 + 형용사 + 的 + O**
>
> · 狗 是 一个 很 聪明 的 动物。개는 하나의 매우 똑똑한 동물이다.
> · 游泳 是 一个 很 好 的 运动。수영은 하나의 매우 좋은 운동이다.
> · 她 是 一个 很 优秀 的 导游。그녀는 한 명의 매우 뛰어난 관광 안내원이다.

❷ 동사 제시어

실전 연습 문제 1

> **모범 작문**
> 1. 加油站禁止抽烟。
> 2. 这个孩子一点儿也不害怕打针。
> 3. 剩了这么多菜，太浪费了。
> 4. 妈妈经常表扬孩子很棒。
> 5. 你能把这个句子翻译成中文吗?

1.

禁止 2회 이상 출제

풀이 **[1단계] 뼈대 만들기** : '禁止'는 '금지하다'의 뜻이므로 뒤에는 '抽烟(흡연하다)'이 목적어로 오는 것이 알맞다.
→ 禁止抽烟

[2단계] 살 붙이기 : 흡연을 금지할 만한 곳으로는 '加油站'이 알맞다. 따라서 '加油站'을 주어로 삼는다. '加油站'이라는 글자가 생각나지 않을 경우 '这里(여기)'라고 써도 괜찮다.
→ 加油站禁止抽烟。

모범 작문 加油站禁止抽烟。 주유소에서는 담배 피우는 것을 금지한다.
추가 작문 这里禁止抽烟。 이곳에서는 담배 피우는 것을 금지한다.

어휘 加油站 jiāyóuzhàn [명] 주유소 4급 | 禁止 jìnzhǐ [동] 금지하다 4급 | 抽烟 chōuyān [동] 흡연하다, 담배를 피우다 4급

2.

打针

풀이 **[1단계] 뼈대 만들기** : '孩子'를 주어로 하고, '害怕(두려워하다)'를 술어로 하며, '打针'을 목적어로 하여 뼈대를 만든다.
→ 孩子害怕打针

[2단계] 살 붙이기 : '这个'를 관형어로 '孩子'를 수식하게 하고, '一点儿也不(조금도 ~하지 않다)'는 부사어로 '害怕'를 수식하게 한다.
→ 这个孩子一点儿也不害怕打针。

모범 작문 这个孩子一点儿也不害怕打针。 이 아이는 주사 맞는 것을 조금도 두려워하지 않는다.
추가 작문 1 护士在给一个小孩子打针。 간호사가 한 아이에게 주사를 놓고 있다.
추가 작문 2 别害怕打针，一点儿也不疼。 주사 맞는 것을 두려워하지 마, 하나도 안 아파.

어휘 害怕 hàipà [동] 두려워하다 **3급** | 打针 dǎzhēn [동] 주사를 놓다, 주사를 맞다 **4급** | 护士 hùshi [명] 간호사 **4급**

3.

剩

풀이 **[1단계] 뼈대 만들기** : 많이 남겨진 음식을 보고 탁자를 치우는 종업원이 드는 생각을 표현하도록 한다. '剩'의 목적어로는 '菜(요리)'가 알맞고, 이때 '这么多(이렇게 많은)'를 관형어로 붙인다.
→ 剩了这么多菜

[2단계] 살 붙이기 : 뒤에 짧은 문장을 하나(너무 낭비다) 추가하여 문장을 더 길게 만드는 것이 좋다.
→ 剩了这么多菜，太浪费了。

모범 작문 剩了这么多菜，太浪费了。 이렇게 많은 요리를 남기다니 너무 낭비야.
추가 작문 刚才的客人剩了很多菜。 방금 손님이 많은 음식을 남겼다.

어휘 剩 shèng [동] 남다, 남기다 **4급** | 浪费 làngfèi [동] 낭비하다 **4급** | 客人 kèrén [명] 손님 **4급**

4.

表扬

풀이 **[1단계] 뼈대 만들기 :** 엄마가 아이를 칭찬하고 있으므로 '妈妈'를 주어로, '表扬'을 술어로, '孩子'를 목적어로 해서 뼈대를 만든다.
→ 妈妈表扬孩子

[2단계] 살 붙이기 : '表扬'은 〈겸어문〉을 만들 수 있는 동사이기 때문에 '孩子' 뒤에는 아이를 서술할 수 있는 술어가 올 수 있다. 칭찬 받는 상황이므로 '孩子' 뒤에는 '很棒(매우 훌륭하다)'을 넣는 것이 좋다. 또한 '表扬' 앞에는 '经常'을 넣어 문장을 좀 더 풍부하게 만들 수 있다.
→ 妈妈经常表扬孩子很棒。

모범 작문 妈妈经常表扬孩子很棒。 엄마는 자주 아이가 훌륭하다고 칭찬한다.
추가 작문 表扬也是一门艺术。 칭찬도 하나의 기술이다.

어휘 表扬 biǎoyáng [동] 칭찬하다 4급 | 棒 bàng [형] 훌륭하다, 멋지다 [명] 방망이, 몽둥이 4급 | 艺术 yìshù [명] 예술, 기술 4급

5.

翻译

풀이 **[1단계] 뼈대 만들기 :** 왼쪽 사람이 오른쪽 사람에게 무언가를 번역해 달라는 설정으로 표현해 본다. '翻译' 뒤에는 '这个句子(이 문장)'를 목적어로 삼는 것이 좋다. 또한 '~해 줄 수 있습니까?'라고 할 때는 〈你能~吗？〉라고 표현한다.
→ 你能翻译这个句子吗?

[2단계] 살 붙이기 : 위 문장을 '중국어로 번역할 수 있습니까'로 바꾸면 '翻译成中文'으로 써야 하며, 이때 '这个句子'는 '把'와 함께 써서 동사 앞에 놓는다.
→ 你能把这个句子翻译成中文吗?

모범 작문 你能把这个句子翻译成中文吗？ 너는 이 문장을 중국어로 번역할 수 있어?
추가 작문 这个句子很难翻译，你能翻译吗？ 이 문장은 번역이 어려워. 너는 번역할 수 있니?

어휘 句子 jùzi [명] 문장 4급 | 翻译 fānyì [동] 번역하다 4급 | 中文 zhōngwén [명] 중국어 4급

실전 연습 문제 2

모범 작문
1. 妈，我把盘子擦干净了。
2. 这部电影让她很感动。
3. 这双鞋现在打折，很便宜。
4. 飞机马上就要降落了。
5. 他乘坐的飞机已经起飞了。

1.

擦 2회 이상 출제

풀이 [1단계] 뼈대 만들기 : '擦'는 '닦다'의 뜻이므로 뒤에는 사진 속 사물인 '盘子'를 목적어로 만든다. 딸이 엄마에게 말을 거는 방식으로 작문해 본다.
→ 妈，我…擦…盘子

[2단계] 살 붙이기 : 문장을 풍부하게 만들기 위해서 '擦' 뒤에 결과보어로 '干净'을 쓸 수 있다. 이 문장을 '접시를 깨끗하게 닦았다'는 식으로 만든다면 〈把자문〉으로 쓰는 것이 알맞다. 〈把자문〉의 기본 어순 〈S + 把 + N + V + 기타 성분〉에 따라 '把' 뒤에는 '盘子'를, 기타 성분으로는 '干净'을 쓴다.
→ 妈，我把盘子擦干净了。

모범 작문 妈，我把盘子擦干净了。 엄마, 제가 접시를 깨끗하게 닦았어요.

어휘 盘子 pánzi [명] 쟁반, 접시 3급 | 擦 cā [동] 닦다 4급 | 干净 gānjìng [형] 깨끗하다 3급

2.

感动

풀이 **[1단계] 뼈대 만들기 :** 여자가 감동하여 눈물을 흘리고 있으므로 '여자가 감동했다'의 내용으로 뼈대를 만든다.
→ 她很感动

[2단계] 살 붙이기 : 장소는 극장일 가능성이 크므로 '영화가 그녀를 감동하게 했다'는 식으로 〈겸어문〉을 만들 수 있다. '部' 대신에 '个'를 써도 가능하다.
→ 这部电影让她很感动。

모범 작문 **这部电影让她很感动。** 이 영화는 그녀로 하여금 감동하게 했다.
추가 작문 **女朋友被电影感动得哭了。** 여자 친구가 영화에 감동해서 울었다.

어휘 **感动** gǎndòng [동] 감동하다, 감동시키다 4급 | **部** bù [양] 영화의 편수를 셈

3.

打折

풀이 **[1단계] 뼈대 만들기 :** 구두가 할인(打折)하고 있는 상황이므로 신발(鞋)을 주어로 하고 '打折'를 술어로 삼는다. 구두를 의미하는 '皮鞋'나 하이힐을 의미하는 '高跟鞋'는 굳이 안 써도 되는 것이 '鞋'는 모든 신발을 통칭하기 때문이다.
→ 鞋现在打折

[2단계] 살 붙이기 : '这双(이 한 켤레의)'을 '鞋'를 수식하는 관형어로 하고, 뒷절에는 짧게 '很便宜(매우 싸다)'를 추가하여 복문으로 만든다.
→ 这双鞋现在打折，很便宜。

모범 작문 **这双鞋现在打折，很便宜。** 이 신발은 할인하고 있어서 매우 싸.
추가 작문 **这双鞋很好看，而且正好打折。** 이 신발은 매우 예쁘고 게다가 때마침 할인 중이다.

어휘 **打折** dǎzhé [동] 가격을 깎다, 할인하다 4급 | **双** shuāng [양] 짝, 켤레 3급 | **鞋** xié [명] 신발, 구두 3급 | **正好** zhènghǎo [부] 마침 [형] 꼭 알맞다 4급

4.

降落

풀이 **[1단계] 뼈대 만들기** : '降落(착륙하다)'는 목적어를 동반할 수 없는 동사이므로 '飞机(비행기)'를 주어로 만들어야 한다.
→ **飞机**…**降落**(비행기가 착륙하다)

[2단계] 살 붙이기 : 사진 속 비행기는 **착륙하려고** 하는 장면이다. 어떤 일이 곧 발생하려 함을 나타낼 때는 〈S ＋ 马上就要 ＋ V ＋ 了〉의 형식을 쓸 수 있다.
→ 飞机**马上就要**降落**了**。

모범 작문 飞机马上就要降落了。 비행기가 곧 착륙하려 한다.
추가 작문 飞机将降落在首都机场。 비행기가 수도공항에 착륙할 것이다.

어휘 降落 jiàngluò [동] 착륙하다 **4급** | 将 jiāng [부] 장차, 곧 | 首都 shǒudū [명] 수도 **4급** | 机场 jīchǎng [명] 공항 **4급**

5.

起飞

풀이 **[1단계] 뼈대 만들기** : '起飞(이륙하다)'는 목적어를 동반할 수 없는 동사이므로 '飞机'를 주어로 삼는다.
→ **飞机**…**起飞**

[2단계] 살 붙이기 : '飞机' 앞에는 '他乘坐的'를 관형어로 추가하고, '起飞' 앞에는 '已经' 부사어를 추가하여 문장을 풍부하게 만든다. 문장 끝에는 '已经'과 호응하도록 '了'를 넣는다.
→ 他乘坐的飞机已经起飞了。

모범 작문 他乘坐的飞机已经起飞了。 그가 탄 비행기가 이미 이륙했다.

어휘 起飞 qǐfēi [동] 이륙하다 **4급** | 乘坐 chéngzuò [동] (탈것에) 타다, 승차하다 **4급**

❸ 형용사 제시어

실전 연습 문제 1

모범 작문
1. 别太得意了，比赛还没结束呢。
2. 这个数学题太复杂了，我做不了了。
3. 他躺着轻松地听音乐。
4. 开车时打手机是很危险的。
5. 衣服怎么这么脏啊，去踢足球了吗?

1.

得意

풀이 [1단계] 뼈대 만들기 : '得意'는 부정적 의미의 단어이다. 여자 운동선수가 득의하는 모습이므로 '너무 득의해 하지 마'의 내용으로 뼈대를 만든다.
→ 别太得意了

[2단계] 살 붙이기 : 테니스(网球) 경기(比赛)를 하고 있으므로 '시합이 아직 끝나지 않았어'라고 추가하여 복문을 만든다.
→ 别太得意了, **比赛还没结束呢**。

모범 작문 别太得意了, 比赛还没结束呢。 너무 득의하지 마, 아직 시합이 끝나지 않았어.
추가 작문 比赛赢了, 但别太得意了。 시합에서 이겼지만 너무 득의하지 마.

어휘 得意 déyì [형] 득의하다 4급 | 比赛 bǐsài [명] 경기, 시합 [동] 시합하다 3급 | 结束 jiéshù [동] 끝나다, 마치다 3급

2.

复杂

풀이 **[1단계] 뼈대 만들기**: 숫자와 수학 기호들이 잔뜩 쓰여진 **칠판을 보며 힘들어하고 있는 모습**이 있고 제시어는 '**复杂**(복잡하다)'이다. 따라서 '**수학 문제가 너무 복잡하다**'는 내용의 **주술구**를 뼈대로 만든다.
→ 数学题太复杂了

[2단계] 살 붙이기: '数学题' 앞에 '这个'를 관형어로 붙이고, 뒷절에는 '문제를 못 푼다'라고 추가하여 **복문**으로 완성한다. '문제를 풀다'라고 할 때는 '做题'라고 쓰는데 **능력이 없어** '풀어 낼 수 없다'라고 표현할 때는 **가능보어의 부정 형태**인 '做不了'를 쓰는 것이 좋다.
→ 这个数学题太复杂了, 我做不了了。

모범 작문 这个数学题太复杂了, 我做不了了。 이 수학 문제는 너무 복잡해, 난 못 풀겠어.

추가 작문 这个数学题怎么这么复杂, 让我很头疼。
　　　　　이 수학 문제는 어쩜 이렇게 복잡해, 나를 매우 골치아프게 해.

어휘 赢 yíng [동] 이기다, 승리하다 4급 | 复杂 fùzá [형] 복잡하다 4급 | 数学题 shùxuétí [명] 수학 문제 3급 | 头疼 tóuténg [형] 머리가 아프다 4급

3.

轻松

풀이 **[1단계] 뼈대 만들기**: 남자(他)가 누워서(躺着) 음악을 듣고 있다(听音乐). 두 개의 동사가 나오는 〈연동문〉에서 V₁(躺)이 V₂(听)의 상태를 나타낼 때는 V₁ 뒤에 '着'를 붙인다.
→ 他躺着听音乐

[2단계] 살 붙이기: 제시어 '**轻松**(홀가분하다, 수월하다)'은 **다른 동사를 수식하는 부사어**가 될 수 있다. '홀가분하게 음악을 듣다'라고 표현할 수 있으므로 '**地**(부사어 구조조사)'와 함께 '听'을 수식한다.
→ 他躺着轻松地听音乐。

모범 작문 他躺着轻松地听音乐。 그는 누워서 홀가분하게 음악을 듣고 있다.

추가 작문 他在躺着听音乐, 看起来很轻松。 그는 누워서 음악을 듣고 있는데, 매우 편안해 보인다.

어휘 轻松 qīngsōng [형] (마음이) 홀가분하다, (일이) 수월하다 4급 | 躺 tǎng [동] 눕다 4급

4.

危险

풀이 [1단계] 뼈대 만들기 : 운전자가 운전 중에 핸드폰을 하고 있다. 이것은 매우 위험한 행위이다. 따라서 '운전 중 핸드폰 사용은 매우 위험하다'로 뼈대를 잡는다.
→ 开车时打手机很危险

[2단계] 살 붙이기 : '开车时打手机很危险。'만으로도 문장이 된다. 하지만 좀 더 멋진 문장을 만들겠다면 '是 ~的' 구문을 쓸 수 있다. '是~的' 구문은 주어에 대해서 화자의 판단이나 설명의 어기를 강조할 때 쓴다. 따라서 '很危险' 앞뒤로 '是'와 '的'를 넣어 어기를 추가한다.
→ 开车时打手机是很危险的。

모범 작문 开车时打手机是很危险的。 운전할 때 핸드폰을 하는 것은 매우 위험하다.

추가 작문 一边开车一边打手机太危险了。
한편으로 운전하면서 한편으로 핸드폰을 쓰는 것은 매우 위험하다.

어휘 危险 wēixiǎn [형] 위험하다 4급 | 打手机 dǎ shǒujī 핸드폰을 사용하다 | 一边 yìbiān [명] 한쪽 [부] 한편으로 ~하면서 또 한편으로 ~하다 3급

5.

脏

풀이 [1단계] 뼈대 만들기 : 옷이 더러운 상태이므로 '옷이 더럽다'를 기본 뼈대로 한다.
→ 衣服很脏

[2단계] 살 붙이기 1 : 아이 옆에 엄마가 있다고 가정하고 엄마가 아이에게 '옷이 왜 이렇게 더러워'라고 하는 설정으로 한다. 따라서 '很' 대신에 '怎么这么~啊(어째서 이렇게 ~하니)'로 바꾼다.
→ 衣服怎么这么脏啊。

[3단계] 살 붙이기 2 : 짧은 감이 있다면 뒤에 '축구하러 갔었어?'를 추가하여 복문으로 만든다. '~하러 갔었어?'라고 표현할 때는 〈去 + V + O + 了吗?〉라고 쓴다.
→ 衣服怎么这么脏啊, 去踢足球了吗?

모범 작문 衣服怎么这么脏啊, 去踢足球了吗? 옷이 왜 이렇게 더러워, 축구하러 갔었어?

추가 작문 怎么弄得这么脏, 快去洗个澡吧。 어째서 이렇게 더러워졌어, 빨리 가서 샤워해.

어휘 脏 zāng [형] 더럽다 4급 | 踢足球 tī zúqiú 축구를 하다 2급 | 洗澡 xǐzǎo [동] 목욕하다, 샤워하다 3급

실전 연습 문제 2

> **모범 작문**
> 1. 你的感冒很严重，快去医院吧。
> 2. 我觉得这个汤有点儿咸，你尝一尝。
> 3. 奶奶您辛苦了，我给您擦擦汗。
> 4. 这些花好香啊！
> 5. 幽默的男人更受女人的欢迎。

1.

严重

풀이 **[1단계] 뼈대 만들기** : 제시어로 '严重(심각하다)'이 있고 마스크를 쓰고 있는 것으로 보아 감기에 걸렸음을 알 수 있다. 따라서 '感冒'를 주어로 삼고 '严重'을 술어로 하여 뼈대를 만든다.
→ 感冒很严重

[2단계] 살 붙이기 : 이 사진을 보는 우리가 사진 속 여자에게 말하는 방식으로 표현한다. '感冒' 앞에는 '你的'를 붙여 수식하고, 뒷절에 '병원에 빨리 가 봐'를 추가하여 복문으로 만든다.
→ 你的感冒很严重，快去医院吧。

모범 작문 你的感冒很严重，快去医院吧。 너의 감기가 심해, 빨리 병원에 가 봐.

추가 작문 我就是有点儿感冒，不太严重。 나는 단지 약간 감기에 걸렸어, 그다지 심각하지 않아.

어휘 严重 yánzhòng [형] 심각하다 4급 | 感冒 gǎnmào [동] 감기에 걸리다 [명] 감기 3급 | 医院 yīyuàn [명] 병원 1급 | 就是 jiùshì [부] 단지, 그저 [동] 바로 ~이다

2.

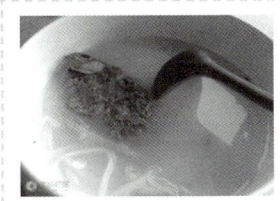
咸

풀이 **[1단계] 뼈대 만들기** : 국이 있으므로 '这个汤'을 주어로 하고 '咸(짜다)'을 술어로 하는 뼈대를 만든다. 이때 '약간 짜다'라고 하여 '咸' 앞에 부사 '有点儿'을 추가한다.
→ 这个汤有点儿咸

[2단계] 살 붙이기 : 문장을 길게 만들기 위해서 '这个汤有点儿咸' 전체를 목적어로 하도록 맨 앞에 '我觉得'를 추가한다. 이 문장으로도 충분하지만 뒷절에 '你尝一尝'을 추가하여 복문으로 만들 수도 있다.
→ 我觉得这个汤有点儿咸，你尝一尝。

모범 작문 我觉得这个汤有点儿咸，你尝一尝。 나는 이 국이 좀 짠 것 같아. 네가 맛 좀 봐.
추가 작문 1 这个汤太咸了，盐放多了吧? 이 국은 너무 짜. 소금을 많이 넣었지?
추가 작문 2 我觉得这个汤太咸了。 나는 이 국이 너무 짠 것 같아.

어휘 咸 xián [형] (맛이) 짜다 4급 | 汤 tāng [명] 국, 탕 4급 | 尝 cháng [동] 맛보다 4급

3.

辛苦

풀이 **[1단계] 뼈대 만들기** : 아이가 할머니에게 땀을 닦아 주고 있고 제시어는 '辛苦(고생스럽다, 수고했다)'가 나와 있다. 그렇다면 아이가 할머니에게 수고하셨다고 말하는 상황으로 표현한다. 따라서 우선 '할머니 수고하셨어요'의 내용으로 주술구 뼈대를 만든다.
→ 奶奶您辛苦了

[2단계] 살 붙이기 : 아이가 할머니의 땀을 닦아 주고 있으므로 뒷절에 '제가 땀을 좀 닦아 드릴게요'라는 내용으로 짧은 문장을 추가하여 복문으로 완성한다. 이때 땀을 닦는 것은 짧은 시간 동안 이루어지는 가벼운 동작이므로 동사 중첩(擦擦汗)으로 쓰는 것이 좋다.
→ 奶奶您辛苦了，我给你擦擦汗。

모범 작문 奶奶您辛苦了，我给您擦擦汗。 할머니 고생하셨어요. 제가 땀 좀 닦아 드릴게요.
추가 작문 奶奶您辛苦了，咱们回家吧。 할머니 수고하셨어요. 우리 집에 돌아가요.

어휘 辛苦 xīnkǔ [형] 고생스럽다, 수고롭다 4급 | 擦 cā [동] (천·수건 등으로) 닦다 4급 | 汗 hàn [명] 땀 [동] 땀이 나다 4급

4.

香 2회 이상 출제

풀이 [1단계] 뼈대 만들기 : '이 꽃은 향긋하다'로 뼈대를 잡는다.
→ 这些花…香

[2단계] 살 붙이기 : 여러 가지 꽃이 함께 묶여 있으므로 '花' 앞에 '这些'를 붙여 꾸며 준다. 〈감탄문〉의 어순은 〈S + 好 + 형용사 + 啊!〉이다. 따라서 작문을 감탄문으로 만든다면 '香' 앞에 '好'를 추가하고 끝에 감탄의 어기를 나타내는 어기조사 '啊'를 넣어 감탄문으로 완성한다.
→ 这些花好香啊！

모범 작문 这些花好香啊！이 꽃은 정말 향기로워!

어휘 香 xiāng [형] 향기롭다, 맛있다 4급

5.

幽默

풀이 [1단계] 뼈대 만들기 : 남자와 여자가 모두 웃고 있으므로 남자를 유머러스한 남자(幽默的男人)로 설정해 본다.
→ 幽默的男人

[2단계] 살 붙이기 : 유머러스한 남자는 여자들에게 더 인기가 있다. 이것을 중국어로 표현하면 더욱 여자들의 환영을 받는다(更受女人的欢迎)라고 한다.
→ 幽默的男人更受女人的欢迎。

모범 작문 幽默的男人更受女人的欢迎。유머러스한 남자는 더욱 여자의 환영을 받는다.
추가 작문 我的男朋友很幽默，所以我很喜欢他。
내 남자 친구는 매우 유머러스하다. 그래서 나는 그를 좋아한다.

어휘 幽默 yōumò [형] 유머러스하다 4급 | 受欢迎 shòu huānyíng 환영을 받다

④ 기타 제시어

실전 연습 문제

모범 작문
1. 公园里有一棵大树。
2. 桌子上放着一台电脑。
3. 这件事到底该怎么办？
4. 我去趟洗手间，你等我一下。
5. 我竟然通过考试了！

1.

棵

풀이 [1단계] 뼈대 만들기 : '棵(그루)'는 나무를 세는 양사이다. 한 그루 나무가 보이므로 '一棵树'가 들어가야 한다. 이곳을 공원이라고 가정하고 '공원에 한 그루의 나무가 있다'는 식의 뼈대를 잡는다.
→ 公园…有…一棵树

[2단계] 살 붙이기 : '어떤 장소에 무엇이 있다'는 식의 내용은 〈존현문〉으로 만들기 때문에 방위사 '里'를 붙여 '公园里'를 주어로 하고, 사진 속 나무가 매우 크므로 관형어 '大'를 붙여서 '树'를 수식하여 문장을 완성한다.
→ 公园里有一棵大树。

모범 작문 公园里有一棵大树。 공원에는 한 그루의 큰 나무가 있다.

어휘 棵 kē [양] 그루, 포기(식물을 세는 단위) 4급 | 公园 gōngyuán [명] 공원 4급

꿀팁
〈존현문〉 주어 앞에는 '在'를 쓰지 않는다!
'公园里' 자체가 장소를 나타내기 때문에 '在公园里'라고 하지 않는다. 장소를 나타내는 주어 앞에 '在'나 '从' 같은 개사를 붙이지 않는 것이 〈존현문〉의 특징 중 하나라는 것을 다시 한 번 기억해 두자.
- 在公园里有一棵大树。 공원에는 한 그루의 큰 나무가 있다. (在 삭제)
- 从剧场里出来了很多观众。 극장에서 많은 사람들이 나왔다. (从 삭제)

2.

台

풀이 **[1단계] 뼈대 만들기** : '台(대)'는 컴퓨터 같은 기계를 세는 양사이므로 '一台电脑'가 들어가고, 탁자 위에 있으므로 주어는 '桌子上'으로 한다.
→ 桌子上…一台电脑

[2단계] 살 붙이기 : 컴퓨터가 탁자 위에 놓여 있으므로 동사는 '放'으로 쓰는 것이 좋다. 동사 뒤에는 '着'를 붙여서 존재하고 있음을 나타낸다.
→ 桌子上放着一台电脑。

모범 작문 桌子上放着一台电脑。 탁자 위에 한 대의 컴퓨터가 놓여 있다.
추가 작문 桌子上放着一台电脑和一杯牛奶。 탁자 위에 한 대의 컴퓨터와 한 잔의 우유가 놓여 있다.

어휘 台 tái [양] 대(기계 등을 셈) 4급 | 电脑 diànnǎo [명] 컴퓨터 1급

3.

到底 2회 이상 출제

풀이 **[1단계] 뼈대 만들기** : '到底(도대체)'는 부사이므로 동사나 형용사 앞에 위치시킬 수 있다. 사진의 상황은 남자가 무엇을 골똘히 생각하는 모습이다. 따라서 '도대체 어떻게 하지'라는 내용으로 작문해 본다.
→ 到底怎么办?

[2단계] 살 붙이기 : '怎么办' 앞에는 '该'나 '应该'를 넣고, 주어로는 '这件事(이 일)'를 넣는다.
→ 这件事到底该怎么办?

모범 작문 这件事到底该怎么办? 이 일은 도대체 어떻게 처리하지?

어휘 到底 dàodǐ [부] 도대체 4급 | 办 bàn [동] 처리하다, 하다

4.

趟

풀이 **[1단계] 뼈대 만들기** : '趟'은 갔다가 오는 왕래의 횟수를 나타내는 동량사이다. 사진은 화장실이므로 화장실에 다녀온다는 설정으로 표현해 본다. 화장실에 다녀오다는 '去(一)趟洗手间'으로 표현한다. '洗手间' 대신 '卫生间'으로 써도 괜찮다.

→ 我去趟洗手间

[2단계] 살 붙이기 : 뒷절에 '좀 기다려 줘'의 내용을 추가하여 복문으로 완성한다.

→ 我去趟洗手间，你等我一下。

모범 작문 我去趟洗手间，你等我一下。 나 화장실 좀 다녀올게, 잠깐 기다려 줘.

어휘 趟 tàng [양] 차례, 번(왕래한 횟수를 세는 데 쓰임) 4급 | 洗手间 xǐshǒujiān [명] 화장실(=卫生间) 3급

꿀팁 **동량사(동량보어)와 목적어의 위치 관계**

(1) 동량사는 일반적으로 동사와 목적어 사이에 온다.
- 我去一趟洗手间。 나는 화장실 좀 다녀올게.
- 我可以用一下你的电话吗？ 내가 너의 전화를 좀 사용해도 되겠니?

(2) 하지만 목적어가 인칭대명사인 경우 동량사는 목적어 뒤에 온다.
- 你等我一下。 너 잠깐만 나를 기다려 줘.
- 我见过他一次。 나는 그를 한 번 만난 적이 있다.

(3) 목적어가 확정된 사람, 동물, 지명 등을 가리킬 때는 목적어 앞뒤로 다 올 수 있다.
- 我以前来过一次北京。 / 我以前来过北京一次。

5.

竟然

풀이 **[1단계] 뼈대 만들기** : 사진은 시험에 합격했음을 발견한 순간 환호하는 모습이므로 '나는 시험에 통과했다'로 작문한다.

→ 我通过考试了

[2단계] 살 붙이기 : '竟然(뜻밖에)'은 부사이므로 동사나 형용사 앞에 온다. 따라서 '竟然'을 '通过' 앞에 위치시킨다.

→ 我竟然通过考试了！

모범 작문 我竟然通过考试了！ 내가 뜻밖에도 시험에 통과했어!

추가 작문 我竟然考试合格了！ 내가 뜻밖에도 시험에 합격하다니!

어휘 竟然 jìngrán [부] 뜻밖에 4급 | 通过 tōngguò [동] 통과하다 [개] ~을 통하여 4급 | 合格 hégé [형] 합격이다, 규격에 맞다 4급

정답과 해설

汉语水平考试
HSK(四级)
실전 모의고사 답안

一、听 力

第一部分

1. ✓   2. ✗   3. ✓   4. ✓   5. ✗
6. ✓   7. ✓   8. ✗   9. ✓   10. ✗

第二部分

11. A   12. A   13. D   14. A   15. A
16. C   17. D   18. B   19. C   20. B
21. B   22. C   23. C   24. C   25. C

第三部分

26. B   27. D   28. C   29. D   30. D
31. A   32. C   33. C   34. B   35. A
36. D   37. A   38. A   39. B   40. C
41. B   42. D   43. D   44. C   45. D

二、阅 读

第一部分

46. E   47. C   48. A   49. B   50. F
51. E   52. B   53. F   54. A   55. D

第二部分

| 56. ACB | 57. BAC | 58. BAC | 59. CAB | 60. BAC |
| 61. ABC | 62. BCA | 63. CBA | 64. BAC | 65. BAC |

第三部分

66. A	67. C	68. D	69. C	70. B
71. B	72. D	73. D	74. D	75. A
76. A	77. A	78. D	79. A	80. D
81. A	82. D	83. A	84. A	85. D

三、书写

第一部分

86. 加油站附近禁止抽烟。
87. 计划进行得不太顺利。
88. 那座山看起来像一头牛。
89. 母亲的回答让儿子很吃惊。
90. 你给我的地址正确吗?
91. 弟弟不小心把钥匙弄丢了。
92. 她的申请被拒绝了。
93. 同学们在超市进行了调查。
94. 盒子里面有一块儿手表。
95. 那位作者拒绝了他们的邀请。

第二部分
(参考答案)

96. 这里有一个空盒子。／ 这个盒子是空的。
97. 她经常去国外出差。／ 她拉着行李箱去出差。
98. 她反对男友玩电脑游戏。／ 她对电脑游戏不感兴趣。
99. 祝贺你顺利生孩子! ／ 医生在祝贺她顺利生孩子。
100. 这个果汁真好喝! ／ 她喜欢运动后喝果汁。

해설

듣기 제1부분 1번~10번

1.

刷牙的时候，水太冷或者太热，都会给牙的健康带来不好的影响。研究发现，<u>用35度的温水刷牙才是最合适的</u>。

★ 刷牙时要使用<u>温水</u>。

이를 닦을 때 물이 너무 차거나 너무 뜨거우면, 치아 건강에 안 좋은 영향을 가져다줄 수 있다. 연구에서 발견하기를, <u>35도의 온수로 이를 닦는 것이 가장 적절하다</u>.

★ 양치할 때는 <u>온수</u>를 사용해야 한다.

풀이 온수를 사용하는 것(用35度的温水)이 가장 적절하다고(最合适) 했으므로 일치한다. '研究~', '调查~' 등의 표현이 있을 때는 그 글의 중심 내용이나 주제가 나온다는 것을 기억하자.

정답 ✓

어휘 刷牙 shuāyá [동] 이를 닦다 3급 | 或者 huòzhě [접] 혹은 3급 | 研究 yánjiū [동] 연구하다 3급 | 温水 wēnshuǐ [명] 온수 | 合适 héshì [형] 적당하다, 알맞다 4급

2.

<u>真正优秀的管理者，并不需要自己去做所有的事情</u>。他只需要让身边的人，都愿意努力工作就可以了。

★ 优秀的管理者要做好<u>每件事</u>。

<u>진정으로 우수한 관리자는 결코 자신이 모든 일을 다 해야 하는 것이 아니다</u>. 그는 단지 곁에 있는 사람으로 하여금 열심히 일을 하고 싶도록 만들기만 하면 된다.

★ 우수한 관리자는 <u>모든 일</u>을 잘해야 한다.

풀이 뛰어난 관리자는 자신이 모든 일을 하는 것이 아니라 사람들로 하여금 일을 열심히 하게끔 만드는 것이므로 제시문은 불일치한다. 관리자는 **적재적소에 알맞은 인재를 배치**하여 **효율적인 일처리**를 관리하는 사람이기 때문에 **모든 일을 다 잘해야 한다**는 제시문은 그 자체로도 **상식에 어긋나기 때문에 녹음을 듣지 않아도 불일치할 것**임을 짐작할 수 있다.

정답 X

어휘 真正 zhēnzhèng [형] 진정한, 참된 4급 | 优秀 yōuxiù [형] 우수하다 4급 | 管理 guǎnlǐ [동] 관리하다 4급 | 并 bìng [부] 결코

3.

| 爷爷的年龄大了，但他还是坚持工作。儿孙们都要求他多休息、少工作，可他总是说：你们放心，我身体很好，还有力气干活儿。 | 할아버지의 나이가 많으신데도 그는 여전히 계속 일을 하신다. 아들과 손주들은 그에게 많이 쉬고 적게 일하라고 요구하지만 그는 늘 이렇게 말한다. "안심하거라. 내 몸은 좋아서 아직 일 할 힘이 있단다." |
| ★ 儿孙们都担心爷爷。 | ★ 아들과 손주들은 할아버지를 걱정한다. |

풀이 '걱정하다(担心)'는 직접적인 표현은 없지만 할아버지의 말 '你们放心'을 통해서 손주들이 걱정하고 있음을 유추해 볼 수 있다.

정답 ✓

어휘 年龄 niánlíng [명] 연령, 나이 4급 | 坚持 jiānchí [동] 견지하다 4급 | 儿孙 érsūn [명] 아들과 손자, 후대, 자손 | 放心 fàngxīn [동] 안심하다 3급 | 力气 lìqi [명] 힘, 역량 4급 | 干活儿 gànhuór 일을 하다 | 担心 dānxīn [동] 걱정하다 3급

4.

| 小王是个活泼、可爱的女孩儿。她说话的时候，总是喜欢做动作。本来很普通的事，经她一讲，就变得非常有意思！大家都特别喜欢她这种性格。 | 샤오왕은 활발하고 귀여운 여자아이다. 그녀는 말을 할 때 늘 동작을 취하기를 좋아한다. 원래 평범한 일도 그녀의 말을 거치면 매우 재미있게 변한다! 모두가 그녀의 이런 성격을 매우 좋아한다. |
| ★ 小王性格活泼。 | ★ 샤오왕은 성격이 활발하다. |

풀이 '小王是个活泼、可爱的女孩儿'을 통해서 제시문이 일치함을 알 수 있다.

정답 ✓

어휘 活泼 huópō [형] 활기차다, 활발하다 4급 | 可爱 kě'ài [형] 사랑스럽다, 귀엽다 3급 | 动作 dòngzuò [명] 동작 [동] 움직이다 4급 | 本来 běnlái [부] 본래, 원래 4급 | 普通 pǔtōng [형] 보통의 | 经 jīng [동] (과정을) 거치다 | 变得 biànde ~하게 변하다 | 性格 xìnggé [명] 성격 4급

5.

| 以前，人们主要通过打电话、写信与他人联系。现在，互联网和手机短信成了人们普遍使用的联系方法。 | 이전에 사람들은 주로 전화를 걸거나 편지 쓰기를 통해 타인과 연락했다. 지금은 인터넷과 핸드폰 문자 메시지가 사람들이 보편적으로 사용하는 연락 방법이 되었다. |
| ★ 过去的联系方法很麻烦。 | ★ 과거의 연락 방법은 매우 번거롭다. |

풀이 과거와 현재의 연락 방법이 바뀐 것만 말했지 번거롭다는 내용은 없으므로 제시문은 불일치한다.

정답 ✗

어휘 联系 liánxì [동] 연락하다, 관계하다 4급 | 互联网 hùliánwǎng [명] 인터넷 4급 | 普遍 pǔbiàn [형] 보편적이다 4급 | 麻烦 máfan [형] 번거롭다 4급

6.

据一项调查，<u>很多30岁左右的年轻人</u>，例如出租车司机、新闻记者，平时工作紧张，<u>很少进行锻炼</u>。	한 조사에 따르면 <u>많은 30세 정도의 젊은이</u>, 예를 들어 택시 운전기사, 뉴스 기자들은 평소에 업무가 <u>바빠 운동을 잘 하지 않는다고 한다</u>.
★ 很多年轻人<mark>缺少锻炼</mark>。	★ 많은 젊은이들은 <mark>운동이 부족하다</mark>.

풀이 '운동을 적게 한다'고 했으므로 제시문은 일치한다. '很少进行锻炼'이 '缺少锻炼'으로 연결됨을 확인하자.

정답 ✓

어휘 左右 zuǒyòu [명] 정도, 쯤 [동] 좌우하다 4급 | 例如 lìrú [접] 예를 들어 4급 | 司机 sījī [명] 운전기사 4급 | 新闻 xīnwén [명] 뉴스 3급 | 记者 jìzhě [명] 기자 4급 | 平时 píngshí [명] 평소 4급 | 紧张 jǐnzhāng [형] 긴장하다, 바쁘다, (물자가) 부족하다 4급 | 缺少 quēshǎo [동] 부족하다 4급

7.

虽然有些宾馆会向客人提供免费的毛巾、牙膏和牙刷，但是每次出差，<u>我都会自己带这些东西，很少用宾馆里的</u>。	비록 어떤 호텔은 고객에게 무료의 수건, 치약과 칫솔을 제공하지만, 매번 출장 갈 때마다 <u>나는 직접 이런 것들을 챙겨 호텔 안의 것은 잘 사용하지 않는다</u>.
★ 我不愿意用宾馆的毛巾。	★ 나는 호텔의 수건을 사용하길 원치 않는다.

풀이 '나는 호텔의 물건을 잘 사용하지 않는다'고 했으므로 일치하므로 ✓가 된다.

정답 ✓

어휘 宾馆 bīnguǎn [명] 호텔 2급 | 客人 kèrén [명] 손님, 고객 3급 | 提供 tígōng [동] 제공하다 4급 | 免费 miǎnfèi [형] 무료의, 공짜의 4급 | 毛巾 máojīn [명] 수건 4급 | 牙膏 yágāo [명] 치약 4급 | 牙刷 yáshuā [명] 칫솔 | 出差 chūchāi [동] 출장 가다 4급

8.

有些人喜欢不停地换工作，<u>但经常换工作不一定好</u>，而要根据自己的条件，把一份工作坚持做到最好才是正确的选择。	어떤 사람들은 끊임없이 직장을 바꾼다. 하지만 <u>자주 직장을 바꾸는 것이 꼭 좋은 것은 아니며</u>, 자신의 조건에 따라 한 가지의 일을 끝까지 가장 잘 해내는 것이야말로 올바른 선택이다.
★ 经常换工作是正确的选择。	★ 자주 일자리를 바꾸는 것은 올바른 선택이다.

풀이 자주 직장을 바꾸는 것이 꼭 좋은 것은 아니다(不一定好)라고 했으므로 제시문은 불일치한다. 또한 제시문은 상식적으로 판단해도 옳은 얘기가 아니므로 불일치라고 예상할 수 있다.

정답 ✗

어휘 停 tíng [동] 멈추다, 정지하다 4급 | 换 huàn [동] 바꾸다 3급 | 不一定 bù yídìng [부] 꼭 ~인 것은 아니다 | 根据 gēnjù [명] 근거 [개] ~에 근거하여 3급 | 条件 tiáojiàn [명] 조건, 여건 4급 | 坚持 jiānchí [동] 견지하다 4급 | 正确 zhèngquè [형] 정확하다, 옳다 4급 | 选择 xuǎnzé [명/동] 선택(하다) 3급

9.

我们爬山时，经常是前面的人拉着后面的，后面的人推着前面的一起向上爬。因为大家都知道，<u>只有互相帮助，才能共同向前</u>。

★ 互相帮助才能共同前进。

우리가 등산할 때는 자주 앞쪽의 사람이 뒤쪽의 사람을 잡아당겨 주고, 뒤쪽 사람은 앞쪽 사람을 밀어 주어 함께 위로 오른다. 왜냐하면 모두가 <u>오직 서로 도와주어야만 비로소 함께 전진할 수 있기 때문이다.</u>

★ 서로 도와야 비로소 함께 전진할 수 있다.

풀이 오직 '서로 도와야만(互相帮助) 함께 나아갈 수 있다(共同向前)'고 했으므로 제시문은 일치한다. 또한 제시문은 상식적으로도 옳은 도리를 표현하고 있으므로 일치할 것임을 예상할 수 있다.

정답 ✓

어휘 爬山 páshān [동] 등산하다 3급 | 拉 lā [동] 당기다, 끌다 4급 | 推 tuī [동] 밀다 | 互相 hùxiāng [부] 서로 4급 | 共同 gòngtóng [형] 공동의, 공통의 4급 | 向前 xiàngqián [동] 앞으로 나아가다, 앞으로 | 前进 qiánjìn [동] 전진하다, 발전하다

10.

<u>越来越多的人选择上网看新闻</u>，因为这样很方便，网站的报道更及时，内容也更详细、丰富。

★ 很多人仍然爱看报纸。

<u>갈수록 많은 사람들이 인터넷에 들어가 뉴스를 본다.</u> 왜냐하면 이렇게 하면 편리하고, 웹사이트의 보도는 더욱 시기적절하며 내용도 더 상세하고 풍부하기 때문이다.

★ 많은 사람들은 여전히 신문 보기를 좋아한다.

풀이 녹음 내용은 사람들이 갈수록 인터넷 뉴스를 많이 보고 있다는 것이다. 종이 신문인 '报纸'는 아예 언급이 되지 않았으므로 제시문은 일치하지 않는다.

정답 X

어휘 越来越 yuèláiyuè [부] 갈수록 | 新闻 xīnwén [명] 뉴스 3급 | 网站 wǎngzhàn [명] 웹사이트 4급 | 报道 bàodào [명/동] 보도(하다) 5급 | 及时 jíshí [형] 시기적절하다 [부] 제때에 4급 | 详细 xiángxì [형] 상세하다 4급 | 仍然 réngrán [부] 여전히 4급

듣기 제2부분 11번~25번

11.

男: 今天吃得太多了，肚子有点儿不舒服。
女: 喝点儿热茶可能会好一些。
问: 女的建议男的怎么做?
A 喝热茶　　　B 去医院
C 擦擦肚子　　D 洗个热水澡

남: 오늘 너무 많이 먹었어. 속이 좀 불편해.
여: 따뜻한 차를 마시면 좀 좋아질 거야.
질문: 여자는 남자에게 어떻게 하라고 하는가?
A 따뜻한 차를 마신다　　B 병원에 간다
C 배를 문지른다　　　　D 따뜻한 물로 샤워한다

풀이 따뜻한 차를 마시면 좀 좋아질 거라고 했으므로 A가 정답이 된다.

정답 A

어휘 肚子 dùzi [명] 배 4급 | 舒服 shūfu [형] 편안하다 3급

12.

女: 菜点多了，还剩不少呢！这个烤鸭儿乎都没吃，太浪费了！
男: 没关系。咱们一会儿带走。
问: 女的是什么意思?
A 担心浪费　　B 盐放多了
C 把菜倒掉　　D 小吃太辣

여: 요리를 많이 주문했어. 많이 남았잖아! 이 오리구이는 거의 안 먹었어. 너무 낭비야!
남: 괜찮아. 우리가 이따가 가져가면 돼.
질문: 여자는 무슨 뜻인가?
A 낭비를 걱정한다　　B 소금을 많이 넣었다
C 요리를 버리다　　　D 먹거리가 너무 맵다

풀이 여자는 음식을 많이 시켜 놓고 거의 먹지 않아서 너무 낭비한다고 걱정하고 있다.

정답 A

어휘 点 diǎn [동] (요리를) 주문하다 | 剩 shèng [동] 남다, 남기다 4급 | 烤鸭 kǎoyā [명] (통)오리구이 4급 | 浪费 làngfèi [동] 낭비하다 4급 | 倒掉 dàodiào [동] 쏟아 버리다 4급 | 辣 là [형] 맵다 4급

13.

男: 这件事让小夏负责怎么样?
女: 我觉得挺合适的，他就是学这个专业的，做事情也很仔细。
问: 女的觉得小夏怎么样?
A 长得很帅　　B 很有自信
C 不太成熟　　D 符合要求

남: 이 일은 샤오샤가 책임지도록 하는 게 어때?
여: 나는 매우 적절한 것 같아. 그는 이 전공을 공부한 사람이고, 일을 하는 것이 매우 꼼꼼해.
질문: 여자는 샤오샤에 대해서 어떻게 생각하는가?
A 매우 잘생겼다　　　　B 매우 자신감 있다
C 그다지 성숙하지 않다　D 요구에 부합한다

풀이 '적절하다(合适)'고 했으므로 이 일을 맡기에 필요한 요구(要求)에 부합하는(符合) 사람임을 알 수 있다.

정답 D

어휘 负责 fùzé [동] 책임지다 [형] 책임감이 강하다 4급 | 挺 tǐng [부] 매우 4급 | 合适 héshì [형] 적절하다, 알맞다 4급 | 专业 zhuānyè [명] 전공 [형] 전문의 4급 | 仔细 zǐxì [형] 꼼꼼하다, 자세하다 4급 | 帅 shuài [형] 멋지다, 잘생기다 4급 | 自信 zìxìn [형] 자신 있다 [명] 자신감 4급 | 成熟 chéngshú [형] 성숙하다, (열매 등이) 익다, 여물다 4급 | 要求 yāoqiú [명/동] 요구(하다) 3급

14.

女：这个空调太旧了，都修理过好几次了。
男：确实是。我们周末去商店看看吧。换个质量好点儿的。
问：男的建议怎么做？
A 买新的　　　B 找人修理
C 打开窗户　　D 把空调搬走

여: 이 에어컨은 너무 오래됐어. 벌써 몇 번이나 수리했어.
남: 정말로 그래. 우리 주말에 상점에 가서 한번 보자. 품질이 좀 좋은 것으로 바꾸자.
질문: 남자는 어떻게 하자고 건의하는가?
A 새 것을 산다　　B 사람을 구해서 수리한다
B 창문을 연다　　C 에어컨을 옮긴다

풀이 마지막에 품질이 좀 좋은 것으로 바꾸자(换)고 했으므로 남자는 새 것을 사자고 하는 것이다.

정답 A

어휘 旧 jiù [형] 낡았다, 오래다 3급 | 修理 xiūlǐ [동] 수리하다 4급 | 确实 quèshí [부] 확실히, 정말로 [형] 확실하다 4급 | 周末 zhōumò [명] 주말 4급 | 换 huàn [동] 바꾸다 3급 | 质量 zhìliàng [명] 품질, 질량 4급 | 窗户 chuānghu [명] 창문 4급

15.

男：小姐，您好，您想买什么家具？需要我为您介绍一下吗？
女：谢谢，我想买沙发，有蓝色的吗？
问：女的要买什么？
A 沙发　　B 空调　　C 眼镜　　D 袜子

남: 아가씨, 안녕하세요, 어떤 가구를 사고 싶으세요? 제가 소개해 드릴까요?
여: 감사합니다. 저는 소파를 사고 싶은데요, 남색이 있나요?
질문: 여자는 무엇을 사고 싶은가?
A 소파　　B 에어컨　　C 안경　　D 양말

풀이 '我想买沙发'를 통해서 A가 정답임을 알 수 있다.

정답 A

어휘 家具 jiājù [명] 가구 4급 | 沙发 shāfā [명] 소파 4급 | 空调 kōngtiáo [명] 에어컨 3급 | 眼镜 yǎnjìng [명] 안경 4급 | 袜子 wàzi [명] 양말 4급

16.

女: 你觉得小关写的活动计划怎么样?
男: 中间的活动过程写得太简单了, 可以再详细一些。
问: 男的觉得小关的计划怎么样?
A 很清楚　　B 不适合
C 太简单　　C 不够正式

여: 너는 샤오관이 쓴 활동계획서를 어떻게 생각해?
남: 중간의 활동 과정이 너무 간단하게 써졌어. 좀 더 상세해야 해.
질문: 남자는 샤오관의 계획을 어떻다고 생각하는가?
A 매우 정확하다　　B 적합하지 않다
C 너무 간단하다　　D 그다지 정식적이지 않다

풀이 너무 간단하게 써졌다고 했으므로 C가 정답이 된다.

정답 C

어휘 活动 huódòng [동] 활동하다 [명] 행사, 활동 4급 | 计划 jìhuà [동] 계획하다 [명] 계획 4급 | 过程 guòchéng [명] 과정 4급 | 简单 jiǎndān [형] 간단하다 3급 | 详细 xiángxì [형] 상세하다 4급 | 适合 shìhé [동] 적합하다 4급 | 正式 zhèngshì [형] 정식적이다 4급

17.

男: 奇怪, 你忘记放糖了吗? 这杯咖啡怎么这么苦?
女: 你的在那儿呢, 这杯是我的, 我的没放糖。
问: 他们在谈什么?
A 蛋糕　　B 果汁　　C 饼干　　D 咖啡

남: 이상한데, 너 설탕 넣는 걸 깜빡했어? 이 커피가 왜 이렇게 써?
여: 네 것은 저기에 있어. 이건 내 거야. 내 건 설탕을 넣지 않았어.
질문: 그들은 무엇에 대해서 이야기하는가?
A 케이크　　B 과일 주스　　C 과자　　D 커피

풀이 커피에 대해서 이야기하고 있으므로 D가 정답이 된다.

정답 D

어휘 糖 táng [명] 설탕 4급 | 咖啡 kāfēi [명] 카페 2급 | 蛋糕 dàngāo [명] 케이크 3급 | 果汁 guǒzhī [명] 과일 주스, 과일즙 4급 | 饼干 bǐnggān [명] 비스킷, 과자 4급

18.

女: 你的行李箱整理好了吗? 毛巾、牙膏、牙刷都带了吗?
男: 都带了。昨天晚上我就收拾好了。
问: 关于男的, 可以知道什么?
A 要请假　　B 可能要出门
C 爱到处旅行　　D 刚到火车站

여: 네 짐가방은 정리 다 했어? 수건, 치약, 칫솔 모두 챙겼어?
남: 다 챙겼어. 어젯밤에 다 정리했어.
질문: 남자에 관해서 무엇을 알 수 있는가?
A 휴가를 신청하려 한다
B 아마도 외출하려 한다
C 여기저기 여행하기를 좋아한다
D 막 기차역에 도착했다

풀이 짐가방을 정리하는 부분을 통해서 '집을 떠나 멀리 떠나'거나 '여행을 가는 것'임을 추측해 볼 수 있다. 하지만 C에서는 '到处(여기저기)'가 붙어 있어서 정답이 될 수 없다. 이 대화가 여행에 관한 것이라 해도 이것만으로는 C처럼 '여기저기 여행 다니기를 좋아한다'고 단정 지을 수 없기 때문이다.

정답 B

어휘 行李箱 xínglǐxiāng [명] 짐가방 | 整理 zhěnglǐ [동] 정리하다 4급 | 毛巾 máojīn [명] 수건 4급 | 牙膏 yágāo [명] 치약 4급 | 牙刷 yáshuā [명] 칫솔 4급 | 出门 chūmén [동] 외출하다, 집을 떠나 멀리 가다 | 到处 dàochù [명] 도처, 여기저기 4급 | 旅行 lǚxíng [동] 여행하다 4급

19.

男: 晚上有什么安排吗? 跟我们去游泳吧。
女: 不了, 我妈今天过生日, 家里来了一些亲戚, 我得回去帮忙。
问: 女的家里来了谁?
A 校长　B 邻居　C 亲戚　D 警察

남: 저녁에 무슨 스케줄 있어? 우리랑 수영하러 가자.
여: 안 돼. 우리 엄마 오늘 생일이야. 집에 친척들이 오셨어, 돌아가서 도와줘야 해.
질문: 집에 누가 왔는가?
A 교장　B 이웃　C 친척　D 경찰

풀이 '家里来了一些亲戚'를 통해서 C가 정답임을 알 수 있다.

정답 C

어휘 安排 ānpái [동] 안배하다 [명] 안배, 스케줄 4급 | 亲戚 qīnqi [명] 친척 4급 | 校长 xiàozhǎng [명] 교장 4급 | 警察 jǐngchá [명] 경찰 4급

20.

女: 你现在在哪儿呢? 找时间把咱们在公园照的照片发给我?
男: 抱歉, 照相机刚被我妹借走了, 暂时发不了, 明天一定发给你。
问: 男的为什么现在不能发照片?
A 生病了　　　　B 相机借走了
C 正在收拾家　　D 怕打扰女的

여: 너 지금 어디에 있어? 시간 내서 우리가 공원에서 찍었던 사진을 나에게 보내 줄래?
남: 미안, 카메라를 막 여동생이 빌려 갔어. 잠시 보낼 수가 없어. 내일 꼭 너에게 보내 줄게.
질문: 남자는 왜 지금 사진을 보낼 수 없는가?
A 아프다
B 카메라를 빌려 갔다
C 지금 집을 청소하고 있는 중이다
D 여자에게 방해가 될까 봐 걱정한다

풀이 카메라를 여동생이 빌려 갔다고 했으므로 B가 정답이 된다.

정답 B

어휘 公园 gōngyuán [명] 공원 3급 | 照片 zhàopiàn [명] 사진 | 抱歉 bàoqiàn [형] 미안해하다 4급 | 照相机 zhàoxiàngjī [명] 사진기 3급 | 借 jiè [동] 빌리다 3급 | 暂时 zànshí [명] 잠시 4급 | 收拾 shōushi [동] 청소하다, 정리하다 4급 | 打扰 dǎrǎo [동] 방해하다 4급

21.

男：护士小姐，请问张大夫是在这间办公室吧？
女：是的。不过，她去病房了。您要稍微等会儿。
问：男的要找谁？
A 张律师　B 张医生　D 李博士　D 李护士

남: 간호사 아가씨, 장 의사 선생님은 이 사무실에 계신가요?
여: 네. 그런데 그녀는 병실에 갔습니다. 잠깐 기다리세요.
질문: 남자는 누구를 찾고 있는가?
A 장 변호사　B 장 의사　C 이 박사　D 이 간호사

풀이 '请问张大夫~'를 통해서 남자가 '张医生'을 찾고 있다는 것을 알 수 있다. 이때 '大夫'가 '医生'으로 바꼈다.

정답 B

어휘 大夫 dàifu [명] 의사 4급 ｜ 办公室 bàngōngshì [명] 사무실 3급 ｜ 病房 bìngfáng [명] 병실 ｜ 稍微 shāowēi [부] 약간 4급 ｜ 律师 lǜshī [명] 변호사 4급 ｜ 博士 bóshì [명] 박사 4급

22.

女：教我开车的老师真严格！马虎一点儿都不行。
男：严格是好事。这样你以后才不会出错，才能保证安全。
问：关于女的，下列哪个正确？
A 后悔了　　　　B 做事仔细
C 在学开车　　　D 很重视安全

여: 나에게 운전을 가르쳐 주는 선생님은 정말 엄격해! 조금만 대충해도 안 돼.
남: 엄격한 것은 좋은 일이야. 이래야 네가 이후에 실수를 하지 않게 안전을 보증할 수 있어.
질문: 여자에 관해서 아래에서 옳은 것은?
A 후회했다　　　　B 일하는 게 꼼꼼하다
C 운전을 배우고 있다　D 안전을 매우 중시한다

풀이 자신에게 운전을 가르치고 있는 선생님에 대해서 이야기하고 있으므로 여자(女的)는 운전을 배우고 있다.

정답 C

어휘 严格 yángé [형] 엄격하다 4급 ｜ 马虎 mǎhu [형] 대충하다 4급 ｜ 出错 chūcuò [동] 실수하다, 잘못하다 ｜ 保证 bǎozhèng [동] 보증하다 4급 ｜ 后悔 hòuhuǐ [동] 후회하다 4급 ｜ 仔细 zǐxì [형] 꼼꼼하다, 자세하다 4급 ｜ 重视 zhòngshì [동] 중시하다 4급

23.

男：小李羽毛球打得真棒！
女：当然！他从很小就开始练习打球了。一般人赢不了他。
问：关于小李，可以知道什么？
A 长得帅　　　　B 踢球很厉害
C 会打羽毛球　　D 喜欢打篮球

남: 샤오리는 배드민턴를 정말 잘 쳐!
여: 당연하지! 그는 어릴 때부터 배드민턴을 치기 시작했어. 보통 사람은 그를 이길 수 없어.
질문: 샤오리에 관해서 무엇을 알 수 있는가?
A 잘생겼다　　　　B 축구를 매우 잘한다
C 배드민턴을 칠 줄 안다　D 농구를 좋아한다

풀이 '배드민턴을 잘 친다'고 말했으므로 '배드민턴을 할 줄 안다'고 말할 수 있다. '踢球'나 '篮球'는 대화에 언급되지 않았다. 모든 문제는 늘 첫 문장을 놓치지 않도록 주의해야 한다.

정답 C

어휘 棒 bàng [형] 대단하다, 훌륭하다 [명] 방망이 4급 | 赢 yíng [동] 이기다 4급 | 帅 shuài [형] 멋지다, 잘생기다 4급 | 厉害 lìhai [형] 대단하다, 훌륭하다, 심하다 4급 | 羽毛球 yǔmáoqiú [명] 배드민턴 4급 | 篮球 lánqiú [명] 농구

24.

女: 这张画儿挂这儿可以吗?
男: 这儿地方太小，有点儿窄，还是挂对面的墙上吧。
问: 男的是什么意见?
A 挂张地图   B 注意节约
C 挂对面墙上 D 抬进厨房里

여: 이 그림은 여기에 걸면 되겠지?
남: 여기는 장소가 너무 작아, 좀 좁겠어. 아무래도 맞은편 벽에 거는 게 좋겠어.
질문: 남자는 무슨 뜻인가?
A 한 장의 지도를 건다   B 절약을 주의한다
C 맞은편 벽에 건다   D 주방으로 들고 간다

풀이 '还是挂对面的墙上吧'를 통해서 C가 정답임을 알 수 있다. 〈还是~吧〉는 '아무래도 ~하는 게 좋겠다'는 뜻으로 깊이 생각한 후 선택했음을 나타낸다.

정답 C

어휘 挂 guà [동] 걸다 4급 | 窄 zhǎi [형] 좁다 4급 | 对面 duìmiàn [명] 맞은편 4급 | 墙 qiáng [명] 벽 4급 | 地图 dìtú [명] 지도 3급 | 节约 jiéyuē [동] 절약하다 4급 | 抬 tái [동] 들다 4급 | 厨房 chúfáng [명] 주방, 부엌 4급

25.

女: 马上就要毕业了，你准备在学校附近租房子吗?
男: 学校附近太贵。离学校远点儿没关系，只要离地铁或者公交车站近就行。
问: 男的对房子有什么要求?
A 租金很贵   B 离学校近
C 交通方便   D 周围热闹

여: 곧 졸업인데, 넌 학교 근처에서 집 얻을 준비를 하고 있니?
남: 학교 근처는 너무 비싸. 학교에서 좀 멀어도 괜찮으니, 지하철이나 버스 정류장에서 가깝기만 하면 돼.
질문: 남자는 집에 대해서 어떤 요구가 있는가?
A 집세가 비싸다   B 학교에서 가깝다
C 교통이 편리하다   D 주위가 변화하다

풀이 '지하철과 버스 정류장에서 가까우면 괜찮다'고 했으므로 남자는 '편리한 교통'을 원한다는 것을 알 수 있다. A의 '집세가 비싸다'는 것은 질문에서 물어보는 '남자의 요구'가 아니다.

정답 C

어휘 附近 fùjìn [명] 부근, 근처 3급 | 租 zū [동] 세내다, 임차하다 4급 | 公交车 gōngjiāochē [명] 버스 | 租金 zūjīn [명] 임대료 | 周围 zhōuwéi [명] 주위 4급 | 热闹 rènao [형] 번화하다, 떠들썩하다 4급

듣기 제3부분 26번~45번

26.

男：你不是要睡觉吗？怎么又吃起饼干来了？
女：我太饿了。
男：你是不是为了减肥没吃晚饭？
女：你猜对了。不过我觉得，我以后还是按时吃饭比较好。
问：女的为什么没吃晚饭？
A 懒得做　　　B 想减肥
C 没功夫吃　　D 中午吃多了

남: 너 잠 자려던 거 아니었어? 왜 또 과자를 먹어?
여: 나 너무 배고파.
남: 너 다이어트하기 위해 저녁 안 먹지 않았어?
여: 맞아. 그런데 앞으로는 제때에 밥을 먹는 게 좋을 것 같아.
질문: 여자는 왜 저녁을 먹지 않았나?
A 밥하기 귀찮아서　　B 다이어트하고 싶어서
C 먹을 시간이 없어서　D 낮에 많이 먹어서

풀이 여자는 다이어트하기 위해 저녁을 안 먹었다가 너무 배가 고파서 과자를 먹고 있는 상황이다.

정답 B

어휘 饼干 bǐnggān [명] 과자, 비스킷 4급 | 饿 è [형] 배고프다, 굶주리다 3급 | 减肥 jiǎnféi [동] 다이어트하다, 살을 빼다 | 猜 cāi [동] 추측하다 4급 | 按时 ànshí [부] 제때에 4급 | 懒得 lǎnde [동] ~하기 귀찮다 | 功夫 gōngfu [명] 시간, 쿵푸, 무술 4급

27.

女：海洋公园到底是不是在东边啊？怎么还没到？
男：方向肯定没错，估计再有几分钟就到了吧。
女：再晚了我们就来不及看表演了。
男：别担心，下午还有一场呢。
问：女的现在心情怎么样？
A 得意　　　B 紧张
C 吃惊　　　D 着急

여: 해양 공원은 도대체 동쪽에 있는 거야 아닌 거야? 왜 아직도 도착하지 않아?
남: 방향은 틀림없이 맞으니, 몇 분 후면 도착할 거야.
여: 더 늦으면 우리는 공연을 못 봐.
남: 걱정하지 마, 오후에 또 한 회가 있으니까.
질문: 여자는 지금 기분이 어떠한가?
A 득의하다　　B 긴장하다
C 놀라다　　　D 조급해하다

풀이 여자는 공연 시간에 늦는 것을 걱정하고 있기 때문에 '조급해하고' 있음을 알 수 있다.

정답 D

어휘 海洋 hǎiyáng [명] 바다 4급 | 公园 gōngyuán [명] 공원 3급 | 方向 fāngxiàng [명] 방향 4급 | 肯定 kěndìng [부] 틀림없이 [동] 인정하다 4급 | 估计 gūjì [동] 예측하다 4급 | 来不及 láibují 시간이 안 되다, 늦었다 4급 | 表演 biǎoyǎn [명/동] 공연(하다) 4급 | 场 chǎng [양] 회, 번 4급 | 得意 déyì [형] 득의하다 4급 | 吃惊 chījīng [동] 놀라다 4급 | 着急 zháojí [동] 조급해하다 3급

28.

男: 今天是小王请客? 他有什么高兴事儿呀?
女: 他搬新家了, 晚上请老同学们去家里吃饭, 顺便看看他的新房子。
男: 是吗? 他在哪儿买的房子?
女: 他那儿的名字好像是"长江花园", 环境很好, 很安静。
问: 小王怎么了?

A 去打针了　　　B 买了台电脑
C 买新房子了　　D 写错地址了

남: 오늘 샤오왕이 초대를 한대? 그는 무슨 즐거운 일이 있어?
여: 그는 새집으로 이사했어. 저녁에 옛 동창들을 집으로 초대해 식사를 한대. 하는 김에 그의 새집도 구경하고.
남: 그래? 그는 어디에 집을 샀대?
여: 거기 이름이 '장강화원'이라는 것 같은데, 환경이 좋고 조용하대.
질문: 샤오왕에게 무슨 일이 생겼는가?

A 주사 맞으러 갔다　　B 컴퓨터를 샀다
C 새집을 샀다　　　　D 주소를 잘못 적었다

풀이 새집으로 이사했다고 했으므로 샤오왕은 집을 샀음을 알 수 있다.

정답 C

어휘 搬家 bānjiā [동] 이사하다 4급 | 顺便 shùnbiàn [부] 하는 김에 4급 | 好像 hǎoxiàng [부] 마치 (~같다) 4급 | 长江 Chángjiāng [명] 장강, 양쯔강 4급 | 打针 dǎzhēn [동] 주사를 놓다, 주사를 맞다 4급 | 台 tái [명] 무대, 단 [양] (기계를 세는) 대 4급 | 地址 dìzhǐ [명] 주소 4급

29.

女: 先生, 这台笔记本电脑, 可以使用信用卡分期付款。
男: 这和现金付款有什么区别?
女: 价格一样。但使用信用卡的话, 您可以分12个月还这些钱。
男: 好。那我用信用卡买。
问: 男的决定怎么做?

A 不买了　　　B 付现金
C 再考虑一下　D 用信用卡买

여: 손님, 이 노트북 컴퓨터는 신용 카드로 할부 납부할 수 있습니다.
남: 이것은 현금 결제와 무슨 차이가 있나요?
여: 가격은 같아요. 하지만 신용 카드를 사용한다면 12개월을 나눠서 이 돈을 갚을 수 있습니다.
남: 좋아요. 그럼 신용 카드로 살게요.
질문: 남자는 어떻게 하기로 결정했는가?

A 안 산다　　　　　B 현금을 낸다
C 다시 한 번 고려한다　D 신용 카드로 산다

풀이 마지막에 '那我用信用卡买'라고 했으므로 D가 정답이 된다.

정답 D

어휘 笔记本电脑 bǐjìběn diànnǎo [명] 노트북 컴퓨터 4급 | 使用 shǐyòng [동] 사용하다 4급 | 分期付款 fēnqī fùkuǎn 분할 납부하다 | 现金 xiànjīn [명] 현금 4급 | 区别 qūbié [동] 구별하다 [명] 차이 4급 | 还 huán [동] 갚다, 되돌려주다 | 优点 yōudiǎn [명] 장점 4급 | 打折 dǎzhé [동] 할인하다 4급 | 分别 fēnbié [동] 구별하다 [부] 각각, 따로따로 5급 | 排队 páiduì [동] 줄을 서다 4급

30.

男：这些塑料盒子还有用吗?
女：没用了。
男：没用的东西就放垃圾桶里，别到处乱扔。
女：好吧，那我现在把房间整理一下。
问：男的让女的怎么做?
A 收拾行李　　B 去倒垃圾
C 整理材料　　D 别乱扔东西

남: 이 플라스틱 상자는 아직 쓸모가 있어?
여: 아니.
남: 필요 없는 것은 쓰레기통에 넣어. 여기저기 아무 데나 버리지 말고.
여: 알겠어, 그럼 난 지금 방을 정리할게.
질문: 남자는 여자에게 어떻게 하라고 하는가?
A 짐을 정리한다　　B 쓰레기를 버린다
C 자료를 정리한다　　D 물건을 아무 데나 버리지 마라

풀이 '물건을 여기저기 아무 데나 놓지 말라'고 했으므로 D가 정답이 된다.

정답 D

어휘 塑料 sùliào [명] 플라스틱이나 비닐 등 고분자 화합물의 총칭 | 盒子 hézi [명] 작은 상자, 합, 곽 4급 | 垃圾桶 lājītǒng [명] 쓰레기통 | 到处 dàochù [명] 도처, 여기저기 4급 | 乱 luàn [형] 어지럽다, 함부로 | 扔 rēng [동] 버리다, 던지다 4급 | 整理 zhěnglǐ [동] 정리하다 4급 | 收拾 shōushi [동] 정리하다, 정돈하다 4급 | 行李 xíngli [명] 짐 4급 | 倒 dào [동] 따르다, 붓다 4급 | 材料 cáiliào [명] 자료, 재료, 데이터 4급

31.

女：打网球真累!我的胳膊都抬不起来了。
男：是啊，我现在一点儿力气也没有了。
女：咱们去吃点儿东西吧。
男：好啊! 我知道有家餐厅的羊肉做得不错，而且离这儿很近。
问：他们要去哪儿?
A 饭店　　　B 厨房
C 银行　　　D 游泳馆

여: 테니스를 했더니 정말 힘들어! 팔도 못 올리겠어.
남: 그래, 난 지금 힘이 하나도 없어.
여: 우리 뭐 좀 먹으러 가자.
남: 좋아! 내가 알고 있는 식당이 하나 있는데 양고기가 정말 괜찮아, 게다가 여기서 가까워.
질문: 그들은 어디에 가려고 하는가?
A 식당　　　B 부엌
C 은행　　　D 수영장

풀이 이들은 테니스 운동으로 지쳐서 음식을 먹으러 식당(餐厅)에 가려고 한다. '饭店'은 '호텔'의 뜻도 있고 '식당'을 나타낼 수도 있다.

정답 A

어휘 网球 wǎngqiú [명] 테니스 4급 | 胳膊 gēbo [명] 팔 4급 | 抬 tái [동] 들다 4급 | 力气 lìqi [명] 힘 4급 | 餐厅 cāntīng [명] 식당 4급 | 饭店 fàndiàn [명] 식당, 호텔 4급 | 厨房 chúfáng [명] 부엌 4급 | 银行 yínháng [명] 은행 4급 | 游泳馆 yóuyǒngguǎn [명] 수영장

32.

男：这是上次跟你提到的那个森林公园的地址。 女：它在郊区呀？距离我家还挺远的。 男：走高速公路很快。大约半个小时就能到。 女：这样还可以。<u>都说那儿的景色很美</u>。我一定要去看看。 问：森林公园怎么样？ A 空气好　　　B 很安静 C 景色美　　　D 保护得很好	남：이건 지난번에 너한테 말했던 그 산림 공원의 주소야. 여：그곳은 교외에 있어? 우리 집에서 아주 멀어. 남：고속 도로로 가면 빨라. 대략 30분이면 도착해. 여：그러면 괜찮지. <u>모두 그곳의 경치가 아름답다고 말하더라고</u>. 난 꼭 가볼 거야. 질문：산림 공원은 어떠한가？ A 공기가 좋다　　　B 조용하다 C 경치가 아름답다　　D 보호가 잘 되어 있다

풀이 '모두 그곳의 경치가 아름답다'고 말했으므로 C가 정답이 된다.

정답 C

어휘 森林 sēnlín [명] 숲, 산림 4급 | 地址 dìzhǐ [명] 주소 4급 | 郊区 jiāoqū [명] 교외, 변두리 4급 | 距离 jùlí [명] 거리 [동] ~로부터 떨어지다 4급 | 挺 tǐng [부] 매우 4급 | 高速公路 gāosù gōnglù 고속 도로 | 大约 dàyuē [부] 대략 4급 | 景色 jǐngsè [명] 경치 4급 | 空气 kōngqì [명] 공기 4급 | 安静 ānjìng [형] 조용하다 3급 | 保护 bǎohù [동] 보호하다 4급

33.

女：听说你大学二年级的时候就开始在广告公司工作了。 男：是的，<u>这让我积累了较为丰富的工作经验</u>。 女：这样做不会影响你的学习吗？ 男：我认为不会，实际工作能让我更理解书本上的知识。 问：男的对参加工作怎么看？ A 收入高　　　B 压力大 C 能积累经验　D 会影响学习	여：너 대학 2학년 때에 벌써 광고 회사에서 일하기 시작했다면서. 남：응, <u>이것으로 나는 비교적 풍부한 업무 경험을 쌓았어</u>. 여：이렇게 하면 너의 공부에 영향을 주지 않아? 남：나는 그렇지 않은 것 같아. 실제 업무는 내가 책 속의 지식을 더 잘 이해하게 해 주었어. 질문：남자는 일을 하는 것에 대해서 어떻게 보는가? A 수입이 높다　　　B 스트레스가 크다 C 경험을 쌓을 수 있다　D 공부에 영향을 줄 수 있다

풀이 '풍부한 업무 경험을 쌓을 수 있었다'고 했으므로 C가 정답이 된다.

정답 C

어휘 年纪 niánjì [명] 나이 5급 | 广告 guǎnggào [명] 광고 4급 | 积累 jīlěi [동] 축적하다, 쌓다 4급 | 较为 jiàowéi [부] 비교적 | 丰富 fēngfù [형] 풍부하다 [동] 풍부하게 하다 4급 | 经验 jīngyàn [명] 경험 4급 | 知识 zhīshi [명] 지식 4급 | 收入 shōurù [명] 수입 4급 | 压力 yālì [명] 압력, 스트레스 4급

34.

男：这本历史书你都看了三个月了，还没看完？
女：快了。就剩最后70页了。
男：你快点儿看吧。下学期李云还要借呢。
女：来得及。我一定在那儿之前看完。

问：他们在说什么？

A 词典　　　　　B 历史书
C 故事书　　　　D 数学作业

남: 이 역사책을 너는 벌써 3개월째 보면서 아직도 다 못 봤어?
여: 다 봐 가. 마지막 70페이지만 남았어.
남: 너 좀 빨리 봐. 다음 학기에 리윈도 빌리려고 해.
여: 늦지 않아. 반드시 그 전에 다 볼게.

질문: 그들은 무엇을 이야기하고 있는가?

A 사전　　　　　B 역사책
C 이야기책　　　D 수학 숙제

풀이 '这本历史书~'를 통해서 B가 정답임을 알 수 있다. 위 문제처럼 선택지가 모두 명사일 때는 첫 문장에 정답이 나온다는 것을 명심하고 첫 문장을 놓치지 않도록 하자.

정답 B

어휘 历史 lìshǐ [명] 역사 3급 | 剩 shèng [동] 남다, 남기다 4급 | 页 yè [명] 페이지, 쪽 4급 | 学期 xuéqī [명] 학기 4급 | 来得及 láidejí [동] 늦지 않다 4급 | 词典 cídiǎn [명] 사전 3급 | 故事 gùshi [명] 이야기 3급 | 数学 shùxué [명] 수학 3급

35.

女：你的腿怎么破了？
男：可能是刚才搬家具时不小心弄的。
女：我给你上点儿药吧。
男：没关系，不严重。

问：关于男的，下列哪项正确？

A 腿破了　　　　B 刚吃药
C 胳膊疼　　　　D 买了新家具

여: 너 다리는 왜 까졌어?
남: 아마 방금 가구를 옮길 때 실수로 다쳤나 봐.
여: 내가 약 좀 발라 줄게.
남: 괜찮아, 심하지 않아.

질문: 남자에 관해서 아래에서 옳은 것은?

A 다리를 다쳤다　　B 막 약을 먹었다
C 팔이 아프다　　　D 새 가구를 샀다

풀이 '腿怎么破了？'를 통해서 A가 정답임을 알 수 있다

정답 A

어휘 腿 tuǐ [명] 다리 3급 | 破 pò [동] 파손되다 4급 | 搬 bān [동] 옮기다 3급 | 家具 jiājù [명] 가구 4급 | 弄 nòng [동] 하다 4급 | 上药 shàngyào 약을 바르다 | 严重 yánzhòng [형] 심각하다 4급 | 胳膊 gēbo [명] 팔 4급

第 36 - 37 题是根据下面一段话：

有句话叫"车到山前必有路"，意思是说：虽然现在遇到了困难，**36** 但是要相信到最后一定会找到解决的办法的。一切困难都是暂时的。**37** 所以在困难面前，我们一定要抱着积极的态度。千万不要随便放弃！

36~37번 문제는 아래 내용을 따르세요.

'차가 산 앞에 이르면 반드시 길이 있다'는 말이 있다. 뜻은 비록 지금은 어려움에 부딪혔지만 **36** 최후엔 반드시 해결 방법을 찾을 수 있다는 걸 믿어야 한다는 것이다. 모든 어려움은 일시적이다. **37** 따라서 모든 어려움 앞에서 우리는 반드시 긍정적인 태도를 가져야 한다. 절대로 쉽게 포기해서는 안 된다!

어휘 车到山前必有路 chē dào shān qián bì yǒu lù [속담/비유] 일정한 단계까지 노력하면 결국은 해결책이 있게 마련이다 | 困难 kùnnan [형] 어렵다 [명] 고난, 어려움 4급 | 一切 yíqiè [대] 일체의 4급 | 暂时 zànshí [명] 잠시, 일시 4급 | 抱 bào [동] 안다 4급 | 积极 jījí [형] 적극적이다, 긍정적이다 4급 | 态度 tàidù [명] 태도 4급 | 千万 qiānwàn [부] 절대로, 반드시 4급 | 放弃 fàngqì [동] 포기하다 4급

36.

"车到山前必有路"这句话，指的是什么？
A 禁止停车　　　B 不会迷路
C 要早做准备　　D 困难能被解决

'车到山前必有路' 이 말이 가리키는 것은 무엇인가？
A 주차를 금지한다　　B 길을 잃지 않을 것이다
C 일찍 준비해야 한다　D 어려움은 해결될 수 있다

풀이 '차가 산 앞에 이르면 더 이상 길이 없어서 못 가는 것이 아니라 찾아보면 길이 있기 마련이다'는 뜻으로 여기서 '길'은 '해결의 방법'을 뜻한다.

정답 D

어휘 禁止 jìnzhǐ [동] 금지하다 4급 | 迷路 mílù [동] 길을 잃다 4급

37.

遇到困难时，我们应该怎么做？
A 积极一些
B 降低标准
C 学会放松
D 找人拿主意

어려움을 만났을 때 우리는 어떻게 해야 하는가？
A 좀 긍정적이어야 한다
B 기준을 낮춘다
C 긴장을 푼다
D 다른 사람을 찾아서 결정을 내린다

풀이 어려움에 부딪혔을 때 해결될 수 있다는 믿음을 가져야 한다, 즉 긍정적으로 생각해야 한다. 참고로 '积极'는 '적극적이다'는 뜻 외에도 '긍정적이다'로 해석될 때도 있다.

정답 A

어휘 降低 jiàngdī [동] 낮추다, 떨어뜨리다, 낮아지다 4급 | 标准 biāozhǔn [명] 표준, 기준 [형] 표준이다 4급 | 拿主意 ná zhǔyi 결정하다 | 放松 fàngsōng [동] 이완시키다, 완화시키다, 긴장을 풀다 4급

第 38 - 39 题是根据下面一段话：

39 生活是什么？不同的人有不同的看法。有人说，生活是一杯酒，辣中带香；有人说，生活是一块巧克力，甜中带些苦；也有人说，**38** 生活是一个圆面包，最中间那部分是最好吃的，然而不是每个人都能吃到。**39** 生活究竟是什么？可能我们每个人都有自己的答案。

38~39번 문제는 아래 내용을 따르세요.

39 생활은 무엇인가? 사람마다 다른 견해를 가지고 있다. 누군가는 말한다. 생활은 한 잔의 술이며 매운 맛 속에 향긋함이 있다고. 어떤 사람은 말한다. 생활은 한 덩어리의 초콜릿이며 달콤함 속에 쓴맛이 있다고. 또 어떤 사람은 말한다. **38** 생활은 하나의 롤빵이라고. 가장 가운데 부분이 가장 맛있지만 모든 사람이 다 먹을 수 있는 것은 아니라고. **39** 생활은 도대체 무엇일까? 아마도 우리 모두는 자신만의 답안이 있을 것이다.

어휘 辣 là [형] 맵다 3급 | 香 xiāng [형] 향기롭다, 맛있다 4급 | 巧克力 qiǎokèlì [명] 초콜릿 4급 | 甜 tián [형] 달다 3급 | 苦 kǔ [형] 쓰다 4급 | 圆 yuán [형] 둥글다 4급 | 圆面包 yuánmiànbāo 롤빵 | 部分 bùfen [명] 부분 4급 | 然而 rán'ér [접] 그러나 4급 | 究竟 jiūjìng [부] 도대체 4급 | 答案 dá'àn [명] 답안 4급

38.

圆面包有什么特点？
A 中间最好吃　　B 不太受欢迎
C 样子很特别　　D 价格很便宜

롤빵은 어떤 특징이 있는가?
A 중간이 가장 맛있다　B 환영 받지 못한다
C 모양이 특별하다　　D 가격이 싸다

풀이 롤빵은 가장 중간이 가장 맛있다고 했으므로 A가 정답이 된다.

정답 A

어휘 特别 tèbié [형] 특별하다 3급 | 价格 jiàgé [명] 가격 4급

39.

这段话谈的是什么？
A 职业　B 生活　C 食品　D 味道

이 글이 주로 말하고 있는 것은?
A 직업　B 생활　C 식품　D 맛

풀이 생활을 술, 초콜릿, 롤빵 등으로 비유했으므로, 이 글은 '생활'에 대한 이야기이다.

정답 B

어휘 职业 zhíyè [명] 직업 4급 | 食品 shípǐn [명] 식품 | 味道 wèidao [명] 맛, 냄새 4급

第 40 – 41 题是根据下面一段话：

幽默是一种让人羡慕的能力，有这种能力的人能在任何事情中发现有趣的东西，40 再无聊的事经过他们的嘴都可能变成笑话，甚至让人笑得肚子疼。一个有幽默感的人不管走到哪里，41 都会给别人带去愉快的心情，所以总是受到大家的欢迎。

40~41번 문제는 아래 내용을 따르세요.

유머는 사람을 부럽게 하는 능력이다. 이런 능력을 가진 사람은 어떤 일에서든지 재미있는 것을 발견하고, 40 아무리 심심한 일이라도 그들의 입을 거치면 재미있는 이야기로 변한다. 심지어 웃어서 배가 아프게도 만든다. 유머감이 있는 사람은 어디를 가든 41 다른 사람에게 즐거운 기분을 가져다주며 그래서 늘 모두의 환영을 받는다.

어휘 幽默 yōumò [형] 유머러스하다 4급 | 羡慕 xiànmù [동] 부러워하다 4급 | 任何 rènhé [형] 어떠한 4급 | 有趣 yǒuqù [형] 재미있다 | 无聊 wúliáo [형] 무료하다, 심심하다 4급 | 经过 jīngguò [동] (~한 과정을) 거치다 [명] 경과 3급 | 嘴 zuǐ [명] 입 3급 | 笑话 xiàohua [명] 재미는 이야기 [동] 비웃다 4급 | 甚至 shènzhì [부] 심지어 4급 | 肚子 dùzi [명] 배 4급 | 不管 bùguǎn [접] ~에 관계없이 4급

40.

幽默的人怎么样？
A 很诚实
B 做事马虎
C 会讲笑话
D 有时觉得无聊

유머러스한 사람은 어떠한가?
A 진실하다
B 일을 하는 게 대충이다
C 재미있는 이야기를 할 줄 안다
D 때로는 심심하다고 느낀다

풀이 재미없는 일도 그들의 입을 통하면 재미있는 이야기로 변한다고 했으므로 C가 정답이 된다.

정답 C

어휘 诚实 chéngshí [형] 진실하다 4급 | 马虎 mǎhu [형] 대충하다 4급

41.

幽默的人为什么受欢迎？
A 十分礼貌
B 使人快乐
C 遇事冷静
D 能给人安全感

유머러스한 사람은 왜 환영을 받는가?
A 매우 예의바르다
B 사람을 즐겁게 만든다
C 일을 만났을 때 냉정하다
D 사람에게 안도감을 줄 수 있다

풀이 유머러스한 사람은 다른 사람에게 즐거운 기분을 가져다주기 때문에 환영을 받는다고 했다. 즉 유머러스한 사람은 다른 사람을 즐겁게 만든다고 말할 수 있다.

정답 B

어휘 礼貌 lǐmào [형] 예의바르다 [명] 예의 4급 | 冷静 lěngjìng [형] 냉정하다, 침착하다 4급 | 安全 ānquán [형] 안전하다 4급

第 42-43 题是根据下面一段话：

逛商场时，你随便走进一家店。售货员都会热情地走上前，跟你打招呼。**42** 然后跟在你身后，不停地介绍店里的东西。这让很多人感觉自己受到了打扰。他们甚至会因此而离开。因为对于顾客来说，**43** 好的服务应该使人感到舒服、没有压力。而不是时时被打扰。

42~43번 문제는 아래 내용을 따르세요.

백화점에서 쇼핑할 때 당신은 아무 데나 한 가게에 걸어 들어간다. 판매원은 모두 친절하게 다가와 당신에게 인사할 것이다. **42** 그런 후 당신 뒤를 따라다니며 끊임없이 상점의 물건을 소개한다. 이것은 많은 사람으로 하여금 자신이 방해 받는다고 느끼게 만든다. 그들은 심지어 이것 때문에 떠날 수도 있다. 왜냐하면 고객에게 있어서 **43** 좋은 서비스는 사람으로 하여금 편안하고 압력이 없다고 느끼게 해야 하기 때문이다. 시시각각으로 방해 받는 것이 아닌 것이다.

어휘 逛 guàng [동] 거닐다 4급 | 随便 suíbiàn [동] 마음대로 하다, 편한 대로 하다 [부] 마음대로 4급 | 售货员 shòuhuòyuán [명] 판매원 4급 | 热情 rèqíng [형] 다정하다, 친절하다 [명] 열정 3급 | 走上前 zǒu shàngqián 다가오다 | 打招呼 dǎ zhāohū [동] 인사하다, 아는 척하다 4급 | 不停地 bù tíngde 멈추지 않고 ~하다, 끊임없이 ~하다 | 打扰 dǎrǎo [동] 방해하다 4급 | 甚至 shènzhì [부] 심지어 4급 | 因此 yīncǐ [접] 따라서, 이 때문에 4급 | 对于 duìyú [개] ~에 대하여 4급 | 顾客 gùkè [명] 고객, 손님 4급 | 压力 yālì [명] 압력, 스트레스 4급 | 时时 shíshí [부] 늘, 언제나, 시시각각으로

42.

当顾客进店时，售货员一般会怎么做?
A 帮忙提包
B 要求办卡
C 请顾客喝茶
D 介绍店内东西

고객이 상점에 들어가면, 종업원은 보통 어떻게 하는가?
A 가방을 들어 준다
B 카드 만들 것을 요구한다
C 고객에게 차를 마시라고 청한다
D 가게 안의 물건을 소개한다

풀이 상점에 들어서면 판매원이 다가와 상품을 소개한다고 했으므로 D가 정답이 된다.

정답 D

43.

好的服务应该是什么样的?
A 耐心的
B 免费的
C 提供便宜货的
D 不打扰顾客的

좋은 서비스는 어떠해야 하는가?
A 인내심 있는 서비스
B 무료의 서비스
C 싼 물건을 제공하는 서비스
D 고객을 방해하지 않는 서비스

풀이 고객 입장에서 좋은 서비스는 방해 받지 않는 것이라 했으므로 D가 정답이 된다.

정답 D

어휘 耐心 nàixīn [명] 인내심 [형] 인내심 있다 4급 | 免费 miǎnfèi [동] 무료로 하다 4급

第 44-45 题是根据下面一段话：

哭不一定是坏事。**44** <u>遇到伤心事，哭一场就会感觉心里舒服多了</u>；人们成功的时候，因为激动会哭；人们获得爱情和友谊的时候，因为感动也会哭。**45** <u>所以说，哭不一定是坏事</u>。

44~45번 문제는 아래 내용을 따르세요.

우는 것이 꼭 나쁜 일만은 아니다. **44** <u>가슴 아픈 일을 만났을 때 한바탕 울고 나면 마음이 많이 편해짐을 느낄 수 있다</u>. 사람들은 성공했을 때 감정이 격해져 울 수 있고, 사람들은 사랑과 우정을 얻었을 때 감동해 울 수도 있다. **45** <u>그래서 우는 것이 꼭 나쁜 일은 아니라고 말하는 것이다</u>.

어휘 不一定 bù yídìng [부] 꼭 ~인 것은 아니다 | 伤心 shāngxīn [형] 상심하다, 슬퍼하다 4급 | 舒服 shūfu [형] 편안하다 3급 | 激动 jīdòng [형] 감동하다, 흥분하다 4급 | 获得 huòdé [동] 얻다, 획득하다 4급 | 友谊 yǒuyì [명] 우의, 우정 4급 | 感动 gǎndòng [동] 감동하다 4급 |

44.

伤心时哭一哭会怎么样?
A 更难过   B 更紧张
C 轻松许多   D 觉得无聊

상심할 때 울면 어떨 수 있는가?
A 더욱 슬프다   B 더욱 긴장한다
C 마음이 많이 홀가분해진다 D 심심하다고 느낀다

풀이 사람은 가슴 아픈 일을 만났을 때 한차례 울고 나면 마음이 편해진다고(心里舒服多了) 했다. 마음이 편하다는 것은 '轻松'으로 표현될 수 있으므로 C가 정답이 된다.

정답 C

어휘 难过 nánguò [형] 슬프다, 괴롭다 4급 | 紧张 jǐnzhāng [형] 긴장하다 4급 | 轻松 qīngsōng [형] 홀가분하다 4급 | 无聊 wúliáo [형] 무료하다, 심심하다 4급

45.

这段话主要想告诉我们什么?
A 要有礼貌
B 要有同情心
C 要互相理解
D 哭不一定不好

이 글이 주로 우리에게 말하고자 하는 것은 무엇인가?
A 예의가 있어야 한다
B 동정심이 있어야 한다
C 서로 이해해야 한다
D 우는 것이 꼭 나쁜 것은 아니다

풀이 이 글은 울음이 좋은 의미일 수 있다는 것을 나타내고 있으므로 D가 정답이 된다.

정답 D

어휘 礼貌 lǐmào [명] 예의 [형] 예의바르다 4급 | 同情 tóngqíng [동] 동정하다 4급 | 互相 hùxiāng [부] 서로 4급

독해 제1부분 46번~50번

46 – 50

A 区别 qūbié [명] 구별, 차이 [동] 구별하다 4급
B 优秀 yōuxiù [형] 우수하다 4급
C 材料 cáiliào [명] 자료, 재료 4급
D 坚持 jiānchí [동] 견지하다, 어떤 상태나 행위를 계속 지속하게 하다 4급
E 由 yóu [개] ① ~가, ~이 ② ~에서, ~부터 4급
F 通知 tōngzhī [동] 통지하다, 알리다 [명] 통지서 4급

---

46. 小林，这次的招聘是（ 由 ）你负责吧?

해석 샤오린, 이번 채용은 네(가) 책임지지?
풀이 '由'는 행위의 주체를 이끄는 개사로 〈由 + 사람 + 동사〉의 어순으로 쓴다. 뒤의 '负责(책임지다)'가 있는 것으로 보아 누가 책임지느냐를 이끌고 있기 때문에 '由'가 와야 한다.
정답 E
어휘 招聘 zhāopìn [동] 모집하다, 채용하다 4급 | 负责 fùzé [동] 책임지다 4급

---

47. 小王，这份（ 材料 ）明天早上就要用，得请你翻译一下。

해석 샤오왕, 이 (자료)는 내일 아침에 사용해야 해서, 너에게 번역을 부탁해야겠어.
풀이 빈칸 앞의 '份'은 한 부의 자료를 세는 양사이기 때문에 '자료'의 뜻을 가진 '材料'가 와야 한다.
정답 C
어휘 份 fèn [양] 부, 통 4급 | 翻译 fānyì [동] 번역하다 4급

---

48. 中国南北距离约5500公里，因此南北气候有很大（ 区别 ）。

해석 중국의 남북 거리는 약 5500킬로미터이다. 그래서 남북 기후는 큰 (차이)가 있다.
풀이 주어는 남과 북의 기후(南北气候)이므로, '차이'의 뜻이 있는 '区别'가 가장 알맞다.
정답 A
어휘 距离 jùlí [명] 거리 [동] (거리가) 떨어지다 4급 | 约 yuē [부] 대략, 약 | 因此 yīncǐ [접] 따라서 4급

49. 王教授不但会三种语言，而且会写小说，各方面都很（ 优秀 ）。

해석 왕 교수는 3가지 언어를 할 수 있을 뿐만 아니라 게다가 소설도 쓸 줄 알아서 각 방면에서 모두 (우수하다).
풀이 여러 언어도 할 수 있고 소설도 쓸 줄 알기 때문에 '우수하다'는 뜻인 '优秀'가 오는 것이 알맞다.
정답 B
어휘 教授 jiàoshòu [명] 교수 4급 | 语言 yǔyán [명] 언어 4급 | 小说 xiǎoshuō [명] 소설 4급 | 方面 fāngmiàn [명] 방면 4급

50. 小张，原定后天上午的会议改在明天下午两点了，你（ 通知 ）一下其他人。

해석 샤오장, 원래 모레 오전으로 정해졌던 회의가 내일 오후 2시로 바뀌었어. 네가 다른 사람들에게 좀 (통지해 줘).
풀이 회의 시간이 바뀐 것을 사람들에게 알려 달라는 내용이므로 '통지하다', '알리다'는 뜻을 가진 '通知'가 알맞다.
정답 F
어휘 原定 yuándìng [동] 원래 정하다 | 改 gǎi [동] 바꾸다, 고치다 | 其他 qítā [대] 기타 3급

51-55

A 开心 kāixīn [형] 즐겁다 4급
B 商量 shāngliang [동] 상의하다 4급
C 温度 wēndù [명] 온도 4급
D 袜子 wàzi [명] 양말 4급
E 推迟 tuīchí [동] 미루다, 연기하다 4급
F 顺便 shùnbiàn [부] 하는 김에 4급

51. A: 你怎么这么早就回来了？比赛结束了？
    B: 不是，比赛（ 推迟 ）了，也不知道什么原因。

해석 A: 너 왜 이렇게 빨리 돌아왔어? 시합이 끝났어?
B: 아니, 시합이 (연기됐어). 무슨 원인인지도 모르겠어.
풀이 시합이 미뤄졌기 때문에 일찍 돌아온 것이므로 '推迟'가 와야 한다.
정답 E
어휘 原因 yuányīn [명] 원인 4급

52. A: 您考虑得怎么样了?
    B: 我还是觉得有点儿贵，得和我妻子再（ 商量 ）一下。

해석 A: 당신은 생각해 보셨습니까?
     B: 저는 좀 비싼 것 같습니다. 아내와 다시 (상의해) 봐야겠어요.

풀이 앞에 개사구 '아내와(和妻子)'가 있고 뒤에는 동량보어 '一下'가 있으므로 빈칸은 동사가 와야 한다. '아내와 상의하다(商量)'라고 표현하는 것이 가장 알맞다.

정답 B

어휘 考虑 kǎolǜ [동] 고려하다 4급 | 趟 tàng [양] 번, 회(왕복 횟수를 셈) 4급

53. A: 家里没有啤酒了，我去趟超市。
    B: 你下楼的时候（ 顺便 ）把垃圾扔了。

해석 A: 집에 맥주가 다 떨어졌는데 내가 슈퍼에 갔다올게.
     B: 너 내려갈 때 (가는 김에) 쓰레기 좀 버려 줘.

풀이 내려가는 김에 쓰레기를 치워 달라는 것이므로 '하는 김에'의 뜻인 '顺便'이 오는 것이 알맞다.

정답 F

어휘 垃圾 lājī [명] 쓰레기 4급 | 扔 rēng [동] 버리다, 던지다 4급

54. A: 你好像很不（ 开心 ），我给你讲个笑话吧。
    B: 我没事，谢谢你的关心。

해석 A: 너 매우 (즐겁지) 않은 것 같은데, 내가 너에게 재미있는 이야기를 해 줄게.
     B: 난 괜찮아, 관심 가져 줘서 고마워.

풀이 재미있는 이야기를 해 준다고 한 것으로 보아 상대방의 기분이 안 좋다는 것을 추측해 볼 수 있다. 따라서 '开心(즐겁다)'이 들어가야 한다.

정답 A

어휘 好像 hǎoxiàng [부] 마치 ~ 같다 [동] 닮다, 유사하다 4급 | 笑话 xiàohuà [명] 재미있는 이야기 [동] 비웃다 4급

55. A: 你怎么买了这么多（ 袜子 ）?
    B: 商场在做活动，10块钱3双，我就多买了些。

해석 A: 너 왜 이렇게 많은 (양말)을 샀어?
     B: 백화점에서 행사를 하고 있는데 3켤레에 10위안이야. 그래서 좀 많이 샀어.

풀이 빈칸은 명사가 와야 하고 '3双(3켤레)'을 통해서 빈칸은 '袜子(양말)'가 와야 함을 알 수 있다.

정답 D

어휘 商场 shāngchǎng [명] 백화점, 쇼핑센터 | 活动 huódòng [동] 활동하다 [명] 행사, 이벤트 4급

독해 제2부분 56번~65번

56.

A 稍等一下，我看见我们经理了
B 马上就回来，你先找座位坐下吧
C 我去跟他打个招呼

풀이 C의 '他'는 구체적으로 A의 '经理'를 가리키기 때문에 A는 C보다 앞쪽에 온다. 또한 B에서 '금방 돌아온다'고 말한 것은 C의 인사하러 가야(去~打个招呼) 하기 때문이기에, B는 C 뒤에 와야 한다. 따라서 첫 문장은 A가 되고 마지막 문장은 B가 되어야 한다.

A 稍等一下，我看见我们经理了，C 我去跟他打个招呼，B 马上就回来，你先找座位坐下吧。

대명사로 바뀜

해석 A 잠깐만 기다려. 나 우리 사장님 봤어. C 내가 가서 그에게 인사하고, B 금방 돌아올테니까, 너는 먼저 자리에 앉아 있어.

정답 A C B

어휘 稍 shāo [부] 잠깐(稍微의 줄임말) | 经理 jīnglǐ [명] 사장, 지배인, 매니저 3급 | 座位 zuòwèi [명] 좌석 4급 | 打招呼 dǎ zhāohū [동] 인사하다, 아는 척하다 4급

57.

A 在使用感冒药之前
B 医生提醒人们
C 一定要仔细阅读说明书

풀이 A와 C는 모두 의사의 말이기 때문에 B 뒤쪽에 와야 한다. 그리고 〈在~之前, 一定要~〉는 '~하기 전에는 반드시 ~해야 한다'의 뜻으로 하나의 문형으로 기억하는 것이 좋다. 따라서 A는 C 앞에 온다.

B 医生提醒人们，A 在使用感冒药之前，C 一定要仔细阅读说明书

해석 B 의사는 사람들에게 일깨우기를, A 감기약을 사용하기 전에는, C 반드시 설명서를 꼼꼼하게 읽어 보라는 것이다.

정답 B A C

어휘 使用 shǐyòng [동] 사용하다 4급 | 提醒 tíxǐng [동] 일깨우다 4급 | 仔细 zǐxì [형] 자세하다, 꼼꼼하다 4급 | 阅读 yuèdú [동] 열독하다 4급 | 说明书 shuōmíngshū [명] 설명서

58.

A 打好基础的同时，还要找到学习的重点
B 要想取得好成绩
C 这样才能收到好的效果

풀이 〈要想~要~〉는 '만약 ~하고 싶다면 ~해야 한다'의 뜻으로 하나의 문형을 이룬다. 따라서 B는 A 앞쪽에 와야 한다. 또한 C의 '这样'은 대명사로서 A의 내용을 받았기 때문에 C는 A 뒤에 와야 한다. 참고로 '这样'은 '이렇게'라는 뜻도 있고 '이렇게 하다'는 뜻도 있다. 여기서는 '이렇게 하다'의 뜻이고 '这样才能~'은 자주 쓰는 표현으로 '이렇게 해야 비로소 ~할 수 있다'로 해석한다.

B 要想取得好成绩，A 打好基础的同时，还要找到学习的重点，C 这样才能收到好的效果。
　　　　　호응　　　　　　　　　　　　　　　　　　　　　　A 문장 전체를 대명사로 받음

해석 B 좋은 성적을 거두고 싶다면 A 기초를 잘 다지는 동시에 학습의 중점을 찾아내야 한다. C 이렇게 해야만 비로소 좋은 효과를 거둘 수 있다.

정답 B A C

어휘 基础 jīchǔ [명] 기초 4급 | 重点 zhòngdiǎn [명] 중점 4급 | 取得 qǔdé [동] 취득하다, 얻다 | 成绩 chéngjì [명] 성적 3급

59.

A 他逐渐懂事了
B 大学毕业后成了一名优秀的律师。
C 随着年龄的增长

풀이 '随着'는 '~함에 따라서'의 뜻으로 조건이 온다. 그 뒷절에는 '越来越(갈수록)'나 '逐渐(점점)' 등이 와서 호응을 이룬다. 따라서 A는 C 뒤에 와야 한다. B는 결과적으로 변호사가 되었다는 내용이므로 마지막 문장으로 온다. 참고로 '随着'의 일반 어순은 〈随着 + ~的 + V₁, ~越来越/逐渐 + V₂/A~〉 (V₁함에 따라서 V₂/A하다)임을 기억하자.

C 随着年龄的增长，A 他逐渐懂事了，B 大学毕业后成了一名优秀的律师。
　　조건　　　　　　　변화1　　　　　　변화2

해석 C 나이가 들어감에 따라, A 그는 점점 철이 들었고, B 대학을 졸업한 후에 한 명의 우수한 변호사가 되었다.

정답 C A B

어휘 逐渐 zhújiàn [부] 점점 4급 | 懂事 dǒngshì [동] 철들다 | 优秀 yōuxiù [형] 우수하다 4급 | 律师 lǜshī [명] 변호사 4급 | 随着 suízhe ~함에 따라 4급 | 年龄 niánlíng [명] 나이, 연령 4급

60.

> A 可是我敲了半天门都没人开
> B 喂，小李，你说的客人是住501房间吧
> C 给他打电话也一直占线

풀이 '可是' 때문에 A는 첫 문장으로 올 수 없다. 또한 C는 주어가 없기 때문에 첫 문장이 될 수 없다. 따라서 B가 첫 문장으로 온다. B 문장에서 501호실을 언급했고 A에서 노크(敲门)했다고 했으므로 A는 B 뒤에 온다. '也'가 있기 때문에 C는 A 뒤에 와야 한다.

B 喂，小李，你说的客人是住501房间吧，A 可是我敲了半天门都没人开，C 给他打电话**也**一直占线。

→ 첫 문장이 될 수 없음

해석 B 여보세요? 샤오리, 네가 말한 고객은 501호실이지? A 하지만 내가 한참을 노크했는데도 아무도 문을 열지 않아. C 그에게 전화도 했는데도 계속 통화 중이야.

정답 B A C

어휘 客人 kèrén [명] 손님, 고객 3급 | 敲 qiāo [동] 치다, 두드리다 4급 | 占线 zhànxiàn [동] 통화 중이다 4급

61.

> A 原谅是一种美
> B 我们常说要学会原谅别人
> C 但也要试着原谅自己

풀이 분명한 것은 C는 '但'과 '也' 때문에 첫 문장으로 올 수 없다는 것이다. 내용상으로 B에서는 용서의 대상을 다른 사람으로 했고 C에서는 용서의 대상을 자신으로 바꿨기 때문에 C는 무조건 B 뒤에 와야 한다. A는 해석상 B와 C 사이에 끼어들 수 없다. 그렇다면 맨 처음이 아니면 맨 끝이다. B와 C가 용서는 어떠한 것인지를 구체적으로 설명하고 있으므로 A가 첫 문장으로 와서 '용서란 아름다운 것이다'라고 먼저 용서에 대한 대략적 정의를 내리는 것이 가장 알맞다.

A 原谅是一种美，B 我们常说要学会原谅**别人**，C **但**也要试着原谅**自己**。

→ 첫 문장이 될 수 없음
바뀜

해석 A 용서는 일종의 아름다움이다. B 우리는 자주 다른 사람을 용서할 줄 알아야 한다고 말한다. C 하지만 또한 자신을 용서하는 것을 시도해야 한다.

정답 A B C

어휘 原谅 yuánliàng [동] 용서하다 4급 | 试着 shìzhe [동] 시도해 보다 | 即使 jíshǐ [접] 설령 ~일지라도 4급

62.

> A 有些人即使只睡5个小时也很有精神
> B 大部分人每天晚上至少应该睡7个小时
> C 但是这个标准并不适合每一个人

풀이 '但是'가 있기 때문에 C는 첫 문장으로 올 수 없다. C의 '这个标准'은 B의 '7시간을 자야 한다'는 내용을 대신 받고 있으므로 C는 B 뒤에 와야 한다. B에서 주어는 '대부분의 사람들(大部分人)'이고 A의 주어는 '일부 사람들(有些人)'이므로 A는 B 뒤쪽에 와야 하므로 결국 A는 마지막 문장이 된다.

▶ 첫 문장이 될 수 없음

B 大部分人每天晚上至少应该睡7个小时, C 但是这个标准并不适合每一个人, A 有些人即使只睡5个小时也很有精神。

밑줄 친 문장 전체를 받음

해석 B 대부분의 사람들은 매일 밤 적어도 7시간을 자야 한다. C 하지만 이 기준이 결코 모든 사람에게 적합한 것은 아니다. A 어떤 사람들은 설령 5시간을 잔다 해도 매우 활기 있다.

정답 B C A

어휘 精神 jīngshen [명] 생기, 원기, 활력 5급 | 至少 zhìshǎo [부] 적어도 4급 | 标准 biāozhǔn [명] 표준 [형] 표준적이다 4급 | 适合 shìhé [동] 적합하다, 알맞다 4급

63.

> A 记得给我打个电话
> B 估计三天左右就能到，你等收到后
> C 你要的裙子我给你寄过去了

풀이 B에서 '(물건이) 도착한다(到)'는 표현이 있기 때문에, '물건을 부친다'는 내용이 있는 C가 B 앞쪽에 와야 한다. 그리고 A는 '물건을 받고 나서' 전화해라'는 것이므로 마지막 문장이 된다.

C 你要的裙子我给你寄过去了, B 估计三天左右就能到, 你等收到后, A 记得给我打个电话。

해석 C 네가 원하는 치마를 내가 너에게 부쳤어. B 3일 정도면 도착할 것으로 예상하는데, 네가 받으면, A 나에게 전화해 주는 것을 기억해.

정답 C B A

어휘 记得 jìde [동] 기억하다 | 估计 gūjì [동] 추측하다, 예측하다 4급 | 裙子 qúnzi [명] 치마 3급

64.

> A 其实朋友应该像镜子
> B 有人说真正的朋友是能和自己一起快乐的人
> C 能帮你看清自己的缺点

풀이 전환(그러나, 그런데)을 나타내는 '其实(사실은)' 때문에 A는 첫 문장으로 올 수 없다. C 또한 주어가 없어 첫 문장으로 부적절하기 때문에, B가 첫 문장으로 온다. '其实'는 B 뒤에 오고 C가 마지막 문장이 된다.

B 有人说真正的朋友是能和自己一起快乐的人，A 其实朋友应该像镜子，C 能帮你看清自己的缺点。
　　　　　　　　　　　　　　　　　　　　　　전환을 나타냄 / 첫 문장이 될 수 없음

해석 B 어떤 사람은 진정한 친구란 자신과 함께 기뻐할 수 있는 사람이라고 말한다. A 사실 친구는 거울과 같아서, C 당신이 자신의 단점을 정확히 볼 수 있도록 도울 수 있어야 한다.

정답 B A C

어휘 真正 zhēnzhèng [형] 진정한, 참된, 순수한 4급 | 缺点 quēdiǎn [명] 결점, 단점 4급

65.

> A 尽管李教授来不及赶过来
> B 她说，非常感谢你为这个研究做出的努力
> C 但她让我带了礼物给你

풀이 '但' 때문에 C는 첫 문장이 될 수 없고 '尽管'과 호응하기 위해 A 뒤에 와야 한다. 또한 B의 '她'는 A의 '李教授'를 대신 받은 것이기 때문에 결국 B는 마지막 문장이 된다.

A 尽管李教授来不及赶过来，C 但她让我带了礼物给你，B 她说，非常感谢你为这个研究做出的努力。
　　호응　　　　　　　　　　첫 문장이 될 수 없음

해석 A 비록 이 교수는 올 겨를이 없어, C 하지만 그녀는 나더러 선물을 가져가 너에게 주라고 했어. B 그녀는 네가 이 연구를 위해 한 노력에 매우 감사한다고 말했어.

정답 B A C

어휘 尽管 jǐnguǎn [접] 비록 ~이지만 4급 | 研究 yánjiū [동] (사물의 본질·규율 등을) 연구하다, 탐구하다 4급

독해 제3부분 66번~85번

66.

这篇课文的内容和语法知识全部讲完了，接下来我们做几个练习题，请同学们看第35页。

★ 说话人：
A 是老师
B 在发通知
C 在和人讨论
D 让大家预习

이 본문의 내용과 어법 지식은 모두 설명했습니다. 이어서 우리 몇 개의 문제를 풀어 볼게요. 학생 여러분 35쪽을 보세요.

★ 화자는:
A 선생님이다
B 통지서를 보내고 있다
C 다른 사람과 토론하고 있다
D 모두에게 예습을 시키고 있다

풀이 위 내용은 선생님이 학생들에게 수업을 하고 있는 것이므로 A가 정답이 된다.

정답 A

어휘 课文 kèwén [명] 본문 | 内容 nèiróng [명] 내용 4급 | 语法 yǔfǎ [명] 어법 4급 | 全部 quánbù [명] 전부 4급 | 页 yè [명] 쪽, 페이지 4급 | 通知 tōngzhī [동] 통지하다 4급 | 讨论 tǎolùn [동] 토론하다 4급 | 预习 yùxí [동] 예습하다 4급

67.

十几年没见的老同学今天终于再次见面了。尽管每个人的变化都很大，但不变的是感情，<u>大家都非常地激动和高兴</u>，好像有说不完的话。

★ 根据这段话，老同学见面时：
A 很少交谈
B 变化不大
C 心情激动
D 互相不认识了

십수 년 동안 만나지 못했던 옛 동창을 오늘 마침내 다시 만났다. 비록 모든 사람의 변화는 다 크지만 변하지 않는 것은 감정이다. <u>모두가 매우 흥분하고 기뻐했으며</u> 마치 다하지 못한 말이 있는 것 같았다.

★ 이 글에 따르면 옛 동창을 만났을 때:
A 이야기를 많이 나누지 않는다
B 변화가 크지 않다
C 감정이 흥분됐다
D 서로 못 알아보았다

풀이 '非常地激动和高兴'을 통해 C가 정답임을 알 수 있다.

정답 C

어휘 尽管 jǐnguǎn [접] 비록 ~이지만 4급 | 感情 gǎnqíng [명] 감정 4급 | 激动 jīdòng [형] 흥분하다, 감동하다 4급 | 好像 hǎoxiàng [부] 마치 (~인 것 같다) 4급 | 交谈 jiāotán [동] 이야기를 나누다 | 互相 hùxiāng [부] 서로 4급

68.

他是当时中国最有名的男演员之一，演的每部电影都非常受欢迎。既然现在他已不再演电影了，但仍然有许多观众喜欢他。

★ 那位男演员：

A 演技一般
B 很有礼貌
C 当过作家
D 很受欢迎

그는 당시 중국에서 가장 유명한 남자 배우 중 하나로 연기한 모든 영화가 모두 매우 환영 받았다. 비록 지금 그는 이미 더 이상 영화에서 연기를 하지 않지만 여전히 많은 관중들이 그를 좋아한다.

★ 그 남자 배우는:

A 연기가 보통이다
B 매우 예의 있다
C 작가를 한 적이 있다
D 매우 환영 받는다

풀이 '非常受欢迎'을 통해서 D가 정답임을 알 수 있다.

정답 D

어휘 当时 dāngshí [명] 당시 4급 | 演员 yǎnyuán [명] 배우 4급 | 之一 zhī yī ~ 중의 하나 | 仍然 réngrán [부] 여전히 4급 | 观众 guānzhòng [명] 관중 4급 | 演技 yǎnjì [명] 연기 | 礼貌 lǐmào [명] 예의 [형] 예의바르다 4급 | 作家 zuòjiā [명] 작가 4급

69.

举办这次活动，主要是为了向大家介绍我们公司推出的新手机，希望通过这次活动引起大家的兴趣，让大家更了解我们。

★ 举办这次活动是为了：

A 参加比赛
B 赢得竞争
C 介绍手机
D 积累经验

이번 활동을 개최하는 것은, 주로 모두에게 우리 회사가 내놓은 새로운 핸드폰을 소개하고, 이번 행사를 통해 모두의 흥미를 끌고, 모두로 하여금 우리를 더 잘 알게 하기 위함이다.

★ 이번 행사를 개최하는 것은 ~을 위해서이다:

A 시합에 참가한다
B 경쟁에서 이긴다
C 핸드폰을 소개한다
D 경험을 축적한다

풀이 이번 행사는 회사의 새 핸드폰을 소개하기 위해서이다.

정답 C

어휘 举办 jǔbàn [동] 개최하다 4급 | 活动 huódòng [명] 활동, 행사 [동] 활동하다 4급 | 推出 tuīchū [동] 출시하다 | 通过 tōngguò [동] 통과하다 [개] ~을 통하여 4급 | 引起 yǐnqǐ [동] 불러일으키다, 야기하다 4급 | 兴趣 xìngqù [명] 흥미 | 赢得 yíngdé [동] 승리하여 얻다 | 竞争 jìngzhēng [명/동] 경쟁(하다) 4급 | 积累 jīlěi [동] 축적하다, 쌓다 4급 | 经验 jīngyàn [명] 경험 4급

70.

小高，按照你现在的速度，体育恐怕很难合格。你必须在20秒内跑完100米。接下来这几个月，你要多多练习。

★ 说话人希望小高：
　A 熟悉动作
　B 加快速度
　C 别怕辛苦
　D 偶尔跑跑步

샤오까오, 너의 지금 속도대로라면 체육은 아마 합격이 어려울 것 같아. 너는 반드시 20초 안에 100미터를 달려야 해. 남은 몇 개월 동안 너는 연습 많이 해야 해.

★ 화자는 샤오까오가 ~하기를 바란다:
　A 동작에 익숙해진다
　B 속도를 높인다
　C 고생을 두려워하지 마라
　D 가끔 달리기를 한다

풀이 지금 속도로는 합격하기 어렵다고 한 것은 속도를 더 높여야 한다는 뜻이므로 B가 정답이 된다.

정답 B

어휘 按照 ànzhào [개] ~에 따라서 4급 | 速度 sùdù [명] 속도 4급 | 恐怕 kǒngpà [부] 아마도 4급 | 合格 hégé [형] 합격이다 4급 | 秒 miǎo [명] 초 4급 | 熟悉 shúxī [동] 숙지하다 [형] 익숙하다 4급 | 动作 dòngzuò [명] 동작 4급 | 加快 jiākuài [동] 빠르게 하다 | 偶尔 ǒu'ěr [부] 가끔 4급

71.

我们班大部分同学毕业后都直接参加工作了，只有万飞和张月他们俩因为喜欢做研究，就继续留在学校读硕士了。

★ 大多数同学毕业后都：
　A 结婚了
　B 上班了
　C 选择了留学
　D 申请出国工作

우리 반 학생들은 대부분 졸업 후에 바로 일을 시작했다. 오직 완페이와 장위에 둘만이 연구하기를 좋아해서 계속 학교에 남아 석사 공부를 했다.

★ 대다수 동학은 졸업 후 모두:
　A 결혼했다
　B 직장을 다녔다
　C 유학을 선택했다
　D 외국에서 일하는 걸 신청했다

풀이 질문은 '大多数同学'라고 물은 것을 주의해야 한다. 동학들 대부분(大部分)은 '参加工作'를 선택했다. '参加工作'란 '처음으로 직장을 다니면서 일을 시작한다'는 것을 의미한다. 따라서 B가 정답이 된다.

정답 B

어휘 大部分 dàbùfèn [명] 대부분 | 直接 zhíjiē [부] 바로, 직접적으로 [형] 직접적이다 4급 | 研究 yánjiū [동] 연구하다 4급 | 继续 jìxù [동] 계속하다 4급 | 硕士 shuòshì [명] 석사 4급 | 申请 shēnqǐng [동] 신청하다 4급

72.

日记是对每天的总结，它积累的不仅有回忆，也有经验。你现在记下的一句话，也许会对你将来做的事情有很大的帮助。

★ 这段话主要谈的是：
  A 职业
  B 阅读方法
  C 怎样写总结
  D 写日记的好处

일기는 매일에 대한 총 정리이다. 그것을 쌓는 것은 추억이 있을 뿐 아니라 또한 경험도 있다. 당신이 지금 적는 한마디 말은 아마도 당신이 장래에 할 일에 큰 도움이 될 것이다.

★ 이 글이 주로 말하는 것은:
  A 직업
  B 열독 방법
  C 어떻게 최종 평가를 쓰는가
  D 일기 쓰기의 좋은 점

풀이 일기 쓰기가 추억과 경험을 쌓고 미래의 할 일에 도움이 된다고 설명했으므로 D가 정답이 된다.

정답 D

어휘 日记 rìjì [명] 일기 4급 | 总结 zǒngjié [동] 총 정리하다 [명] 최종 평가 4급 | 积累 jīlěi [동] 축적하다, 쌓다 4급 | 不仅 bùjǐn [접] ~일 뿐만 아니라 4급 | 回忆 huíyì [동] 추억하다 [명] 추억, 기억 4급 | 经验 jīngyàn [명] 경험 4급 | 也许 yěxǔ [부] 아마 4급 | 将来 jiānglái [명] 장래 4급 | 职业 zhíyè [명] 직업 4급 | 阅读 yuèdú [동] 열독하다, (책이나 신문을) 보다 4급

73.

我刚刚收到王校长发给我的电子邮件，说他最近病了，咳嗽得很厉害，医生要求他多休息，但他还是坚持工作，翻译了一本关于亚洲历史的书。

★ 王校长最近：
  A 身体健康
  B 一直上网
  C 怕被打扰
  D 翻译了一本书

나는 막 왕 교장 선생님이 나에게 보낸 이메일을 받았다. 그는 최근에 아파서 기침이 매우 심해 의사가 그에게 많이 쉬라고 했지만, 그는 그래도 계속 일을 해 아시아 역사에 관한 한 권의 책을 번역했다고 말했다.

★ 왕 교장은 최근에:
  A 신체가 건강하다
  B 줄곧 인터넷을 한다
  C 방해 받을까 봐 걱정한다
  D 한 권의 책을 번역했다

풀이 아시아 역사에 관한 책(一本关于亚洲历史的书)을 번역했다(翻译)고 했으므로 D가 정답이 된다.

정답 D

어휘 校长 xiàozhǎng [명] 교장 3급 | 电子邮件 diànzǐ yóujiàn [명] 이메일 4급 | 咳嗽 késou [동] 기침하다 4급 | 厉害 lìhai [형] 대단하다, 심하다, 무섭다 4급 | 要求 yāoqiú [명/동] 요구(하다) 3급 | 坚持 jiānchí [동] 견지하다, 계속하다 4급 | 翻译 fānyì [동] 번역하다 4급 | 关于 guānyú [개] ~에 관하여 4급 | 亚洲 Yàzhōu [명] 아시아 4급 | 一直 yìzhí [부] 줄곧 4급 | 打扰 dǎrǎo [동] 방해하다 4급

74.

不管是约会还是应聘，很多人都会细心打扮。不过应该注意的是，只有符合自己的年龄，看上去自然、舒服的打扮才会让自己更漂亮，给别人留下更好印象。

★ 什么样的打扮容易给人留下好印象?
A 流行的　　B 干净的
C 奇怪的　　D 自然的

약속이든 지원이든 많은 사람들은 다 세심하게 치장할 것이다. 하지만 주의할 점은 오직 자신의 나이에 맞게, 보기에 자연스럽고 편안한 꾸밈만이 비로소 자신을 더 아름답게 만들어 주고 다른 사람에게 더 좋은 인상을 준다는 것이다.

★ 어떤 꾸밈이 사람들에게 좋은 인상을 남기기 쉬운가?
A 유행하는　　B 깨끗한
C 이상한　　D 자연스러운

풀이 자연스럽고 편안한(自然、舒服的) 꾸밈이 좋은 인상을 남긴다고 했으므로 D가 정답이 된다.

정답 D

어휘 不管 bùguǎn [접] ~에 관계없이 4급 | 约会 yuēhuì [명/동] 데이트(하다), 약속 4급 | 应聘 yìngpìn [동] 지원하다 4급 | 细心 xīxīn [형] 세심하다 | 打扮 dǎban [동] 꾸미다, 치장하다 4급 | 符合 fúhé [동] 부합하다 4급 | 自然 zìrán [형] 자연스럽다 [명] 자연 4급 | 舒服 shūfu [형] 편안하다 3급 | 留 liú [동] 남기다 4급 | 印象 yìnxiàng [명] 인상 4급 | 流行 liúxíng [형] 유행하다 [동] 유행하다 4급 | 奇怪 qíguài [형] 이상하다 4급

75.

这里面挺大的，光出口就有好几个。你先去售票窗口排队买票吧，我去那边看看有没有卖地图的。

★ 说话人要去做什么?
A 买地图
B 买饮料
C 上厕所
D 排队买票

이 안은 매우 크다. 출구만 해도 몇 개나 돼. 너는 먼저 매표 창구에 가서 줄 서서 표를 사. 나는 저쪽에 가서 지도를 파는 곳이 있나 없나 볼게.

★ 화자는 무엇을 하려 하는가?
A 지도를 사다
B 음료를 사다
C 화장실에 가다
D 줄 서서 표를 산다

풀이 화자는 지도를 파는 곳에 가 본다고 했고 이 말을 듣는 상대방에게는 표를 사라고 했다. 질문은 화자(说话人)가 하려는 것을 물었기 때문에 A가 정답이 된다.

정답 A

어휘 挺 tǐng [부] 매우 [동] 곧게 펴다 4급 | 光 guāng [명] 빛 [부] 단지 4급 | 出口 chūkǒu [명] 출구 [동] 수출하다 4급 | 售票 shòupiào 표를 팔다 | 窗口 chuāngkǒu [명] 창구 | 排队 páiduì [동] 줄을 서다 4급 | 地图 dìtú [명] 지도 3급 | 饮料 yǐnliào [명] 음료 3급 | 厕所 cèsuǒ [명] 화장실 4급

76.

在中国，南方人喜欢吃米饭，北方人却更爱吃面条儿、包子或者饺子。<u>张小姐虽然是南方人</u>，但来到北京以后，却很快喜欢上了北方的面食。	중국에서 남방 사람은 쌀밥 먹는 것을 좋아하지만 북방 사람은 국수, 찐빵 혹은 교자 먹는 것을 더 좋아한다. <u>미스 장은 비록 남방 사람이지만</u> 베이징에 온 후 오히려 북방의 밀가루 음식을 좋아하게 되었다.
★ 张小姐： 　A 是南方人 　B 出生在北方 　C 来北京出差 　D 不爱吃面条	★ 미스 장은: 　A 남방 사람이다 　B 북방에서 태어났다 　C 베이징에 출장 왔다 　D 국수를 좋아하지 않는다

풀이 미스 장은 남방 사람(张小姐虽然是南方人)이라고 했으므로 A가 정답이 된다.

정답 A

어휘 面条 miàntiáo [명] 국수 2급 | 包子 bāozi [명] 찐빵, 바오쯔 4급 | 或者 huòzhě [접] 혹은 3급 | 饺子 jiǎozi [명] 교자, 만두 4급 | 面食 miànshí [명] 밀가루 음식 | 出生 chūshēng [동] 출생하다 4급 | 出差 chūchāi [동] 출장 가다 4급

77.

明天早上10点在6层会议室准时开会，<u>公司对这次会议非常重视</u>，大家千万不能迟到。记得带笔记本去，把重要的内容记下来。	내일 아침 10시에 6층 회의실에서 정각에 회의를 하는데, <u>회사는 이번 회의에 대해서 매우 중시하고 있</u>으니 모두들 절대로 지각하지 마세요. 수첩을 가져가 중요한 내용을 기록하는 것을 기억하세요.
★ 这次会议： 　A 很重要 　B 信息多 　C 不太正式 　D 允许讨论	★ 이번 회의는: 　A 매우 중요하다 　B 정보가 많다 　C 그다지 정식적이지 않다 　D 토론을 허락한다

풀이 회사가 이번 회의를 매우 중시한다(非常重视)고 했으므로 이번 회의는 매우 중요하다(很重要)고 말할 수 있다.

정답 A

어휘 层 céng [명] 층 3급 | 准时 zhǔnshí [형] 시간을 정확히 지키다 [부] 정각에 4급 | 重视 zhòngshì [동] 중시하다 4급 | 千万 qiānwàn [부] 절대로, 반드시 4급 | 笔记本 bǐjìběn [명] 노트북 컴퓨터, 노트, 수첩 4급 | 内容 nèiróng [명] 내용 4급 | 信息 xìnxī [명] 정보 4급 | 正式 zhèngshì [형] 정식적이다 4급 | 允许 yǔnxǔ [동] 동의하다 4급 | 讨论 tǎolùn [동] 토론하다 4급

78.

尽管这只是一场误会，但她仍然很生气。我打算约她见面，向她解释清楚引起误会的原因，我猜她肯定会原谅你的。

★ 他想要做什么？
A 表扬她
B 祝贺她
C 送花给她
D 跟她解释误会

비록 이것은 단지 하나의 오해였지만 그녀는 여전히 화가 나 있다. 나는 그녀와 만나기로 약속하고 그녀에게 오해가 일어난 원인을 정확하게 설명해 주려 한다. 나는 그녀가 틀림없이 너를 용서할 것이라고 예상한다.

★ 그는 무엇을 하고 싶은가？
A 그녀를 칭찬한다
B 그녀를 축하한다
C 그녀에게 꽃을 준다
D 그녀에게 오해를 설명한다

풀이 그는 그녀를 만나서 오해의 원인을 정확하게 설명해 줄 계획을 가지고 있으므로 D가 정답이 된다.

정답 D

어휘 尽管 jǐnguǎn [접] 비록 ~이지만 4급 | 误会 wùhuì [명/동] 오해(하다) 4급 | 仍然 réngrán [부] 여전히 4급 | 打算 dǎsuan [동] ~할 계획이다 [명] 계획 4급 | 约 yuē [동] 약속하다 | 解释 jiěshì [동] 설명하다, 해명하다 4급 | 引起 yǐnqǐ [동] 야기하다, 불러일으키다 4급 | 猜 cāi [동] 추측하다 4급 | 肯定 kěndìng [부] 틀림없이 [동] 인정하다 4급 | 原谅 yuánliàng [동] 용서하다 4급 | 表扬 biǎoyáng [동] 칭찬하다 4급 | 祝贺 zhùhè [동] 축하하다 4급

79.

我爸妈是第一次出国旅游，他们又不懂外语，所以我请朋友帮忙联系了一个中文流利，又比较幽默的导游。

★ 关于导游，可以知道：
A 汉语很好
B 不爱开玩笑
C 会三种语言
D 很有责任心

우리 아빠 엄마는 처음으로 외국으로 여행 가는데, 그들은 외국어를 할 줄 모르신다. 그래서 나는 친구에게 중국어가 유창하고 또 비교적 유머러스한 가이드에게 연락해 달라고 부탁했다.

★ 가이드에 관해서 알 수 있는 것은：
A 중국어를 잘한다
B 농담을 좋아하지 않는다
C 세 가지 언어를 할 줄 안다
D 매우 책임감 있다

풀이 중국어가 유창하다(中文流利)고 했으므로 A가 정답이 된다. '中文'과 '汉语'가 같다는 것을 알고 있어야 한다.

정답 A

어휘 懂 dǒng [동] 이해하다, 알다 2급 | 外语 wàiyǔ [명] 외국어 | 联系 liánxì [동] 연락하다, 관계되다 4급 | 中文 zhōngwén [명] 중국어 4급 | 流利 liúlì [형] 유창하다 4급 | 幽默 yōumò [형] 유머러스하다 4급 | 导游 dǎoyóu [명] 관광 안내원, 가이드 4급 | 开玩笑 kāi wánxiào 농담하다 4급 | 语言 yǔyán [명] 언어 4급 | 责任心 zérènxīn [명] 책임감 4급

80 - 81

　　每到节假日，80 <u>很多购物网站都会举行打折活动</u>，有些东西的价格甚至低于5折，80 <u>所以节日往往都变成了购物节</u>。81 <u>但对于这种打折活动，我们应该冷静</u>，因为有些卖家往往会通过先加价、再打折的方法吸引顾客，而那些打完折的东西其实并不比节日便宜。

　　명절과 휴일이 되면 80 <u>많은 쇼핑 사이트에서 할인 행사를 한다</u>. 어떤 물건의 가격은 심지어 50% 할인보다 낮다. 80 <u>그래서 명절은 종종 쇼핑 데이가 되어 버리기도 한다</u>. 81 <u>하지만 이런 할인 행사에 대해서 우리는 냉정해야 한다</u>. 왜냐하면 어떤 판매자는 가격을 올린 후 다시 할인하는 방법을 통해서 고객을 유인하기도 하기 때문이다. 그래서 그 할인된 물건이 사실은 명절이 싸다고 할 수 없다.

어휘 节假日 jiéjiàrì 명절과 휴일 | 购物 gòuwù [동] 물건을 사다 4급 | 网站 wǎngzhàn [명] 웹사이트 4급 | 举行 jǔxíng [동] 거행하다 4급 | 活动 huódòng [동] 활동하다 [명] 행사, 이벤트 4급 | 甚至 shènzhì [부] 심지어 4급 | 低于 dīyú ~보다 낮다 | 冷静 lěngjìng [형] 냉정하다 4급 | 卖家 màijiā [명] 파는 쪽, 파는 사람 | 往往 wǎngwǎng [부] 종종, 왕왕 4급 | 通过 tōngguò [동] 통과하다 [개] ~을 통하여 4급 | 加价 jiājià [동] 가격을 올리다 | 吸引 xīyǐn [동] 유치하다, 끌어당기다 4급 | 顾客 gùkè [명] 고객, 손님 4급

80.

★ 为什么说"节日往往都变成了购物节"？
A 可抽奖
B 商店关门晚
C 商家送东西
D 购物网站打折多

★ 왜 "명절은 종종 쇼핑의 날로 변한다"라고 말하는가?
A 추첨할 수 있어서
B 상점이 문을 늦게 닫아서
C 판매상이 물건을 공짜로 줘서
D 쇼핑 사이트의 할인이 많아서

풀이 많은 쇼핑 사이트에서 할인 행사를 하고 쇼핑이 많이 이루어지기 때문에 '购物节'가 된 것 같다고 말했다.

정답 D

어휘 抽奖 chōujiǎng [동] 추첨하다

81.

★ 遇到打折活动，我们应该:
A 冷静
B 不去关注
C 通知亲友
D 听售货员的意见

★ 할인 행사를 만났을 때 우리는 마땅히:
A 냉정해야 한다
B 관심을 가지지 않는다
C 친척과 친구들에게 알린다
D 판매원의 의견을 듣는다

풀이 할인 행사를 할 때 가격을 올려서 다시 할인하는 꼼수를 쓰기도 하기 때문에 냉정할 필요가 있다고 했다.

정답 A

어휘 关注 guānzhù [동] 관심을 갖다 | 通知 tōngzhī [동] 통지하다, 알리다 [명] 통지서 4급 | 亲友 qīnyǒu [명] 친척과 친구 | 售货员 shòuhuòyuán [명] 판매원 | 意见 yìjiàn [명] 의견 4급

82-83

　　在汉语中，数字"5""2""0"与"我爱你"的读音很像，**82 很多年轻人为了在网上聊天儿方便，用"520"来表示"我爱你"**。很快，这个数字也在实际生活中流行起来。每年的5月20日被年轻人看成小情人节，**83 甚至还有不少年轻人选择在那一天结婚**。

중국어에서 숫자 '5', '2', '0'과 '我爱你'의 독음은 매우 비슷해('우알링'과 '워아이니'가 발음이 비슷함), **82 많은 젊은이들은 인터넷에서의 채팅을 편리하게 하기 위해서 '520'을 이용해 '我爱你'를 표시한다.** 금방 이 숫자 역시 실제 생활에서도 유행하기 시작했다. 매년 5월 20일은 젊은이들이 작은 밸런타인데이라고 여긴다. **83 심지어 적지 않은 젊은이들이 그날에 결혼하는 것을 선택한다.**

어휘 数字 shùzi [명] 숫자 4급 | 读音 dúyīn [명] 독음 | 像 xiàng [동] 비슷하다, 닮다 3급 | 实际 shíjì [형] 실제의 4급 | 流行 liúxíng [동] 유행하다 [형] 유행하는 4급 | 看成 kànchéng [동] ~으로 간주하다 | 情人节 qíngrénjié [명] 밸런타인데이

82.

★ "520"最先从哪儿流行起来的?
A 报纸　　　B 学校
C 杂志　　　D 互联网

★ '520'은 최초에 어디서부터 유행하기 시작했는가?
A 신문　　　B 학교
C 잡지　　　D 인터넷

풀이 인터넷 채팅에서(在网上聊天儿) 편리하기 위해 사용하기 시작했다.

정답 D

어휘 杂志 zázhì [명] 잡지 4급 | 互联网 hùliánwǎng [명] 인터넷 4급

83.

★ 很多年轻人会在5月20日那天:
A 结婚
B 喝酒祝贺
C 互送巧克力
D 向妻子或丈夫道歉

★ 많은 젊은이들은 5월 20일에 ~을 하려 한다:
A 결혼한다
B 술을 마시며 축하한다
C 서로 초콜릿을 선물한다
D 아내나 남편에게 사과한다

풀이 5월 20일은 발음상 '워아이니(我爱你)'와 비슷하기 때문에 이날에 많은 젊은이들이 결혼을 한다고 했다.

정답 A

어휘 祝贺 zhùhè [동] 축하하다 4급 | 互送 hùsòng 서로 선물하다 | 巧克力 qiǎokèlì [명] 초콜릿 4급 | 道歉 dàoqiàn [동] 사과하다 4급

84-85

84 成功不是让周围的人都表扬你、羡慕你，84 而是让他们都觉得需要你、离不开你。但很多人都不明白这一点。他们努力向别人证明自己多么有钱，过得多么幸福，85 以使别人羡慕自己。其实，85 这样做不仅不能赢得别人的尊重，85 相反还可能会让人觉得讨厌。

84 성공은 주위 사람으로 하여금 당신을 칭찬하고 부러워하게 만드는 것이 아니라 84 그들로 하여금 당신을 필요로 하게 하고 당신을 떠날 수 없게 하는 것이다. 그러나 많은 사람들은 이 점을 이해하지 못한다. 그들은 다른 사람에게 자신이 얼마나 돈이 많고 사는 게 얼마나 행복한지를 증명함으로써 85 다른 사람으로 하여금 자신을 부러워하게 하려고 노력한다. 사실 이렇게 하는 것은 다른 사람의 존중을 받을 수 없을 뿐만 아니라 85 반대로 사람들로 하여금 미워하게 만들 수 있다.

어휘 周围 zhōuwéi [명] 주위 4급 | 表扬 biǎoyáng [동] 칭찬하다 4급 | 羡慕 xiànmù [동] 부러워하다 4급 | 离不开 líbukāi 떠날 수 없다 | 证明 zhèngmíng [동] 증명하다 4급 | 以 yǐ [접] ~하도록 [개] ~으로 4급 | 其实 qíshí [부] 사실은 4급 | 不仅 bùjǐn [접] ~일 뿐만 아니라 4급 | 赢得 yíngdé [동] 얻다, 획득하다 | 尊重 zūnzhòng [동] 존중하다 4급 | 相反 xiāngfǎn [형] 상반되다 [접] 반대로 4급 | 讨厌 tǎoyàn [동] 싫어하다, 미워하다 4급

84.

★ 成功是让别人：
A 需要自己
B 记住自己
C 不拒绝自己
D 对自己满意

★ 성공은 다른 사람으로 하여금 ~하게 한다:
A 자신을 필요로 한다
B 자신을 기억한다
C 자신을 거절하지 못한다
D 자신에 대해서 만족한다

풀이 성공은 사람들로 하여금 당신을 필요로 하게 만든다고 했으므로 A가 정답이 된다.

정답 A

어휘 拒绝 jùjué [동] 거절하다 4급 | 满意 mǎnyì [동] 만족하다 4급

85.

★ 什么样的做法可能会让人讨厌？
A 打扰别人
B 总发脾气
C 同情别人
D 让别人羡慕自己

★ 어떤 방법이 사람들로 하여금 싫어하게 만들 수 있는가?
A 다른 사람을 방해한다
B 늘 화를 낸다
C 다른 사람을 동정한다
D 다른 사람으로 하여금 자신을 부러워하게 만든다

풀이 성공을 하고 나서 다른 사람으로 하여금 자신을 부러워하게(羡慕) 하려고 하면 오히려 반대로 싫어하게(讨厌) 만들 수 있다고 했으므로 D가 정답이 된다.

정답 D

어휘 打扰 dǎrǎo [동] 방해하다 4급 | 发脾气 fā píqi 화를 내다 4급 | 同情 tóngqíng [동] 동정하다 4급

쓰기 제1부분 86번~95번

86.

> 抽烟　附近　加油站　禁止

풀이 [1단계] 동사 '禁止(금지하다)' 뒤에는 '抽烟'이 목적어로 온다.
→ 禁止抽烟

[2단계] 주어는 '加油站附近(주유소 근처)'이 된다.
→ 加油站附近禁止抽烟。

정답 加油站附近禁止抽烟。 주유소 근처에서는 흡연을 금지한다.

어휘 抽烟 chōuyān [동] 흡연하다 4급 | 附近 fùjìn [명] 부근, 근처 3급 | 加油站 jiāyóuzhàn [명] 주유소 4급 | 禁止 jìnzhǐ [동] 금지하다 4급

87.

> 顺利　不太　计划　进行得

풀이 [1단계] 〈동사 + 得~〉에서 '得'는 조동사로서 '~해야 한다'가 아니라 보어를 이끄는 구조조사로 앞에 있는 동사나 형용사의 정도나 상태를 보완 설명한다. 따라서 〈동사 + 得〉 뒤에는 주로 〈정도부사 + 형용사〉가 온다는 점을 기억하자.
→ 进行得不太顺利

[2단계] 주어가 있어야 하므로 '计划'가 주어가 된다.
→ 计划进行得不太顺利。

정답 计划进行得不太顺利。 계획이 진행되는 것이 그다지 순조롭지 않다.

어휘 顺利 shùnlì [형] 순조롭다 4급 | 计划 jìhuà [명/동] 계획(하다) 4급 | 进行 jìnxíng [동] 진행하다 4급

88.

> 一头牛　那座山　看起来　像

풀이 [1단계] '像'은 동사로 '~를 닮다', '~와 비슷하다'의 뜻이 있다. 〈A 像 B〉의 어순으로 써서 'A는 B를 닮았다/ B와 비슷하다'의 의미가 된다. 따라서 '那座山'이 주어로 오고 '一头牛'가 목적어로 온다.
→ 那座山像一头牛

[2단계] '看起来'는 주어(S) 뒤에 위치하는 것이 중요하다. 〈S + 看起来~〉의 어순으로 써서 'S는 보기에 ~하다'로 해석된다. 따라서 '看起来'는 '那座山' 뒤에 온다.
→ 那座山看起来像一头牛。

정답 那座山看起来像一头牛。 저 산은 보기에 한 마리의 소와 닮았다.

어휘 头 tóu [양] 마리 [명] 머리 | 座 zuò [양] 좌, 동, 채(부피가 크거나 고정된 물체를 세는 단위) [명] 자리, 좌석 4급 | 像 xiàng [동] 닮다, 비슷하다 3급

89.

回答　让儿子　母亲的　很吃惊

풀이 **[1단계]** '母亲的'는 '回答(대답)'를 수식한다.
→ 母亲的回答

[2단계] '让'은 겸어문을 구성하는 동사로 〈A + 让 + B + V〉의 어순을 이루어 'A가 B로 하여금 V하게 하다'로 해석한다. 따라서 '母亲的回答'가 주어가 되고 '很吃惊'이 동사로 온다.
→ 母亲的回答让儿子很吃紧。

정답 母亲的回答让儿子很吃惊。 어머니의 대답은 아들을 매우 놀라게 했다.

어휘 回答 huídá [명/동] 대답(하다) 3급 | 母亲 mǔqīn [명] 모친, 어머니 4급 | 吃惊 chījīng [동] 놀라다 4급

90.

地址　你　正确　给我的　吗

풀이 **[1단계]** '给我的'는 '地址'를 수식한다.
→ 给我的地址

[2단계] 제시어 중 술어가 될 수 있는 제시어는 '正确' 외에는 없다. 따라서 위 문제는 형용사(正确)가 술어가 되는 〈형용사 술어문〉이 되고, 형용사(正确)가 끝에 온다. 주어는 '你'가 되고 맨 앞에 온다.
→ 你给我的地址正确

[3단계] '吗'는 의문 어기조사이므로 문장 맨 끝에 온다.
→ 你给我的地址正确吗?

정답 你给我的地址正确吗? 네가 나에게 준 주소는 정확해?

어휘 地址 dìzhǐ [명] 주소 4급 | 正确 zhèngquè [형] 정확하다, 옳다 4급

91.

> 把   弟弟不小心   弄丢了   钥匙

풀이 [1단계] 〈把자문〉은 〈S(행위자) + 把 + N(처치 대상) + V + 기타 성분〉의 어순으로 'S가 N을 V해 버리다'로 해석된다.
→ S + 把 + N + V + 기타 성분

[2단계] '弟弟'는 V(弄丢)의 행위 주체가 되고, '钥匙'는 처치 대상이므로 '把' 뒤에 온다.
→ 弟弟不小心把钥匙弄丢了。

정답 弟弟不小心把钥匙弄丢了。 동생은 조심하지 않아서 열쇠를 잃어버렸다.

어휘 弄丢 nòngdiū [동] 잃어버리다 4급 | 钥匙 yàoshi [명] 열쇠 4급

92.

> 拒绝   她的   被   申请   了

풀이 [1단계] 〈被자문〉은 〈S + 被 + 행위자 + V + 기타 성분〉을 이룬다. 이때 주어(S)는 동작을 당하는 대상이고, N은 동작의 행위자가 된다. 또한 被 뒤에는 행위자가 생략되어 동사(V)가 바로 올 수 있다.
→ S + 被 + V + 기타 성분

[2단계] 제시어 중 동사(拒绝: 거절하다)의 대상은 '申请(신청)'이므로 '她的申请'이 주어로 온다
→ 她的申请被

[3단계] 남은 제시어 중 행위자(N)가 될 만한 것이 없으므로 바로 동사(拒绝)가 온다
→ 她的申请被拒绝了。

정답 她的申请被拒绝了。 그녀의 신청은 거절 당했다.

어휘 拒绝 jùjué [명/동] 거절(하다) 4급 | 申请 shēnqǐng [명/동] 신청(하다) 4급

93.

> 进行了   同学们   调查   在超市

풀이 [1단계] 개사구(在超市: 슈퍼마켓에서)는 동사나 형용사 앞에 위치한다. 따라서 '在超市'는 '进行' 앞에 온다
→ 在超市进行了

[2단계] '调查'는 동사 뒤에 목적어로 오고, '同学们'은 주어가 된다.
→ 同学们在超市进行了调查。

정답 同学们在超市进行了调查。 동학들은 슈퍼마켓에서 조사를 진행했다.

어휘 进行 jìnxíng [동] 진행하다 4급 | 调查 diàochá [명/동] 조사(하다) 4급 | 超市 chāoshì [명] 슈퍼마켓 4급

94.

> 盒子　手表　一块儿　里面　有

풀이 **[1단계]** 〈존현문〉의 기본 어순은 〈S(장소) + V(존재/출현) + 관형어 + O(사람/사물)〉가 된다. 위 제시어는 장소를 나타내는 단어(盒子里面)와 존재를 나타내는 동사(有)가 있기 때문에 〈존현문〉이 된다. 따라서 '盒子里面'이 주어가 되고, 바로 뒤에 '有'가 술어로 온다.
→ 盒子里面有

[2단계] '一块儿'은 관형어로 '手表'를 수식하고 이는 '有' 뒤에 온다.
→ 盒子里面有一块儿手表。

정답 盒子里面有一块儿手表。 상자 안에는 한 개의 손목시계가 있다.

어휘 盒子 hézi [명] 갑, 합, 작은 상자 4급 | 手表 shǒubiǎo [명] 손목 시계 2급 | 块 kuài [양] 시계 등을 셈 [명] 덩이 [양] 위안, 원 (중국 화폐 단위) 1급 | 里面 lǐmiàn [명] 안, 속

95.

> 拒绝了他们　的　邀请　那位作者

풀이 **[1단계]** '邀请(초대)'은 의미상 '拒绝(거절하다)'의 목적어로 오는 게 알맞기 때문에 '他们的' 뒤에 온다.
→ 拒绝了他们的邀请

[2단계] '那位作者'는 주어로 온다.
→ 那位作者拒绝了他们的邀请。

정답 那位作者拒绝了他们的邀请。 그 작가는 그들의 초대를 거절했다.

어휘 拒绝 jùjué [동] 거절하다 4급 | 邀请 yāoqǐng [명/동] 초청(하다), 초대(하다) | 4급 作者 zuòzhě [명] 작가 4급

쓰기 제2부분 96번~100번

96.

空

[풀이] 이 문제는 그림이 구체적으로 나타내고자 하는 '空'과 '盒子'를 모두 써야 한다. '여기 빈 상자가 하나 있다'는 식으로 쓰거나 '이 상자는 비어 있다'는 식으로 쓰는 것이 좋다.

[작문 1] 일반적으로 1음절 형용사는 단독으로 명사를 수식할 수 있다.(예: 新家具, 好地方, 空座位) 따라서 빈상자라고 쓸 때는 '空盒子'라고 쓸 수 있다. 전체 문장으로는 장소를 주어로 하는 〈존현문〉으로 쓴다.
→ 这里有一个空盒子。

[작문 2] 제시된 상자를 주어로 놓고 '이 상자는 비어 있다'로 작문할 수 있는데 이때 주의할 점은 '空'이 술어가 될 때 〈S + 是空的〉 형태로 쓰는 것이 좋다. 〈是~的〉 구문이라는 것인데 이것을 쓰면 **주어를 설명하는 어기**를 나타낼 수 있다. → 这个盒子是空的。

모범 작문 1 这里有一个空盒子。 이곳에 빈 상자가 하나 있다.
모범 작문 2 这个盒子是空的。 이 상자는 비어 있다.

97.

出差

[풀이] 사진은 '出差'와 '行李箱'을 활용하여 중작하도록 요구하고 있다. 손에는 여권이나 비자 같은 것을 들고 있으므로 해외 출장을 설정해 볼 수 있다. 따라서 '그녀는 자주 해외로 출장 간다'와 '그녀는 캐리어를 끌고 출장 간다'로 작문해 볼 수 있다.

[작문 1] '그녀는 자주 외국으로 출장간다.'는 〈연동문〉이므로 '经常'을 V1(제1동사 : 去国外) 앞에 위치시키고 그 뒤에 '出差'를 넣어야 한다. 또한 '出差'는 이합동사이기 때문에 '~로 출장 가다'로 중작할 때는 〈去/到 + 장소 + 出差〉의 어순으로 쓴다.
→ 她经常去国外出差。

[작문 2] '그녀는 캐리어를 끌고 출장 간다.'는 V1한 상태에서 V2를 하는 것이기 때문에 〈S + V1 + 着 + O + V2~〉의 어순으로 쓴다. 이때 '캐리어', '트렁크'를 나타내는 '行李箱'을 생각해 내는 것이 중요하다.
→ 她拉着行李箱去出差。

| 모범 작문 1 | 她经常去国外出差。 그녀는 자주 외국으로 출장 간다.
| 모범 작문 2 | 她拉着行李箱去出差。 그녀는 캐리어를 끌고 출장 간다.

98.

游戏

| 풀이 | 사진과 제시어에서는 '电脑', '游戏', '反对' 등의 단어를 떠올리게 한다. 따라서 여자를 주어로 삼아서 '그녀는 남자 친구가 컴퓨터 게임 하는 것을 싫어한다'나 '그녀는 컴퓨터 게임에 대해 흥미가 없다'로 중작할 수 있다.

[작문 1] '她反对~'를 기본 뼈대로 하고 '男友玩电脑游戏'를 목적어로 놓는다. 목적어라고 해서 꼭 하나의 명사나 대명사만 되는 것이 아니라 '男友玩电脑游戏'처럼 한 문장도 목적어가 될 수 있다.
→ 她反对男友玩电脑游戏。

[작문 2] '~에 흥미가 있다'나 '~에 흥미를 느낀다'는 〈S + 对~有兴趣〉나 〈S + 对~感兴趣〉 형태로 작문한다. 对 뒤에는 '电脑游戏'를 써 낼 수 있는지가 중요하다.
→ 她对电脑游戏不感兴趣。

| 모범 작문 1 | 她反对男友玩电脑游戏。 그녀는 남자 친구가 컴퓨터 게임 하는 것을 싫어한다.
| 모범 작문 2 | 她对电脑游戏不感兴趣。 그녀는 컴퓨터 게임에 흥미가 없다.

99.

祝贺

| 풀이 | [작문 1] 이 작문은 의사가 아이 엄마에게 건네는 축하의 말로 할 수 있다. '~한 것을 축하합니다'라고 할 때는 〈祝贺你~〉의 형식을 쓴다. 단순히 '아이를 낳다'라고만 하지 말고 '순조롭게 아이를 낳다'라고 표현하는 것이 더 좋다.
→ 祝贺你顺利生孩子!

[작문 2] 이 사진의 상황을 객관적으로 서술하는 방식으로 중작한다면 '의사가 그녀에게 ~한 것을 축하하고 있다'로 할 수 있다.
→ 医生在祝贺她顺利生孩子。

| 모범 작문 1 | 祝贺你顺利生孩子! 순조롭게 아이 낳은 것을 축하해요!
| 모범 작문 2 | 医生在祝贺她顺利生孩子。 의사는 그녀가 순조롭게 아이를 출산한 것을 축하하고 있다.

100.

果汁

풀이 여자가 주스를 맛있게 마시고 있으니까 여자가 직접 하는 말로 '이 주스는 참 맛있어!'라고 쓰거나 이 사진을 운동 후 주스 마시기로 가정해서 '그녀는 운동 후 주스 마시기를 좋아한다.'로 중작할 수 있다.

[작문 1] '이 주스는 참 맛있어.'는 〈형용사 술어문〉이므로 '真好喝'를 술어로 놓는 것이 중요하다. 〈真 + 형용사〉는 감탄문이므로 끝에 '！'를 쓰도록 한다.
→ 这个果汁真好喝！

[작문 2] '운동 후'는 '运动后'로 하고, 그 뒤에 '喝果汁'를 붙인다.
→ 她喜欢运动后喝果汁。

모범 작문 1 这个果汁真好喝！ 이 주스는 참 맛있어!
모범 작문 2 她喜欢运动后喝果汁。 그녀는 운동 후 주스 마시기를 좋아한다.

4급 차이나는 중국어 HSK [단어장]

차이나는 중국어 HSK 4급

지은이 | 양영호, 이창재, 권용중, 마연
초판 1쇄인쇄 | 2017년 9월 13일
초판 1쇄발행 | 2017년 9월 19일

발행인 | 박효상
총괄이사 | 이종선
편집장 | 김 현
편집 | 박혜민
디자인 | 김보연
마케팅 | 이태호, 이전희
디지털콘텐츠 | 이지호
관리 | 김태옥

교정 및 조판 | 양정희

종이 | 월드페이퍼 인쇄·제본 | 현문자현

출판등록 | 제10-1835호
발행처 | 사람in
주소 | 04034 서울시 마포구 양화로11길 14-10(서교동) 4F
전화 | 02) 338-3555(代) 팩스 | 02) 338-3545
E-mail | saramin@netsgo.com
Homepage | www.saramin.com

:: 책값은 뒤표지에 있습니다.
:: 파본은 바꾸어 드립니다.

ⓒ 양영호 2017

ISBN 978-89-6049-643-9 14720
　　　978-89-6049-642-2 (세트)

사람이 중심이 되는 세상, 세상과 소통하는 책 **사람in**

Contents

- 효과적인 단어 암기법　　　　　　　　　　　　　　　　　　　　04

- 이것만 알자! 핵심 한자 부수 133　　　　　　　　　　　　　　　05

- 품사별로 정리한 HSK 4급 필수 어휘 600

　　　1. 명사　　　　　　　　　　　　　　　　　　　　　　08
　　　2. 동사　　　　　　　　　　　　　　　　　　　　　　25
　　　3. 형용사　　　　　　　　　　　　　　　　　　　　　42
　　　4. 부사　　　　　　　　　　　　　　　　　　　　　　50
　　　5. 개사　　　　　　　　　　　　　　　　　　　　　　55
　　　6. 접속사　　　　　　　　　　　　　　　　　　　　　56
　　　7. 양사　　　　　　　　　　　　　　　　　　　　　　58
　　　8. 수사　　　　　　　　　　　　　　　　　　　　　　58
　　　9. 대명사　　　　　　　　　　　　　　　　　　　　　59
　　　10. 조사　　　　　　　　　　　　　　　　　　　　　 59

- 단어장 활용법

• 늘 지참하여 하루 30개씩 20일 동안 학습을 진행한다.

• 우선 뜻과 호응구 위주로 암기한다.

• 꿀팁과 비교란에 있는 내용에 주의해서 출제 포인트를 이해한다.

단어 → 발음과 뜻 → 호응구 → 꿀팁(주의사항)/비교(유의어)

효과적인 단어 암기법

胳膊(gēbo)와 工资(gōngzī)는 4급 필수 어휘로 '팔'과 '임금'이라는 뜻입니다. 기계적으로 여러 번 보아서 암기하는 것은 너무 비효율적이고 재미도 없습니다. 그렇다면 어떻게 하면 효과적으로 암기할 수 있을까요? 바로 부수와 재미있는 연상을 통해서 외우는 것입니다.

● 예시 1

'胳膊(gēbo)'에서 '月'은 '달'이라는 뜻 말고도 '육달 월'이라고 해서 '肉'의 변형자이기도 하다. 그래서 '月'은 '고기, 신체'를 의미하는 부수이다. '各 gè'는 '胳'의 발음에 영향을 주고 있다. '膊'도 같은 원리로 이뤄졌다. 결국 '胳膊'는 신체의 일부인 '팔'이라는 의미가 되는 것이다. 이처럼 다소 복잡한 글자는 뜻을 나타내는 부수와 음을 나타내는 부수의 결합으로 이루어진 경우가 많다. 상용 부수를 익히고 글자의 형성 원리를 이해한다면 무턱대고 기계적으로 외우는 것보다 훨씬 더 효과적으로 글자와 단어를 암기할 수 있다.

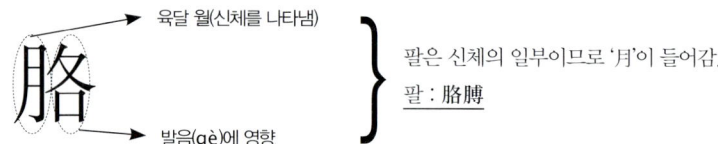

● 예시 2

'工资 gōngzī'는 '월급, 임금'이라는 뜻이다. '工'은 '工作'를 생각하면 쉽게 이해할 수 있다. '资'는 '次'와 '贝'의 결합인데, '次'는 발음이 'cì'이고 '贝 bèi'는 '돈'을 의미하는 '조개 패'이다. 이 둘이 결합하면 '次'는 발음에 영향을 주고, '贝'는 뜻에 영향을 준다. 그래서 '资'는 '자본'이라는 뜻이 되고 '工资'는 '월급, 임금'이 되는 것이다.

혹자는 '이렇게 복잡하게 외울 바에야 그냥 확 외워 버리겠다'라고 생각할 수도 있습니다. 하지만 한 번 외우고 말 것이 아니라, 암기된 상태가 계속 지속되려면 나름의 원리와 합리성이 있어야 합니다. 그런 의미에서 보면 위 방법은 효과적입니다. 이 방법은 **딱 두 가지**만 지키면 되는데요. 바로 **부수의 뜻 암기**와 약간은 유치하지만 **자유로운 연상**을 하는 것입니다. 일단 이 방법이 익숙해지면 **단어 암기는 물론 중국어 자체가 더 재미있어지고, 쉽게 외울 수 있는 단어는 무궁무진**해집니다. 상상은 자유니까요.

이것만 알자! 핵심 한자 부수 133

	부수	이름	파생 의미		부수	이름	파생 의미
1	一	한 [일]	하나, 대지	23	二	두 [이]	둘
2	亠	돼지해머리 [두]	머리	24	入	들 [입]	들어가다
3	儿	어진 사람 [인]	서 있는 사람	25	冫	얼음 [빙]	얼음, 물
4	八	여덟 [팔]	여덟	26	力	힘 [력]	힘
5	刀(刂)	칼 [도]	칼	27	匕	숟가락 [시]	오른쪽을 보고 있는 사람
6	勹	쌀 [포]	싸다	28	厂	기슭 [엄]	절벽, 기슭
7	阝	언덕 [부]	언덕	29	广	돌집 [엄]	(언덕 위의) 집
8	卩(㔾)	병부 [절]	(꿇어앉은) 사람	30	言(讠)	말씀 [언]	말, 언어
9	人(亻)	사람 [인]	사람	31	艹	풀 [초]	풀
10	爪(爫)	손톱 [조]	손, 잡다	32	彳	조금 걸을 [척] 두인변	걷다, 가다
11	又	또 [우]	손	33	辶	쉬엄쉬엄 갈 [착]	가다, 달리다, 도망가다
12	寸	마디 [촌]	손에 맥박이 뛰는 형상	34	大	큰 [대]	크다
13	支	지탱할 [지]	손에 막대기를 든 형상	35	工	장인 [공]	사람, 일
14	攴(攵)	칠 [복]	치다, 때리다	36	己	몸 [기]	자신, 몸
15	殳	칠 [수]	치다	37	口	입 [구]	입
16	巾	수건 [건]	수건, 천	38	干	방패 [간]	방패/주로 발음(gàn)에 영향을 줌
17	马	말 [마]	말	39	宀	집 [면]	지붕, 집
18	门	문 [문]	문	40	犬(犭)	개 [견]	개, 짐승
19	女	여자 [녀]	여자	41	尸	주검 [시]	(엉거주춤 있는) 사람
20	山	메 [산]	산	42	士	선비 [사]	사람, 선비, 병사
21	食(饣)	밥 [식]	음식, 먹다	43	水(氵)	물 [수]	얼음, 물
22	手(扌)	손 [수]	손	44	土	흙 [토]	흙, 길, 땅

	부수	이름	파생 의미		부수	이름	파생 의미
45	糸(纟)	실 [사]	실, 적다	68	小	작을 [소]	작다
46	夕	저녁 [석]	저녁	69	子	아들 [자]	아들, 사람
47	心(忄)	마음 [심]	마음, 심장	70	比	비교할 [비]	비교하다, 겨루다
48	贝	조개 [패]	조개, 돈	71	长	길 [장]	길다, 자라다
49	火(灬)	불 [화]	불	72	方	네모 [방]	주로 발음(fāng)에 영향을 줌
50	车	수레 [거]	수레, 차	73	父	아버지 [부]	아버지
51	风	바람 [풍]	바람	74	户	집 [호]	집
52	戈	창 [과]	창, 싸우다	75	斤	도끼 [근]	도끼, 자르다, 근(무게 단위)
53	见	볼 [견]	보다	76	木	나무 [목]	나무
54	毛	털 [모]	털	77	欠	하품 [흠]	입을 크게 벌리고 있는 형상
55	牛(牜)	소 [우]	소	78	示(礻)	보일 [시]	보다
56	日	날 [일]	해, 시간	79	王	임금 [왕]	왕
57	弓	활 [궁]	활	80	牙	어금니 [아]	이(빨)
58	文	글월 [문]	글	81	禾	벼 [화]	벼
59	月	달 [월] 육달 [월]	달, 고기(肉)	82	香	향기 [향]	향기, 냄새
60	瓜	오이 [과]	박과 식물	83	立	설 [립]	서다
61	金(钅)	쇠 [금]	쇠	84	皿	그릇 [명]	그릇
62	龙	용 [룡]	용	85	血	피 [혈]	피
63	目	눈 [목]	눈	86	皮	가죽 [피]	가죽, 피부
64	鸟	새 [조]	새	87	石	돌 [석]	돌
65	生	날 [생]	낳다, 출생하다	88	田	밭 [전]	밭
66	矢	화살 [시]	화살	89	衣(衤)	옷 [의]	옷, 천
67	穴	구멍 [혈]	구멍	90	召	부를 [소]	부르다, 모으다

	부수	이름	파생 의미		부수	이름	파생 의미
91	玉	구슬 [옥]	옥, 구슬	113	虫	벌레 [충]	벌레
92	臣	신하 [신]	신하	114	骨	뼈 [골]	뼈
93	耳	귀 [이]	귀	115	米	쌀 [미]	쌀
94	臼	절구 [구]	절구, 움푹 파인 것	116	色	빛 [색]	색깔
95	肉	고기 [육]	고기, 신체 (月로 쓰기도 함)	117	页	머리 [혈]	머리
96	舌	혀 [설]	혀	118	行	다닐 [행]	가다, 다니다
97	首	머리 [수]	머리	119	疒	병 [녁]	(질)병
98	血	피 [혈]	피	120	至	이를 [지]	이르다, 도달하다
99	羊	양 [양]	(동물) 양	121	隹	새 [추]	새
100	鱼	물고기 [어]	물고기, 생선	122	采	딸 [채]	따다, 채집하다
101	羽	깃 [우]	깃, 털	123	止	그칠 [지]	그치다, 멈추다
102	豆	콩 [두]	콩	124	足(疋)	발 [족]	발
103	里	속 [리]	속, 안	125	辛	매울 [신]	맵다, 힘들다
104	身	몸 [신]	몸, 신체	126	走	갈 [주]	가다, 떠나다
105	酉	닭 [유]	술 단지, 발효 음료	127	雨	비 [우]	비
106	青	푸를 [청]	푸르다, 젊다	128	非	아닐 [비]	아니다, 줄 서 있는 형상
107	齒	이 [치]	이(빨)	129	高	높을 [고]	높다
108	角	뿔 [각]	뿔	130	革	가죽 [혁]	가죽
109	竹	대 [죽]	대나무	131	鬼	귀신 [귀]	귀신
110	缶	항아리 [부]	항아리	132	先	먼저 [선]	먼저
111	面	얼굴 [면]	얼굴	133	舟	배 [주]	배
112	音	소리 [음]	소리, 음악				

품사별로 정리한 HSK 4급 필수 어휘 600

1. 명사

■ 명사의 특징

1. 대다수 명사는 수량사의 수식을 받을 수 있다.
   一个学生 한 명의 학생 | 三本书 세 권의 책 | 三位客人 세 분의 손님

2. 명사는 일반적으로 부사의 수식을 받지 않는다.
   非常桌子(X) | 不人(X) → 不是人 | 他不学生。(X) → 他不是学生。

3. 명사는 대명사, 형용사, 동사, 각종 구의 수식을 받는다. 또한 다른 명사의 직접적인 수식을 받을 수 있다.
   你妈妈 너의 엄마 | 他的书 그의 책 | 聪明的学生 똑똑한 학생 | 可爱的孩子 귀여운 아이
   讨论的问题 토론하는 문제 | 解决问题的方法 문제를 해결하는 방법
   语法书 어법책 | 电话号码 전화번호 | 花的颜色 꽃의 색깔

4. 소수의 명사는 중첩할 수 있다.
   人人 사람마다, 모든 사람(=每个人) | 天天 매일(=每天) | 事事 모든 일(=每件事)

■ 명사의 문장 성분

1. 주어나 목적어가 된다.
   北京是中国的首都。 베이징은 중국의 수도이다.
   我去北京。 나는 베이징으로 간다.

2. 관형어(정어)가 된다.
   花的颜色很多样。 꽃의 색깔은 매우 다양하다.
   您的电话号码是多少? 당신의 전화번호는 어떻게 되세요?

3. 술어가 된다. (명사 술어문)
   주로 본적, 시간, 날씨 등에 국한된다.
   王老师北京人。 왕 선생님은 베이징 사람이다.
   现在十点钟。 지금은 10시다.

4. 부사어가 된다.
   咱们明天出发。 우리는 내일 출발한다. | 电话通知 전화로 통지하다 | 一个人走路 혼자서 걷다(명사구)

1일차

1. **爱情** àiqíng (남녀 간의) 사랑, 애정
   爱情故事 사랑 이야기 (러브 스토리)
   爱情的力量 사랑의 힘

2. **包子** bāozi [명] (소가 든) 찐빵, 만두
   包包子 만두를 빚다
   热热的包子 따끈따끈한 만두

3. **表格** biǎogé [명] 표, 양식, 도표, 서식
   填(写)表格 표를 작성하다
   一份表格 한 부의 양식

4. **表演** biǎoyǎn [명] 공연, 시범 [동] 공연하다
   精彩的表演 멋진 공연
   这场表演太棒了! 이번 공연은 너무 멋져!
   表演都结束了。공연이 다 끝났다.

5. **标准** biāozhǔn [명] 표준, 기준, 잣대 [형] 표준적이다
   成功的标准 성공의 기준
   标准间 (호텔의) 일반실
   标准的发音 표준적인 발음 [형]

6. **饼干** bǐnggān [명] 비스킷, 과자
   吃饼干 과자를 먹다
   一包饼干 한 봉지의 과자
   饼干又香又脆 과자가 고소하고 또 바삭바삭하다

7. **博士** bóshì [명] 박사(학위)
   读博士 박사 과정을 밟다
   博士研究生 박사 대학원생

8. **部分** bùfen [명] (전체 중의) 부분, 일부(분)
   部分地区 부분 지역(일부 지역)
   这是我生活中重要的一部分。
   이것은 내 생활의 중요한 일부분이다.

9. **材料** cáiliào [명] 재료, 자료
   准备材料 자료/재료를 준비하다
   打印材料 자료를 프린트하다
   材料不够 자료가 부족하다
   申请材料 신청 자료
   一份材料 한 통의 자료

10. **餐厅** cāntīng [명] 식당
    预定餐厅 식당을 예약하다
    餐厅服务员 식당 종업원
    那家餐厅的菜好吃吗? 그 식당의 요리는 맛있어?
    餐厅里坐满了客人。식당에 손님이 가득 앉았다.

11. **厕所** cèsuǒ [명] 변소, 뒷간, 화장실
    上厕所 화장실에 가다
    着急上厕所 급히 화장실에 가다
    这个厕所太脏了。이 화장실은 너무 더럽다.

12. **长城** Chángchéng [명] 만리장성
    爬长城 만리장성을 오르다
    长城是中国人的骄傲。만리장성은 중국인의 자랑이다.

13. **长江** Chángjiāng [명] 창장(长江), 장강, 양쯔장(扬子江)
    长江是中国第一长河。장강은 중국에서 가장 긴 강이다.

14. **窗户** chuānghu [명] 창문, 창
    (打)开窗户 창문을 열다
    关窗户 창문을 닫다
    擦窗户 창문을 닦다
    推开窗户 창문을 밀어 열다
    把窗户关上。창문을 닫아.

15. **传真** chuánzhēn [명] 팩시밀리, 팩스
    发传真 팩스를 보내다
    传真号码 팩스 번호

16. **厨房** chúfáng [명] 주방, 부엌
    打扫厨房 주방을 청소하다
    在厨房做饭菜 주방에서 음식을 만들다
    在厨房洗碗 부엌에서 설거지를 하다

    꿀팁 厨师 chúshī [명] 요리사

17. **词语** cíyǔ [명] 단어와 어구, 어휘
    不懂的词语 모르는 단어
    对词语的理解不能脱离上下文。
    단어에 대한 이해는 문맥을 떠날 수 없다.

18 **答案** dá'àn [명] 답안, 답, 해답
正确的答案 올바른 답안
试卷答案 시험 답안
答案准确 답안이 정확하다
猜中答案 답안을 알아맞히다

19 **大夫** dàifu [명] 의사(=医生)
大夫看病 의사가 진찰하다
大夫开药 의사가 약을 처방하다
他是一个中医大夫。 그는 한의사이다.

20 **当时** dāngshí [명] 당시, 그때
当时的情况 당시의 상황
当时他只有七岁。 당시에 그는 겨우 7살이었다.

21 **刀** dāo [명] 칼
菜刀 식칼
一把刀 한 자루의 칼
这把刀很快。 이 칼은 잘 든다.
刀很危险。 칼은 매우 위험하다

22 **到处** dàochù [명] 도처, 곳곳
到处都是垃圾。 도처가 다 쓰레기다.
到处可见 도처에서 볼 수 있다
到处去找 여기저기 찾으러 다니다
到处都是游客。 도처에 관광객이 있다.

23 **导游** dǎoyóu [명] 관광 안내원, 가이드
热情的导游 친절한 가이드
给大家当导游 모두를 위해 가이드가 되다

24 **大使馆** dàshǐguǎn [명] 대사관
去中国大使馆办签证 비자를 만들러 중국 대사관에 가다

25 **登机牌** dēngjīpái [명] 탑승권
这是你的登机牌，拿好。 이것은 네 탑승권이야, 잘 챙겨.

26 **底** dǐ [명] (~儿) 밑, 바닥
月底 월말 | 年底 연말
心中有底 마음 속에 자신이 있다
帮到底 끝까지 돕다
坚持到底 끝까지 견지하다

비교 '底'와 '低'
'底 dǐ'는 [명사로서 '밑, 바닥'이라는 뜻이고, '低 dī'는 [형용사]로서 '낮다'는 뜻이다.
温度很低。 온도가 매우 낮다.

27 **地点** dìdiǎn [명] 지점, 장소
约会地点 약속 장소
出发地点 출발 지점
聚会地点 모임 장소
选择地点 장소를 선택하다
通知会议时间和地点 회의 시간과 장소를 통지하다
在规定的地点 규정된 장소에서

28 **地球** dìqiú [명] 지구
保护地球 지구를 보호하다
地球环境 지구 환경
地球的历史 지구의 역사
地球变暖现象 지구 온난화 현상
地球是圆的。 지구는 둥글다.

29 **地址** dìzhǐ [명] 주소, 소재지
请留下您的地址。 주소를 남겨 주시기 바랍니다.
写错地址 주소를 잘못 적다
电子邮件地址 이메일 주소
网址 인터넷 주소

30 **动作** dòngzuò [명] 동작, 행동
动作片 액션 영화
动作快 동작이 빠르다
动作慢 동작이 느리다
习惯性动作 습관성 동작

2일차

31 **短信** duǎnxìn [명] (핸드폰) 문자
发短信 문자를 보내다
收短信 문자를 받다
收到短信了，就要回复。
문자를 받았으면 바로 답장을 해 줘야 한다.

32 **对话** duìhuà [명] 대화
对话内容 대화 내용

通过对话解决问题 대화를 통해서 문제를 해결하다
请仔细听下面的对话，回答问题。
다음의 대화를 잘 듣고 질문에 답하세요.

33 **对面** duìmiàn [명] (〜儿) 맞은편, 건너편, 반대편
马路对面 도로 맞은편
学校对面是书店。 학교 맞은편은 서점이다.
餐厅对面是一个超市。 식당 맞은편은 슈퍼마켓이다.
大使馆就在友谊宾馆对面。 대사관은 우의호텔 맞은편에 있다.

34 **肚子** dùzi [명] (사람이나 동물의) 복부
肚子疼 배가 아프다
拉肚子 배탈이 나다 | 吃坏肚子 배탈이 나다

35 **儿童** értóng [명] 아동, 어린이
教育儿童必须要有耐心。
아동을 교육할 때는 반드시 인내심이 필요하다.
儿童节 어린이의 날
儿童牙膏 어린이 치약
保护儿童 아동을 보호하다
七八岁儿童 7~8세의 아동

36 **法律** fǎlǜ [명] 법률
他的专业是法律。 그의 전공은 법률이다.
法律责任 법적 책임
法律专家 법률 전문가
按照法律规定 법률 규정에 따르면

꿀팁 律师 lǜshī 변호사

37 **房东** fángdōng [명] 집주인
房东收房租。 집주인이 집세를 받다.
房客和房东在谈房租。
세입자와 집주인이 집세에 대해서 이야기를 나누고 있다.
房东把房租提高了一倍。 집주인이 집세를 두 배로 올렸다.

꿀팁 房客 fángkè [명] 세입자 | 房租 fángzū [명] 집세, 임대료 | 租房 zūfáng [동] 집을 세내다

38 **方法** fāngfǎ [명] 방법, 방식
学习方法 학습 방법
科学方法 과학적인 방법
解决方法 해결 방법
各种方法 각종 방법

想出方法 방법을 생각해 내다
用尽方法 모든 방법을 다 쓰다

39 **方面** fāngmiàn [명] 방면
各方面 각 방면
在管理方面 관리 방면에서
从各个方面考虑 각 방면에서 고려하다
他在各方面都很优秀。 그는 각 방면에서 모두 우수하다.

40 **方向** fāngxiàng [명] 방향
去中国大使馆，向哪个方向走?
중국 대사관에 가려면 어느 방향으로 가야 해요?
迷失方向 방향을 잃다
发展方向 발전 방향
正确的方向 올바른 방향

41 **父亲** fùqīn [명] 부친, 아버지
父亲和母亲都很健康。 아버지와 어머니는 모두 건강하십니다.
我的父亲很严格。 우리 아버지는 매우 엄격하다.
小王很像他父亲。 샤오왕은 그의 아버지와 매우 닮았다.

42 **高速公路** gāosù gōnglù [명] 고속 도로
走高速公路 고속 도로로 가다
进入高速公路 고속 도로로 진입하다
高速公路服务区 고속 도로 휴게소

43 **感情** gǎnqíng [명] 감정
感情激动 감정이 격해지다
感情用事 감정적으로 일을 처리하다
感情丰富的少女 감정이 풍부한 소녀

44 **胳膊** gēbo [명] 팔
胳膊受伤了 팔을 다쳤다
抬起胳膊 팔을 쳐들다
用胳膊抱住 팔로 안다

45 **功夫** gōngfu [명] 시간, 재주, 쿵푸, 무술
10年功夫 10년의 시간
下功夫 공을 들이다
不值得下功夫 공을 들일 만한 가치가 없다

46 **公里** gōnglǐ [명] 킬로미터(km)
你每天跑多少公里? 당신은 매일 몇 킬로미터를 뜁니까?

47 **工资** gōngzī [명] 월급, 임금
发工资 월급을 지급하다
领工资 월급을 타다
提高工资 월급을 인상하다
降低工资 월급을 낮추다
工资很低 월급이 낮다

48 **光** guāng [명] 빛, 광선 [부] 단지(≒只) [형] 아무것도 없이 텅 비다
太阳发出光和热。 태양은 빛과 열을 발산한다.
光说不做 말만 하고 행동하지 않다 [부]
钱都花光了。 돈을 다 썼다. [형]
蛋糕都吃光了。 케이크는 모두 다 먹었다. [형]

꿀팁 형용사일 때 '光'은 주로 결과보어로 쓰인다.
'光'은 [명사]로 '빛', [부사]로 '단지'의 뜻이 있지만, 또한 [형용사]로서 '아무것도 없이 텅 비다'는 의미가 있다. 이때는 '花光了', '吃光了'처럼 결과보어로 쓰인다.

49 **广告** guǎnggào [명] 광고, 선전 [동] 광고하다
做广告 광고를 하다
广告牌 광고판
招聘广告 (직원) 모집 광고
贴广告 광고(포스터)를 붙이다
杂志广告 잡지 광고
电视购物广告 홈쇼핑 광고

50 **关键** guānjiàn [명] 관건, 열쇠, 키포인트 [형] 매우 중요하다, 결정적이다
关键就要看你能不能准备好。
관건은 바로 네가 준비를 잘하냐 못하냐에 달렸다.
成功的关键 성공의 관건
解决问题的关键 문제를 해결하는 관건
关键问题 결정적인 문제 [형]
关键时刻 결정적인 순간 [형]
最关键 가장 중요하다 [형]

51 **观众** guānzhòng [명] 관중
吸引观众 관중을 유치하다
观众超过千万 관중이 천만을 넘었다
观众席空空的。 관중석이 텅텅 비다.
观众不看广告。 관중은 광고를 안 본다.
观众也很紧张。 관중도 매우 긴장했다.

52 **规定** guīdìng [명] 규정, 규칙 [동] 규정하다
按照规定 규정에 따라
在规定的地点 규정된 장소에서
取消规定 규정을 폐지하다
严格的规定 엄격한 규정
超过规定的速度 규정된 속도를 초과하다 [동]

53 **顾客** gùkè [명] 고객, 손님
对顾客很热情 고객에게 매우 친절하다
为顾客服务 고객에게 서비스하다
商店里的顾客很多。 상점 안에 고객이 많다.

비교 '顾客'와 '客人'
둘 다 모두 사업상의 '고객'이란 뜻이 있다. 이때는 서로 바꿔 쓸 수 있는데, 집에 오는 '손님'의 경우에는 일반적으로 '客人'을 쓴다. 참고로 이 둘을 비교하는 문제는 출제되지 않는다.

54 **过程** guòchéng [명] 과정
在学习外语的过程中，你会遇到一些困难。
외국어를 공부하다 보면 너는 약간의 문제에 부딪힐 것이다.
必须经历的过程 꼭 거쳐야 하는 과정
在~的过程中 ~한 과정 중에서
学习过程 학습 과정
在讨论过程中 토론의 과정 중에서

55 **国籍** guójí [명] (사람의) 국적
他放弃韩国国籍，获得了美国国籍。
그는 한국 국적을 포기하고 미국 국적을 얻었다.
申请美国国籍 미국 국적을 신청하다
放弃国籍 국적을 포기하다
改变国籍 국적을 바꾸다
不允许多重国籍 다중의 국적을 허용하지 않다

56 **国际** guójì 국제
国际机场 국제 공항
国际标准 국제 기준
国际关系 국제 관계
国际律师 국제 변호사

57 **果汁** guǒzhī [명] 과일즙, 주스
这果汁很好喝。 이 주스는 참 맛있어.
果汁饮料 주스 음료
甜美的果汁 달콤한 주스

58 **海洋** hǎiyáng [명] 해양, 바다, 근해와 원양
这是他第一次看到海洋。
이것은 그가 처음으로 바다를 본 것이다.
蓝色的海洋 푸른 바다
海洋馆 해양관, 아쿠아리움
流向海洋 바다로 흘러가다

59 **汗** hàn [명] 땀
出汗 땀이 나다 | 擦汗 땀을 닦다
满身是汗。 온몸이 땀이다.
出了一身的汗。 온몸에 땀이 났다.

60 **航班** hángbān [명] (배나 비행기의) 운항편, 항공편, 비행기
本次航班将在9点30分起飞。
이번 비행기는 9시 30분에 이륙할 것입니다.
国际航班 국제 항공편 | 这场航班 이번 비행기
乘坐~航班 ~비행기를 타다
航班晚点了一个小时。 비행기가 1시간 연착했다.

3일차

61 **寒假** hánjià [명] 겨울 방학
放寒假 겨울 방학을 하다
寒假作业 겨울 방학 숙제
寒假结束了 겨울 방학이 끝났다
愉快的寒假 즐거운 겨울 방학

62 **好处** hǎochù [명] 장점, 좋은 점(↔坏处)
吸烟对身体没有好处。 흡연은 몸에 좋은 점이 없다.
好处和坏处 장점과 단점
得到好处 혜택을 받다
喝茶的好处 차 마시기의 좋은 점
阅读的好处 독서의 좋은 점

63 **号码** hàomǎ [명] 번호, 숫자
电话号码 전화번호 | 传真号码 팩스 번호 | 密码 비밀번호
换号码 번호를 바꾸다

64 **盒子** hézi [명] 작은 상자, 케이스
一盒巧克力 한 상자의 초콜릿
黑盒子 블랙 박스
放进盒子 케이스에 넣다
打开盒子 상자를 열다

65 **回忆** huíyì [명] 회상, 추억 [동] 추억하다
美好的回忆 아름다운 추억
留下回忆 추억을 남기다
回忆过去 과거를 추억하다 [동]

66 **互联网** hùliánwǎng [명] 인터넷
随着互联网的普及，我们进入了信息时代。
인터넷이 보급됨에 따라 우리는 정보 시대로 진입했다.
上互联网 인터넷을 하다
随着互联网的发展 인터넷이 발전함에 따라
互联网引起的生活变化 인터넷이 야기한 생활의 변화

67 **火** huǒ [명] (~儿) 불, 화염 [형] (장사 등이) 번창하다 [동] 화내다
着火 zháohuǒ 불이 나다 | 打火机 라이터
邻居着火了。 이웃집에 불이 났다.
生意越来越火了。 장사가 갈수록 잘 되었다. [형]
发火 화를 내다 [동]

68 **护士** hùshi [명] 간호사
医生和护士全心全意地照顾病人。
의사와 간호사는 정성을 다해서 환자를 돌본다.

69 **价格** jiàgé [명] 가격, 값
价格很贵 가격이 매우 비싸다
价格很便宜 가격이 매우 싸다
价格很低 가격이 매우 낮다
降低价格 가격을 내리다
提高价格 가격을 올리다
比较价格 가격을 비교하다

70 **家具** jiājù [명] 가구
(购)买家具 가구를 사다
旧式家具 구형 가구
多功能家具 다용도 가구
扔掉废旧家具 못 쓰는 가구를 버리다

71 **奖金** jiǎngjīn [명] 상금, 보너스
基本工资以外还有奖金。 기본 임금 외에 보너스도 있다.
(获)得奖金 상금을 받다 | 拿奖金 상금을 타다

72 **将来** jiānglái [명] 장래, 미래
你将来想干什么？ 너 장래에 무엇을 하고 싶어?
美好的将来 아름다운 미래
不远的将来 멀지 않은 미래

꿀팁 过去 guòqù [명] 과거 [동] 지나가다 | 现在 xiànzài [명] 현재

73 **郊区** jiāoqū [명] (도시의) 변두리(시 외곽에 위치하며 시 관할 구역에 속하는 지역)
搬到郊区 교외로 이사하다
他家住在郊区。 그의 집은 교외에 있다.

74 **教授** jiàoshòu [명] 교수
当教授 교수가 되다
他既是教授又是作家。 그는 교수이면서 또 작가이기도 하다.

75 **交通** jiāotōng [명] 교통
交通不便 교통이 불편하다
交通很方便 교통이 편리하다
交通警察 교통 경찰
交通事故 교통 사고

76 **教育** jiàoyù [명] 교육
教育学家 교육학자
家庭教育 가정 교육
文化教育 문화 교육
受到~教育 ~교육을 받다
重视教育 교육을 중시하다
教育环境 교육 환경

77 **饺子** jiǎozi [명] 만두, 교자
在中国，春节包饺子吃。
중국에서는 춘절에 만두를 빚어 먹는다.
妈妈做的饺子真好吃。
엄마가 만든 만두는 참 맛있다.
包饺子 만두를 빚다
饺子皮儿 만두피

78 **加油站** jiāyóuzhàn [명] 주유소
加油站附近禁止吸烟。 주유소 근처에서는 흡연을 금지한다.
我们在下一个加油站停下加点儿油吧。
우리 다음 주유소에서 내려 기름을 좀 넣자.

79 **基础** jīchǔ [명] (건축물의) 토대, 기초
基础知识 기초 지식
打下基础 기초를 다지다
打好基础 기초를 잘 다지다
经济基础 경제적 기초

80 **节** jié [명] 기념일, 명절, 축제일
春节 춘절
儿童节 어린이날
父母节 어버이날
青岛的啤酒节 칭다오의 맥주데이

81 **结果** jiéguǒ [명] 결과 [접] 결과적으로
调查结果 조사 결과
比赛结果 시합 결과
努力的结果 노력의 결과
最坏的结果 최악의 결과
最终的结果 최종적인 결과
抽奖结果 추첨 결과

82 **计划** jìhuà [명] 계획 [동] 계획하다
学习计划 학습 계획
改变计划 계획을 바꾸다
按照计划 계획에 따라
做好计划 계획을 잘 세우다
详细的计划 상세한 계획
我已经计划好了。 나는 이미 계획을 잘 세웠다. [동]

83 **警察** jǐngchá [명] 경찰
交通警察 교통 경찰
被带到警察局 경찰서에 끌려가다
被警察发现了 경찰에게 발각되다

84 **经济** jīngjì [명] 경제
经济发展 경제 발전
发展经济 경제를 발전시키다
经济问题 경제 문제
亚洲经济 아시아 경제
全球经济 글로벌 경제
经济增长很快 경제 성장이 빠르다

85 **京剧** jīngjù [명] 경극(중국 주요 전통극의 하나)
京剧是中国的传统艺术。 경극은 중국의 전통 예술이다.

演唱京剧 경극을 공연하다
京剧演员 경극 배우

86 **景色** jǐngsè [명] 풍경, 경치
这里的景色真美。이곳의 풍경은 정말 아름답다.
景色迷人 경치가 사람을 매혹시키다
美丽的景色 아름다운 경치

87 **经验** jīngyàn [명] 경험
没有经验 경험이 없다
积累经验 경험을 쌓다/축적하다
总结经验 경험을 총 결산하다
经验丰富 경험이 풍부하다

88 **镜子** jìngzi [명] 거울
照镜子 거울을 비춰 보다
擦镜子 거울을 닦다
一面镜子 한 개의 거울
打碎镜子 거울을 깨뜨리다

89 **技术** jìshù [명] 기술
新技术 신기술
科学技术 과학 기술
学到技术 기술을 배우다
基础技术 기초 기술
技术的发展 기술의 발전
修车技术很好 자전거/자동차 수리 기술이 뛰어나다

90 **记者** jìzhě [명] 기자
他既是记者又是作家。그는 기자이자 작가이다.
新闻记者 신문 기자
报社记者 신문사 기자

4일차

91 **聚会** jùhuì [명] 모임, 회합 [동] 모이다
举办聚会 모임(파티)를 열다
同学聚会 동창 모임
聚会地点 모임 장소
参加聚会 모임에 참석하다
通知聚会时间 모임 시간을 통지하다
推迟聚会时间 모임 시간을 미루다

每到"十一",老朋友都要在一起聚会。
매번 10월 1일 국경절이 되면 옛 친구들이 한자리에 모인다. [동]

92 **距离** jùlí [명] 거리, 간격
拉近距离 거리를 좁히다
拉开距离 거리를 넓히다
人与人之间的距离 사람과 사람의 사이

93 **看法** kànfǎ [명] 견해
反对~看法 ~한 견해에 반대하다
同意~看法 ~한 견해에 동의하다
改变看法 견해를 바꾸다
正确的看法 올바른 견해
错误的看法 잘못된 견해
对这件事的看法 이 일에 대한 견해

94 **烤鸭** kǎoyā [명] (통)오리구이
北京烤鸭非常有名。베이징 오리구이는 매우 유명하다.
尝尝烤鸭 오리구이를 한 번 맛보다
这里的烤鸭非常地道。이곳의 오리구이는 매우 정통이다.

95 **科学** kēxué [명] 과학 [형] 과학적이다
科学家 과학자
科学技术 과학 기술
科学根据 과학적 근거
科学的态度 과학적인 태도 [형]

96 **客厅** kètīng [명] 객실, 거실, 응접실
爸爸在客厅看报纸。아빠는 거실에서 신문을 보고 있다.
客厅很大 객실이 크다
打扫客厅 거실을 청소하다

97 **空气** kōngqì [명] 공기
呼吸新鲜的空气 신선한 공기를 마시다
冷空气 찬 공기
空气质量 공기의 질
空气污染 공기 오염

98 **矿泉水** kuàngquánshuǐ [명] 광천수, 생수, 미네랄 워터(mineral water)
买两瓶矿泉水 두 병의 생수를 사다
塑料矿泉水瓶 플라스틱 생수병
免费提供矿泉水 무료로 생수를 제공하다

99 **困难** kùnnan [명] 곤란, 애로, 어려움 [형] 어렵다, 곤란하다
　遇到困难 어려움에 부딪히다
　解决困难 어려움을 해결하다
　呼吸困难 호흡이 곤란하다 [형]
　生活很困难 생활이 매우 어렵다 [형]

100 **垃圾桶** lājītǒng [명] 쓰레기통
　往垃圾桶里扔垃圾 쓰레기통에 쓰레기를 버리다
　清空垃圾桶 쓰레기통을 비우다
　垃圾要扔在垃圾桶里。쓰레기는 쓰레기통에 버려야 한다.

101 **老虎** lǎohǔ [명] 범, 호랑이
　森林里生活着一只老虎。
　숲속에 호랑이 한 마리가 살고 있었다.
　老虎很厉害。호랑이는 매우 무섭다.
　兔子被老虎吃掉了。토끼는 호랑이에게 잡아 먹혔다.

102 **礼拜天** lǐbàitiān [명] 일요일
　他礼拜天也要到公司上班。
　그는 일요일에도 회사로 출근해야 했다.

103 **礼貌** lǐmào [명] 예의
　很有礼貌 매우 예의 있다
　没有礼貌 예의가 없다
　一点儿也没有礼貌 조금도 예의가 없다
　要有礼貌 예의가 있어야 한다

104 **零钱** língqián [명] 잔돈
　找零钱 거스름돈을 내주다
　换零钱 잔돈으로 바꾸다
　零钱不用找了。잔돈은 그냥 두세요.

105 **力气** lìqi [명] 힘, 역량
　白费力气 힘을 낭비하다
　节省力气 힘을 아끼다
　力气很大 힘이 세다
　用尽吃奶的力气 젖 먹던 힘까지 다하다

106 **理想** lǐxiǎng [명] 이상 [형] 이상적이다
　理想与现实 이상과 현실
　实现理想 이상을 실현하다
　远大的理想 원대한 이상
　结果不太理想 결과가 그다지 이상적이지 않다 [형]
　理想的成绩 이상적인 성적 [형]
　最理想的职业 가장 이상적인 직업 [형]

107 **律师** lǜshī [명] 변호사
　当律师 변호사가 되다
　成为律师 변호사가 되다
　他的理想是做一名律师。
　그의 이상은 변호사가 되는 것이다.

108 **毛** máo [명] (동식물의 표피에 나 있는) 털, 깃털, 마오〈중국의 화폐 단위, 1위안(元)의 1/10, 자오(角)와 같음〉
　一根毛 한 가닥의 털
　身上长满毛 몸에는 온통 털이 났다

109 **毛巾** máojīn [명] 수건, 타월
　用毛巾擦汗 수건으로 땀을 닦다
　一条毛巾 한 장의 수건

110 **梦** mèng [명] 꿈
　做了一场梦 한 차례 꿈을 꾸다
　梦见~ ~ 꿈을 꾸다
　美梦成真 꿈이 이루어지다
　奇怪的梦 이상한 꿈
　实现不了的梦 이룰 수 없는 꿈

111 **密码** mìmǎ [명] 비밀번호
　输入密码 비밀번호를 입력하다
　密码忘了 비밀번호를 잊어버렸다
　按密码 비밀번호를 누르다
　密码错误 비밀번호 오류

112 **民族** mínzú [명] 민족
　少数民族 소수 민족
　民族文化 민족 문화
　民族音乐 민족 음악
　民族的骄傲 민족의 자랑

113 **目的** mùdì [명] 목적
　最终目的 최종 목적
　到了目的地 목적지에 도착했다

114 **母亲** mǔqīn [명] 모친, 엄마, 어머니
母亲节 어머니의 날
母亲的眼泪 어머니의 눈물
长得很像母亲 생긴 게 어머니를 많이 닮았다

115 **耐心** nàixīn [명] 인내심 [형] 인내심 있다
很有耐心 매우 인내심이 있다
没有耐心 인내심이 없다
耐心地教 인내심 있게 가르치다 [형]
耐心地等 인내심 있게 기다리다 [형]

116 **内** nèi [명] 안, 안쪽, 속, 내부
三天之内 삼일 안에
年内 연내
内外 안팎/안과 밖
室内温度 실내 온도

117 **内容** nèiróng [명] 내용
内容丰富 내용이 풍부하다
介绍内容 내용을 소개하다
内容很详细 내용이 상세하다

118 **能力** nénglì [명] (일을 할 수 있는) 능력
很有能力 매우 능력 있다
低估能力 능력을 과소평가하다
能力差 능력이 부족하다
适应能力很强 적응 능력이 강하다

119 **年龄** niánlíng [명] 연령, 나이, 연세
年龄段 연령대
年龄差 나이 차이
年龄很大 나이가 매우 많다
年龄20岁。 나이는 20살이다.
年龄快到40岁了。 나이가 곧 40세가 되어 간다.

120 **皮肤** pífū [명] 피부
皮肤粗了 피부가 거칠어졌다
皮肤美容 피부 미용
皮肤擦伤了 피부가 긁혀 다쳤다
干净的皮肤 깨끗한 피부

5일차

121 **乒乓球** pīngpāngqiú [명] 탁구
这次乒乓球赛谁赢了? 이번 탁구 경기에서 누가 이겼어?
打乒乓球 탁구를 치다
乒乓球打得厉害 탁구를 매우 잘한다
打乒乓球很有意思。 탁구는 매우 재미있다.
乒乓球赛输了 탁구 시합에서 졌다

122 **平时** píngshí [명] 평소, 평상시
我平时很忙。 나는 평소에 매우 바쁘다.
你平时周末都做什么? 너는 평소 주말에 무엇을 하니?

123 **脾气** píqi [명] 성격, 성질(≒性格)
发脾气 화를 내다(≒生气)
坏脾气 나쁜 성격
脾气很坏 성격이 매우 안 좋다
脾气好的人 성격이 좋은 사람

124 **葡萄** pútáo [명] 포도
葡萄汁 포도 주스
葡萄已经熟了。 포도가 이미 익었다.
葡萄很甜。 포도가 매우 달다.
这些葡萄真酸。 이 포도들은 정말 시다.

125 **普通话** pǔtōnghuà [명] 현대 중국 표준어
他的普通话很标准。 그의 중국어는 매우 표준적이다.

126 **签证** qiānzhèng [명] 비자(visa)
我去中国大使馆办签证。
나는 비자를 만들러 중국 대사관에 간다.

127 **桥** qiáo [명] 다리, 교량
一座桥 한 개의 다리
长江大桥 장강 대교(다리 이름)
河中的桥断了。 강 위의 다리가 끊어졌다.

128 **巧克力** qiǎokèlì [명] 초콜릿(chocolate)
一盒巧克力 한 상자의 초콜릿
一块儿巧克力 한 조각의 초콜릿
巧克力来自可可树。 초콜릿은 카카오 나무에서 나온다.

129 **气候** qìhòu [명] 기후
  气候温暖 기후가 온난하다
  气候条件 기후 조건
  亚热带气候 아열대 기후
  气候变化很大。 기후 변화가 크다.

130 **情况** qíngkuàng [명] 상황, 정황
  经济情况 경제 상황
  介绍情况 상황을 소개하다
  情况复杂 상황이 복잡하다
  当时的情况 당시의 상황

131 **亲戚** qīnqi [명] 친척
  亲戚关系 친척 관계
  邀请亲戚 친척을 초대하다
  亲戚都参加了婚礼。 친척들이 모두 결혼식에 참석했다.

132 **全部** quánbù [명] 전부
  全部拒绝 전부 거절하다
  全部都免费 전부 다 무료이다
  演出全部结束。 공연이 전부 끝났다.
  你就是我的全部。 너는 나의 전부이다.

133 **区别** qūbié [명] 구별, 차이 [동] 구별하다
  世界上没有完全没有区别的两片树叶。
  세상에 완전하게 차이가 없는 두 개의 나뭇잎은 없다.
  低级生物很难区别是动物还是植物。
  하등 생물은 동물인지 식물인지 구별하기 어렵다. [동]
  区别好坏 좋고 나쁨을 구별하다 [동]

134 **缺点** quēdiǎn [명] 결점, 단점
  指出缺点 단점을 지적하다
  优点和缺点 장점과 결함(=优缺点)
  原谅缺点 단점을 용서하다

135 **任务** rènwu [명] 임무
  按时完成任务 제때에 임무를 완성하다
  提前完成任务 앞당겨 임무를 완성하다
  非常重要的任务 매우 중요한 임무

136 **日记** rìjì [명] 일기
  每天都写日记 매일 일기를 쓰다
  坚持写日记 일기 쓰기를 계속하다

  他每天写完日记后睡觉。
  그는 매일 일기를 다 쓰고 잠을 잔다.

137 **森林** sēnlín [명] 삼림, 숲
  森林里生活着一只老虎。
  숲속에는 호랑이 한 마리가 살고 있었다.
  保护森林 숲을 보호하다

138 **入口** rùkǒu [명] 입구
  在公园入口处见面吧。 공원 입구에서 만나자.

139 **沙发** shāfā [명] 소파(sofa)
  沙发也是一种家具。 소파도 일종의 가구이다.
  坐在沙发上 소파에 앉다
  躺在沙发上 소파에 눕다
  扔在沙发上 소파 위에 던지다

140 **勺子** sháozi [명] 주걱, 수저, (조금 큰) 국자
  餐桌上放着勺子和筷子。
  식탁 위에는 숟가락과 젓가락이 놓여 있다.
  拿起勺子 숟가락을 들다
  用勺子喝汤 숟가락으로 국을 먹다

141 **社会** shèhuì [명] 사회
  进入社会 사회에 진입하다
  社会责任 사회적 책임
  社会生活 사회 생활

142 **生活** shēnghuó [명] 생활 [동] 생활하다
  日常生活 일상 생활 | 社会生活 사회 생활
  生活压力 생활 스트레스 | 生活质量 생활의 질
  生活水平 생활 수준
  过幸福的生活 행복한 생활을 하다
  生活费紧张 생활비가 빠듯하다

  꿀팁 [동사]로도 자주 쓰이는 '生活'
  '生活'는 [명사]뿐만 아니라 [동사]로서 '생활하다'의 뜻으로도 자주 쓰인다.
  他一直在大城市生活。 그는 줄곧 대도시에서 생활했다.
  我们正生活在21世纪。 우리는 지금 21세기에 살고 있다.

143 **生命** shēngmìng [명] 생명, 목숨
  生命在于运动。 생명은 운동에 달려 있다.
  (생명은 운동을 통해서 건강해지고 유지된다는 뜻)

生命危险 생명이 위험하다
结束了生命 목숨을 끊었다

144 **生意** shēngyi [명] 장사, 사업, 비즈니스(business), 거래
做生意 장사를 하다
生意失败了 사업이 실패했다
生意谈成了 거래가 성사됐다
生意越来越火了。 장사가 갈수록 잘 되었다.

145 **师傅** shīfu [명] 기사님, 선생님(기예·기능을 가진 사람에 대한 존칭)
公交车师傅 버스 운전기사
司机师傅开车不能粗心。
운전기사가 운전할 때는 부주의해서는 안 된다.

146 **世纪** shìjì [명] 세기
上世纪 지난 세기
21世纪 21세기
半个世纪过去了。 반세기가 지났다.

147 **实际** shíjì [명] 실제 [형] 실제적이다
符合实际 실제에 부합하다
实际年龄 실제 나이
实际成果 실제 성과
实际情况 실제 상황
实际的例子 실제적인 예 [형]
从实际出发 실제로부터 출발하다(현실에 기반하여 일하다)

꿀팁 实际上 + 중요 내용
'实际'는 '实际上'의 형태로도 자주 쓰인다. '实际上' 뒤에는 중요한 내용이 나오므로 **선별식 독해**를 나타내는 단어이다.

实际上是拒绝。 사실상 거절이다.
那听起来很简单, 但实际上非常难。
그것은 듣기에는 간단하지만 실제로는 매우 어렵다.

148 **首都** shǒudū [명] 수도
韩国的首都是首尔, 中国的首都是北京。
한국의 수도는 서울이고, 중국의 수도는 베이징이다.
首都机场 수도 공항(北京首都国际机场의 줄임말)

149 **售货员** shòuhuòyuán [명] 판매원, 점원
这里的售货员对顾客都很热情。
이곳의 판매원은 고객에게 모두 친절하다.

150 **收入** shōurù [명] 수입, 소득
增加收入 수입을 증가시키다
收入减少了 수입이 줄었다
收入马马虎虎 수입은 그저 그렇다

6일차

151 **数量** shùliàng [명] 수량, 양
数量减少 수량이 줄어들다
质量和数量 품질과 수량
数量比以前减少了一倍。 수량이 이전보다 배가 줄었다.

152 **顺序** shùnxù [명] 순서, 차례
按照顺序 순서에 따라
按年龄顺序 나이순에 따라
等顺序 순서를 기다리다
排好顺序 순서를 잘 정하다

153 **硕士** shuòshì [명] 석사
硕士研究生 석사 대학원생
读硕士 석사 과정을 하다
硕士和博士 석사와 박사

154 **数字** shùzì [명] 숫자, 디지털
把这些数字加起来。 이 숫자들을 더해 봐.
计算数字 숫자를 계산하다
数字不对 숫자가 맞지 않다
两位数字 두 자리의 숫자
数字时代 디지털 시대

155 **速度** sùdù [명] 속도
上网速度 인터넷 속도(줄여서 '网速'라고 한다)
速度很慢 속도가 느리다
速度很快 속도가 빠르다
提高速度 속도를 높이다
加快速度 속도를 높이다
减缓速度 속도를 줄이다

156 **塑料袋** sùliàodài [명] 비닐봉지
妈妈去买菜的时候自带购物袋, 所以不使用塑料袋。
엄마는 장보러 가실 때 장바구니를 챙기기 때문에, 비닐봉지를 사용할 필요가 없다.

157 **孙子** sūnzi [명] 손자
　抱孙子 손자를 안다
　可爱的孙子 귀여운 손주
　爷爷奶奶都疼爱孙子。
　할아버지와 할머니는 손자를 매우 사랑한다.

158 **态度** tàidu [명] 태도
　态度很认真 태도가 진지하다
　学习态度 공부하는 태도
　工作态度 업무 태도
　服务态度 서비스 태도
　改变态度 태도를 바꾸다
　积极的态度 적극적인 태도

159 **汤** tāng [명] (음식물을 끓인 후 나오는) 국물, 국, 탕
　用勺子喝汤 숟가락으로 국을 먹다
　汤太咸了 국이 너무 짜다
　汤都凉了 국이 다 식었다
　这碗汤 이 (그릇의) 국

160 **糖** táng [명] 설탕의 총칭, 사탕
　稍微放一点糖。 설탕을 조금 넣다.
　一包糖 한 봉지의 사탕(사탕 한 봉지)
　糖果 사탕
　奶糖 캐러멜
　嘴里含着糖 입에 사탕을 물고 있다

161 **特点** tèdiǎn [명] 특징, 특색
　各有特点 각각 특징이 있다
　尊敬语是韩国语的最大特点。
　존댓말은 한국어의 가장 큰 특징이다.
　少数民族的文化特点 소수 민족의 문화적 특징

162 **条件** tiáojiàn [명] 조건, 여건
　符合条件 조건에 부합하다
　工作条件 근무 조건
　气候条件 기후 조건
　条件允许 여건이 허락하다

163 **网球** wǎngqiú [명] 테니스
　打网球 테니스를 치다
　网球比赛 테니스 시합
　他网球打得很厉害。 그는 테니스를 매우 잘 친다.

164 **网站** wǎngzhàn [명] (인터넷) 웹사이트
　上网 인터넷을 하다
　网上 인터넷 상에서
　网上购物 인터넷 쇼핑
　精彩的网站 멋진 웹사이트
　网站的主页 웹사이트의 홈페이지
　网址 웹사이트 주소(网络地址의 줄임말)

165 **袜子** wàzi [명] 양말, 스타킹
　穿袜子 양말을 신다 | 脱袜子 양말을 벗다
　一只袜子 양말 한 짝 | 一双袜子 양말 한 켤레

166 **味道** wèidao [명] 맛
　你尝一尝这汤的味道吧。 너 이 국의 맛을 좀 봐.
　这汤味道很好。 이 국 맛은 아주 좋아.
　味道可口 맛이 입에 맞다
　味道不错 맛이 괜찮다

167 **卫生间** wèishēngjiān [명] 화장실, 세면장(≒厕所/洗手间)
　上卫生间 화장실에 가다
　打扫卫生间 화장실을 청소하다
　卫生间里的卫生纸都用完了。 화장실 화장지를 모두 다 썼다.

168 **温度** wēndù [명] 온도
　降低温度 온도를 낮추다
　温度很低 온도가 낮다 | 温度很高 온도가 높다
　温度计 온도계 | 温度下降 온도가 떨어지다
　调节空调温度 에어컨의 온도를 조절하다

169 **文章** wénzhāng [명] 독립된 한 편의 글, 문장
　这篇文章写得很好。 이 글은 매우 잘 썼다.
　一篇精彩的文章 한 편의 훌륭한 글
　文章的内容 글의 내용

　비교 '文章'과 '句子'의 차이
　'文章'은 '독립된 한 편의 글'을 가리키지만, '句子'는 마침표(。)로 구분되는 '문장'을 가리킨다. 그래서 양사와 어울리면 각각 '一篇文章'과 '一个句子'가 된다.

170 **现金** xiànjīn [명] 현금
　付现金 현금으로 지불하다
　没带现金 현금을 지니고 있지 않다
　现金不够 현금이 부족하다

171 **橡皮** xiàngpí [명] 지우개
他用橡皮擦干净了写错的部分。
그는 지우개로 잘못 쓴 부분을 깨끗이 지웠다.

172 **小吃** xiǎochī [명] 간단한 음식, 가벼운 식사
小吃街 먹자 골목
地方小吃 지방색 먹거리
小吃店 분식점
包子和饺子都是中国人爱吃的小吃。
만두와 교자는 모두 중국인이 좋아하는 간단한 음식이다.

173 **效果** xiàoguǒ [명] 효과
有效果 효과가 있다
没有任何效果 어떤 효과도 없다
效果很大 효과가 크다
广告效果 광고 효과
收到了很好的效果 좋은 효과를 거두었다

174 **笑话** xiàohua [명] (~儿) 우스운 이야기, 우스갯소리
[동] 비웃다
这个笑话不好笑。 이 이야기는 재미없어.
讲笑话 재미있는 이야기를 하다
有趣的笑话 재미있는 이야기
他没有听懂这个笑话。 그는 이 유머를 이해하지 못했다.
笑话别人 남을 비웃다 [동]

175 **小伙子** xiǎohuǒzi [명] 젊은이, 청년, 총각
这个小伙子长得很帅。 이 젊은이는 아주 잘생겼다.

176 **小说** xiǎoshuō [명] 소설
写小说 소설을 쓰다
历史小说 역사 소설
一部小说 한 편의 소설

177 **消息** xiāoxi [명] 소식
我告诉你一个好消息。 내가 네게 좋은 소식 하나 알려 줄게.
好消息 좋은 소식
坏消息 나쁜 소식
消息传开 소식이 퍼지다
听到了一个好消息 좋은 소식을 들었다

비교 '消息'와 '信息'
'消息'는 '소식'으로 해석하는 것이 알맞고, '信息'는 '정보'라고 해석하는 것이 알맞다.

一个好消息 하나의 좋은 소식
一个坏消息 하나의 나쁜 소식
信息时代 정보 시대
个人信息 개인 정보

178 **西红柿** xīhóngshì [명] 토마토
请问，西红柿怎么卖? 실례지만, 토마토는 어떻게 팔아요?
西红柿鸡蛋汤 토마토 계란국

179 **信封** xìnfēng [명] 편지 봉투, 봉투
信封上贴着邮票。 편지 봉투에 우표가 붙여져 있다.
打开信封 편지 봉투를 열다

180 **性别** xìngbié [명] 성별
这个表格上应该填写年龄、性别、联系地址。
이 표에는 연령, 성별, 연락 주소를 써야 한다.

7일차

181 **性格** xìnggé [명] 성격(≒脾气)
性格内向 성격이 내향적이다
性格外向 성격이 외향적이다
性格相反 성격이 상반되다
积极的性格 적극적인 성격

182 **心情** xīnqíng [명] 마음, 기분, 정서
放松心情 마음을 이완시키다(마음을 편하게 먹다)
心情愉快 마음이 즐겁다
心情不好 기분이 안 좋다
开心的心情 즐거운 마음
激动的心情 흥분된 마음
轻松的心情 홀가분한 마음

183 **信息** xìnxī [명] 정보
信息时代 정보 시대 | 获得信息 정보를 얻다
积累信息 정보를 축적하다

184 **信心** xìnxīn [명] 자신(감), 확신, 신념, 믿음
我有信心按时完成任务。
나는 제때에 임무를 완수할 자신이 있다.
老师的话给了我很大的信心。
선생님의 말씀은 내게 큰 확신을 주었다.
没有信心了 자신감이 없어졌다

비교 '信心'과 '自信'
'自信'은 [명사]인 동시에 [형용사]이지만, '信心'은 [명사]만 된다. 따라서 '自信'은 정도부사의 직접적인 수식을 받을 수 있지만, '信心'은 정도부사의 직접적인 수식을 받을 수 없다.
很自信。(O)   很有自信。(O)
很信心。(X) → 很有信心。(O)

185 **学期** xuéqī [명] 학기
上学期 지난 학기 | 这学期 이번 학기
下学期 다음 학기 | 新学期 신학기

186 **牙膏** yágāo [명] 치약
儿童牙膏 어린이 치약
挤牙膏 치약을 짜다
过去，人们不用牙膏而用盐刷牙。
과거에 사람들은 치약을 쓰는 것이 아니라 소금으로 양치질을 했다.

꿀팁 刷牙 이를 닦다 | 牙刷 칫솔

187 **压力** yālì [명] 압력
生活压力 생활 스트레스
学习压力 학업 스트레스
工作压力 업무 스트레스
减少压力 스트레스를 줄이다
增加压力 스트레스를 증가시키다

188 **盐** yán [명] 소금
盐放多了。소금이 많이 들어갔다.
稍微放点盐 소금을 조금만 넣다
汤里放点儿盐。국에 약간의 소금을 넣어라.

189 **演出** yǎnchū [명] 공연 [동] 공연하다
精彩的演出 훌륭한 공연
停止演出 공연을 멈추다
演出很成功 공연이 매우 성공적이다
演出节目 프로그램을 공연하다
在上海演出三天 상하이에서 3일을 공연하다 [동]

190 **阳光** yángguāng [명] 햇빛
植物离不开阳光。식물은 햇빛을 떠날 수 없다.

191 **样子** yàngzi [명] 모양, 모습
你还是老样子。너는 옛날 그대로구나.
可怜的样子 가여운 모습
各种样子的石头 다양한 모양의 돌
很奇怪的样子 아주 이상한 모양

192 **眼镜** yǎnjìng [명] 안경
戴眼镜 안경을 쓰다
配眼镜 안경을 맞추다

193 **演员** yǎnyuán [명] 배우, 연기자
做/当演员 배우가 되다
成为演员 배우가 되다
邀请了著名演员 유명한 배우를 초청했다

194 **钥匙** yàoshi [명] 열쇠
丢钥匙 열쇠를 잃어버리다
找不到钥匙 열쇠를 못 찾다
车钥匙 차 키
他把钥匙掉了。 그는 열쇠를 떨어뜨렸다.

195 **亚洲** Yàzhōu [명] 아시아주
亚洲各国 아시아 각국
亚洲经济 아시아 경제
中国是亚洲最大的国家。
중국은 아시아에서 가장 큰 나라이다.

196 **页** yè [명] (책의) 쪽, 면
那本书多少页，500左右？
그 책은 몇 페이지나 돼, 500 정도?
那本书有600多页，很厚。
그 책은 600여 페이지야. 아주 두꺼워.
网页 웹페이지

197 **叶子** yèzi [명] 잎, 잎사귀
树上的叶子都掉下来了。나무의 잎이 모두 떨어졌다.
三叶草 클로버/토끼풀
树已经开始落下叶子了。
나무는 이미 잎이 떨어지기 시작했다.

198 **意见** yìjiàn [명] 견해, 의견
意见不一 의견이 다르다
提出意见 의견을 제기하다
发表意见 의견을 발표하다
反对~意见 ~ 의견에 반대하다
同意~意见 ~ 의견에 동의하다

199 **印象** yìnxiàng [명] 인상
这场表演给我留下了很深的印象。
이 공연은 나에게 깊은 인상을 남겼다.
留下好印象 좋은 인상을 남기다

200 **艺术** yìshù [명] 예술, 기술
艺术节 예술제
艺术家 예술가
说话的艺术 말하기의 기술

201 **优点** yōudiǎn [명] 장점
优点和缺点 장점과 단점
优缺点 장단점
不管是谁，都有自己的优点。
누구든 간에 모두 자신의 장점을 가지고 있다.

202 **邮局** yóujú [명] 우체국
去邮局寄信 편지를 부치러 우체국에 가다
去邮局取回东西 우체국에 물건을 찾으러 가다

203 **友谊** yǒuyì [명] 우의, 우정
加深友谊 우의를 돈독히 하다
为友谊干杯！ 우정을 위해 건배합시다!
真正的友谊 진정한 우정

204 **原因** yuányīn [명] 원인
主要原因 주요 원인
直接原因 직접적인 원인
调查原因 원인을 조사하다
找到原因 원인을 찾아내다

205 **约会** yuēhuì [명] 약속, 데이트 [동] 약속하다, 데이트하다
约会地点 약속 장소
忘了约会 약속을 잊어버리다
取消约会 약속을 취소하다

206 **语法** yǔfǎ [명] 어법
语法错误 어법 오류

207 **羽毛球** yǔmáoqiú [명] 배드민턴
他羽毛球打得很好。 그는 배드민턴을 잘 친다.
我的爱好是打羽毛球。 나의 취미는 배드민턴을 치는 것이다.
羽毛球运动员 배드민턴 운동선수

208 **云** yún [명] 구름
满天都是云，好像要下雨了。
하늘에 구름이 잔뜩 끼었어. 비가 오려나 봐.

209 **语言** yǔyán [명] 언어
音乐也是一种语言。 음악도 일종의 언어이다.
语言相通 언어가 통하다

210 **暂时** zànshí [명] 잠깐, 잠시, 일시
暂时借用 잠시 빌려 쓰다
暂时回国 일시 귀국하다
暂时停止 잠시 멈추다
困难只是暂时的。 어려움은 잠시일 뿐이다.

8일차

211 **杂志** zázhì [명] 잡지
杂志广告 잡지 광고
杂志的第一页 잡지의 첫 페이지

212 **责任** zérèn [명] 책임
负~责任 ~한 책임을 지다
不负责任 무책임하다/책임을 지지 않다
责任心很强 책임감이 강하다

비교 '责任'과 '负责'의 차이
'责任(책임)'은 [명사]이고, '负责'는 [동사]로서 '책임지다'는 뜻이다.
这件事由我负责。 이 일은 내가 책임질게. (责任 X)
这是你的责任。 이것은 네 책임이야. (负责 X)

213 **质量** zhìliàng [명] (생산품이나 일의) 질, 품질
质量很差 품질이 나쁘다
质量很好 품질이 좋다
保证质量 품질을 보증하다
质量合格 품질이 합격이다

214 **知识** zhīshi [명] 지식
获得知识 지식을 얻다
积累知识 지식을 쌓다
知识丰富 지식이 풍부하다
专业知识 전문 지식

215 **植物** zhíwù [명] 식물
　　植物离不开阳光。 식물은 햇빛을 떠날 수 없다.
　　动物和植物 동물과 식물
　　这种植物主要分布在亚洲。
　　이런 식물은 주로 아시아에 분포한다.
　　在热带，植物长得很高大。
　　열대에서 식물은 매우 높고 크게 자란다.

216 **职业** zhíyè [명] 직업 [형] 프로의
　　换职业 직업을 바꾸다 | 选择职业 직업을 선택하다
　　职业棒球 프로 야구
　　最理想的职业 가장 이상적인 직업
　　受欢迎的职业 환영을 받는 직업
　　合适的职业 적절한 직업

217 **重点** zhòngdiǎn [명] 중점
　　时间不多，简单地说说重点吧。
　　시간이 없으니 간단하게 중점만 말해 보세요.

218 **周围** zhōuwéi [명] 주위, 주변
　　周围环境 주위 환경 | 机场周围 공항 주변
　　把桌子周围好好整理一下。 책상 주위를 잘 정리 좀 해.

219 **专业** zhuānyè [명] 전공, 전문 [형] 전문의, 전문적이다, 프로페셔널하다
　　专业知识 전문 지식
　　专业技术 전문 기술
　　你学什么专业？ 너는 어떤 전공을 공부하니?
　　专业不合适 전공이 알맞지 않다
　　与专业不符的工作 전공과 맞지 않는 일
　　他很专业。 그는 매우 프로페셔널하다. [형]

220 **主意** zhǔyi [명] 방법, 생각, 아이디어
　　好主意 좋은 생각
　　想出来好主意 좋은 아이디어가 떠올랐다
　　拿主意 생각을 정하다/결정하다(≒决定)
　　拿不定主意 결정을 내리지 못하다
　　꿀팁 注意 zhùyì'는 '주의하다, 신경 쓰다'는 뜻이다.
　　生病了要注意休息。 아플 때는 휴식에 신경 써야 한다.

221 **自信** zìxìn [명] 자신감 [형] 자신감 있다
　　自信心 자신감 (自信感 X)
　　很有自信 매우 자신 있다
　　找回自信 자신감을 되찾다
　　获得自信 자신감을 얻다
　　越来越没自信了 갈수록 자신감이 없어졌다
　　我在游泳方面很有自信。 나는 수영 방면에 자신 있다.
　　很自信 매우 자신 있다 [형]

　　비교 '自信'과 '信心'
　　'自信'은 [명사]이면서 [형용사]이기도 하기 때문에 '很有自信'도 맞고 '很自信'도 맞는 표현이다.
　　→ 很有自信 (O)　很自信 (O)

　　하지만 '信心'은 [명사]만 되기 때문에 '很有信心'은 맞지만 '很信心'은 쓸 수 없다.(명사는 부사의 수식을 받을 수 없기 때문에)
　　→ 很有信心 (O)　很信心 (X)

222 **作家** zuòjiā [명] 작가
　　他既是演员也是作家。 그는 배우이자 작가이다.
　　著名(的)作家 저명한 작가
　　无名作家 무명 작가

223 **座位** zuòwèi [명] 좌석, 자리
　　那边有个空座位。 저쪽에 빈 자리가 하나 있다.
　　让座位 좌석을 양보하다
　　座位号 좌석 번호
　　换座位 좌석을 바꾸다
　　后排座位 뒷줄 좌석
　　靠窗的座位 창가 자리

224 **作用** zuòyòng [명] 작용, 영향, 효과
　　起~作用 ~한 작용을 하다
　　具有~作用 ~한 작용이 있다
　　光合作用 광합성 작용
　　起着积极的作用 긍정적인 작용을 하다
　　起决定性作用 결정적인 작용을 하다
　　台风也有积极的作用。 태풍도 긍정적인 작용이 있다.

225 **左右** zuǒyòu [명] 정도, 쯤, 좌와 우 [동] 좌우하다
　　九点左右 9시쯤 | 左右为难 진퇴양난이다
　　估计三天左右就能到 3일 쯤이면 도착할 것으로 예측하다
　　被别人的话左右 다른 사람의 말에 좌우되다 [동]

226 **作者** zuòzhě [명] 지은이, 저자, 작가
　　这本小说的作者是谁? 이 소설의 저자는 누구야?
　　꿀팁 作家 zuòjiā 작가 | 记者 jìzhě 기자

2. 동사

■ 동사의 특징

1. 동사는 목적어를 취할 수 있다.
   我想参加这次比赛。 나는 이번 시합에 참가하고 싶다.

2. 동사는 대부분 '了', '着', '过' 등의 동태조사가 붙을 수 있다.
   上周我参加了足球比赛。 지난주에 나는 축구 시합에 참가했다.
   不要躺着看书。 누워서 책을 보지 마.
   我没参加过老同学聚会。 나는 동창 모임에 참가해 본 적이 없다.

3. 동사는 중첩하여 가볍게 동작을 시도함을 나타낼 수 있다.
   你尝一尝我做的饺子。 너 내가 만든 교자를 한번 맛봐.
   ※ 1음절은 AA, 2음절은 ABAB의 형식을 취한다.

4. 대부분의 행위동사는 정도부사의 수식을 받을 수 없다. (심리동사, 조동사, 일부 동사 제외)
   我很跑步。(X) [행위 동사]
   我非常工作。(X) [행위 동사]
   老师很关心学生。 선생님은 학생에 대해서 관심이 많다. [심리 동사]
   我父母都非常支持我。 나의 부모님은 모두 나를 매우 지지하신다. [심리 동사]
   他很能喝酒。 그는 술을 아주 잘 마신다. [조동사]
   她很有自信。 그녀는 매우 자신감이 있다. [有]

5. 동사는 형태 변화 없이 명사처럼 쓸 수 있다. ★
   我已经准备好了。 나는 이미 다 준비했다.
   我已经做好了充分的准备。 나는 이미 충분한 준비를 했다.

■ 동사의 문장 성분

1. 동사는 술어가 된다.
   这次比赛我不参加。 이번 시합에 나는 참가하지 않는다.

2. 동사는 관형어, 주어가 될 수 있다.
   现在不是笑的时候。 지금은 웃을 때가 아니다. [관형어]
   笑是一种很好的健身运动。 웃음은 일종의 매우 좋은 건강 운동이다. [주어]

3. 각종 보어가 될 수 있다.
   他把钢琴卖掉了。 그는 피아노를 팔아 버렸다. [결과보어]
   天气热得受不了了。 날이 더워서 못 참겠다. [정태보어]

227 **安排** ānpái [동] (인원·시간 등을) 안배하다, 사람을 보내어 일을 처리하게 하다
安排时间 시간을 안배하다
安排工作 일을 안배하다

228 **抱** bào [동] 안다, 껴안다, 포옹하다
抱孩子 아이를 안다
抱孙子 손자를 안다
抱希望 희망을 안다

229 **保护** bǎohù [동] 보호하다
保护地球 지구를 보호하다
保护环境 환경을 보호하다
保护自然 자연을 보호하다
保护森林 숲을 보호하다

230 **报名** bàomíng [동] 신청하다, 등록하다
报名时间 등록 시간
报名参加托福考试 토플 시험에 신청하여 참가하다
报名结束了 접수가 끝났다
报名人数由3000增加到5000
신청자 수가 3천에서 5천까지 늘었다

231 **抱歉** bàoqiàn [동] 미안해하다
真抱歉！정말 미안합니다.
表示抱歉 미안함을 표시하다
感到抱歉 미안함을 느끼다
抱歉，让你久等了。미안해. 오래 기다리게 해서.

232 **保证** bǎozhèng [동] 보증하다, 약속하다
保证质量 품질을 보증하다
我敢保证。내가 감히 보증할게(장담할게).
我保证，以后我再也不抽烟了。
내가 약속할게. 앞으로 다시는 담배 피우지 않을게.

233 **毕业** bìyè [동] 졸업(하다)
大学毕业生 대학 졸업생
大学毕业 대학을 졸업하다
大学毕业已经5年了 대학을 졸업한 지 이미 5년이 되었다

꿀팁 '毕业' 뒤에는 목적어가 오지 않는다.
'毕业'는 이합동사로 '마치다(毕) + 학업(业)'의 결합형이다. 즉, 동목구로 되어 있어서 뒤에 목적어가 올 수 없다. 그래서 '대학을 졸업하다'는 '毕业大学'가 아니라 '大学毕业'라고 써야 한다. 문어체에서는 개사 '于'를 써서 '毕业于~大学'로 쓸 수 있다.
他已经毕业大学了。(X)
→ 他已经大学毕业了。그는 이미 대학을 졸업했다.
他毕业于北京大学。그는 베이징 대학을 졸업했다.

234 **表示** biǎoshì [동] (의사를) 표시하다, 의미하다
表示同意 동의를 표시하다
表示反对 반대를 표시하다
表示抱歉 미안함을 표시하다
表示不满 불만을 표시하다
表示感谢 감사를 표시하다

235 **表扬** biǎoyáng [동] 칭찬하다(↔ 批评)
受到表扬 칭찬을 받다
值得表扬 칭찬할 만하다
谢谢你的表扬 칭찬해 주셔서 감사합니다
小王因为很礼貌，所以经常受表扬。
샤오왕은 매우 예의 발라서 자주 칭찬 받는다.

236 **擦** cā [동] (천·수건 등으로) 닦다
擦窗户 창문을 닦다
擦桌子 탁자를 닦다
擦眼泪 눈물을 닦다
擦干净 깨끗이 닦다

237 **猜** cāi [동] 추측하다, 알아맞히다
猜想 추측하다
猜对了 알아맞히다
猜错了 잘못 추측했다
猜着(zháo)了 알아맞히다
怎么想也猜不到。아무리 생각해도 알아맞힐 수 없다

238 **参观** cānguān [동] (전람회·공장·명승고적 등을) 참관하다, 견학하다
允许参观 참관을 허락하다
参观动物园 동물원을 참관하다
参观植物园 식물원을 견학하다
参观广播台 (라디오) 방송국을 견학하다

239 **尝** cháng [동] 맛보다
尝一尝味道 한번 맛보다
尝咸淡 간을 보다

妈妈让我尝一尝汤的味道。
엄마는 나에게 국을 한번 맛보라고 했다.
让我尝一口。(내가) 한번 맛보자.

240 **超过** chāoguò [동] 초과하다, 넘다
远远超过 훨씬 초과하다
观众超过一万 관중이 만이 넘는다
超过规定的速度 규정된 속도를 초과하다

9일차

241 **成功** chénggōng [동] 성공하다, 이루다 [형] 성공적이다
失败是成功之母。실패는 성공의 어머니다.
获得成功 성공을 거두다
愿意成功 성공하길 원하다
祝你成功 네가 성공하길 기원할게
羡慕别人的成功 다른 사람의 성공을 부러워하다
减肥成功 다이어트에 성공하다
演出成功 공연이 성공적이다
成功(地)举办 성공적으로 개최하다 [형]

꿀팁 '成功'의 용법
1. '成功'은 [동사]로 쓰면 '성공하다', [형용사]로 쓰면 '성공적이다'로 해석한다.
   手术很成功。수술이 매우 성공적이다.
2. 중국어에서 [동사]는 종종 형태의 변화 없이 [명사]처럼 쓸 수 있기 때문에 '获得成功(성공을 얻다/성공을 거두다)'이 가능하다.
3. '成功'이 [동사]로 쓰일 때는 뒤에 목적어가 올 수 없고, 〈S + 成功〉의 형식으로 써야 한다.
   我成功了减肥。(X) → 我减肥成功了。(O)
4. '成功'이 형용사(성공적이다)로 동사(V) 앞에 오면 '성공적으로 V하다'로 해석한다.
   成功举办 성공적으로 개최하다

242 **成为** chéngwéi [동] ~이(가) 되다, ~(으)로 되다
成为朋友 친구가 되다
成为作家 작가가 되다
成为导游 가이드가 되다
成为演员 배우가 되다
成为专家 전문가가 되다
成为负责人 책임자가 되다
成为警察 경찰이 되다
成为一名中医大夫 한의사가 되다

243 **乘坐** chéngzuò [동] (자동차·배·비행기 등을) 타다
乘坐飞机 비행기를 타다
乘坐地铁 지하철을 타다
乘坐出租车 택시를 타다
乘坐火车旅行 기차를 타고 여행하다
免费乘坐 무료로 탑승하다
无票乘坐火车 기차에 무임승차하다
我乘坐的航班晚点了。내가 탄 비행기가 연착했다.

244 **吃惊** chījīng [동] 놀라다
感到很吃惊 매우 놀라다
大吃一惊 크게 놀라다
让人吃惊的是~ 놀라운 것은 ~이다
令人吃惊的消息 사람을 놀라게 하는 소식
比赛结果使大家很吃惊。
경기 결과가 모두를 매우 놀라게 했다.

꿀팁 '吃惊'은 '놀랍다'로 해석하지 않는다.
'吃惊'은 [심리동사]로서 '놀라다'는 뜻이지, [형용사]로 이해하여 '놀랍다'고 해석해서는 안 된다. '놀랍다'는 '사람을 놀라게 하다'는 뜻이기 때문에, '놀랍다'라고 할 때는 〈让/使/令 + 사람 + 吃惊〉의 형식으로 써야 한다.
这事真让人吃惊。이 일은 정말 놀랍군.

245 **抽烟** chōuyān [동] 담배 피우다, 흡연하다(=吸烟)
加油站附近禁止抽烟。주유소 근처에서는 흡연을 금지한다.
抽烟对身体一点儿也没有好处。
흡연은 신체에 조금도 좋을 것이 없다.

246 **出差** chūchāi [동] (외지로) 출장 가다
出差回来 출장에서 돌아오다
我明天去北京出差。나는 내일 베이징에 출장 간다.
出差的时候顺便去了趟家乡。
출장 갔을 때 간 김에 고향에 다녀왔다.

꿀팁 〈去/到 + 장소 + 出差〉
'~로 출장 가다'라고 표현할 때는 〈出差 + 장소〉가 아니라, 〈去/到 + 장소 + 出差〉로 표현한다. '旅行'이나 '旅游'도 〈去/到 + 장소 + 旅行/旅游〉으로 쓴다는 것을 함께 기억해 두자.

247 **出发** chūfā [동] 출발하다
准时出发 정시에 출발하다
按时出发 제시간에 출발하다
推迟出发时间 출발 시간을 늦추다

从/由北京出发 베이징에서 출발하다
现在就出发。 지금 바로 출발한다.

248 **出生** chūshēng [동] 출생하다, 태어나다
在首尔出生 서울에서 출생하다
在春天出生 봄에 출생하다
你是哪年出生的？ 너는 몇 년도에 태어났니?
我是1990年出生的。 나는 1990년에 태어났다.

249 **出现** chūxiàn [동] 출현하다, 나타나다
出现~天气 ~ 날씨가 나타나다
出现~问题 ~ 문제가 나타나다
出现~现象 ~한 현상이 나타나다
突然出现 갑자기 나타나다
出现在眼前 눈앞에 나타나다

250 **存** cún [동] 존재하다, 저금하다
存钱 저금하다
他每个月存工资的一半。
그는 매달 월급의 절반을 저금한다.

251 **打扮** dǎban [동] 화장하다, 치장하다
打扮得很漂亮 예쁘게 치장하였다
她把很多钱花在打扮上。
그녀는 많은 돈을 치장하는 데 쓴다.

252 **戴** dài [동] (몸에) 착용하다, 쓰다, 차다
戴眼镜 안경을 쓰다
戴帽子 모자를 쓰다

> **비교** '戴'와 '带'의 차이
> 발음이 같아 혼동하기 쉬운데 둘은 **전혀 다르다**. '戴'는 안경, 모자, 귀걸이 등을 '**몸에 착용하다**'는 뜻이고, '带'는 '**물건을 지니다**', '**사람을 데리다**'는 뜻이다.
> 我没带现金。 나는 현금을 지니고 있지 않다.
> 带孩子去医院。 아이를 데리고 병원에 가다.

253 **当** dāng [동] ~이/가 되다, 여기다 [개] ~할 때
当老师 선생님이 되다
他想当演员。 그는 배우가 되고 싶어 한다.
别拿我当傻瓜。 나를 바보로 취급하지 마.

> **꿀팁** 〈当~的时候〉, 〈当~时〉: ~할 때
> '当'은 '~이 되다'는 뜻 외에도 어떤 **사건의 발생 시점**을 나타낼 수 있다. 하지만 이때는 주로 뒤에 '的时候'나 '时'가 와서 호응한다. 애매하게 '的时'나 '时候'의 형태로 호응시키지 않도록 주의하자.
> 当我回来时，他已经走了。
> 내가 돌아왔을 때 그는 이미 떠나고 없었다.
> 当我是学生的时候 내가 학생일 때
> 当爷爷年轻的时候 할아버지가 젊었을 때

254 **倒** dào [동] ① 반대 방향으로 이동시키다, 후퇴시키다
② 붓다, 따르다 ③ [부] 오히려
倒车 차를 후진시키다
倒垃圾 쓰레기를 버리다
给客人倒杯茶 손님에게 차를 한 잔 따라 주다
没吃药，病倒好了。 약을 먹지 않았는데 도리어 병이 나았다. [부]

255 **道歉** dàoqiàn [동] 사과하다, 사죄하다
向/跟~道歉 ~에게 사과하다
应该道歉 마땅히 사과해야 한다
及时道歉 바로 사과하다

> **비교** '抱歉'과 '道歉'
> '抱歉'은 '미안하다'의 뜻으로 **심리 상태**를 나타내고, '道歉'은 '사과하다'는 **행위**를 나타낸다. 왜냐하면 '道'가 '**말하다**(说)'의 뜻이 있기 때문에 '道歉'은 '미안함을 말하다'는 뜻으로 결국 '사과하다'는 행위를 나타낸다. 이 둘은 바꿔 쓸 수 없다.
> 真抱歉，我迟到了。
> 정말 미안합니다. 제가 지각했네요. (道歉 X)
> 我已经向朋友道歉了。
> 나는 이미 친구에게 사과했다. (抱歉 X)

256 **打扰** dǎrǎo [동] 방해하다, 지장을 주다
别打扰我。 나를 방해하지 마.
打扰一下。 잠깐 실례합니다.
打扰哥哥复习 형이 복습하는 것을 방해하다

257 **打印** dǎyìn [동] (프린터로) 인쇄하다, 프린트하다
打印机 프린터
打印材料 자료를 프린트하다

258 **打招呼** dǎzhāohu [동] (말이나 행동으로) 인사하다, 통지하다, 알리다
热情地打招呼 정답게 인사하다
向同事打招呼 동료에게 인사하다
连个招呼都不打 아는 척도 안 한다
她微笑着和我打招呼。 그녀는 미소 지으며 나에게 인사했다.

259 **打折** dǎzhé [동] 할인하다
  打折机票 할인 항공권
  打折商品 할인 상품
  不能打折 할인이 안 된다
  打八折 20% 할인하다
  可以现金打折吗? 현금 할인 되나요?

260 **打针** dǎzhēn [동] 주사를 놓다, 주사를 맞다
  护士给病人打了个针。 간호사가 환자에게 주사를 놓았다.
  去医院打针 병원에 가서 주사 맞다
  害怕打针 주사 맞는 걸 겁낸다

261 **得** dé [동] 얻다
  得感冒 감기에 걸리다
  获得成功 성공을 거두다
  得不到一点儿消息 조금의 소식도 얻지 못하다
  不努力的人什么也得不到。
  노력하지 않는 사람은 어떤 것도 얻지 못한다.

262 **掉** diào [동] 떨어지다
  吃掉 다 먹어 치우다
  忘掉 잊어버리다
  扔掉 버리다/던져 버리다
  改掉习惯 습관을 바꾸다
  树上的叶子都掉下来了。 나무 위의 잎들이 모두 떨어졌다.
  行李从车上掉下来。 짐이 차에서 떨어졌다.

  꿀팁 '掉'는 다른 동사 뒤에서 결과보어로 잘 쓰인다. 결과보어 '掉'는 주로 '분리, 이탈' 등의 의미를 나타낸다.

263 **调查** diàochá [동] (현장에서) 조사하다
  调查结果 조사 결과
  调查原因 원인을 조사하다
  仔细调查 꼼꼼하게 조사하다
  市场调查 시장 조사

264 **丢** diū [동] 잃다, 잃어버리다, (내)버리다
  弄丢 잃어버리다
  丢掉 잃어버리다/내다 버리다
  丢钱包 지갑을 잃어버리다
  丢钥匙 열쇠를 잃어버리다
  丢脸 창피를 당하다(=丢人)
  果皮不要乱丢。 과일 껍질을 아무 데나 버리지 마.

265 **堵车** dǔchē [동] 교통이 꽉 막히다, 차가 막히다
  堵车堵得厉害 차가 심하게 막힌다
  因为堵车迟到了。 교통 체증으로 지각했다.
  这段时间肯定会堵车。
  이 시간대에는 틀림없이 차가 막힐 것이다.

266 **反对** fǎnduì [동] 반대하다
  反对~意见 ~ 의견을 반대하다
  表示反对 반대(의사)를 표시하다
  反对结婚 결혼을 반대하다

267 **放弃** fàngqì [동] (권리나 주장·의견 등을) 포기하다(↔坚持)
  放弃机会 기회를 포기하다
  放弃计划 계획을 포기하다
  要学会放弃 포기하는 법을 배워야 한다
  有选择地放弃 선택적으로 포기하다

268 **放松** fàngsōng [동] 느슨하게 하다, 이완시키다, 정신적 긴장을 풀다
  放松心情 마음을 이완시키다(마음을 편하게 하다)
  放松对自己的要求
  자신에 대한 요구를 느슨하게 하다(자신에게 덜 엄격하게 대하다)
  丢掉工作，好好放松一下。
  일을 멈추고 푹 좀 긴장을 풀어 보자.

269 **翻译** fānyì [동] 번역하다, 통역하다 [명] 통역가, 번역가
  我想当翻译。 나는 통역가가 되고 싶다.
  翻译不能改变原文的意思。
  번역이 원문의 뜻을 바꿔서는 안 된다.

270 **发生** fāshēng [동] 발생하다
  发生~事情 ~ 일이 발생하다
  发生~变化 ~ 변화가 발생하다
  究竟发生了什么事情?
  도대체 무슨 일이 생긴 것이냐?
  该发生的已经发生了。
  마땅히 발생할 일은 이미 발생했다.
  发生误会时应该及时解释清楚。
  오해가 발생했을 때는 바로 명확하게 해명해야 한다.

10일차

271 **发展** fāzhǎn [동] 발전하다, 발전시키다
发展中国家 개발 도상국
发展很快 발전이 매우 빠르다
发展经济 경제를 발전시키다
发展旅游业 관광업을 발전시키다

272 **放暑假** fàngshǔjià 여름 방학을 하다
快放暑假了 곧 여름 방학을 한다
听说由于今年太热了，将提前放暑假。
들리는 얘기로는 올해 너무 더워서 앞당겨 여름 방학을 한대.

273 **符合** fúhé [동] 부합하다
符合条件 조건에 부합하다
符合实际 실제에 부합하다
符合要求 요구에 부합하다

274 **付款** fùkuǎn [동] 돈을 지불하다
用现金付款 현금으로 지불하다
分期付款 할부 결제하다
用信用卡付款 신용 카드로 결제하다
购物后付款 물건을 구매한 후 결제하다

275 **复印** fùyìn [동] (복사기로) 복사하다
复印机 복사기(打印机 프린트기)
复印一份 한 부를 복사하다

276 **负责** fùzé [동] 책임지다 [형] 책임감 있다
负责人 책임자/담당자
负责打扫客厅 거실 청소를 책임지다
负责管理 관리를 책임지다
由~负责 ~가 책임지다
对工作认真负责 일에 대해서 진지하고 책임감 있다 [형]

> 꿀팁 '负责'는 [형용사]도 된다.
> '负责'는 [형용사]로서는 '책임감 있다'는 뜻도 있다. 주로 〈对~负责〉의 형태로 쓴다.
> 她对自己的工作很负责。
> 그녀는 자신의 일에 대해서 매우 책임감이 강하다.

277 **改变** gǎibiàn [동] 바꾸다, 변하다
改变态度 태도를 바꾸다
改变计划 계획을 바꾸다
改变主意 생각을 바꾸다
改变做法 방법을 바꾸다
改变印象 인상을 바꾸다

278 **赶** gǎn [동] 뒤쫓다, 따라가다, 서두르다
赶不上 따라잡을 수 없다
赶火车 기차 시간에 맞춰 도착하다
赶回家 서둘러 집으로 돌아가다

279 **干** gàn [동] 일을 하다(≒做)
干活儿 일을 하다
我来干。내가 할게.
既然干就好好干吧。기왕 하게 된 거 잘해 봐.

280 **干杯** gānbēi [동] 건배하다, 잔을 비우다
为我们的友谊干杯！ 우리의 우정을 위해 건배합시다!

281 **感动** gǎndòng [동] 감동하다, 감동시키다
感动得哭了 감동해서 울다
深受感动 깊이 감동 받다
十分感动 매우 감동하다
这部电影使我深受感动。이 영화는 나를 깊이 감동시켰다.

282 **感觉** gǎnjué [동] 느끼다 [명] 느낌
可以感觉到 느낄 수 있다
我感觉轻松。나는 홀가분하게 느낀다.
我感觉好一些了。나는 좀 좋아진 것 같아요.
感觉非常好 느낌이 매우 좋다 [명]

283 **感谢** gǎnxiè [동] 고맙다, 감사하다
表示感谢 감사를 표시하다
非常感谢 매우 감사하다
感谢您的帮助。당신의 도움에 감사드립니다.

284 **购物** gòuwù [동] 물품을 구입하다, 물건을 사다
购物袋 쇼핑백
购物环境 쇼핑 환경
购物后付款 물건 구매 후 지불하다

285 **挂** guà [동] 걸다
挂画 그림을 걸다
挂号 (병원 등에서) 접수하다

挂电话 전화를 끊다
画挂在门上，怎么样? 그림을 문에 거는 것이 어때?

286 **逛 guàng** [동] 거닐다, 돌아다니다, 산보하다, 구경하다
逛街 거리를 거닐다/아이쇼핑하다
逛超市 슈퍼마켓을 돌아다니며 물건을 사다
他们在公园里边逛边聊天。
그들은 공원에서 거닐며 이야기를 나누었다.

287 **广播 guǎngbō** [동] 방송하다 [명] (라디오) 방송
广播重要新闻 중요 뉴스를 (라디오) 방송하다
广播结束了。 방송이 끝났다.
广播节目 방송 프로그램
(收)听广播 라디오 방송을 청취하다

288 **管理 guǎnlǐ** [동] 관리하다
管理时间 시간을 관리하다
严格管理 엄격하게 관리하다
放松管理 관리를 느슨하게 하다

289 **估计 gūjì** [동] 예측하다, 평가하다
过高估计 과대 평가하다
过低估计 과소 평가하다
我估计30分钟后到那儿。
나는 30분 후에 거기 도착할 것 같아.

290 **鼓励 gǔlì** [동] 추측하다, 예측하다
鼓励学生 학생을 격려하다
鼓励的话 격려의 말
谢谢你的鼓励。 격려해 줘서 고마워.
许多人给了我鼓励。 많은 사람들이 나에게 격려를 주었다.
老师鼓励学生努力学习。
선생님은 학생이 열심히 공부하라고 격려한다.

291 **害羞 hàixiū** [동] 수줍어하다, 부끄러워하다
十分害羞 매우 부끄러워하다
害羞得脸都红了 부끄러워서 얼굴을 붉히다

292 **后悔 hòuhuǐ** [동] 후회하다
非常后悔 매우 후회한다
会后悔(的) 후회할 것이다
到时候后悔也来不及了。 그때가 되면 후회해도 늦다.
现在后悔有什么用? 지금 후회해 봐야 무슨 소용 있겠어?
他真后悔和她结婚。 그녀는 그와 결혼한 걸 정말 후회한다.

293 **怀疑 huáiyí** [동] 의심하다
怀疑别人 남을 의심하다
怀疑自己 자신을 의심하다
受到别人的怀疑 남의 의심을 받다
怀疑自己的眼睛 자신의 눈을 의심하다
他怀疑我的诚实。 그는 나의 진실성을 의심한다.

294 **获得 huòdé** [동] 얻다, 취득하다
获得成功 성공을 거두다
获得肯定 인정을 받다
获得金牌 금메달을 따다
获得大奖 대상을 타다
获得自信 자신감을 얻다

295 **活动 huódòng** [동] (몸을) 움직이다, 활동하다 [명] 행사, 이벤트
别整天在家里玩游戏，出去活动活动。
하루 종일 집에서 게임만 하지 말고 나가서 활동 좀 해.
参加活动 행사에 참가하다 [명]
降价活动 할인 행사 [명]
打折活动 할인 행사 [명]
举行活动 행사를 거행하다 [명]

296 **寄 jì** [동] (우편으로) 부치다
寄信 편지를 부치다
去邮局寄信 우체국에 가서 편지를 부치다
寄行李 짐을 부치다

297 **加班 jiābān** [동] 초과 근무를 하다, 특근하다, 잔업하다
天天加班 매일 특근을 하다
我今晚又加班。 나는 오늘 저녁 또 초과 근무를 한다.
这个周末要加班。 이번 주말에 특근을 해야 한다.

298 **坚持 jiānchí** [동] 견지하다(↔ 放弃)
坚持锻炼 운동을 계속하다
坚持意见 의견을 견지하다
坚持下去 견지해 나가다
坚持到底 끝까지 견지하다

299 **减肥 jiǎnféi** [동] 살을 빼다, 감량하다
减肥茶 살 빼는 차
减肥成功 다이어트에 성공하다
节食减肥 식사량을 줄여 다이어트하다
饿着肚子减肥 굶으며 다이어트하다

11일차

300 **降低** jiàngdī [동] 내리다, 낮추다
　　降低温度 온도를 내리다
　　降低价格 가격을 낮추다
　　降低费用 비용을 내리다
　　降低要求 요구를 낮추다

301 **降落** jiàngluò [동] 착륙하다(↔ 起飞)
　　飞机将在15分钟后降落在首都机场。
　　비행기가 곧 15분 뒤에 수도공항에 착륙할 것이다.

302 **减少** jiǎnshǎo [동] 감소하다, 줄다, 줄이다
　　收入减少了 수입이 감소했다
　　数量减少了 수량이 감소했다
　　压力减少了 스트레스가 줄었다
　　迅速减少 신속하게 감소하다

303 **建议** jiànyì [동] 건의하다 [명] 건의, 제안
　　他建议把会议推迟到明天。
　　그는 회의를 내일로 연기하자고 건의했다.
　　我建议咱们去四川玩。
　　나는 우리가 쓰촨성으로 놀러갈 것을 건의한다.
　　提出建议 건의를 제시하다(건의하다) [명]
　　接受建议 건의를 받아들이다 [명]
　　拒绝别人的建议 다른 사람의 건의를 거절하다 [명]

304 **交** jiāo [동] ① 제출하다 ② (친구를) 사귀다 ③ 서로 교차하다
　　交学费 학비를 내다
　　交作业 숙제를 내다
　　交房租 집세를 내다
　　交朋友 친구를 사귀다
　　交谈 이야기를 나누다

305 **交流** jiāoliú [동] 교류하다
　　交流经验 경험을 교류하다
　　停止交流 교류를 멈추다
　　交流感情 감정을 교류하다
　　交流文化 문화를 교류하다
　　交流意见 의견을 교류하다
　　东西方文化交流 동서양의 문화 교류

306 **解释** jiěshì [동] 설명하다, 해명하다, 해석하다
　　解释原因 원인을 설명하다
　　解释误会 오해를 해명하다
　　解释词语 어휘를 풀이하다
　　解释清楚了 정확히 설명했다
　　不用解释了 해명할 필요 없어

307 **接受** jiēshòu [동] 받아들이다, 받다
　　接受结果 결과를 받아들이다
　　接受现实 현실을 받아들이다
　　接受要求 요구를 받아들이다
　　接受邀请 요청을 받아들이다
　　接受批评 비판을 받아들이다

308 **节约** jiéyuē [동] 절약하다, 줄이다, 아끼다
　　节约时间 시간을 절약하다
　　节约水电 물과 전기를 아끼다
　　节约用水 용수(물)를 아끼다
　　节约消费 소비를 절약하다
　　他在生活上很节约。 그는 생활에 있어서 매우 절약한다.

309 **积累** jīlěi [동] (조금씩) 쌓다, 축적하다
　　积累经验 경험을 축적하다
　　积累知识 지식을 쌓다
　　积累经历 경력을 쌓다
　　积累消费积分 마일리지를 적립하다

310 **经历** jīnglì [동] 몸소 겪다, 체험하다, 경험하다 [명] 경험, 경력
　　经历事情 일을 겪다
　　经历困难 어려움을 겪다
　　经历战争 경쟁을 겪다
　　积累经历 경력을 쌓다 [명]
　　经历丰富 경험이 풍부하다 [명]

　　비교 '经验'과 '经历'의 차이
　　'经验'은 일을 잘 할 수 있는 노하우가 있는 경험을 가리키고, '经历'는 단순한 체험을 가리킨다. 또한 '经验'은 주로 [명사]로만 쓰지만 '经历'는 [명사]뿐만 아니라 [동사]로도 쓰인다.
　　我们的老师讲课经验很丰富。
　　우리 선생님은 수업 경험이 풍부하다.
　　旅行可以丰富我们的经历。
　　여행은 우리의 경험을 풍부하게 해 줄 수 있다.
　　这种事情我没经历过。(经验 X)
　　이런 일은 나는 겪어 본 적이 없다.

311 **竞争** jìngzhēng [동] 경쟁하다
竞争关系 경쟁 관계
提高竞争力 경쟁력을 높이다

312 **进行** jìnxíng [동] 진행하다, 하다
进行研究 연구를 진행하다
进行调查 조사를 진행하다

313 **禁止** jìnzhǐ [동] 금지하다, 불허하다
禁止抽烟 흡연을 금지하다
禁止拍照 사진 촬영을 금지하다
禁止出入 출입을 금지하다
禁止停车 주차를 금지하다

314 **继续** jìxù [동] 계속하다
继续工作 계속 일하다
继续进行 계속 진행하다
继续努力 계속 노력하다
继续学习 계속 공부하다

> 꿀팁 '继续'는 부사어가 될 수 있다.
> '继续'는 [동사]이지만, 주로 다른 [동사]를 수식하는 부사어로 쓰인다. 〈继续 + V〉의 형태로 '계속해서 V하다'로 해석한다.

315 **举** jǔ [동] 들다, 들어올리다
举手 거수하다, 손을 들다
举一只手 한 손을 들다
举一个例子 한 가지 예를 들다
举杯祝贺 잔을 들어 축하하다

316 **举办** jǔbàn [동] 개최하다, 열다
举办画展 그림 전시회를 열다
举办聚会 모임(파티)을 열다
共同举办 공동으로 개최하다
举办运动会 운동회를 열다
举办招聘会 채용박람회를 열다

317 **拒绝** jùjué [동] (부탁·의견·선물 등을) 거절하다
要学会拒绝 거절할 줄 알아야 한다
拒绝要求 요구를 거절하다
被拒绝了 거절 당했다
拒绝求婚 청혼을 거절하다

318 **举行** jǔxíng [동] 거행하다, 열다
举行会议 회의를 열다
举行婚礼 결혼식을 거행하다
举行音乐会 음악회를 거행하다

> 비교 '举办'과 '举行'
> '举办'은 '개최, 열다'에 초점이 있고, '举行'은 '진행'에 초점이 있다. 예를 들어 '举办婚礼'는 '결혼식을 올리다'에 가깝고, '举行婚礼'는 '결혼식을 진행하다'에 가깝다. 다행히 이 둘을 비교하는 문제는 출제되지 않는다.

319 **开玩笑** kāi wánxiào [동] 농담하다, 웃기다, 놀리다
我不是在开玩笑，很认真的。
나 농담하는 거 아냐. 진지하다고.
开什么玩笑. 무슨 농담을 하는 거야.
别拿我开玩笑. 나를 놀리지 마.
这只是开玩笑. 이건 그냥 농담이야.

320 **考虑** kǎolǜ [동] 고려하다, 생각하다
仔细考虑 꼼꼼하게 고려하다
考虑现实 현실을 고려하다
考虑各种情况 각종 상황을 고려하다
从工作上考虑 업무적으로 고려하다
我再考虑考虑吧. 나는 좀 더 생각해 볼게.
稍微考虑一下 조금 고민해 보다

321 **咳嗽** késou [동] 기침하다
不停地咳嗽 계속 기침을 하다
咳嗽停止了 기침이 멎었다

322 **困** kùn [동] 포위하다, 가두어 놓다, 졸리다 [형] 고생하다, 시달리다
困死了 졸려 죽겠다
我困了，别打扰我. 난 졸리니까 방해하지 마.
大雪把他们困在屋内. 대설이 그들을 방안에 가뒀다.

323 **拉** lā [동] 끌다, 당기다
拉开距离 거리를 벌리다
拉(上)窗帘 커튼을 치다
拉开窗帘 커튼을 열다
拉关系 관계를 끌어와서 하다
拉小提琴 바이올린을 켜다
拉肚子 설사가 나다(≒吃坏肚子)
手拉着手 손을 맞잡고

324 **来不及** láibují [동] 늦었다
后悔也来不及了 후회해도 늦다
时间来不及了，我们打车吧。
시간이 이미 늦었어, 우리 택시 타자.
我来不及换衣服，就直接跑出去了。
나는 옷을 갈아입을 겨를 없이 바로 뛰쳐나갔다.

325 **来得及** láidejí [동] 늦지 않다, (시간이 있어서) 돌볼(손쓸) 수가 있다.
还来得及，不要着急。 아직 늦지 않았어, 조급해하지 마.
刚开始招聘，现在报名还来得及。
막 모집을 시작했으니까, 지금 신청해도 늦지 않아.

326 **来自** láizì [동] ~에서 오다
《来自星星的你》 별에서 온 그대(드라마 제목)
来自北京 베이징에서 오다
来自全国各地 전국 각지에서 오다

327 **浪费** làngfèi [동] 낭비하다, 허비하다
浪费时间 시간을 낭비하다
浪费钱 돈을 낭비하다
白白浪费了 쓸데없이 낭비했다
改掉浪费的习惯 낭비하는 습관을 바꾸다

328 **联系** liánxì [동] 연락하다, 관계하다, 연계하다
跟~联系 ~와 연락하다
联系~ ~와 연락하다
把A和B联系在一起 A를 B와 연계시키다
联系不上他 그에게 연락이 안 되다
留联系方式 연락처를 남기다
提前联系好 미리 연락해 두었다

329 **理发** lǐfà [동] 이발하다, 머리를 깎다, 커트하다
该理发了 이발할 때가 되었다
理发店 이발소/미용실
理发师开始给客人理发。
이발사가 손님에게 머리를 깎기 시작했다.
我想把头发稍微理一理。
나는 머리를 살짝 자르고 싶어요.

꿀팁 이합동사 '理发'의 특징
'理发'는 이합동사이기 때문에 순수한 동사는 '理'이며 '发(fà)'는 명사로 머리카락(头发)을 가리킨다. 따라서 '了'나 '一'가 들어간다면 '理了理头发'나 '理一理头发'로 써야 한다.
또한 우리나라의 '이발소'와 '미용실'을 구분해서 쓰지만 중국어는 '理发店'이 곧 '이발소'이자 '미용실'을 가리키는 것으로 구분하여 쓰지 않는다.

12일차

330 **理解** lǐjiě [동] 이해하다
理解心情 기분을 이해하다
理解内容 내용을 이해하다
理解错了 잘못 이해했다
理解能力差 이해력이 떨어지다
理解能力强 이해력이 강하다

비교 '理解'와 '了解'
'理解'와 '了解'는 완전 다른 의미이다. '理解'는 이치적으로(理) 왜 그러한지를 납득하는 것이다.
我真不能理解他为什么这样做。
나는 그가 왜 이렇게 했는지 정말 이해할 수 없어.
'了解'는 대상에 대하여 **많은 정보를 갖고 있어서 잘 알고 있다**는 것을 의미한다.
我对中国文化不太了解。 나는 중국 문화에 대해서 잘 모른다.
따라서 아래 예문은 실제 다른 의미가 된다.
我理解他。 나는 그를 이해해. → 그의 언행이나 마음이 왜 그러한지를 공감하고 이해한다는 뜻.
我了解他。 나는 그를 잘 안다.→ 그는 사람에 대해서 많은 정보를 가지고 있어서 어떤 사람인지를 잘 알고 있다는 뜻.

331 **例如** lìrú [동] 예(보기)를 들다, 예를 들면, 예컨대
夏季水果很多，例如西瓜、葡萄、桃子等。
여름 과일은 아주 많다. 예를 들면 수박, 포도, 복숭아 등이다.

332 **留** liú [동] 남기다
留好印象 좋은 인상을 남기다
留纸条 메모를 남기다
留联系方式 연락처를 남기다
留着给弟弟吃 남겨 뒀다가 동생에게 (먹으라고) 주다
公司没留住她。 회사는 그녀를 잡지 않았다.

333 **旅行** lǚxíng [동] 여행하다
环球旅行 세계 일주 여행을 하다
想去旅行 여행 가고 싶다

顺利旅行回来 안전하게 여행에서 돌아오다
到/去全国各地旅行 전국 각지로 여행 가다

334 **免费** miǎnfèi [동] 돈을 받지 않다, 무료로 하다, 공짜로 하다
免费提供早餐 무료로 아침 식사를 제공하다
天下没有免费的午餐。 세상에 공짜는 없다.

335 **迷路** mílù [동] 길을 잃다
我在森林里迷路了。 나는 숲에서 길을 잃었다
问路 길을 묻다
指路 길을 가르쳐 주다

336 **弄** nòng [동] (방법을 강구하여) 손에 넣다, 하다
弄丢了 잃어버렸다
弄坏了 망가뜨렸다
弄脏了 더럽혔다
弄错了 잘못 알았다/헷갈렸다
弄到票 표를 구했다
弄头发 머리를 만지다
弄好了 다 끝냈다(=做好了)

꿀팁 〈弄 + 결과보어〉
'打'와 비슷하게 '弄'은 뒤에 '弄丢, 弄坏, 弄脏, 弄错, 弄头发'처럼 **어떤 결과보어나 목적어가 오느냐에 따라서** 구체적인 의미가 생긴다.

337 **排队** páiduì [동] 줄을 서다
排队付款 줄 서서 계산하다
为了弄到门票，我排了一个小时的队。
표를 구하기 위해 나는 한 시간 동안 줄을 섰다.

꿀팁 이합동사 '排队'
'排队'는 이합동사(排: 배열하다 + 队: 줄)이기 때문에 '**한 시간 동안 줄을 섰다**'는 '排队了一个小时'가 아니라 '排了一个小时(的)队'로 쓴다.

338 **排列** páiliè [동] 배열하다, 정렬하다
排列顺序 순서를 배열하다
按照~顺序排列 ~ 순서에 따라 배열하다

339 **判断** pànduàn [동] 판단하다, 판정하다
判断能力 판단 능력
判断是否正确 정확한지 아닌지 판단하다
做出正确的选择和判断 올바른 선택과 판단을 하다

做出错误的判断 잘못된 판단을 하다
做出正确的判断 올바른 판단을 하다
根据过去的经验判断 과거의 경험으로 판단하다

340 **陪** péi [동] 모시다, 동반하다, 안내하다, 수행하다
陪父母去旅游 부모님을 모시고 여행 가다
陪女朋友逛街 여자 친구와 쇼핑하다
爸爸陪孩子玩。 아빠가 아이와 함께 놀아주다

341 **骗** piàn [동] 속이다
骗人 남을 속이다 | 被骗了 속았다
受骗 속다 | 骗子 거짓말쟁이/사기꾼
他骗了她的钱。 그는 그녀의 돈을 사기쳤다.

342 **批评** pīpíng [동] 비판하다, 꾸짖다, 나무라다
接受批评 비판을 받아들이다
被批评 비판을 받다/꾸지람을 듣다(=受到批评)
不要拒绝批评 비판을 거절하지 마라

343 **敲** qiāo 치다, 두드리다
敲门 문을 두드리다/노크하다
敲门声 노크 소리
敲桌子 탁자를 두드리다

344 **取** qǔ [동] 취하다, 찾다
取钱 돈을 인출하다
取现金 현금을 인출하다
取款机 현금 인출기
取名(字) 이름을 짓다
听取别人的意见 다른 사람의 의견을 청취하다

345 **缺少** quēshǎo [동] (인원이나 물건의 수량이) 부족하다, 모자라다
缺少睡眠时间 수면 시간이 부족하다
不可缺少 없어서는 안 된다
缺少兴趣 흥미가 부족하다
缺少判断力 판단력이 부족하다

346 **扔** rēng [동] 던지다, 버리다
乱扔 함부로 버리다
乱扔垃圾 쓰레기를 함부로 버리다
扔掉 내버리다/던져 버리다
扔烟头 담배꽁초를 버리다

随便扔 함부로 버리다
扔石头 돌을 던지다
我往下扔，你在下面接着。
내가 아래로 던질 테니까, 너는 밑에서 받아.

347 **散步** sànbù [동] 산보하다
出去散步 산보하러 나가다
在公园里散步 공원에서 산보하다
散散步 잠깐 산보하다
散一会儿步 잠시 산보하다

> 꿀팁 이합동사 '散步'
> '散步'는 이합동사이기 때문에 중첩을 하면 '散步散步'가 아니라 '散散步'로 해야 하며, '一会儿'이 들어가면 '散步一会儿'이 아니라 '散一会儿步'가 된다.

348 **商量** shāngliang [동] 상의하다, 논의하다
商量一下 좀 상의하다
和/跟/与~商量 ~와 상의하다
和医生商量健康问题 의사와 건강 문제를 상의하다

349 **伤心** shāngxīn [동] 상심하다, 슬퍼하다, 마음 아파하다
伤心掉泪 상심하여 눈물을 떨구다
伤心地哭 슬피 울다
我为此伤心了很久。 나는 이것 때문에 오랫동안 슬퍼했다.
不要为这事伤心。 이 일로 마음 아파하지 마라.

350 **剩** shèng [동] 남다, 남기다
吃剩的饭菜 먹다 남은 밥과 반찬
剩多少? 얼마가 남았어?
还剩一个月 아직 한 달이 남았다
黄金剩女 골드 미스
不要吃剩了就乱扔。 먹고 남았다고 함부로 버리지 마.

351 **省** shěng [동] 아끼다, 절약하다 [명] 성(중국의 최상급 지방 행정 단위)
省钱 돈을 절약하다
省钱省事 돈도 아끼고 수고로움도 덜다
省市 성과 도시
四川省 쓰촨성

352 **申请** shēnqǐng [동] 신청하다
申请表 신청서

填写申请表 신청서를 작성하다
接受申请 신청을 접수하다
申请参加 참가를 신청하다
申请奖学金 장학금을 신청하다

353 **使** shǐ [동] (~에게) ~시키다, ~하게 하다(=让/令)
这个电影使我想起了我的童年。
이 영화는 나로 하여금 나의 어린 시절이 생각나게 했다.
你使我很失望。 너는 나를 실망시켰어.

354 **失败** shībài [동] (일이나 사업을) 실패하다
失败是成功之母。 실패는 성공의 어머니다.
失败不一定是坏事。 실패가 꼭 나쁜 것은 아니다.
失败的经历 실패의 경험
生意失败了 사업이 실패했다

355 **适合** shìhé [동] 적합하다, 알맞다, 적절하다, 어울리다
他适合做演员。 그는 배우가 되기에 알맞다.
哪个发型适合我呢? 어떤 헤어스타일이 나에게 어울릴까?
这件衣服很适合你。 이 옷은 너에게 잘 어울려.

> 비교 '适合'와 '合适'
> '适合'는 [동사]이기 때문에 뒤에 목적어가 올 수 있지만, '合适'는 [형용사]이기 때문에 목적어를 취할 수 없다. '合适'는 관형어(명사를 수식)나 술어가 된다.
>
> 这件衣服很适合你。(O) 这件衣服很合适你。(X)
> 这是合适的价格。이것은 적절한 가격이다. (관형어)
> 这样做不合适。이렇게 하는 것은 적절치 않다. (술어)

356 **失望** shīwàng [동] 실망하다
比赛结果让我很失望。 시합 결과가 나를 매우 실망케 했다.
令人失望 실망스럽다
你使我很失望。 너는 나를 실망시켰어.
我对你失望了。 나는 너에게 실망했어.
有点儿失望 약간 실망하다

357 **适应** shìyìng [동] 적응하다
适应新的生活 새로운 생활에 적응하다
适应新环境 새 환경에 적응하다
适应工作 업무에 적응하다

358 **使用** shǐyòng [동] 사용하다, 쓰다
使用电脑 컴퓨터를 쓰다
使用筷子 젓가락을 사용하다

使用说明书 사용 설명서
使用很方便 사용이 매우 편리하다

359 **收** shōu [동] 받다, 접수하다
收到礼物 선물을 받다
收到短信 문자 메시지를 수신하다
收房租 집세를 받다
收零钱 잔돈을 받다
收旧衣服 헌 옷을 수거하다
收费 비용을 받다
把雨伞收起来 우산을 접다

13일차

360 **受不了** shòubuliǎo [동] 견딜 수 없다, 참을 수 없다
真受不了了。 정말 못 참겠어.
热得受不了 더워서 참을 수 없다
受不了寒冷 추위를 견디지 못하다

361 **受到** shòudào [동] 얻다, 받다
受到压力 스트레스를 받다
受到影响 영향을 받다
受到批评 비판을 받다
受到关注 관심을 받다

> **비교** '收'와 '受'의 차이
> '收'는 '礼物, 花束(꽃다발)'처럼 주로 **물질명사**와 어울리지만, '受'는 '压力, 影响'처럼 주로 **추상명사**와 함께 어울린다.

362 **收拾** shōushi [동] 정리하다, 정돈하다, 치우다, 꾸리다
收拾行李 짐을 꾸리다
收拾房间 방을 정리하다
收拾厨房 부엌을 정리하다
收拾喜好的衣服 빨래를 걷다
收拾干净了 깨끗하게 정리했다

363 **输** shū [동] 패하다, 지다
输了比赛 시합에서 졌다 (=比赛输了)
输了两个球 두 골을 뒤졌다
竟然输了 뜻밖에도 졌다
该赢的比赛输了。 마땅히 이길 시합이 져버렸다.
输赢并不重要, 重在参加。 승패는 결코 중요하지 않고, 중요한 것은 참가에 있다.(참가에 의의가 있다)

364 **说明** shuōmíng [동] 설명하다, 해설하다
使用说明书 사용 설명서
说明原因 원인을 설명하다
举个例子说明 예를 들어 설명하다
详细说明 상세하게 설명하다

365 **熟悉** shúxī [동] 분명하게 이해하다, 충분히 알다
[형] 잘 알다
熟悉工作 업무를 이해하다
对工作很熟悉 업무에 대해서 매우 잘 알다
熟悉的地方 잘 아는 곳

366 **死** sǐ [동] 죽다
生与死 삶과 죽음
他父亲死了。 그의 아버지가 돌아가셨다.
无聊死了 심심해 죽겠다
想死你了 네가 그리워 죽겠다
热死了 너무 덥다
饿死了 배고파 죽겠다

> **꿀팁** 정도보어로 쓰이는 '死了'
> '热死了', '饿死了'처럼, '死了'는 [형용사]나 일부 [동사] 뒤에서 **정도가 매우 심함**을 나타내는 정도보어로 자주 쓰인다.

367 **随着** suízhe [동] (~에) 따르다, ~따라서
随着年龄的增长, 人的记忆力越来越差。
나이가 들어감에 따라 사람의 기억력은 갈수록 나빠진다.

> **꿀팁** 고정 격식: 〈随着 + N + 的 + V, ~〉
> '随着'는 일반적으로 〈随着~, …〉의 형식으로 쓰고, '~함에 따라서 …하다'로 해석한다. 두 개의 변화가 연계되어 있음을 나타낸다.

随着年龄的增长, 他发胖了。
나이가 들어감에 따라 그는 살이 쪘다.
随着经济的发展, 人们的生活越来越忙了。
경제가 발전하면서 사람들의 생활이 갈수록 바빠졌다.

368 **抬** tái [동] (두 사람 이상이) 맞들다, 들다
抬沙发 소파를 들다
抬头 고개를 들다
抬胳膊 팔을 들다
抬不起 들지 못하다
抬高价格 가격을 높이다

369 **谈** tán [동] 말하다, 이야기하다, 토론하다
生意谈成了 거래가 성사되었다
谈谈 잠시 이야기를 나누다
交谈 이야기를 나누다

370 **躺** tǎng [동] 눕다, 드러눕다
躺在沙发上 소파 위에 눕다
躺着看书对眼睛不好。 누워서 책을 보는 것은 눈에 좋지 않다.
他一回家就躺床上了。 그는 돌아오자마자 침대에 누웠다.

371 **弹钢琴** tángāngqín [동] 피아노를 치다
她弹钢琴弹得很好。 그녀는 피아노를 매우 잘 친다.

372 **讨论** tǎolùn [동] 토론하다
讨论会 토론회
讨论了一个小时 한 시간 동안 토론했다
讨论~问题 ~ 문제를 토론하다
经过讨论 토론을 거쳐

373 **讨厌** tǎoyàn [동] 싫어하다, 미워하다, 혐오하다
真讨厌 정말 싫어
讨厌数学 수학을 싫어하다

374 **提** tí [동] (아래에서 위로) 끌어올리다, 높이다
提意见 의견을 내다
不值一提 (한번) 언급할 가치도 없다
提建议 건의안을 내다
提着包儿 가방을 들고 있다

375 **填空** tiánkòng [동] 공란을 메우다, 빈칸을 채우다
请把这份申请表填空。 이 신청서를 채워 주세요.

376 **提供** tígōng [동] (자료 · 물자 · 의견 · 조건 등을) 제공하다
提供机会 기회를 제공하다
免费提供矿泉水 무료로 생수를 제공하다
提供服务 서비스를 제공하다

377 **停** tíng [동] 정지하다, 멈추다
停车 주차하다
不停地说话 멈추지 않고 말하다
笑个不停 웃음이 끊이지 않다
雨下个不停 비가 끊이지 않고 내리다
手表完全停了 손목시계가 완전히 멈췄다.

378 **提前** tíqián [동] (예정된 시간 · 위치를) 앞당기다(↔ 推迟 미루다, 연기하다)
提前准备 미리 준비하다
提前完成 미리 완성하다
提前到明天 내일로 앞당기다
提前了一个小时 한 시간을 앞당겼다

379 **提醒** tíxǐng [동] 일깨우다, 깨우치다, 환기시키다
提醒大家注意安全 모두에게 안전을 주의하라고 환기시키다
他提醒了我这件事。 그는 나에게 이 일을 일깨워 주었다.
他提醒我，我才想起来了。 그가 나에게 일깨워 주고서야 나는 비로소 생각이 났다.

380 **通过** tōngguò [동] 통과하다, 지나가다 [개] ~을 통하여
通过考试 시험을 통과하다
通过面试 면접에 통과하다
顺利通过 순조롭게 통과하다
通过自己的努力获得成功 자신의 노력으로 성공을 거두다 [개]

381 **同情** tóngqíng [동] 동정하다
同情别人 다른 사람을 동정하다
十分同情 매우 동정하다

382 **通知** tōngzhī [동] 통지하다, 알리다
接到通知 통지를 받다
合格通知书 합격 통지서
通知大家 모두에게 통지하다
通知聚会时间 모임 시간을 알리다

383 **推** tuī [동] 밀다
推开门 문을 밀어 열다
把事往后推 일을 뒤로 미루다
我推了她一把。 나는 그를 한 차례 밀었다.
(여기서의 '把'는 손동작을 세는 양사)
把眼镜推上去 안경을 치올리다
推出新产品 새 제품을 내놓다

384 **推迟** tuīchí [동] 늦추다, 연기하다(↔ 提前)
推迟聚会时间 모임 시간을 미루다
推迟出发时间 출발 시간을 늦추다
推迟到下个月 다음 달로 미루다

推迟一天 하루를 미루다
推迟出发 출발을 미루다

385 **脱** tuō [동] (몸에서) 벗다
脱衣服 옷을 벗다
脱鞋 신발을 벗다
脱发 머리카락이 빠지다

386 **无** wú [동] 없다
无聊 무료하다
无论 ~을 막론하고
天下无难事，只怕有心人。세상에 어려운 일은 없고, 오직 뜻 있는 사람만이 두렵다.(마음만 먹으면 세상에 못할 일이 없다)

387 **误会** wùhuì [동] 오해하다 [명] 오해
被朋友误会了 친구에게 오해 받았다
你误会我了。너는 날 오해했어.
你别误会我的意思。내 뜻을 오해하지 마.
引起误会 오해를 불러일으키다 [명]
解释误会 오해를 해명하다 [명]
误会越来越深了。오해가 갈수록 깊어졌다. [명]

388 **污染** wūrǎn [동] 오염시키다
污染环境 환경을 오염시키다
污染空气 공기를 오염시키다
污染很严重 오염이 심각하다

389 **响** xiǎng [동] 소리가 나다, 울리다
手机响了 핸드폰이 울렸다
门铃响了 초인종이 울렸다

14일차

390 **羡慕** xiànmù [동] 부러워하다
真羡慕 정말 부러워
羡慕别人 다른 사람을 부러워하다
真让人羡慕 정말 부럽다
我不羡慕任何人。나는 어떤 사람도 부러워하지 않는다.

391 **行** xíng [동] 좋다, ~해도 좋다, 걷다
不行吗? 안 되겠어? | 真行 참 대단하다
这样做就行了。이렇게 하면 된다.
差不多就行。어중간하면 됐어.

392 **醒** xǐng [동] 잠에서 깨다, 정신을 차리다
吵醒 시끄럽게 해서 깨우다
睡醒了 잠에서 깨어났다
酒醒了 술이 깼다
终于醒过来了 마침내 의식을 회복했다

393 **兴奋** xīngfèn [동] 흥분시키다
兴奋得睡不着觉 (좋은 일로) 흥분해서 잠을 이룰 수 없다
十分兴奋 매우 흥분하다

> **비교** '兴奋'과 '激动'의 차이
> '兴奋'은 '(좋은 일로) 흥분하다'는 뜻이고, '激动'은 '(좋은 일로 혹은 부정적인 일로) 흥분하다'로 둘 다 가능하다.
> 因为是周末，孩子们好像很兴奋。
> 주말이라서 아이들은 매우 흥분한 것 같다.
> 别激动，冷静点儿，有话慢慢说。
> 흥분하지 말고 좀 냉정해져, 할 말 있으면 천천히 해 봐.

394 **修理** xiūlǐ [동] 수리하다
修理洗衣机 세탁기를 수리하다
修理电脑 컴퓨터를 수리하다
修理自行车 자전거를 수리하다

395 **吸引** xīyǐn [동] 흡인하다, 끌어당기다, 유치하다
吸引游客 관광객을 유치하다
吸引客人 손님을 유치하다
吸引学生 학생을 유치하다
很有吸引力 매우 흡인력이 있다

396 **养成** yǎngchéng [동] (습관을) 기르다
养成写日记的习惯 일기를 쓰는 습관을 기르다

397 **研究** yánjiū [동] 연구하다
研究发现~ 연구에서 ~을 발견했다
仔细研究 꼼꼼하게 연구하다
研究一下 한번 연구해 보다(한번 고려해 보다)
进一步研究 한층 더 연구하다
进行研究 연구를 하다

398 **邀请** yāoqǐng [동] 초청하다, 초대하다 [명] 초청
邀请客人 손님을 초대하다
邀请亲戚 친척을 초대하다
接受邀请 초청을 받아들이다 [명]
拒绝邀请 초대를 거절하다 [명]

399 **赢** yíng [동] 이기다(↔ 输)
比赛赢了 시합에서 이겼다
到底谁会赢? 도대체 누가 이길까?
一定会赢 틀림없이 이길 거야
输赢并不重要，重在参加。
승패는 결코 중요하지 않아. 참가하는 데 의미가 있어.

400 **应聘** yìngpìn [동] 초빙에 응하다, 지원하다(↔ 招聘: 모집하다, 채용하다)
应聘~公司 ~ 회사에 지원하다
应聘条件 지원 조건

401 **引起** yǐnqǐ [동] (주의를) 끌다, 야기하다, 불러일으키다
引起注意 주의를 끌다
引起关心 관심을 불러일으키다
引起误会 오해를 불러일으키다
引起重视 중시를 불러일으키다
引起问题 문제를 야기하다

402 **以为** yǐwéi [동] 여기다, 생각하다
我以为他是老师，原来是学生啊！
나는 그가 선생님이라고 생각했는데, 알고 보니 학생이었어!

비교 '以为'와 '认为'
둘 다 '~라고 생각하다, ~라고 여기다'의 뜻으로 자신의 견해를 나타낸다. 하지만 '以为'는 **주로 잘못 알고 있을 때** 쓸 수 있다.
我以为今天是星期四呢，原来已经星期五了。(认为 X)
나는 오늘이 목요일인 줄 알았는데, 알고 보니 이미 금요일이었어.
我认为这样做不合适。
나는 이렇게 하는 것은 적절치 않다고 생각한다.

403 **原谅** yuánliàng [동] 용서하다, 양해하다
请原谅我。 나를 용서해 줘.
就原谅这一次。 이번 한 번만 용서해 줄게.

404 **阅读** yuèdú [동] 열독하다, (책이나 신문을) 보다
阅读课文 본문을 읽다
阅读杂志 잡지를 보다
阅读速度 독해 속도

405 **允许** yǔnxǔ [동] 동의하다, 허락하다
不允许在家养小狗 집에서 강아지 키우는 것을 허락하지 않다

406 **预习** yùxí [동] 예습하다
预习与复习 예습과 복습
别打扰哥哥预习。 형이 예습하는 것을 방해하지 마.
好好预习 잘 예습하다

407 **增加** zēngjiā [동] 증가하다, 더하다, 늘리다
今年的收入比去年增加了一倍。
올해 수입은 작년보다 배가 증가했다.

408 **占线** zhànxiàn [동] (전화 선로가) 통화 중이다
他的电话一直占线。 그의 전화가 계속 통화 중이다.

409 **照** zhào [동] 비추다, 비치다, 빛나다 [개] ~에 의거해서, ~에 근거해서(≒按照)
照镜子 거울을 비춰보다
照相机 카메라
照片 사진
护照 여권
照顾 돌보다
你不能照他说的做。
너는 그가 하는 말에 따라 해서는 안 된다. [개]

410 **招聘** zhāopìn [동] (공모의 방식으로) 모집하다, 채용하다
招聘会 채용 박람회
招聘广告 모집 광고
招聘记者 기자를 뽑다
招聘时间已经结束了 모집 기간이 이미 끝났다

411 **整理** zhěnglǐ [동] 정리하다
整理材料 자료를 정리하다
整理房间 방을 정리하다
整理书桌 책상을 정리하다

412 **证明** zhèngmíng [동] 증명하다
科学证明 과학이 증명하다
得到证明 증명되다
时间会证明一切。 과학이 모든 것을 증명해 줄 것이다.

413 **指** zhǐ [동] (손가락이나 뾰족한 물건 끝으로) 가리키다, 지시하다
手指 손가락
指示 지시하다

指导 지도하다
烟鬼是指抽烟太多的人。
골초는 담배를 너무 많이 피우는 사람을 가리킨다.

414 **支持** zhīchí [동] 지지하다
家人都支持她。 가족이 모두 그녀를 지지했다.
很感谢大家的支持和鼓励。
여러분의 지지와 격려에 감사드립니다.

415 **值得** zhídé [동] 값이 ~할 만하다, ~할 만한 가치가 있다
值得一看 한 번 볼 만하다
值得一去 한 번 가 볼 만하다
不值一提 언급할 가치가 없다
值得骄傲 자랑할 만하다
值得表扬 칭찬할 만하다
值得重视 중시할 만하다
值得学习 배울 만하다

416 **重视** zhòngshì [동] 중시하다, 중요시하다
重视教育 교육을 중시하다
值得重视 중시할 만하다
受到重视 중시되다
重视友谊 우정을 중시하다

417 **转** zhuàn [동] 돌다, 회전하다, 한가하게 돌아다니다
　　　zhuǎn 바뀌다, 전환하다
我带你转转吧。
내가 널 데리고 돌아다닐게.(내가 좀 구경시켜 줄게.)
向右转 오른쪽으로 돌다 (zhuàn)
转话题 화제를 돌리다 (zhuǎn)
天气转暖 날씨가 풀리다 (zhuǎn)
在第一个路口左转 첫 번째 길목에서 좌회전하다 (zhuǎn)

418 **赚** zhuàn [동] (돈을) 벌다, 이윤을 남기다
赚钱 돈을 벌다
生意赚了很多钱 장사에서 많은 돈을 벌었다

419 **祝贺** zhùhè [동] 축하하다, 경하하다
举杯祝贺 잔을 들어 축하하다
祝贺毕业 졸업을 축하하다
祝贺你合格 네가 합격한 걸 축하한다
祝贺你顺利找到了工作。
네가 순조롭게 직장 구한 것을 축하해.

15일차

420 **总结** zǒngjié [동] 총괄하다, 총화하다, 총 결산하다, 총 정리하다 [명] 총화, 최종 평가
总结经验 경험을 총 정리하다
总结活动 행사를 총화하다
这份总结写得很乱。
이 총종 평가는 쓰여진 것이 난잡하다. [명]

421 **租** zū [동] 세내다, 임차하다
租房 셋방을 얻다
房租 집세
交房租 집세를 내다
出租车 택시

422 **尊重** zūnzhòng [동] 존중하다
尊重别人 다른 사람을 존중하다
尊重决定 결정을 존중하다
尊重女性 여성을 존중하다
尊重意见 의견을 존중하다
尊重看法 견해를 존중하다

3. 형용사

■ 형용사의 특징

1. 형용사는 일반적으로 정도부사의 수식을 받을 수 있다.
   很冷 매우 춥다 | 非常清楚 매우 정확하다 | 十分紧张 매우 긴장하다

2. 형용사는 목적어를 취할 수 없다.
   我很忙工作。(X) → 我工作很忙。 나는 일이 매우 바쁘다.

3. 형용사는 일반적으로 중첩하여 정도를 심화시킬 수 있다.
   大大的眼睛 커다란 눈 | 干干净净的客厅 깨끗한 거실

   ※ 1음절은 주로 AA, 2음절은 AABB의 형식을 취한다.
   ※ 이미 심화된 상태이기 때문에 정도부사와 함께 쓰지 않는다.
   → 非常大大的眼睛 (X)

■ 형용사의 문장 성분

1. (명사를 수식하는) 관형어가 될 수 있다.
   大桥 대교(큰 다리) | 假信息 거짓 정보 | 积极的态度 적극적인 태도

2. 술어가 될 수 있다.
   温度很低。 온도가 매우 낮다.
   他的态度很积极。 그의 태도는 매우 적극적이다.

3. 부사어가 될 수 있다.
   早起早睡 일찍 일어나고 일찍 자다 | 仔细看看 자세하게 보다 | 愉快地生活 즐겁게 생활하다

   ※ 일부 형용사(심리 형용사 愉快)가 부사어가 될 때는 반드시 '地'를 써서 동사를 수식하지만, 다수의 형용사는 '地' 없이 동사를 수식할 수 있다. 하지만 안전하게 하기 위해서는 1음절을 제외하고는 '地'를 써서 동사를 수식하는 것이 좋다.

4. 보어가 될 수 있다.
   看清楚了 정확하게 보았다 | 擦干净了 깨끗하게 닦았다 | 长得很帅 생긴 게 멋있다

5. 때로는 주어나 목적어도 될 수 있다.
   年轻有很多好处。 젊음은 많은 좋은 점이 있다. [주어]
   我突然感到很紧张。 나는 갑자기 긴장됨을 느꼈다. [목적어]

423 **安全** ānquán [형] 안전하다
　注意安全 안전에 주의하다
　系安全带 안전벨트를 메다
　并不安全 결코 안전하지 않다
　带来安全感 안전감을 가져다준다

424 **棒** bàng [형] 좋다, 훌륭하다, 멋지다 [명] 방망이
　真棒! 정말 최고예요! | 棒球 야구 [명]
　那个女歌手歌唱得很棒, 舞也跳得很棒。
　그 여가수는 노래도 잘하고 춤도 잘 춘다.

425 **笨** bèn [형] 멍청하다, 어리석다
　真笨! 정말 멍청해!
　他的头脑有点儿笨。 그의 머리는 약간 둔하다.

426 **差不多** chàbuduō [형] 비슷하다, 큰 차이가 없다
　[부] 거의
　差不多就行。 어중간하면 됐어.
　饭差不多了。 밥이 거의 다 됐어.
　他俩个子差不多。 그 둘의 키는 비슷하다.
　差不多11点左右 거의 11시 정도

427 **诚实** chéngshí [형] 진실하다, 참되다
　诚实守信 진실되고 신용을 지키다
　诚实的人 진실한 사람
　态度很诚实 태도가 진실되다
　我怀疑他是否诚实。
　나는 그가 진실한지 아닌지 의심이 된다.

428 **错误** cuòwù [형] 잘못되다 [명] 잘못
　错误的答案 잘못된 답안
　错误的选择 잘못된 선택
　错误的判断 잘못된 판단
　错误的刷牙方法 잘못된 양치질
　犯错误 잘못을 저지르다 [명]
　发现错误 잘못을 찾아내다 [명]

429 **粗心** cūxīn [형] 세심하지 못하다, 부주의하다(↔ 细心 xìxīn : 세심하다)
　粗心大意 부주의하다
　他太粗心了。 그는 너무 세심하지 못하다.
　粗心就容易犯错误。 세심하지 못하면 잘못을 저지르기 쉽다.

430 **得意** déyì [형] 득의하다, 대단히 만족하다, 마음에 꼭 들다
　十分得意 매우 득의하다
　获了奖就得意起来 상을 타서 득의해졌다
　考试取得了满分, 他很得意。
　시험에서 만점을 받아 그는 매우 득의했다.

431 **低** dī [형] (높이가) 낮다
　温度很低 온도가 낮다
　水平很低 수준이 낮다
　价格很低 가격이 낮다
　收入很低 수입이 낮다
　眼高手低 눈은 높은데 재주는 부족하다
　[비교] '低'와 '底'의 차이
　이 둘은 성조도 다르고 뜻도 완전히 다르다. 비슷하게 생겨서 혼동할 때가 많으니 주의하자.
　低 dī [형] (높이가) 낮다 : 温度很低。 온도가 매우 낮다.
　底 dǐ [명] 밑, 바다 : 月底 월말 | 年底 연말 | 井底之蛙 jǐngdǐ zhī wā [성] 우물 안 개구리

432 **烦恼** fánnǎo [형] 번뇌하다, 걱정하다, 고민스럽다 [명] 고민
　不要烦恼了, 问题总会解决的。
　고민하지 마, 문제는 결국은 해결될 거야.
　你别为那事烦恼。 너는 그 일로 고민하지 마.
　有很多烦恼 많은 고민이 있다 [명]

433 **丰富** fēngfù [형] 많다, 풍부하다 [동] 풍부하게 하다
　经验很丰富 경험이 풍부하다
　知识很丰富 지식이 풍부하다
　幽默感很丰富 유머감이 풍부하다
　[꿀팁] [동사] '丰富 (풍부하게 하다)'
　'丰富'는 [형용사]뿐만 아니라 [동사]이기도 하다. [동사]일 때는 사역의 의미가 추가되어 '풍부하게 하다'로 해석하는데, [형용사]와는 달리 [동사]는 목적어를 취할 수 있기 때문에 아래와 같은 문장이 가능하다.
　旅行可以丰富我们的经历。
　여행은 우리의 경험을 풍부하게 할 수 있다.

434 **富** fù [형] 많다, 풍부하다, 넉넉하다
　富人 부자
　富有 부유하다
　富起来 부유해지다

435 **复杂** fùzá [형] 복잡하다
问题很复杂 문제가 복잡하다
情况很复杂 상황이 복잡하다
内容很复杂 내용이 복잡하다
心情很复杂 마음이 복잡하다
复杂的国际关系 복잡한 국제 관계

436 **够** gòu [형] 충분하다, 질리다, 지겹다
现金不够 현금이 부족하다
一份恐怕不够。 한 통(서류)으로는 부족할 거야.
这两天够热的。 요즘은 제법 덥다.
算了，够了。 됐어, 충분해.
这个歌真听够了。 이 노래는 너무 많이 들어서 질렸다.
能够 ~할 수 있다('能'의 문어체)

> 꿀팁 고정 격식 〈不够 + A〉: 그다지 ~ 않다, 충분히 ~ 않다
> 他不够勇敢。 그는 그다지 용감하지 않다.
> 她的发音不够准确。 그녀의 발음은 그다지 정확하지 않다.

437 **合格** hégé [형] 규격(표준)에 맞다, 합격이다
考试合格 시험에서 합격하다
考试合格的消息 시험에서 합격했다는 소식
质量合格 품질 규격에 맞다
可惜他没合格。 아깝게도 그는 합격하지 못했다.

438 **合适** héshì [형] 적당(적합)하다, 알맞다
鞋子大小正合适。 신발 크기가 꼭 알맞다.
这个帽子正合式。 이 모자가 딱 알맞다.
合适的价格 알맞은 가격
今天应聘者的专业很合适。 오늘 지원자의 전공은 아주 알맞다.

> 비교 '适合'와 '合适'
> '适合'는 [동사]이기 때문에 뒤에 목적어가 올 수 있지만, '合适'는 [형용사]이기 때문에 목적어를 취할 수 없다. '合适'는 주로 관형어(명사를 수식)나 술어가 된다.
> 这件衣服很适合你。 (O)
> 这件衣服很合适你。 (X)
> 这是合适的价格。 이것은 적절한 가격이다. (관형어)
> 这样做不合适。 이렇게 하는 것은 적절치 않다. (술어)

439 **厚** hòu [형] 두껍다, 두텁다
这本书很厚。 이 책은 매우 두껍다.

440 **活泼** huópo [형] 활발하다, 활달하다, 활기차다
活泼的孩子 활달한 아이
活泼的性格 활달한 성격

441 **假** jiǎ [형] 거짓의, 가짜의
　　 jià [명] 휴가
这话不假。 이 말은 거짓이 아냐. (jiǎ)
请假 (휴가 · 조퇴 · 외출 · 결근 · 결석 등의 허락을) 신청하다 (jià)
放假 방학하다 (jià)
是真的还是家的? 진짜야, 가짜야? (jiǎ)

442 **骄傲** jiāo'ào [형] 거만하다, 자랑스럽다 [명] 자랑(거리)
虽然你考了个满分，但不能骄傲。
비록 너는 만점을 받았지만 거만해서는 안 된다.
越来越骄傲 갈수록 거만하다

> 꿀팁 '骄傲'는 긍정적인 뜻도 있다.
> '骄傲'는 부정적인 의미로 '거만하다'뿐만 아니라 긍정적인 뜻으로 '자랑스럽다, 자랑, 자랑거리' 등의 뜻도 있다. 문맥을 따져서 정확한 뜻을 구분해야 하는데, 아래 예문은 주로 긍정적인 뜻으로 쓰인다.
> 值得骄傲 자랑스러워할 만하다
> 我为自己骄傲。 나는 내가 자랑스럽다.
> 长城是中国人的骄傲。 만리장성은 중국인의 자랑이다.

443 **激动** jīdòng [형] 흥분하다, 감동하다
你太激动了。 너는 너무 흥분했어.
别激动 흥분하지 마
激动得睡不着觉 흥분해서 잠이 오지 않는다
这个消息使大家激动起来。 이 소식은 모두를 흥분케 했다.
激动得掉下了眼泪 감동해서 눈물을 떨구었다

444 **积极** jījí [형] 적극적이다, 긍정적이다
积极的态度 적극적인 태도
认真积极地学习 진지하고 적극적으로 공부하다
积极地参加 적극적으로 참가하다

> 꿀팁 '积极'의 또 다른 뜻 '긍정적이다'
> '积极'는 '적극적이다'는 뜻 외에도 '긍정적이다'로 해석될 수 있다. 아래 예문들은 '긍정적이다'로 쓰이는 상용 예문들이다.
> 积极的影响 긍정적인 영향
> 起到积极的作用 긍정적인 작용을 하다

445 **精彩** jīngcǎi [형] 뛰어나다, 훌륭하다, 근사하다, 멋지다
精彩的电影 훌륭한 영화
精彩的比赛 재미있는 시합
精彩的表演 멋진 공연
这篇文章写得很精彩。 이 글은 매우 훌륭하게 쓰여졌다.

446 **紧张** jǐnzhāng [형] (정신적으로) 긴장하다, (일 등이) 바쁘다, (물품이) 부족하다

别紧张 긴장하지 마
工作很紧张 일이 바쁘다
感到很紧张 긴장을 느끼다
生活费紧张 생활비가 빠듯하다
观众也很紧张。 관중도 매우 긴장했다.

> 꿀팁 紧张 → 放松 → 轻松
> '紧张'한 상태를 푸는 것이 '放松(긴장을 풀다, 이완시키다)'이고, 그 이후의 편안하고 가벼운 상태가 '轻松(홀가분하다)'이다.
> 你太紧张了, 放松一下。
> 너 너무 긴장했어. 긴장 좀 풀어.
> 考试终于结束了, 同学们都感到很轻松。
> 시험이 마침내 끝나 동학들은 홀가분함을 느꼈다.

447 **开心** kāixīn [형] 기쁘다, 즐겁다

今天玩得很开心。 오늘 노는 게 아주 재미있었다.
开心地笑了 즐겁게 웃었다
开心地工作 즐겁게 일하다

> 꿀팁 开心≒高兴≒愉快

448 **可怜** kělián [형] 불쌍하다

少得可怜 불쌍할 정도로 적다
可怜的人 불쌍한 사람
帮助可怜的邻居 불쌍한 이웃을 도와주다
他父母早死, 挺可怜的。
그의 부모는 일찍 돌아가셔서 매우 불쌍하다.

449 **可惜** kěxī [형] 섭섭하다, 아쉽다, 아깝다

可惜他没合格。 아깝게도 그는 합격하지 못했다.
放弃了这个机会, 太可惜了。
이 기회를 포기해서 너무 아깝다.
可惜我没看见。 내가 못 봐서 아까워.
就这样扔掉, 真可惜。 이렇게 버리니 참 아까워.

16일차

450 **空** kōng [형] (속이) 비다, 텅 비다 [명] 시간(kòng)

空瓶 빈병, 공병
空座位 빈 좌석
空房子 빈집
空空的 텅텅 비다
踩空了 발을 헛디뎠다
一扫而空 일소하다, 깨끗이 쓸어 버리다

> 꿀팁 [명사]도 되는 '空儿 kòngr'
> '空'이 [명사]일 때는 '시간'이라는 뜻이 있다.
> 你周末有空吗? 너 주말에 시간 있어?

451 **苦** kǔ [형] 쓰다, 고생스럽다

味道很苦 맛이 매우 쓰다
苦着脸 얼굴을 찌푸린 채로
不怕苦 고생을 두려워하지 않다
很苦的药 매우 쓴 약

452 **辣** là [형] 맵다, 아리다, 얼얼하다

汤有点儿辣 국이 좀 맵다
汤辣得他直出汗。 탕이 매워서 그는 땀을 줄줄 흘린다.
我觉得湖南人比四川人更能吃辣的。
내 생각에는 후난(湖南) 사람이 쓰촨(四川) 사람보다 매운 것을 더 잘 먹는다.

453 **懒** lǎn [형] 게으르다, 나태하다

睡懒觉 (일부러) 늦잠을 자다
今天懒得做饭, 出去吃吧。
오늘은 밥하기 귀찮으니까 나가서 먹자.
他变得越来越懒了。 그는 갈수록 게으르게 변했다.

454 **浪漫** làngmàn [형] 낭만적이다, 로맨틱하다

浪漫的爱情故事 낭만적인 러브 스토리
他性格很浪漫。 그는 성격이 매우 낭만적이다.

455 **冷静** lěngjìng [형] 냉정하다, 침착하다

冷静点儿 좀 냉정해
冷静一下 좀 진정해 봐
做出冷静的判断 냉정한 판단을 하다

456 **凉快** liángkuai [형] 시원하다, 서늘하다

屋里这么凉快, 原来是开了空调。
방 안이 이렇게 시원하다니, 알고 보니 에어컨을 켰구나.

457 **厉害** lìhai [형] 대단하다, 무섭다, 심하다

他乒乓球打得很厉害。 그는 탁구를 매우 잘 친다.
疼得厉害 매우 아프다
堵车堵得厉害 차가 심하게 막힌다

458 **流利** liúlì [형] 유창하다, 막힘이 없다
汉语说得很流利 중국어를 유창하게 말하다
说一口流利的普通话 유창한 중국 표준어를 구사하다
他流利地念文章。 그는 막힘 없이 글을 읽는다.

459 **流行** liúxíng [형] 유행하는, 성행하는 [동] 유행하다
流行音乐 유행 음악/대중가요
最近感冒流行。 최근에 감기가 유행한다.
这首歌很快流行起来。 이 노래는 금방 유행하기 시작했다.

460 **乱** luàn [형] 어지럽다, 무질서하다, 혼란하다
乱扔 함부로 버리다
乱吃 함부로 먹다
房间很乱 방이 어지럽다
把屋里弄得又脏又乱。 방을 더럽고 어지럽게 했다.

461 **麻烦** máfan [형] 귀찮다, 성가시다, 번거롭다 [동] 번거롭게 하다
麻烦的问题 귀찮은 문제
麻烦您了。 실례했습니다.
自找麻烦 귀찮은 일을 사서 만들다, 사서 고생하다

462 **马虎** mǎhu [형] 대강(대충·데면데면)하다, 건성으로 하다
做事马虎 일을 하는 것이 대충이다(일을 대충하다)
性格马马虎虎 성격이 대충대충이다
这种事千万不能马虎。 이런 일은 절대로 대충해서는 안 된다.

463 **满** mǎn [형] 가득 차다, 가득하다
考试取得了满分 시험에서 만점을 받다
苹果树上开满了花。 사과 나무에는 꽃이 가득 폈다.
满头大汗 온 얼굴이 땀투성이이다
满天的星星 하늘에 가득한 별들
杯子里的水满了。 잔 안에 물이 가득하다.

464 **美丽** měilì [형] 아름답다, 예쁘다
美丽的景色 아름다운 경치
美丽的花园 아름다운 화원

465 **难受** nánshòu [형] (몸이) 불편하다, 견딜(참을) 수 없다, 괴롭다
身体难受 몸이 괴롭다
肚子难受 배가 불편하다, 속이 안 좋다

466 **暖和** nuǎnhuo [형] 따뜻하다, 따사롭다
天气暖和 날씨가 따뜻하다
穿得很暖和 따뜻하게 입었다
暖和的春天 따뜻한 봄

467 **普遍** pǔbiàn [형] 보편적인, 일반적인
普遍的问题 보편적인 문제
普遍的现象 보편적인 현상
普遍认为 보편적으로 ~라고 여기다

468 **轻** qīng [형] (무게가) 가볍다(↔ 重)
行李很轻 짐이 가볍다
稍微轻一点 약간 좀 더 가볍다
病得并不轻 병세가 결코 가볍지 않다

469 **轻松** qīngsōng [형] 수월하다, 가볍다, 부담이 없다
轻松愉快 홀가분하고 유쾌하다
轻松的心情 가벼운 마음
轻松地考上了 가볍게 합격했다
轻松地赢了 가볍게 이겼다

470 **穷** qióng [형] 가난하다
家里很穷 집안이 가난하다
越来越穷 갈수록 가난해지다
我小时候家里很穷。 내가 어렸을 때 집이 가난했다

471 **热闹** rènao [형] (광경이나 분위기가) 번화하다, 흥성거리다, 떠들썩하다, 시끌벅적하다
昨天晚上的聚会十分热闹。
어제 저녁의 모임은 매우 떠들썩했다.

472 **深** shēn [형] 깊다
给~留下很深的印象 ~에게 깊은 인상을 남기다
印象最深 인상이 가장 깊다
水很深 물이 깊다
加深友谊 우의를 돈독히 하다
颜色很深 색이 짙다

473 **帅** shuài [형] 잘생기다, 멋지다
长得很帅 잘생겼다
长得又高又帅 키도 크고 잘생겼다
又帅又有礼貌的男人 멋있고 매너 있는 남자

474 **顺利** shùnlì [형] 순조롭다
一切(都)顺利 모든 것이 (다) 순조롭다
顺利通过考试 순조롭게 시험에 통과하다
挺顺利的 매우 순조롭다
进行得很顺利 진행되는 게 순조롭다

475 **酸** suān [형] (맛·냄새 등이) 시큼하다, 시다
酸奶 요구르트
味道很酸 맛이 시큼하다
这些葡萄真酸。이 포도들은 정말 시다.
这个苹果非常酸。이 사과는 매우 시다.

476 **所有** suǒyǒu [형] 모든 [명] 모든 것
所有问题都解决了。모든 문제가 다 해결되었다.
所有的材料都在这里。모든 자료는 다 여기에 있다.

> [비교] '一切(일체)'와 '所有'의 차이
> '一切'는 '的' 없이 명사를 수식하지만, '所有'는 '的'를 쓸 수도 있고 안 쓸 수도 있다.
> 所有(的)材料都在这里。모든 자료가 여기에 있다.
> 一切材料都在这里。(的를 쓰지 않음)

477 **危险** wēixiǎn [형] 위험하다 [명] 위험
那里很危险。그곳은 매우 위험하다.
遇到危险 위험에 부딪히다
危险的地方 위험한 곳
现在的地球很危险。지금의 지구는 매우 위험하다.
勇敢的人不怕危险。용감한 사람은 위험을 두려워하지 않는다.

478 **无聊** wúliáo [형] 무료하다, 따분하다, 지루하다, 심심하다
无聊死了 심심해 죽겠다
无聊地过着假期 심심하게 휴가를 보내다

479 **咸** xián [형] 짜다, 소금기가 있다
这汤有点儿咸。이 국은 약간 짜다.
菜太咸了。요리가 너무 짜다.

480 **香** xiāng [형] 향기롭다, (음식이) 맛있다
是什么菜啊? 好香啊！무슨 요리야? 냄새가 참 좋아!
妈妈做的菜很香。엄마가 만든 요리는 매우 맛있다.
吃得很香 맛있게 먹다
睡得很香 달콤하게 자다

481 **相反** xiāngfǎn [형] 상반되다, 반대로, 도리어
意见完全相反 의견이 완전히 상반되다
向相反的方向走 반대 방향으로 가다

> [꿀팁] '相反'은 [형용사]이지만, **앞절과 뒷절 사이**에서 **단독**으로 [접속사]처럼 쓰일 수 있다.
> 爷爷的病没有减轻，相反，更加严重了。
> 할아버지의 병은 가벼워지지 않고, 반대로 더욱 심각해졌다.

17일차

482 **相同** xiāngtóng [형] 서로 같다, 똑같다, 일치하다
完全相同 완전 같다
意见相同 의견이 같다
各不相同 각기 다르다
他的年龄和我相同。그의 나이는 나와 같다.

483 **详细** xiángxì [형] 상세하다, 자세하다
内容很详细 내용이 상세하다
详细说明 상세하게 설명하다
这份说明书介绍得十分详细。
이 설명서는 소개된 것이 매우 상세하다.

484 **兴奋** xīngfèn [형] (좋은 일로) 흥분하다
十分兴奋 매우 흥분하다
兴奋得睡不着觉 흥분해서 잠을 이룰 수 없다
晚上喝了一杯咖啡，兴奋得一夜没有睡好。
저녁에 커피 한 잔을 마셨더니 흥분되서 밤 새 잠을 잘 못 잤다.

485 **幸福** xìngfú 행복하다
生活很幸福 생활이 매우 행복하다
幸福的家庭 행복한 가정
带来幸福 행복을 가져다주다
幸福的回忆 행복한 기억

486 **辛苦** xīnkǔ [형] 고생스럽다, 수고롭다, 힘들다 [동] 고생스럽게 하다
辛苦的工作 힘든 일
白辛苦 생고생을 하다
大家都辛苦了。모두들 수고하셨습니다.
辛苦你了。당신을 고생케 했습니다.(수고했어)

487 **许多** xǔduō [형] 매우 많다, 허다하다
成绩提高了许多 성적이 많이 올랐다
胖了许多 많이 살이 쪘다
准备了许多 많은 것을 준비했다

> 꿀팁 부사어와 술어가 될 수 없는 '许多'
> 형용사 '许多'는 명사를 수식하는 관형어, 동사나 형용사 뒤에 오는 보어가 된다. 하지만 동사를 수식하는 부사어와 술어는 될 수 없다. 명사를 수식할 때는 일반적으로 '的'를 쓰지 않는다.
>
> 〈许多 + N〉
> 学校里有许多留学生。학교에는 많은 유학생이 있다. (관형어)
>
> 〈V/A + 许多〉
> 几年不见了, 你好像老了许多。
> 몇 년 못 본 사이에 너는 많이 늙은 것 같아. (보어)
>
> 〈S + 许多〉(X)
> 他要做的工作许多/很多。 그가 할 일은 매우 많다. (술어 X)

488 **严格** yángé [형] 엄격하다, 엄하다
对自己很严格 자신에게 매우 엄격하다
严格要求自己 자신에게 엄격하게 요구하다
严格管理 엄격하게 관리하다
教育很严格 교육이 엄격하다

489 **严重** yánzhòng [형] 심각하다
污染很严重 오염이 심각하다
严重的问题 심각한 문제
严重的错误 심각한 잘못
病情严重 병세가 심각하다
认识到问题的严重性 문제의 심각성을 깨닫다

490 **勇敢** yǒnggǎn [형] 용감하다
勇敢的人不怕危险。 용감한 사람은 위험을 두려워하지 않는다.
他勇敢地抓住了小偷。 그는 용감하게 도둑을 잡았다.

491 **友好** yǒuhǎo [형] 우호적이다, 친절하다
我的邻居们都很友好。 나의 이웃들은 모두 친절하다.
态度不太友好。 태도가 그다지 우호적이지 않다.

492 **幽默** yōumò [형] 유머(humor)러스하다 [명] 유머
幽默感 유머감
幽默故事 유머 이야기
懂得幽默 유머를 안다
他不但很聪明, 而且很幽默。
그는 총명할 뿐만 아니라 유머러스하기까지 하다.

493 **有趣** yǒuqù [형] 재미있다(=有意思)
有趣的故事 재미있는 이야기
有趣的电影 재미있는 영화
有趣的小说 재미있는 소설

494 **优秀** yōuxiù [형] (품행이나 학업·성적 등이) 아주 뛰어나다, 우수하다
优秀的成绩 우수한 성적
很优秀的人 우수한 사람
优秀不一定能使人成功。
우수함이 꼭 사람을 성공하게 하는 것은 아니다.

495 **愉快** yúkuài [형] 기쁘다, 유쾌하다, 즐겁다
周末愉快 주말 잘 보내세요
轻松愉快 (마음이) 홀가분하고 즐겁다
心情愉快 기분이 유쾌하다/즐겁다
愉快的生活 즐거운 생활
愉快地工作 즐겁게 일하다

496 **原来** yuánlái [형] 원래의 [부] 알고 보니, 원래
按照原来的计划进行 원래의 계획대로 진행하다
我说屋里怎么这么冷, 原来开着空调。
내 말이 방안이 어째서 이렇게 추웠나 했더니, 알고 보니 에어컨이 켜져 있었구나. [부]

497 **脏** zāng [형] 더럽다
衣服弄脏了 옷이 더럽혀졌다
脏死了 더러워 죽겠어
袜子脏了 양말이 더러워졌다
这个房间又脏又乱。 이 방은 더럽고 어지럽다.

498 **正常** zhèngcháng [형] 정상적인
呼吸正常 호흡이 정상이다
正常人 정상인
最近天气不正常。 최근에 날씨가 비정상적이다.

499 **正确** zhèngquè [형] 정확하다, 올바르다(↔ 错误)
正确的答案 정확한 정답
正确的方法 올바른 방법
正确的选择 올바른 선택
正确的判断 정확한 판단
答案是否正确? 답안이 올바른가 아닌가?

500 **正式** zhèngshì [형] 정식의, 공식의, 정규의
  正式比赛 정식 경기
  正式道歉 정식으로 사과하다
  正式开始工作 정식으로 일을 시작하다
  向女朋友正式求婚 여자 친구에게 정식으로 청혼하다
  正式成为律师 정식으로 변호사가 되다

501 **真正** zhēnzhèng [형] 진정한, 참된 [부] 정말로, 진짜로
  真正的朋友 진정한 친구
  真正的勇气 진정한 용기
  真正的富人 알짜 부자
  真正的友谊 진정한 우의(우정)
  真正的原因 진짜 원인
  心中真正喜欢 속으로 진짜 좋아하다 [부]
  真正认识了自己的错误 진정으로 자신의 잘못을 인식했다 [부]

502 **直接** zhíjiē [형] 직접적인, (언행이) 직설적이다
  直接回家 바로 집으로 돌아가다
  直接原因 직접적인 원인
  直接换货 바로 물품을 교환해 주다
  直接问他吧。 그에게 직접 물어봐.
  他说话太直接了。 그는 말이 너무 직설적이다.

503 **重** zhòng [형] 무겁다, 비중이 크다
  这个箱子不太重。 이 상자는 그다지 무겁지 않다.
  得了重病 심한 병에 걸리다
  病得很重 병이 심각하다/많이 아프다
  责任重大 책임이 무겁다

504 **专门** zhuānmén [형] 전문적이다 [부] 특별히, 일부러
  专门知识 전문 지식
  耳钉专门店 피어싱 전문점
  科学专门杂志 과학 전문 잡지
  为了吃这个小吃，他专门从远的地方赶来。
  이 먹거리를 먹기 위해 그는 특별히 일부러 먼 곳에서 왔다. [부]

505 **著名** zhùmíng [형] 저명하다, 유명하다
  著名的作家 저명한 작가
  一座著名的山 한 유명한 산
  许著名演员 많은 저명한 배우

  꿀팁 사물도 수식하는 '著名'
  '著名'을 '저명하다'라고 해석하면 '사람'만 수식할 것 같지만, 실제로는 '사물'도 수식할 수 있다.

  这是这里著名的小吃。 이것은 이곳의 유명한 먹거리다.
  这里是北京最著名的街区之一。
  이곳은 베이징에서 가장 유명한 거리 중 하나이다.

506 **准确** zhǔnquè [형] 정확하다
  记忆很准确 기억이 정확하다
  准确的消息 정확한 소식
  准确的时间 정확한 시간
  她的发音不够准确。 그녀의 발음은 그다지 정확하지 않다.

507 **自然** zìrán [형] 자연의, 자연스럽다 [명] 자연
  自然地笑 자연스럽게 웃다
  自然美 자연미
  自然的变化 자연스러운 변화
  习惯成自然 습관이 반복되어 자연스러운 것이 되다
  自然的感觉 자연스러운 느낌

508 **仔细** zǐxì [형] 세심하다, 꼼꼼하다
  仔细看看 자세히 좀 보다
  仔细的性格 꼼꼼한 성격

4. 부사

■ 부사의 특징과 기능

1. 부사는 동사나 형용사를 수식한다.(부사어)
   我们都参加比赛。 우리는 모두 시합에 참여한다. | 表演非常精彩。 공연이 매우 훌륭하다.

2. 부사는 일반적으로 명사를 수식하지 않는다.
   他也北京人。(X) → 他也是北京人。

   ※ 시간이나 범위 등을 나타내는 부사는 명사나 수량사를 수식하기도 한다.
   今天才星期四。 오늘이 이제야 목요일이야. (시간 수식)
   他儿子刚七岁了。 그의 아들은 막 7살이 되었다. (수량 수식)
   他们结婚已经八年了。 그들이 결혼한 지 벌써 8년이 되었다. (시간 수식)

3. '很'은 보어가 되기도 한다.
   街上的车多得很。 거리의 차가 굉장히 많다.

---

509 **按时** ànshí [부] 제때에
按时回家 제때에 귀가하다
按时吃药 제때에 약을 먹다
按时完成任务 제때에 임무를 완성하다

510 **本来** běnlái [부] 본래, 원래
他本来不想去，后来还是去了。
그는 원래는 안 가고 싶었는데 나중에 그래도 갔다.

18일차

511 **不得不** bùdébù [부] 어쩔 수 없이, 부득불(=只好)
我不得不这样做。
나는 어쩔 수 없이 이렇게 했다.
不得不请假 부득불 휴가를 신청하다
我不得不接受他的建议。
나는 어쩔 수 없이 그의 건의를 받아들였다.

512 **重新** chóngxīn [부] 다시, 재차
重新写 다시 쓰다
重新开始 다시 시작하다
重新考虑 다시 (처음부터) 고려하다

513 **从来** cónglái [부] 지금까지, 여태껏
小王从来没坐过飞机。
샤오왕은 지금까지 비행기를 타 본 적이 없다.

> 꿀팁 고정 격식 〈从来没 + V + 过〉: 지금까지 ~한 적이 없다
> 〈从来(都)不 + V〉: 좀처럼 ~ 않다/절대로 ~ 않다
> '从来'는 주로 부정문에 쓰이고 〈从来没(有) + V + 过〉는 자주 쓰는 중요한 고정 격식이다.
> 我从来没抽过烟。 나는 지금까지 담배를 피워 본 적이 없다.
> 我从来不抽烟。 나는 절대로 담배 피우는 법이 없다.

514 **大概** dàgài [부] 아마(도), 대개, 대략 [형] 대강의
大概后天能干完。 아마 모레면 끝낼 수 있을 것이다.
现在大概10点了。 지금 대략 10시가 됐을 것이다.
大概的内容 대강의 내용 [형]

515 **到底** dàodǐ [부] 도대체(=究竟)
这里到底发生了什么事情?
여기에 도대체 무슨 일이 발생한 거야?

> 꿀팁 '到底'는 주로 의문문에 쓰여 깊이 따지는 것을 나타낸다. '究竟 jiūjìng'도 같은 뜻이다.

516 **大约** dàyuē [부] 대략, 아마(≒大概)
大约需要一个星期 대략 일주일이 필요하다
大约有多少人参加? 대략 몇 명이 참가합니까?
今天大约不会下雨吧。오늘은 아마 비가 오지 않겠지?

517 **敢** gǎn [부] 감히
你敢! 니가 감히!
我敢保证。내가 감히 보증할게.

518 **刚** gāng 방금, 막
刚到了 막 도착했다
刚结束了 막 끝났다
新学期刚开始 신학기가 막 시작했다
她刚学会开车。그녀는 막 운전을 배웠다.
这是我刚买的葡萄。이것은 내가 막 사 온 포도이다.

519 **各** gè [부] 각자, 각각, 각기 [대] 각, 여러
各付各的 더치페이하다
各有各的想法 각자의 생각이 있다(각자 생각이 다르다)
各有优缺点 각자 장단점을 가지고 있다
各位同学 학생 여러분 [대]

520 **共同** gòngtóng [부] 공동으로, 함께 [형] 공동의, 공통의
共同举办 공동으로 개최하다
共同努力 공동으로 노력하다
共同负责 공동으로 책임지다
共同点 공통점 [형]
共同话题 공통의 화제 [형]

521 **故意** gùyì [부] 고의로, 일부러 [형] 고의의, 의도적인
他故意不理我。그는 일부러 나를 상대하지 않는다.
他故意骗我。그는 고의로 나를 속였다.
我不是故意迟到的。나는 일부러 지각한 게 아니에요.
我不是故意的。난 고의가 아니야. [형]

> 꿀팁 [형용사]이기도 한 '故意(고의의, 의도적이다)'
> '故意'는 주로 [부사]로서 동사를 수식하는 경우가 많지만, 또한 [형용사]의 용법도 있기 때문에 **명사를 수식하거나 술어가 될 수 있다.** 하지만 시험에는 주로 [부사] 용법으로 나온다.

故意的行为 의도적인 행위
我不是故意的。난 고의가 아니야.

522 **好像** hǎoxiàng [부] 마치(~과 같다)
灯好像坏了。등이 고장난 것 같아.
他好像是学生。그는 학생인 듯하다.
你好像感冒了。너 아무래도 감기 걸린 것 같아.
空调好像出问题了。에어컨이 고장난 것 같아.

523 **互相** hùxiāng [부] 서로
互相照顾 서로 보살피다
互相关心 서로 관심을 갖다
互相帮助 서로 돕다
互相尊重 서로 존중하다
互相批评 서로 비판하다

524 **接着** jiēzhe [부] 이어서
小王,你接着念下面的吧。
샤오왕, 네가 이어서 아래 것을 읽어 봐.
下次再接着讲。다음에 이어서 설명할게요.

> 꿀팁 '받다'라는 뜻도 있는 '接'
> 아래 문장에서 '接'는 '받다'라는 뜻이다.
> 我往下扔,你在下面接着。
> 내가 아래로 던질 테니까, 너는 밑에서 받아.

525 **竟然** jìngrán [부] 뜻밖에
他竟然输了! 그가 뜻밖에도 지다니!
他竟然放弃了这个机会。그는 뜻밖에도 이 기회를 포기했다.
他竟然拒绝了。그는 뜻밖에도 거절했다.
竟然有这种人! 이런 사람도 있다니!

526 **及时** jíshí [부] 바로(≒马上), 제때에 [형] 시기 적절하다, 때가 맞다
及时回家 제때에 집에 돌아오다
发现问题要及时解决。
문제를 발견하면 바로 해결해야 한다.
这场雨下得非常及时。
이번 비는 아주 시기적절하게 내렸다. [형]
你来得真及时。너 참 제때에 잘 왔어. [형]

527 **究竟** jiūjìng [부] 도대체(≒到底 dàodǐ)
这里究竟发生什么事情了?
여기에 도대체 무슨 일이 있었던 거야?

究竟做错什么，不能告诉我吗?
도대체 무엇을 잘못했는지 나에게 말해 줄 수 없어?

528 **肯定** kěndìng [부] 확실히, 틀림없이 [동] 확신하다, 인정하다

他肯定遇到了什么困难。
그는 틀림없이 어떤 어려움에 부딪혔을 것이다.
这段时间肯定会堵车。
이 시간대에는 틀림없이 차가 막힐 것이다.

꿀팁 '확신하다, 인정하다'는 뜻이 있는 '肯定'
'肯定'은 [부사]의 '틀림없이' 외에도 [동사]로서 '확신하다', '인정하다'의 뜻도 있다.

你怎么这么肯定? 너는 어째서 이렇게 확신하지?
他的工作获得了同事的肯定。 그의 일은 동료의 인정을 받았다.

529 **恐怕** kǒngpà [부] 아마(추측과 짐작을 나타냄)

恐怕要迟到了。 지각할 것 같아.
恐怕要下雨了。 비가 올 것 같아.
恐怕来不及了。 아마도 늦을 것 같아.
真是抱歉，恐怕不行。 정말 미안한데 아마 안 될 것 같아.

꿀팁 '害怕'와 '恐怕'의 차이
'害怕'는 [동사]로 '두려워하다'는 뜻이고, '恐怕'는 [부사]로 '아마'의 뜻이다. 이 둘이 비슷하다고 생각해서 바꿔 쓰면 안 된다. [동사]는 뒤에 목적어가 오지만 [부사]는 뒤에 목적어가 올 수 없고 술어(동사, 형용사) 앞에 오기 때문이다.

我的孩子很害怕狗。 우리 아이는 개를 매우 무서워한다.
我的孩子很恐怕狗。(X)

530 **难道** nándào [부] 설마 ~란 말인가?

难道你也不相信我吗? 설마 너도 날 믿지 못하는 거야?

꿀팁 주어 앞에도 오는 '难道'
[부사]는 주로 주어 뒤, 술어 앞에 오지만 '难道'는 자주 주어 앞에 온다는 것을 기억하자.

〈难道 + S + 술어〉: 难道我错了吗? 설마 내가 틀린 거야?
〈S + 难道 + 술어〉: 我难道错了吗?

531 **偶尔** ǒu'ěr [부] 때때로, 간혹

偶尔加班 가끔 특근한다
偶尔迟到 가끔 지각한다
偶尔想起他 가끔 그가 생각난다

532 **千万** qiānwàn [부] 절대로, 반드시
[수] 일 천만(10,000,000)

面试千万不要迟到。
면접은 절대로 지각하면 안 된다.
儿子，你千万不能饿着肚子。
아들아, 넌 절대로 배를 곯아선 안 돼.
这部电影有千万观众看过了。
이 영화는 천만 관중이 보았다. [수]

533 **却** què [부] 오히려, 하지만

我想哭却哭不出来。
나는 울고 싶었지만 울음이 나오지 않았다.

534 **确实** quèshí [부] 정말로, 확실히 [형] 확실하다

这个箱子确实很重。 이 상자는 확실히 무겁다.
确实的消息 확실한 소식 [형]

535 **仍然** réngrán [부] 여전히, 아직도 (=还是)

出院后她仍然按时上班。
퇴원 후 그녀는 여전히 제때에 출근했다.
仍然拒绝 여전히 거절하다
仍然严重 여전히 심각하다
仍然坚持自己的意见 여전히 자신의 의견을 견지하다

536 **稍微** shāowēi [부] 약간, 조금

稍微厚一点 조금 더 두껍다
稍微等一下 잠깐 좀 기다려
我稍微考虑一下。 내가 좀 고려해 볼게요.
我想把头发稍微理一理。
나는 머리카락을 약간 다듬고 싶어요.

꿀팁 〈稍微 + V/A + 一点/一些/一下/一会儿〉
'稍微'를 쓸 때는 동사나 형용사 뒤에는 일반적으로 '一点' 등의 단어가 붙는다. '稍微' 자체가 '약간, 조금'이라는 뜻인데 '一点', '一些' 등과 함께 써야 한다니 중복되는 느낌이 있다. 하지만 '稍微'를 쓰면 정도 차이가 더 적다는 것을 나타낸다.

这条裤子比那条厚一点。
이 바지는 저것보다 좀 두껍다. (약간의 차이가 있음)
这条裤子比那条稍微厚一点。
이 바지는 저것보다 약간 좀 더 두껍다. (그 차이가 더 적어짐)
稍微等一下。 / 稍微等一会儿。 조금만 기다려.

537 **甚至** shènzhì [부] 심지어 [접] 까지도
甚至价格也很便宜。 심지어 가격까지도 싸다.
他甚至不会写自己的名字。
그는 심지어 자신의 이름도 못 쓴다.

538 **十分** shífēn [부] 매우
十分满意 매우 만족하다
十分开心 매우 즐겁다
十分感动 매우 감동하다
十分困难 매우 어렵다

539 **是否** shìfǒu [부] ~인지 아닌지
是否参加 참가하는지 아닌지
是否安全 안전한지 아닌지
是否健康 건강한지 아닌지
是否诚实 진실한지 아닌지
判断是否正确 정확한지 아닌지 판단하다

540 **首先** shǒuxiān [부] 우선, 먼저 [접] 첫 번째로(≒第一)
谁首先发言? 누가 먼저 발언하시겠어요?
要当一名好演员，首先是做人，其次才是演技。
좋은 배우가 되려면 우선은 사람이 되어야 하고 그 다음이 연기다. [접]

19일차

541 **顺便** shùnbiàn [부] 하는 김에
路过商店，顺便买点东西。
상점을 지나는 김에 물건을 좀 샀다.
路过这附近，顺便来看看你。
이 근처를 지나는 김에 너를 보러 왔어.

542 **随便** suíbiàn [부] 마음대로, 편한대로, 제멋대로
[형] 제멋대로이다
随便扔垃圾 함부로 쓰레기를 버리다
随便怀疑别人 함부로 남을 의심하다
说话不要太随便。 말할 때 너무 함부로 하지 마라. [형]

543 **挺** tǐng [부] 매우, 꽤
挺好的 아주 좋아
挺顺利的 매우 순조롭다
挺用意思的 매우 재미있다
挺不错 상당히 괜찮다
挺合适 매우 알맞다

꿀팁 고정 격식 〈挺 + A + 的〉
'挺'은 [정도부사]로 [형용사] 앞에 쓰이며, [형용사] 뒤에는 종종 '的'를 함께 쓰는 경우가 많다. 이때 '的'는 어기조사로 사실을 강조하는 어기를 띠며 생략해도 의미상 차이는 없다.

544 **同时** tóngshí [부] 동시에 [접] 동시에, 또한, 아울러
[명] 동시, 같은 시간
同时出发 동시에 출발하다
同时发生 동시에 발생하다
他们同时举起了手。 그들은 동시에 손을 들었다.
他是老师，同时也是学生。
그는 선생님이자 동시에 학생이기도 하다. [접]

꿀팁 고정 격식 〈在 A 的同时，也 B〉 : A하는 동시에 또한 B하다
〈在 A 的同时，也 B〉는 6급 시험에도 출제될 정도로 매우 상용되는 고정 격식이므로 꼭 기억해야 한다. 이때 '同时'의 품사는 [명사]이다.
我们在努力学习的同时，也应该注意健康。
우리는 열심히 공부하는 동시에 건강에 주의해야 한다.

545 **往往** wǎngwǎng [부] 왕왕, 종종
他往往工作到深夜。 그는 종종 밤 늦게까지 일을 한다.
酒往往会使人下降判断力。
술은 종종 사람으로 하여금 판단력을 떨어뜨리게 할 수 있다.

546 **完全** wánquán [부] 완전히 [형] 완전하다, 온전하다
完全相反 완전 상반되다/정반대다
完全不同 완전 다르다
完全同意 완전히 동의하다
手表完全停了 손목 시계가 완전히 멈췄다.
你完全误会了我的意思。 너는 내 뜻을 완전히 오해했어.
话没有说完全 말을 완전하게 하지 못했다. [형]

547 **也许** yěxǔ [부] 어쩌면, 아마도
我也许会获得奖学金。
나는 아마도 장학금을 탈 것 같아.
现在就去，也许还来得及。
지금 바로 가면 아마 아직 늦지 않을 거야.

548 **永远** yǒngyuǎn [부] 영원히
永远忘不了 영원히 잊을 수 없다
我永远也忘不了这次经历。
나는 영원히 이 경험을 잊을 수 없다.

549 **尤其** yóuqí [부] 더욱이, 특히

我很喜欢画，尤其喜欢山水画。
나는 그림을 좋아하는데 특히 산수화를 좋아한다.
你女儿长得真像你，尤其是眼睛。
네 딸은 생긴 게 널 참 많이 닮았어, 특히 눈이.

꿀팁 고정 격식 : 〈尤其是 + N/시간〉
'尤其'는 기본적으로 **전체 중 일부를 강조**할 때 쓴다. '尤其'는 [부사]이므로 단독으로 [동사]나 [형용사]를 수식하는 것은 너무나 당연하다. 하지만 또 많은 경우에는 '**是**'와 함께 써서 뒤에 오는 **명사(구)**나 **개사구**를 강조한다는 점을 잊지 말자. 이때는 '**特别是**'와 같다.

很多人，尤其是女性，不喜欢别人问她们的体重。
많은 사람들은, 특히 여성은 다른 사람이 그들의 몸무게를 묻는 것을 좋아하지 않는다.
这段路经常堵车，尤其是在上下班的时候。
이 구간은 자주 차가 막혀, 특히 출퇴근 시간은 (더더욱 그래).

550 **正好** zhènghǎo [부] 마침 [형] 딱 맞다, 꼭 맞다

正好在妻子出门时，丈夫来了。
마침 아내가 외출하려 할 때 남편이 도착했다.
来得正好 마침 잘 왔다 [형]

551 **只好** zhǐhǎo [부] 부득이, 부득불, 할 수 없이(=不得不)

我只好少抽些烟。
나는 어쩔 수 없이 좀 적게 담배를 피울 수밖에 없었다.
我只好一边打工，一边上学。
나는 어쩔 수 없이 아르바이트하면서 학교를 다녔다.

552 **至少** zhìshǎo [부] 적어도, 최소한

这至少需要3年。 이것은 적어도 3년이 필요하다.
他至少要休息一个星期。 그는 적어도 1주일을 쉬어야 한다.

553 **准时** zhǔnshí [부] 정시에, 제때에 [형] 제 시간을 지키다

准时下班 정시에 퇴근하다
准时出发 정시에 출발하다
准时起飞 정시에 이륙하다
准时参加 정시에 참가하다
大家都很准时，没有个人迟到。
모두가 제 기간을 지켜서 아무도 지각하지 않았다. [형]

비교 '按时, 及时, 准时'의 차이
이들은 모두 '제때에'라고 해석할 수 있다. 하지만 의미는 약간씩 다르다. '按时'는 '정해진 시간 안에 한다'는 것이고, '及时'는 '적절한 시기에' 혹은 '바로'라는 뜻이고, '准时'는 '정해진 시간에 딱 맞게'라는 뜻이다. 물론, 이들의 정확한 의미 차이를 묻는 문제는 4급에서는 출제되지 않는다.
하지만 이들의 품사 구별은 필요하다. '按时'는 [부사]만 되지만 '及时'와 '准时'는 [형용사]도 된다.

他来得很及时。 그는 제때에 왔다.
他来得很准时。 그는 정시에 왔다.
他来得很按时。 (X) → 他按时来了。 그는 제때에 왔다.

554 **最好** zuìhǎo [부] 가장 바람직한 것은, 제일 좋기는, ~하는 게 제일 좋다 [형] 가장 좋다

你最好多吃些水果。
너는 과일을 좀 많이 먹는 게 제일 좋아.
最好的天气 가장 좋은 날씨 [형]

5. 개사

■ 개사의 특징과 기능

개사는 단독으로 쓸 수 없으며, 반드시 명사(구), 대명사, 절 등과 결합하여 개사구를 이룬 후에 기능할 수 있다.

1. 동사나 형용사를 수식하는 부사어가 될 수 있다.
   我在咖啡厅等你。 나는 커피숍에서 너를 기다릴게.
   弟弟比我高。 동생은 나보다 (키가) 크다.

2. 개사는 명사를 수식하는 관형어가 될 수 있다.
   我看过一些关于这个问题的文章。 나는 이 문제와 관련한 몇 편의 글을 본 적이 있다.

3. 개사는 동사나 형용사 뒤에 오는 보어가 되기도 한다.
   我们走向成功。 우리는 성공으로 나아가고 있다.

4. 개사는 술어 뒤에 오는 목적어가 되기도 한다.
   我们初次见面是在1990年。 우리가 처음 만난 것은 1990년이다.

---

555 按照 ànzhào [개] ~에 따라
   按照计划 계획에 따라
   按照习惯 습관에 따라
   按照要求 요구에 따라
   按照规定 규정에 따라
   꿀팁 줄여서 '按'으로 쓰기도 한다.
   请按顺序排队。 순서대로 줄 서 주세요.

556 对于 duìyú [개] ~에 대하여, ~에 대해서(동작이나 행위의 대상을 이끎)
   他对于那件事很认真。 그는 그 일에 대해서 매우 진지하다.
   对于绘画，我是门外汉。 그림에 대해서 나는 문외한이다.
   꿀팁 고정 격식 〈对(于) + N + 来说〉: ~의 입장에서 말하자면
   '对于~来说'는 '~의 입장에서 말하자면'의 뜻으로 자주 쓰는 매우 중요한 고정 격식이다. '对~来说'도 같다는 것을 기억하자.
   对(于)我来说，这件事非常重要。
   나에게 있어서 이 일은 매우 중요하다.

557 连 lián [개] ~조차도
   连吃饭的时间都没有。 밥 먹을 시간조차도 없다.
   连晚饭也没吃。 저녁도 먹지 않았다.

连自己的电话号码都不知道。
자신의 전화번호조차도 모른다.
   꿀팁 고정 격식 〈连~都/也…〉: ~조차도 …하다
   일종의 강조 구문으로, 구어체에서는 종종 '连'을 생략하고 '都'나 '也'만으로 '~조차도'의 뜻을 나타낼 수 있다.
   (连)看都没看过 보지도 못했다
   (连)想都没想过 생각도 하지 못했다

558 以 yǐ [개] ~로, ~로서
   他总是以积极的态度工作。
   그는 늘 적극적인 태도로 일한다.

559 由 yóu [개] ① ~가, ~이 ② ~로부터(≒从)
   家里的小事由妈妈决定。
   집안의 작은 일은 엄마가 결정하신다.
   由南向北 남에서 북으로

560 与 yǔ [개] ~와(≒和/跟) [접] ~와(≒和/跟)
   这件事与他有关。 이 일은 그와 유관하다.
   这件事与我无关。 이 일은 나와 무관하다.
   生与死 생과 사(삶과 죽음) [접]
   天与地 하늘과 땅 [접]

6. 접속사

561 **并且** bìngqiě [접] 게다가, 그리고
他不仅成绩好，并且性格也好。
그는 성적이 좋을 뿐만 아니라, 게다가 성격도 좋다.

562 **比如** bǐrú [접] 예를 들어, 예를 들면, 예컨대(≒例如)
夏天能吃到很多水果，比如西瓜、葡萄等。
여름에는 많은 과일을 먹을 수 있다. 예를 들어 수박, 포도 등.

563 **不管** bùguǎn [접] ~을 막론하고, ~에 관계없이(=无论)
不管有什么困难，我都不会放弃的。
무슨 어려움이 있든 나는 포기하지 않을 거야.

꿀팁 고정 격식 〈不管A 都/也 B〉: A에 관계없이 모두 B이다
'不管' 뒤에는 2가지 이상의 상황에 나와야 하기 때문에 뒤에는 '의문대사'나 '是~还是~'가 나온다. 뒷절에는 '都'나 '也'가 와서 호응한다.
不管是儿子还是女儿，都没关系。
아들이든 딸이든 모두 관계없다.
不管怎么做也一样。어떻게 하든지 똑같다.

564 **不过** búguò [접] 그러나, 그런데, 하지만(≒但是/可是/然而)
我同意，不过有一个条件。 동의하지만 한 가지 조건이 있어.

565 **不仅** bùjǐn [접] ~뿐만 아니라(=不但)
这不仅很便宜，而且质量也很好。
이것은 저렴할 뿐만 아니라 게다가 품질도 좋다.

꿀팁 고정 격식 〈不仅/不但 A, 而且/还/也 B〉: A일 뿐만 아니라 B이기도 하다
'不仅/不但'은 점층 관계를 나타내는 접속사이다. '不仅, 不但' 뒷절에는 꼭 '而且'만 있는 것이 아니라 '还, 也'도 있다.
他不仅成绩好，性格也好。
그는 성적이 좋을 뿐만 아니라 성격도 좋다.
她不仅会弹钢琴，还会弹吉他。
그녀는 피아노를 칠 뿐만 아니라 기타도 칠 줄 안다.

566 **而** ér [접] ~(하)고(도), 그리고, 그러나
简单而认真的生活 심플하면서도 성실한 생활
这个桔子小而甜。 이 귤은 작지만 달다.
这里已经是春天，而北方却下雪。
이곳은 벌써 봄인데 북방은 오히려 눈이 온다.

꿀팁 고정 격식 〈A₁ + 而 + A₂〉, 〈절1 + 而 + 절2〉
'而'은 형용사(A)를 연결할 수 있다.
• 紧张而愉快 긴장되고 즐겁다
• 小而甜 작지만 달다
절을 연결하기도 한다.
• 这里已经是春天，而北方却下雪。
이곳은 이미 봄인데 북방은 오히려 눈이 내린다.
해석할 때 '그리고'인지 아니면 '그러나'인지는 앞뒤의 내용을 보고 판단할 수 있다. 순접이나 보완의 관계라면 '그리고', 전환이나 역접이라면 '그러나'라고 해석한다.

567 **否则** fǒuzé [접] 만약 그렇지 않으면
快点走，否则要迟到了。
좀 빨리 걸어. 그렇지 않으면 지각해.

568 **尽管** jǐnguǎn [접] 비록 ~이지만(=虽然) [부] 얼마든지, 마음껏
尽管感冒，但仍然得上班。
비록 감기에 걸렸지만 여전히 출근해야 한다.
尽管放心 마음 푹 놓으세요 [부]
尽管联系 얼마든지 연락하세요 [부]
尽管吃，别客气。마음껏 드세요. 예의 차리지 마시고요. [부]
你有什么困难就尽管说吧。
무슨 어려움이 있으면 얼마든지 말해 봐. [부]

꿀팁 고정 격식 〈尽管/虽然 A, 但是/却/还是/仍然 B〉: 비록 A이지만 오히려/여전히 B이다
'尽管'과 같은 단어가 '虽然'이다. 뒷절에 따라오는 단어는 '但是, 可是'뿐만 아니라 '却, 还是, 仍然' 등도 있다. 참고로 '还是'와 '仍然'은 '여전히'의 뜻으로 같다.
他尽管个子不大，力气却很大。
그는 비록 키는 크지 않지만 힘은 오히려 크다.

569 **既然** jìrán [접] ~된 바에야, ~인(된) 이상, ~만큼
既然这样，那我就尊重你的选择。
이왕 이렇게 됐으니, 그럼 나는 너의 선택을 존중할게.

꿀팁 고정 격식 〈既然 A, (那么)就 B〉: 이왕 A인 바에야 곧 B하다
'既然' 뒷절에는 '那么' 혹은 '就'가 와서 함께 호응한다.
既然说干，那么就好好干吧。
이왕 한다고 했으면 그럼 잘 해 봐.

570 **即使** jíshǐ [접] 설령 ~하더라도(할지라도, 일지라도)
即使下大雪，我也要去。
설령 많은 눈이 내린다 하더라도 나는 갈 거야.

> **꿀팁** 고정 격식 〈即使 A 也 B〉: 설령 A일지라도 B이다
> '即使'는 주로 가정을 나타내는 내용에 쓴다. **이미 일어난 사실에** 쓰는 '**虽然**'과 '**尽管**'과는 구별하는 것이 좋다. 물론 4급에서는 이 둘을 비교하는 문제는 출제되지 않는다. 하지만 중요한 차이점이므로 알아 두는 게 좋다.
>
> 即使你化成灰，我也能把你认出来。
> 설령 네가 재가 되더라도 나는 너를 알아볼 수 있어. (가정)
> 虽然情况有了变化，但还是按时出发了。
> 비록 상황에 변화가 생겼지만 그래도 제 시간에 출발했다. (사실)

20일차

571 **可是** kěshì [접] 그러나, 하지만(≒但是/不过/然而)
别的条件都挺好的，可是工资太低了。
다른 조건은 다 좋아. 그런데 월급이 너무 낮아.

572 **另外** lìngwài [부] 별도로, 따로 [접] 그 밖에 [대] 다른 사물이나 사람
我买了两本小说，另外还买了一本杂志。
나는 두 권의 소설책을 샀고 그 밖에 또 한 권의 잡지를 샀다.
另外收费 별도로 비용을 받는다 [부]
我另外还有急事。 나는 그 밖에 또 급한 일이 있다. [부]
另外的世界 딴 세상 [대]

573 **然而** rán'ér [접] 그러나, 하지만, 그렇지만(≒不过/但是/可是)
我以为他会因此生气，然而他却笑了。
나는 그가 이 일로 화낼 거라고 생각했지만 그는 오히려 웃었다.

574 **甚至** shènzhì [접] ~까지도, ~조차도
我们这儿，不但大人，甚至连六七岁的小孩儿都会游泳。 여기는 어른뿐만 아니라 심지어 6, 7살 아이조차도 수영을 할 줄 안다.

575 **无论** wúlùn [접] ~을(를) 막론하고, ~에 관계없이(=不管)
无论做什么工作，他都非常认真。
무슨 일을 하든 그는 모두 매우 열심이다.
无论男女老少，韩国人都喜欢吃泡菜。
남녀노소를 막론하고 한국인은 모두 김치를 좋아한다.

576 **要是** yàoshi [접] 만약, 만일~이라면(=如果)
要是价格能便宜一点儿，我就买了。
만일 가격이 좀 더 쌀 수 있으면 저는 살게요.

> **꿀팁** 고정 격식 〈要是 A 就 B〉: 만일 A라면 곧 B이다
> '要是'는 '就'와 함께 쓰며 '如果'와 같다.
> 要是/如果能便宜一点儿，我就买了。
> 만일 좀 더 싸면 내가 사겠다.

577 **因此** yīncǐ [접] 이로 인하여, 그래서, 이 때문에(≒所以)
天儿已经很晚了，因此我回家去了。
날이 너무 늦어서, 그래서 나는 집에 돌아갔어.

578 **由于** yóuyú [접] ~ 때문에, ~(으)로 인하여(≒因为)
由于很累，所以我睡得很早。
피곤했기 때문에, 그래서 나는 일찍 잤어.

579 **于是** yúshì [접] 그래서
天气预报说明天有大雪，于是我今天就提前出发了。
일기 예보에서 많은 눈이 온다고 해서, 그래서 오늘 앞당겨 출발했다.

580 **只要** zhǐyào [접] ~하기만 하면
只要打个电话通知他，他就能把东西送过来。
전화해서 그에게 통지하기만 하면 그는 바로 물건을 배달해 준다.

> **꿀팁** 고정 격식 〈只要 A 就 B〉: A이기만 하면 곧 B하다
> 앞절에는 '只要'가 오고 뒷절에는 '就'가 와서 호응한다. 때로는 '一定'도 호응할 수 있다.
> 只要我身体好，我一定来。 내 몸만 좋으면 반드시 올게.
>
> **비교** '只有'와 '只要'의 차이
> '只有(오직 ~해야만)'는 **유일한 조건**을 나타내기 때문에, 뒷절에는 '**才**(비로소)'가 와서 호응한다. 하지만 '**只要(~하기만 하면)**'는 **쉬운 조건**을 나타내기 때문에 뒷절에는 '**就**(곧)'가 와서 호응한다. 이 둘은 6급에서도 헷갈려 하니 여기서 확실하게 기억해 두자.
>
> 只有做手术，他的病才能治好。
> 오직 수술을 해야만 그의 병은 치료될 수 있다.
> 只要好好休息，你这病就能治好。
> 잘 쉬기만 하면 너의 이 병은 다 나을 수 있다.

7. 양사

581 **倍 bèi** [양] 배, 곱절
留学生的数量比去年增加了一倍。
유학생의 수량이 작년보다 배가 늘었다.

582 **遍 biàn** [양] 번, 차례, 회
(한 동작의 처음부터 끝까지의 전 과정을 가리킴)
请再说一遍。 다시 한 번 말씀해 주세요.
这部电影我已经看了三遍。 이 영화를 난 벌써 3번 봤어.

583 **场 chǎng** [양] 회(回), 번, 차례(날씨·문예·오락·체육 활동 등에 쓰임) [명] 장소
这场比赛 이번 시합
这场演出 이번 공연
一场招聘会 한 차례 채용박람회
引起一场误会 한 바탕 오해를 불러일으키다
下一场大雨/大雪 한 차례 많은 비/많은 눈이 내리다
停车场 주차장 [명]

584 **份 fèn** [양] 벌, 세트(배합하여 한 벌이 되는 것을 세는 단위)
一份报纸 한 부의 신문(신문 한 부)
一份材料 한 통의 자료
一份新工作 한 개의 새 일자리
复印几份 몇 부를 복사하다
填一份表格 한 통의 표를 작성하다
这份总结 이 총화(보고서)
两人份 (음식의) 2인분

585 **棵 kē** [양] 그루, 포기(식물을 세는 단위)
公园里有一棵大树。 공원에는 한 그루의 큰 나무가 있다.

586 **秒 miǎo** [양] 초(시간 계량 단위로, 60초를 1분(分)이라 함)
一分钟等于60秒。 1분은 60초와 같다.

587 **篇 piān** [양] 편, 장(문장·종이 등을 세는 단위)
一篇文章 한 편의 글
一篇关于旅行的文章
한 편의 여행에 관한 글(여행에 관한 한 편의 글)

588 **台 tái** [양] (기계·차량·설비 등을 세는) 대
一台电视机 한 대의 텔레비전
一台洗衣机 한 대의 세탁기
一台笔记本电脑 한 대의 노트북 컴퓨터

589 **趟 tàng** [양] 차례, 번(왕래한 횟수를 세는 데 쓰임)
出(一)趟差 한 차례 출장을 가다
回(一)趟家 집에 갔다 오다
白跑了一趟 괜한 헛걸음을 했다
这趟航班 이번 항공편
去广西完了一趟 광시성에 한 차례 놀러 갔다

590 **座 zuò** [양] 좌, 동, 채(부피가 크거나 고정된 물체를 세는 단위)
一座大桥 한 개의 큰 다리
一座山 하나의 산
一座高楼 한 개의 높은 빌딩

8. 수사

591 **百分之 bǎifēnzhī** 퍼센트
百分之百 100%
百分之八十 80%

592 **俩 liǎ** [수] 두 개, 두 사람
我俩 우리 둘
他俩 그들 둘
我们俩 우리 둘
他们俩 그들 둘
他们俩都不想去。 그들 둘은 모두 가고 싶어하지 않는다.

꿀팁 '俩' 뒤에는 [양사] '个'가 붙지 않는다.
我们俩个 (X) → 我们俩/我们两个
他们俩个 (X) → 他们俩/他们两个

9. 대명사

593 其次 qícì [대] 다음, 그 다음
要当一名好演员，首先是做人，其次才是演技。
좋은 배우가 되려면 우선은 사람이 되어야 하고 그 다음이 연기다.

594 其中 qízhōng [대] 그중에, 그 안에
他只回答了其中的一个问题。
그는 단지 그중에 한 문제만을 대답했다.

595 任何 rènhé [대] 어떠한, 무슨
任何人 어떤 사람 (=任何一个人)
任何困难 어떤 어려움
任何国家 어떠한 나라
任何时候 어떤 때
任何错误 어떤 잘못
任何效果 어떤 효과

> 꿀팁 1 고정 격식 〈任何 + (一 + 양사) + N〉 : 어떤 (하나의) N
> '任何'는 '的' 없이 명사를 수식하며, 중간에 '一 + 양사'가 들어갈 수 있다.
> 任何的困难 (X) → 任何困难
> 任何环境 = 任何一种环境
> 任何事情 = 任何一件事情

> 꿀팁 2 고정 격식 〈任何 + N + 都~〉 : 어떤 N도 다 ~하다
> '任何'가 나오면 종종 명사 뒤에는 '都'가 와서 호응한다.
> 现在比过去任何时候都幸福。
> 지금이 과거 어느 때보다도 행복하다.

596 一切 yíqiè [대] 일체, 전부, 모든
一切困难 일체의 어려움
一切都很顺利。 모든 것이 다 순조롭다
我喜欢他的一切。 나는 그의 모든 것을 좋아한다.

> 꿀팁 고정격식 〈一切 + N〉
> '一切'가 [명사]를 수식할 경우, '的' 없이 [명사]를 수식한다.
> 一切的困难 (X) → 一切困难 모든 어려움
> 一切的机会 (X) → 一切机会 모든 기회

597 咱们 zánmen [대] 우리(들)
咱们在这儿照张相留念吧。
우리 여기서 사진 한 장 찍어서 기념으로 남겨요.

> 꿀팁 '咱们'과 '我们'의 차이
> '咱们'은 화자(쪽)와 청자(쪽)를 모두 포함하지만, '我们'은 주로 화자(쪽)만을 가리키고 청자(쪽)은 포함하지 않는다.
> 我们明天去郊区玩，你要是愿意，咱们一起去。
> 우리는 내일 교외로 놀러 가는데, 네가 원한다면, 우리 함께 가자.

10. 조사

598 等 děng [조] 등, 따위 [동] 기다리다
夏天可以吃到很多水果，比如西瓜、葡萄、桃子等等。
여름에는 여러 과일을 먹을 수 있는데 예를 들어 수박, 포도, 복숭아 등등.

599 呀 ya [조] 어조사 '啊(a)'가 앞 음절의 모음(a, e, i, o, u) 의 영향을 받아 변화된 음을 표기하기 위한 글자.
谁呀？ 누구야?
真感谢你呀。 참 고마워.

600 之 zhī [조] ~의, ~한, ~은(는)(≒的: 관형어와 중심어 사이에 쓰여 종속 관계를 나타냄)
失败是成功之母。 실패는 성공의 어머니다.
音乐之父 음악의 아버지

한 번에 합격하기 위한 최적의 승부수
HSK의 모든 것을 한 권에 담았다!

4급
차이나는 중국어 HSK

전문가들이 제안하는 HSK 풀이 비법!
- HSK 강의 전문가들의 최신 기출 문제 완벽 분석
- 알기 쉬운 출제 원리 소개 + 정답률을 높이는 철저한 풀이

합격으로 이어지는 체계적인 학습 방법!
〈출제 원리와 공략법〉 → 〈기출문제 분석〉 → 〈전략 학습〉 → 〈단어 확인 테스트〉 → 〈실전 연습 문제〉 → 〈쓰기 연습〉

고득점을 위한 전략적 학습 제안!
- 빠른 문제 풀이를 위한 알짜배기 '풀이 스킬'과 저자만의 '꿀팁' 공개
- 핵심 어법 학습, 화제별 빈출 어휘 정리, 모범 답안 문장 통암기와 쓰기 연습을 통한 확실한 고득점 확보
- 원어민이 읽은 mp3 파일로 청취력 보강, 실전 모의고사로 실전 감각 장착

 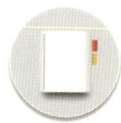   

기본책   해설서   단어장   MP3 다운   실전 모의고사

ISBN 978-89-6049-643-9
978-89-6049-642-2 (세트)